Jaschinski
Hey

Rechtskunde

D1704344

Jaschinski
Hey

Rechtskunde

Merkur
Verlag Rinteln

Wirtschaftswissenschaftliche Bücherei für Schule und Praxis

Begründet von Handelsschuldirektor Dipl.-Hdl. Friedrich Hutkap †

Verfasser:

OStR Dipl.-Kfm. Christian Jaschinski, Lemgo

Dr. Andreas Hey, Hannover

**unter Mitarbeit von Prof. Dr. Rödiger Voss, Zürich (CH),
und Manfred Lesch, Frankfurt/M.**

*   *   *   *   *

6., aktualisierte Auflage 2009
© 2004 by MERKUR VERLAG RINTELN

Gesamtherstellung:

MERKUR VERLAG RINTELN
Hutkap GmbH & Co. KG, 31735 Rinteln

E-Mail: info@merkur-verlag.de
          lehrer-service@merkur-verlag.de
Internet: www.merkur-verlag.de

ISBN 978-3-8120-0050-5

Vorwort der Autoren

In der vorliegenden Rechtskunde werden schwerpunktmäßig diejenigen materiell-rechtlichen Sachverhalte dargestellt, die insbesondere bei der Auseinandersetzung mit bürgerlich-rechtlichen Inhalten von großer Relevanz sind. Das Buch zeichnet sich außerdem dadurch aus, dass auch spezielle rechtliche Sachverhalte und juristische Probleme **praxisnah** bearbeitet werden können, z. B. das Insolvenz- oder das Wirtschaftsstrafrecht.

Das besondere **didaktische Konzept** dieses Buches liegt darin, in die teilweise komplexen juristischen Sachverhalte durch

- eine Vielzahl von Grafiken und Übersichten,
- viele praktische bzw. praxisnahe Beispiele,
- zahlreiche Urteile – als Hinweis, zusammengefasst im Text oder in Aufgaben integriert – sowie
- eine Fülle von Wiederholungsaufgaben, Fällen und Übungen zum Vertiefen des Stoffes

schrittweise anwendungsbezogen einzuführen. Damit wird dem Gedanken des **ganzheitlichen Lernens** und der Entwicklung von **fach- und berufsbezogener Handlungskompetenz** in hohem Maße Rechnung getragen.

Am Ende des Buches befindet sich ein Glossar, mit dem viele Fachbegriffe und „Rechtsvokabeln" schnell aufgefunden und wiederholt werden können.

Die verwendeten Personen-, Firmennamen und Domains in den Beispielen sind Fantasienamen. Überschneidungen mit real existierenden Personen oder Unternehmen sind zufällig und von den Autoren nicht beabsichtigt.

In rechtlichen Fragen gibt es niemals endgültige Gewissheit. Sollten Sie andere juristische Auffassungen vertreten als die von uns dargestellten oder **Hinweise, Verbesserungsvorschläge oder Kritik** anbringen wollen, können Sie uns unter folgender E-Mail-Adresse erreichen: **info@das-kompendium.de.** Wir freuen uns auf Feedback.

Wir wünschen Ihnen viel Freude und Erfolg bei der Arbeit mit diesem Buch.

Lemgo, Hannover, Zürich (CH) und Frankfurt/M.
im Januar 2009

Christian Jaschinski

Andreas Hey

Rödiger Voss

Manfred Lesch

Inhalt

1	**Rechtstechnische Grundlagen – Vom Fall zur Lösung**	**18**
1.1	Zitierweise..	18
1.2	Umgang mit Lehrbuch und Gesetzestext.......................................	18
1.3	Fallbearbeitung...	19
1.3.1	Struktureller Aufbau von Gesetzen..	19
1.3.1.1	„Vom Allgemeinen zum Besonderen" am Beispiel des BGB	19
1.3.1.2	„lex specialis derogat legi generali"	20
1.3.1.3	Rechtsnormen	20
1.3.2	Auffinden der Rechtsnorm	21
1.3.3	Subsumtionstechnik...	21
1.3.4	Fall- und Lösungsmuster	22
1.4	Zusammenfassung...	23
1.5	Aufgaben..	23
2	**Grundlagen des Rechts**..	**24**
2.1	Überblick	24
2.2	Zum Begriff des Rechts	25
2.3	Funktionen des Rechts	25
2.3.1	Ordnungsfunktion...	25
2.3.2	Sicherheitsfunktion – strafrechtliche Sanktionsfunktion	25
2.3.3	Ausgleichsfunktion..	26
2.4	Sitte und Moral...	26
2.4.1	Sitte..	26
2.4.2	Moral	27
2.5	Rechtsbildung und Rechtsentwicklung...	27
2.5.1	Rechtsgeschichte...	27
2.5.2	Rechtsquellen..	29
2.5.2.1	Das geschriebene Recht...	29
2.5.2.2	Das Gewohnheitsrecht	29
2.5.2.3	Richterrecht	30
2.5.3	Gesetzgebungsverfahren..	31
2.6	Rechtsgebiete	33
2.6.1	Privatrecht und öffentliches Recht	33
2.6.2	Zwingendes und dispositives Recht	34
2.6.3	Materielles und formelles Recht	34
2.6.4	Nationales und internationales Recht...	35
2.6.5	Bundesrecht – Landesrecht – Gemeinderecht...............................	35
2.7	Zusammenfassung...	36
2.8	Aufgaben..	39
3	**Organe der Rechtspflege**...	**40**
3.1	Überblick	40
3.2	Die Personen der Rechtspflege...	41
3.2.1	Vorbemerkung: Die Befähigung zum Richteramt..........................	41
3.2.2	Der Richter	41

3.2.3	Der Rechtsanwalt	42
3.2.4	Der Notar	42
3.2.5	Der Staatsanwalt	43
3.2.6	Der Rechtspfleger	43
3.2.7	Der Gerichtsvollzieher	43
3.2.8	Der Urkundsbeamte	44
3.3	Die ordentliche und die besondere Gerichtsbarkeit	44
3.3.1	Die ordentliche Gerichtsbarkeit	44
3.3.2	Die besonderen Gerichtsbarkeiten	45
3.3.3	Urteile im Instanzenzug der ordentlichen Gerichtsbarkeit	47
3.4	Das Bundesverfassungsgericht	47
3.5	Der Europäische Gerichtshof	48
3.6	Zusammenfassung	48
3.7	Aufgaben	49
4	**Personen und Gegenstände im Rechtsverkehr**	**50**
4.1	Überblick	50
4.2	Die Rechtssubjekte = Personen des Rechtsverkehrs	52
4.2.1	Natürliche Personen	52
4.2.1.1	Rechtsfähigkeit natürlicher Personen	52
4.2.1.2	Einzelne natürliche Personen	52
4.2.1.3	Zusammengeschlossene natürliche Personen	53
4.2.2	Juristische Personen	54
4.2.2.1	Juristische Personen des privaten Rechts	54
4.2.2.2	Juristische Personen des öffentlichen Rechts	55
4.3	Die Rechtsobjekte = Gegenstände des Rechtsverkehrs	55
4.4	Die Handlungsfähigkeit der Rechtssubjekte	57
4.4.1	Stufen der Geschäftsfähigkeit	57
4.4.1.1	Geschäftsunfähigkeit	57
4.4.1.2	Beschränkte Geschäftsfähigkeit	58
4.4.1.3	Volle Geschäftsfähigkeit	59
4.4.2	Übersicht über Handlungsfähigkeiten in Abhängigkeit vom Lebensalter	60
4.4.3	Urteile zu Handlungsfähigkeiten	62
4.5	Zusammenfassung	64
4.6	Aufgaben	64
5	**Handels- und Gesellschaftsrecht**	**66**
5.1	Überblick	66
5.2	Gewerberecht als Grundlage unternehmerischer Tätigkeit	67
5.2.1	Begriffsbestimmung	67
5.2.2	Gewerbefreiheit	69
5.2.4	Anzeigepflicht	70
5.2.3	Betriebsformen des Gewerbes	70
5.3	Das Handelsregister	72
5.3.1	Begriffsbestimmung	72
5.3.2	Aufgabe	72
5.3.3	Abteilungen	72

5.3.4	Eintragungsinhalt	73
5.3.5	Wirkungen von Handelsregistereintragungen	73
5.4	Kaufmannseigenschaften	74
5.4.1	Begriffsbestimmung	74
5.4.2	Abgrenzung Unternehmer (BGB), Gewerbetreibender (GewO) und Kaufmann (HGB)	74
5.4.3	Kriterien für einen kaufmännischen Geschäftsbetrieb	75
5.4.4	Stellung des HGB	75
5.4.5	Arten der Kaufleute und Handelsregistereintragung	76
5.5	Die Firma der Unternehmung	77
5.5.1	Begriffsbestimmung	77
5.5.2	Firmengrundsätze	77
5.5.3	Angaben auf Geschäftsbriefen	78
5.5.4	Firmenarten und -aufbau	78
5.6	Die Rechtsformen von Unternehmen	79
5.6.1	Die wichtigsten Rechtsformen im Überblick	79
5.6.2	Weitere Rechtsformen von Personengesellschaften	84
5.6.2.1	Stille Gesellschaft	84
5.6.2.2	Europäische Wirtschaftliche Interessenvereinigung (EWIV)	85
5.6.3	Weitere Rechtsformen von Kapitalgesellschaften	85
5.6.3.1	Die Europa-AG (SE)	85
5.6.3.2	Kommanditgesellschaft auf Aktien (KGaA)	86
5.6.3.3	Ausländische Alternativen zur GmbH	87
5.6.4	Urteile zum Gesellschaftsrecht	88
5.7	Handelsgeschäfte	89
5.7.1	Begriffsbestimmung (§§ 343 ff. HGB)	89
5.7.2	Besonderheiten	89
5.7.3	Handelskauf	90
5.7.4	Einzelne Geschäfte	90
5.8	Exkurs: Grundlagen des Insolvenzrechts	92
5.8.1	Antrag und Antragsberechtigte	93
5.8.2	Insolvenzeröffnungsgründe	93
5.8.2.1	Überschuldung	94
5.8.2.2	Zahlungsunfähigkeit	96
5.8.2.3	Feststellung der Zahlungsunfähigkeit	97
5.8.3	Weiteres Verfahren	98
5.8.4	Die Wirkungen der Eröffnung des Insolvenzverfahrens	99
5.8.4.1	Aufstellung der Vermögensübersicht	99
5.8.4.2	Keine Einzelvollstreckung	99
5.8.4.3	Verträge des Schuldners mit Dritten	100
5.8.5	Verwertung des Schuldnervermögens	100
5.8.5.1	Aus- und Absonderung	100
5.8.5.2	Feststellung der Forderung	102
5.8.5.3	Verteilung der Masse	103
5.8.6	Der Insolvenzplan	103
5.8.7	Verbraucherinsolvenz	104

5.9	Zusammenfassung	105
5.10	Fälle und Übungen	109
6	**Recht der Schuldverhältnisse**	**112**
6.1	Überblick	112
6.2	Grundlagen	113
6.2.1	Begriffsbestimmung (§ 241 BGB)	113
6.2.2	Entstehung (Arten) von Schuldverhältnissen	113
6.2.2.1	Entstehung durch Rechtsgeschäft	113
6.2.2.2	Entstehung kraft Gesetzes	113
6.3	Zustandekommen von rechtsgeschäftlichen Schuldverhältnissen	114
6.3.1	Rechtsgeschäfte	114
6.3.1.1	Willenserklärungen (§§ 116–144 BGB)	114
6.3.1.2	Arten von Rechtsgeschäften	116
6.3.1.3	Der Vertrag – mehrseitiges Rechtsgeschäft, mehrseitig verpflichtend	117
6.3.2	Vertragsfreiheit und ihre Einschränkungen	120
6.3.2.1	Grundsatz der Vertragsfreiheit gem. § 311 BGB	120
6.3.2.2	Abschlussfreiheit	120
6.3.2.3	Inhaltsfreiheit	120
6.3.2.4	Formfreiheit	121
6.3.3	Mängel bei Rechtsgeschäften	122
6.3.3.1	Nichtigkeit	122
6.3.3.2	Schwebende Unwirksamkeit	123
6.3.3.3	Anfechtbarkeit	124
6.3.4	Typisierung von Verträgen	125
6.3.5	Die wichtigsten vertraglichen Schuldverhältnisse im Überblick	126
6.4	Zustandekommen von gesetzlichen Schuldverhältnissen	128
6.4.1	Geschäftsführung ohne Auftrag (GoA)	128
6.4.2	Ungerechtfertigte Bereicherung	129
6.4.3	Unerlaubte Handlung und Gefährdungshaftung	130
6.5	Erlöschen von Schuldverhältnissen	132
6.6	Stellvertretung	132
6.6.1	Begriffsbestimmung	132
6.6.2	Abgrenzung von Bote und Stellvertreter	133
6.6.3	Gesetzliche Stellvertretung	134
6.6.4	Vertragliche (rechtsgeschäftliche) Stellvertretung	134
6.6.4.1	Arten von Vollmachten	135
6.6.4.2	Prokura (§§ 48–53 HGB i.V.m. §§ 164 ff. BGB)	135
6.6.4.3	Handlungsvollmacht (§§ 54–58 HGB i.V.m. §§ 164 ff. BGB)	136
6.6.4.4	Die Prozessvollmacht (§ 80 ZPO)	137
6.6.4.5	Der Bevollmächtigte im sozialrechtlichen Verwaltungsverfahren	137
6.6.4.6	Der Vertreter ohne Vertretungsmacht (§§ 179 ff. BGB)	137
6.7	Termine – Fristen – Verjährung	138
6.7.1	Abgrenzung von Termin und Frist	138
6.7.2	Verjährung	139
6.7.2.1	Begriffsbestimmungen	139

6.7.2.2	Verjährungsfristen	140
6.7.2.3	Normalfall: Hemmung der Verjährung gem. §§ 203–211 BGB	141
6.7.2.4	Sonderfall: Neubeginn der Verjährung gem. § 212 BGB	143
6.8	Möglichkeiten des Gläubiger-/Schuldnerwechsels	143
6.8.1	Gläubigerwechsel	144
6.8.1.1	Vertraglicher Forderungsübergang – die Abtretung (Zession)	144
6.8.1.2	Gesetzlicher Forderungsübergang – die gesetzliche Anordnung	145
6.8.2	Schuldnerwechsel	145
6.8.2.1	Schuldübernahme	145
6.8.2.2	Schuldbeitritt	145
6.9	Zusammenfassung	145
6.10	Fälle und Übungen	147
7	**Kaufrecht**	**154**
7.1	Überblick	154
7.2	Definition	155
7.3	Leistungspflichten	155
7.3.1	Leistung nach Treu und Glauben	155
7.3.2	Leistungspflichten des Verkäufers	156
7.3.3	Leistungspflichten des Käufers	156
7.4	Eigentumsvorbehalt (§ 449 BGB)	156
7.4.1	Einfacher Eigentumsvorbehalt	157
7.4.2	Erweiterter Eigentumsvorbehalt	158
7.5	Definition der Leistung	158
7.5.1	Leistungsart	159
7.5.2	Leistungszeit	159
7.5.3	Leistungsort	160
7.5.3.1	Begriffsbestimmung und Abgrenzung	160
7.5.3.2	Holschulden/Bringschulden/Schickschulden	160
7.5.4	Gerichtsstand	161
7.5.5	Gefahrübergang	161
7.5.6	Exkurs: Gefahrübergang im internationalen Geschäftsverkehr	162
7.6	Leistungsstörungen	162
7.6.1	Unmöglichkeit	163
7.6.1.1	Definition und Formen	163
7.6.1.2	Rechtsfolgen der Unmöglichkeit	164
7.6.2	Die mangelhafte Lieferung (Schlechtleistung)	165
7.6.2.1	Sachmängel	165
7.6.2.2	Rechtsmängel	168
7.6.2.3	Unterscheidung der Mängel im Hinblick auf die Entdeckbarkeit	168
7.6.2.4	Rechtsfolgen	169
7.6.2.4.1	Gewährleistungsrechte des Käufers – Überblick	169
7.6.2.4.2	Gewährleistungsrechte des Käufers – Ablauf	170
7.6.2.5	Gewährleistung und Verjährung der Gewährleistung	171
7.6.2.6	Besonderheiten beim Verbrauchsgüterkauf	172
7.6.2.7	Rückgriff des Unternehmers	173

7.6.3	Schuldnerverzug	173
7.6.3.1	Verzugsvoraussetzungen des Schuldnerverzuges...................	173
7.6.3.2	Rechte des Käufers beim Lieferungsverzug (Nicht-Rechtzeitig-Lieferung)	175
7.6.3.3	Rechte des Verkäufers beim Zahlungsverzug (Nicht-Rechtzeitig-Zahlung)...	176
7.6.4	Annahmeverzug als Gläubigerverzug	177
7.6.4.1	Verzugsvoraussetzungen des Gläubigerverzugs.....................	177
7.6.4.2	Rechtliche Wirkungen des Annahmeverzugs	178
7.6.4.3	Rechte des Verkäufers beim Annahmeverzug des Käufers	179
7.6.5	Sonstige Pflichtverletzungen	179
7.6.5.1	Positive Vertragsverletzung gem. §§ 241 II, 280 BGB	180
7.6.5.2	culpa in contrahendo gem. § 311 II + III BGB	180
7.7	Arten von Kaufverträgen...	181
7.8	Exkurs: Mahnverfahren und Zivilprozess	182
7.8.1	Das außergerichtliche (kaufmännische) Mahnverfahren........	182
7.8.2	Das gerichtliche Mahnverfahren..	183
7.8.2.1	Der Antrag auf Erlass des Mahnbescheids...........................	184
7.8.2.2	Der Antrag auf Erlass des Vollstreckungsbescheids	190
7.8.3	Der Zivilprozess	192
7.8.3.1	Grundlagen	192
7.8.3.2	Ablauf	193
7.8.4	Die Zwangsvollstreckung	194
7.9	Zusammenfassung...	196
7.10	Fälle und Übungen	199
8	**Verbraucherschutz**...	**202**
8.1	Überblick	202
8.2	Verbraucher und Unternehmer	203
8.3	Allgemeine Geschäftsbedingungen......................................	203
8.3.1	Begriff der AGB	204
8.3.2	Einbeziehung der AGB in den Vertrag	204
8.3.3	Andere grundsätzliche Bestimmungen	205
8.3.4	Die gesetzliche Inhaltskontrolle der AGB	205
8.3.4.1	Generalklausel (§ 307 BGB)...	205
8.3.4.2	Klauselverbote mit Wertungsmöglichkeit (§ 308 BGB)	206
8.3.4.3	Klauselverbote ohne Wertungsmöglichkeit (§ 309 BGB)	206
8.3.4.4	Anmerkungen zum Verfahren	207
8.3.4.5	Urteile zu Allgemeinen Geschäftsbedingungen....................	207
8.4	Das Widerrufsrecht bei Haustürgeschäften (§ 312 BGB)	207
8.5	Die Fernabsatzverträge (§§ 312 b ff. BGB)	209
8.5.1	Begriffsbestimmung und Geltungsbereich	209
8.5.2	Die wesentlichen Regelungen zu den Fernabsatzverträgen....	210
8.5.3	Widerrufs- und Rückgaberecht..	211
8.5.4	Beweislast beim Fernabsatzvertrag	213
8.5.5	Finanzierte Fernabsatzverträge als verbundene Verträge	213
8.6	Elektronische Signatur..	214

8.6.1	Zwingende Anwendung der elektronischen Signatur	215
8.6.2	Trustcenter	215
8.6.3	Technische Voraussetzungen zur Nutzung der elektronischen Signatur	215
8.6.4	Kryptografie/Verschlüsselung	216
8.7	Haftung bei Zahlungskartenmissbrauch (§ 676 h BGB)	216
8.8	Verbraucherdarlehen (§§ 491 ff. BGB)	216
8.8.1	Begriffsbestimmung und Geltungsbereich	216
8.8.2	Form und Mindestinhalt der Verbraucherdarlehensverträge	217
8.9	Zusammenfassung	218
8.10	Wiederholungsfragen	220
8.11	Fälle und Übungen	220
9	**Sachenrecht**	**222**
9.1	Überblick	222
9.2	Besitz und Eigentum	223
9.2.1	Abgrenzung	223
9.2.2	Besitz	223
9.2.2.1	Besitzerlangung als Realakt	223
9.2.2.2	Arten des Besitzes	224
9.2.2.3	Erwerb des Besitzes	224
9.2.2.4	Beendigung des Besitzes	225
9.2.2.5	Schutzrechte des Besitzers	225
9.2.3	Eigentum	226
9.2.3.1	Eigentumsübertragung	226
9.2.3.2	Arten von Eigentum	226
9.3	Rechte an beweglichen Sachen	227
9.3.1	Erwerb von Eigentum an beweglichen Sachen	227
9.3.1.1	Gesetzlicher Eigentumserwerb	227
9.3.1.2	Rechtsgeschäftlicher Eigentumserwerb vom Berechtigten	229
9.3.1.3	Rechtsgeschäftlicher Eigentumserwerb vom Nichtberechtigten	230
9.3.2	Pfandrechte an beweglichen Sachen	231
9.3.2.1	Begriffsbestimmung	231
9.3.2.2	Vertragliches Pfandrecht	231
9.3.2.3	Sicherungsübereignung	232
9.3.2.4	Gesetzliches Pfandrecht	233
9.3.2.5	Pfändungspfandrecht	234
9.3.3	Beendigung des Eigentumsrechts	234
9.4	Rechte an unbeweglichen Sachen	234
9.4.1	Begriffsbestimmung	234
9.4.2	Eigentumserwerb an einem Grundstück	235
9.4.3	Dingliche Rechte	237
9.4.3.1	Nutzungsrechte	237
9.4.3.2	Vorkaufsrecht (§§ 1094–1104 BGB)	238
9.4.3.3	Erbbaurecht	239
9.4.4	Grundpfandrechte	239
9.4.5	Rangverhältnis mehrerer Rechte	240
9.4.6	Beispiel für ein Grundbuchblatt	240

9.5	Exkurs: Überblick über die Möglichkeiten der Kreditsicherung	244
9.5.1	Bürgschaft	244
9.5.2	Zurückbehaltungsrecht	244
9.5.3	Sicherungszession	244
9.6	Zusammenfassung	245
9.7	Fälle und Übungen	246
10	**Familienrecht**	**248**
10.1	Überblick	248
10.2	Begriffsbestimmung	249
10.3	Verwandtschaft und Schwägerschaft	249
10.3.1	Verwandtschaft	249
10.3.2	Schwägerschaft	251
10.3.3	Rechtsfolgen von Verwandtschaft und Schwägerschaft	251
10.4	Eherecht	253
10.4.1	Begründung der Ehe	253
10.4.1.1	Einführung	253
10.4.1.2	Verlöbnis	254
10.4.1.3	Eheschließung	256
10.4.1.4	Eheverbote	257
10.4.1.5	Rechtsfolgen (allgemeine Ehewirkungen)	257
10.4.2	Eheliches Güterrecht	259
10.4.2.1	Gesetzlicher Güterstand der Zugewinngemeinschaft	259
10.4.2.2	Ehevertrag	262
10.4.2.3	Gütertrennung	262
10.4.2.4	Gütergemeinschaft	263
10.4.2.5	Güterrechtsregister	264
10.4.2.6	Zwangsvollstreckung (Eigentumsvermutung und Gewahrsamsfiktion)	264
10.4.2.7	Beispiel für einen Ehevertrag	265
10.4.3	Scheidung und Scheidungsfolgen	268
10.4.3.1	Grund und Voraussetzungen	268
10.4.3.2	Verfahren	269
10.4.3.3	Unterhaltsansprüche	271
10.4.3.4	Versorgungsausgleich	276
10.5	Rechtsstellung von Kindern	277
10.5.1	Abstammung	277
10.5.1.1	Mutterschaft	277
10.5.1.2	Vaterschaft	277
10.5.2	Verhältnis von Kindern zu ihren Eltern	279
10.5.2.1	Name des Kindes	279
10.5.2.2	Pflichten des Kindes	280
10.5.3	Verhältnis von Eltern zu ihren Kindern	281
10.5.3.1	Elterliche Sorge	281
10.5.3.2	Umgangsrecht	283
10.5.3.3	Annahme als Kind	283
10.5.3.4	Vormundschaft, Betreuung, Pflegschaft	284

10.6	Unterhaltsrecht	285
10.6.1	Allgemeines	285
10.6.2	Unterhalt zwischen Verwandten	286
10.6.3	Unterhalt zwischen Eltern und Kindern	287
10.6.4	Sozialrechtliche Besonderheiten	288
10.6.4.1	Krankenversicherung	288
10.6.4.2	Hinterbliebenenrente	289
10.7	Die nichteheliche Lebensgemeinschaft	290
10.8	Die eingetragene Lebenspartnerschaft	291
10.9	Zusammenfassung	292
10.10	Fälle und Übungen	294
11	**Erbrecht**	**298**
11.1	Überblick	298
11.2	Grundlagen	299
11.2.1	Funktion des Erbrechts	299
11.2.2	Erbrechtliche Grundsätze	299
11.2.3	Wichtige erbrechtliche Begriffe im Überblick	300
11.2.4	Erb- und Testierfähigkeit	300
11.2.5	Gesamtrechtsnachfolge	301
11.3	Die gesetzliche Erbfolge	302
11.3.1	Die gesetzliche Erbfolge der Verwandten	303
11.3.1.1	Erben erster Ordnung	303
11.3.1.2	Erben zweiter Ordnung	304
11.3.1.3	Erben dritter Ordnung	305
11.3.1.4	Erben vierter und weiterer Ordnungen	306
11.3.2	Erbrecht des Ehegatten	306
11.3.2.1	Voraus des Ehegatten	306
11.3.2.2	Erbrecht beim Güterstand der Zugewinngemeinschaft	307
11.3.2.3	Erbrecht beim Güterstand der Gütertrennung	308
11.3.2.4	Erbrecht beim Güterstand der Gütergemeinschaft	309
11.3.3	Erbrecht des Lebenspartners	309
11.3.4	Erbrecht des Fiskus	310
11.4	Verfügungen von Todes wegen – die gewillkürte Erbfolge	310
11.4.1	Testament	311
11.4.1.1	Ordentliche Testamentsformen	312
11.4.1.2	Außerordentliche Testamentsformen	313
11.4.2	Erbvertrag	313
11.4.3	Vermächtnis	316
11.4.4	Auflage	316
11.4.5	Pflichtteilsrecht	316
11.5	Rechtliche Stellung der Erben	318
11.5.1	Annahme der Erbschaft	318
11.5.2	Ausschlagung der Erbschaft	318
11.5.3	Haftung für Nachlassverbindlichkeiten	318
11.5.4	Erbengemeinschaft	319
11.5.5	Erbunwürdigkeit	319

11.5.6	Erbverzicht	319
11.5.7	Erbschein	320
11.5.8	Testamentsvollstrecker	321
11.6	Sonderrechtsnachfolge	322
11.6.1	Begriff und Voraussetzungen	322
11.6.2	Wirkungen der Sonderrechtsnachfolge	323
11.7	Zusammenfassung	323
11.8	Fälle und Übungen	325
12	**Arbeitsrecht**	**328**
12.1	Überblick	328
12.2	Individuelles Arbeitsrecht	331
12.2.1	Der Arbeitsvertrag als Grundlage des Arbeitsverhältnisses	331
12.2.1.1	Abgrenzung	331
12.2.1.2	Prinzipien der Vertragsgestaltung	331
12.2.2	Beteiligte Parteien	332
12.2.2.1	Arbeitgeber	332
12.2.2.2	Arbeitnehmer	332
12.2.2.3	Arbeitnehmerähnliche Personen	333
12.2.2.4	Arbeiter und Angestellte	334
12.2.3	Begründung des Arbeitsverhältnisses	334
12.2.3.1	Einstellungsverfahren	334
12.2.3.2	Nachweisgesetz	337
12.2.3.3	Exkurs: Arbeitsverhältnisse nach dem Berufsbildungsrecht	338
12.2.4	Bestand des Arbeitsverhältnisses	341
12.2.4.1	Hauptpflichten des Arbeitnehmers	341
12.2.4.2	Nebenpflichten des Arbeitnehmers (Treuepflicht)	343
12.2.4.3	Hauptpflichten des Arbeitgebers	344
12.2.4.4	Nebenpflichten des Arbeitgebers (Fürsorgepflicht)	346
12.2.5	Haftungsfragen zwischen den Arbeitsvertragsparteien	348
12.2.6	Beendigung des Arbeitsverhältnisses	349
12.2.6.1	Insolvenz und Veräußerung des Unternehmens	349
12.2.6.2	Anfechtung des Arbeitsvertrages	349
12.2.6.3	Faktische Arbeitsverhältnisse	350
12.2.6.4	Befristete Arbeitsverhältnisse	350
12.2.6.5	Aufhebungsvertrag	350
12.2.6.6	Tod des Arbeitnehmers oder des Arbeitgebers	350
12.2.6.7	Entscheidung des Arbeitsgerichts	351
12.2.6.8	Kündigung	351
12.2.7	Kündigungsschutz	355
12.3	Kollektives Arbeitsrecht	357
12.3.1	Koalitionsfreiheit	357
12.3.2	Tarifverträge	358
12.3.3	Streik und Aussperrung	359
12.3.3.1	Streik	359
12.3.3.2	Aussperrung	359
12.4	Mitbestimmung der Arbeitnehmer	359

12.4.1	Mitbestimmungsgesetz	359
12.4.2	Betriebsverfassungsgesetz	360
12.4.2.1	Grundlagen	360
12.4.2.2	Betriebsrat	360
12.5	Weitere arbeitsrechtlich relevante Sachverhalte	363
12.5.1	Arbeitsschutzrecht	363
12.5.1.1	Überblick über die Arbeitsschutzrechte	363
12.5.1.2	Datenschutz	364
12.5.2	Schwarzarbeitsbekämpfungsgesetz	367
12.6	Zusammenfassung	369
12.7	Wiederholungsfragen	371
12.8	Fälle und Übungen	371
13	**Strafrecht**	**374**
13.1	Überblick	374
13.2	Einführung	375
13.2.1	Notwendigkeit staatlicher Ordnungsmaßnahmen	375
13.2.2	Wichtige gesetzliche Grundlagen	375
13.2.3	Abgrenzung Strafrecht und Ordnungswidrigkeitenrecht	376
13.3	Die Straftat	376
13.3.1	Merkmale der strafbaren Handlung	376
13.3.1.1	Tatbestandsmäßigkeit	377
13.3.1.2	Rechtswidrigkeit	377
13.3.1.3	Schuld und Vorwerfbarkeit	377
13.3.2	Täterkreis	378
13.3.3	Rechtsfolgen	378
13.4	Jugendstrafrecht	380
13.4.1	Strafmündigkeit	380
13.4.2	Rechtsfolgen der Jugendstraftat	382
13.5	Ablauf des Strafverfahrens	383
13.5.1	Erkenntnisverfahren	383
13.5.2	Vollstreckungsverfahren	386
13.5.3	Verfahrensbeteiligte	386
13.6	Besondere Verfahrensarten	386
13.6.1	Privatklage (§§ 374–394 StPO)	386
13.6.2	Nebenklage (§§ 395–402 StPO)	387
13.6.3	Strafbefehl	387
13.7	Rechtsmittel im Strafverfahren	387
13.8	Exkurs: Überblick über das Wirtschaftsstrafrecht	388
13.8.1	Besonderheiten von Wirtschaftsstraftaten	389
13.8.2	Schäden der Wirtschaftskriminalität	389
13.8.3	Opfer der Wirtschaftskriminalität	390
13.8.4	Exemplarische Darstellung einzelner Wirtschaftsstraftaten	391
13.8.4.1	Betrug (§ 263 StGB)	391
13.8.4.2	Untreue (§ 266 StGB)	396
13.8.4.3	Beitragsvorenthaltung (§ 266 a StGB)	399

13.8.4.4	Bankrottdelikte (§ 283 StGB)	400
13.8.4.5	Korruption (§§ 331 ff. StGB)	403
13.8.4.6	Steuerhinterziehung (§ 370 AO)	406
13.8.4.7	Bilanz- und Buchführungsdelikte	409
13.8.4.8	Insolvenzverschleppung (am Beispiel der §§ 64, 84 GmbHG)	413
13.9	Zusammenfassung	414
13.10	Fälle und Übungen	417

14 Verwaltungsrecht **420**

14.1	Überblick	420
14.2	Die öffentliche Verwaltung	421
14.2.1	Begriffsbestimmung: Die öffentliche Verwaltung als Teil der Staatsgewalt	421
14.2.2	Arten der öffentlichen Verwaltung	422
14.2.2.1	Hoheitsverwaltung und Fiskalverwaltung	422
14.2.2.2	Eingriffsverwaltung und Leistungsverwaltung	423
14.2.2.3	Unmittelbare und mittelbare Verwaltung	424
14.2.3	Träger der öffentlichen Verwaltung	424
14.2.3.1	Aufbau der Bundesverwaltung	425
14.2.3.2	Aufbau der Länderverwaltung	426
14.2.3.3	Aufbau der Verwaltung auf Gemeindeebene	426
14.3	Grundsätze des Verwaltungsrecht	427
14.3.1	Grundsatz der Gesetzmäßigkeit	427
14.3.2	Grundsatz des pflichtgemäßen Ermessens	428
14.3.3	Grundsatz der Verhältnismäßigkeit	429
14.3.4	Gleichheitsgrundsatz	429
14.4	Der Verwaltungsakt als Form des Verwaltungshandelns	429
14.4.1	Begriff – inhaltliche Merkmale	429
14.4.2	Arten	429
14.4.3	Form	432
14.4.4	Bekanntgabe	433
14.4.5	Wirksamkeit/Vollziehbarkeit/Bestandskraft/Rechtmäßigkeit	433
14.4.5.1	Wirksamkeit	433
14.4.5.2	Vollziehbarkeit	433
14.4.5.3	Bestandskraft	434
14.4.5.4	Rechtmäßigkeit	434
14.4.5.5	Fehlerhafte Verwaltungsakte und deren Rechtsfolgen	434
14.5	Verwaltungsprozessrecht	435
14.5.1	Rechtsschutz des Bürgers	435
14.5.2	Ablauf des Verfahrens	436
14.6	Zusammenfassung	437
14.7	Fragen zur Wiederholung und Vertiefung	437

Abkürzungsverzeichnis **438**

Glossar **440**

Stichwortverzeichnis **454**

2 Jaschinski/Hey – ISBN 978-3-8120-0050-5

1 Rechtstechnische Grundlagen – Vom Fall zur Lösung

1.1 Zitierweise

Alle Darstellungen mit juristischem Hintergrund, z. B.

- Lehrbücher,
- Kommentare,
- Schriftsätze von Rechtsanwälten und Notaren,
- Urteile von Gerichten,

stellen in dem ausformulierten Text den Bezug zur jeweiligen Rechtsquelle her. Dabei wird nicht der gesamte **Paragraf** (insbes. in förmlichen Gesetzen, Rechtsverordnungen und Satzungen) oder **Artikel** (insbes. im Grundgesetz und in den Verfassungen der Länder) zitiert, sondern nur darauf hingewiesen.

Für den Paragrafen (griechisch parágraphos = Zeichen am Rande der Buchrolle) wird das **§-Zeichen** verwendet. Es besteht aus zwei ineinander gefügten S (Abkürzung für das lateinische „signum sectionis" = Abschnittsübersicht). Artikel werden mit **Art.** abgekürzt. Ein Paragraf bzw. Artikel kann aus mehreren Absätzen bzw. Nummern, jeder Absatz aus mehreren Sätzen bzw. Nummern bestehen. Die jeweilige Rechtsquelle wird in abgekürzter Form verwendet.

Beispiel		
Art. 1 GG	Artikel 1 des Grundgesetzes für die Bundesrepublik Deutschland	
§ 1306 BGB	Paragraf 1306 des Bürgerlichen Gesetzbuches	
§ 130 I BGB	Paragraf 130, Absatz 1 des Bürgerlichen Gesetzbuches	
§ 130 I 2 BGB	Paragraf 130, Absatz 1, Satz 2 des Bürgerlichen Gesetzbuches	
§ 106 II Nr. 1 HGB	Paragraf 106, Absatz 2, Nr. 1 des Handelsgesetzbuches	
§§ 106 f. HGB	das kleine **f.** steht für folgender – hier sind somit die Paragrafen 106 und 107 des Handelsgesetzbuches gemeint	
§§ 109 ff. HGB	das kleine **ff.** steht für fortfolgende – hier sind der Paragraf 109 sowie die nachfolgenden Paragrafen des Handelsgesetzbuches gemeint, sofern ein sachlogischer Zusammenhang besteht (hier bis einschließlich § 114)	

1.2 Umgang mit Lehrbuch und Gesetzestext

Die Herangehensweise an rechtliche Fragen ist fast mathematischer Natur und durchaus nichts Geheimnisvolles. Um einen möglichst großen Nutzen aus der Arbeit mit diesem Buch zu ziehen, ist es notwendig, dass Sie sich neben den rechtlichen Inhalten intensiv mit den nicht juristischen Aspekten, also z. B. mit wirtschaftlichen Zusammenhängen, auseinander setzen. Diese bilden immer die Basis für eine rechtliche Beurteilung.

Beispiel

1. **Wirtschaftlicher Sachverhalt**
   Bruno Bräsig verkauft sein Auto an Friederike Fritzenkötter.

2. **Rechtliche Würdigung**
   Der Kaufvertrag (§ 433 BGB) ist ein schuldrechtlicher Vertrag (§§ 145 ff. BGB), der durch zwei übereinstimmende Willenserklärungen (§§ 116 ff. BGB) die Vertragspartner zu bestimmten Leistungen verpflichtet. Anschließend müssen beide Vertragsparteien die versprochene Leistung erfüllen, indem sie die Ware bzw. das Geld übergeben und übereignen (§§ 433, 929 BGB) sowie die jeweils andere Leistung auch annehmen.

Zum **Umgang mit den zitierten Paragrafen** empfehlen wir folgende Vorgehensweise:

- Schlagen Sie jeden Paragrafen zunächst im Gesetz nach und lesen Sie sorgfältig den gesamten Paragrafen. So erhalten Sie einen guten Überblick über den Inhalt des Paragrafen, auch wenn im Sinnzusammenhang dieses Buches nur ein Absatz oder ein Satz angegeben war.
- Markieren Sie anschließend die Paragrafenüberschrift mit einem Textmarker. So können Sie später wiedererkennen, was Sie schon einmal gelesen haben und welche Paragrafen für bestimmte Sachverhalte zentral sind.

1.3 Fallbearbeitung

1.3.1 Struktureller Aufbau von Gesetzen

1.3.1.1 „Vom Allgemeinen zum Besonderen" am Beispiel des BGB

Am Anfang eines Gesetzes stehen immer diejenigen Vorschriften, die für das gesamte Gesetz (oder ein entsprechendes Rechtsgebiet, z. B. bürgerliches Recht) stehen und die im Nachfolgenden verfeinert und weiter konkretisiert werden.

Das BGB besteht aus fünf Büchern. Dabei gelten die Vorschriften des ersten Buches gleichermaßen für alle vier weiteren Bücher. Eigentlich hätten die Vorschriften des ersten Buches jedem anderen Buch vorangestellt werden müssen. Dadurch würde sich aber vieles unnötig wiederholen. Dennoch können die allgemeinen Regelungen im weiteren Verlauf spezifiziert werden. In diesem Zusammenhang spricht man von einem „Vor-die-Klammer-Ziehen".

Beispiel

Die **Sache** wird in Teil 1 definiert (§ 90 BGB). Daraufhin kann der Begriff in allen anderen Büchern ohne nähere Erklärung verwendet werden.

Beispiele:
- Teil 2 – § 433 BGB
- Teil 3 – § 854 BGB
- Teil 4 – § 1362 BGB
- Teil 5 – § 2022 BGB

1.3.1.2 „lex specialis derogat legi generali"

Mit dieser Aussage ist gemeint, dass das speziellere Gesetz dem allgemeinen bei der Beurteilung eines Sachverhaltes vorgeht.

Beispiel

Das Recht der Schuldverhältnisse findet sich im BGB im 2. Buch. Auch wenn es sich hier bereits um ein „besonderes" Buch (in Abgrenzung zum Allgemeinen Teil in Buch 1) handelt, besteht auch dieses Buch wiederum aus zwei Teilen: dem Allgemeinen Teil des Schuldrechts (§§ 241–432 BGB) und dem Besonderen Teil des Schuldrechts (§§ 433–853 BGB).

Gemäß §§ 278, 280, 311 BGB muss beispielsweise ein Ladenbesitzer für seinen Angestellten haften, wenn dieser einen Kunden versehentlich verletzt. Gemäß § 831 I 2 BGB besteht aber die Möglichkeit der Exkulpation, d.h., dass der Ladenbesitzer nicht schadensersatzpflichtig wird, sofern er nachweisen kann, dass er den Angestellten sorgfältig ausgesucht hat.

1.3.1.3 Rechtsnormen

➤ Begriff

Rechtsnormen sind hoheitliche Anordnungen (Gesetze bzw. Gesetzesbestandteile), die für eine Vielzahl von Personen allgemein verbindliche Regelungen enthalten.

➤ Aufbau

Die Rechtsnormen bestehen aus:
- dem Tatbestand und
- der Rechtsfolge.

Beispiel

Rechtsnorm: § 214 I BGB

Tatbestand: „Nach Eintritt der Verjährung ..."

Rechtsfolge: „... ist der Schuldner berechtigt, die Leistung zu verweigern."

AUFBAU DER RECHTSNORMEN	
Tatbestand	Rechtsfolge
Berechtigung	**ODER**	Verpflichtung
	Gebot	**ODER**	Verbot

➤ Legaldefinition

Von den Rechtsnormen sind die Legaldefinitionen abzugrenzen, die lediglich der Erläuterung eines Rechtsbegriffes dienen, z.B. Kaufmannsbegriff gem. § 1 I HGB.

1.3.2 Auffinden der Rechtsnorm

Um einen Fall lösen oder einen Sachverhalt rechtlich beurteilen zu können, müssen Sie zunächst einmal die zugehörige Rechtsnorm finden.

SUCHSTRATEGIE ZUM AUFFINDEN EINER RECHTSNORM (am Beispiel des Kaufvertrages)

I. Öffentliches oder privates Recht?
Beispiel: Der Kaufvertrag gehört zum privaten Recht.

II. Einengung des Gebietes aus dem Hauptgebiet auf relevante Rechtsquelle(n)!
Beispiel: Neben dem BGB gibt es eine ganze Reihe von privatrechtlichen Sonderregelungen. Die Kernvorschriften zum Kaufvertrag finden sich jedoch im BGB.

III. Welcher Teil des Gesetzes kommt in Betracht?
Beispiel: Das BGB besteht aus fünf Büchern. Im 2. Buch findet sich das Recht der Schuldverhältnisse.

IV. Welcher Paragraf oder Artikel ist auszuwählen?
Beispiel: Im Besonderen Teil des BGB sind die einzelnen Schuldverhältnisse aufgeführt – auch die Regelungen zum Kaufvertrag in den §§ 433 ff. BGB.

1.3.3 Subsumtionstechnik

Nachdem Sie eine Rechtsnorm gefunden haben, müssen Sie überprüfen, ob der Sachverhalt mit Hilfe dieser Rechtsnorm auch beurteilt werden kann. Indem Sie den **konkreten Sachverhalt** mit der **abstrakten Formulierung der Rechtsnorm** (Tatbestand) vergleichen, ordnen Sie den Sachverhalt der Rechtsnorm unter (= subsumieren).

Beispiel

1. Fall:	Bruno Bräsig verkauft seinen Gebrauchtwagen für 2.500,00 EUR an Friederike Fritzenkötter.
2. Problem:	Prüfen Sie, ob Frau Fritzenkötter den Kaufpreis bezahlen muss.
3. Rechtsnorm:	§ 433 II BGB
4. Tatbestand:	Kaufvertrag
5. Subsumtion:	Durch den Abschluss des Kaufvertrages sind beide Parteien Verpflichtungen eingegangen (§ 433 BGB), die sie auch erfüllen müssen.
6. Rechtsfolge:	Frau Fritzenkötter muss den Gebrauchtwagen abnehmen und bezahlen.

1.3.4   Fall- und Lösungsmuster

Im nachfolgenden Fall wird die Vorgehensweise im zentralen Bereich der Falllösung skizziert:

FALL

Else Elkenkötter hat in der Boutique von Bruno Bräsig ein wunderschönes Designer-Kleid entdeckt, das zu einem Preis von lediglich 350,00 EUR ausgezeichnet ist. Nach der Anprobe geht Frau Elkenkötter zur Kasse und bezahlt bei der Verkäuferin Gesine Geschwind.

Auf dem Weg zum Ausgang trifft Elke Elkenkötter auf den Geschäftsführer Bräsig, dem sie von dem günstigen Kauf vorschwärmt. Bräsig weist Frau Elkenkötter darauf hin, dass sie das Kleid nur mitnehmen könne, wenn sie die Differenz in Höhe von 180,00 EUR bezahlt – das Preisetikett hatte statt 530,00 EUR nur 350,00 EUR ausgewiesen.

Frau Elkenkötter ist allerdings der Auffassung, dass sie das Kleid bezahlt hat und nun mitnehmen darf. Es kommt zum Streit.

AUFGABENSTELLUNG

Prüfen Sie, ob Bräsig zu Recht einen höheren Kaufpreis fordern kann.

LÖSUNG

1. Gesetzliche Vorschrift(en) als Entscheidungsgrundlage

Als Anspruchsgrundlage kommt § 433 II BGB in Betracht, weil sich der Kaufpreisanspruch bei diesem zweiseitigen Rechtsgeschäft aus dem gegenseitigen Vertrag ableitet.

2. Voraussetzung(en) zur Anwendbarkeit der Vorschrift(en)

§ 433 II BGB ist anzuwenden, wenn zwischen Verkäufer (Bräsig) und Käufer (Elkenkötter) im Rahmen des Kaufvertragsabschlusses ein entsprechender Kaufpreis (530,00 EUR) vereinbart wurde.

3. Überprüfung der Voraussetzung(en)

Frau Elkenkötter hat mit der Verkäuferin den Kaufvertrag abgeschlossen. Die Verkäuferin ist im Rahmen ihrer Ladenvollmacht (§ 56 HGB i.V.m. § 164 I BGB) zum Abschluss eines solchen Geschäfts befugt. Da die Verkäuferin Bräsig wirksam vertreten hat, ist also auch der Kaufvertrag über 350,00 EUR wirksam zustande gekommen.

Somit stellt die Forderung des Bräsig (Kaufpreis 530,00 EUR) einen neuen Antrag dar, der von Frau Elkenkötter abgelehnt wird, sodass kein Vertrag zustande kommt (§ 146 BGB).

4. Schlussfolgerung bzw. Ergebnis

Bräsig ist aufgrund einer fehlenden Vertragsgrundlage nicht berechtigt, den höheren Kaufpreis (350,00 EUR + 180,00 EUR = 530,00 EUR) zu fordern. (Eine Anfechtung gem. § 119 I BGB ist hier nicht möglich, weil die Erklärung der Verkäuferin über die Höhe des Preises und der auf dem Etikett beschriebene Preis objektiv identisch waren.)

1.4 Zusammenfassung

WIE LÖST MAN EINEN KOMPLEXEN FALL?			
1.	**2.**	**3.**	**4.**
Aufgabenstellung und Sachverhalt intensiv lesen und verstehen	**Anspruchs- grundlagen finden**	**Lösung skizzieren**	**Lösungsskizze in vollständige Aufgabenlösung umformulieren**
Wichtig: Bezug Aufgabenstel- lung – Lösungs- ansatz	Wichtig: Anspruchsgrundlage = Rechtsquelle = Paragrafen	Wichtig: vollständige Lösungs- skizze, um bei der Ausformulierung nichts zu vergessen	Wichtig: das Ergebnis steht immer am Ende der Lösung

- Wer will
- was
- von wem
- woraus?

- vertragliche Ansprüche
- vertragsähnliche Ansprüche
- Ansprüche aus Geschäftsführung ohne Auftrag
- dingliche Ansprüche
- deliktische Ansprüche
- Schmerzensgeld- ansprüche
- Ansprüche aus ungerechtfertigter Bereicherung

1.5 Aufgaben

Stellen Sie für folgende Rechtsnormen Tatbestand und Rechtsfolge dar:

1. § 105 I BGB
2. § 150 BGB
3. § 535 I 1 BGB
4. § 823 I BGB
5. § 937 I BGB

2 Grundlagen des Rechts

2.1 Überblick

Ordnungsfunktion
Sicherheitsfunktion
Ausgleichsfunktion

Sitte und Moral

Gewohnheitsrecht

geschriebenes Recht

GESETZGEBUNG

GESETZGEBUNG

2.2   Zum Begriff des Rechts

Wenn jemand sagt: „Ich habe Recht!", ist dies zunächst eine sehr persönliche Einschätzung der Situation. Ob es ebenfalls objektiv darstellbar ist, hängt stark davon ab, welche Regeln, Vorschriften und gesellschaftliche Ansichten in dem Kulturkreis der Person vorherrschen.

Unter Recht kann rein objektiv die Rechtsordnung verstanden werden, wobei die Rechtsordnung die Gesamtheit aller Rechtsvorschriften darstellt, die

- das Verhältnis der Menschen untereinander,
- das Verhältnis der Menschen zu übergeordneten Organen und Hoheitsträgern (z. B. Steuerpflichtiger und Finanzamt),
- das Verhältnis der Hoheitsträger untereinander

regelt.

Diese Regeln können ausdrücklich fixiert sein (Rechtsnormen) oder sich durch langjährige Übung oder Gewohnheit herausgebildet haben (Gewohnheitsrecht).

Das Recht darf niemals zum Selbstzweck werden. Es dient vielmehr dazu, durch staatlich koordinierte und kontrollierte Regeln das Zusammenleben der Menschen in möglichst friedvoller Weise zu ermöglichen.

Außerdem ergeben sich aus den objektiven Rechtsvorschriften für eine Person Befugnisse, die gegenüber Dritten durchsetzbar sind, z. B. das Herrschaftsrecht über Eigentum.

2.3   Funktionen des Rechts

2.3.1   Ordnungsfunktion

Beeinflusst von kulturellen und wirtschaftlichen Entwicklungen, werden Grundregeln – Rechtsnormen – aufgestellt, die dafür sorgen sollen, dass durch Gebote und Verbote gesellschaftliches Leben erst möglich wird. Außerdem sollen normierte Möglichkeiten zur Konfliktlösung aufgezeigt werden bzw. Hinweise gegeben werden, wie im Streitfall die Ordnung wiederhergestellt werden kann.

Beispiel

Die Straßenverkehrsordnung sieht vor, dass innerhalb von geschlossenen Ortschaften mit einer Geschwindigkeit von 50 km/h gefahren werden darf (§ 3 II 1 StVO). Nach § 49 I 3 StVO liegt eine Ordnungswidrigkeit vor, wenn die vorgegebene Geschwindigkeit überschritten wird. Dann steht es der Polizei nach § 24 StVG zu, ein Bußgeld zu erheben.

2.3.2   Sicherheitsfunktion – strafrechtliche Sanktionsfunktion

Wird gegen bestehende Rechtsvorschriften verstoßen (z. B. Diebstahl), greifen staatliche Organe ein, um durch Zwangsmaßnahmen den Rechtsfrieden wiederherzustellen und somit die einzelnen Rechtsgüter zu schützen. Denn nur wenn sichergestellt ist, dass ein Verstoß gegen die Regeln auch Konsequenzen hat, hält sich die Mehrzahl der Bürger an die Rechtsvorschriften. Der Einzelne kann sich prinzipiell darauf verlassen, dass sein Gegenüber sich ebenfalls an die Regeln hält, da dieser ebenfalls darum weiß, dass er bei groben Verstößen zur Verantwortung (Strafe, Schadensersatz) gezogen wird.

Beispiel

Friedobald Hubendudel ist im Lebensmitteleinzelhandelsgeschäft von Paul Pfiffig angestellt. Pfiffig hat Hubendudel dabei ertappt, wie dieser sich 50,00 EUR aus der Kasse nahm, nachdem diese für einen Kassiervorgang geöffnet war. Hubendudel erhält die fristlose Kündigung sowie eine Anzeige bei der Polizei.

2.3.3 Ausgleichsfunktion

Wenn eine Person gegen eine bestehende Rechtsnorm verstößt, hat dies in der Regel zur Folge, dass eine andere Person oder eine Personengemeinschaft geschädigt wird. Durch die Ausgleichsfunktion soll je nach Sachlage ermöglicht werden, dass der Geschädigte vom Schädiger den zugefügten Schaden ersetzt bekommt.

Beispiel

Bernd Meier kommt mit seinem Wagen vor einer roten Ampel nicht mehr rechtzeitig zum Stehen und verursacht einen Verkehrsunfall mit einem Sachschaden in Höhe von 3.800,00 EUR. Er muss für den Schaden aufkommen und die entsprechenden Beträge an die Geschädigten zahlen.

2.4 Sitte und Moral

Recht entsteht – und ist insbesondere in früheren Zeiten entstanden – aus den sittlichen Vorstellungen der jeweiligen Epoche. Diese Vorstellungen gehen aus der jeweils herrschenden Auffassung der betroffenen sozialen bzw. gesellschaftlichen Gruppe hervor. §138 BGB beschreibt dies als die „guten Sitten", die als verletzt gelten, wenn ein Sachverhalt gegen das Anstandsgefühl aller **billig und gerecht Denkenden** verstößt.

Was aber ist darunter zu verstehen? Ausgegangen werden muss hier von dem durchschnittlichen Rechtsempfinden der beteiligten Kreise.

2.4.1 Sitte

Die Sitte zielt somit auf Verhaltensformen im gesellschaftlichen Umgang ab, die das äußere Verhalten der Menschen bestimmen. Es sind Übereinkünfte bestimmter Gesellschaftsteile wie Vereine, Berufsstände oder Regionen. Alle Mitglieder kennen diese ungeschriebenen Regeln der Höflichkeit und des Anstands und halten sich daran. Aber auch hier kann ein Verstoß gravierende Konsequenzen haben.

Beispiel

Während sich ein Theaterbesuch im Landestheater in Detmold mit Jeans und Sweatshirt unproblematisch gestalten lässt, wird eine Teilnahme an den Wagner-Festspielen in Bayreuth nur in Anzug oder Abendkleid möglich sein.

2.4.2 Moral

Moral ist ein innerer Antrieb und durch die innere Gesinnung und das Gewissen des Menschen motiviert. Moral entsteht im Zusammenleben von Gemeinschaften und wird durch die innere Einstellung, aber insbesondere auch durch Erziehung im Elternhaus, in der Schule, im Freundeskreis oder im Arbeitsleben geprägt. Religiöse und ethische Verhaltensnormen können strenger sein als geltendes Recht, weil sie zunächst das Gewissen ansprechen. Ein moralischer Verstoß in der Lebensgemeinschaft kann zu Ächtung in der Gesellschaft führen.

Beispiel Spendenbereitschaft für in Not geratene Mitbürger (z. B. Flutkatastrophe) oder hungernde Kinder wird nicht durch das BGB vorgeschrieben. Dies ist ein Akt der Menschlichkeit – der Moral, sofern der Kulturkreis dies so definiert.

2.5 Rechtsbildung und Rechtsentwicklung

2.5.1 Rechtsgeschichte

➤ Definition

Die Rechtsgeschichte befasst sich mit der Entstehung, Veränderung und Aufhebung von Rechtseinrichtungen, Rechtsformen und Rechtsinstituten im geschichtlichen Verlauf eines Volkes oder Kulturkreises.

➤ Gegenstand

In der Rechtsgeschichte werden vormals geltende Rechtsnormen untersucht und deren Systematik und innere Struktur aufgedeckt. Betrachtet man z. B. die Regelungen zum Eigentumsschutz, zum gutgläubigen Erwerb oder zum Gang des Strafverfahrens in vergangenen Zeiten, dann ist das Erkenntnisinteresse auf früher geltendes Recht gerichtet. Solche Erkenntnisse führen aber zugleich zu mehr Verständnis des jetzt geltenden Rechts. Rechtsgeschichte dient aber auch und gerade zur Veranschaulichung der **Zusammenhänge des Rechts mit dem wirtschaftlichen, sozialen und geistig-kulturellen Denken einer Zeit.** Auf einer Zeitebene betrachtet werden dort gewonnene Erkenntnisse aufgenommen, Rechtsentwicklungen sichtbar gemacht und verdeutlicht, sodass sich Recht nie losgelöst von anderen gesellschaftlichen Regelungsmechanismen verstehen lässt.

Die **deutsche Rechtsgeschichte** widmet sich dabei speziell der Erforschung und Darstellung der Entwicklung des Rechts in Deutschland. Gerade das deutsche Recht hat sich aber nie rein national entwickelt. Es ist unter dem beständigen Einfluss antiken, insbesondere römisch-kanonischen (kirchlichen), aber auch griechischen Rechtsdenkens entstanden. Nur in dieser Verbindung kann es studiert und verstanden werden.

➤ Ursprung

Recht existiert, seitdem es Lebewesen gibt. Selbst in der freien Natur gibt es Recht: das sprichwörtliche Recht des Stärkeren. Es ist eine **Kulturleistung des Menschen,** Recht formalisiert und in Gesetze geformt zu haben. Vor der Erfindung der Schrift wurden die Gesetze und Verhaltensregeln mündlich überliefert.

Jede Gruppe unterwirft sich Regeln, die das Überleben der Gemeinschaft sichern sollen. Diese Regeln verändern sich im Zeitablauf und in der Menschheitsgeschichte, daher ist auch das Recht an sich aus einer evolutionstheoretischen Perspektive zu betrachten.

➤ Entwicklungsschritte

- Es gibt „schriftliche" Aufzeichnungen (je nach Definition) von Rechtsregeln, die ca. 4500 Jahre zurückreichen. Aber das erste systematische und schriftlich niedergelegte Gesetzeswerk, der **Code Hammurabi,** entstand etwa um 1700 v. Christus.
- Weitere wesentliche Entwicklungsschritte erfolgten mit dem Aufblühen und dem anschließenden Untergang der verschiedenen Staaten. Zunächst erlebten die **Griechen** eine Hochkultur, die dann von den **Römern** abgelöst wurden. Beide Kulturkreise haben mit ihren Grundgedanken des Rechts noch Einfluss auf das deutsche Recht heutiger Prägung. Insbesondere durch das **Heilige Römische Reich Deutscher Nation** wurden **römisch–kanonische Rechtsgedanken** in den deutschen Sprachraum getragen.
- Im **Mittelalter** gingen viele schriftlich überlieferte Rechtsnormen verloren, die dann von einzelnen Gelehrten wieder zu Rechtsordnungen zusammengefasst wurden. Ein herausragendes Beispiel ist der **Sachsenspiegel,** der vom sächsischen Ritter Eike von Repgow um das Jahr 1225 verfasst wurde. Er schrieb darin das bis dahin mündlich überlieferte Recht nieder, das im sächsischen Gebiet gültig war. Obgleich es eine nur private Sammlung und Aufzeichnung des mittelalterlichen sächsischen Rechts beziehungsweise Gewohnheitsrechts war, gewann der Sachsenspiegel bald derartigen Einfluss, dass er namentlich im sächsischen und norddeutschen Raum bis weit in die Neuzeit hinein eine wichtige Grundlage für die Rechtsanwendung und Rechtsprechung war. Er ist das erste große Rechtsdokument in Deutschland, das statt in Lateinisch in deutscher Sprache verfasst wurde.
- Die nächste große Veränderung im Rechtssystem brachte die **französische Revolution.**
- Genauso zersplittert wie das Deutsche Reich war auch das deutsche Recht, es galten sehr unterschiedliche Rechtsnormen. Mit dem **Zusammenschluss der deutschen Staaten von 1871** war es an der Zeit, die Vereinheitlichung der Rechtsnormen, die mit dem Wechsel- und Handelsrecht 1851 begonnen wurde, fortzusetzen. Aber es dauerte noch bis zum **1. Januar 1900,** bis das **Bürgerliche Gesetzbuch** in Kraft treten konnte. Viele Regelungen gelten noch heute.
- Eine weitere Zäsur im deutschen Recht erfolgte durch die Machtübernahme der Nationalsozialisten. Erst nach der Beendigung des Krieges wurde das inhumane Recht der NS-Zeit in ein menschenwürdiges Recht zurücktransformiert.

■ Diese Erfahrungen aus 4000 Jahren Rechtsgeschichte hatten die Väter des **Grundgesetzes** vor Augen, als sie dieses übergeordnete Gesetz für die Bundesrepublik Deutschland schufen. Und trotz des rasanten Wandels, den Deutschland und die Welt in den letzten 60 Jahren erfahren haben, ist das Grundgesetz aus guten Gründen fast unverändert geblieben und bildet den Maßstab für alle anderen Gesetze.

2.5.2 Rechtsquellen

Die Rechtsordnung entsteht durch die Summe aller Rechtsnormen, die für eine Gemeinschaft gelten. Diese Rechtsnormen binden das Verhalten der Menschen und bestehen als geschriebenes Recht, als Gewohnheitsrecht oder als Richterrecht.

2.5.2.1 Das geschriebene Recht

Durch geschriebenes Recht erhält der Bürger ein hohes Maß an Sicherheit in rechtlichen Fragen, da er sich informieren kann, welche Vorschriften es gibt und wie diese für ihn gelten.

Gesetze	Verordnungen	Satzungen
sind allgemein gültige Regeln und Vorschriften, die von den gesetzgebenden Körperschaften beschlossen werden. Der Weg der Gesetzgebung ist durch die Verfassung vorgegeben. Über Gesetze beschließen nur der Bundestag, der Bundesrat, die Landtage und Senate. **Beispiel** ■ StGB ■ StVG ■ EStG	sind abgeleitete Rechtsnormen und können von der Bundesregierung, einem Bundesminister oder einer Landesregierung erlassen werden. **Beispiel** ■ StPO ■ StVO ■ EStVO	sind Rechtsvorschriften, die von staatlichen Verbänden, Körperschaften, Anstalten, Stiftungen etc. erlassen werden. Zur Erfüllung ihrer Aufgaben können diese Institutionen Satzungen erlassen. Die Erlaubnis dazu ergibt sich aus ihrer gesetzlichen Autonomie. **Beispiel** ■ Satzung der IHK ■ Haushaltssatzung ■ Kirchenrecht

2.5.2.2 Das Gewohnheitsrecht

Durch langjährige Tradition oder dauernde Übung entsteht eine Rechtsvorstellung, die nicht schriftlich fixiert ist. Nur durch die Rechtsüberzeugung der das Gewohnheitsrecht anwendenden Bürger haben diese Vorschriften Gültigkeit – sie sind von der Allgemeinheit anerkannt. Die Entwicklung steht jedoch dafür, dass immer mehr im Gewohnheitsrecht verankerte Vorschriften in geschriebenes Recht überführt werden.

Klaus Klausewitz stiehlt eine wertvolle Armbanduhr, die er dem nichts ahnenden Bruno Bräsig für einen angemessenen Preis verkauft. Grundsätzlich kann an gestohlenen Gegenständen kein Eigentum erworben werden. Aber nach dem Gewohnheitsrecht kann Bräsig die Uhr „ersitzen". Er wird nach 10 Jahren Eigentümer der Uhr (§ 937 I BGB).

2.5.2.3 Richterrecht

Das Recht schreibt Individuen, Organisationen und dem Staat ein bestimmtes Verhalten vor. Die Besonderheit des Rechts liegt darin, dass Verstöße gegen die Verhaltensbestimmungen mit Sanktionen belegt werden.

Aber: Die gesellschaftlichen Bedingungen, nach denen bestimmte Handlungen mit Sanktionen belegt werden sollen, verändern sich. Das heißt für die rechtlichen Bestimmungen, dass sie gegebenenfalls an veränderte gesellschaftliche Realitäten angepasst werden müssen.

Die wichtigste Rechtsquelle sind die vom Parlament beschlossenen Gesetze. Das Parlament ist ein Spiegelbild der Gesellschaft. Dementsprechend spiegeln sich auch im Parlament gesellschaftliche Strömungen wider. Von außen und aus dem Parlament heraus werden Veränderungstendenzen an das Gremium herangetragen. Liegen die bestehenden rechtlichen Regelungen sehr weit neben den bestehenden Realitäten, entsteht ein Anpassungsdruck, der sich schließlich in einer Veränderung der rechtlichen Normen durch das Parlament äußert.

Die Veränderung des Versandhandels durch das Internet hat den Gesetzgeber (das Parlament) veranlasst, das BGB um die Regelungen zum Fernabsatz zu ergänzen.

Aber nicht alle Lebenssituationen können durch das geschriebene Recht erfasst werden. Immer wieder müssen Richter über Sachverhalte urteilen, die so nicht im Gesetz niedergelegt waren. Dementsprechend schaffen sie mit ihren Urteilen Ergänzungen zu den Gesetzen. Man spricht auch von der **Rechtsfortbildung durch das Richterrecht.** Sofern die Obergerichte sich auf bestimmte Auslegungen von Rechtsfragen festgelegt haben, erhalten diese Auslegungen quasi Gesetzescharakter.

Der BGH fällt ein Urteil zu einem Sachverhalt. Alle weiteren parallelen Sachverhalte, die vor Instanzgerichten verhandelt werden, werden der Wertung des BGH unterworfen.

Bei der Auslegung der Gesetze sind die Richter allerdings nicht ganz frei. Die Auslegung hat nach einer nachvollziehbaren Methode zu erfolgen. Vier Methoden sind anerkannt:

- die **grammatische Auslegung,** die nach dem reinen Wortlaut einer Gesetzesformulierung fragt,
- die **historische Auslegung,** die nach den Absichten fragt, die der Gesetzgeber mit einem bestimmten Gesetz verfolgt hat,
- die **systematische Auslegung,** die ein Gesetz in den Kontext einer Reihe von Vorschriften stellt und daraus Aufschluss über eine Problemstellung geben soll,

■ die **teleologische Auslegung,** die nach dem Zweck eines Gesetzes fragt; dieser ist meist nicht explizit genannt und bietet daher bei der Auslegung den meisten Spielraum.

Diese Methoden sind kein abschließender Katalog. Sie müssen auch nicht ausschließlich angewendet werden. Kombinationen von Methoden sind durchaus möglich. Sie können auch noch durch andere plausible Überlegungen ergänzt werden. Dabei sind die legitimen Interessen der Beteiligten ebenso in Betracht zu ziehen, wie die Konsequenzen für die Allgemeinheit.

Eine besondere Rolle in der Rechtsfortbildung nehmen rechtskundige Wissenschaftler ein, die zu bestimmten rechtlichen Problemen in Lehrbüchern, Kommentaren, Monografien oder Aufsätzen Stellung nehmen. Die durch den wissenschaftlichen Diskurs gewonnenen Ergebnisse drücken sich schließlich in einer **„herrschenden Meinung"** aus. Ist eine herrschende Meinung gebildet, folgen die Gerichte meistens in der Auslegung von Gesetzen dieser herrschenden Meinung (kein Zwang – sie können auch der Mindermeinung folgen). Die herrschende Literaturmeinung erhält somit „Quasi-Gesetzeskraft".

In einer Demokratie sind Richterrecht und „herrschende Literaturmeinung" nicht unproblematisch. Geht man davon aus, dass durch das Parlament die Mehrheit der Bevölkerung die Gesetzgebung steuern soll, so ist der Einfluss, den Richter und Rechtswissenschaftler auf die Rechtsfortbildung haben, nicht demokratisch legitimiert. Letztendlich kann aber nur der Gesetzgeber rechtliche Fragen abschließend regeln.

2.5.3   Gesetzgebungsverfahren

Bundesgesetze werden in der Bundesrepublik Deutschland durch den Bundestag beschlossen (Art. 77 I 1 GG). Dies geschieht unter Beteiligung des Bundesrates.

1. Schritt: Einbringung eines Gesetzentwurfs beim Bundestag

Gesetzesvorlagen werden beim Bundestag eingebracht (Art. 76 I GG) durch

1. die Bundesregierung,
2. den Bundesrat oder
3. die Abgeordneten des Bundestages.

1. **Vorlage durch die Bundesregierung (Art. 76 II GG)**
   ■ Die Bundesregierung muss ihre Gesetzesvorlage zunächst dem Bundesrat vorlegen, der berechtigt ist, innerhalb von sechs Wochen dazu Stellung zu nehmen.
   ■ Anschließend wird die Vorlage dem Bundestag zugeleitet.

2. **Vorlage durch den Bundesrat (Art. 76 III GG)**
   ■ Der Bundesrat muss seinerseits zunächst der Bundesregierung seine Gesetzesvorlage vorlegen. Dies kann der Bundesrat nur in seiner Gesamtheit, sodass **nicht** ein Bundesland alleine agieren kann.
   ■ Die Bundesregierung muss die Vorlage nun innerhalb von sechs Wochen unter Darlegung ihrer Auffassung an den Bundestag weiterleiten.

3. **Vorlage durch den Bundestag (§ 76 GO BT)**

Eine aus der Mitte des Bundestages eingebrachte Gesetzesvorlage muss

- von einer Fraktion oder
- mindestens fünf Prozent der Abgeordneten

unterzeichnet sein.

2. Schritt: Lesungen (Beratungen) im Bundestag

Jedes Gesetzesvorhaben wird durch den Bundestag in Beratungen – sog. Lesungen – geprüft (§§ 78 ff. GO BT).

- Der für das Fachgebiet zuständige Ausschuss muss sich zwischen der ersten und zweiten Lesung mit der Vorlage befassen.
- Erst in der zweiten Lesung befasst sich der Bundestag detailliert mit der Vorlage.
- Als Grundlage für die dritte Lesung dienen die Beschlüsse der zweiten Lesung. Wurden in der zweiten Lesung keine Änderungen beschlossen, schließt sich die dritte Lesung unmittelbar an.
- Ist die dritte Lesung abgeschlossen, erfolgt eine Abstimmung über den Gesetzesentwurf.
- Der Bundesrat kann jedoch die Zustimmung verweigern bzw. Einspruch gegen den Entwurf einlegen.

3. Schritt: Entscheidung des Bundesrates

Nach Beschluss der Vorlage durch den Bundestag muss der Bundestagspräsident den Gesetzesbeschluss dem Bundesrat zuleiten (Art. 77 I 2 GG).

1. **Zustimmungsgesetze (Art. 77 II a GG):**
   - <u>Definition:</u> Zustimmungsgesetze berühren Themenbereiche, bei denen das Grundgesetz die Zustimmung des Bundesrates **ausdrücklich** vorsieht, z. B. Verfassungsänderungen und Eingriffe in die Interessen der Länder.
   - <u>Vorgehen:</u> Die Zustimmung erfolgt mit Stimmenmehrheit – Verfassungsänderungen bedürfen einer Zweidrittelmehrheit (Art. 79 II GG).
2. **Einspruchsgesetze (Art. 77 III GG):**
   - <u>Definition:</u> Einspruchsgesetze berühren Themenbereiche, bei denen das Grundgesetz die Zustimmung des Bundesrates **nicht ausdrücklich** vorsieht.
   - <u>Vorgehen:</u> Der Bundesrat kann innerhalb von zwei Wochen (nach Eingang des Gesetzes beim Bundesrat) Einspruch einlegen.
3. **Vermittlungsausschuss (Art. 77 II GG):**
   - <u>Definition:</u> Ausschuss, der aus jeweils 16 Mitgliedern des Bundestages und des Bundesrates besteht.
   - <u>Vorgehen:</u> Finden einer Gesetzesfassung, der beide Körperschaften (Bundestag/Bundesrat) zustimmen können. Wird der Gesetzesbeschluss geändert, muss der Bundestag diesen erneut beschließen und der Bundesrat erneut zustimmen bzw. den Beschluss billigen (s. o.).

> ▶ **4. Schritt: Inkrafttreten**

Nachdem die endgültige Fassung des Gesetzes ohne Einwendungen den Bundestag und Bundesrat passiert hat, wird sie (Art. 82 GG)

- vom zuständigen Minister und vom Bundeskanzler unterzeichnet
- und dem Bundespräsidenten zugeleitet.
- Der Bundespräsident unterzeichnet ebenfalls und es wird
- eine Ausfertigung angefertigt. Damit wird bestätigt, dass das Gesetz verfassungsgemäß zustande gekommen ist.
- Anschließend erfolgt die Verkündung im Bundesgesetzblatt. Mit dem Tage der Verkündung tritt das Gesetz in Kraft.

Beispiel

> Das vorstehende Gesetz wird hiermit ausgefertigt.
> Es ist im Bundesgesetzblatt zu verkünden.
>
> Berlin, den 14. März 20 . .
>
> **Der Bundespräsident**
> *Dr. Horst Köhler*
>
> **Die Bundeskanzlerin**
> *Dr. Angela Merkel*
>
> **Die Bundesministerin der Justiz**
> *Brigitte Zypries*

2.6 Rechtsgebiete

2.6.1 Privatrecht und öffentliches Recht

Durch das **Privatrecht** werden die Rechtsbeziehungen von Personen untereinander geregelt, sodass sich die Personen hier auf gleicher Ebene gegenüberstehen. Es herrscht also das Prinzip der Gleichordnung, wodurch die Personen als gleichberechtigte Partner am Rechtsverkehr teilnehmen. Die rechtliche Grundlage bilden das bürgerliche Recht (BGB), das Gesellschafts- und Handelsrecht (HGB) sowie das Individualarbeitsrecht.

Beispiel

Georg Grün kauft beim Autohändler Blau ein Neufahrzeug. Sowohl dem Käufer als auch dem Verkäufer kommen aus dem Kaufvertrag gleichrangige Rechte und Pflichten zu.

Dagegen gilt beim **öffentlichen Recht** das Prinzip der Über- und Unterordnung. Hier wird das Verhältnis des einzelnen Bürgers zum Staat bzw. umgekehrt geregelt. Dem Staat als Inhaber hoheitlicher Gewalt kommt hier die übergeordnete Rolle zu. Die Interessen der Allgemeinheit werden gewahrt, indem der Einzelne seine Interessen denen des Gemeinwesens unterordnet.

Beispiel

Fritz Fröhlich erzielt als allein stehender Arbeitnehmer ein Bruttoeinkommen in Höhe von 24.000,00 EUR. Er ist verpflichtet, Lohnsteuer zu zahlen, die durch den Arbeitgeber an das Finanzamt abgeführt wird.

3 Jaschinski/Hey – ISBN 978-3-8120-0050-5

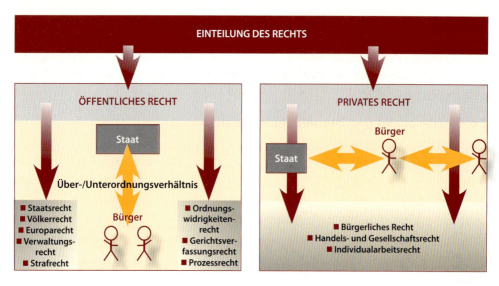

2.6.2 Zwingendes und dispositives Recht

Das **zwingende Recht** umfasst Rechtsvorschriften, deren Abänderung oder deren Ausschluss im Rechtsverkehr grundsätzlich gesetzlich verboten ist. Eine unbedingte Einhaltung ist zwingend erforderlich.

Beispiel Berta Brösel möchte ein Grundstück erwerben, um sich darauf ihr Traumhaus zu bauen. Der Kaufvertrag mit dem Verkäufer muss unbedingt notariell beurkundet werden (§ 311 b I 1 BGB).

Das **dispositive Recht** oder nachgiebige Recht erlaubt, dass geltende allgemeine Rechtsvorschriften durch die Beteiligten abgeändert oder ausgeschlossen werden. Allerdings nur insofern, als keiner der Beteiligten dadurch benachteiligt wird.

Beispiel Die gesetzliche Gewährleistungsfrist beträgt gem. § 438 I Nr. 3 BGB 2 Jahre. Dementsprechend ist es unproblematisch, wenn der Hersteller oder Händler eines neuen PKW dem Kunden eine Gewährleistungsfrist von 3 Jahren einräumt.

2.6.3 Materielles und formelles Recht

Das **materielle Recht** umfasst alle Rechtsvorschriften, die die Entstehung von Rechtsverhältnissen begründen. Außerdem regeln diese Vorschriften den Erwerb von Rechten (durch Personen) und die daraus entstehenden Verpflichtungen und Ansprüche.

Beispiel Das BGB regelt alle materiellen Rechte und Pflichten, die sich aus dem Abschluss eines Kaufvertrages zwischen den Vertragsparteien ergeben.

In vielen Fällen jedoch genügt es nicht nur zu wissen, welche Rechte einem zustehen. Im Zweifelsfall ist ja die Frage, wie sich dieses Recht auch (gerichtlich) durchsetzen lässt. Die Regeln des **formellen Rechts** sind verfahrensrechtlicher Natur und dienen der Durchführung und Durchsetzung der Ansprüche, die sich aus den materiellen Rechtsnormen ergeben.

Beispiel | Sollen die Kaufpreisansprüche wirksam durchgesetzt werden, so ist die Durchführung des gerichtlichen Mahnverfahrens eine effektive Möglichkeit. Hierzu geben die Vorschriften der ZPO Auskunft.

2.6.4 Nationales und internationales Recht

Die Gültigkeit des internationalen Rechts hängt immer von der Anerkennung dieser Rechtsvorschriften durch den jeweiligen Staat ab. Diese Ratifizierung erfolgt durch die Regierung oder das Parlament, deren Vertreter einen Staatsvertrag unterzeichnen.

Beispiel | ■ Charta der Vereinten Nationen
■ Gründungsverträge der Europäischen Union

Insoweit hat EU-Recht oder Völkerrecht auch Vorrang vor nationalem Recht, das immer nur für ein Staatsgebiet Gültigkeit besitzt.

Beispiel | Das Grundgesetz der Bundesrepublik Deutschland gilt auch nur in den territorialen Grenzen der Bundesrepublik Deutschland. In anderen europäischen Staaten haben diese Vorschriften keine Gültigkeit.

2.6.5 Bundesrecht – Landesrecht – Gemeinderecht

In diesem Zusammenhang gilt der wichtige Merksatz **„Bundesrecht bricht Landesrecht"** (Art. 31 GG) nicht nur für die nationale, sondern auch für die internationale Ebene, d. h., Gesetze und Verordnungen auf der Landesebene dürfen nicht gegen Vorschriften auf der Bundesebene (nationales Recht) verstoßen, die wiederum nicht gegen EU-Recht verstoßen dürfen.

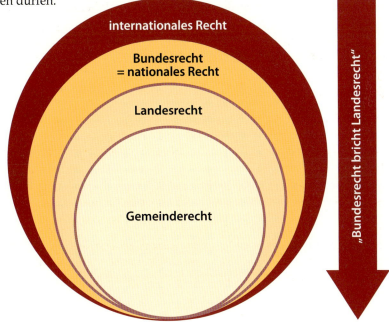

internationales Recht

Bundesrecht = nationales Recht

Landesrecht

Gemeinderecht

„Bundesrecht bricht Landesrecht"

Das **Bundesrecht** der Bundesrepublik Deutschland beruht auf einem „Länderbund", in dem die einzelnen Bundesländer (z.B. Bayern, Hessen, Nordrhein-Westfalen) eine staatsrechtliche Verbindung eingegangen sind. Gesetze, die auf Bundesebene erlassen werden, gelten in allen Bundesländern gleichermaßen und können durch landesrechtliche Vorschriften nicht außer Kraft gesetzt werden.

Beispiel
- BGB
- GG
- UWG

Auch die einzelnen Bundesländer haben die Fähigkeit und Zuständigkeit, Gesetze zu erlassen, die innerhalb der Grenzen des jeweiligen Bundeslandes gelten.

Beispiel
- Landesverfassung
- Hochschulgesetze
- Polizeigesetze

Auch die einzelne Gemeinde kann durch den Gemeinde- oder Stadtrat Satzungen erlassen.

Beispiel
- Gewerbesteuerhebesatz
- Gebührensatzung für die städtischen Kindergärten
- Gebührensatzung für die Müllentsorgung und -beseitigung

2.7   Zusammenfassung

FUNKTIONEN DES RECHTS		
Ordnungsfunktion	Sicherheitsfunktion	Ausgleichsfunktion

Ziel:
Das Zusammenleben in einer Gemeinschaft soll für alle mit bindender Wirkung geordnet werden – die Einhaltung dieser Regeln wird notfalls mit Zwang durchgesetzt.

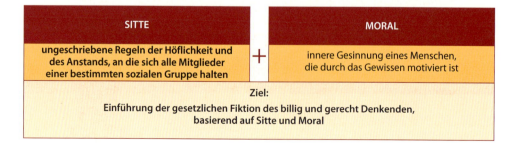

SITTE	MORAL
ungeschriebene Regeln der Höflichkeit und des Anstands, an die sich alle Mitglieder einer bestimmten sozialen Gruppe halten	innere Gesinnung eines Menschen, die durch das Gewissen motiviert ist

Ziel:
Einführung der gesetzlichen Fiktion des billig und gerecht Denkenden, basierend auf Sitte und Moral

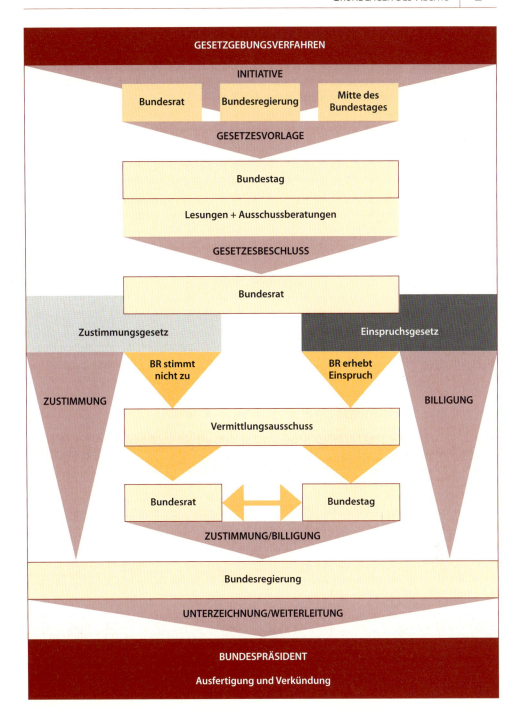

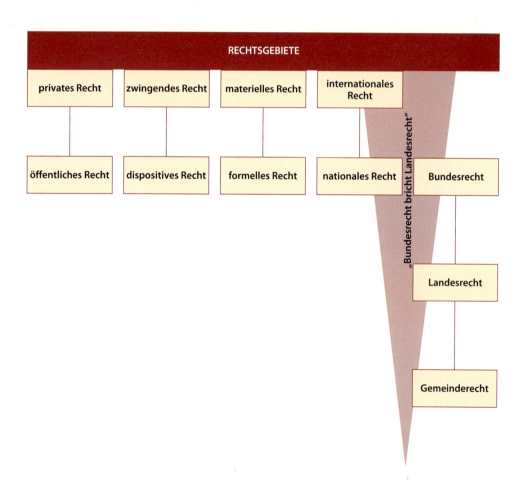

RECHTSQUELLEN				
Gewohnheitsrecht	Geschriebenes Recht			Richterrecht
bildet sich aus der gefestigten Anwendung nicht schriftlich festgehaltener Verhaltensweisen der Mitglieder einer Gemeinschaft	<u>Gesetze</u> = allgemein gültige Regeln und Vorschriften	<u>Verordnungen</u> = abgeleitete Rechtsnormen	<u>Satzungen</u> = Rechtsvorschriften, die von staatl. Verbänden, Körperschaften, Stiftungen etc. erlassen werden können	entsteht durch Auslegung von Rechtsnormen durch die Rechtsprechung

RECHTSGEBIETE

privates Recht	zwingendes Recht	materielles Recht	internationales Recht	
öffentliches Recht	dispositives Recht	formelles Recht	nationales Recht	Bundesrecht

„Bundesrecht bricht Landesrecht"

Landesrecht

Gemeinderecht

2.8   Aufgaben

1. Lesen Sie sich den nachfolgenden (fiktiven) Zeitungstext bitte zunächst sorgfältig durch.

Fernsehstar bei Surfunfall verletzt

Bad Kleinkleckersdorf – Bei ihrem täglichen 1000-Meter-Schwimmtraining im Tarnburger See wurde die beliebte Schauspielerin Inga Lundberg am Bein verletzt, als ein rücksichtsloser Surfer im abgetrennten und deutlich gekennzeichneten Schwimmbereich des Sees die Schwimmerin überfuhr. Lundberg war in Begleitung ihres Verlobten, der dem durch die Kollision gestürzten Surfer sofort wutentbrannt einen Kinnhaken verpasste.

Lundberg fordert nun von dem Surfer Schadensersatz für die Krankenhauskosten und zwei ausgefallene Drehtage, während der Surfer ebenfalls Schadensersatz wegen des Kinnhakens geltend macht.

---

   a. Stellen Sie nun dar, inwieweit sich in dem Text die drei Funktionen des Rechts wiederfinden.

   b. Wählen Sie aus Ihrer Tageszeitung drei Artikel aus, die ebenfalls Hinweise auf die Funktionen des Rechts enthalten. Bereiten Sie dabei einen Artikel dergestalt auf, dass Sie mündlich eine Kurzpräsentation zu den angesprochenen Funktionen des Rechts halten können.

2. Entscheiden Sie, welchem Rechtsgebiet die folgenden Fälle zuzuordnen sind:

   a. Das Bundesverfassungsgericht stellt in einem Urteil fest, dass die Vorschriften über die Namenswahl bei der Eheschließung gegen das Grundgesetz verstoßen.

   b. Die Stadt München kauft bei Unternehmer Schimmelpfennig Fahrzeuge für den städtischen Fuhrpark.

   c. Die Stadt München erteilt dem Unternehmer Schimmelpfennig eine Baugenehmigung für eine neue Ausstellungshalle.

   d. Das Finanzamt München fordert Herrn Schimmelpfennig zur Abgabe der Umsatzsteuererklärung für das abgelaufene Geschäftsjahr auf.

   e. Die Stadt München teilt Herrn Schimmelpfennig mit, dass die Abwassergebühren im neuen Jahr um 1,5 % steigen.

   f. Bruno Bräsig wird von Amts wegen der Mahnbescheid zugestellt, gegen den er innerhalb von 2 Wochen Widerspruch einlegen kann.

3 Organe der Rechtspflege

3.1 Überblick

Europäischer Gerichtshof

Bundesverfassungsgericht

Bundesgerichtshof

Oberlandesgericht

Landgericht

Amtsgericht

Richter

Rechtsanwalt

Staatsanwalt

Notar

Gerichtsvollzieher

Urkundsbeamter

Rechtspfleger

Finanzgericht

Verwaltungsgericht

Sozialgericht

Arbeitsgericht

Patentgericht

Disziplinargericht

Die **Rechtspflege** gehört zu den Aufgaben des Staates. Man versteht darunter die Verantwortung des Staates, die rechtliche Ordnung aufrechtzuerhalten. Die zuständigen Organe sind entweder rechtsberatender oder rechtsprechender Natur:

- **Rechtsberatung** erhält man i. d. R. bei Rechtsanwälten und Notaren. Aufgrund ihrer beruflichen Qualifikation sind sie befugt, in rechtlichen Fragen beratend tätig zu werden.

  Ausnahmen: Auch Gerichte können durch Rechtspfleger oder Urkundsbeamte Auskunft zu rechtlichen Sachverhalten geben. Steuerberater und Wirtschaftsprüfer gehören ebenfalls einer Gruppe von Berufen an, die über steuer- und abgabenrechtliche Sachverhalte informiert.

  Außerdem besteht die Möglichkeit für bestimmte Berufsgruppen, außergerichtliche **Rechtsdienstleistungen** zu erbringen (§ 1 I RDG). Gewerbetreibende dürfen dann ebenfalls rechtlich beraten, wenn dies im Zusammenhang mit der Erfüllung ihres eigentlichen Auftrags steht. Beispiele: Der Kfz-Meister berät den Kunden bei Unfallschäden auch in Versicherungsfragen, der Architekt berät in baurechtlichen Fragen.

- Die **Rechtsprechung** (Judikative) kommt den Gerichten zu. Richter, Rechtspfleger, Gerichtsvollzieher und Urkundsbeamte entscheiden über – jeweils bestimmte – rechtliche Fragen.

3.2 Die Personen der Rechtspflege

3.2.1 Vorbemerkung: Die Befähigung zum Richteramt

Wer ein rechtswissenschaftliches Studium an einer Universität mit dem ersten Staatsexamen und einen anschließenden Vorbereitungsdienst mit dem zweiten Staatsexamen abschließt, erwirbt die Befähigung zum Richteramt. Das Studium und der Vorbereitungsdienst sind hierbei inhaltlich aufeinander abzustimmen (§ 5 DRiG).

Die Folgeparagrafen des DRiG geben Hinweise über Mindestdauer und -inhalte des Studiums sowie darüber, welche Prüfungsvoraussetzungen gelten und wie der Vorbereitungsdienst, das so genannte Referendariat, aufgebaut sein muss. Erst durch das zweite Staatsexamen wird die Berechtigung erlangt, eine Tätigkeit als Richter, Rechts- bzw. Staatsanwalt oder Notar aufzunehmen.

3.2.2 Der Richter

Nach dem Erwerb der Befähigung zum Richteramt muss der Richter drei Jahre im richterlichen Dienst tätig gewesen sein, um zum Richter auf Lebenszeit ernannt werden zu können (§ 10 I DRiG). Alternativ kann er sich Zeiten anrechnen lassen, in denen er z. B. als Anwalt praktiziert hat. Der Richter muss die deutsche Staatsangehörigkeit besitzen. Er ist unabhängig und entscheidet nur nach dem Gesetz und seinem Gewissen. Nur somit kann gewährleistet werden, dass der Richter unparteiische Urteile sprechen kann.

Da in einer Demokratie das Volk an der Rechtsprechung beteiligt werden soll, gibt es neben den Berufsrichtern auch ehrenamtliche Richter (Laienrichter; in der Strafgerichtsbarkeit Schöffen). Dies gilt für die Arbeitsgerichtsbarkeit, die Kammer für Handelssachen oder die Verwaltungsgerichtsbarkeit.

3.2.3   Der Rechtsanwalt

Der Rechtsanwalt

- ist ein unabhängiges Organ der Rechtspflege (§ 1 BRAO),
- übt einen freien Beruf aus (§ 2 I BRAO),
- ist kein Gewerbetreibender (§ 2 II BRAO),
- ist der berufene unabhängige Berater und Vertreter in allen Rechtsangelegenheiten (§ 3 BRAO).

Eine eigenständige Ausbildung zum Rechtsanwalt gibt es nicht. Anwälte müssen wie Notare und Richter die Befähigung zum Richteramt erlangen. Für die Berufsausübung als Anwalt muss ein **Antrag bei der Landesjustizverwaltung** gestellt werden. Der Anwalt wird dann bei einem Gericht der ordentlichen Gerichtsbarkeit zugelassen.

Zur freien Berufsausübung gehört auch, dass sich der Rechtsanwalt **frei entscheiden** kann, welchen Mandanten er annimmt, es sei denn, er wird zum Pflichtverteidiger in Strafsachen bestellt.

In vielen Fällen muss man sich als Bürger vor Gericht nicht durch einen Rechtsanwalt vertreten lassen. **Anwaltszwang** (= der Bürger muss sich vor Gericht durch einen Anwalt vertreten lassen) gilt allerdings immer in höheren Instanzen, z. B. vor dem Oberlandesgericht, oder vor dem Amtsgericht in bestimmten Familiensachen.

Rechtsanwälte können sich durch Zusatzausbildung auf bestimmte Gebiete spezialisieren und dürfen sich dann als **Fachanwälte** bezeichnen.

Beispiel
- Fachanwalt für Arbeitsrecht
- Fachanwalt für Familienrecht
- Fachanwalt für Steuerrecht
- Fachanwalt für Strafrecht

Zu den **standesrechtlichen Grundpflichten** eines Rechtsanwaltes gehören u.a.

Beispiel
- die Pflicht zur Verschwiegenheit,
- das Gebot der Sachlichkeit,
- das Verbot der Vertretung widerstreitender Interessen und
- die Sorgfalt bei der Behandlung anvertrauter Vermögenswerte.

3.2.4   Der Notar

Der Notar muss ebenfalls die Befähigung zum Richteramt besitzen (§ 5 BNotO) und hat als **unabhängiger Träger eines öffentlichen Amtes** die Aufgabe, Rechtsvorgänge zu beurkunden oder zu beglaubigen sowie andere Aufgaben auf dem Gebiete der vorsorgenden Rechtspflege vorzunehmen (§1 BNotO).

Beispiel
- Errichten von öffentlichen Testamenten
- Beurkundung von Grundstückskaufverträgen
- Beglaubigungen von Abschriften und Unterschriften

Der Notar muss die beteiligten Parteien (z. B. beim Grundstückskaufvertrag den Käufer und den Verkäufer) unparteiisch betreuen. Hierin besteht ein gravierender Unterschied zum Rechtsanwalt, der ja immer nur der Vertreter einer Partei und somit parteiisch ist.

Während sich jeder zugelassene Rechtsanwalt mit einer Kanzlei an einem Ort seiner Wahl niederlassen kann, werden Notare von der Landesjustizverwaltung nur in einer bestimmten Anzahl bestellt, die sich nach den „Versorgungserfordernissen" einer Region und der Altersstruktur der vorhandenen Notare richtet (§ 4 BNotO).

3.2.5 Der Staatsanwalt

Die Staatsanwaltschaft ist gleichzeitig staatliche Strafverfolgungs-, Anklage- und Strafvollstreckungsbehörde.

Der Staatsanwalt ist ein Beamter mit der Befähigung zum Richteramt. Er tritt im Strafprozess als **Vertreter der Anklage** auf und ist somit Anwalt des Staates – Staatsanwalt. Die Staatsanwaltschaft untersteht unmittelbar den Justizministern der einzelnen Bundesländer.

Beim Strafverfahren unterscheidet man folgende **Verfahrensabschnitte:**
- Ermittlungsverfahren
- Anklageerhebung
- Hauptverhandlung
- Strafvollstreckung

3.2.6 Der Rechtspfleger

Der Rechtspfleger ist Beamter des gehobenen Justizdienstes mit abgeschlossenem Fachhochschulstudium (§ 2 RPflG) und nimmt teilweise richterliche Tätigkeiten wahr. Daher gelten für ihn dieselben Grundsätze wie für den Richter.

Das Aufgabengebiet des Rechtspflegers umfasst u. a.

Beispiel
- das Mahnverfahren,
- die Abnahme der eidesstattlichen Versicherung,
- Zwangsversteigerungs- und -verwaltungsverfahren,
- weitgehende Durchführung von Insolvenzverfahren,
- Grundbuchsachen,
- Vollstreckung in Straf- und Bußgeldsachen.

3.2.7 Der Gerichtsvollzieher

Der Gerichtsvollzieher ist ebenfalls Beamter, der einzelnen Parteien eines Rechtsstreits Dokumente zustellt, die Abnahme der eidesstattlichen Versicherung vornimmt, Zwangsvollstreckung in das bewegliche Vermögen eines Schuldners durchführt und im Rahmen der Zwangsvollstreckung auch für Verhaftungen verantwortlich ist. Sein Zuständigkeitsbereich umfasst einen bestimmten Bezirk.

3.2.8 Der Urkundsbeamte

Das GVG sieht vor, dass bei jedem Gericht bzw. bei jeder Staatsanwaltschaft so genannte Geschäftsstellen mit Urkundsbeamten besetzt werden. Zu den Aufgaben eines Urkundsbeamten gehört u. a. die Ausfertigung von Urteilen oder Beschlüssen, die Protokollführung in Sitzungen, die Vermittlung von Zustellungen sowie die Aufnahme von Anträgen und Erklärungen auch außerhalb der Gerichtsverhandlung.

3.3 Die ordentliche und die besondere Gerichtsbarkeit

3.3.1 Die ordentliche Gerichtsbarkeit

Das GVG sieht vor, dass alle bürgerlichen Rechtsstreitigkeiten und Strafsachen vor die ordentlichen Gerichte gehören, es sei denn, besondere Vorschriften verweisen auf eine andere Zuständigkeit (§ 13 GVG).

Das Amtsgericht bildet die so genannte **Eingangsinstanz,** d. h., dass ein Fall zunächst beim Amtsgericht verhandelt wird. Ist eine der Parteien mit der Entscheidung nicht einverstanden, kann sie das Urteil in der nächsthöheren Instanz durch Berufung oder Revision überprüfen lassen. In bestimmten Fällen, z. B. wenn der Streitwert 5.000,00 EUR übersteigt, wird auch das Landgericht in der ersten Instanz angerufen. Landgericht und Oberlandesgericht sind **Berufungsinstanzen** und der Bundesgerichtshof ist **Revisionsinstanz.**

Als **Instanzenzug** bezeichnet man eine bestimmte Rangfolge, in der Gerichte in einer Sache (z.B. Zivilprozess: Kaufvertragsstreitigkeit) durchlaufen werden.

Entscheidungskriterien für die sachliche Zuständigkeit der ordentlichen Gerichte in Zivilsachen:

1. Zuständigkeit des Amtsgerichts:

- Streitigkeiten über Ansprüche, wenn der Wert 5.000,00 EUR nicht übersteigt;
- unabhängig vom Streitwert gilt die Zuständigkeit z. B. für:
  - Antrag auf Erlass des Mahnbescheides (zentrales Mahngericht),
  - Streitigkeiten zwischen Mietern und Vermietern wegen Wohnraummiete,
  - Führung der Register (Handelsregister, Vereinsregister etc.),
  - Familiensachen (elterliche Sorge, Unterhaltsansprüche, Vaterschaft etc.).

2. Zuständigkeit des Landgerichts:

- Streitigkeiten über Ansprüche, deren Wert 5.000,00 EUR übersteigt;
- unabhängig vom Streitwert gilt die Zuständigkeit z. B. für:
  - Amtspflichtverletzungen von Richtern und Beamten,
  - Streitigkeiten zwischen Kaufleuten (Kammer für Handelssachen),
  - Berufungsinstanz für Urteile des Amtsgerichts.

3. Zuständigkeit des Oberlandesgerichts:

Das OLG entscheidet nur in der 2. Instanz:

- Berufungen gegen Urteile
  - der Amtsgerichte in Familiensachen,
  - der Landgerichte.
- Beschwerden gegen Entscheidungen
  - der Amtsgerichte in Familiensachen,
  - der Landgerichte.

4. Zuständigkeit des Bundesgerichtshofs:

Der BGH entscheidet nur als Revisionsinstanz:

- Revision gegen Urteile des OLG,
- Sprungrevision gegen Urteile des LG,
- Beschwerde gegen Entscheidungen des OLG.

3.3.2   Die besonderen Gerichtsbarkeiten

- **Die Finanzgerichtsbarkeit**

entscheidet über Streitigkeiten wegen Abgabeangelegenheiten (Steuern und Zölle).

Beispiel Bruno Bräsig erhält seinen Steuerbescheid für das vergangene Jahr. Eigentlich war er davon ausgegangen, dass er eine Rückzahlung in Höhe von 1.330,00 EUR erhält. Aber im Gegenteil: Er wird zu einer Nachzahlung aufgefordert. Dies sieht er nicht ein und klagt gegen diese Entscheidung.

Instanzen

- Finanzgericht
- Bundesfinanzhof in München

Die Verwaltungsgerichtsbarkeit

entscheidet über öffentlich-rechtliche Streitigkeiten, die im Zusammenhang mit Maßnahmen der Verwaltungsbehörden entstehen können.

Beispiel

Gernot Gärlich möchte seine Garage aufstocken, um sich dort einen Werkraum einzurichten. Die Baugenehmigung vom zuständigen Bauamt wird ihm nicht erteilt. Herr Gärlich fühlt sich ungerecht behandelt und klagt gegen die Entscheidung des Bauamtes.

Instanzen

- Verwaltungsgericht
- Oberverwaltungsgericht
- Bundesverwaltungsgericht in Leipzig

Die Sozialgerichtsbarkeit

entscheidet über Streitigkeiten, die die Aufgaben der Sozialversicherungen und der Bundesagentur für Arbeit betreffen.

Beispiel

Friedobald Hubendudel ist arbeitslos geworden, hat es aber versäumt, die Termine für die regelmäßige Meldung bei der Arbeitsagentur einzuhalten. Dies hat zur Folge, dass er keine weiteren Zahlungen mehr erhält. Da er sich ungerecht behandelt fühlt, erhebt er Klage auf Zahlung von Arbeitslosengeld.

Instanzen

- Sozialgericht
- Landessozialgericht
- Bundessozialgericht in Kassel

Die Arbeitsgerichtsbarkeit

entscheidet über Streitigkeiten, die zwischen Tarifvertragsparteien und aus Arbeitsverhältnissen geführt werden.

Beispiel

Friederike Fritzenkötter erhält zum 30. des nächsten Monats die Kündigung. Da sie der Auffassung ist, der Arbeitgeber habe erstens die Kündigungsfrist nicht eingehalten und zweitens keinen Grund zur Kündigung, erhebt sie nach gescheitertem Einigungsversuch Klage auf Weiterbestehen des Arbeitsverhältnisses.

Instanzen

- Arbeitsgericht
- Landesarbeitsgericht
- Bundesarbeitsgericht in Erfurt

Die Patentgerichtsbarkeit

entscheidet über Streitigkeiten zwischen Dritten und dem Patentamt.

Beispiel

Berta Brösel hat eine elektrische Maschine erfunden, mit der man kaltes Brot in kurzer Zeit schön knusprig braun bekommt. Sie möchte diese Maschine als Patent anmelden und vermarkten. Der Antrag wird mit der Begründung abgelehnt, einen Toaster gebe es längst. Sie stellt dennoch Antrag auf Annahme des abgelehnten Patentes.

Instanzen

- Deutsches Patent- und Markenamt
- Bundespatentgericht in München
- Bundesgerichtshof in Karlsruhe

■ **Die Disziplinargerichtsbarkeit**

entscheidet über Dienstpflichtverletzungen von Beamten, Richtern und Soldaten.

Beispiel

Richter Stefan Schlau verhandelt den Fall Pfiffig ./. Heimlich. Das von ihm gefällte Urteil fällt zu Gunsten von Heimlich aus. Wie sich später herausstellt, ist Heimlich der Schwager von Schlau. Es ergeht Antrag auf Amtsenthebung des Richters wegen Parteilichkeit.

Instanzen

- Kammern für Disziplinarsachen bei den Verwaltungsgerichten
- Senate für Disziplinarsachen bei den Oberverwaltungsgerichten
- Bundesverwaltungsgericht in Leipzig

3.3.3 Urteile im Instanzenzug der ordentlichen Gerichtsbarkeit

Werbung für Klingeltöne

Der Bundesverband der Verbraucherzentralen und Verbraucherverbände hat gegen ein Unternehmen geklagt, das in einer Jugendzeitschrift für Handy-Klingeltöne geworben hat. Dabei wurde bezüglich der entstehenden Kosten allerdings nur darauf hingewiesen, dass das Herunterladen über eine kostenpflichtige 0190-Service-Telefonnummer erfolgt, bei der pro Minute Kosten in Höhe von 1,86 EUR entstehen. Der Verband vertritt im Rahmen der Klage nun die Auffassung, dass ohne Hinweise auf die durchschnittliche Dauer des Herunterladens und die somit entstehenden Kosten die Unerfahrenheit von Jugendlichen durch das werbende Unternehmen ausgenutzt wird.

In der **Eingangsinstanz** (Landgericht) wird der auf die Unterlassung gerichteten Klage stattgegeben. Dagegen legt das Unternehmen **Berufung** beim OLG (hier Hamburg) ein. Auch hier unterliegt das Unternehmen.

Die **Revision** zum BGH wird zugelassen, bleibt allerdings auch hier ohne Erfolg, weil Kinder und Jugendliche als geschäftlich unerfahren und somit als schutzwürdige Zielgruppe eingestuft werden. Diese Zielgruppe ist weniger in der Lage, die finanziellen Auswirkungen der Entscheidung zum Herunterladen des Klingeltones angemessen zu beurteilen.

Aktenzeichen: I ZR 125/03 (BGH-Urteil vom 06.04.2006)

3.4 Das Bundesverfassungsgericht

Das Bundesverfassungsgericht in Karlsruhe stellt die oberste Instanz der Verfassungsgerichtsbarkeit dar. Die Verfassungsgerichte (neben dem Bundesverfassungsgericht die Länderverfassungsgerichte und Staatsgerichtshöfe) entscheiden völlig selbstständig und unabhängig, d. h. ohne Berücksichtigung von Ansicht und Meinung anderer staatlicher Organe (Bundespräsident, Bundestag, Bundesregierung etc.). Um dies zu gewährleisten, dürfen die Verfassungsrichter nicht den Organen des Bundes oder

der Länder angehören. Dies hängt mit der Hauptaufgabe der Verfassungsgerichte zusammen: Die Verfassungsgerichtsbarkeit kontrolliert die Staatsgewalt und kümmert sich um die Fortentwicklung bzw. Konkretisierung des Verfassungsrechts.

Beispiel

Helmut Helmig legt Verfassungsbeschwerde ein, weil ihm die elterliche Sorge an seinem nichtehelich geborenen Sohn nicht übertragen wurde. Helmig lebte von seiner Frau, der Mutter seines Kindes, bereits getrennt. Er ist der Auffassung, dass der grundgesetzliche Grundsatz der Gleichberechtigung verletzt sei.

3.5 Der Europäische Gerichtshof

Es gibt zwei Standorte des Europäischen Gerichtshofes: einen in Straßburg, der sich insbesondere um Fragen von Menschenrechtsverletzungen kümmert, und einen in Luxemburg, der im Rahmen seiner Rechtsprechung für Fragen bezüglich des Gemeinschaftsrechts zuständig ist.

Beispiel

Ein deutscher Bürger klagt vor dem Finanzgericht, weil er der Auffassung ist, dass eine Regelung des Umsatzsteuerrechts gegen geltende EU-Richtlinien verstößt. Das Finanzgericht muss nun seine Entscheidung dem EuGH in Luxemburg vorlegen, der verbindliche Vorgaben für weitere Entscheidungen der deutschen Gerichte macht.

3.6 Zusammenfassung

Die wichtigsten Organe der Rechtspflege sind die Gerichte, Richter, Rechtsanwälte und Notare sowie die Beamten der Justiz. Die Gerichte sind hierarchisch angeordnet. Das jeweils höhere Gericht kann Entscheidungen der Vorinstanz prüfen. Die nächsthöhere Instanz muss im Wege der Berufung, Beschwerde oder Revision angerufen werden.

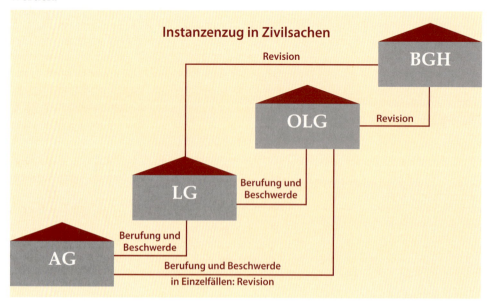

3.7 Aufgaben

1. Entscheiden Sie, welche Person der Rechtspflege tätig wird:

   a. Urteilsverkündung in einem Zivilprozess

   b. Vertretung der Anklage im Strafprozess

   c. Beurkundung eines Ehevertrages

   d. Im Auftrag des Gläubigers wird die Zwangsvollstreckung in das bewegliche Vermögen des Schuldners durchgeführt.

   e. Zu einem mündlichen Verhandlungstermin sind Zeugen zu laden.

   f. Vertretung der Klagepartei vor dem Landgericht

2. Stellen Sie den unter 3.3.3 beschriebenen Verfahrensablauf in Form einer Grafik dar.

3. Bestimmen Sie das jeweils zuständige Gericht:

   a. Das Land Bremen erhebt Klagen gegen das Land Sachsen, weil dieses sich weigert, den Atommüll aus einem defekten Atomkraftwerk einzulagern.

   b. Die Fröhlich GmbH hat gegen die Bräsig & Brösel OHG eine Forderung in Höhe von 20.000,00 EUR, die im Zuge des Mahnverfahrens geltend gemacht werden soll. Der Antrag auf Erlass eines Mahnbescheids wird gestellt.

   c. Schlau klagt gegen Klug, weil dieser die Wohnung nicht räumen will. Streitwert der Klage: 9.280,00 EUR.

   d. Einleitung des Insolvenzverfahrens gegen die Säumig AG

   e. Der Angestellte Klaus Klever ist Programmierer bei der Soft Solutions GmbH. Aufgrund der schlechten Konjunktur erhält er seine Kündigung. Dies erfolgt nach seiner Auffassung zu Unrecht. Er klagt gegen seinen Arbeitgeber.

   f. Gegen ein Urteil des Landgerichts wegen einer Kaufpreisforderung in Höhe von 22.340,00 EUR wird Berufung eingelegt.

   g. Bruno und Berta Brösel haben sich scheiden lassen.

      g. 1 Berta Brösel verlangt nun Unterhalt für sich und die beiden Kinder.

      g. 2 Berta Brösel legt gegen das Urteil Berufung ein.

4 Jaschinski/Hey – ISBN 978-3-8120-0050-5

4 Personen und Gegenstände im Rechtsverkehr

4.1 Überblick

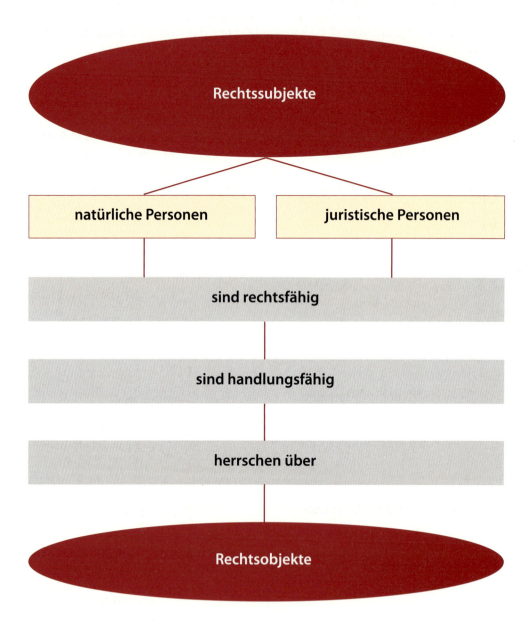

Wir kommen täglich mit vielen Menschen (z.B. Familienangehörige, Kollegen) und Dingen (z.B. Hose, Auto, Haus, Brötchen) in Kontakt. Wir beharren auf unserem Standpunkt und behaupten: „Ich bin im Recht!".

Dies ist selbstverständlich, denn es gehört zu unserem Leben. Warum aber darf ein Teenager mit 15 Jahren noch nicht alles kaufen, was er möchte? Wozu benötigt eine GmbH einen Geschäftsführer? Weshalb gehört mir das Auto und nicht etwa umgekehrt?

An der letzten Frage wird deutlich, dass doch wohl wir Menschen immer über die „Dinge" herrschen (sollten) und nicht die Dinge über den Menschen. Daher wird auch zwischen Rechtssubjekten und Rechtsobjekten unterschieden. Unter **Rechtssubjekten** versteht man alle Personen, die durch die Rechtsordnung zu Pflichten berufen und mit Rechten ausgestattet werden können. Im Unterschied dazu sind **Rechtsobjekte** alle Sachen, Tiere und Rechte, über die die Rechtssubjekte ihre Rechtsmacht ausüben können.

Beispiel Der Mensch ist das Rechtssubjekt, das das Eigentumsrecht (Rechtsmacht) über das Auto (Rechtsobjekt) ausübt.

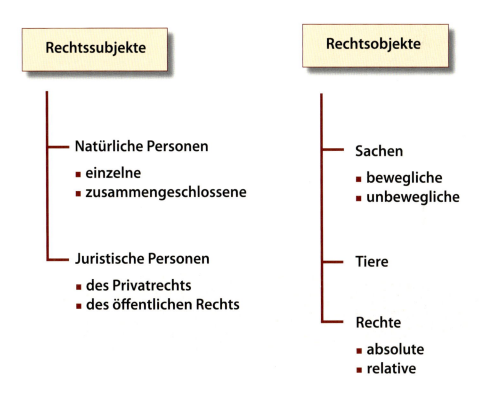

Rechtssubjekte	Rechtsobjekte
Natürliche Personen ■ einzelne ■ zusammengeschlossene	**Sachen** ■ bewegliche ■ unbewegliche
Juristische Personen ■ des Privatrechts ■ des öffentlichen Rechts	**Tiere**
	Rechte ■ absolute ■ relative

4.2 Die Rechtssubjekte = Personen des Rechtsverkehrs

- Jedes Recht, das auf der Rechtsordnung basiert, und
- jede Pflicht, die dort festgelegt ist,
- setzen einen Träger voraus.

Dieser Träger von Rechten und Pflichten ist immer eine PERSON. Die Person kann ein Mensch, eine Personenvereinigung oder Vermögensmasse sein.

4.2.1 Natürliche Personen

4.2.1.1 Rechtsfähigkeit natürlicher Personen

Natürliche Personen sind alle Menschen.

Grundsätzlich wird die **Fähigkeit des Menschen, Träger von Rechten und Pflichten zu sein,** von der vollendeten Geburt (§ 1 BGB) abhängig gemacht **(= Rechtsfähigkeit).** Denn auch der Fötus bzw. der Embryo ist bereits ein Mensch. Die Geburt wird als vollendet angesehen, wenn das Kind vollständig aus dem Mutterleib ausgetreten und am Leben ist. Hierbei ist es unerheblich, ob die Nabelschnur bereits durchgetrennt wurde.

Die Rechtsfähigkeit des Menschen
- beginnt mit der Geburt,
- endet mit dem Tod,
- kann nicht aberkannt oder
- durch Rechtsgeschäft übertragen oder
- durch eine Verzichtserklärung aufgegeben werden.

Rechte und Pflichten kann ein Mensch alleine oder gemeinsam mit anderen Menschen übernehmen.

4.2.1.2 Einzelne natürliche Personen

Für den Bereich der einzelnen natürlichen Personen unterscheidet der Gesetzgeber drei „Zustände", von denen der erste möglicherweise etwas seltsam anmutet.

Die natürliche Person ist **noch nicht erzeugt.** Dies hat beispielsweise Bedeutung im Erbrecht (§ 2101 BGB).

Beispiel

Graf Karl-Friedrich von Friedrichsstein hat einen Sohn – Karl-Gustav. Dieser ist 20 Jahre alt, nicht verheiratet und kinderlos. Der Graf setzt seinen Enkelsohn als Erben für seine Güter ein. Somit soll sichergestellt werden, dass sein guter Name weitergeführt wird und sein Sohn sich um eine Gattin und einen eigenen Sohn bemüht.

Die natürliche Person ist **erzeugt, aber noch nicht geboren** (Erbfähigkeit des Nasciturus gem. § 1923 BGB). Grundsätzlich gilt gem. § 1923 I BGB, dass nur derjenige etwas erben kann, der auch zurzeit des Erbfalls (Zeitpunkt des Todes einer Person, deren Vermögen nun auf eine oder mehrere Personen übergeht) gelebt hat. Nun wird gem. § 1923 II BGB das ungeborene Leben im Mutterleib erbrechtlich so behandelt, als wäre es bereits vor dem Eintritt des Erbfalls geboren worden.

Beispiel
: Gräfin Karla von Friedrichstein und ihr Gatte Karl-Friedrich wünschen sich seit langem Nachwuchs. Endlich ist die Gräfin in freudiger Erwartung. Da verunglückt ihr Gatte Karl-Friedrich bei der Jagd. Da Karl-Friedrich kein Testament hinterlassen hat, erben Karla und das Baby je zur Hälfte.

Die natürliche Person ist **geboren.** Mit Vollendung der Geburt wird eine natürliche Person rechtsfähig (§1 BGB), d.h., der Mensch hat nun die Fähigkeit, Träger von Rechten und Pflichten zu sein.

Beispiel
: Gräfin Karla von Friedrichstein bringt im Krankenhaus ein gesundes Mädchen zur Welt. Dieses Mädchen hat nun ein Recht darauf, einen Namen zu bekommen (§ 12 BGB). Die Gräfin hält den Namen „Charlotta" für angebracht.

4.2.1.3 Zusammengeschlossene natürliche Personen

Viele persönliche oder gesellschaftliche Ziele lassen sich jedoch nicht als Einzelindividuum, sondern nur gemeinsam mit anderen Personen erreichen. Daher schließen sich mehrere natürliche Personen aus verschiedenen Gründen zusammen, um

- sich an bestimmten Dingen oder Sachen zu beteiligen oder
- einen bestimmten Zweck zu verfolgen.

▶ Zusammengeschlossene natürliche Personen mit Bruchteilseigentum

Mehrere Personen werden Eigentümer einer Sache nach genau bestimmten Bruchteilen, über die sie frei verfügen können.

Beispiel
: In einem Mehrfamilienhaus mit fünf Wohnungseinheiten kauft sich Bruno Bräsig eine Eigentumswohnung (§§ 1008 ff. BGB) mit 100 m² (= Sondereigentum). Die anderen Wohnungen verfügen ebenfalls über jeweils 100 m². Bräsigs Miteigentumsanteil aus Gemeinschaftseigentum beträgt somit $^1/_5$ – dazu gehören Garten, Fahrstuhl, Treppenhaus etc.

▶ Zusammengeschlossene natürliche Personen mit Gesamthandseigentum

Auch hier werden mehrere Personen gemeinschaftlich Eigentümer einer Sache, allerdings nicht nach Bruchteilen, die genau bestimmbar sind. Dies hat zur Folge, dass alle Eigentümer nur gemeinsam über die Sache verfügen können.

Beispiel
: Bruno und Berta Bräsig vereinbaren im Ehevertrag Gütergemeinschaft. Die einbezogenen Gegenstände werden gemeinschaftliches Vermögen. Da die Gegenstände (z.B. Fernseher) nicht teilbar sind, kann eine Verfügung nur von beiden gemeinsam getroffen werden (§§ 1415 ff. BGB).

▶ Zusammengeschlossene natürliche Personen mit Sondervermögen

Der Begriff leitet sich aus der Sonderstellung ab, die das Gesetz diesem Vermögen neben dem sonstigen Vermögen einer Person einräumt. Durch den Zusammenschluss von natürlichen Personen in einem **nicht rechtsfähigen Verein** entsteht Sondervermögen (§ 54 BGB).

Beispiel

Bruno und Berta Bräsig wandern für ihr Leben gern. Sie treffen sich mit ihren Freunden Freddy und Frieda Fröhlich und gründen den Verein „Röhrender Hirsch". Dieser Verein erfüllt nicht die Voraussetzungen zur Eintragung ins Vereinsregister (z.B. Fehlen einer Satzung/Mindestmitgliederzahl nicht erreicht) und gilt daher als nicht rechtsfähig. Der rechtsfähige Verein (e.V.) zählt zu den juristischen Personen (s. u.).

4.2.2 Juristische Personen

In Abgrenzung zu den natürlichen Personen sind juristische Personen **künstlich geschaffen** worden. Es handelt sich hierbei also um so genannte **Personenvereinigungen bzw. Vermögensmassen** mit eigener Rechtspersönlichkeit. Sie können nicht selbstständig handeln. Dafür benötigen sie wiederum natürliche Personen, die als **Vertretungsorgan** für die juristische Person handeln. Die Grundform bildet der eingetragene Verein gem. §§ 21 ff. BGB.

Die juristischen Personen erlangen **Rechtsfähigkeit** durch ihre Entstehung.

4.2.2.1 Juristische Personen des privaten Rechts

Ziel: Wahrnehmung privatrechtlicher Interessen, die wirtschaftlicher oder ideeller (nicht wirtschaftlicher) Natur sind.

Arten:

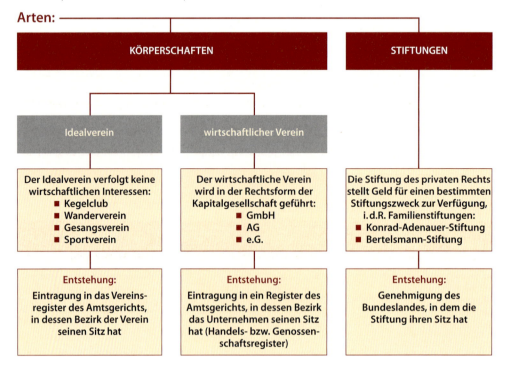

KÖRPERSCHAFTEN		STIFTUNGEN
Idealverein	wirtschaftlicher Verein	
Der Idealverein verfolgt keine wirtschaftlichen Interessen: ■ Kegelclub ■ Wanderverein ■ Gesangsverein ■ Sportverein	Der wirtschaftliche Verein wird in der Rechtsform der Kapitalgesellschaft geführt: ■ GmbH ■ AG ■ e.G.	Die Stiftung des privaten Rechts stellt Geld für einen bestimmten Stiftungszweck zur Verfügung, i.d.R. Familienstiftungen: ■ Konrad-Adenauer-Stiftung ■ Bertelsmann-Stiftung
Entstehung: Eintragung in das Vereinsregister des Amtsgerichts, in dessen Bezirk der Verein seinen Sitz hat	**Entstehung:** Eintragung in ein Register des Amtsgerichts, in dessen Bezirk das Unternehmen seinen Sitz hat (Handels- bzw. Genossenschaftsregister)	**Entstehung:** Genehmigung des Bundeslandes, in dem die Stiftung ihren Sitz hat

4.2.2.2 Juristische Personen des öffentlichen Rechts

Ziel: Aufgrund der ihnen übertragenen gemeinschaftswichtigen Aufgaben haben juristische Personen des öffentlichen Rechts hoheitliche Befugnisse, die staatlicher Aufsicht unterliegen.

Arten:

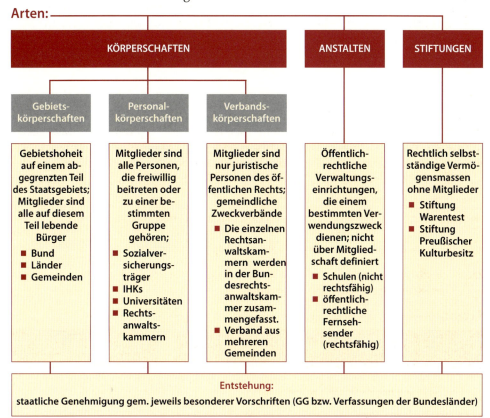

4.3 Die Rechtsobjekte = Gegenstände des Rechtsverkehrs

Überblick

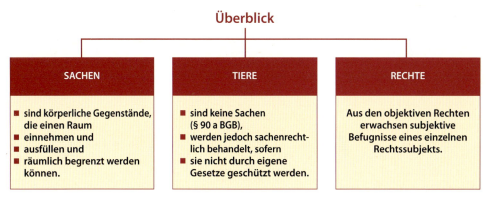

Sachen

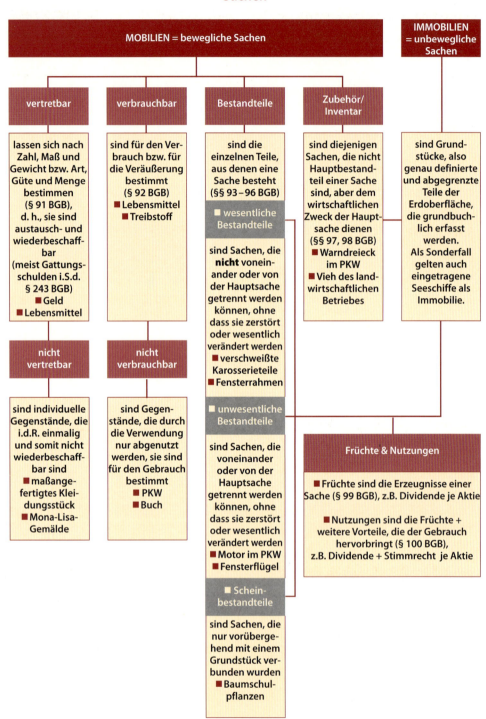

MOBILIEN = bewegliche Sachen

IMMOBILIEN = unbewegliche Sachen

vertretbar

lassen sich nach Zahl, Maß und Gewicht bzw. Art, Güte und Menge bestimmen (§ 91 BGB), d. h., sie sind austausch- und wiederbeschaffbar (meist Gattungsschulden i.S.d. § 243 BGB)
- Geld
- Lebensmittel

nicht vertretbar

sind individuelle Gegenstände, die i.d.R. einmalig und somit nicht wiederbeschaffbar sind
- maßangefertigtes Kleidungsstück
- Mona-Lisa-Gemälde

verbrauchbar

sind für den Verbrauch bzw. für die Veräußerung bestimmt (§ 92 BGB)
- Lebensmittel
- Treibstoff

nicht verbrauchbar

sind Gegenstände, die durch die Verwendung nur abgenutzt werden, sie sind für den Gebrauch bestimmt
- PKW
- Buch

Bestandteile

sind die einzelnen Teile, aus denen eine Sache besteht (§§ 93–96 BGB)

- **wesentliche Bestandteile**

sind Sachen, die **nicht** voneinander oder von der Hauptsache getrennt werden können, ohne dass sie zerstört oder wesentlich verändert werden
- verschweißte Karosserieteile
- Fensterrahmen

- **unwesentliche Bestandteile**

sind Sachen, die voneinander oder von der Hauptsache getrennt werden können, ohne dass sie zerstört oder wesentlich verändert werden
- Motor im PKW
- Fensterflügel

- **Scheinbestandteile**

sind Sachen, die nur vorübergehend mit einem Grundstück verbunden wurden
- Baumschulpflanzen

Zubehör/ Inventar

sind diejenigen Sachen, die nicht Hauptbestandteil einer Sache sind, aber dem wirtschaftlichen Zweck der Hauptsache dienen (§§ 97, 98 BGB)
- Warndreieck im PKW
- Vieh des landwirtschaftlichen Betriebes

sind Grundstücke, also genau definierte und abgegrenzte Teile der Erdoberfläche, die grundbuchlich erfasst werden. Als Sonderfall gelten auch eingetragene Seeschiffe als Immobilie.

Früchte & Nutzungen

- Früchte sind die Erzeugnisse einer Sache (§ 99 BGB), z.B. Dividende je Aktie

- Nutzungen sind die Früchte + weitere Vorteile, die der Gebrauch hervorbringt (§ 100 BGB), z.B. Dividende + Stimmrecht je Aktie

Rechte

ABSOLUTE RECHTE (= Herrschaftsrechte – gegenüber jedermann bestehend)	RELATIVE RECHTE (= Forderungsrechte – nur gegenüber bestimmten Personen wirkend)
über ■ Sachen (z.B. Eigentum) ■ Personen (z.B. elterliche Sorge) ■ unkörperliche Gegenstände (z.B. Urheberrecht)	**aus** ■ Schuldrecht (z.B. Kaufpreisanspruch aus einem Kaufvertrag) ■ Sachenrecht (z.B. Herausgabeanspruch wegen Eigentums an einer Sache) ■ Familienrecht (z.B. Unterhalt aus Scheidungsfolgesache)

4.4 Die Handlungsfähigkeit der Rechtssubjekte

Damit ein Rechtssubjekt rechtswirksam handeln kann, genügt es noch nicht, dass es rechtsfähig geworden ist. Es muss ferner die Fähigkeit vorhanden sein, durch rechtliche Wirkungen das eigene Handeln begründen zu können.

4.4.1 Stufen der Geschäftsfähigkeit

Der Begriff der Geschäftsfähigkeit ist im BGB nicht definiert. Er ergibt sich erst aus der analogen Betrachtung, welche Person **nicht** oder nur **beschränkt** geschäftsfähig ist.

4.4.1.1 Geschäftsunfähigkeit

▶ **Definition**

Geschäftsunfähig sind gem. § 104 BGB alle natürlichen Personen, die

■ das siebente Lebensjahr noch nicht vollendet haben oder

■ dauernd geistesgestört sind.

Dadurch will der Gesetzgeber den oben beschriebenen Personenkreis davor schützen, die Konsequenzen des eigenen Handelns tragen zu müssen, obwohl entweder das Alter oder der Geisteszustand genau dies noch nicht zulassen.

▶ **Rechtsfolge**

Folgerichtig sind alle Willenserklärungen (s. 6.3.1.1) des Geschäftsunfähigen nichtig (§ 105 I BGB), sodass dieser nur durch einen gesetzlichen Vertreter handeln kann (§ 131 I BGB).

Beispiel

Klaus (5 Jahre) kauft sich für 0,50 EUR ein Eis – nichtiges Rechtsgeschäft!

Klaus (5 Jahre) bekommt von Tante Frieda zum Geburtstag eine Baseball-Kappe geschenkt – nichtiges Rechtsgeschäft!

Ebenfalls nichtig sind Rechtsgeschäfte (§ 105 II BGB), die von Personen abgeschlossen werden, die eigentlich nicht geschäftsunfähig, aber zum Zeitpunkt der Abgabe der Willenserklärung

- bewusstlos sind oder
- deren Geistestätigkeit vorübergehend eingeschränkt ist (z.B. durch übermäßigen Alkohol-, Drogen- oder Arzneimittelkonsum).

Tätigt ein volljähriger Geschäftsunfähiger ein so genanntes Geschäft des täglichen Lebens, so ist dies wirksam, sobald der Austausch der Leistungen vollzogen wurde (§ 105 a BGB). Unter Geschäften des täglichen Lebens werden i.d.R. Bargeschäfte verstanden, die mit geringen (finanziellen) Mitteln bewirkt werden.

Beispiel

Der geistesgestörte Klaus (22 Jahre) kauft sich für 1,00 EUR ein Eis – wirksames Rechtsgeschäft!

Der geistesgestörte Klaus (22 Jahre) kauft sich für 120,00 EUR eine modische Designer-Jeans – nichtiges Rechtsgeschäft!

4.4.1.2 Beschränkte Geschäftsfähigkeit

▶ Definition

Beschränkt geschäftsfähig sind gem. § 106 BGB alle natürlichen Personen, die
- das siebente Lebensjahr vollendet haben, aber
- noch nicht volljährig sind (vollendetes 18. Lebensjahr gem. § 2 BGB).

▶ Rechtsfolgen

Die Willenserklärungen von beschränkt Geschäftsfähigen sind zunächst so lange schwebend unwirksam, bis sie durch den gesetzlichen Vertreter genehmigt worden sind (§§ 107 f. BGB).

- **Der rechtliche Vorteil** (§ 107 BGB)
Sofern das Rechtsgeschäft für den Minderjährigen keine Verpflichtung mit sich bringt, ist die Genehmigung des gesetzlichen Vertreters entbehrlich.

Beispiel

Klaus (9 Jahre) bekommt von Tante Frieda zum Geburtstag eine Baseball-Kappe geschenkt – Genehmigung nicht notwendig, da sich aus der Verwendung der Kappe keine weiteren Verpflichtungen ergeben.

Klaus (9 Jahre) kauft sich im Supermarkt eine besonders günstige Spielkonsole. Dieses Geschäft ist genehmigungsbedürftig, auch wenn der Vorteil (günstiger Preis) gravierend ist. Entscheidend ist aber die unmittelbare Wirkung – Klaus muss im Rahmen des Erfüllungsgeschäfts den Kaufpreis bezahlen.

- **Bewirken der Leistung mit eigenen Mitteln – „Taschengeldparagraf"** (§ 110 BGB)
Hat der gesetzliche Vertreter dem Minderjährigen Geld zur freien Verfügung oder speziell für dieses Rechtsgeschäft überlassen, so sind solche Verträge auch ohne Einwilligung wirksam, die vollständig mit diesen Mitteln abgegolten werden können. Dies gilt ebenfalls für solche Beträge, die der Minderjährige von Dritten erhalten hat – sofern die gesetzlichen Vertreter damit einverstanden waren.

Hiervon ausgeschlossen ist allerdings Arbeitslohn, der vom Minderjährigen durch „Jobben" erwirtschaftet wird, sowie Ausbildungsvergütung. Diese finanziellen Mittel gelten nur dann als „Taschengeld", sofern der gesetzliche Vertreter sie hierzu bestimmt hat.

Beispiel

> Klaus (16 Jahre) erhält monatlich 40,00 EUR Taschengeld. Davon kauft er sich eine Musik-CD für 14,00 EUR – wirksames Rechtsgeschäft!
>
> Klaus (16 Jahre) erhält eine monatliche Ausbildungsvergütung in Höhe von 380,00 EUR. Davon kauft er sich für 98,00 EUR einen neuen USB-Scanner. Das Rechtsgeschäft ist nur wirksam, sofern seine Eltern die Ausbildungsvergütung zur freien Verfügung gestellt hatten. Ansonsten ist das Rechtsgeschäft bis zur Genehmigung schwebend unwirksam.

■ **Erwerbsgeschäft** (§ 112 BGB)

Der gesetzliche Vertreter kann mit der Genehmigung des Vormundschaftsgerichts dem Minderjährigen erlauben, ein Unternehmen oder einen Betrieb zu führen. Alle Rechtsgeschäfte, die der Betrieb dieses Erwerbsgeschäftes mit sich bringt, kann der Minderjährige nun als voll Geschäftsfähiger ausführen.

Beispiel

> Klaus (16 Jahre) übernimmt mit Genehmigung seines Vaters und des Vormundschaftsgerichts das Einzelhandelsgeschäft seiner Mutter.
>
> Klaus stellt einen Mitarbeiter ein – wirksames Rechtsgeschäft!
>
> Klaus kauft sich von dem Gewinn eine Lederjacke – unwirksames Rechtsgeschäft, sofern nicht § 110 BGB angewendet werden kann!

■ **Dienst- oder Arbeitsverhältnis** (§ 113 BGB)

Dieselbe Regelung sieht das Gesetz für die Fälle vor, in denen der gesetzliche Vertreter dem Minderjährigen erlaubt, ein Arbeitsverhältnis einzugehen, z.B. Aushilfstätigkeiten.

Berufsausbildungsverhältnisse fallen nicht unter diese Regelung. Dadurch soll der minderjährige Auszubildende vor übereilten Entschlüssen, z. B. während der Probezeit, geschützt werden.

Beispiel

> Klaus (16 Jahre) jobbt nach der Schule an zwei Tagen in der Woche zwischen 15:00 Uhr und 18:00 Uhr in einem Supermarkt. Der Arbeitsvertrag ist von seinen Eltern genehmigt und unterschrieben worden. Klaus stellt aber bald fest, dass eine solche Tätigkeit nicht das Richtige für ihn ist. Er kündigt – wirksames Rechtsgeschäft!
>
> Klaus bewirbt sich nun als Rausschmeißer bei einer Discothek und wird genommen – unwirksames Rechtsgeschäft, da es sich hierbei nicht um ein Arbeitsverhältnis der Art handelt, das die Eltern genehmigt hatten.

4.4.1.3 Volle Geschäftsfähigkeit

Die **natürliche Person** wird mit der Vollendung des achtzehnten Lebensjahres voll geschäftsfähig, sofern sich nicht Einschränkungen aus den §§ 104 ff. BGB ergeben.

Juristische Personen werden durch voll geschäftsfähige natürliche Personen vertreten, z. B. Geschäftsführer der GmbH.

4.4.2 Übersicht über Handlungsfähigkeiten in Abhängigkeit vom Lebensalter

Fähigkeit / Alter	Geschäftsfähigkeit	Deliktsfähigkeit	Straf- bzw. Schuldfähigkeit	Parteifähigkeit
Rechtsquelle	§§ 104–113 BGB	§§ 823–853 BGB	§§ 19–21 StGB, §§ 1–3 JGG	§ 50 ZPO
Definition	Fähigkeit einer Person, ■ rechtswirksame Willenserklärungen zu äußern und ■ von Dritten entgegennehmen zu können, um so ■ Rechtsgeschäfte selbstständig – zu begründen, – zu ändern oder – aufzuheben.	Fähigkeit einer Person, ■ für unerlaubte Handlungen i.S.d. BGB ■ verantwortlich gemacht werden zu können und ■ als Ausgleich Schadensersatz zu leisten.	Fähigkeit einer Person, für strafbare Handlungen i.S.d. StGB verantwortlich gemacht werden zu können.	Fähigkeit einer Person, ■ als Beteiligter ■ an einem Zivilprozess ■ aktiv (= Kläger) oder ■ passiv (= Beklagter) ■ teilzunehmen.
		Anders als bei der Deliktsfähigkeit (= zivilrechtlicher Begriff) besteht bei der Straffähigkeit (= strafrechtlicher Begriff) kein Gleichordnungsverhältnis zwischen Schädiger und Geschädigtem (Bürger → Bürger), sondern ein Unterordnungsverhältnis zwischen Täter und Staat.		
0 Jahre	Geschäftsunfähigkeit	Deliktsunfähigkeit	Strafunfähigkeit	Parteifähigkeit
7 Jahre	beschränkte Geschäftsfähigkeit	■ beschränkte Deliktsfähigkeit ■ Deliktsunfähigkeit, sofern das Kind den Schaden (Unfall mit Fahrzeugen) nicht vorsätzlich herbeigeführt hat.		
10 Jahre		beschränkte Deliktsfähigkeit, sofern dem Jugendlichen die Einsicht für die Folgen der Tat fehlte.		
14 Jahre			Straffähigkeit nach Jugendstrafrecht, sofern die sittliche und geistige Reife vorhanden war, das Unrecht der Tat einzusehen.	
15 Jahre	**BESONDERHEIT im Sozialrecht:** Ab Vollendung des 15. Lebensjahres können Anträge auf Sozialleistungen gestellt u. diese Leistungen auch entgegengenommen werden (§ 36 I SGB I), es sei denn, dieses Recht wird durch den gesetzlichen Vertreter eingeschränkt (§ 36 II SGB I).			
16 Jahre				
18 Jahre	Geschäftsfähigkeit	Deliktsfähigkeit	Straffähigkeit als Heranwachsender	
21 Jahre			Straffähigkeit als Erwachsener	

Prozessfähigkeit	Eidesfähigkeit	Ehefähigkeit	Testierfähigkeit	Fähigkeit / Alter
§§ 51–58 ZPO	§ 393 ZPO	§§ 1303f. BGB	§ 2229 BGB	**Rechtsquelle**
Fähigkeit einer Person, vor Gericht ■ sich selbst oder ■ eine andere Person ■ zu vertreten.	Fähigkeit einer Person, ■ eine Aussage ■ vor Gericht ■ durch Beeidigung ■ bekräftigen zu können.	Fähigkeit einer Person, die Ehe eingehen zu können.	Fähigkeit einer Person, ein Testament errichten zu können.	**Definition**
Prozessunfähigkeit	Eidesunfähigkeit	Eheunfähigkeit	Testierunfähigkeit	**0 Jahre**
				7 Jahre
				10 Jahre
				14 Jahre
				15 Jahre
	Eidesfähigkeit	Das Familiengericht kann auf Antrag die Genehmigung erteilen, sofern der Ehepartner volljährig ist und die gesetzlichen Vertreter nicht (begründet) widersprechen.	Nur als öffentliches Testament (notariell beurkundet).	**16 Jahre**
Prozessfähigkeit		Ehefähigkeit	Testierfähigkeit	**18 Jahre**
				21 Jahre

4.4.3 Urteile zu Handlungsfähigkeiten

Das Kickboard-Rennen

Ein neun Jahre alter Junge, sein Zwillingsbruder sowie ein Klassenkamerad veranstalten auf der Fahrbahn einer Straße ein Wettrennen mit ihren Kickboards. Der Junge hat bereits Erfahrung im Kickboard-Fahren und ist darin sehr geübt. Dennoch stürzt er aus Unachtsamkeit. Dabei prallt sein Kickboard gegen ein Auto, das am rechten Straßenrand der Straße ordnungsgemäß geparkt ist.

Durch den Vorfall entsteht ein Sachschaden. Der Halter des Fahrzeugs klagt nun vor dem Amtsgericht auf Schadensersatz – von dem Jungen bzw. seinen Eltern wegen Verletzung der Aufsichtspflicht.

In der ersten Instanz wird die Klage abgewiesen. In der Berufungsinstanz verurteilt das Landgericht den Jungen zum Schadensersatz i.H.v. 1.904,16 EUR, weist allerdings eine weitergehende Berufung bzw. die Berufung gegen die Eltern zurück. Eine Revision wird zugelassen.

Im Rahmen der Revision begehrt der Junge (Schadensverursacher) die Wiederherstellung des erstinstanzlichen Urteils. Der BGH weist die Revision mit folgender Begründung zurück:

- Grundsätzlich ist der Junge gem. § 823 I BGB dem Fahrzeughalter zum Ersatz des an dem Fahrzeug entstandenen Schadens verpflichtet, weil dieser auch durch den Jungen verursacht wurde.
- Zur deliktrechtlichen Betrachtung muss § 828 II 1 BGB hinzugezogen werden. In diesem Zusammenhang wird diese Vorschrift vom Landgericht dahingehend ausgelegt, dass „ein Unfall mit einem Kraftfahrzeug" nur dann vorliegt, wenn sich dieses auch in Bewegung befindet und somit auch eine typische Gefahr von diesem Fahrzeug ausgeht. Dies ist hier nicht der Fall, sodass eine Haftungsprivilegierung des Minderjährigen auch nicht vorausgesetzt werden kann. Vielmehr entsprechen die von einem geparkten Fahrzeug ausgehenden Gefahren denen eines ordnungsgemäß abgestellten Fahrrads, eines Baumes oder einer Mauer.
- Somit liegt eine Überforderungssituation des Kindes nicht vor, denn nur in diesem Fall soll das Kind von der Haftung freigestellt werden, weil Geschwindigkeiten von durch Motorkraft angetriebenen Fahrzeugen von Kindern unter 10 Jahren nicht richtig eingeschätzt werden können.
- Das Berufungsgericht hat außerdem ein fahrlässiges Verhalten des Jungen (§ 276 BGB) bejaht, weil ein 9-Jähriger „die zur Erkenntnis der Verantwortlichkeit erforderliche Einsicht hat" (§ 828 III BGB). Kinder im Alter des Jungen wissen bereits, dass sie sich im Straßenverkehr so zu verhalten haben, dass ein verwendetes Kickboard nicht gegen ein geparktes Auto prallt und dieses beschädigt. Dies gilt auch dann, wenn es sich bei der Straße um eine Spielstraße handelt, weil die sorgfältige Teilnahme am Straßenverkehr auf allen Verkehrsflächen gilt.

Aktenzeichen: VI ZR 335/03 (BGH-Urteil vom 30.11.2004)

Die geschenkten Grundstücke

Ein Großvater möchte das Eigentum seiner landwirtschaftlichen – derzeit verpachteten – Grundstücke auf seine Enkelkinder übertragen, von denen eines noch minderjährig ist. Der Großvater behält sich lebenslang den Nießbrauch (Recht an den Erträgen aus Pacht) vor, gleichzeitig wird bestimmt, dass er die anfallenden Kosten sowie die außerordentlichen Lasten der Grundstücke zu tragen hat. Außerdem sieht die Übertragung vor, dass die Mutter der Kinder (Tochter des Großvaters) ein nachrangiges Nießbrauchsrecht erhält, das dem des Großvaters entspricht.

Da das eine Enkelkind noch minderjährig und somit noch nicht voll geschäftsfähig ist, hat das Grundbuchamt die Eigentumsumschreibung nicht vorgenommen, weil es davon ausgeht, dass die Schenkung der verpachteten Grundstücke für das Kind nicht lediglich rechtlich vorteilhaft ist (§§ 107, 108 I BGB). Allerdings kann die Mutter als gesetzliche Vertreterin das Rechtsgeschäft nicht genehmigen, weil sie die Tochter des Schenkenden ist und somit von der Vertretung ausgeschlossen ist (§§ 1629 II 1, 1795 I 1 1. HS BGB). Damit gilt auch für den Vater das Vertretungsverbot.

Das Grundbuchamt (Amtsgericht Butzbach) verlangt daher von den Beteiligten, innerhalb einer bestimmten Frist einen Ergänzungspfleger (= Vertreter für Eltern/Vormund, weil diese für die Besorgung der rechtlichen Angelegenheit – tatsächlich oder rechtlich – gehindert sind) bestellen zu lassen (Zwischenverfügung). Dagegen legen die Beteiligten Beschwerde ein, die per Beschluss des Landgerichts Gießen als unzulässig verworfen wird. Dagegen wird wiederum Beschwerde eingelegt, über die das Oberlandesgericht Frankfurt zu beschließen hat. Das OLG Frankfurt möchte der Entscheidung des LG Gießen folgen und die Beschwerde zurückweisen, allerdings liegt ein widersprechender Beschluss des OLG Celle vor (OLGR Celle 2001, 159 = MDR 2001, 931), sodass das OLG Frankfurt die Sache dem BGH zur Entscheidung vorlegt.

1. **Ansicht des OLG Frankfurt:**
   Der Erwerb eines verpachteten Grundstücks ist für einen Minderjährigen nicht rechtlich vorteilhaft, weil er damit in den von dem Veräußerer geschlossenen Pachtvertrag eintritt. Dies gilt auch in diesem Fall, in dem sich der Schenkende den Nießbrauch vorbehalten hat, wenn auch nur für eine juristische Sekunde. Außerdem treffen den Minderjährigen die Pflichten aus dem Pachtverhältnis mit der Beendigung des Nießbrauchs. Somit muss der Überlassungsvertrag von einem Ergänzungspfleger genehmigt werden, der an die Stelle der rechtlich verhinderten Eltern tritt.

2. **Ansicht des OLG Celle:**
   Die Übertragung eines mit einem Nießbrauch belasteten vermieteten Grundstücks ist mit keinen Nachteilen für den minderjährigen Erwerber verbunden, sodass er die Auflassung selbst wirksam erklären kann.

Der BGH hat nun beschlossen, dass die weiteren Beschwerden zurückgewiesen und die Beschwerde gegen die Zwischenverfügung als unzulässig verworfen werden. Die Gründe:

- Mit dem Erwerb der Grundstücke, auf denen bestehende Miet- bzw. Pachtverhältnisse lasten, ist eine persönliche Haftung des Minderjährigen verbunden. Während die Verpflichtung zur Tragung öffentlicher Lasten als ungefährlicher Rechtsnachteil eingestuft wird, weil die damit einhergehenden Pflichten in ihrem Umfang begrenzt sind, trifft dies auf die Miet- und Pachtverhältnisse nicht zu. Eine Einzelfallprüfung durch den gesetzlichen Vertreter muss vorgenommen werden. In den meisten Fällen ist aber davon auszugehen, dass der Erwerb eines vermieteten oder verpachteten Grundstücks für den Minderjährigen nicht lediglich rechtlich vorteilhaft ist.

- Dies gilt auch für diesen Fall, in dem sich der Schenkende den Nießbrauch vorbehalten hat. Schließlich tritt der Minderjährige beim Tod des Großvaters in die Pflichten ein – und dies kann auch noch eintreten, solange der Enkel minderjährig ist.

- Rechtliche Nachteile ergeben sich also aus dem Eigentumserwerb selbst, nicht jedoch aus dem der Eigentumsübertragung zugrunde liegenden Rechtsgeschäft – der Schenkung. Diese ist für die Beteiligten rechtlich vorteilhaft. Damit kann der Minderjährige die Willenserklärung nicht selbst abgeben und benötigt die Genehmigung des gesetzlichen Vertreters. Aufgrund der Interessenkollision der Eltern kann diese jedoch nur durch einen Ergänzungspfleger erteilt werden.

Aktenzeichen: V ZB 44/04 (BGH-Beschluss vom 03.02.2005)

4.5 Zusammenfassung

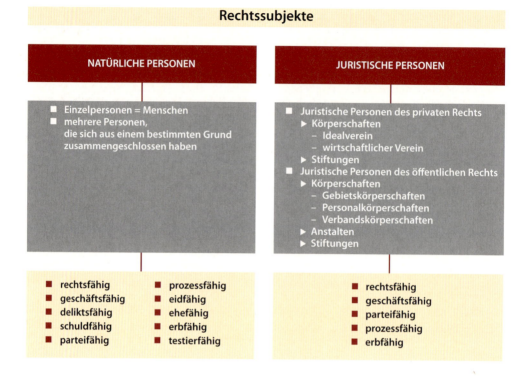

Rechtssubjekte

NATÜRLICHE PERSONEN

- Einzelpersonen = Menschen
- mehrere Personen,
  die sich aus einem bestimmten Grund
  zusammengeschlossen haben

- rechtsfähig
- geschäftsfähig
- deliktsfähig
- schuldfähig
- parteifähig
- prozessfähig
- eidfähig
- ehefähig
- erbfähig
- testierfähig

JURISTISCHE PERSONEN

- Juristische Personen des privaten Rechts
  ▸ Körperschaften
    – Idealverein
    – wirtschaftlicher Verein
  ▸ Stiftungen
- Juristische Personen des öffentlichen Rechts
  ▸ Körperschaften
    – Gebietskörperschaften
    – Personalkörperschaften
    – Verbandskörperschaften
  ▸ Anstalten
  ▸ Stiftungen

- rechtsfähig
- geschäftsfähig
- parteifähig
- prozessfähig
- erbfähig

4.6 Aufgaben

Aufgabe 1:

Entscheiden Sie in den nachfolgend dargestellten Fällen, um welche Art von Rechtssubjekt es sich handelt!

a. Bauträger GmbH
b. Stadt München
c. Fachhochschule Bielefeld
d. gewerbl. Berufsschule der Stadt Aschaffenburg

e. Finanzamt
f. Paul (45 Jahre)
g. Fahrgemeinschaft

Aufgabe 2:

Bearbeiten Sie die Fälle a – f bitte nach folgender Vorgehensweise:
- Bestimmen Sie zunächst die Stufe der Geschäftsfähigkeit und
- prüfen Sie dann unter Angabe der Paragrafen,
- ob das jeweilige Rechtsgeschäft wirksam zustande gekommen ist!

a. Annegret erhält zu ihrem 5. Geburtstag von ihrem Opa 10,00 EUR geschenkt. Sie geht damit zu „Tante Emma", der Einzelhändlerin um die Ecke, und kauft für den Betrag 20 Tafeln Schokolade.

b. Balthasar erhält zu seinem 4. Geburtstag von Tante Clementine einen Fußball geschenkt.

c. Cord (8 Jahre) bekommt als Weihnachtsgeschenk ein ferngesteuertes Auto.

d. Dirk ist 17 Jahre alt, als seine Mutter stirbt. Diese hatte eine kleine Boutique in der Fußgängerzone betrieben. Schon früh hatte Dirk gelernt, welche Aufgaben ein solches Geschäft mit sich bringt. Sein Vater und das Vormundschaftsgericht stimmen zu, dass Dirk das Geschäft selbstständig fortführen darf.

    d.1 Dirk stellt eine Verkäuferin ein.

    d.2 Dirk kauft Waren im Wert von 20.000,00 EUR.

    d.3 Dirk stellt die monatliche Umsatzsteuer-Voranmeldung aus und unterschreibt diese.

    d.4 Der Laden läuft gut und so entschließt sich Dirk, aus den Gewinnen eine Multimedia-Anlage für sein Zimmer zu kaufen; Wert: 3.780,00 EUR

e.   e.1 Elke (5 Jahre) bekommt von ihrem Onkel ein Grundstück geschenkt.

    e.2 Elke (8 Jahre) bekommt von ihrem Onkel ein Grundstück geschenkt.

    e.3 Elke (15 Jahre) bekommt von ihrem Onkel ein Mehrfamilienhaus geschenkt.

f. Friedobald (15 Jahre) unterschreibt mit Zustimmung seiner Eltern einen Arbeitsvertrag bei der örtlichen Wochenzeitung, die er nachmittags austrägt.

    f.1 Friedobald eröffnet ein Girokonto bei der Privatbank Hohenstein & Söhne.

    f.2 Von der monatlich an ihn überwiesenen Vergütung in Höhe von 200,00 EUR kauft er sich Inlineskates zum Preis von 150,00 EUR.

    f.3 Friedobald kündigt das Arbeitsverhältnis.

Aufgabe 3:

Beschaffen Sie sich (z. B. durch Internetrecherche) folgende Urteile zu § 110 BGB:

- Urteil des AG Freiburg vom 24.10.1997 mit dem Aktenzeichen 51 C 3570-97
- Urteil des Reichsgerichts vom 29.09.1910 mit dem Aktenzeichen IV 566/09

Fassen Sie Sachverhalt und Urteilsbegründung jeweils auf einer halben DIN-A4-Seite zusammen und diskutieren Sie die gesellschaftliche Bedeutung.

Aufgabe 4:

Familie Hubendudel macht Ferien auf dem Bauernhof. Der 6-jährige Friedobald streichelt die Schafe und vergisst anschließend, das Gatter wieder zu schließen. Die Schafherde entflieht auf die nächste stark befahrene Bundesstraße. Vier Schafe werden von einem LKW überfahren. Die Eltern Hubendudel hatten eigentlich geglaubt, es würde genügen, alle fünf Minuten nach Friedobald zu sehen.

Prüfen Sie die Rechtslage!

5   Handels- und Gesellschaftsrecht

5.1   Überblick

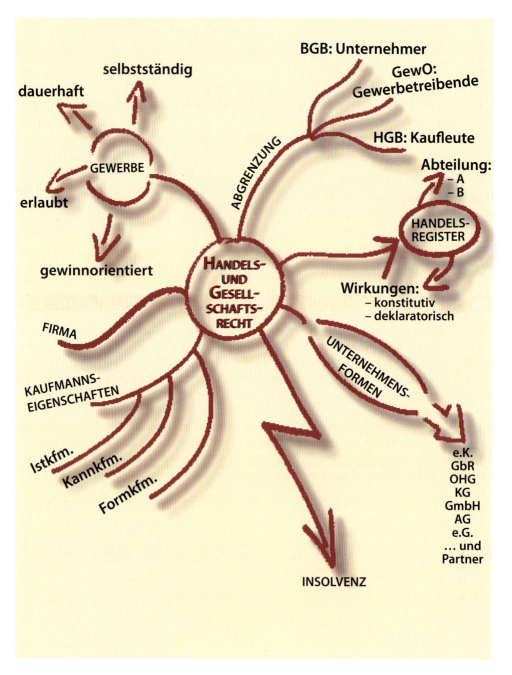

5.2 Gewerberecht als Grundlage unternehmerischer Tätigkeit

Bereits in § 1 des HGB, in dem es um die Definition von Kaufmannseigenschaften geht, findet sich der Begriff „Handelsgewerbe". Insofern ist es notwendig, sich zunächst Gedanken darüber zu machen, was ein „Gewerbe" überhaupt ist.

5.2.1 Begriffsbestimmung

Die Gewerbeordnung – GewO – bildet die Basis für gewerberechtliche Sachverhalte. Allerdings sucht man hier eine Definition für den Begriff „Gewerbe" vergebens. Daher kann man nur auf den Gewerbebegriff zurückgreifen, der sich im Laufe der Zeit in Rechtsprechung und Literaturdiskussion herausgebildet hat.

Danach ist ein Gewerbe

- jede **erlaubte Tätigkeit,**
- die **auf Gewinn gerichtet** und
- auf **eine gewisse Dauer angelegt** sein (also nicht nur gelegentlich) und
- **selbstständig ausgeführt** werden soll.

Ausgenommen sind die in § 6 GewO genannten Berufe. Sie können unter Urproduktion, freie Berufe und die Verwaltung des eigenen Vermögens subsumiert werden.

▶ Erlaubte Tätigkeit

Erlaubt sind grundsätzlich alle Tätigkeiten, wenn diese nicht gegen die geltende Rechtsordnung und die „guten Sitten" verstoßen. Gemäß § 138 I BGB sind Rechtsgeschäfte nichtig, die gegen die „guten Sitten" verstoßen. Folgerichtig können auch keine Tätigkeiten als Gewerbebetrieb genehmigt werden, die sittenwidrig sind. Um zu bestimmen, ob eine gewerbliche Tätigkeit sittenwidrig ist, müssen Inhalt, Beweggrund und Zweck der Tätigkeit überprüft werden. Verstößt diese „gegen das Anstandsgefühl aller billig und gerecht Denkenden", liegt ein Verstoß gegen die „guten Sitten" vor. Nun ändern sich die sittlichen Vorstellungen im Zeitablauf, sodass eine ständige Überprüfung der jeweiligen Epoche und der beteiligten Personenkreise zur Beurteilung des Sachverhaltes notwendig ist.

In jedem Fall sittenwidrig sind folgende Tätigkeiten, die auch strafrechtlich geahndet werden:

Beispiel

- Zuhälterei (§ 181 a StGB)
- Vertrieb von Mitteln zum Schwangerschaftsabbruch (§ 219 b StGB)
- Gewerbsmäßige Hehlerei (§ 260 StGB)
- Unerlaubte Veranstaltung von Glücksspiel (§ 284 StGB)

▶ Gewinnerzielungsabsicht

Die Betonung liegt in diesem Zusammenhang auf dem Wort *Absicht*, d.h., es muss nicht in jedem Fall auch in jeder Abrechnungsperiode Gewinn nachgewiesen werden. Dies gilt insbesondere in Gründungsphasen eines Unternehmens, in den ersten Geschäftsjahren, nach umfangreichen Investitionen oder in konjunkturell schwierigen Zeiten. Dennoch sollte eine zielgerichtete Tätigkeit erkennbar sein, bei der auf Dauer die Betriebseinnahmen größer sind als die Betriebsausgaben. Auch Aktivitäten aus sozialen oder anderen ideellen Motiven sind keine gewerbsmäßigen Tätigkeiten.

▶ Dauerhafte Tätigkeit

Die ausgeübte Tätigkeit muss mehr als nur „gelegentlich" ausgeübt werden. Andernfalls gäbe es für Geschäftspartner und Verbraucher keine Sicherheit in der Geschäftsbeziehung, z. B. Zuständigkeit für Regelungen bei Gewährleistungsfragen. Dennoch sind auch solche Tätigkeiten beinhaltet, die ihrer Natur nach nur saisonal oder in kürzeren Perioden ausgeübt werden, vorausgesetzt, sie besitzen einen gewissen Fortsetzungscharakter.

Beispiel

- Betrieb einer Eisdiele im Sommer und ⎫
- Vertrieb von Weihnachtsgebäck im Winter ⎭ in demselben Ladenlokal
- Skivermietung
- Vertrieb von Porzellanpuppen auf Jahrmärkten und Volksfesten

▶ Selbstständige Tätigkeit

Auch eine gesetzliche Bestimmung der Selbstständigkeit fehlt. Allerdings können hier auf der Erfahrung von Rechtsprechung und Literatur bestimmte Kennzeichen einer selbstständigen Tätigkeit zugrunde gelegt werden:
- Die Tätigkeit wird in eigenem Namen und
- auf eigene Rechnung ausgeführt, außerdem
- unabhängig von Vorgaben Dritter.

So trägt beispielsweise der Selbstständige das Risiko des von ihm eingesetzten Kapitals persönlich, er kann seine Arbeitszeit bzw. seinen Arbeitseinsatz selbst bestimmen, Mitarbeiter einstellen und entlassen etc.

▶ Ausnahmen

Die Definition enthält Ausnahmen, die u. a. in § 6 GewO genauer spezifiziert sind:
- Fischerei,
- Errichtung und Verlegung von Apotheken,
- Erziehung von Kindern gegen Entgelt,
- Unterrichtswesen,

- Tätigkeit der Rechtsanwälte und Notare, Rechtsbeistände, Wirtschaftsprüfer und Wirtschaftsprüfergesellschaften, Steuerberater und Steuerberatungsgesellschaften sowie Steuerbevollmächtigten,
- Gewerbebetrieb der Auswandererberater,
- Befugnis zum Halten öffentlicher Fähren, Seelotswesen, Rechtsverhältnisse der Kapitäne und der Besatzungsmitglieder auf Seeschiffen und
- die Verwaltung eigenen Vermögens.

Eingeschränkte Bedeutung hat die Gewerbeordnung gemäß § 6 GewO für:

- das Bergwesen,
- Versicherungsunternehmen,
- die Ausübung von ärztlichen und anderen Heilberufen,
- den Verkauf von Arzneimitteln,
- den Vertrieb von Lotterielosen,
- die Viehzucht und
- die Beförderungen mit Krankenkraftwagen.

5.2.2 Gewerbefreiheit

▶ Grundsatz der Gewerbefreiheit

Die freie Wahl des Berufs bzw. der Erwerbstätigkeit ist dem Gesetzgeber so wichtig, dass er sie im Grundgesetz der Bundesrepublik Deutschland festschreibt (Art. 12 I GG). Fortsetzung findet diese Vorschrift in dem allerersten Satz, der in der Gewerbeordnung zu finden ist (§ 1 I GewO). Demnach unterliegt nur die Ausübung der Tätigkeit gesetzlichen Beschränkungen.

▶ Einschränkungen der Gewerbefreiheit

In § 1 GewO wird bereits darauf hingewiesen, dass es für die grundsätzliche Gewerbefreiheit einige Ausnahmen geben kann, die entweder durch die GewO selbst oder durch ein ranggleiches Gesetz dargestellt werden. Dies wird nachfolgend an einigen Beispielen verdeutlicht:

Beispiel 1
Die Vorschriften gemäß §§ 104–113 BGB über die Geschäftsfähigkeit müssen selbstverständlich berücksichtigt werden. Ein Geschäftsunfähiger kann keine wirksamen Rechtsgeschäfte abschließen und ein beschränkt Geschäftsfähiger wird nur mit Genehmigung der gesetzlichen Vertreter und des Vormundschaftsgerichts für die die gewerbliche Tätigkeit betreffenden Rechtsgeschäfte für unbeschränkt geschäftsfähig erklärt.

Beispiel 2
Gemäß §§ 14 und 55 GewO darf ein Betrieb nicht einfach seine Tätigkeit aufnehmen, ohne vorher bei der zuständigen Behörde (z. B. Ordnungsamt der Stadt) die Aufnahme der Tätigkeit angezeigt zu haben. Auf Seite 71 ist ein Formular für eine Gewerbe-Anmeldung dargestellt.

Beispiel 3

Gemäß § 71 a GewO besteht für die einzelnen Bundesländer die Möglichkeit, bestimmte Vorschriften zur Durchführung von Messen, Ausstellungen etc. (gem. §§ 64 – 68 GewO) zu erlassen. Dies dient der Aufrechterhaltung der öffentlichen Sicherheit auf ebendiesen Veranstaltungen.

5.2.3   Betriebsformen des Gewerbes

Stehendes Gewerbe (§§ 14 – 52 GewO)	**Reisegewerbe (§§ 55 – 61 a GewO)**	**Marktverkehr (§§ 64 – 71 b GewO)**
Unter das stehende Gewerbe fällt alles, was nicht zum Reise- oder Marktgewerbe gehört. Der Beginn der Gewerbetätigkeit muss der zuständigen Behörde angezeigt werden („Gewerbekarte"); s. 5.2.4. Wird die Betriebsstätte betrieben, muss der Name oder die Firma des Gewerbetreibenden an der Außenseite des Gebäudes gut leserlich angebracht werden (§ 15 a GewO).	**Reisegewerbetreibender** ist derjenige, der die gewerblichen Tätigkeiten außerhalb der Niederlassung vornimmt (§ 55 I GewO). Dazu gehören **Dienstleistungen** wie z. B. Verkaufswagen von Bäckereien, Tiefkühlkost-Lieferungen oder Schaustellerleistungen. Die Erlaubnis zur Durchführung eines Reisegewerbes heißt **Reisegewerbekarte** (§ 55 II GewO), die dem Gewerbetreibenden von der ausstellenden Stelle auch versagt werden kann, wenn jener als unzuverlässig gilt.	Durchführung von bestimmten Veranstaltungen, die nach Gegenstand, Zeitraum und Öffnungszeiten sowie Veranstaltungsort behördlich festgelegt werden: § 64 GewO Messe § 65 GewO Ausstellung § 66 GewO Großmarkt § 67 GewO Wochenmarkt § 68 GewO Spezial- und Jahrmarkt

5.2.4   Anzeigepflicht

Wer einen Gewerbebetrieb gründen will, muss dies der zuständigen Behörde anzeigen (§§ 14, 55 c GewO). Die zuständige Behörde ist in diesem Zusammenhang das Ordnungsamt der Stadt oder der Gemeinde, bei der der zukünftige Gewerbetreibende seine Tätigkeit anmelden, bei sachlicher Änderung (z. B. Inhaberwechsel) ummelden oder bei Betriebsaufgabe abmelden kann (siehe Formular auf der folgenden Seite).

Beispiel

Frau Berta Fritzenkötter, geb. Brösel, möchte einen Handel mit Büromöbeln eröffnen. Frau Fritzenkötter wurde am 18.05.1972 geboren, verfügt über die deutsche Staatsbürgerschaft und ist wohnhaft im Heckenweg 17 in 12345 Rölmersdorf (Kreis Tiefburg, Land NRW). In der Nachbarschaft (Heckenweg 19) ist ein kleiner Bungalow frei geworden, der sich für ihre Zwecke bestens eignet, da sie hier sowohl einzel- als auch großhändlerisch tätig werden kann. Frau Fritzenkötter wird ihre Tätigkeit zum 01.12. d.J. aufnehmen.

Name der entgegennehmenden Gemeinde	Gemeindekennzahl Betriebsstätte (Sitz)	
Stadt Rölmersdorf	**012 34 567**	**GewA 1**
Gewerbe -Anmeldung Nach § 14 GewO oder § 55 c GewO	Bitte vollständig und gut lesbar ausfüllen sowie die zutreffenden Kästchen ankreuzen	

Angaben zum Betriebsinhaber — Bei Personengesellschaften (z. B. OHG) ist für jeden geschäftsführenden Gesellschafter ein eigener Vordruck auszufüllen. Bei juristischen Personen ist bei Feld Nr. 3 bis 9 und Feld Nr. 30 und 31 der gesetzliche Vertreter anzugeben (bei inländischer AG wird auf diese Angaben verzichtet). Die Angaben für weitere gesetzliche Vertreter zu diesen Nummern sind ggf. auf Beiblättern zu ergänzen.

1 Im Handels-, Genossenschafts- oder Vereinsregister eingetragener Name mit Rechtsform (ggf. bei GbR: Angabe der weiteren Gesellschafter)	2 Ort und Nr. des Registereintrages

Angaben zur Person

3 Name	4 Vorname	4a Geschlecht
Fritzenkötter	**Berta**	männl. ☐ weibl. **X**

5 Geburtsname (nur bei Abweichung vom Namen)	6 Geburtsdatum	7 Geburtsort und -land
Brösel	**18.05.1972**	**Rölmersdorf, Deutschland**

8 Staatsangehörigkeit(en)	deutsch: **X**	andere:

9 Anschrift der Wohnung (Straße, Haus-Nr., PLZ, Ort)
Heckenweg 17, 12345 Rölmersdorf

Telefon-Nr.	Telefax-Nr.	freiwillig: E-mail/Web

Angaben zum Betrieb

10 Zahl der geschäftsführenden Gesellschafter (nur bei Personengesellschaften) / Zahl der gesetzlichen Vertreter (nur bei juristischen Personen)

11 Vertretungsberechtigte Person/Betriebsleiter (nur bei inländischen Aktiengesellschaften, Zweigniederlassungen und unselbständigen Zweigstellen)
Name, Vorname

Anschriften (Straße, Haus-Nr., Plz, Ort)

12 Betriebsstätte
Heckenweg 19, 12345 Rölmersdorf

Telefon-Nr.	Telefax-Nr.	freiwillig: eMail/Web

13 Hauptniederlassung (falls Betriebsstätte lediglich Zweigstelle ist)

Telefon-Nr.	Telefax-Nr.	freiwillig: eMail/Web

14 Frühere Betriebsstätte

Telefon-Nr.	Telefax-Nr.	freiwillig: eMail/Web

15 Angemeldete Tätigkeit – ggf. ein Beiblatt verwenden (genau angeben: z. B. Herstellung von Möbeln, Elektroinstallationen und Elektroeinzelhandel, Großhandel mit Lebensmitteln usw.)

Handel mit Büromöbeln

16 Wird die Tätigkeit (vorerst) im Nebenerwerb betrieben?	17 Datum des Beginns der angemeldeten Tätigkeit
Ja ☐ Nein **X**	**01.12.20xx**

18 Art des angemeldeten Betriebes	Industrie ☐	Handwerk ☐	Handel **X**	Sonstiges ☐

19 Zahl der bei Geschäftsaufnahme tätigen Personen (ohne Inhaber)	Vollzeit	Teilzeit	Keine

Die Anmeldung wird erstattet für	20	eine Hauptniederlassung **X**	eine Zweigniederlassung ☐	eine unselbständige Zweigstelle ☐
	21	ein Automatenaufstellungsgewerbe ☐	22	ein Reisegewerbe ☐

Grund	23	24 Neuerrichtung / Übernahme	Neugründung **X**	Wiedereröffnung nach Verlegung aus einem anderen Meldebezirk ☐
			Wechsel der Rechtsform ☐	Gründung nach Umwandlungsgesetz (z.B. Verschmelzung, Spaltung) ☐
		Gesellschaftereintritt ☐		Erbfolge/Kauf/Pacht ☐

26 Name des früheren Gewerbetreibenden oder früherer Firmenname

Falls der Betriebsinhaber für die angemeldete Tätigkeit eine Erlaubnis benötigt, in die Handwerksrolle einzutragen oder Ausländer ist:

28 Liegt eine Erlaubnis vor?	Ja ☐ Nein ☐	Wenn Ja, Ausstellungsdatum und erteilende Behörde:

29 Nur für Handwerksbetriebe Liegt eine Handwerkskarte vor?	Ja ☐ Nein ☐	Wenn Ja, Ausstellungsdatum und Name der Handwerkskammer:

30 Liegt eine Aufenthaltsgenehmigung vor?	Ja ☐ Nein ☐	Wenn Ja, Ausstellungsdatum und erteilende Behörde:

31 Enthält die Aufenthaltsgenehmigung eine Auflage oder Beschränkung?	Ja ☐ Nein ☐	Wenn Ja, sie enthält folgende Auflagen bzw. Beschränkungen:

Hinweis: Diese Anzeige berechtigt nicht zum Beginn des Gewerbebetriebes, wenn noch eine Erlaubnis oder eine Eintragung in der Handwerksrolle notwendig ist. Zuwiderhandlungen können mit Geldstrafe oder Freiheitsstrafe geahndet werden. Diese Anzeige ist keine Genehmigung zur Errichtung einer Betriebsstätte entsprechend dem Planungs- und Baurecht.

32 **27.11.20xx**	33	
(Datum)		(Unterschrift)

Stempel der Stadt bzw. des Bürgermeisters

5.3 Das Handelsregister

5.3.1 Begriffsbestimmung

Das Handelsregister ist ein

- amtlich (beim Amtsgericht) geführtes
- öffentliches Verzeichnis,
- in das für den Handelsverkehr bedeutsame Informationen
- aller Kaufleute und Handelsgesellschaften
- eines Amtsgerichtsbezirks eingetragen werden.

Gemäß § 125 I FGG ist das Amtsgericht zuständig, das am Ort des Landgerichts seinen Sitz hat, und zwar für den gesamten Landgerichtsbezirk. Allerdings kann die jeweilige Landesregierung durch Rechtsverordnung auch weiteren oder anderen Amtsgerichten die Führung des Handelsregisters übertragen, sofern dies dazu führt, dass die Registerangelegenheit schneller und rationeller abgewickelt werden können (§ 125 II FGG).

5.3.2 Aufgabe

Die Registereintragungen müssen in elektronischer Form (www.handelsregister.de/www.unternehmensregister.de) und durch Veröffentlichung in einer Zeitung bekannt gemacht werden (§ 10 I HGB i. V.m. Art. 61 IV EGHGB). Somit wird die Öffentlichkeit über Neueintragungen, Änderungen und Löschungen informiert.

Damit werden relevante Informationen offen gelegt, die für den Rechtsverkehr Bedeutung haben. Jedermann kann sich über die eingetragenen Sachverhalte informieren (§ 9 I HGB). Es kann ferner von der Richtigkeit der Eintragung ausgegangen werden, d. h., dass das Handelsregister öffentlichen Glauben genießt (= Vermutung der Richtigkeit der Eintragungen [gem. § 15 II 1 HGB/ Ausnahme: § 15 II 2 HGB]).

5.3.3 Abteilungen

Das Handelsregister besteht aus zwei Abteilungen:

Abteilung A	Hier werden die Einzelkaufleute, die Personengesellschaften (OHG, KG, GmbH & Co. KG) sowie die EWIV eingetragen (§§ 40 – 42 HRV).
Abteilung B	Hier werden die Kapitalgesellschaften (AG, GmbH, KGaA), die SE und die Versicherungsvereine auf Gegenseitigkeit (VVaG) eingetragen (§§ 43 – 46 HRV).

Neueintragungen, Änderungen und Löschungen werden auf Antrag vorgenommen, der öffentlich beglaubigt sein muss. Der Antrag wird (i. d. R. durch den Notar) elektronisch eingereicht (§ 12 HGB).

5.3.4 Eintragungsinhalt

▶ Eintragungspflichtige Tatsachen

Einzutragende Tatsachen werden durch die jeweiligen Gesetze vorgegeben (HGB, GmbHG, AktG), vor allem:

- Firma und Ort der Niederlassung,
- Inhaber, Gesellschafter, Geschäftsführer, Vorstand (je nach Unternehmensform),
- Änderungen (Firma, Niederlassungsverlegung, Inhaber),
- Erteilung und Widerruf der Prokura,
- Auflösung des Unternehmens.

▶ Eintragungsmögliche Tatsachen

Die Eintragung von gesetzesmöglichen Tatsachen ist gesetzlich erlaubt, aber nicht zwingend vorgeschrieben, z.B. beim Kleingewerbetreibenden.

5.3.5 Wirkungen von Handelsregistereintragungen

▶ Deklaratorische und konstitutive Wirkung

- **Die deklaratorische (rechtsbezeugende) Wirkung**
  Durch die Eintragung in das Handelsregister wird eine bestehende Tatsache bekannt gemacht, die auch ohne Eintragung bereits rechtswirksam war (z.B. Prokuraerteilung ist vor Eintragung gültig, Kaufmannseigenschaft des Istkaufmanns entsteht bei Aufnahme des Geschäftsbetriebs).
- **Die konstitutive (rechtserzeugende) Wirkung**
  Die Tatsache entsteht erst durch die Eintragung in das Handelsregister, sodass durch die Eintragung ein Rechtszustand erst herbeigeführt wird (z.B. Kann- und Formkaufleute erwerben die Kaufmannseigenschaft erst durch die Eintragung).

▶ Publizitätswirkung

Die einzelnen Publizitätswirkungen der Eintragungen und Bekanntmachungen werden gem. § 15 I – III HGB dargestellt:

- **§ 15 I HGB (negative Publizität)**
  Wurde eine Tatsache noch nicht in das HR eingetragen, so kann sie nicht gegen einen Dritten verwendet werden, da sich dieser auf das Schweigen des HR verlassen kann, es sei denn, dass er von der Tatsache wusste.
- **§ 15 II HGB (positive Publizität)**
  Dies gilt ebenfalls für den Zeitraum von 15 Tagen nach der Eintragung in das HR. Anschließend muss ein Dritter die eingetragenen Tatsachen voll gegen sich gelten lassen.

■ **§ 15 III HGB**

Bei Falscheintragung kann sich der Dritte auf die bekannt gemachte Tatsache berufen, es sei denn, dass er die Unrichtigkeit kannte.

5.4 Kaufmannseigenschaften

5.4.1 Begriffsbestimmung

Der allgemeine Sprachgebrauch unterscheidet sich stark von der rechtlichen Bedeutung des Begriffs „Kaufmann". Weder ein Großhandelskaufmann noch ein Industriekaufmann sind nach ihrer Berufsausbildung Kaufleute im Sinne des HGB. Gleiches gilt für den Diplom-Kaufmann nach seinem Studium der Wirtschaftswissenschaften.

Kaufmann im Sinne des HGB ist nur, wer ein Handelsgewerbe betreibt (§ 1 I HGB). Also muss zunächst geklärt werden, was unter einem Handelsgewerbe zu verstehen ist. Der Gewerbebegriff im Allgemeinen wurde in 5.2 dargestellt. Über die Einschränkung des Gewerbebetriebes auf ein Handelsgewerbe gibt der Gesetzestext Auskunft in § 1 II HGB.

Dementsprechend sind all jene Gewerbetreibenden keine Kaufleute, die die Bedingungen für einen „in kaufmännischer Weise eingerichteten Geschäftsbetrieb" nicht erfüllen. Hierbei geht es also im Rechtsverkehr darum, demjenigen die Beweislast aufzuerlegen, der von sich behauptet, **nicht** Kaufmann zu sein.

Andererseits gilt auch beispielsweise der Handwerker als Kaufmann, dessen Betrieb den Anforderungen für einen kaufmännischen Geschäftsbetrieb genügt.

Beispiel | Malermeister Klecks hat sich vor 8 Jahren selbstständig gemacht. Mittlerweile hat er eine Belegschaft von 15 Mitarbeitern aufgebaut, mit der er schwerpunktmäßig große Industrie- und Messeaufträge abwickelt. Diese Betriebsgröße erfordert einen in kaufmännischer Weise eingerichteten Geschäftsbetrieb.

5.4.2 Abgrenzung Unternehmer (BGB), Gewerbetreibender (GewO) und Kaufmann (HGB)

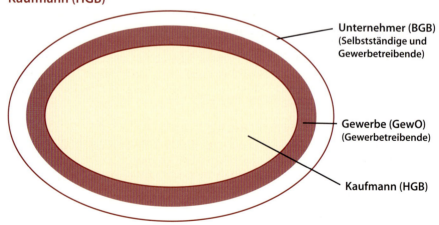

Unternehmer (BGB)
(Selbstständige und Gewerbetreibende)

Gewerbe (GewO)
(Gewerbetreibende)

Kaufmann (HGB)

Den umfassendsten Begriff bietet das BGB mit der Definition des Unternehmers an, die nicht nur die gewerbliche, sondern auch die selbstständige berufliche Tätigkeit mit einbezieht, die durch die GewO ausgeschlossen wird.

5.4.3 Kriterien für einen kaufmännischen Geschäftsbetrieb

Ob die Merkmale für einen in kaufmännischer Weise eingerichteten Geschäftsbetrieb vorliegen, hängt von dem jeweiligen Einzelfall ab. Es gibt jedoch einige Kriterien, anhand deren dies zu prüfen ist.

- Lediglich das Merkmal der Bestimmung zur Buchführungspflicht ist nach der AO eindeutig quantifizierbar: So wird in § 141 AO die Buchführungspflicht für all diejenigen gefordert, die mehr als 500.000,00 EUR Umsatz oder mehr als 50.000,00 EUR Gewinn innerhalb einer Abrechnungsperiode (Kalender- oder Wirtschaftsjahr) erwirtschaften.
- Aus diesen Vorschriften ergibt sich dann ebenfalls die Verpflichtung zur Erstellung von Inventar und Bilanz sowie zur geordneten Kassenführung.

Weitere Merkmale sind:
- Vielzahl von Geschäftsbeziehungen (Lieferanten und Kunden)
- Vielzahl von Leistungen und Produkten
- umfassende Betriebs-/Lagerorganisation (z. B. mehrere Betriebsstätten)
- Anzahl der Mitarbeiter und Beschäftigten
- Größe des gegebenenfalls zu führenden Geschäftslokals

Alle diese Indizien sind im Zweifelsfall im Gesamtzusammenhang zu prüfen, um festzustellen, ob der kaufmännische Geschäftsbetrieb vorliegt bzw. notwendig ist. Liegt kein kaufmännischer Geschäftsbetrieb vor, so spricht man von einem **Kleingewerbe.**

5.4.4 Stellung des HGB

Das HGB ist das Sonderrecht der Kaufleute, d. h., es baut auf den Regelungen des BGB auf. Wenn also keine speziellen Vorschriften im HGB zu bestimmten Sachverhalten zu finden sind, so gilt hier der Rückbezug zum BGB.

→ **Das BGB ist gegenüber dem HGB subsidiär!**

Der Geltungsbereich des HGB umfasst somit alle Rechtsgeschäfte, bei denen wenigstens einer der Vertragspartner Kaufmann ist (§ 345 HGB), es sei denn, das Gesetz stellt eine Sonderregelung explizit dar, z.B. zur Rügepflicht bei der Warenannahme (§ 377 HGB).

Beispiel Die Heitec GmbH schließt mit der Sesam AG einen Kaufvertrag. Beide Unternehmen sind Kaufleute i.S.d. HGB und unterliegen den Regelungen des HGB. Die materiellrechtlichen Grundlagen zum Abschluss des Kaufvertrages finden sich jedoch im BGB, auf das in diesem Zusammenhang Bezug genommen werden muss.

5.4.5 Arten der Kaufleute und Handelsregistereintragung

Art und Rechtsquelle	Istkaufmann § 1 HGB	Kannkaufmann §§ 2, 3 HGB	Formkaufmann § 6 HGB
Begründung	Kaufmann kraft **Gewerbebetriebes**	Kaufmann kraft **Eintragung**	Kaufmann kraft **Rechtsform**
Definition	Alle Gewerbebetriebe, die einen in kaufmännischer Weise eingerichteten Geschäftsbetrieb benötigen	1. Kleinbetriebe (Betriebe, die unter § 1 I 2. HS HGB fallen, können sich trotzdem in das HR eintragen lassen) 2. Land- und forstwirtschaftliche Betriebe, die einen kaufmännischen Geschäftsbetrieb benötigen	Juristische Personen des Handelsrechts (z.B. GmbH, AG)
Eintragung in das Handelsregister	**PFLICHT**	**FREIWILLIG**	**PFLICHT**
Wirkung	**DEKLARATORISCH**	**KONSTITUTIV**	

5.5 Die Firma der Unternehmung

5.5.1 Begriffsbestimmung

Gemäß § 17 HGB ist die Firma

- der Name eines Kaufmanns,
- unter dem er seine Geschäfte betreibt,
- seine Unterschrift abgibt,
- klagen und
- verklagt werden kann.

Damit wird deutlich, dass die umgangssprachliche Gleichsetzung von Firma und Unternehmen falsch ist, weil es sich bei der Firma um den Kaufmann handelt. Man kann also nicht „in die Firma gehen", sondern nur in das Unternehmen oder in den Betrieb. Neben der rechtlichen Funktion der Identifikation des Kaufmanns hat die Firma große Relevanz für marketingtechnische Aktivitäten, z. B. für das Corporate Design (CD).

5.5.2 Firmengrundsätze

▶ Firmenwahrheit und -klarheit

Sowohl für einzelne Teile als auch für die Firma im Ganzen gilt das Irreführungsverbot, nach dem die Firma keine Angaben und Informationen enthalten darf, die über Art bzw. Umfang des Geschäfts hinwegtäuschen würden.

Beispiel

Bruno Bräsig betreibt ein Lebensmitteleinzelhandelsgeschäft in Bad Salzuflen.

Richtig: *Bruno Bräsig Lebensmitteleinzelhandel e. K.*

Falsch: *Bruno Bräsig, Westfälischer Lebensmittelhandel e. K.*

▶ Firmenbeständigkeit

Mit der Firma verbunden sind häufig intensive Marketingaktivitäten, mit denen Leistungen und Image des Unternehmens assoziiert und die den Geschäftspartnern/Kunden vermittelt werden sollen. Insofern soll ein Inhaberwechsel nicht zwingend dazu führen, die Firma zu ändern (§§ 21 – 24 HGB).

Beispiel

Bruno Bräsig verkauft aus Altersgründen sein Geschäft an Berta Brösel.

Variante 1: *Bruno Bräsig e. K. Inhaberin Berta Brösel*

Variante 2: *Bruno Bräsig e. K.* – Problem: Diese Firma ist erlaubt, auch wenn für den Außenstehenden die neuen Verhältnisse nicht erkennbar sind.

▶ Firmenausschließlichkeit

Soll eine neue Firma eingetragen werden, so muss sich diese deutlich von allen anderen am Ort befindlichen unterscheiden (§ 30 HGB, §§ 3, 5 I Nr. 3 UWG). Verwechselungen sollen vollständig ausgeschlossen sein.

▶ Firmenöffentlichkeit

Um die neue Firma der Öffentlichkeit vorzustellen, muss diese in das Handelsregister eingetragen werden (§ 29 HGB). Hinzu kommt die Forderung aus der Gewerbeordnung (§ 15 a I–III GewO), die Betriebsstätte an der Außenseite deutlich zu kennzeichnen.

▶ Haftung bei Übernahme

Wird die Firma von einem neuen Inhaber weitergeführt, so haftet dieser für alle bestehenden Verbindlichkeiten, unabhängig davon, ob die neuen Verhältnisse aus der Firma erkennbar sind oder nicht.

5.5.3 Angaben auf Geschäftsbriefen

In diesem Zusammenhang schreibt der Gesetzgeber verpflichtend vor, welche Angaben auf Geschäftsbriefen des Kaufmanns, die an einen bestimmten Empfänger gerichtet sind, enthalten sein müssen (§ 37 a HGB für Einzelkaufleute, § 125a HGB für Personengesellschaften, § 80 AktG für Aktiengesellschaften, § 35a GmbHG für GmbHs):

- Firma und Rechtsform
- Sitz der Gesellschaft bzw. Ort der Niederlassung
- Registergericht
- Handelsregisternummer
- Gesellschafter, Geschäftsführer, Vorstände, Vorsitzender des Aufsichtsrates

5.5.4 Firmenarten und -aufbau

▶ Bedingungen für die Eintragung ins Handelsregister

Unabhängig von der gewählten Rechtsform des Unternehmens kann die Firma frei gewählt und in das Handelsregister eingetragen werden, sofern folgende Bedingungen erfüllt sind:

- **§ 18 I HGB** Die Firma muss
  - zur Kennzeichnung des Kaufmanns geeignet sein und
  - sich deutlich von anderen Firmen unterscheiden.

- **§ 18 II HGB** Die Firma darf keine Angaben enthalten, die geeignet sind, über tatsächliche Verhältnisse hinwegzutäuschen, bzw. Verhältnisse vortäuschen, die potenzielle Geschäftspartner irreführen würden.

- **§ 19 I HGB** Die Geschäftsverhältnisse, insbesondere die Rechtsformzusätze, müssen aus der Firma eindeutig ersichtlich sein.

- **§ 19 II HGB** Aus der Firma müssen die Haftungsverhältnisse ableitbar sein.

▶ Firmenarten

■ **Personenfirma**   Die Firma darf einen oder mehrere Personennamen enthalten, z.B. Brösel & Bräsig OHG, Ferdinand Fritzenkötter OHG.

■ **Sachfirma**   Grundlage für die Sachfirma ist der Zweck oder der Gegenstand des Unternehmens, z.B. Lippische Molkerei e.G.

■ **Fantasiefirma**   Mit Ausnahme von völlig sinnlosen Wörtern ist jedes Wortgebilde für eine Firmierung denkbar. Es müssen aber noch die Voraussetzungen zur Kennzeichnungseignung gegeben sein.

■ **Gemischte Firma**   Denkbar sind auch Kombinationen aus den o.g. Firmierungsmöglichkeiten, z.B. Farbengroßhandlung Brösel & Bräsig OHG.

▶ Aufbau

Eine Firma besteht immer aus dem

■ Firmenkern (z.B. Bräsig & Brösel) und dem

■ Firmenzusatz (z.B. OHG).

5.6 Die Rechtsformen von Unternehmen

Nicht nur bei der Neugründung eines Unternehmens müssen sich Eigentümer, Gründer oder Gesellschafter überlegen, welche Rechtsform ihr Unternehmen haben soll. Auch bei Änderungen wie Expansion, Zusammenschluss mit einem anderen Unternehmen etc. spielen rechtliche, wirtschaftliche sowie steuerrechtliche Faktoren eine große Rolle im Entscheidungsprozess.

5.6.1 Die wichtigsten Rechtsformen im Überblick

Um die Vor- und Nachteile der einzelnen Rechtsformen besser beurteilen zu können, werden die **in Deutschland häufigsten Rechtsformen** im Folgenden zunächst tabellarisch gegenübergestellt. Dabei werden die folgenden Kriterien berücksichtigt:

■ Rechtsquelle
■ Firmenzusatz
■ Gründung
■ Haftung
■ Geschäftsführung (Innenverhältnis)
■ Vertretung (Außenverhältnis)

■ Gewinn- bzw. Ergebnisverteilung
■ Besteuerung
■ Publizitätspflicht
■ Auflösung
■ ggf. Sonderformen

Zur Vervollständigung werden anschließend weitere (seltenere bzw. internationale) Rechtsformen kurz dargestellt.

Form / Kriterium	Einzelunternehmen	Gesellschaft des bürgerlichen Rechts	Offene Handelsgesellschaft	Kommandit-gesellschaft
Rechtsquelle	• allg. Vorschriften im BGB • §§ 1 ff. HGB	§§ 705–740 BGB	§§ 105–160 HGB	§§ 161–177 HGB
Firmenzusatz	• … e.K. • … e.Kfm. oder e.Kfr. z.B. Bruno Bräsig e.K.	entfällt bzw. GbR z.B. Brösel & Bräsig	… OHG z.B. Brösel & Bräsig OHG	… KG z.B. Fritzenkötter Großhandels KG
Gründung				
• Mindestzahl der Gründer	eine Person	zwei Personen	zwei Personen: natürliche oder juristische	• Vollhafter = Komplementär • Teilhafter = Kommanditist
• Mindesteinlage je Gründer	nicht vorgeschrieben	nicht vorgeschrieben	nicht vorgeschrieben	nicht vorgeschrieben
• Mindestkapital	nicht vorgeschrieben	nicht vorgeschrieben	nicht vorgeschrieben	nicht vorgeschrieben
• Form	formfrei	nicht vorgeschrieben; ein schriftlicher Vertrag ist aber üblich (z.B. für Finanzierung)	nicht vorgeschrieben; ein schriftlicher Vertrag ist aber üblich	nicht vorgeschrieben; ein schriftlicher Vertrag ist aber üblich
• Entstehung	mit nach außen erkennbarer Aufnahme der Tätigkeit (z.B. Werbung)	• nach innen: z.B. durch Vertrag • nach außen: durch erkennbare Aufnahme der Tätigkeit (z.B. Werbung)	• nach innen: z.B. durch Vertrag • nach außen: durch erkennbare Aufnahme der Tätigkeit, spätestens aber mit der Eintragung in das HR	• nach innen: z.B. durch Vertrag • nach außen: durch erkennbare Aufnahme der Tätigkeit, spätestens aber mit der Eintragung in das HR
Haftung	unbeschränkt, also mit Geschäfts- und Privatvermögen	gesamtschuldnerisch, also mit Geschäfts- und Privatvermögen aller Gesellschafter	gesamtschuldnerisch: • unbeschränkt • unmittelbar • solidarisch	• Komplementär: mit Gesamtvermögen (s. OHG-Gesellschafter) • Kommanditist: bis zur Höhe der Einlagen (eingetragener Betrag)
Geschäftsführung (Innenverhältnis)	• Einzelgeschäftsführung • evtl. Übertragung einzelner Befugnisse auf Angestellte	• gemeinschaftlich durch alle Gesellschafter • evtl. anders lautende vertragliche Regelung	• Einzelgeschäftsführungsbefugnis jedes Gesellschafters bei gewöhnlichen Geschäften • Gesamtgeschäftsführung bzw. Notwendigkeit der Zustimmung bei außergewöhnlichen Geschäften	• Komplementär: Einzelgeschäftsführungsbefugnis • Kommanditist: keine Geschäftsführungsbefugnis; Widerspruchsrecht bei außergewöhnlichen Geschäften

Gesellschaft mit beschränkter Haftung	Aktiengesellschaft	Genossenschaft	Partnerschaft	Form / Kriterium
GmbH-Gesetz (GmbHG)	Aktiengesetz (AktG)	Genossenschafts-gesetz (GenG)	Partnerschafts-gesellschaftsgesetz (PartGG)	**Rechtsquelle**
… GmbH z.B. Tchibo GmbH	… AG z.B. Porsche AG	… e.G. z.B. Dachdeckerein-kauf Neustadt e.G.	• … und Partner • … Partnerschaft z.B. Brösel und Part-ner – Steuerberater	**Firmenzusatz**
				Gründung
eine Person	eine Person: natürliche oder juristische	drei Personen (Mitglieder)	zwei natürliche Personen	• Mindestzahl der Gründer
Das Stammkapital verteilt sich auf die Geschäftsanteile (volle Eurobeträge) der Gesellschafter.	Der Mindestnenn-wert je Aktie beträgt 1,00 EUR. Höhere Aktiennennwerte müssen ein Vielfa-ches davon betragen.	nicht vorgeschrieben	nicht vorgeschrieben	• Mindesteinlage je Gründer
25.000,00 EUR = Stammkapital oder gezeichnetes Kapital	50.000,00 EUR = Grundkapital oder gezeichnetes Kapital	nicht vorgeschrieben, kann durch Satzung bestimmt werden	nicht vorgeschrieben	• Mindestkapital
Gesellschaftsvertrag: notariell beurkundet	Satzung: notariell beurkundet	eine Satzung wird schriftlich festgelegt und von den Grün-dern unterzeichnet	Partnerschaftsvertrag	• Form
Eintragung in das HR	Eintragung in das HR	Eintragung in das Genossenschafts-register	Eintragung in das Partnerschafts-register	• Entstehung
• beschränkt auf das Stammkapital • im Gesellschafts-vertrag kann Nachschusspflicht vereinbart werden	beschränkt auf Grundkapital	• Vermögen der Genossenschaft • in der Satzung kann Nachschuss-pflicht vereinbart werden	• Vermögen der Partnerschaft • gesamtschuldne-risch	**Haftung**
• einzelner Geschäftsführer: Einzelgeschäfts-führungsbefugnis • mehrere Geschäftsführer: Gesamtgeschäfts-führungsbefugnis	• Vorstand = alle Vorstandsmit-glieder = Gesamtgeschäfts-führungsbefugnis • durch die Satzung können abwei-chende Rege-lungen getroffen werden	• Vorstand = alle Vorstandsmit-glieder = Gesamtgeschäfts-führungsbefugnis • durch die Satzung können abwei-chende Rege-lungen getroffen werden	• Gesamtgeschäfts-führungsbefugnis • im Partnerschafts-vertrag können einzelne Partner von der Geschäfts-führung ausge-schlossen werden	**Geschäfts-führung**

6 Jaschinski/Hey – ISBN 978-3-8120-0050-5

Form / Kriterium	Einzelunternehmen	Gesellschaft des bürgerlichen Rechts	Offene Handelsgesellschaft	Kommanditgesellschaft
Vertretung (Außenverhältnis)	• Einzelvertretungsbefugnis • evtl. vertragliche Übertragung einzelner Befugnisse auf Angestellte	• gemeinschaftlich durch alle Gesellschafter • evtl. anderslautende vertragliche Regelung • Ausschluss einzelner Gesellschafter möglich	• Einzelgeschäftsvertretungsbefugnis jedes Gesellschafters • Gesamtvertretung und Ausschluss von der Vertretung eines Gesellschafters kann vertraglich vereinbart werden	• Komplementär: Einzelvertretungsbefugnis • Kommanditist: keine Vertretungsbefugnis; Prokuraerteilung an Kommanditisten jedoch möglich
Gewinnverteilung	Inhaber	• nach gleichen Teilen auf die Gesellschafter oder • vertraglich vereinbart	• 4 % Verzinsung der Einlage und Rest nach Köpfen oder • vertraglich vereinbart	• 4 % Verzinsung der Einlage und Rest in einem angemessenen Verhältnis oder • vertraglich vereinbart
Verlustverteilung	Inhaber	• nach gleichen Teilen auf die Gesellschafter oder • vertraglich vereinbart	• nach Köpfen oder • vertraglich vereinbart	• in einem angemessenen Verhältnis oder • vertraglich vereinbart
Besteuerung	Einkommensteuer	Einkommensteuer	Einkommensteuer	Einkommensteuer
Publizitätspflicht	nicht vorgeschrieben	nicht vorgeschrieben	nicht vorgeschrieben; nur bei Sonderformen, z. B. OHG besteht aus GmbH oder AG	nicht vorgeschrieben; nur bei Sonderformen, z. B. GmbH & Co. KG oder AG & Co. KG
Auflösung	• Entscheidung durch den Inhaber • Beendigung des Insolvenzverfahrens durch Liquidation	• Entscheidung durch Gesellschafter • Ablauf des Gesellschaftsvertrages • Beendigung des Insolvenzverfahrens durch Liquidation	• Entscheidung durch Gesellschafter • Ablauf des Gesellschaftsvertrages • Beendigung des Insolvenzverfahrens durch Liquidation	• Entscheidung durch Gesellschafter • Ablauf des Gesellschaftsvertrages • Beendigung des Insolvenzverfahrens durch Liquidation
Sonderformen	keine	die Gesellschafter können aus anderen Unternehmensformen bestehen: z. B. mehrere GmbHs	die Gesellschafter können aus anderen Unternehmensformen bestehen: z. B. mehrere GmbHs	• GmbH & Co. KG: Komplementär ist eine GmbH • AG & Co. KG: Komplementär ist eine AG • KGaA: (s. 5.6.3.2)

Gesellschaft mit beschränkter Haftung	Aktiengesellschaft	Genossenschaft	Partnerschaft	Form / Kriterium
• einzelner Geschäftsführer: Einzelvertretungsbefugnis • mehrere Geschäftsführer: Gesamtvertretungsbefugnis	Vorstand = alle Vorstandsmitglieder gemeinsam	Vorstand = alle Vorstandsmitglieder gemeinsam	• im Partnerschaftsvertrag geregelt • ansonsten jeder Partner auch alleine	**Vertretung** (Außenverhältnis)
Verteilung des Bilanzgewinns nach Anteilen	Verteilung des Bilanzgewinns nach Anteilen; Beschluss der Hauptversammlung → Dividende	Verteilung nach Anteilen des Geschäftsguthabens	• nach gleichen Teilen auf die Partner oder • vertraglich vereinbart	**Gewinnverteilung**
nach Anteilen; beschränkte oder unbeschränkte Nachschusspflicht	keine Beteiligung	Verteilung nach Anteilen des Geschäftsguthabens → Abzug von Geschäftsguthaben	• nach gleichen Teilen auf die Partner oder • vertraglich vereinbart	**Verlustverteilung**
• Gesellschaft: Körperschaftsteuer • Gesellschafter: Gewinnausschüttungen unterliegen der Abgeltungsteuer	• Gesellschaft: Körperschaftsteuer • Gesellschafter: Gewinnausschüttungen unterliegen der Abgeltungsteuer	• Genossenschaft: Körperschaftsteuer • Gesellschafter: Gewinnausschüttungen unterliegen der Abgeltungsteuer	Einkommensteuer	**Besteuerung**
vorgeschrieben nach Bilanzrichtliniengesetz	vorgeschrieben nach AktG (Jahresabschluss und Geschäftsbericht)	vorgeschrieben nach GenG (Jahresabschluss und Geschäftsbericht)	nicht vorgeschrieben	**Publizitätspflicht**
• Beschluss durch Gesellschafter bei 75% Stimmenmehrheit • Ablauf des Gesellschaftsvertrages • Beendigung des Insolvenzverfahrens durch Liquidation	• Beschluss durch Hauptversammlung bei 75% Stimmenmehrheit • Vertragsablauf lt. Satzung • Beendigung des Insolvenzverfahrens durch Liquidation	• Beschluss durch Generalversammlung bei 75% Stimmenmehrheit • Vertragsablauf lt. Satzung • Beendigung des Insolvenzverfahrens durch Liquidation	• Entscheidung durch Partner • Ablauf des Gesellschaftsvertrages • Beendigung des Insolvenzverfahrens durch Liquidation	**Auflösung**
• Einpersonen-GmbH (§§ 1; 7 II 3; 8 II 2; 19 IV; 35 IV GmbH) • Unternehmergesellschaft (haftungsbeschränkt) gem. § 5 a GmbHG, Gründung mit einer Mindesteinlage von 1,00 EUR. 25 % der Gewinne müssen angespart werden, bis 25.000,00 EUR erreicht sind. Vereinfachtes HR-Eintragungsverfahren.	die „kleine AG": • Bilanzsumme ≤ 4.015.000,00 EUR • Umsatzerlöse ≤ 8.030.000,00 EUR • Anzahl der Arbeitnehmer ≤ 50 (Merkmale für kleine Kapitalgesellschaften gem. § 267 I HGB)	die Europäische Genossenschaft mit Sitz im Inland	keine	**Sonderformen**

VON DER UG (HAFTUNGSBESCHRÄNKT) ZUR GMBH

① ■ Stammkapital beträgt 1,00 EUR – 24.999,00 EUR
■ Firma trägt den Zusatz „Unternehmergesellschaft (haftungsbeschränkt)" oder „UG (haftungsbeschränkt)"
■ Haftung wie bei der GmbH
■ Gründung erfolgt mit beurkundungspflichtigem Musterprotokoll (s. Anlage zum GmbHG)

② ■ 25 % der Gewinne fließen in eine gesetzliche Rücklage, bis das Mindeststammkapital i.H.v. 25.000,00 EUR erreicht ist.

③ ■ Das Mindeststammkapital beträgt 25.000,00 EUR und die UG kann in eine GmbH umfirmiert werden.

5.6.2 Weitere Rechtsformen von Personengesellschaften

5.6.2.1 Stille Gesellschaft

Die stille Gesellschaft bietet für Kapitalanleger die Möglichkeit, sich diskret an Unternehmungen mit unterschiedlichen Rechtsformen zu beteiligen, was – zumindest im weiteren Sinne – auch dem Charakter einer Kapitalgesellschaft entspricht. Diese Teilhaberschaft braucht nach außen nicht deutlich zu werden. Ein Eintrag ins Handelsregister ist nicht vorgesehen. Unternehmen, die sich zur Beteiligung eignen, können Einzelunternehmungen und Personengesellschaften sein. Denkbar ist auch die Beteiligung an einer Kapitalgesellschaft. Die gesetzlichen Regelungen zur stillen Gesellschaft finden sich in den §§ 230–236 HGB.

1. Gründung und Finanzierung

Die stille Gesellschaft kommt durch einen formfreien Vertrag zwischen dem Inhaber oder Hauptgesellschafter eines Unternehmens und dem stillen Gesellschafter zustande. Der Beteiligungsbetrag des stillen Gesellschafters geht in das Vermögen des Inhabers bzw. Hauptgesellschafters über.

2. Geschäftsführung

Eine Geschäftsführung ist für den stillen Gesellschafter üblicherweise nicht vorgesehen.

3. Verteilung von Gewinn und Verlust und Haftung

Der Anteil des stillen Gesellschafters am Gewinn und Verlust bestimmt sich nach dem von ihm geschlossenen Vertrag. Sein Verlustanteil kann aber nicht höher als seine Einlage sein. Eine persönliche Haftung des stillen Gesellschafters über seinen Einlagebetrag hinaus ist ausgeschlossen.

4. Auflösung

Wie andere vertragliche Verhältnisse kann das Vertragsverhältnis zwischen stillem Gesellschafter und Inhaber bzw. Hauptgesellschafter der Unternehmung in beiderseitigem Einvernehmen beendet werden. Weitere Gründe für eine Auflösung sind Eröffnung des Insolvenzverfahrens über das Vermögen der Gesellschaft oder Tod des Hauptgesellschafters.

5. Beurteilung

Die stille Gesellschaft schafft für Unternehmen neue Finanzierungsquellen durch die stillen Gesellschafter. Für diese bietet sich ihrerseits die Möglichkeit, eine Beteiligung diskret zu tätigen. Niemand Unerwünschtes erfährt (etwa durch einen Handelsregistereintrag) etwas hiervon.

5.6.2.2 Europäische Wirtschaftliche Interessenvereinigung (EWIV)

Die Europäische Wirtschaftliche Interessenvereinigung ist die erste Gesellschaftsform (west-)europäischen Rechts, die die grenzüberschreitende Unternehmenskooperation fördern soll. Europäischen Betrieben soll die Gelegenheit gegeben werden, über die Staatsgrenzen hinaus zusammenzuarbeiten, um im Wettbewerb bestehen zu können.

Die EWIV ist dem Charakter nach eine Personengesellschaft, die in vielen Aspekten mit der OHG vergleichbar ist. Der Zweck der Gesellschaft ist die Förderung der wirtschaftlichen Tätigkeit der (Gründungs-)Mitglieder, die aus mindestens zwei unterschiedlichen EU-Staaten kommen müssen. Als Vereinigung besitzt die EWIV eine eigenständige Rechtspersönlichkeit, die verklagt werden, Verträge abschließen oder weitere Rechtshandlungen vornehmen kann. Die Firma muss im Rechts- und Geschäftsverkehr allerdings erkennbar sein, d. h., die Firmenbezeichnung muss den Zusatz Europäische Wirtschaftliche Interessenvereinigung in ausgeschriebener oder abgekürzter Form (EWIV) enthalten (z. B. Leconte & Fischer Büromöbel EWIV).

Die Gründung der EWIV ist einfach und ermöglicht deutschen Betrieben eine enge Form der Zusammenarbeit mit europäischen Partnern, die keine Kapitaleinlagen erfordert. Fragen der Versteuerung werden auf die einzelnen Gesellschafter verlagert. Die grenzüberschreitende Kooperation verlangt jedoch sprachliches Geschick und bedingt Kommunikationskosten (Telefonate usw.).

Beispiel	Sparkassen aus einigen EU-Mitgliedstaaten kooperieren in einer EWIV, um ihren Kunden ein einheitliches Paket an grenzüberschreitenden Dienstleistungen zu offerieren. Ebenso arbeiten Institutionen im Bildungssektor zusammen, die ein europaweites Mobilitätsprogramm für Studenten und Dozenten über eine EWIV koordinieren.

5.6.3 Weitere Rechtsformen von Kapitalgesellschaften

5.6.3.1 Die Europa-AG (SE)

Bei der Europa-AG (Europäische Aktiengesellschaft, abgekürzt SE = Societas Europaea) handelt es sich um eine Rechtsform für Unternehmen, die in verschiedenen Mitgliedstaaten der Europäischen Union agieren bzw. die Absicht dazu haben. Damit soll die herkömmliche deutsche Aktiengesellschaft nicht ersetzt oder verdrängt werden.

Damit können sich grenzüberschreitend tätige Gesellschaften kostspielige und zeitaufwendige Gründungen von Tochtergesellschaften in einzelnen Ländern sparen.

- Das **Grundkapital** der Europa-AG beträgt 120.000,00 EUR.
- Die SE wird in das **Register** des Mitgliedstaates eingetragen, in dem sie ihren satzungsmäßig bestimmten Sitz hat, der zugleich Hauptverwaltung sein muss.
- Die Unternehmen können zwischen zwei verschiedenen **Geschäftsleitungssystemen** wählen:
  - **dualistisches Modell** mit der klassischen Trennung von Vorstand und Aufsichtsrat (wie z. B. in Deutschland);
  - **monistisches Modell** mit einem Verwaltungsrat (wie z. B. in Frankreich und England), der die SE leitet, d. h. die Grundlinien ihrer Tätigkeit bestimmt und deren Umsetzung kontrolliert. Er bestellt zudem für die laufende Geschäftsführung einen oder mehrere geschäftsführende Direktoren. Diese sind an die Beschlüsse des Verwaltungsrats gebunden und können jederzeit abberufen werden.
- Der **Jahresabschluss** der Europa-AG besteht aus der Bilanz, der Gewinn- und Verlustrechnung, dem Anhang zum Jahresabschluss sowie dem Bericht über den Geschäftsverlauf und die Lage der Gesellschaft. Die dafür maßgeblichen Vorschriften richten sich nach dem – weitgehend europarechtlich vereinheitlichten – Recht des Sitzstaates.

5.6.3.2 Kommanditgesellschaft auf Aktien (KGaA)

Die KGaA ist eine Mischform aus KG und AG. Sie ist eine eigenständige juristische Person. Die gesetzlichen Regelungen zur KGaA finden sich im Aktiengesetz (§§ 278–290 AktG), ergänzt durch die Bestimmungen zur KG (s. 5.6.1).

- Die **Gründung** einer KGaA erfordert wenigstens fünf Gesellschafter.
- Die **Finanzierung** geschieht vornehmlich durch Ausgabe der Aktien an die Kommanditisten. Zu den Aktionären dürfen auch die Komplementäre gehören. Diese haben darüber hinaus die Möglichkeit, zusätzliche Einlagen zu tätigen.
- Die **Komplementäre** einer KGaA bilden automatisch den Vorstand und übernehmen so die Geschäftsführung und Vertretung. Wichtige Beschlüsse der Hauptversammlung, wie etwa der Jahresabschluss, sind von den Komplementären zu bestätigen. Dadurch haben sie einen besonderen Einfluss auf die Gewinn- und Verlustverteilung.

  Der Komplementär (oder auch die Komplementäre), der bei einer KGaA üblicherweise eine natürliche Person ist, haftet mit dem persönlichen Privatvermögen unbegrenzt. Die Kommanditisten sind hier Aktionäre. Diese haften für Verbindlichkeiten der KGaA nur maximal bis zur Höhe ihrer Einlage.
- Die KGaA ist eher in der Lage, bei Geschäftspartnern der Unternehmung größeres Vertrauen hervorzurufen als etwa eine AG, weil eine verantwortungsvolle Geschäftsführung durch die enge persönliche Anbindung der Komplementäre an die Gesellschaft und aufgrund ihrer persönlichen Haftung eher gegeben zu sein scheint.

5.6.3.3 AUSLÄNDISCHE ALTERNATIVEN ZUR GMBH

1. Sociedad de Responsabilidad Limitada (S.L.)

- Die Gesellschaft wird durch die Form der notariellen Beurkundung (span. = Escritura Publica de Constitución de Sociedad) i.d.R. bei einem spanischen Notar gegründet. Dabei muss eine Bescheinigung des zentralen spanischen Handelsregisters in Madrid (span. = Registro Mercantil) vorgelegt werden, aus der hervorgeht, dass die gewünschte Firmenbezeichnung noch nicht von einer anderen Gesellschaft in Spanien besetzt ist. Durch die notarielle Beurkundung wird die Satzung der Gesellschaft festgelegt. Die Satzung (span. = estatutos) regelt alle wesentlichen Einzelheiten der Gesellschaft, wobei naturgemäß auf das spanische GmbH-Gesetz zurückgegriffen werden muss. Die Gesellschaft wird durch die Eintragung der Gesellschaft in das Handelsregister rechtsfähig.

- Bei der Gründung sind als Gesellschafter maximal fünf Privatpersonen zulässig.

- Die S.L. muss ein Mindeststammkapital von 3.006,00 EUR besitzen, wobei das gesamte Gesellschaftskapital bereits bei der Gründung voll aufgebracht sein muss und durch Bankbescheinigung nachzuweisen ist. Die Haftung ist grundsätzlich auf das Gesellschaftsvermögen beschränkt.

- Die organschaftliche Struktur der Gesellschaft ist ähnlich wie in Deutschland. Es gibt auch hier die Gesellschafterversammlung. Für einen ausländischen Investor ist attraktiv, dass eine Gesellschafterversammlung auch im Ausland anberaumt und durchgeführt werden kann. Die Gesellschafterversammlung bestimmt den bzw. die Geschäftsführer (span. = Administradores) als

  - Alleingeschäftsführer oder

  - mehrere gesamtvertretungsberechtigte Geschäftsführer.

2. Die englische Limited Company (Ltd.)

- Eine Limited Company (Ltd.) benötigt mindestens zwei Gründer:
  - einen Direktor (engl. = Director) und
  - einen Sekretär (engl. = Company Secretary).

  Die Limited Company erlangt durch Aushändigung einer Gründungsurkunde durch den Führer des Gesellschaftsregisters Rechtsfähigkeit und kann danach sofort ihre Geschäfte aufnehmen sowie Verträge abschließen.

- Das gezeichnete Mindestkapital beträgt bei der englischen Ltd. £ 1.000,00 Sterling, wovon nur zwei Pfund Sterling eingezahlt werden müssen. Das eingetragene Stammkapital kann zu jedem beliebigen Betrag erhöht werden.

- Das englische Wort „limited" bedeutet beschränkt und zeigt, dass die Haftung sich auf das reine Firmenvermögen beschränkt. Die Limited Company ist eine eigene Rechtspersönlichkeit, die selbstständig, d.h. getrennt von den Gesellschaftern, existiert.

- Die Direktoren sind nicht haftbar für Verbindlichkeiten der Limited Company. Gläubiger können daher, wenn kein unzulässiges Verhalten vorliegt, die Gesellschafter oder Direktoren oder Mitarbeiter einer Limited Company nicht in Haftung oder Regress nehmen und nur auf Vermögenswerte der Gesellschaft zurückgreifen. Die Gesellschafter können nach Konkurs sofort ohne Einschränkung eine neue Limited Company gründen und betreiben.

- Direktor und Company Secretary können, aber müssen nicht gleichzeitig Gesellschafter sein. Die Direktoren der Limited Company (die in etwa den deutschen GmbH-Geschäftsführern entsprechen) handeln für die Limited Company. Die Gesellschaftsversammlung kann mehrere Direktoren bestellen, wobei bei mehreren Direktoren einer von diesen auch gleichzeitig Company Secretary sein kann. Alle Direktoren können von den Gesellschaftern nach Belieben auch wieder problemlos entlassen und neu bestellt werden. Für Gesellschafter, Direktoren und Company Secretaries besteht keine Beschränkung hinsichtlich der Nationalität.

- Zu beachten ist, dass die englische Gesetzgebung bindend vorschreibt, dass die Limited Company ein Büro in England führt und dort ein Domizil haben muss; die Limited Company ist also keine Briefkastenfirma.

5.6.4   Urteile zum Gesellschaftsrecht

Die verschachtelte GbR

Eine Gesellschaft des bürgerlichen Rechts kann ihrerseits wieder Gesellschafterin einer anderen GbR werden.

Aktenzeichen: II ZR 249/96 (BGH-Urteil vom 02.10.1997)

Die Haftung des neuen Gesellschafters

Tritt ein neuer Gesellschafter in eine Gesellschaft des bürgerlichen Rechts ein, haftet er auch für bestehende Verbindlichkeiten mit seinem Privatvermögen.

Aktenzeichen: II ZR 56/02 (BGH-Urteil vom 07.04.2003)

Die Mischform der GmbH & Co. KGaA ist zulässig

Der BGH hat durch Beschluss festgestellt, dass bei einer KGaA die GmbH an die Stelle des persönlich haftenden Gesellschafters treten kann. Diese Mischform wird schwerpunktmäßig in der mittelständischen Wirtschaft gewählt, um den wachsenden Kapitalbedarf zu decken. Die Gegner der Gesellschaftsform sehen keine explizite Zulassung durch den Gesetzgeber. Dagegen wird vom BGH argumentiert, dass die KGaA durch den Gesetzgeber nicht verboten worden sei, sodass sie als zulässig angesehen werden muss. Im Übrigen sei aus dem Firmenzusatz die Haftungsbeschränkung zu erkennen. Der Anleger müsse selbst entscheiden, ob er – trotz eingeschränkter Möglichkeit der Kommanditaktionäre, über den Aufsichtsrat Einfluss auf Entscheidungen zu nehmen – sich an einer solchen Gesellschaft beteiligen möchte.

Aktenzeichen: II ZB 11/96 (BGH-Beschluss vom 24.02.1997)

Der ausscheidende Partner als Namensgeber

Hat ein namensgebender Seniorpartner einer Anwaltskanzlei seinen Sozien gestattet, seinen Namen auch weiterhin in der Kanzleibezeichnung zu führen, ist dies grundsätzlich zulässig. Um Irreführungen zu vermeiden, sollte in der Namensliste (z.B. Kanzleischild, Geschäftspapier) auf das Ausscheiden des Partners hingewiesen werden. Führt der ausgeschiedene Partner mittlerweile eine eigene Kanzlei, sollte auch dieser Hinweis aufgenommen werden.

Wurde die Kanzlei bisher als GbR geführt, so gilt die Fortführungsbefugnis auch für den Fall, dass die Sozietät in eine Partnerschaft umgewandelt wird.

Aktenzeichen: I ZR 195/99 (BGH-Urteil vom 28.02.2002)

5.7 Handelsgeschäfte

5.7.1 Begriffsbestimmung (§§ 343 ff. HGB)

Zu den Handelsgeschäften gehören alle Geschäfte eines Kaufmanns, die er in Ausübung seines Handelsgewerbes abschließt. Im Zweifel ist immer davon auszugehen, dass ein vorgenommenes Rechtsgeschäft zum Handelsgewerbe gehört (§ 344 I HGB).

Grundsätzlich werden zwei Arten von Handels(-rechts-)geschäften unterschieden:

- **einseitiges Handelsgeschäft:**
  nur für einen der beiden Vertragspartner ist das Rechtsgeschäft auch ein Handelsgeschäft (z. B. Kaufvertrag zwischen Privatperson und Kaufmann)
  → § 345 HGB
- **zweiseitiges Handelsgeschäft:**
  für beide Vertragspartner ist das Rechtsgeschäft auch ein Handelsgeschäft (z. B. Kaufvertrag zwischen Einzel- und Großhändler)
  → § 346 HGB (… unter Kaufleuten)
  → § 352 HGB (… beiderseitigen Handelsgeschäften)
  → §§ 369, 377 HGB (… Kauf für beide Teile ein Handelsgeschäft)

5.7.2 Besonderheiten

▶ Handelsbrauch (§ 346 HGB)

Handelsbräuche stellen i. d. R. keine Rechtsnormen dar. Vielmehr haben sich unter Kaufleuten im Zeitablauf bestimmte Gewohnheiten und Gebräuche entwickelt, die als Regeln zwar nicht fixiert, aber dennoch bekannt sind und befolgt werden. Handelsbräuche stellen quasi die Verkehrssitte (s. 2.4) unter Kaufleuten dar. Zu beachten ist jedoch, dass sich die jeweiligen Handelsbräuche von Branche zu Branche unterscheiden können. Daraus folgt sogar, dass eine Anfechtung wegen Irrtums, der auf der Unkenntnis des jeweiligen Brauchs beruht, keine Aussicht auf Erfolg haben wird. Das zwingende Recht kann durch die Handelsbräuche nicht ausgehebelt werden, dem dispositiven Recht gehen sie jedoch vor.

▶ Schweigen auf einen Antrag (§ 362 HGB)

Für den Abschluss eines Rechtsgeschäftes gilt Schweigen im Normalfall als Ablehnung. Das HGB kennt hier jedoch einige Besonderheiten:

Besteht die Haupttätigkeit des Kaufmanns in der sog. Geschäftsbesorgung (= Erledigung eines Geschäfts für einen anderen gegen Entgelt), so ist er verpflichtet, auf den Antrag unverzüglich zu antworten. Tut er dies nicht, gilt der Antrag als angenommen (z. B. Einwurf des Briefes in den Postkasten).

▶ Das kaufmännische Bestätigungsschreiben

Durch das kaufmännische Bestätigungsschreiben teilt die eine Vertragspartei der anderen mit, wie nach ihrer Auffassung der Vertrag zustande kommen soll und wie sich die inhaltliche Ausgestaltung darstellt. Dieses Schreiben kann Ergänzungen oder Änderungen der vorangegangenen Vertragsverhandlungen enthalten. Schweigt die Vertragspartei auf dieses Schreiben hin, gelten die Bedingungen als angenommen.

▶ Allgemeine Geschäftsbedingungen (§ 310 I BGB)

Vertragsklauseln in Allgemeinen Geschäftsbedingungen, die nach §§ 305, 308, 309 BGB als ungültig erklärt werden, wenn eine Partei Verbraucher i.S.d. BGB ist, haben gegenüber einem Kaufmann dennoch Gültigkeit.

▶ Sorgfaltspflicht (§ 347 HGB)

Grundsätzlich hat jeder Teilnehmer am Geschäftsverkehr seine Verpflichtungen sorgfältig zu erfüllen. Für den Kaufmann gilt jedoch eine ganz besondere Sorgfaltspflicht. Dies hat zur Folge, dass Vorsatz und Fahrlässigkeit (§ 276 BGB) anders zu beurteilen sind als bei Nichtkaufleuten. Einem Kaufmann wird grundsätzlich unterstellt, dass er in Bezug auf kaufmännische Tätigkeiten über Fähigkeiten, Kenntnisse und Erfahrungen verfügt, die der Nichtkaufmann – und hier insbesondere der Verbraucher – nicht hat.

5.7.3 Handelskauf

Der Handelskauf ist ein Kaufvertrag gem. § 433 BGB, der gleichzeitig auch ein Handelsgeschäft ist (§§ 376–381 HGB). Wie für alle anderen Handelsgeschäfte gilt auch hier, dass mindestens eine Vertragspartei Kaufmann sein muss.

Dementsprechend gelten Sonderregelungen für:

- den **Annahmeverzug** des Käufers (§§ 373, 374 HGB),
- den **Bestimmungskauf** (§ 375 HGB),
- den **Fixhandelskauf** (§ 376 HGB) sowie für
- die **Untersuchungs- und Rügepflicht** (§ 377 HGB).

5.7.4 Einzelne Geschäfte

Das HGB kennt eine Reihe von speziellen kaufmännischen Tätigkeiten, deren Aufgaben, Rechte und Pflichten gesondert beschrieben sind.

▶ Handelsvertreter (§§ 84 – 92 c HGB)

Merkmale:

- selbstständiger Gewerbetreibender,
- der von einem Unternehmer ständig damit betraut wurde,
- in fremden Namen
- gegen Provision
- Geschäfte abzuschließen oder zu vermitteln.

▶ Handelsmakler (§§ 93–104 HGB)

Merkmale:
- Gewerbetreibender,
- der ohne einen ständigen Auftrag
- gegen Maklerlohn
- Verträge über die Anschaffung oder Veräußerung von Waren, Wertpapieren, Versicherungen, Güterbeförderungen, Schiffsmiete etc. vermittelt.

▶ Kommissionär (§§ 383–406 HGB)

Merkmale:
- Gewerbetreibender,
- der Waren oder Wertpapiere
- im eigenen Namen und
- für fremde Rechnung (für den Kommittenten)
- gegen Provision
- kauft bzw. verkauft.

▶ Frachtführer (§§ 407–452 d HGB)

Merkmale:
- Gewerbetreibender,
- der durch einen Frachtvertrag verpflichtet wird,
- gegen Zahlung einer vereinbarten Fracht
- bestimmte Güter zu einem Bestimmungsort zu befördern.

▶ Spediteur (§§ 453–466 HGB)

Merkmale:
- Gewerbetreibender,
- der durch einen Speditionsvertrag verpflichtet wird,
- gegen Zahlung einer vereinbarten Vergütung
- die Versendung bestimmter Güter zu besorgen.
- Der Spediteur kann selbst auch Frachtführer sein oder schließt einen Frachtvertrag mit einem Frachtführer, der die Beförderung dann vornimmt.

▶ Lagerhalter (§§ 467–475 h HGB)

Merkmale:
- Gewerbetreibender,
- der durch einen Lagervertrag verpflichtet wird,
- gegen Zahlung einer vereinbarten Vergütung
- das vereinbarte Gut
- einzulagern und
- aufzubewahren.

5.8 Exkurs: Grundlagen des Insolvenzrechts

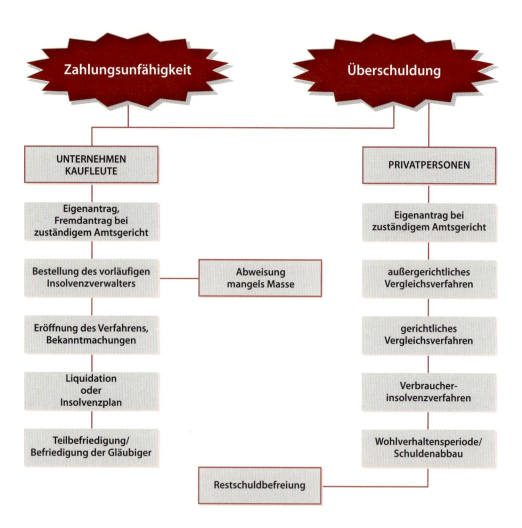

Ziel der **Insolvenzordnung** ist die stärkere Durchsetzung der Vermögenshaftung. Das **Insolvenzverfahren** dient dazu, die Gläubiger eines Schuldners gemeinschaftlich zu befriedigen, indem das Vermögen des Schuldners verwertet und der Erlös verteilt oder in einem **Insolvenzplan** eine abweichende Regelung insbesondere zum Erhalt des Unternehmens getroffen wird. Dem redlichen Schuldner – wie ihn das Gesetz nennt – wird Gelegenheit gegeben, sich von seinen restlichen Verbindlichkeiten zu befreien **(Restschuldbefreiung).**

Das Insolvenzverfahren ist sowohl durch die Einbindung der gesicherten Gläubiger als auch durch die Mitwirkung aller Gläubiger gekennzeichnet. Auch sind es die Gläubiger, die im Rahmen der Gläubigerautonomie die wesentlichen Entscheidungen im Verfahren treffen sollen. Dazu sind die Rechte der Gläubiger, z.B. in einem zu bildenden Gläubigerausschuss, genau definiert. Selbiges gilt für die gerechte Verteilung der Masse. Nicht der schnellste oder mächtigste Gläubiger soll sich durchsetzen können, sondern alle Gläubiger gleichmäßig gemäß ihrer Rangklasse.

5.8.1 Antrag und Antragsberechtigte

Der **Antrag auf ein Insolvenzverfahren** kann von **Gläubigern** bzw. den **vertretungsberechtigten Organen** (§ 13 InsO) des Unternehmens bei dem Amtsgericht gestellt werden (§§ 2, 3 InsO), in dessen Bezirk das Unternehmen seinen Sitz hat (§ 2 InsO). Stellt ein Gläubiger einen Insolvenzantrag, so ist er zulässig, wenn er das Bestehen seiner Forderung glaubhaft machen kann (§ 14 InsO). Das Insolvenzgericht trifft dann Maßnahmen, die erforderlich erscheinen, um bis zur Entscheidung über den Antrag eine den Gläubigern nachteilige Veränderung in der Vermögenslage des Schuldners zu verhüten (§ 21 InsO). Das Gericht kann insbesondere einen **vorläufigen Insolvenzverwalter** bestellen oder dem Schuldner ein **allgemeines Verfügungsverbot** auferlegen oder anordnen, dass Verfügungen des Schuldners nur mit Zustimmung des vorläufigen Insolvenzverwalters wirksam sind.

Ein Insolvenzverfahren kann über das Vermögen von natürlichen und juristischen Personen eröffnet werden (§ 11 InsO), jedoch nicht gegen juristische Personen des öffentlichen Rechts (§ 12 InsO).

Beispiel Malermeister Klecks hat eine Forderung gegen die Bau GmbH aus einer Subunternehmerforderung. Nachdem er drei kaufmännische und eine gerichtliche Mahnung, gegen die nicht widersprochen wurde, verschickt hat, stellt er einen Insolvenzantrag beim zuständigen Amtsgericht. Der Antrag ist zulässig und das Bestehen der Forderung durch den Mahnbescheid nachgewiesen.

Gleichzeitig war Malermeister Klecks auch beim Landesamt für Umweltschutz tätig. Gegen die Rechnungslegung wurde Widerspruch erhoben, weil die Ausführung der Arbeiten mangelhaft war. Weil diese Rechnung nicht bezahlt wurde, stellt Klecks beim Amtsgericht seines Firmensitzes Insolvenzantrag gegen das Land. Der Antrag ist nicht zulässig, weil die Forderung nicht nachgewiesen wurde und Gebietskörperschaften ausdrücklich von der Möglichkeit zur Beantragung eines Insolvenzverfahrens ausgeschlossen sind.

5.8.2 Insolvenzeröffnungsgründe

Das Insolvenzverfahren kann

- bei Überschuldung (§ 19 InsO),
- bei bereits bestehender Zahlungsunfähigkeit (§ 17 InsO) oder
- bei drohender Zahlungsunfähigkeit (§ 18 InsO)

eröffnet werden.

Überschuldung und **Zahlungsunfähigkeit** sind zwei **betriebswirtschaftliche Begriffe,** die in der juristischen Praxis eine erhebliche Rolle spielen. Zum einen stellen sie die Voraussetzung dar, um ein Insolvenzverfahren zu eröffnen, andererseits ist die Nichtbeantragung des Insolvenzantrages bei Gesellschaften mit auf das Grund- oder Stammkapital beschränkter Haftung strafbar. In der juristischen Literatur werden beide Begriffe auch unter der Bezeichnung **Krise** zusammengefasst.

5.8.2.1 Überschuldung

Eine Überschuldung liegt vor (§ 19 II InsO), wenn das Vermögen des Schuldners die bestehenden Verbindlichkeiten nicht deckt. Dieser Tatbestand ist mit Hilfe eines Überschuldungsstatus zu ermitteln. Ein erster Indikator für eine vorliegende Überschuldung ist ein **nicht durch Eigenkapital gedeckter Fehlbetrag** in der Bilanz. In diesem Fall ist aus den Werten der Finanzbuchhaltung ein Überschuldungsstatus zu erstellen, der von Zerschlagungs- oder Fortführungswerten ausgehen kann.

> ▶ **Zerschlagungsprämisse**

Unter der Prämisse, dass eine Fortführung des Unternehmens nicht möglich ist, sind **Liquidationswerte (Zerschlagungswerte)** im Überschuldungsstatus anzusetzen. Die Vermögensgegenstände des Unternehmens werden im Rahmen einer Liquidation veräußert, sodass die daraus resultierenden Erlöse einer Insolvenzmasse zur (anteiligen) Deckung der Verbindlichkeiten zur Verfügung stehen. Es liegt auf der Hand, dass die vielen unterschiedlichen Vermögensgegenstände eines Unternehmens unterschiedlich leicht oder schwierig, d.h. mit Wertaufschlägen oder -abschlägen, zu verkaufen sind. Ein erster Anhaltspunkt für den Wert von Vermögensgegenständen stellen die (fortgeführten) Buchwerte dar, d.h. die Werte, die sich aus der Anlagenbuchhaltung unter Berücksichtigung von Abschreibungen ergeben.

Daher muss bei jedem einzelnen Vermögensgegenstand der **Liquidationswert** ermittelt werden. Liquidationswerte sind diejenigen Werte, die bei einer mit der **Sorgfalt eines ordentlichen Kaufmanns** betriebenen Abwicklung des Unternehmens zu erzielen wären. Die anzusetzenden Liquidationswerte sind davon abhängig, ob eine Auflösung unter Zeitdruck (Zerschlagung) oder ohne Zeitdruck erfolgt (Liquidation im engeren Sinne). Die **Auflösungswerte** hängen von der **Auflösungsintensität** und der **Auflösungsgeschwindigkeit** ab.

- Die **Auflösungsintensität** gibt dabei den Grad der Möglichkeit der Einzelveräußerung der Vermögensteile an, d.h., in welchem Ausmaß das Vermögen in Form von Einzelteilen oder größeren „Aggregaten" veräußerbar erscheint.
- Die **Auflösungsgeschwindigkeit** zeigt den Zeitrahmen an, der für die Veräußerung der Vermögensgegenstände zur Verfügung steht.

Im Folgenden werden einige Anhaltspunkte für vorzunehmende Wertkorrekturen im Überschuldungsstatus zu Liquidationswerten gegeben: Wesentliche Abschläge werden regelmäßig im Umlaufvermögen vorgenommen. Bei den unfertigen Erzeugnissen werden Abschläge von 50 % und zum Teil auch mehr vorgenommen, da es sich in der Regel um Vermögensgegenstände handelt, die schwer oder gar nicht zu veräußern sind. Bei den fertigen Erzeugnissen werden Abschläge zwischen 20–50% vorgenommen. Überalterte Lagerbestände (Ladenhüter) werden mit höheren Abschlägen versehen (50%), während marktgängige, veräußerbare Gegenstände mit geringeren Abschlägen versehen werden (20%). Bei den Forderungen aus Lieferungen und Leistungen werden Abschläge zwischen 20–80% vorgenommen, da die Zahlungsmoral der Kunden extrem fällt, wenn bekannt wird, dass ein Unternehmen insolvenzreif oder insolvenzgefährdet ist. Weitere Hilfsmittel bieten sich an, z.B. die Schwacke-Liste für Kfz oder die Bodenrichtwertkarte für Grundstücke.

| Beispiel | Die Bau GmbH hat ein Grundstück, auf dem sich der Bauhof befindet. Eine sonstige Nutzung ist nicht erlaubt. Das Grundstück steht mit einem Buchwert von 100.000,00 EUR in der Bilanz. Wegen der eingeschränkten Nutzbarkeit ist das Grundstück lediglich zu einem Preis von 50.000,00 EUR (Verkehrswert) im Rahmen einer Liquidation zu veräußern. Dieser Wert muss im Überschuldungsstatus eingesetzt werden. |

▶ Fortführungsprämisse

Die Fortführungsprämisse erfordert **mehrere Prüfungsschritte,** um eine Überschuldung darzulegen.

- Der Grundgedanke ist, dass die **Gesamtheit** eines Unternehmens **mehr wert** ist als die **Summe der Einzelteile.** Komplexe Produktionsmethoden erfordern komplexe Kombinationen von Produktionsfaktoren, die in ihrer spezifischen Ausprägung im zu betrachtenden Unternehmen zur Verfügung stehen. Die Bewertung nach der Fortführungsprämisse fragt dann nach den Werten, die sich nach den **Kosten der Wiederbeschaffung** der Anlage oder (im Sinne einer Investitionsrechnung) nach Möglichkeiten der **zukünftigen Ertragserzielung** richten.
- Beim **Substanzwert** wird bei der Bewertung gefragt, welcher Geldbetrag zur identischen Reproduktion zum Bewertungsstichtag erforderlich wäre. Neben diesen einzelwertorientierten Bewertungsvorschlägen kann im Rahmen der Gesamtbewertung auch auf den Ertragswert abgestellt werden, der aus der Abzinsung aller künftigen Einzahlungen und Auszahlungen zu ermitteln ist.
- Eine dritte Möglichkeit der Bewertung ist der Ansatz von **Zeitwert.** Der Zeitwert ist bei positiver Fortführungsprognose der Betrag, der im Rahmen eines Gesamtkaufpreises bei konzeptmäßiger Fortführung des Unternehmens den einzelnen Wirtschaftsgütern beizulegen ist. Das bedeutet, bei der Bewertung wird gefragt, welchen Preis z.B. ein Konkurrent für das gesamte Unternehmen oder für seine Unternehmensteile zu bezahlen bereit wäre.

| Beispiel | Die Bau GmbH kann (unter der Voraussetzung der Fortführung der Geschäftstätigkeit) die Hälfte des Grundstücks an die örtliche Straßenbauverwaltung für die Dauer von 10 Jahren vermieten. Der jährliche Mietzins beträgt 10.000,00 EUR. Im Überschuldungsstatus würde dann ein Wert angesetzt, der sich aus der Summe der Mieteinnahmen über 10 Jahre (= 100.000,00 EUR) zuzüglich des Verkehrswertes (= 50.000,00 EUR) errechnet, also insgesamt 150.000,00 EUR. |

Die zweistufig alternative Prüfung

In der Insolvenzordnung wurde die zweistufige alternative Prüfung gesetzlich verankert. Bei der Bewertung des Vermögens und der Schulden ist dabei zunächst die **Fortführung** des Unternehmens zugrunde zu legen. Es sind generell die bilanziellen Werte unter Beachtung des **Going-Concern-Prinzips** (§ 252 I 3 HGB) anzusetzen, wenn die Fortführung nach den Umständen überwiegend wahrscheinlich ist.

Bei der zweistufigen alternativen Prüfung erfolgt **zuerst** die Fortführungsprognose. Sie entscheidet über den Ansatz von Substanz-, Ertrags-, Buch- oder Liquidationswerten. Grundlage einer solchen Prognose ist ein Finanzplan über einen Zeitraum von mehreren Monaten. Dieses Procedere darf nicht nur einmalig vorgenommen werden, sondern ist – solange eine „rechnerische Überschuldung" vorliegt – **permanent zu wiederholen.** Es ist jedesmal zu überprüfen, ob und wann die Überschuldung durch den Überschuss der Einzahlungen über die Auszahlungen ausgeglichen werden kann.

Beispiel | Durch den Ausfall einer Forderung ist die Bau GmbH notleidend geworden. Das Amtsgericht hat den vorläufigen Insolvenzverwalter als Gutachter zur Überschuldung bestimmt. Dieser stellt fest, dass nach Buchwerten eine Überschuldung in Höhe von 50.000,00 EUR vorliegt. Aber: Alle weiteren Bauvorhaben werden mit Gewinn abschließen. Unter Berücksichtigung der positiven Fortführungsprognose bewertet er das Grundstück mit 150.000,00 EUR. Die zukünftigen Gewinne werden die Überschuldung heilen, sodass die Überschuldung nicht festgestellt wird. Im Falle, dass auch andere Forderungen ausfallgefährdet sind, wird das Grundstück mit 50.000,00 EUR bewertet, sodass die ursprüngliche Überschuldung nach Buchwerten von 50.000,00 EUR auf eine tatsächliche Überschuldung von 100.000,00 EUR ansteigt.

5.8.2.2 Zahlungsunfähigkeit

Rein **betriebswirtschaftlich** liegt **Zahlungsfähigkeit** vor, wenn zu einem gegebenen Zeitpunkt die Einzahlungen größer sind als die Auszahlungen.

Nach der **InsO** liegt **Zahlungsunfähigkeit** des Schuldners vor, wenn er nicht in der Lage ist, die fälligen Zahlungspflichten zu erfüllen (§ 17 II InsO). Dem Wortlaut des Gesetzes kann entnommen werden, dass eine Unterdeckung generell zur Zahlungsunfähigkeit führt. Der Begriff der Zahlungsunfähigkeit wurde im Interesse der Rechtssicherheit gesetzlich definiert. Eine lediglich vorübergehende **Zahlungsstockung** begründet generell keine Zahlungsunfähigkeit.

Eine andauernde Unfähigkeit zur Erfüllung der Zahlungspflichten wurde in den Gesetzestext bewusst nicht aufgenommen. Andererseits stellt eine Illiquidität von mehreren Wochen oder Monaten keine rechtlich unerhebliche Zahlungsstockung dar.

Neben der **absoluten Zahlungsunfähigkeit** kennt die Insolvenzordnung den Begriff der drohenden Zahlungsunfähigkeit. Gemäß § 18 II InsO liegt **drohende Zahlungsunfähigkeit** vor, wenn der Schuldner voraussichtlich nicht in der Lage sein wird, die bestehenden Zahlungspflichten im Zeitpunkt der Fälligkeit zu erfüllen.

Das Drohen der Zahlungsunfähigkeit wird mit Formeln wie der „nahe liegenden Wahrscheinlichkeit des Eintritts" oder „der Wahrscheinlichkeit des nahen Eintritts" beschrieben. Danach droht die Zahlungsunfähigkeit, wenn für ihren Eintritt aufgrund der Umstände des Einzelfalls eine überwiegende Wahrscheinlichkeit spricht, nämlich der Eintritt nach dem normalen Ablauf zu erwarten ist.

Mit der Definition ist dabei zumindest ein methodisches Problem der Feststellung der drohenden Zahlungsunfähigkeit geklärt. Es handelt sich um eine Zeitpunktbetrachtung mit Elementen einer Zeitraumanalyse. Die Zahlungsunfähigkeit droht demnach, wenn die Tatbestandsmerkmale der Definition in einem Zeitpunkt erfüllt sind.

Beispiel

Die Bau GmbH hat zum Stichtag fällige Forderungen gegenüber ihren Kunden i. H. v. 60.000,00 EUR sowie ein Bankguthaben von 25.000,00 EUR. Dagegen betragen die fälligen Verbindlichkeiten gegenüber Lieferanten 100.000,00 EUR. Die Liquidität liegt also bei 85 %, d. h., lediglich 85 % der fälligen Verbindlichkeiten können erfüllt werden. Schon bei diesem Liquiditätsquotienten liegt nach der InsO eine Zahlungsunfähigkeit vor. Zeigt ein in die Zukunft gerichteter Finanzplan, dass diese Unterdeckung nicht beseitigt werden kann, ist das Insolvenzverfahren zu beantragen.

5.8.2.3 Feststellung der Zahlungsunfähigkeit

In der Praxis sind zur Zahlungsunfähigkeitsanalyse zwei Methoden entwickelt worden, die als betriebswirtschaftliche und als kriminalistische Methode bezeichnet werden.

➤ Betriebswirtschaftliche Analyse der Zahlungsunfähigkeit

Die Zahlungsunfähigkeit wird betriebswirtschaftlich analysiert, indem aus den Summen- und Saldenlisten der Finanzbuchhaltung für eine Vielzahl von Monaten eine **modifizierte Liquidität 2. Grades** ermittelt wird. Hierbei werden die Kassen- und Bankbestände, Scheck- und Wechselguthaben sowie die Forderungen aus Lieferungen und Leistungen und die nicht ausgenutzten Kreditspielräume als quasi flüssige Mittel den kurzfristigen Verbindlichkeiten (Fälligkeit innerhalb von 30 Tagen) gegenüber gestellt. Letztere bestehen insbesondere aus den Verbindlichkeiten gegenüber Arbeitnehmern, Lieferanten, Sozialversicherungsträgern, Finanzämtern und Kontokorrentkreditüberschreitungen. Aus den o. a. Elementen der Forderungen und Verbindlichkeiten wird ein Quotient gebildet. Dieser ist dann der Maßstab für die Liquiditätsbeurteilung.

$$\text{modifizierte Liquidität 2. Grades} = \frac{\text{Kassen-/Bank-/Scheck-/Wechselguthaben + Forderungen a.L.L. + nicht genutzte Kreditlinie}}{\text{kurzfristige Verbindlichkeiten}}$$

Die rückwärtige Zeitraumbetrachtung (die Analyse vieler beieinander liegender Stichtage) sorgt dafür, dass kein falsches Momentbild entsteht. Die künftigen Zahlungsströme, die kurzfristig fällig werden oder schon sind, werden den Summen- und

7 Jaschinski/Hey – ISBN 978-3-8120-0050-5

Saldenlisten entnommen und dem Monatsanfang zugeordnet. Dadurch enthält die Zahlungsfähigkeitsanalyse ein **prognostisches** Element.

Streitig ist, ob gegebenenfalls Teile des (sofort liquidierbaren) nicht notwendigen Betriebsvermögens, insbesondere im Hinblick auf die hierin enthaltenen Liquiditätsreserven, einzubeziehen sind. Gegenstände des Anlage- oder Umlaufvermögens können nur Berücksichtigung finden, wenn sie unmittelbar, d.h. ohne Zeitverzug bzw. innerhalb kürzester Zeit (30 Tage), liquidierbar sind.

> ➤ **Kriminalistische Analyse der Zahlungsunfähigkeit**

Die Zahlungsunfähigkeit kann auch mit der kriminalistischen Analyse geprüft werden. Sie wird regelmäßig angewandt, wenn die **Buchhaltung** des zu betrachtenden Unternehmens **keine betriebswirtschaftlichen Analysen** zulässt. Grundidee ist, dass Zahlungsengpässe auf der Seite von Gläubigern zu Durchsetzungsmaßnahmen führen. Bei dieser Methode wird anhand von diesen Maßnahmen der Eintritt der Zahlungsunfähigkeit ermittelt. **Warnzeichen,** die auf eine Zahlungsunfähigkeit hindeuten, sind:

- Inanspruchnahme von Zahlungszielen (Verzicht auf Skonto),
- Übergang von der Bezahlung in vollen Beträgen zur Ratenzahlung,
- Mahnungen von Lieferanten,
- Suche nach Beteiligungsinteressenten und Kreditgebern,
- Lieferung nur gegen Barzahlung oder Vorkasse,
- Zustellung von Mahn- und Vollstreckungsbescheiden,
- Scheck- und Wechselproteste,
- Pfändungen,
- Zahlungsrückstände bei betriebsnotwendigen Ausgaben (insbesondere Löhne, Steuern und Sozialabgaben) sowie
- Ladung und Haftbefehl zur Abgabe der eidesstattlichen Versicherung.

Erfahrungsgemäß wird von einer Zahlungsunfähigkeit gesprochen, wenn viele kriminalistische Anzeichen der Zahlungsunfähigkeit über einen längeren Zeitraum vorliegen. Zur Illustration der Häufigkeit der Maßnahmen werden Häufigkeitsdiagramme erstellt.

5.8.3 Weiteres Verfahren

Wenn der Antrag vorliegt, hat das Insolvenzgericht alle Maßnahmen zu treffen, die erforderlich erscheinen, um bis zur Entscheidung über den Antrag eine für die Gläubiger nachteilige Veränderung in der Vermögenslage des Schuldners zu verhüten (§ 21 InsO). Das Gericht kann dem Schuldner verbieten, über sein Vermögen zu verfügen. Es kann anordnen, dass Zwangsvollstreckungsmaßnahmen gegen den Schuldner untersagt oder wenigstens einstweilen eingestellt werden. Schließlich kann es einen vorläufigen Insolvenzverwalter bestellen, der an der Sicherung und Sichtung des Schuldnervermögens zu beteiligen ist.

Ist ein Verfügungsverbot ausgesprochen, geht die Verwaltungs- und Verfügungs- befugnis auf den **vorläufigen Insolvenzverwalter** über (§ 22 InsO). Der vorläufige Insolvenzverwalter kann allerdings über die reine Sicherung der Vermögensmasse hinaus auch von sich aus das Unternehmen des Schuldners stilllegen, allerdings nur mit Zustimmung des Gerichtes.

Der vorläufige Insolvenzverwalter hat auch zu prüfen, ob die Eröffnungsgründe vor- liegen, ob das Vermögen die Kosten des Verfahrens deckt und inwieweit Aussichten für die Fortführung des Unternehmens bestehen (§ 22 I InsO).

Wenn das Vermögen des Schuldners voraussichtlich nicht zur Deckung der Verfah- renskosten ausreichen wird (§ 26 I InsO), wird der Antrag auf Eröffnung des Insol- venzverfahrens **mangels Masse** abgewiesen.

Für den Fall, dass zumindest die Verfahrenskosten gedeckt sind, ist die **Eröffnung des Verfahrens** bei gleichzeitiger Bestellung eines (endgültigen) Insolvenzverwalters möglich (§ 27 InsO).

5.8.4 Die Wirkungen der Eröffnung des Insolvenzverfahrens

Mit der Verfahrenseröffnung geht das Verfügungs- und Verwaltungsrecht des Schuld- ners auf den Insolvenzverwalter über. Verfügungen des Schuldners sind unwirksam. Laufende Rechtsstreitigkeiten kann der Insolvenzverwalter aufnehmen. Wird das Verfahren nicht vom Verwalter aufgenommen, so kann der Schuldner an seiner Stelle den Rechtsstreit aufnehmen und fortsetzen.

5.8.4.1 Aufstellung der Vermögensübersicht

Im Eröffnungsbeschluss werden die Gläubiger der Gesellschaft aufgefordert, ihre For- derungen beim Insolvenzverwalter anzumelden (§ 28 InsO). Der Insolvenzverwalter hat die Forderungen der Gläubiger festzustellen, nachdem diese sie schriftlich bei ihm angemeldet haben. Der Insolvenzverwalter hat ein Verzeichnis der Vermögens- gegenstände des Schuldners anzulegen (§ 151 InsO) und jede angemeldete Forde- rung in eine Tabelle einzutragen (§ 152 InsO). Die eingetragenen und angemeldeten Forderungen werden geprüft und als richtig festgestellt oder bestritten. Im letzteren Falle kann der Gläubiger Klage erheben.

Aus den Übersichten der Vermögensgegenstände und Verbindlichkeiten wird durch den Insolvenzverwalter auf den Zeitpunkt der Eröffnung des Insolvenzverfahrens eine Vermögensübersicht erstellt (§ 153 InsO).

5.8.4.2 Keine Einzelvollstreckung

Während der Durchführung des Insolvenzverfahrens ist die Zwangsvollstreckung einzelner Gläubiger unzulässig. Hatte ein Gläubiger im letzten Monat vor der Ein- reichung des Eröffnungsantrages oder zwischen Antragstellung und Eröffnung durch Einzelzwangsvollstreckung eine Sicherung an dem zur Insolvenzmasse gehörenden Schuldnervermögen erlangt, so wird diese mit Eröffnung des Verfahrens unwirksam.

5.8.4.3 Verträge des Schuldners mit Dritten

Ist ein gegenseitiger Vertrag zur Zeit der Eröffnung des Verfahrens noch nicht von beiden Parteien vollständig erfüllt, so kann der Verwalter anstelle des Schuldners entweder den Vertrag erfüllen und die Erfüllung vom anderen Teil verlangen oder er kann die Erfüllung ablehnen.

Dieses Wahlrecht des Verwalters gilt allerdings nicht für Miet- und Pachtverhältnisse des Schuldners. Ist der Schuldner der Mieter, so kann der Verwalter ohne Rücksicht auf die vereinbarte Vertragsdauer mit der gesetzlichen Frist kündigen. Ist der Schuldner Vermieter, so kann der Verwalter nicht kündigen.

5.8.5 Verwertung des Schuldnervermögens

Ein Ziel der Insolvenzordnung ist die Sanierung eines insolventen Unternehmens. Zum Schutze des Gläubigers sollen die Vermögenswerte erhalten bleiben und der Fortbestand des Betriebes gesichert werden. Kann ein Unternehmen jedoch unter keinem denkbaren Gesichtspunkt zu vernünftigen Kosten und Erlösen produzieren oder seine sonst erbrachten Leistungen anbieten, kommt als wirtschaftlich sinnvolle Verwertung nur noch die Zerschlagung in Frage. Dazu wird der Insolvenzverwalter in den meisten Fällen alle Vermögenswerte verkaufen.

Auch wenn ein Gegenstand an einen Gläubiger zur Sicherheit übereignet war, ist der Insolvenzverwalter zur Veräußerung berechtigt. Er hat den Erlös allerdings an den Gläubiger abzuführen und erhält dafür einen Kostenbeitrag.

5.8.5.1 Aus- und Absonderung

Im Wirtschaftsleben gibt es eine Reihe von Sicherungsmöglichkeiten für Forderungen. Banken lassen sich Kredite durch **Grundpfandrechte** absichern, Gläubiger lassen sich im Gegenzug für eine Lieferung die aus der Leistung des Gläubigers entstehende **Forderung abtreten.** Im Insolvenzverfahren sind diese Sicherungsrechte unter verschiedenen Aspekten problematisch. Daher werden sie in der Insolvenzordnung gesondert geregelt.

➤ Aussonderung

Wer auf Grund eines dinglichen oder persönlichen Rechts geltend machen kann, dass ein **Gegenstand nicht zur Insolvenzmasse** gehört, ist kein Insolvenzgläubiger (§ 47 InsO). Das bedeutet, dass

- der sicherungsbehaftete Gegenstand nicht zu der Insolvenzmasse gehört und
- der aussonderungsberechtigte Gläubiger nicht zu den Insolvenzgläubigern gehört.

Die Verwertung der Gegenstände erfolgt dann nach den Regeln, die für die Verwertung von Vermögensgegenständen gelten.

➤ Absonderung

Gläubiger, die ein Pfandrecht haben, das eine Zwangsvollstreckung in das unbewegliche Vermögen ermöglicht, können **abgesondert befriedigt** werden (§ 49 InsO). Diese unbeweglichen Gegenstände, in der Regel Grundstücke und Gebäude, fallen nicht in die Insolvenzmasse. Sie können außerhalb des Insolvenzverfahrens zwangsversteigert werden.

Eine Neuerung des Insolvenzrechts besteht nun darin, dass der Insolvenzverwalter beim zuständigen Gericht die **Zwangsversteigerung** oder **Zwangsverwaltung** eines unbeweglichen Gegenstandes betreiben kann, auch wenn ein Absonderungsrecht an dem Gegenstand besteht (§ 165 InsO). Auch bewegliche Gegenstände dürfen durch den Insolvenzverwalter verwertet werden, wenn er sie im Besitz hat (§ 166 InsO).

Dieses Vorgehen kann im Interesse aller Beteiligten liegen. Der Insolvenzverwalter kann durch den anteiligen Verwertungserlös einen masseerhöhenden Beitrag erwirtschaften. In der Regel sind normale Gläubiger nicht spezialisiert auf die Verwertung von Sicherungsgütern. Für den Insolvenzverwalter gehört dies zu den täglichen Aufgaben. Meist kann er die Gegenstände schneller und besser verwerten als der Gläubiger selbst.

Da der Gläubiger aber durchaus in bestimmten Fällen ein Interesse an dem Sicherungsgut haben kann, ist der Insolvenzverwalter verpflichtet, den Gläubiger über die Absicht zur Verwertung einer absonderungsberechtigten Sache zu unterrichten (§§ 167 f. InsO). Der Gläubiger hat dann **innerhalb einer Woche** die Gelegenheit, den Insolvenzverwalter auf eine **bessere Verwertungsmöglichkeit** hinzuweisen. Erfolgt der Hinweis innerhalb der Frist, muss der Insolvenzverwalter dieser Verwertungsmöglichkeit nachgehen oder den Gläubiger so stellen, als ob er dieser Verwertungsmöglichkeit nachgegangen sei. Dabei kann die Verwertung auch darin bestehen, dass der Gläubiger den Gegenstand selbst übernimmt.

➤ Kostenverteilung

Nach der Verwertung eines Gegenstandes oder einer Forderung durch den Insolvenzverwalter sind die Kosten der Feststellung und der Verwertung **vorweg für die Insolvenzmasse** zu entnehmen (§ 170 InsO). Der verbleibende Betrag ist an den Gläubiger auszukehren.

- Kosten der Feststellung des Gegenstandes und der Rechte an diesem:
  = pauschal 4 % des Verwertungserlöses (§ 171 I InsO);
- Kosten der Verwertung:
  = pauschal 5 % des Verwertungserlöses (§ 171 II InsO).

Damit soll sichergestellt werden, dass auch in Verfahren, in denen umfangreiche Sicherungsrechte der Gläubiger vorliegen, noch **genügend Masse** vorhanden ist, um das Verfahren durchzuführen. Dies liegt meist sowohl im Interesse des Schuldners im Insolvenzverfahren als auch im Interesse der Gläubiger.

Beispiel

Wesentlicher Vermögensgegenstand der Klamm GmbH ist das betrieblich genutzte Grundstück mit einem Wert von 1 Mio. EUR. An dem Grundstück hat die Darlehensbank ein Grundpfandrecht in Höhe von 1 Mio. EUR. Die Klamm GmbH meldet Insolvenz an, weil ihr Schuldner Peter Schlau seine Verbindlichkeiten in Höhe von 1 Mio. EUR nicht bezahlt. Insolvenzverwalter Schnell verwertet das Grundstück für 800.000,00 EUR. 32.000,00 EUR erhält er für die Feststellung des Wertes und 40.000,00 EUR für die Verwertung selbst zur Masse. Aus der Masse betreibt er das gerichtliche Verfahren und setzt Forderungen gegen Schlau in Höhe von 800.000,00 EUR durch. Dadurch ist er in der Lage, eine Quote an alle Gläubiger auszuschütten.

Im Insolvenzplanverfahren werden die Rechte der absonderungsberechtigten Gläubiger nicht berührt. Soweit im Plan darauf abgestellt wird, dass die Nutzung solcher Gegenstände für die Durchführung des Plans notwendig sind, ist im gestaltenden Teil anzugeben, um welchen Teil die Rechte gekürzt oder für welchen Raum sie gestundet werden sollen (§ 223 InsO).

5.8.5.2 Feststellung der Forderung

Die Forderungen der Gläubiger müssen **schriftlich** beim Insolvenzverwalter angemeldet werden (§ 174 InsO). Der Anmeldung sollen die Urkunden, aus denen sich die Forderung ergibt, in Kopie beigefügt werden. **Forderungsgrund und -betrag** sind genauso anzugeben (§ 174 II InsO) wie auch Tatsachen, aus denen sich ergibt, dass vorsätzlich eine **unerlaubte Handlung** begangen wurde.

- Aus den eingegangenen Forderungen stellt der Insolvenzverwalter die **Tabelle** auf (§ 175 InsO). Die Tabelle muss die Angaben aus § 174 InsO enthalten.
- Die Tabelle ist in der Geschäftsstelle des Amtsgerichts **zur Einsicht der Beteiligten** niederzulegen.
- Sofern **Forderungen aus unerlaubten Handlungen** angemeldet wurden, sind diese von einer möglichen Restschuldbefreiung ausgenommen (§ 302 InsO). Das Insolvenzgericht muss den Schuldner auf diese Tatsache hinweisen.
- In einem **Prüfungstermin,** der bei Gericht abgehalten wird, werden die angemeldeten Forderungen hinsichtlich Betrag und Rang geprüft (§ 176 InsO). Die vom Insolvenzverwalter, Schuldner oder von einem anderen Insolvenzgläubiger bestrittenen Forderungen sind zu erörtern.
- Im **Anmeldetermin** sind auch die Forderungen zu prüfen, die nach Ablauf der Anmeldefrist beim Insolvenzverwalter angemeldet worden sind (§ 177 InsO).
- Eine Forderung gilt als festgestellt, wenn im Prüfungstermin durch die Beteiligten kein Widerspruch erhoben wurde (§ 178 InsO).
- Streitige Forderungen können durch den Gläubiger gegen den Bestreitenden (Insolvenzverwalter oder Gläubiger) im gerichtlichen Verfahren festgestellt werden (§§ 179 – 186 InsO).

Wenn an verschiedenen Stellen im Gesetz von Rangfolge der Forderungen gesprochen wird, ist damit gemeint, dass aus- und absonderungsberechtigte Forderungen einen höheren Rang zugewiesen bekommen als normale Forderungen. Es ist durchaus konsequent, dass auch in § 39 InsO nachrangige Insolvenzgläubiger definiert werden, die in ihren Rechten beschränkt werden. Zu den **nachrangigen Insolvenzgläubigern** gehören jene persönlichen Gläubiger, die die folgenden Forderungen haben:

- die seit der Eröffnung des Insolvenzverfahrens laufenden Zinsen des Verfahrens der Insolvenzgläubiger,
- die Kosten, die den einzelnen Insolvenzgläubigern durch ihre Teilnahme am Verfahren erwachsen,
- Geldstrafe, Geldbußen, Ordnungsgelder, Zwangsgelder u. Ä.,
- Forderungen auf unentgeltliche Leistungen des Schuldners sowie
- Forderungen auf Rückgewähr des kapitalersetzenden Darlehens des Gesellschafters.

Zu den **Nachteilen,** die die nachrangigen Insolvenzgläubiger erleiden, gehört z. B., dass im Insolvenzplanverfahren regelmäßig die nachrangigen Forderungen als erlassen gelten (§ 225 InsO).

5.8.5.3 Verteilung der Masse

Ist das Schuldnervermögen verwertet und steht die Höhe der zu befriedigenden Verbindlichkeiten fest, so ist das vorhandene Vermögen entsprechend ihrer prozentualen Beteiligung an den Forderungen an die Gläubiger zu verteilen (§§ 187 ff. InsO). Die prozentuale Beteiligung der Gläubiger ergibt sich aus ihrer Rangklasse innerhalb des Gläubigerverzeichnisses (§ 152 II InsO). Ein von den Beteiligten aufzustellender Insolvenzplan kann allerdings eine anderweitige Verteilung vorsehen.

5.8.6 Der Insolvenzplan

Die InsO sieht auch die Erstellung eines Insolvenzplanes vor (§§ 217 ff. InsO). Der Insolvenzplan soll eine Sanierung des Unternehmens unter Begleitung des Gerichtes, des Insolvenzverwalters und der beteiligten Gläubiger ermöglichen.

Der Insolvenzplan kann vom Schuldner oder vom Insolvenzverwalter vorgelegt werden. Der Plan besteht aus einem darstellenden und einem gestaltenden Teil. Ziel des Insolvenzplanverfahrens ist es, nach Möglichkeit das Unternehmen durch den Schuldner oder einen Dritten fortführen zu lassen.

Um die Rechte der Gläubiger zu wahren, sind Gruppen zu bilden (z. B. von absonderungsberechtigten und nachrangigen Insolvenzgläubigern, §§ 222 f. InsO). Innerhalb jeder Gruppe sind alle Beteiligten gleich zu behandeln (§ 226 InsO). Insbesondere muss dargelegt werden, um welchen **Bruchteil** die Forderungen **gekürzt,** für welchen Zeitraum sie **gestundet,** wie sie **gesichert** und welchen **sonstigen Regelungen** sie unterworfen sind (§ 224 InsO). Wenn der Plan nicht den inhaltlichen Anforderungen entspricht oder keine Aussicht auf Erfolg hat, weist das Gericht von Amts wegen den Plan zurück (§ 231 InsO). Erfolgt keine Zurückweisung, so leitet das Gericht den Plan zur Stellungnahme an den **Gläubigerausschuss,** den Schuldner oder Insolvenzverwalter weiter (§ 232 InsO). Sofern die Durchführung des Plans durch eine Fortsetzung der Verwertung und Verteilung des Schuldnervermögens gefährdet wird, wird diese ausgesetzt (§ 233 InsO). Über den Plan wird dann von den Beteiligten abgestimmt (§§ 235 ff. InsO). Sobald die Bestätigung des Insolvenzplanes rechtskräftig ist, beschließt das Insolvenzgericht die Aufhebung des Insolvenzverfahrens (§ 258 InsO). Die Ämter des Insolvenzverwalters und des Gläubigerausschusses erlöschen (§ 259 InsO). Die Einhaltung des Planes und seine Erfüllung kann überwacht werden (§ 260 InsO). Die Überwachung obliegt dem Insolvenzverwalter (§ 261 InsO).

5.8.7 Verbraucherinsolvenz

Das Verbraucherinsolvenzverfahren trägt der Tatsache Rechnung, dass auch immer mehr Verbraucher in Vermögensverfall geraten.

Am Anfang des Verfahrens steht der **Eigenantrag des Schuldners** (§ 305 InsO).

Das Verbraucherinsolvenzverfahren ist ein mehrstufiges Verfahren. Die **erste Stufe** bildet zwingend ein außergerichtliches Verfahren, in dem der Schuldner versuchen muss, eine Einigung mit seinen Gläubigern über eine Schuldenbereinigung zu erreichen. Kommt eine außergerichtliche Einigung nicht zustande, schließt sich das **gerichtliche Verfahren** an, das sich wiederum in zwei Abschnitte gliedert (§ 305 a InsO). Die Veröffentlichungen im Verfahren erfolgen in elektronischer Form.

Im **ersten Abschnitt** versucht das Gericht nochmals, eine gütliche Einigung zwischen Gläubigern und Schuldner zu erzielen. Gelingt das nicht, folgt in einem **zweiten Abschnitt** das gerichtliche Insolvenzverfahren in der Form des Verbraucherinsolvenzverfahrens. Dieses ist ein gegenüber dem Unternehmensinsolvenzverfahren vereinfachtes Verfahren.

Nach Abschluss des Insolvenzverfahrens folgt die so genannte **Wohlverhaltensperiode** (sechs Jahre). Der Schuldner muss für die Dauer dieser Periode den pfändbaren Teil seines Einkommens an einen Treuhänder abtreten. Der verteilt diese Beträge an die Gläubiger. Außerdem hat der Schuldner in dieser Zeit bestimmte Verpflichtungen zu erfüllen. Nach Ablauf der Wohlverhaltensperiode können dem Schuldner auf Antrag die restlichen Schulden erlassen werden (§§ 286 ff. InsO). Der Schuldner muss zu den Verfahrenskosten beitragen.

Allerdings können folgende Gründe zu einer **Versagung der Restschuldbefreiung** führen:

- Der Schuldner ist bereits wegen einer Bankrottstraftat (§§ 283 ff. StGB) rechtskräftig verurteilt worden.
- Der Schuldner hat in den letzten drei Jahren vor dem Antrag auf Eröffnung des Insolvenzverfahrens oder nach diesem Antrag vorsätzlich oder grob fahrlässig schriftlich unrichtige oder unvollständige Angaben über seine wirtschaftlichen Verhältnisse gemacht, um einen Kredit zu erhalten, Leistungen aus öffentlichen Mitteln zu beziehen oder Leistungen an öffentliche Kassen zu vermeiden.
- Der Schuldner hat beispielsweise im letzten Jahr vor dem Antrag auf Eröffnung des Insolvenzverfahrens oder nach diesem Antrag vorsätzlich oder grob fahrlässig die Befriedigung der Insolvenzgläubiger dadurch beeinträchtigt, dass er unangemessene Verbindlichkeiten begründet oder Vermögen verschwendet hat.

5.9   Zusammenfassung

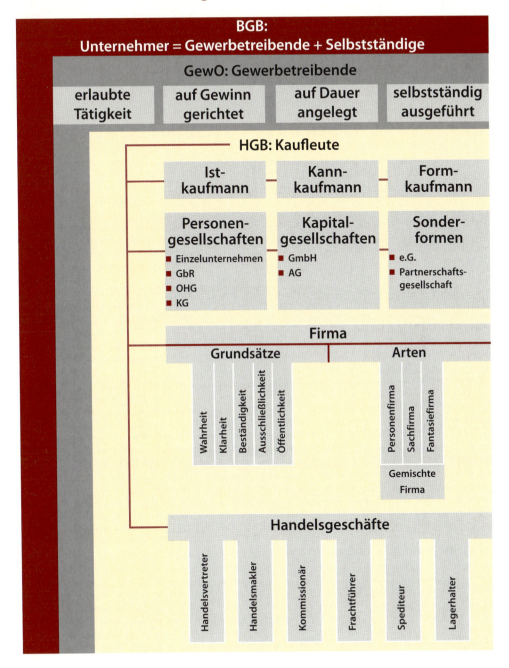

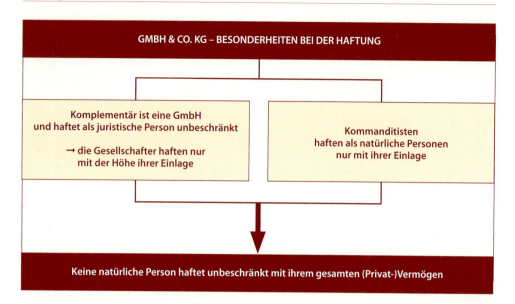

GMBH & CO. KG – BESONDERHEITEN BEI DER HAFTUNG

Komplementär ist eine GmbH
und haftet als juristische Person unbeschränkt

→ die Gesellschafter haften nur
mit der Höhe ihrer Einlage

Kommanditisten
haften als natürliche Personen
nur mit ihrer Einlage

Keine natürliche Person haftet unbeschränkt mit ihrem gesamten (Privat-)Vermögen

KGaA – BESONDERHEITEN BEI DER HAFTUNG

Komplementär ist mind. eine natürliche Person

= haftet/-n persönlich und unbeschränkt

Kommanditaktionäre

= haften mit ihrem Aktienanteil

Kompetenzen der Organe einer AG		
Vorstand	Aufsichtsrat	Hauptversammlung
■ Eigenverantwortliche Leitung der Geschäfte ■ Berichtspflicht bzgl. Geschäftspolitik, Rentabilität, Finanz- und Ertragslage ■ Antrag auf Eröffnung des Insolvenzverfahrens bei Zahlungsunfähigkeit der Gesellschaft ■ Einberufung der Hauptversammlung	■ Überwachung der Geschäftsführung ■ Prüfung der Bücher ■ Bindung von Entscheidungen des Vorstandes an die Zustimmung des Aufsichtsrates möglich ■ Einberufung der außerordentlichen Hauptversammlung ■ Durchsetzung von Schadensersatzansprüchen bei fahrlässigem Handeln des Abschlussprüfers	■ Bestellung der Mitglieder des Aufsichtsrates ■ Verwendung des Bilanzgewinns ■ Entlastung des Vorstandes und Aufsichtsrates ■ Bestellung des Abschlussprüfers ■ Beschlussfassung über Satzungsänderungen mit $^{3}/_{4}$-Mehrheit ■ Auflösung der AG mit $^{3}/_{4}$-Mehrheit

GRUNDLAGEN DES INSOLVENZRECHTS

- Die **Insolvenzordnung** regelt die Aufteilung des Vermögens bei insolventen Unternehmen der unterschiedlichen Rechtsformen sowie bei Verbrauchern. Dazu muss ein Antrag beim zuständigen Amtsgericht gestellt werden.

- Bei **Unternehmen** wird ein Insolvenzverwalter bestellt, der das Verfahren im Auftrag des Gerichts durchführt oder begleitet. Am Ende des Verfahrens steht entweder die Zerschlagung des Unternehmens und Verteilung der Restvermögenswerte oder die Sanierung des Unternehmens mit Hilfe des Insolvenzplanverfahrens.

- Bei der **Verbraucherinsolvenz** wird nach außergerichtlichen und gerichtlichen Vergleichsversuchen ein Treuhänder bestellt. An diesen Treuhänder führt der Schuldner Geldbeträge ab, die an die Gläubiger verteilt werden. Nach einer Wohlverhaltensperiode erfolgt eine Restschuldbefreiung durch das Gericht.

INSOLVENZRECHT:
PERSONEN/INSTITUTIONEN/VERFAHREN

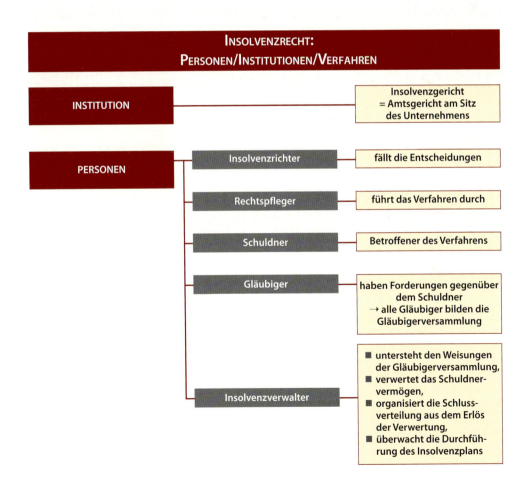

| INSTITUTION | Insolvenzgericht = Amtsgericht am Sitz des Unternehmens |

PERSONEN	Insolvenzrichter — fällt die Entscheidungen
	Rechtspfleger — führt das Verfahren durch
	Schuldner — Betroffener des Verfahrens
	Gläubiger — haben Forderungen gegenüber dem Schuldner → alle Gläubiger bilden die Gläubigerversammlung
	Insolvenzverwalter — ■ untersteht den Weisungen der Gläubigerversammlung, ■ verwertet das Schuldnervermögen, ■ organisiert die Schlussverteilung aus dem Erlös der Verwertung, ■ überwacht die Durchführung des Insolvenzplans

UNTERNEHMENSINSOLVENZVERFAHREN

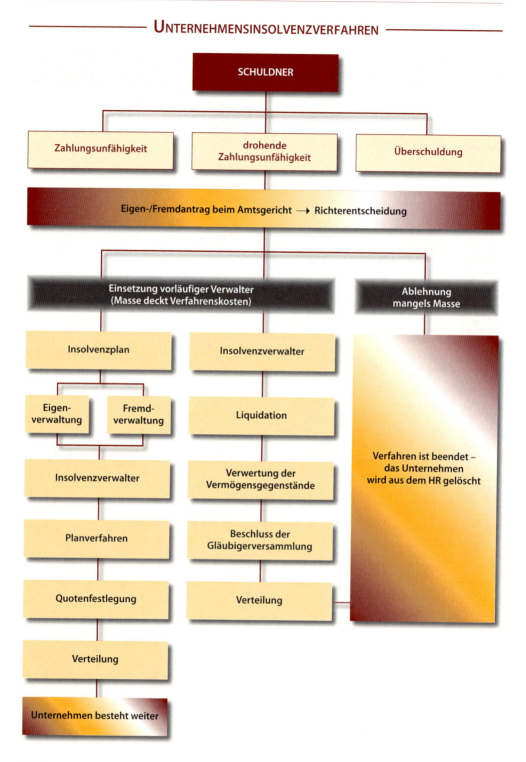

VERBRAUCHERINSOLVENZVERFAHREN

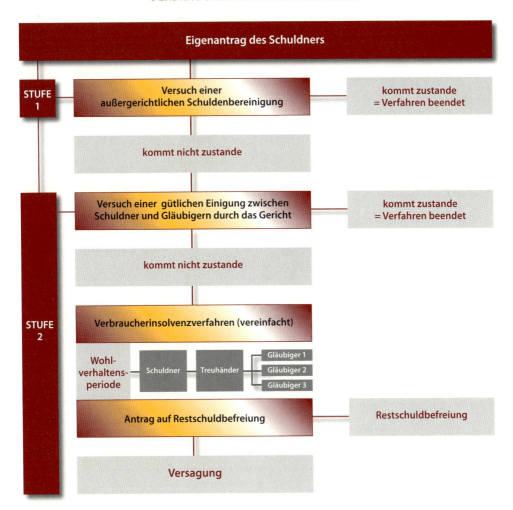

5.10 Fälle und Übungen

Entscheiden Sie in den Fällen 1 – 3, ob die nachfolgend beschriebenen Tätigkeiten als gewerblich im Sinne der GewO zu bezeichnen sind!

1. Paul Prächtig betreibt eine Kneipe auf der Hamburger Reeperbahn. Jeden Abend ab 22:00 Uhr finden Peep-Shows auf dem Tresen statt.

2. Student Stefan Studiosos kommt mit seinem BaföG einfach nicht über die Runden. Daher entschließt er sich, ein Bräunungsstudio zu eröffnen, das auch samstags, sonntags und an allen anderen gesetzlichen Feiertagen von 9:00 – 22:00 Uhr geöffnet hat.

3. Gunilla Grundelmann ist das hübscheste Mädchen im Dorf. Unter ihrem Künstlernamen Chantal Chic stellt sie sich ca. zweimal pro Monat der Catwalk GmbH für Modenschauen zur Verfügung.

4. Sybille Schnickenfittich war Jahresbeste bei der Abschlussprüfung zur Einzelhandelskauffrau. Ihre Ausbildung hat sie in einer namhaften Textileinzelhandelskette absolviert. Nachdem sie noch zwei Jahre Berufserfahrung gesammelt hat, eröffnet sie selber eine Boutique für Trendmoden. Sie rechnet damit, dass sie in ihrem ersten Jahr ca. 73.000,00 EUR umsetzen wird. Das kleine Ladengeschäft liegt in einer Nebenstraße, aber immer noch attraktiv für Laufkundschaft. Die Kaltmiete beträgt 320,00 EUR. Bei den Renovierungs- und Einräumarbeiten bis zur Eröffnung hat ihr ihre Freundin Beate Braun geholfen, die auch bereits Bereitschaft signalisiert hat, ab und zu einmal auszuhelfen.
    Prüfen Sie, ob Frau Schnickenfittich Kaufmann im Sinne des HGB ist!

5. Bruno Bräsig kauft das Sportfachgeschäft Herta Hüpfburg e.Kfr., das am Ort sehr bekannt und beliebt ist. Daher entschließt sich Bräsig, die Firma mit Einwilligung der ehemaligen Eigentümerin weiterzuführen. Sechs Wochen nach der Geschäftsübergabe erhält Bräsig eine Mahnung über den Betrag von 3.800,00 EUR für Sportgeräte der Firma Workout GmbH. In seinem Antwortschreiben stellt er dar, dass ein Eigentümerwechsel stattgefunden habe und er für den fälligen Rechnungsbetrag daher nicht aufkomme.
    Erläutern Sie, ob Herr Bräsig damit Erfolg haben wird!

6. Karl Meier (e.K.) erteilt seinem Angestellten Lustig Prokura. In der Handelsregister-Bekanntmachung wird jedoch der Name von dem Angestellten Fröhlich veröffentlicht. Dieser schließt mit der Baustoffgroßhandlung Stein GmbH einen Kaufvertrag über 71.000,00 EUR.
    Als Stein die Lieferung mit Meier terminieren will, teilt ihm dieser mit, Fröhlich habe keine Prokura und er sei auch nicht an einer entsprechenden Lieferung interessiert.
    Prüfen Sie die Rechtslage!

7. Geraldine Weber betreibt in der Form der Einzelunternehmung einen gut florierenden Computerhandel mit mittlerweile 22 Angestellten. Aus Expansionsgründen möchte sie ihr Unternehmen in eine AG umwandeln. Da sie sowohl von ihren Freunden als auch von ihren Mitarbeitern immer nur Gerry genannt wird, möchte sie zukünftig unter Gerry Weber AG firmieren.
    Kann sie das? Begründen Sie ihre Entscheidung!

8. Ackermann, Beckermann und Leckermann betreiben ein metallverarbeitendes Produktionsunternehmen in der Rechtsform der OHG. Die drei Gesellschafter sind mit folgenden Kapitalanteilen beteiligt:
    Ackermann: 380.000,00 EUR
    Beckermann: 520.000,00 EUR
    Leckermann: 250.000,00 EUR

Für das zurückliegende Geschäftsjahr wird ein Gewinn i.H.v. 812.000,00 EUR ausgewiesen, von dem laut Gesellschafterbeschluss 400.000,00 EUR für den Neubau einer Produktionshalle verwendet werden sollen. Verteilen Sie den verbliebenen Betrag auf die Gesellschafter nach den Vorschriften des HGB.

9. Wer kann einen Insolvenzantrag stellen bei einer
   9.1 GmbH,
   9.2 GbR,
   9.3 AG,
   9.4 natürlichen Person,
   9.5 Gebietskörperschaft?

10. Wo ist der Insolvenzantrag zu stellen im Fall der
    10.1 GmbH,
    10.2 OHG,
    10.3 AG,
    10.4 natürlichen Person,
    10.5 KG?

11. Erläutern Sie den Unterschied zwischen Fortführungs- und Liquidationswerten!

12. Beschreiben und begründen Sie, wann ein Unternehmen im Rahmen des Insolvenzverfahrens zerschlagen wird!

13. 13.1 Erläutern Sie, wie der Insolvenzplan aufgebaut ist und
    13.2 welche Konsequenzen die Durchführung für die Gläubiger hat!

14. Es liegt die folgende Bilanz der Bau GmbH zur Auswertung vor:

Aktiva		Bilanz der Bau GmbH		Passiva
A. Anlagevermögen			A. Eigenkapital	
1. Grundstücke und Gebäude	210.000,00 EUR		1. Stammkapital	100.000,00 EUR
2. Maschinen	140.000,00 EUR		2. Jahresfehlbetrag (Verlust)	- 150.000,00 EUR
3. Aktien der Bau AG	45.000,00 EUR		B. Verbindlichkeiten	
B. Umlaufvermögen			1. Eigenkapital ersetzendes	
1. Forderungen	295.000,00 EUR		Darlehen	100.000,00 EUR
2. Bank	43.000,00 EUR		2. KK-Bank	300.000,00 EUR
3. Kasse	17.000,00 EUR		3. Verbindlichkeiten a.LL.	400.000,00 EUR
	750.000,00 EUR			**750.000,00 EUR**

14.1 Berechnen Sie den nicht durch das Eigenkapital gedeckten Fehlbetrag!

14.2 Erstellen Sie einen Überschuldungsstatus zu Zerschlagungswerten und begründen Sie Ihre Wertansätze!

14.3 Prüfen Sie anhand der modifizierten Liquidität 2. Grades, ob Zahlungsunfähigkeit vorliegt!

6 Recht der Schuldverhältnisse

6.1 Überblick

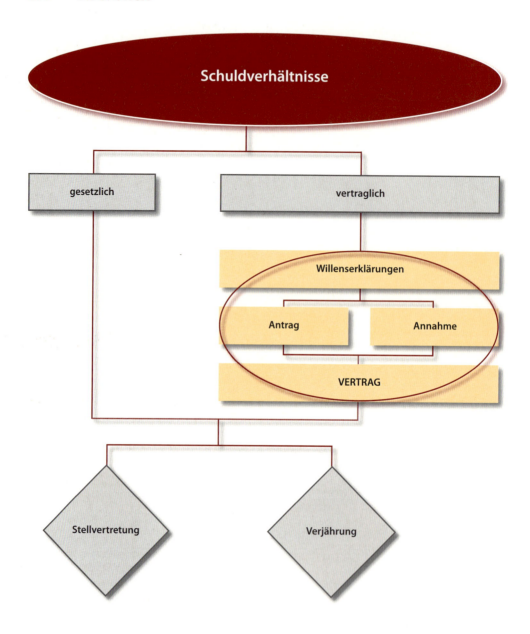

6.2 Grundlagen

6.2.1 Begriffsbestimmung (§ 241 BGB)

Als Schuldverhältnis wird

- die Beziehung zwischen mindestens zwei Personen bezeichnet, bei der
  - die eine Person **(= Gläubiger)** berechtigt ist, etwas zu fordern, während
  - die andere Person **(= Schuldner)** diese Forderung zu erfüllen hat;
- das Recht des Gläubigers bezeichnet, vom Schuldner eine Leistung (Anspruch = Tun oder Unterlassen) zu fordern.

6.2.2 Entstehung (Arten) von Schuldverhältnissen

6.2.2.1 Entstehung durch Rechtsgeschäft (s. 6.3)

Der Vertrag (§ 311 I BGB) ist der Regelfall eines rechtsgeschäftlichen Schuldverhältnisses (zwei- bzw. mehrseitiges Rechtsgeschäft).

Beispiel

Kaufvertrag
(§§ 433 ff. BGB)

Mietvertrag
(§§ 535 ff. BGB)

In Ausnahmefällen können rechtsgeschäftliche Schuldverhältnisse auch durch einseitige Rechtsgeschäfte begründet werden.

Beispiel

Auslobung (§§ 657 ff. BGB)

Beispiel für eine Auslobung ist das Preisausschreiben

6.2.2.2 Entstehung kraft Gesetzes (s. 6.4)

Gesetzliche Schuldverhältnisse entstehen unmittelbar aus dem Zusammenhang der gesetzlichen Vorschrift.

Aufgrund eines bestimmten Tatbestandsmerkmals oder eines Tatbestandes lässt die gesetzliche Vorschrift eine Rechtsfolge bzw. Verpflichtung entstehen.

Beispiel

Haftung des Vertreters ohne Vertretungsmacht
(§§ 179 ff. BGB)

Geschäftsführung ohne Auftrag
(§§ 677 ff. BGB)

ungerechtfertigte Bereicherung
(§§ 812 ff. BGB)

unerlaubte Handlung
(§§ 823 ff. BGB)

Gefährdungshaftung
(§§ 833 ff. BGB)

Unterhalt
(§§ 1601 ff. BGB)

Erbrecht
(§§ 1922 ff. BGB)

Pflichtteilsrecht
(§§ 2303 ff. BGB)

8 Jaschinski/Hey – ISBN 978-3-8120-0050-5

6.3 Zustandekommen von rechtsgeschäftlichen Schuldverhältnissen

6.3.1 Rechtsgeschäfte

6.3.1.1 Willenserklärungen (§§ 116–144 BGB)

1. Begriffsbestimmung

Basis eines jeden Rechtsgeschäfts ist die **Willenserklärung,** durch die
- eine Person
- ihren Willen äußert
- mit dem Ziel, ein Rechtsverhältnis
  - neu zu begründen,
  - zu ändern oder
  - zu beenden.

Bereits aus dem Begriff Willenserklärung lässt sich ableiten, dass die rein subjektive Willensbildung nicht ausreicht. Auch objektiv muss der Wille des Rechtssubjektes für Dritte erkennbar sein – dies geschieht durch die Äußerung des Willens. Um eine rechtswirksame Willenserklärung abgeben zu können, muss das Rechtssubjekt geschäftsfähig sein → **Willensbildung + Willensäußerung = Willenserklärung!**

Eine Willenserklärung wird abgegeben, um eine Rechtsfolge herbeizuführen. In diesem Zusammenhang trifft denjenigen die Beweispflicht, der sich darauf beruft, eine Willenserklärung abgegeben zu haben, die eine bestimmte Rechtswirkung haben soll.

2. Möglichkeiten der Bekanntgabe von Willenserklärungen

Den Rechtssubjekten stehen eine Reihe von Möglichkeiten zur Verfügung, wie sie die Willenserklärungen abgeben können:
- mündliche Äußerung, z.B. „Eine Kugel Stracciatella, bitte",
- schriftliche Mitteilung, z.B. Ausfüllen und Absenden eines vorgefertigten Bestellformulars eines Versandhauses,
- schlüssiges und stillschweigendes (konkludentes) Verhalten, z.B. Mitbieten durch Armheben bei einer Auktion.

3. Arten von Willenserklärungen

■ **Empfangsbedürftige Willenserklärungen:**

Für die Wirksamkeit der Willenserklärung ist es notwendig, dass die Willenserklärungen demjenigen zugegangen ist, für den sie bestimmt ist.

– **Unter Anwesenden** muss für die Beteiligten klar ersichtlich sein, dass die Willenserklärung sowohl wahrgenommen wurde als auch eindeutig verstanden worden ist.

– Wird die Willenserklärung in **Abwesenheit des Empfängers** abgegeben, so wird sie gem. § 130 BGB mit Zugang wirksam, d.h., dass der Abgebende dafür zu sorgen hat, dass die Willenserklärung so in den Einflussbereich des Empfängers gelangt, dass dieser auch davon Kenntnis nehmen kann.

■ **Nicht empfangsbedürftige Willenserklärungen:**

Im Gegensatz dazu genügt es für nicht empfangsbedürftige Willenserklärungen, dass sie abgegeben worden sind.

Beispiel

■ empfangsbedürftig:
- Angebot beim Kaufvertrag (§§ 433 ff. BGB)
- Kündigung der Mietwohnung (§§ 568 ff. BGB)

■ nicht empfangsbedürftig:
- Preisausschreiben (§§ 657 ff. BGB)
- Testament (§§ 2064 ff. BGB)

4. Beweispflicht des Zugangs

Wer die Willenserklärung abgegeben hat und sich auf ihre Wirkung beruft, muss auch ihren Zugang beweisen (s. dazu Arbeitsauftrag „Zustellungsarten von WE" auf S. 153).

Beispiel

■ Einschreiben mit Rückschein (Problem: Nicht der Zugang der Willenserklärung wird bewiesen, sondern nur der Zugang des Briefes)

■ Zustellung durch Gerichtsvollzieher (§ 132 BGB)

5. Bedeutung von Schweigen

Grundsätzlich gilt Schweigen als Reaktion auf eine Willenserklärung immer als Ablehnung. Hier hat der Gesetzgeber den Verbraucher (§ 13 BGB) unter einen besonderen Schutz gestellt, um seine Position bei so genannten unbestellten Leistungen gem. § 241 a BGB von einem Unternehmer (§ 14 BGB) zu stärken.

Beispiel

Bruno Bräsig bekommt unaufgefordert vom Versandhaus „Vino Veritas GmbH" eine Auswahl italienischer Weine zum Preis von insgesamt 24,99 EUR zugesandt. Gemäß der beiliegenden Bedingungen ist die Ware innerhalb von 7 Tagen zu bezahlen oder auf Kosten des Kunden zurückzusenden. Bräsig braucht die Ware weder zu bezahlen noch zurückzusenden. § 241 a BGB geht sogar so weit, dass Bräsig den Wein austrinken darf, ohne dass der Versandhandel einen Anspruch auf Schadensersatz, Herausgabe oder aus ungerechtfertigter Bereicherung erwirbt.

Ausnahme: Das Schweigen des Kaufmanns gilt in einzelnen Fällen als Willenserklärung (s. 5.7.2).

6.3.1.2 Arten von Rechtsgeschäften

1. Begriffsbestimmung

Willenserklärungen werden abgegeben und gebildet, um Rechtswirkungen bzw. Rechtsfolgen zu erzielen. Daher entstehen Rechtsgeschäfte

- aus einer oder mehreren Willenserklärungen, die alleine oder
- im Zusammenhang mit anderen Handlungen
- im Rahmen der bestehenden Rechtsordnung
- eine beabsichtigte Rechtswirkung herbeiführen sollen.

Eine Willenserklärung kann also nur dann Durchsetzungscharakter erhalten, wenn die beabsichtigte Veränderung von Rechtsverhältnissen (Begründung, Änderung, Beendigung) auch durch Gesetze zulässig ist bzw. möglich gemacht wird.

Beispiel

Bruno Bräsig will von dem stadtbekannten Dealer Lennart Leichtfuß Ecstasy für die Party am Samstagabend kaufen. Hier können keine rechtswirksamen Willenserklärungen abgegeben werden, da ein Verstoß gegen das Strafgesetzbuch und das Betäubungsmittelgesetz vorliegt.

2. Unterscheidungskriterien für die Einordnung von Rechtsgeschäften

Rechtsgeschäfte lassen sich nach folgenden Kriterien unterscheiden:

- nach dem **Regelungsgegenstand** (Stellung im BGB):
  - – schuldrechtlich   – familienrechtlich
  - – sachenrechtlich   – erbrechtlich
- nach der **Anzahl der Willenserklärungen:**
  - – einseitig (empfangsbedürftige/nicht empfangsbedürftige Willenserklärungen)
  - – mehrseitig (einseitig/mehrseitig verpflichtende Verträge, Beschlüsse)
- nach der **Stellung des Erklärenden:**
  - – unter Lebenden (z. B. Kaufvertrag)
  - – von Todes wegen (z. B. Testament)
- nach der **Stellung im Ablauf:**
  - – Verpflichtungsgeschäft
  - – Verfügungs-/Erfüllungsgeschäft

3. Einseitige Rechtsgeschäfte

Bei einem einseitigen Rechtsgeschäft gibt eine Person eine Willenserklärung ab, die alleine eine Rechtswirkung auslöst:

- **einseitiges empfangsbedürftiges Rechtsgeschäft,** z. B. Kündigung – „Ich kündige zum 30.06.20xx!"
- **einseitiges nicht empfangsbedürftiges Rechtsgeschäft,** z. B. Testament – „Klaus erbt das Sparbuch!"

4. Zwei- oder mehrseitige Rechtsgeschäfte

Bei einem zwei- oder mehrseitigen Rechtsgeschäft geben mindestens zwei Personen Willenserklärungen ab, die inhaltlich übereinstimmen müssen, um eine Rechtsfolge auslösen zu können:

- **einseitig verpflichtendes Rechtsgeschäft:**

  Es sind zwar mehrere Personen an diesem Rechtsgeschäft beteiligt, aber nur **eine Person** wird zu einer **Leistung** verpflichtet.

  Beispiel Bei der Schenkung verpflichtet sich der Schenkende zur unentgeltlichen Eigentumsübertragung eines Gegenstandes, der Beschenkte kann das Geschenk annehmen oder auch nicht.

- **mehrseitig verpflichtendes Rechtsgeschäft:**

  Mehrere Personen sind an dem Rechtsgeschäft beteiligt und auch **mehrere Personen** werden durch die rechtsgeschäftliche Vereinbarung zu einer **Leistung** verpflichtet.

  Beispiel Beim Kaufvertrag verpflichtet sich der Verkäufer, den geschuldeten Gegenstand frei von Mängeln zu übergeben, zu übereignen und das Geld anzunehmen. Der Käufer verpflichtet sich dazu, den Gegenstand anzunehmen sowie das Geld zu übergeben und zu übereignen.

6.3.1.3 Der Vertrag – mehrseitiges Rechtsgeschäft, mehrseitig verpflichtend

1. Antrag und Annahme

Ein Vertrag entsteht immer durch zwei Willenserklärungen, die zwar nicht identisch sein, aber sich **inhaltlich voll entsprechen** müssen.

Willenserklärung I = ANTRAG

Die erste Willenserklärung ist empfangsbedürftig und stellt einen Antrag (Angebot) dar, der die beabsichtigte Leistung möglichst genau umschreiben sollte. Damit soll verhindert werden, dass es im weiteren Verlauf der Vertragserfüllung zu Missverständnissen kommt.

- Leistungsart (z. B. Ware, Arbeitsleistung),
- Leistungsmenge (z. B. Stückzahl, Stunden),
- Leistungspreis (z. B. Preis pro Verpackungseinheit, Stundenlohn),
- Leistungsort (z. B. Lager des Lieferanten, Baustelle),
- Leistungszeit (z. B. Liefertermin, Arbeitszeit).

VERTRAG

Willenserklärung II = ANNAHME DES ANTRAGES

Die zweite Willenserklärung ist die Annahme des Antrages. Voraussetzung für eine inhaltliche Übereinstimmung ist die vollständige Akzeptierung des Antrages. Wird auch nur ein minimaler Bestandteil bei der Antragsannahme geändert, so stellt die Änderung eine Ablehnung des ursprünglichen Antrages bei gleichzeitiger neuer Antragstellung dar (§ 150 II BGB).

2. Bindung an den Antrag

Der Antragsteller ist gem. § 145 BGB an den Antrag gebunden. Der Anbieter hat jedoch die Möglichkeit, die Bindung durch Zusatzklauseln einzuschränken oder auszuschließen, z. B. um zu vermeiden, in Lieferschwierigkeiten zu geraten.

Beispiel
- „Freibleibend" (§ 145 BGB)
- „nur solange Vorrat reicht" (§ 145 BGB)
- zeitliche Befristung für die Annahme des Angebotes (§ 148 BGB)

Die Bindung an den Antrag erlischt, wenn
- der Anbieter den Antrag fristgerecht widerruft (§ 130 I 2 BGB),
- der Anbieter die Bindung von vornherein ausschließt (§ 145 BGB),
- der Antrag abgelehnt wird (§ 146 BGB),
- der Antrag unter Anwesenden nicht sofort angenommen wird (§ 147 I BGB),
- der Antrag unter Abwesenden nicht innerhalb der Frist angenommen wird, die geschäftsüblich ist (§ 147 II BGB),
- die vom Anbieter vorgegebene Annahmefrist nicht eingehalten wird (§ 148 BGB),
- der Antrag verspätet angenommen wird (§ 150 I BGB),
- der Antrag nur mit Erweiterungen, Einschränkungen oder sonstigen Änderungen angenommen wird (§ 150 II BGB).

3. Annahmefristen

- **Annahmefristen unter Anwesenden:**
  Befinden sich die potenziellen Vertragsparteien in einem Raum, so muss der Antrag sofort angenommen werden (§ 147 I 1 BGB). Dasselbe gilt auch für Anträge, die am Telefon gemacht werden (§ 147 I 2 BGB).
- **Annahmefristen unter Abwesenden:**
  Anträge, die per Brief, Fax oder online übermittelt werden, müssen innerhalb der Fristen angenommen werden, von denen für eine Rückantwort üblicherweise auszugehen ist (§§ 146–150 BGB). Hinzuzurechnen ist eine angemessene Reaktionszeit.

Beispiel
- Postweg 2–3 Tage + ca. 1 Tag für Angebotsprüfung
- Fax ca. 1 Tag wg. Angebotsprüfung

4. Verpflichtungs- und Erfüllungsgeschäft

- **Verpflichtungsgeschäft = schuldrechtliches Rechtsgeschäft:**
  Das Verpflichtungsgeschäft ist ein Rechtsgeschäft, bei dem sich die Vertragsparteien zu der vereinbarten Leistung verpflichten – Antrag und Annahme des Antrages. Daher auch die Begrifflichkeit des Schuldrechts: Die Vertragsparteien schulden nun gegenseitig die versprochenen Leistungen.

- **Verfügungs- oder Erfüllungsgeschäft = sachenrechtliches Rechtsgeschäft:**
Nun muss die geschuldete Leistung auch erbracht werden. Dies geschieht im Rahmen des Erfüllungsgeschäfts.

Beispiel

Mietvertrag:

a. Verpflichtungsgeschäft:

Die Mietparteien schließen einen Mietvertrag, in dem eindeutig geregelt ist,
- wer Mieter und Vermieter ist,
- um welches Mietobjekt es sich handelt,
- für welchen Zeitraum der Mieter über das Mietobjekt verfügen darf,
- wie hoch der Mietzins für die jeweilige Mietperiode ist
etc.

b. Erfüllungsgeschäft:

Die Mietparteien haben nun die ihnen obliegenden Verpflichtungen zu erfüllen. Der Vermieter muss dem Mieter die Mietsache frei von Mängeln überlassen. Der Mieter übernimmt die Mietsache, behandelt sie pfleglich und entrichtet den vereinbarten Mietzins.

5. Sonderfälle

Aber nicht alles, was als „Angebot" bezeichnet wird, ist auch ein Antrag im rechtlich verbindlichen Sinne (§ 145 BGB).

Beispiel

- Schaufensterauslage
- Prospekt- oder Katalogzusendung
- Zeitungsanzeige

Hierbei handelt es sich um „Aufforderungen zur Abgabe eines Angebotes" bzw. um eine Anpreisung.

Beispiel

Berta Brösel steht zum wiederholten Mal vor der Designer-Boutique in dem bekannten Staatsbad. Ein traumhaftes Kleid ist ausgestellt. Sie traut ihren Augen kaum, denn der Preis beträgt nur 220,00 EUR – für diesen Laden ein Schnäppchen. Sie betritt das Geschäft und probiert das Kleid an. Es sitzt hervorragend und Berta denkt sich: „Das gönne ich mir!" An der Kasse sagt die freundliche Dame, die schon bei der Anprobe sehr hilfsbereit war: „2.200,00 EUR bitte – mit Karte?" Berta Brösel entgegnet darauf, dass das Kleid mit 220,00 EUR ausgezeichnet gewesen sei und sie daher ein Anrecht darauf habe, es auch für diesen Preis zu bekommen.

Das ist jedoch nicht korrekt. Der Preis in der Auslage ist kein Antrag, weil dieser ja nicht konkret an jeden Vorübergehenden gemacht werden kann, sondern nur an die Allgemeinheit. Damit sind die Voraussetzungen für einen juristisch einwandfreien Antrag nicht gegeben.

6.3.2 Vertragsfreiheit und ihre Einschränkungen

6.3.2.1 Grundsatz der Vertragsfreiheit gem. § 311 BGB

Werden Schuldverhältnisse aus Verträgen begründet, so gilt der Grundsatz der Vertrags- und Gestaltungsfreiheit, d.h., dass die Vertragsparteien die sich ergebenden schuldrechtlichen Beziehungen so ausgestalten können, wie sie es gerne möchten. Somit können Willenserklärungen in jeder beliebigen Form abgegeben und Rechtsgeschäfte begründet werden – es sei denn, dass das Gesetz etwas anderes vorsieht. Allerdings kümmert der Gesetzgeber sich auch um die vermutlich schwächeren Partner bei Rechtsgeschäften (vgl. Verbraucher – Unternehmer gem. §§ 13 f. BGB und 8.2). Somit erfährt die Vertragsfreiheit in Partnerwahl, Inhalt und Form teilweise Einschränkungen.

6.3.2.2 Abschlussfreiheit

Jedem Rechtssubjekt ist es grundsätzlich freigestellt,

- ob es überhaupt eine vertragliche Bindung und damit Verpflichtungen eingehen möchte und
- mit wem, also mit welchem Vertragspartner, dies stattfinden soll.

Dementsprechend ist nicht nur der Antragende, sondern auch der Antragsempfänger frei in seiner Partnerwahl.

Eingeschränkt wird die Vertragsfreiheit jedoch durch den **Kontrahierungs- bzw. Abschlusszwang** (§ 663 BGB i.V.m. § 826 BGB), d.h., dass der Antragsempfänger den Antrag annehmen muss, wenn er

- eine Monopolstellung oder Quasi-Monopolstellung innehat (z.B. Deutsche Bahn AG, Deutsche Post AG, Energieversorgungsunternehmen) oder
- sich öffentlich zu einer Leistung erboten hat oder öffentlich zu einer Leistung bestellt wurde (z.B. Ärzte, Notare).

6.3.2.3 Inhaltsfreiheit

Die Vertragspartner können ebenfalls frei darüber entscheiden, wie der jeweilige Vertrag inhaltlich ausgestaltet werden soll. An vorgegebene Vertragstypen muss sich niemand halten. Um vermutlich schwächere Partner zu schützen, gibt es eine Reihe von Gesetzen, die dazu dienen, Benachteiligungen zu vermeiden (dazu detaillierte Ausführungen in Kapitel 8 – Verbraucherschutz; Kapitel 12 – Arbeitsrecht).

6.3.2.4 Formfreiheit

Grundsätzlich gilt für Rechtsgeschäfte Formfreiheit, d.h., die Entscheidung für die äußere Form der Ausgestaltung steht den am Rechtsgeschäft Beteiligten frei. Im Zweifelsfall ist es aber häufig empfehlenswert, die schriftliche Form zu wählen, da dies die Beweisführung erleichtert. Außerdem enthält das Gesetz eine Reihe von Ausnahmen – für diese Rechtsgeschäfte ist eine gesetzlich bestimmte Form vorgeschrieben.

	Definition:	**Beispiele:**
Schriftform § 126 I BGB	Die Willenserklärung wird ■ schriftlich abgefasst und ■ von den Vertragsparteien eigenhändig unterschrieben.	■ Kündigung Miete § 568 BGB ■ Kündigung Arbeitsvertrag § 623 BGB
Digitale Signatur § 126 a BGB (s. 8.6)	Elektronische Form der persönlichen und handschriftlichen Unterschrift. Dafür werden bestimmte technische Bestandteile (Soft- und Hardwarekomponenten) gem. SigG benötigt: Signaturschlüssel, Chipkarte und Kartenlesegerät, PC mit Signaturfunktion. Der Versand erfolgt via E-Mail.	■ Anmeldung einer GmbH zum Handelsregister ■ Kaufvertrag im Internet ■ Überweisung bei einem Kreditinstitut
Textform § 126 b BGB	Die Willenserklärung muss in einer Urkunde oder auf einem anderen dauerhaften Datenträger, der die Schriftzeichen wiedergibt, niedergelegt werden. Die Namensunterschrift muss erkennbar sein.	Belehrung des Unternehmers an den Verbraucher bei Fernabsatzverträgen über das Widerrufsrecht
Gewillkürte Schriftform § 127 BGB	Die Parteien einigen sich auf eine bestimmte Form (§§ 126 I, 126 a, 126 b BGB).	Fax zum Lieferabruf aus einem Rahmenvertrag
Notarielle Beurkundung § 128 BGB	Die Willenserklärung wird ■ von den Vertragsparteien ■ i.d.R. bei gleichzeitiger Anwesenheit ■ zur Niederschrift durch den Notar abgegeben. Die Vertragsurkunde ■ wird von dem Notar vorgelesen und erläutert, ■ von den Vertragsparteien eigenhändig unterschrieben, ■ vom Notar unterschrieben und gesiegelt.	■ Grundstückskaufvertrag § 311 b BGB ■ Erbvertrag § 2348 BGB ■ Gründungsverträge einer AG/GmbH § 23 I AktG, § 2 I GmbHG
Öffentliche Beglaubigung § 129 BGB	Der Notar bestätigt die Echtheit der Unterschrift der anwesenden Person, nicht jedoch die Echtheit des Inhalts der vorgelegten Urkunde.	Anmeldung einer Satzungsänderung eines eingetragenen Vereins beim Vereinsregister des zuständigen Amtsgerichts

6.3.3 Mängel bei Rechtsgeschäften

Die Abgabe von Willenserklärungen führt nicht zwangsläufig dazu, dass ein Rechtsgeschäft auch rechtsgültig abgeschlossen wurde.

6.3.3.1 Nichtigkeit

Ist ein Rechtsgeschäft von Anfang an unwirksam, so kann dieser Mangel in keiner Weise geheilt werden, weil die gesetzlichen Vorschriften dies nicht zulassen. Eine Rechtswirkung tritt nicht ein.

1. Mangel in der Person

Rechtsgeschäfte können nur von Personen abgeschlossen werden, die die Fähigkeit haben, die sich aus jenem Sachverhalt ergebenden Rechte und Pflichten richtig einzuschätzen. Diese Voraussetzungen sind bei einer **geschäftsfähigen** Person gegeben (s. 4.4). Demzufolge sind Willenserklärungen und das intendierte Rechtsgeschäft nichtig, wenn die agierende Person

- geschäftsunfähig ist, weil sie das siebte Lebensjahr noch nicht vollendet hat (§§ 104 I, 105 I BGB),
- geschäftsunfähig ist, weil sie kurzfristig nicht zurechnungsfähig ist (§§ 104 II, 105 I BGB),
- bewusstlos war (§ 105 II BGB).

Beispiel
> Paul bekommt zu seinem fünften Geburtstag von Tante Frieda einen Fußball geschenkt. Die Schenkung ist ein zweiseitiges, aber einseitig verpflichtendes Rechtsgeschäft. Paul geht zwar keine Verpflichtung ein, muss aber der Schenkung durch Abgabe einer Willenserklärung zustimmen. Dies kann er jedoch nicht rechtsgültig tun.

2. Mangel in der Form

Gibt es für ein bestimmtes Rechtsgeschäft eine gesetzliche Regelung, aufgrund deren sich die Vertragsparteien an bestimmte Formvorschriften (s. 6.3.2.4) halten müssen, wird das Rechtsgeschäft bei einem Verstoß nichtig (§ 125 BGB).

Beispiel
> - Grundstückskaufvertrag: notarielle Beurkundung gem. § 311 b I 1 BGB
> - Ehevertrag: notarielle Beurkundung gem. § 1410 BGB
> - Anmeldung von Zeichnungsberechtigten zum Handelsregister: Einreichung erfolgt elektronisch in öffentlich beglaubigter Form gem. § 12 HGB

3. Mangel in der Willenserklärung

Wenn die Willenserklärung an sich fehlerhaft ist, kann dies zur Nichtigkeit des Verpflichtungsgeschäfts führen.

- Geheimer Vorbehalt gem. § 116 II BGB
- Scheingeschäft gem. § 117 I BGB
- Scherzgeschäft gem. § 118 BGB

Beispiel

Friedobald Hubendudel kauft von Bruno Bräsig ein Einfamilienhaus einschließlich Grundstück. Die beiden einigen sich auf einen Preis von 235.000,00 EUR. Über 145.000,00 EUR soll ein notarieller Kaufvertrag geschlossen werden. Von den verbleibenden 90.000,00 EUR erhält Bräsig 45.000,00 EUR nach Vertragsunterzeichnung und weitere 45.000,00 EUR nach erfolgter Umschreibung im Grundbuch jeweils in bar. Dadurch „sparen" die Vertragspartner einen beträchtlichen Teil der Notar- und Gerichtskosten sowie der Grunderwerbsteuer.

Hier liegt ein Scheingeschäft gem. § 117 BGB vor. Die Vertragspartner halten sich zwar an die gesetzlich vorgeschriebene Form, in der Urkunde wird jedoch nicht der vollständige Wille wiedergegeben.

4. Mangel in der rechtlichen Zulässigkeit

- Verstoß gegen ein gesetzliches Verbot gem. § 134 BGB

  Beispiel
  - Vereinbarung von Zinseszinsen (§ 248 I BGB)
  - Erteilung eines Diebstahlauftrages (§ 242 StGB)
  - Verpflichtung zur Schwarzarbeit (§ 1 II Nr. 1 SchwarzArbG)
  - Vereinbarungen zum Nachteil eines Sozialleistungsberechtigten (§ 32 SGB I)

- Verstoß gegen die guten Sitten (s. 2.4) gem. § 138 BGB

  Beispiel
  - Verrat von Geschäftsgeheimnissen (§ 17 UWG)
  - Wucher (§ 138 II BGB i.V.m. § 291 StGB)

6.3.3.2 Schwebende Unwirksamkeit

Ein schwebend unwirksames Rechtsgeschäft kann im Nachhinein Wirksamkeit erlangen, wenn ein Dritter das Rechtsgeschäft genehmigt, das

- ein **beschränkt Geschäftsfähiger** gem. §§ 106–113 BGB,
- ein **Vertreter ohne Vertretungsmacht** gem. §§ 177–180 BGB

abgeschlossen hat.

In beiden Fällen wird das Rechtsgeschäft erst gültig, wenn der gesetzliche Vertreter (s. 4.4.1.2/6.6) bzw. der Vertretene (s. 6.6) das Geschäft genehmigt.

Beispiel

Paula (12 Jahre) kauft sich einen MP3-Player für 149,00 EUR. Aus dem Kaufvertrag ergeben sich Pflichten für Paula – z.B. Zahlung des Kaufpreises –, sodass sie die Genehmigung der Eltern benötigt.

6.3.3.3 Anfechtbarkeit

Im Unterschied zu den vorangegangenen Fällen ist das anfechtbare Rechtsgeschäft zunächst einmal gültig. Derjenige Vertragspartner, der berechtigt ist, das Rechtsgeschäft anzufechten, kann sich entscheiden, ob es Gültigkeit haben soll und die entstandenen Verpflichtungen in genau der Form erfüllt werden sollen oder ob er anfechten möchte. Durch die Anfechtung wird die Willenserklärung rückwirkend als von Beginn an nichtig angesehen (§ 142 I BGB).

1. Anfechtung wegen Irrtums gem. §§ 119f. BGB

IRRTUMSARTEN

Inhaltsirrtum	Erklärungsirrtum	Eigenschafts-irrtum	Übermittlungs-irrtum
§ 119 I BGB	§ 119 I BGB	§ 119 II BGB	§ 120 BGB
Definition: Der Erklärende ist sich über die Bedeutung seiner Aussage nicht im Klaren.	**Definition:** Der Erklärende gibt eine andere Willenserklärung ab als gewollt (versprechen, verschreiben).	**Definition:** Dem Erklärenden ist klar, was er sagt, er irrt sich aber über für das Rechtsgeschäft wesentliche Eigenschaften der Person oder Sache, um die es geht.	**Definition:** Der Erklärende gibt eine Willenserklärung ab, die jedoch unrichtig übermittelt wird (Person, z. B. Bote; technische Einrichtung, z. B. Fax)
Beispiel: Bruno Bräsig ist zum ersten Mal in seinem Leben in Berlin. Da schönes Wetter ist, setzt er sich in ein Eis-Café. Auf der Karte findet er unter anderem „Berliner Weiße". Er bestellt. Als er sein Getränk bekommt, ist er enttäuscht, weil er gedacht hatte, sich ein Vanilleeis bestellt zu haben.	**Beispiel:** Berta Brösel will ihr altes Auto für 2.200,00 EUR verkaufen. Als der Interessent den Preis von ihr wissen möchte, sagt sie ihm, dass das Fahrzeug 1.200,00 EUR kosten solle.	**Beispiel:** Die Filiale einer Großbank stellt Friedobald Hubendudel als Kassierer ein, ohne jedoch zu wissen, dass dieser vorbestraft ist, weil er bei seinem vorherigen Arbeitgeber Kassengelder veruntreut hat.	**Beispiel:** Auf Anfrage des Einzelhändlers übermittelt der Großhändler ein dringendes Angebot per Fax. Das Empfangsgerät des Einzelhändlers ist ein Multifunktionsgerät, das mit Tintenstrahltechnik ausgestattet ist. Dadurch erscheint bei dem Angebotspreis statt 8.200,00 EUR nur 5.200,00 EUR.

ANFECHTUNG

ANFECHTUNGSFRIST
§ 121 BGB
Das Rechtsgeschäft muss *unverzüglich* nach Bekanntwerden des Anfechtungsgrundes angefochten werden. Nach dem Ablauf der Zehnjahresfrist seit Abgabe der Willenserklärung, die das Rechtsgeschäft begründet hat, kann nicht mehr angefochten werden.

2. Anfechtung wegen Täuschung oder Drohung gem. § 123 BGB

ARGLISTIGE TÄUSCHUNG GEM. § 123 BGB   *ODER*   **WIDERRECHTLICHE DROHUNG GEM. § 123 BGB**

Definition:

Der Vertragspartner wird über eine wesentliche Eigenschaft der Sache oder der Person getäuscht, die Gegenstand des Rechtsgeschäftes ist. Hätte der Vertragspartner den wahren Sachverhalt gekannt, so hätte er den Vertrag nicht abgeschlossen (Vorspiegelung falscher Tatsachen oder Verschweigen relevanter Gesichtspunkte).

Beispiel:

Sybille Schnickenfittich sucht einen Gebrauchtwagen. Bei Autohändler Stefan Storch wird sie fündig. Sie fragt mehrmals nach, ob das Fahrzeug denn auch unfallfrei sei – Storch bestätigt dies jedesmal. Daraufhin wird der Kaufvertrag geschlossen. Der Autohändler wusste, dass das Auto bei einem Unfall einen Heckschaden hatte. Außerdem ist der Rahmen verzogen.

Definition:

Der Vertragspartner gibt die Willenserklärung nur ab, weil er sich in einer Situation psychischen Drucks befindet.

Beispiel:

Paul Pfiffig hat im Mehrfamilienhaus der Gundula Gundelmann eine Wohnung gemietet. Frau Gundelmann möchte eine Mieterhöhung durchsetzen, gegen die Herr Pfiffig sich verwahrt. Daher droht sie damit, so lange Strom, Wasser und Heizung abzustellen, bis Herr Pfiffig die neuen Vertragsbedingungen akzeptiert.

ANFECHTUNG

ANFECHTUNGSFRIST
§ 124 BGB
Ein Jahr nach Entdecken des Anfechtungsgrundes.

6.3.4 Typisierung von Verträgen

Unternehmen schließen mit ihren Vertragspartnern häufig gleichartige Verträge. Aus ökonomischen Gründen wird das Procedere dahingehend vereinfacht, dass das Unternehmen die jeweiligen Vertragsbedingungen standardisiert jedem Vertragspartner anbietet. Nur in Ausnahmefällen wird nach Absprache davon abgewichen. Diese standardisierten Vertragsformulierungen nennt man **Allgemeine Geschäftsbedingungen.** Durch die Vertragsfreiheit kann jedes Unternehmen diese Vertragsklauseln so formulieren, wie es das möchte.

Ist nun ein Verbraucher Vertragspartner des Unternehmers, so ist die Verwendung von AGB nur zulässig, wenn sie einer Inhaltskontrolle gem. §§ 307ff. BGB standhalten (s. Kapitel 8).

Eine andere Möglichkeit besteht darin, bereits von anderer Stelle vorformulierte Vertragstexte zu verwenden, wie z.B. Einheitsmietverträge oder die Verdingungsordnung für Bauleistungen (VOB).

6.3.5 Die wichtigsten vertraglichen Schuldverhältnisse im Überblick*

Art / Kriterium	Kaufvertrag**	Mietvertrag**	Leihvertrag**	Darlehensvertrag**
Rechtsquelle	§§ 433–479 BGB	§§ 535–580 a BGB	§§ 598–609 BGB	§§ 488–507 BGB
Partner	▪ Verkäufer ▪ Käufer	▪ Vermieter ▪ Mieter	▪ Verleiher ▪ Entleiher	▪ Darlehensgeber ▪ Darlehensnehmer
Gegenstand	Der **Verkäufer** übergibt und übereignet dem Käufer eine Sache oder ein Recht, für das der **Käufer** den vereinbarten Kaufpreis zahlt.	Der **Vermieter** gewährt dem **Mieter** während der vereinbarten Mietzeit den Gebrauch einer Sache gegen Entgelt.	Der **Verleiher** erlaubt dem **Entleiher** den unentgeltlichen Gebrauch der Sache. Der Entleiher muss **dieselbe Sache** zurückgeben.	Der **Darlehensgeber** stellt dem **Darlehensnehmer** den vereinbarten Geldbetrag zur Verfügung, für den der Darlehensnehmer die vereinbarten Zinsen für die jeweilige Periode der Inanspruchnahme zahlt. Bei Fälligkeit wird das gesamte Darlehen oder die jeweilige Rate an den Darlehensgeber zurückbezahlt.
Form	grundsätzlich formfrei **Ausnahmen:** ▪ notarielle Beurkundung bei Kaufverträgen über – Grundstücke (§ 311 b BGB) – Schiffe (§ 452 BGB) – Erbschaften (§ 2371 BGB) ▪ (mindestens) Schriftform bei – Teilzahlungsgeschäften (§ 501 BGB) – Ratenlieferungsverträgen (§ 505 BGB)	grundsätzlich formfrei Schriftform bei Miete von **Wohnraum** bei: ▪ **Vertragsschluss**, wenn befristete Verträge abgeschlossen werden sollen, für eine Laufzeit länger als ein Jahr (§ 550 BGB) ▪ **Kündigung** (§ 568 BGB)	mindestens Schriftform (§ 492 I 1 BGB)	grundsätzlich formfrei **Ausnahme:** Für das Verbraucherdarlehen gilt Schriftform gem. § 492 BGB
Besonderheit	Einzelheiten zum Kaufvertrag s. Kapitel 7 – Kaufrecht			**Sachdarlehen** §§ 607–609 BGB Es handelt sich um vertretbare Sachen, die im Unterschied zur Leihe nur in gleicher Art und Güte zurückgegeben werden müssen.

* • Bürgschaft, Zession und Factoring s. 9.5, 6.8.1.1
  • Auslobung, Maklervertrag, Verwahrungsvertrag s. Fälle 30–32

Schenkung**	Dienstvertrag (insbesondere Arbeitsvertrag)**	Werkvertrag**	Auftrag**	Art / Kriterium
§§ 516–534 BGB	§§ 611–630 BGB	§§ 631–651 BGB	§§ 662–674 BGB	**Rechtsquelle**
▪ Schenker ▪ Beschenkter	▪ Dienstberechtigter (Arbeitgeber) ▪ Dienstverpflichteter (Arbeitnehmer)	▪ Unternehmer ▪ Besteller	▪ Auftraggeber ▪ Beauftragter	**Partner**
Der **Schenker** bereichert den **Beschenkten** unentgeltlich aus dem Vermögen des Schenkers.	Der **Dienstberechtigte** verpflichtet den **Dienstverpflichteten** zur Erbringung einer selbstständigen oder unselbstständigen Leistung, für die der Dienstverpflichtete vom Dienstberechtigten eine Vergütung nach Erbringung der Leistung erhält.	Der **Unternehmer** stellt für den **Besteller** das versprochene Werk gegen Entrichtung der vereinbarten Vergütung her. Es kann sich auch um eine Reparatur handeln.	Der **Beauftragte** verpflichtet sich zur unentgeltlichen Besorgung des ihm vom **Auftraggeber** übertragenen Geschäfts.	**Gegenstand**

─── Abgrenzung: ───

Dienstvertrag:
LEISTUNG ← geschuldet wird → ERFOLG

Werkvertrag:

Schenkung**	Dienstvertrag	Werkvertrag	Auftrag	Art / Kriterium
grundsätzlich formfrei Sofern die Schenkung zunächst nur versprochen und noch nicht vollzogen ist, bedarf dieses **Schenkungsversprechen** der **notariellen Beurkundung.**	grundsätzlich formfrei	grundsätzlich formfrei	grundsätzlich formfrei	**Form**
		§ 651 BGB wird angewendet, wenn es sich um bewegliche Sachen handelt, die herzustellen oder zu erzeugen sind.	**Geschäftsbesorgungsvertrag** §§ 675–676 BGB Im Unterschied zum Auftrag übernimmt der Beauftragte die Durchführung des Geschäfts hier nur gegen Entgelt.	**Besonderheit**

** dazu s. Fälle 19–29 u. 33–36

6.4 Zustandekommen von gesetzlichen Schuldverhältnissen

Bei den gesetzlichen Schuldverhältnissen ist die Abgabe einer Willenserklärung zum Zustandekommen nicht notwendig. Sie entstehen vielmehr durch die Verwirklichung von bestimmten Tatbestandsmerkmalen, an deren Eintreten das Gesetz bestimmte Rechtsfolgen knüpft.

6.4.1 Geschäftsführung ohne Auftrag (GoA)

Übernimmt jemand für einen anderen ein Geschäft (§§ 677 ff. BGB), indem er
- tatsächlich tätig wird oder
- rechtsgeschäftliche Handlungen vornimmt,

ohne von der anderen Person dazu
- beauftragt worden zu sein oder
- berechtigt zu sein,

so hat er das Geschäft so auszuführen, wie es dem
- wirklichen oder
- mutmaßlichen Willen

der anderen Person entsprechen würde.

ARTEN UND RECHTSFOLGEN			
echte GoA → §§ 677 ff. BGB = Besorgen eines Geschäfts für einen anderen		**unechte GoA → § 687 BGB** = Besorgen eines fremden Geschäfts für sich selbst	
berechtigt	unberechtigt	irrtümlich	angemaßt
§ 677 BGB: wirklicher/mutmaßlicher Wille des Geschäftsherrn **§ 679 BGB:** entgegenstehender Wille ist unwichtig, da sonst eine Pflicht des Geschäftsherrn nicht erfüllt würde **§ 684 II BGB:** nachträgliche Genehmigung	§ 678 BGB: Geschäftsführung steht im Widerspruch zum wirklichen/mutmaßlichen Willen des Geschäftsherrn	§ 687 I BGB: Der Geschäftsführer besorgt das Geschäft für einen anderen, ist jedoch vermeintlich der Auffassung, dass er es für sich selbst vornimmt.	§ 687 II BGB: Der Geschäftsführer behandelt das Geschäft als ein eigenes, obwohl er weiß, dass er dazu nicht berechtigt ist.
<u>keine</u> unerlaubte Handlung → Aufwendungsersatzanspruch des Geschäftsführers (§ 683 BGB)	<u>unerlaubte Handlung</u> ■ Schadensersatzanspruch des Geschäftsherrn (§§ 812 ff., 823 ff. BGB) ■ kein Aufwendungsersatzanspruch des Geschäftsführers (§§ 683, 684 BGB)		■ Herausgabeansprüche des Geschäftsherrn (§§ 677 ff. BGB)

Beispiel

Bruno Bräsig fährt auf der nächtlichen Landstraße gegen einen Baum. Er liegt ohnmächtig in seinem fahruntüchtigen Auto. Friedobald Hubendudel kommt an der Unfallstelle vorbei, hält an und sorgt dafür, dass der Notarzt schnell herbeigerufen wird. Hierbei handelt es sich um eine berechtigte GoA, da Hubendudel aufgrund der Situation unterstellen muss, dass eine möglichst schnelle ärztliche Versorgung im Willen des Herrn Bräsig liegt (vgl. auch BGH-Urteil v. 27.11.1962 – IV ZR 217/61).

6.4.2 Ungerechtfertigte Bereicherung

Durch die ungerechtfertigte Bereicherung (§§ 812 ff. BGB) finden **Vermögensverschiebungen** ohne rechtlichen Grund statt, indem

- jemand (schädigende Person)
- durch die Leistung (Leistungskondiktion)
- eines anderen (geschädigte Person) oder
- in sonstiger Weise (Kondiktion in sonstiger Weise)
- etwas (eine Sache)
- ohne rechtlichen Grund erlangt.

Ziel ist es nun, durch Rückabwicklung bzw. Rückgabe des ungerechtfertigt Erlangten einen Ausgleich zwischen Schädiger und Geschädigtem herbeizuführen.

EINZELTATBESTÄNDE UND RECHTSFOLGEN					
§ 812 I 1 BGB **Fehlen eines Rechtsgrundes**	§ 812 I 2 1. Alt. BGB **Wegfall des Rechtsgrundes**	§ 812 I 2 2. Alt. BGB **Nichteintritt eines Erfolges**	§ 813 BGB **Erfüllung trotz Einrede**	§ 816 BGB **Verfügung eines Nichtberechtigten**	§ 817 BGB **Verstoß gegen Gesetz oder gute Sitten**
BEISPIEL: Kaufvertrag mit einem Geschäftsunfähigen – Nichtigkeit des Kaufvertrages gem. § 105 BGB	BEISPIEL: Rückgabe einer gestohlenen Sache, sodass kein Anspruch gegen die Versicherung mehr besteht	BEISPIEL: Bei einem Kaufvertrag wird eine Quittung übergeben. Die Zahlung des Kaufpreises unterbleibt aber, sodass der Käufer nun über die nicht bezahlte Ware verfügt.	BEISPIEL: Eingehen einer Verbindlichkeit ohne rechtlichen Grund (§ 821 BGB)	BEISPIEL: Verkauf einer nur geliehenen Sache	BEISPIEL: Verkauf einer gestohlenen Sache

Rechtsfolgen
Herausgabe des Erlangten vom

Bereicherten	Nichtberechtigten	Empfänger

ABER
keine Herausgabepflicht, wenn

Herausgabe unmöglich wurde → Surrogat (§ 818 II BGB)	Wegfall der Bereicherung (§ 818 III BGB)
	Außer: Bösgläubigkeit (§ 819 BGB)

6.4.3 Unerlaubte Handlung und Gefährdungshaftung

▶ **Definition**

Durch die **unerlaubte Handlung** (§ 823 I BGB) wird
- einer Person
- vorsätzlich oder fahrlässig
- ein Schaden (an Leben, Körper, Gesundheit, Freiheit, Eigentum oder einem sonstigen Recht)
- widerrechtlich zugefügt.

Dieser Sachverhalt wird auch **Delikt** genannt (lat. delictum = Vergehen/Verbrechen). Damit der Schädigende zur Verantwortung gezogen werden kann, also Schadensersatz leisten muss (§ 823 I BGB), muss er für die Begehung der Tat auch verantwortlich sein. Dafür muss die Deliktsfähigkeit festgestellt werden (s. 4.4.2).

▶ **Rechtsfolge**

Der Schädiger muss dem Geschädigten Schadensersatz leisten (§ 823 I BGB). Der Schadensersatzpflichtige muss den Zustand vor der Schädigung wiederherstellen (§ 249 I BGB), also z.B. die Sache selbst oder eine gleichwertige zurückgeben (= Naturalrestitution). Ist dies nicht möglich, kann auch ein Schadensersatz in Geld geleistet werden, z.B. entgangener Gewinn (§ 252 BGB), Schmerzensgeld (§ 253 II BGB).

▶ **Deliktsrechtliche Grundvorschriften im bürgerlichen Recht**

Nach dem grundlegenden Prinzip „Vom Allgemeinen zum Besonderen" werden zunächst die Grundvorschriften dargelegt:
- § 823 I BGB → Verletzung absoluter Rechte/Rechtsgüter (vorsätzlich/fahrlässig)
- § 823 II BGB → Verletzung von Schutzrechten (verschuldensabhängig)
- § 824 BGB → Kreditgefährdung (Verbreitung unwahrer Tatsachen)
- § 826 BGB → sittenwidrige Schädigung (vorsätzlich)

▶ **Besondere deliktsrechtliche Vorschriften im bürgerlichen Recht**

Daran schließen sich genauer spezifizierte Sachverhalte an, bei denen auch eine Exkulpation möglich ist:
- § 831 BGB → Haftung für den Verrichtungsgehilfen
- § 832 BGB → Haftung des Aufsichtspflichtigen
- § 833 BGB → Haftung des Tierhalters
- § 834 BGB → Haftung des Tieraufsehers
- § 836 BGB → Haftung des Grundstücksbesitzers (Verkehrssicherungspflicht)
- § 837 BGB → Haftung des Gebäudebesitzers (Verkehrssicherungspflicht)
- § 838 BGB → Haftung des Gebäudeunterhaltspflichtigen (Verkehrssicherungspflicht)
- § 839 BGB → Haftung bei Amtspflichtverletzung
- § 839a BGB → Haftung des gerichtlichen Sachverständigen

▶ Weitere deliktsrechtliche Vorschriften der Gefährdungshaftung

Als **Gefährdungshaftung** wird die Ersatzpflicht für diejenigen Schäden verstanden, die zwar durch eine rechtmäßige, aber dennoch für andere mit Gefahren verbundene Betätigung verursacht werden.

Dazu zählt nicht nur derjenige, der eine potenzielle (und für den Verwender nicht beherrschbare) Gefahrenquelle in den Verkehr bringt, sondern auch derjenige, der die Gefahrenquelle verwendet. Ein Verschulden ist hier nicht von Belang!

Ansprüche aus Gefährdungshaftung können neben denen aus unerlaubter Handlung geltend gemacht werden.

Beispiel

- Tierhaltung (§ 833 BGB) →Ein sonst friedlicher Hund beißt den Postboten.
- Halten und Führen eines Kraftfahrzeugs (StVG) → Ein Kraftfahrer kommt auf einer Ölspur ins Schleudern und demoliert einen Zaun.
- Halten und Führen eines Luftfahrzeugs (LuftVG) → Der Pilot einer einmotorigen Maschine fliegt den Flughafen aufgrund von Nebel zu tief an und zerstört eine Überlandleitung.
- Herstellung und Inverkehrbringen von Produkten (ProdHaftG) → Der Hersteller von Duschabtrennungen liefert Dübel von minderwertiger Qualität, sodass sich die Abtrennung bereits nach kurzer Zeit von der Wand löst.

▶ Abgrenzung von Deliktsrecht und Strafrecht

Während im Deliktsrecht ein Gleichordnungsverhältnis zwischen Schädiger und Geschädigtem (Bürger ./. Bürger) vorliegt, besteht im Strafrecht ein Unterordnungsverhältnis zwischen Täter und Staat.

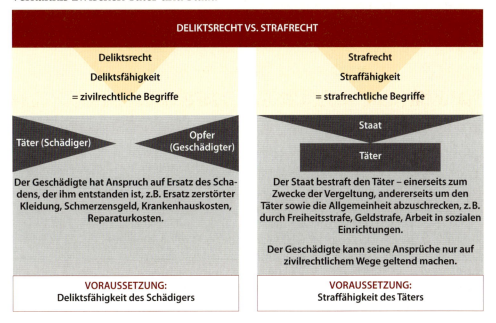

DELIKTSRECHT VS. STRAFRECHT	
Deliktsrecht **Deliktsfähigkeit** = zivilrechtliche Begriffe	**Strafrecht** **Straffähigkeit** = strafrechtliche Begriffe
Täter (Schädiger) — Opfer (Geschädigter)	Staat — Täter
Der Geschädigte hat Anspruch auf Ersatz des Schadens, der ihm entstanden ist, z.B. Ersatz zerstörter Kleidung, Schmerzensgeld, Krankenhauskosten, Reparaturkosten.	Der Staat bestraft den Täter – einerseits zum Zwecke der Vergeltung, andererseits um den Täter sowie die Allgemeinheit abzuschrecken, z.B. durch Freiheitsstrafe, Geldstrafe, Arbeit in sozialen Einrichtungen. Der Geschädigte kann seine Ansprüche nur auf zivilrechtlichem Wege geltend machen.
VORAUSSETZUNG: Deliktsfähigkeit des Schädigers	VORAUSSETZUNG: Straffähigkeit des Täters

6.5 Erlöschen von Schuldverhältnissen

Ein Schuldverhältnis erlischt durch:

- **Erfüllung gem. §§ 362–371 BGB**
  Der Anspruch aus dem Schuldverhältnis erlischt, wenn
  - der richtige Schuldner
  - die richtige Ware
  - zur richtigen Zeit
  - am richtigen Ort
  - an den richtigen Gläubiger leistet.

- **Hinterlegung gem. §§ 372–386 BGB**
  Nimmt der Gläubiger die Ware nicht an, so kann der Schuldner sie an einer dafür bestimmten Stelle hinterlegen. Dies gilt für so genannte hinterlegungsfähige Sachen wie Geld, Wertpapiere, Urkunden und Kostbarkeiten, die nicht verderblich sind.

- **Aufrechnung gem. §§ 387–396 BGB**
  Zwei Personen schulden einander Leistungen, die ihrem Gegenstand nach gleichartig sind (z. B. Geld). In diesem Fall können die Forderungen gegeneinander aufgerechnet werden.

- **Erlass gem. § 397 BGB**
  Schuldner und Gläubiger vereinbaren in einem Vertrag, dass der Schuldner die Leistung nicht mehr zu erbringen braucht.

Außerdem kann ein Schuldverhältnis beendet werden durch:
- Anfechtung des Rechtsgeschäfts gem. §§ 142, 143 BGB (s. 6.3.3.3)
- Rücktritt vom Vertrag gem. §§ 346–359 BGB
- Kündigung gemäß der Rechtsvorschriften des jeweiligen Vertrages

6.6 Stellvertretung

6.6.1 Begriffsbestimmung

Der Stellvertreter ist eine natürliche Person, die für eine andere natürliche oder juristische Person Willenserklärungen abgibt oder empfängt. Die durch die Willenserklärung ausgelöste Rechtsfolge wirkt unmittelbar gegen bzw. für den Vertretenen (§ 164 BGB). Um ein gültiges Rechtsgeschäft durch einen Vertreter zu begründen, müssen folgende Voraussetzungen erfüllt sein:
- Vorliegen einer Vollmacht,
- Abgabe von eigenen Willenserklärungen (Stellvertreter ist mindestens beschränkt geschäftsfähig),
- im Namen des Vertretenen,
- kein höchstpersönliches Rechtsgeschäft.

Als **höchstpersönlich** werden Rechtsgeschäfte dann bezeichnet, wenn die Vertragspartner nicht das Recht haben, sich durch eine andere Person bei Vertragsabschluss vertreten zu lassen. Dies ist hauptsächlich bei familien- und erbrechtlichen Rechtsgeschäften der Fall.

Beispiel

- Eheschließung gem. §§ 1310f. BGB
- Errichtung eines Testamentes gem. §§ 2064, 2065 I BGB
- Mitwirkungspflichten eines Sozialleistungsberechtigten gem. § 21 SGB X

Die im Beispiel angeführte Eheschließung verlangt für einen gültigen Vertragsabschluss, dass die Personen bei der Abgabe der Willenserklärungen persönlich und gleichzeitig anwesend sein müssen (§ 1311 BGB). Im Unterschied dazu verlangt z.B. § 925 BGB für die Auflassung (Einigung über die Übertragung des Eigentums an Grundstücken) lediglich, dass die Vertragsparteien gleichzeitig anwesend sein müssen – eine Vertretung ist demnach zulässig.

6.6.2 Abgrenzung von Bote und Stellvertreter

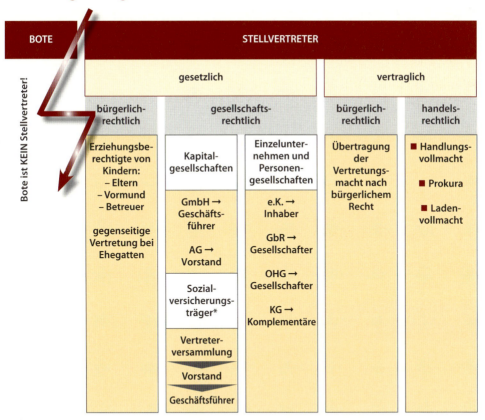

* Sozialversicherungsträger fallen nicht unter das Gesellschaftsrecht, sind aber juristische Personen öffentlichen Rechts – Kapitalgesellschaften sind juristische Personen privaten Rechts

Als **Bote** wird eine Person bezeichnet, die
- über keine Vertretungsmacht verfügt,
- eine fremde Willenserklärung nur übermittelt und
- dabei aber keinen Entscheidungsspielraum hat.

Dafür ist es nicht notwendig, dass der Bote geschäftsfähig ist.

Beispiel

Berta Brösel schickt ihre Tochter Beate (6 Jahre) zum Bäcker um die Ecke, um zehn Brötchen zu holen. Es sind aber nur noch acht Brötchen da.

Beate ist als Botin für ihre Mutter aufgetreten. Zudem ist sie geschäftsunfähig, sodass ihre Willenserklärungen von vornherein unwirksam wären. Die Aussage „Dann nehme ich eben nur die acht Brötchen" stellt im Rahmen dieses Kaufvertrages einen erneuten Antrag dar. Sie muss also nach Hause zurückkehren und den Antrag des Bäckers über die geringere Zahl Brötchen von ihrer Mutter bestätigen lassen.

6.6.3 Gesetzliche Stellvertretung

Die Befugnis zur Stellvertretung leitet sich bei der gesetzlichen Stellvertretung direkt aus dem Gesetz ab.

Beispiel

- Eltern als gesetzliche Vertreter ihrer (minderjährigen) Kinder gem. § 1626 BGB. Die elterliche Sorge (Personensorge, Vermögenssorge gem. §§ 1631 ff. BGB) endet mit Volljährigkeit ihres Kindes. Aber auch während Ausbildung und Studium sind Eltern durchaus zum Unterhalt verpflichtet.
- Geschäftsführer der GmbH gem. § 35 I GmbHG
- Vorstand der AG gem. § 78 I AktG
- Vorstand bei Orts-, Betriebs- und Innungskrankenkassen sowie Ersatzkassen gem. § 35 a SGB IV

6.6.4 Vertragliche (rechtsgeschäftliche) Stellvertretung

Das BGB nennt die durch Rechtsgeschäft zu übertragende Vertretungsmacht **Vollmacht** (§ 167 BGB). Durch die Vollmacht wird der Vertreter befugt, im **fremden Namen** und auch für **fremde Rechnung** Willenserklärungen abzugeben und – dies ergibt sich aus der Notwendigkeit, wenn der Bevollmächtigte Verträge abschließen soll – auch Willenserklärungen entgegenzunehmen.

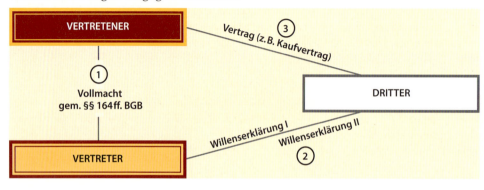

6.6.4.1 Arten von Vollmachten

EINZEL-/ SONDER-/ SPEZIAL-VOLLMACHT	ART-/ GATTUNGS-VOLLMACHT	GENERAL-VOLLMACHT	GESAMT-VOLLMACHT	HAUPT-/ UNTER-VOLLMACHT
Nur eine Person wurde bevollmächtigt oder die Vollmacht gilt nur für ein besonderes oder ein bestimmtes Rechtsgeschäft.	Nur eine bestimmte Gruppe (Gattung) von Rechtsgeschäften darf durch den Vertreter vorgenommen werden.	Der Vertreter ist für alle Rechtsgeschäfte vertretungsbefugt, für die eine Vertretung zulässig ist.	Mehrere Personen sind gemeinsam vertretungsbefugt.	Die Hauptvollmacht wurde vom Vertretenen erteilt. Die Untervollmacht erteilt der Hauptbevollmächtigte an einen weiteren Vertreter.
BEISPIEL: Der neue Außendienstmitarbeiter darf sich sein Dienstfahrzeug eines bestimmten Herstellers in einem bestimmten Preisrahmen selbst aussuchen.	**BEISPIEL:** Die Verkäuferin des Discounters ist zu allen Kassenhandlungen berechtigt mit Ausnahme von Storno- und Reklamationsbuchungen.	**BEISPIEL:** Der Assistent der Geschäftsleitung darf alle Rechtsgeschäfte abschließen, zu denen auch der Geschäftsführer befugt ist, es sei denn, sie schaden dem Unternehmen.	**BEISPIEL:** Die leitenden Angestellten für die Bereiche „Einkauf Inland" und „Einkauf Ausland" leiten gemeinsam die Abteilung „Einkauf".	**BEISPIEL:** Der Filialleiter einer Filialkette von Modeboutiquen erteilt einer Verkäuferin die Berechtigung, Bestellungen in der Zentrale vornehmen zu dürfen.

6.6.4.2 Prokura (§§ 48 – 53 HGB i.V.m. §§ 164 ff. BGB)

Durch die Prokura ermächtigt der Kaufmann den Angestellten (Prokuristen), alle gerichtlichen und rechtsgeschäftlichen Handlungen vornehmen zu dürfen, die der Betrieb des Handelsgewerbes (s. 5.4) mit sich bringt (§§ 48 f. HGB).

Die Prokura kann erteilt werden als

- Einzelprokura = Einzelvertretungsmacht,
- Gesamtprokura = mehrere Prokuristen sind gemeinsam vertretungsbefugt,
- Filialprokura = die Vertretungsmacht bezieht sich auf eine Filiale, Niederlassung o. Ä.

Der Vertretene kann die Prokura im Innenverhältnis beschränken, d. h. dem Prokuristen nur bestimmte Rechtsgeschäfte erlauben. Da die Prokura aber eintragungspflichtig ist (s. u.), gilt dies nicht für das Außenverhältnis (§ 50 I HGB).

Folgende Rechtshandlungen darf der Prokurist nicht vornehmen:
- Veräußerung und Belastung von Grundstücken (§ 49 II HGB)
- Rechtsgeschäfte, die nur von den Gesellschaftern oder vom Geschäftsführer vorgenommen werden dürfen, z. B.:
  - Erteilung und Entzug der Prokura,   – Aufnahme neuer Gesellschafter,
  - Handelsregistereintragungen,   – Auflösung des Unternehmens.

Die Prokura muss ausdrücklich erteilt werden (§ 48 I HGB) und ist ins Handelsregister einzutragen (§ 53 I HGB). Die Eintragung hat deklaratorische Wirkung (s. 5.3.5). Da das Handelsregister öffentlichen Glauben genießt (s. ebd.), kann sich der Vertragspartner auf den Inhalt der Handelsregistereintragung berufen (§ 15 HGB). Im Handelsregister wird nur die Tatsache eingetragen, **dass** jemand Prokurist ist, und **nicht,** ob der Kaufmann seinem Prokuristen nur bestimmte Vollmachten erteilt hat (Innenverhältnis vs. Außenverhältnis).

Die Prokura wird durch die Zeichnung des Prokuristen verdeutlicht, indem dieser seiner Unterschrift den Zusatz **pp** oder **ppa** (per procura) beifügt (§ 51 HGB).

6.6.4.3 Handlungsvollmacht (§§ 54 – 58 HGB i.V.m. §§ 164 ff. BGB)

Auch ohne Prokuraerteilung kann der Kaufmann seinen Angestellten die Befugnis erteilen, sie zu allen oder einzelnen Geschäften zu ermächtigen, die ein Handelsgewerbe mit sich bringt (§ 54 I HGB). Der Vollmachtgeber kann den Umfang nach seinem Willen bestimmen (s. 6.6.4.1).

Nicht vollmachtsfähig sind ähnlich wie beim Prokuristen (§ 54 II HGB) Rechtsgeschäfte, die die

- Veräußerung und Belastung von Grundstücken,
- Eingehung von Wechselverbindlichkeiten,
- Aufnahme von Darlehen,
- Prozessführung

mit sich bringen oder auch dem Prokuristen untersagt sind.

Eine Einschränkung der Handlungsvollmacht muss ein Dritter nur gegen sich gelten lassen, sofern er sie kannte oder kennen musste (§ 54 III HGB). Die Handlungsvollmacht wird nicht in ein öffentliches Register eingetragen.

Der Handlungsbevollmächtigte zeichnet je nach Umfang seiner Vertretungsmacht, indem er seiner Unterschrift **i.A.** (im Auftrag) bei Einzel-, Art- und Spezialvollmacht oder **i.V.** (in Vertretung) bei Generalvollmacht voranstellt (§ 57 HGB).

> ➤ **Sonderform: Die Ladenvollmacht gem. § 56 HGB**

Bei Personen, die in einem Laden oder Ladengeschäft tätig sind, wird zum Schutz der Kunden, die diese Räumlichkeiten betreten, angenommen, dass diese Personen auch dazu befugt sind, Verkaufshandlungen oder Empfangnahmen vorzunehmen, sofern diese Tätigkeiten für diese Verkaufsstätte gewöhnlich sind.

Zu einer Verkaufshandlung gehört i.d.R. das Kassieren des Verkaufspreises. Sofern der Geschäftsinhaber beratende und kassierende Funktionen voneinander trennen möchte, weil der Verkaufsberater die Berechtigung nicht erhält, kann der Inhaber durch einen Aushang im Verkaufsraum die Kunden auf die Beschränkung in der Vertretungsmacht des Beraters hinweisen (§ 54 III HGB), z.B. „Zahlung nur am Kassenterminal".

6.6.4.4 Die Prozessvollmacht (§ 80 ZPO)

Durch die Prozessvollmacht wird der Rechtsanwalt der Partei bevollmächtigt, als Vertreter der Partei alle Prozesshandlungen anstelle der Partei auszuführen. Diese schriftliche Vollmacht ist dem Gericht vorzulegen. Sie wird zu den Gerichtsakten genommen.

6.6.4.5 Der Bevollmächtigte im sozialrechtlichen Verwaltungsverfahren (§ 13 SGB X)

Im sozialrechtlichen Verwaltungsverfahren hat eine beteiligte Person das Recht,
- sich durch einen Bevollmächtigten vertreten zu lassen (§ 13 I 1 SGB X) oder
- mit einem Beistand zu erscheinen (§ 13 IV SGB X).

> ➤ **Der Bevollmächtigte**

Der Bevollmächtigte muss geschäftsfähig, also im sozialrechtlichen Sinn handlungsfähig sein (§ 11 SGB X). Die Vollmacht gilt für die Dauer des Verfahrens. Sie endet somit mit der Rechtskraft des Urteils.

Die Vollmacht muss schriftlich nachgewiesen werden und gilt für alle Verfahrenshandlungen, z.B. Stellen von Anträgen, Abgabe und Entgegennahme von Erklärungen, Teilnahme an Anhörungen. Ausgenommen sind höchstpersönliche Erklärungen.

> ➤ **Der Beistand**

Der Beistand tritt im Verfahren nicht wie der Bevollmächtigte **anstelle** der Person, sondern **neben** der Person auf. Das vom Beistand Vorgebrachte gilt als von der Person vorgebracht, sofern diese nicht unmittelbar widerspricht.

6.6.4.6 Der Vertreter ohne Vertretungsmacht (§§ 179 ff. BGB)

Besondere Probleme entstehen immer dann, wenn ein Mitarbeiter oder eine sonstige Person nur vorgibt, über eine Vertretungsmacht zu verfügen, diese aber tatsächlich nicht besteht (s. auch 6.4.1). Dies ist immer dann der Fall, wenn:
- der Vertreter die geltende und gültige Vertretungsmacht überschreitet oder
- über keine Vertretungsmacht verfügt.

STELLVERTRETER OHNE VERTRETUNGSMACHT → VERTRAG IST SCHWEBEND UNWIRKSAM			
Der Vertretene genehmigt den Vertrag nachträglich → Vertrag ist wirksam (§ 179 I BGB).	Der Vertretene genehmigt den Vertrag nachträglich nicht. → Vertrag ist unwirksam (§ 179 I BGB). → Der Vertreter haftet (Schadensersatz oder Erfüllung), es sei denn:		
	Der Vertreter kannte den Mangel der Vertretungsmacht nicht. → Der Vertreter haftet nur für den Schaden, der dadurch entsteht, dass die Vertragspartei auf die Vertretungsmacht vertraute (§ 179 II BGB).	Die Vertragspartei musste den Mangel der Vertretungsmacht kennen (z. B. Entzug der Prokura war bereits im Handelsregister veröffentlicht). → Der Vertreter haftet nicht (§ 179 III 1 BGB).	Der Vertreter ist beschränkt geschäftsfähig. → Der Vertreter haftet nicht, es sei denn, dass er im Auftrag des gesetzlichen Vertreters handelte (§ 179 III 2 BGB).

6.7 Termine – Fristen – Verjährung

Häufig werden vertragliche Vereinbarungen oder gerichtliche Vorgehensweisen an zeitliche Vorgaben geknüpft. Insofern ist die Kenntnis der Bedeutung von gesetzlichen Zeitmaßen in vielen Fällen unabdingbare Voraussetzung für eine reibungslose Abwicklung von Rechtshandlungen.

6.7.1 Abgrenzung von Termin und Frist

▶ Termin

Ein Termin ist ein bestimmter **Zeitpunkt**, zu dem
- eine Rechtshandlung (Handlung mit Rechtsfolge) vorzunehmen ist oder
- eine bestimmte Wirkung aufgrund
  - von vorhergehenden Rechtshandlungen oder
  - eines Zeitablaufes eintritt.

Beispiel
- Lieferung der Ware bis 15. Oktober
- Der Kaufpreis ist am 22. März fällig zur Zahlung.

▶ Frist

Im Unterschied dazu stellt die Frist einen bestimmten **Zeitraum** dar. Dieser Zeitraum wird durch Zeitpunkte oder Ereignisse begrenzt. Wesentliches Kennzeichen des Zeitraumes ist das Eintreten einer Rechtsfolge nach dessen Ablauf.

Beispiel
Der Mahnbescheid wird am 10. Januar zugestellt. Der Geldschuldner hat nun zwei Wochen Zeit, um Widerspruch einzulegen. Die Widerspruchsfrist läuft vom 11. Januar bis zum 24. Januar. Unternimmt der Schuldner nichts, kann der Gläubiger frühestens am 25. Januar Antrag auf Erlass des Vollstreckungsbescheides stellen.

Grundsätzlich gilt, dass Fristen immer nur nach vollen Tagen berechnet werden.

■ **Fristbeginn: § 187 BGB**

§ 187 I BGB	§ 187 II BGB
Für den Anfang einer Frist ist ■ ein bestimmtes Ereignis oder ■ ein bestimmter Zeitpunkt des Tages maßgebend → der Tag wird bei der Bestimmung der Frist nicht mitgerechnet. Die Art des Tages (Werk- oder Feiertag) ist nicht relevant. (gilt analog im Sozialrecht gem. § 26 II SGB X)	Für den Anfang einer Frist ist der Beginn des Tages maßgeblicher Zeitpunkt → der Tag wird bei der Bestimmung der Frist mitgerechnet. Die Art des Tages (Werk- oder Feiertag) ist nicht relevant.
BEISPIEL: Kauf eines Produktes am 5. März. Beginn der Gewährleistungsfrist am 6. März, 0:00 Uhr.	**BEISPIEL:** Geburt eines Kindes am 22. August um 14:00 Uhr. Als Geburtstag gilt der 22. August ab 0:00 Uhr.

■ **Fristende: § 188 BGB**

GRUNDSATZ gem. § 188 I BGB: **Eine nach Tagen gerechnete Frist endet mit dem Ablauf des letzten Tages der Frist (24:00 Uhr).**	
§ 188 II 1. HS BGB (für Fristen gem. § 187 I BGB)	**§ 188 II 2. HS BGB (für Fristen gem. § 187 II BGB)**
Eine Frist, die nach Wochen, Monaten oder Jahren gerechnet wird, endet mit dem Tag, der dem Tag entspricht, in den das ursprüngliche – die Frist auslösende – Ereignis fällt. Ist der letzte Tag der Frist ein Samstag, Sonntag oder ein sonstiger staatlicher Feiertag, so endet die Frist am nächsten Werktag (gilt nicht für die Berechnung der Dauer von befristeten Sozialleistungen gem. § 26 IV SGB X).	Eine Frist, die nach Wochen, Monaten oder Jahren gerechnet wird, endet mit dem Tag, der dem Tag vorhergeht, der durch seine Bezeichnung dem Anfangstag entspricht.
BEISPIEL: Kauf eines Produktes am 7. März 2007. Beginn der Gewährleistungsfrist am 8. März um 0:00 Uhr 2007. Ende der Gewährleistung am 7. März 2009 (§§ 187 I, 188 II, 438 I 3 BGB). Da aber der 7. März 2009 ein Samstag ist, endet die Frist erst am Montag, 09. März 2009 um 24:00 Uhr.	**BEISPIEL:** Geburt des Kindes am 22. August 2000 um 14:00 Uhr. Die Minderjährigkeit endet am 21. August 2018 um 24:00 Uhr, sodass die Volljährigkeit am 22. August (Geburtstag) 2018 eintritt.

Fehlt bei einer Monatsfrist im letzten Monat der maßgebliche Tag, so tritt an dessen Stelle der letzte Tag des Monats (§ 188 III BGB).

Beispiel

■ Fristbeginn der Einmonatsfrist: 31.01.
■ Fristende der Einmonatsfrist: 28.02.

6.7.2 Verjährung

6.7.2.1 Begriffsbestimmungen

Ansprüche aus vertraglichen und gesetzlichen Schuldverhältnissen können nicht endlos geltend gemacht werden. Dadurch würde der Rechtsfrieden massiv gestört.

▶ **Anspruch**

Unter Anspruch wird das Recht verstanden, von einem anderen ein Tun oder ein Unterlassen verlangen zu können (§ 194 I BGB). Dieses Recht entsteht regelmäßig aus einem Schuldverhältnis und ist im Zweifel auch gerichtlich durchsetzbar. Daraus ergibt sich, dass z.B. absolute Rechte wie das Recht auf Eigentum kein Anspruch sind und somit auch nicht der Verjährung unterliegen. Dasselbe gilt für bestimmte familienrechtliche Ansprüche (§ 194 II BGB).

▶ **Verjährung**

Durch das Konstrukt der Verjährung wird nun nicht der Anspruch als solcher vernichtet. Dieser bleibt weiterhin bestehen. Durch die Verjährung erwirbt der Schuldner allerdings das Recht, die Leistung verweigern zu dürfen. Damit wird die gesetzliche Grundlage dafür geschaffen, dass der Gläubiger keine Handhabe für eine gerichtliche

Durchsetzbarkeit mehr hat (§ 214 I BGB). Leistet der Schuldner dennoch, kann er sich nicht auf seine Unkenntnis berufen und das Geleistete zurückverlangen.

Ausgeschlossen ist ebenfalls die Verjährung von Ansprüchen (§ 216 BGB), die durch eine Hypothek oder ein sonstiges Pfandrecht (s. 9.4.4) abgesichert wurden.

> ➤ **Einrede der Verjährung**

Wenn der Gläubiger vom Schuldner die Leistung eines verjährten Anspruchs verlangt, so muss dieser dem Gläubiger mitteilen, dass er aufgrund des Verjährungseintritts nicht mehr bereit ist zu leisten: Er muss die **Einrede der Verjährung erheben.**

6.7.2.2 Verjährungsfristen

Für die Verjährung gilt grundsätzlich die Regelfrist von 3 Jahren. Aber es gibt auch eine Reihe von Sonderregelungen.

Verjährungsfristen						
REGEL-MÄSSIGE	**BESONDERE**					
3 Jahre (§ 195 BGB)	**6 Monate** (§ 548 BGB)	**1 Jahr** (§ 475 II BGB)	**2 Jahre** (§§ 438 I Nr. 3, 634 a I 1 BGB)	**5 Jahre** (§§ 438 I Nr. 2, 634 a I 2 BGB)	**10 Jahre** (§§ 196, 199 III + IV BGB)	**30 Jahre** (§§ 197, 199 II + III 2 BGB)
Geltung für alle Ansprüche, für die keine besondere Regelung greift	**Geltung** Ersatzansprüche des Vermieters für Verschlechterung/Wegnahme der Mietsache	**Geltung** Sachmängelhaftung aus Kaufverträgen bei gebrauchten Sachen vom Unternehmer	**Geltung** Sachmängelhaftung aus Kauf- und Werkverträgen	**Geltung** Sachmängelhaftung aus Kauf von Baumaterial und Bauwerken	**Geltung** Schadensersatzansprüche, Übertragung von Grundstücken sowie Bereicherungsansprüche	**Geltung** Schadensersatzansprüche, familien-, erbrechtliche und rechtskräftig festgestellte Ansprüche sowie Ansprüche aus Insolvenzverfahren
Fristbeginn Ende des Jahres, in dem der Anspruch entstanden ist	**Fristbeginn** Rückgabe der Mietsache	**Fristbeginn** Ablieferung der Kaufsache	**Fristbeginn** Ablieferung der Kaufsache bzw. Abnahme des Werkes	**Fristbeginn** Ablieferung der Kaufsache bzw. Übergabe des Bauwerkes	**Fristbeginn** Fälligkeit bzw. Entstehung des Anspruchs	**Fristbeginn** Rechtskraft der Entscheidung
BEISPIEL: Malermeister Pinsel streicht das Treppenhaus von Frau Bräsig am 12. Januar 2008. Für den Kaufpreis gilt die regelmäßige Verjährung → Ende der Verjährung am 31.12.2011 um 24.00 Uhr.	**BEISPIEL:** Bräsig mietet von Brösel eine Wohnung, die gemäß Mietvertrag bei Mietende nur übernommen wird, wenn alle Schönheitsreparaturen von Bräsig durchgeführt wurden.	**BEISPIEL:** Bruno Bräsig kauft von Rechtsanwalt Schlau den gebrauchten Geschäftswagen.	**BEISPIEL:** Malermeister Pinsel streicht das Treppenhaus von Frau Bräsig. Wenn Frau Bräsig die Streicharbeiten bemängeln möchte, muss sie dies innnerhalb von zwei Jahren tun.	**BEISPIEL:** Malermeister Pinsel verkauft an Frau Bräsig hochdeckenden und hochelastischen Lack für ihr Treppengeländer, der nach 4 Jahren Risse aufweist.	**BEISPIEL:** Peters besticht Pauls, damit dieser zukünftig nur noch Aufträge an Peters vergibt.	**BEISPIEL:** Hubendudel erhält aus dem Zivilprozess einen vollstreckbaren Titel gegen Fritzenkötter.

➤ Verjährungsfristen im Sozialrecht

Abweichend von den allgemeinen Verjährungsregelungen im bürgerlichen Recht finden sich im Sozialrecht einige Sonderregeln.

- **Regelmäßige Verjährungsfrist** für Ansprüche auf Sozialleistungen
  → 4 Jahre (§ 45 I SGB I)

- **Beginn der regelmäßigen Verjährung**
  → Ablauf des Kalenderjahres, in dem die Ansprüche fällig geworden sind

- **Weitere Verjährungsfristen**
  - Ansprüche auf Sozialversicherungsbeiträge
    → 4 Jahre (§ 25 I 1 SGB IV)
  - Ansprüche auf Sozialversicherungsbeiträge, die vorsätzlich vorenthalten wurden
    → 30 Jahre (§ 25 I 2 SGB IV, s. auch 13.8.4.3)
  - Erstattungsanspruch auf zu Unrecht entrichtete Beiträge
    → 4 Jahre (§ 27 II SGB IV)

6.7.2.3   Normalfall: Hemmung der Verjährung gem. §§ 203–211 BGB

Es können durchaus Phasen eintreten, in denen der Gläubiger an der Durchsetzung seines Anspruchs gehindert wird. Diese Zeit wird in den Verjährungszeitraum nicht hineingerechnet, sondern der Verjährungsfrist hinzugerechnet (§ 209 BGB).

➤ Gründe für die Hemmung

- Schwebende Verhandlungen zwischen Gläubiger und Schuldner über den Anspruch (§ 203 BGB),
- Klageerhebung (§ 204 I Nr. 1 BGB),
- Zustellung des Antrags auf Unterhalt Minderjähriger im vereinfachten Verfahren (§ 204 I Nr. 2 BGB),
- Zustellung des Mahnbescheids beim gerichtlichen Mahnverfahren (§ 204 I Nr. 3 BGB),
- Einreichung eines Güteantrags zur Abwendung eines Zivilprozesses (§ 204 I Nr. 4 BGB),
- Geltendmachung einer Aufrechnung von Ansprüchen im Prozess (§ 204 I Nr. 5 BGB),
- Zustellung der Streitverkündung (§ 204 I Nr. 6 BGB),
- Zustellung des Antrags auf ein selbstständiges Beweisverfahren (§ 204 I Nr. 7 BGB),
- Beginn eines Begutachtungsverfahrens, hier genügt ebenfalls bereits die Beauftragung eines Gutachters (§ 204 I Nr. 8 BGB),

- Zustellung eines Antrags auf Erlass eines Arrests, einer einstweiligen Verfügung, oder einstweiligen Anordnung, um den Schuldner z. B. zur Abgabe der eidesstattlichen Versicherung zu zwingen, sofern er zum Termin nicht erschienen ist (§ 204 I Nr. 9 BGB),

- Anmeldung von Ansprüchen im Insolvenzverfahren (§ 204 I Nr. 10 BGB),

- Beginn eines schiedsrichterlichen Verfahrens (§ 204 I Nr. 11 BGB),

- Stellung eines Antrags an eine Behörde, wenn dieser Antrag Zulässigkeitsvoraussetzung für ein gerichtliches Verfahren ist (§ 204 I Nr. 12 BGB),

- Stellung eines Antrags zur Bestimmung einer höheren Instanz (§ 204 I Nr. 13 BGB),

- Bekanntgabe eines erstmaligen Antrags auf Prozesskostenhilfe (§ 204 I Nr. 14 BGB),

- Schuldner und Gläubiger treffen eine Vereinbarung, dass der Schuldner die Leistung verweigern darf (§ 205 BGB),

- der Gläubiger war innerhalb der letzten sechs Monate durch höhere Gewalt an der Rechtsverfolgung gehemmt (§ 206 BGB),

- familiäre Gründe (§ 207 BGB),

- Ansprüche wegen Verletzung der sexuellen Selbstbestimmung bis zur Vollendung des 21. Lebensjahres (§ 208 BGB),

- Verjährung für oder gegen beschränkt geschäftsfähige Personen tritt frühestens 6 Monate nach dem Erwerb der vollen Geschäftsfähigkeit ein (§ 210 BGB),

- Ansprüche, die zu einem Nachlass gehören (§ 211 BGB).

▶ Vorgehensweise

Zunächst ist der Hemmungsgrund zu bestimmen, um zu klären, wie die Hemmungsdauer berechnet werden kann.

Beispiel

Bruno Bräsig verkauft am 14. Juni 2x01 sein Auto an Friedobald Hubendudel für 2.400,00 EUR. Hubendudel verspricht, das Geld am nächsten Tag zu bezahlen. Leider vergisst er dies. Bräsig ruft mehrere Male bei Hubendudel an – jedoch vergeblich. Auch schriftliche Mahnungen bleiben erfolglos. Bräsig sucht nun Anwalt Pfiffig auf, der zunächst ein anwaltliches Aufforderungsschreiben fertigt und dies Hubendudel zusendet. Auch diese Aktion bleibt ohne Wirkung.

Daher entschließt sich Bräsig nun, Antrag auf Erlass eines Mahnbescheides zu stellen, der am 01. Februar erlassen und am 02. Februar 2x02 zugestellt wird.

Legt Hubendudel keinen Widerspruch ein und beantragt Bräsig daraufhin keinen Vollstreckungsbescheid, so ist die letzte Handlung in diesem Verfahren die Zustellung des Mahnbescheids, sodass die Hemmung genau 6 Monate beträgt (§ 204 II 2 BGB).

- Beginn der regelmäßigen Verjährung (§ 199 I BGB): 31.12.2x01 – 24:00 Uhr
- Beginn der Hemmung (§ 204 I Nr. 3 BGB): 03.02.2x02 – 0:00 Uhr
- Ende der regelmäßigen Verjährung: 31.12.2x04 – 24:00 Uhr
- Ende der tatsächlichen Verjährung (§ 204 II BGB): 30.06.2x05 – 24:00 Uhr

142

6.7.2.4 Sonderfall: Neubeginn der Verjährung gem. § 212 BGB

Durch den Neubeginn der Verjährung wird die bisher abgelaufene Verjährungsfrist entwertet und die Verjährung beginnt erneut.

▶ Gründe für den Neubeginn

- Der Schuldner erkennt dem Gläubiger gegenüber den geltend gemachten Anspruch an (§ 212 I 1 BGB), und zwar durch
  - Abschlagszahlung,
  - Zinszahlung,
  - Leistung einer Sicherheit oder
  - ein sonstiges Anerkenntnis, z.B. Bitte um Stundung der Zahlungspflicht.
- Der Schuldner (§ 212 I 2 BGB)
  - beantragt die Durchführung einer Vollstreckungshandlung,
  - nimmt eine Vollstreckungshandlung vor.

▶ Vorgehensweise

Die Berechnung der entsprechenden Verjährungsfrist wird ab dem Eintritt des Grundes für den Neubeginn erneut vorgenommen.

Beispiel

Zurück zum Fall Bruno Bräsig ./. Friedobald Hubendudel (s. Beispiel auf der vorigen Seite): Am 15. Januar 2x02 erscheint überraschend Herr Hubendudel bei Herrn Bräsig und überreicht ihm 1.000,00 EUR, verbunden mit der Bitte, den Rest Mitte Februar 2007 zahlen zu dürfen.

- Beginn der regelmäßigen Verjährung (§ 199 I BGB): 31.12.2x01 – 24:00 Uhr
- Neubeginn (§ 212 BGB): 16.01.2x02 – 0:00 Uhr
- Ende der regelmäßigen Verjährung: 31.12.2x04 – 24:00 Uhr
- Ende der tatsächlichen Verjährung: 15.01.2x05 – 24:00 Uhr

6.8 Möglichkeiten des Gläubiger-/Schuldnerwechsels

Besteht zwischen zwei Parteien ein Schuldverhältnis, so ist in der Regel auch davon auszugehen, dass jede der Parteien die ihr obliegende Verbindlichkeit zu erfüllen hat. Es besteht jedoch die Möglichkeit, dass ein Dritter eine Forderung (Gläubigerwechsel) oder eine Verbindlichkeit (Schuldnerwechsel) übernimmt oder dafür haftet. Dies kann ebenso wie das Entstehen eines Schuldverhältnisses rechtsgeschäftlich (s. 6.3) oder kraft Gesetzes geschehen.

EINBEZIEHUNG VON DRITTEN IN DAS SCHULDVERHÄLTNIS			
Gläubigerwechsel		Schuldnerwechsel	
Abtretung	gesetzliche Anordnung	Schuldübernahme	Schuldbeitritt

6.8.1 Gläubigerwechsel

6.8.1.1 Vertraglicher Forderungsübergang – die Abtretung (Zession)

Durch die Abtretung (Zession) wird eine Forderung vom Ursprungsgläubiger (Zedent) an einen Dritten (Zessionar) abgetreten, sodass nun der Dritte als Gläubiger gegenüber dem Schuldner auftreten kann (§§ 398 ff. BGB).

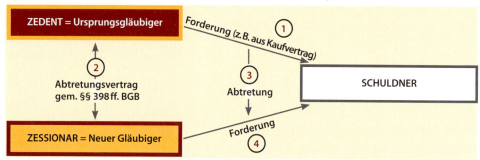

Der Schuldner darf allerdings durch die Zession nicht schlechter gestellt werden als gegenüber dem ursprünglichen Gläubiger, sodass auch alle Einwendungen gegen den neuen Gläubiger erhoben werden können (§ 404 BGB).

➤ Voraussetzungen

- **Zessions-/Abtretungsvertrag** zwischen Zedent und Zessionar
- **Bestimmte oder bestimmbare Forderung:**
  - Die Forderung besteht tatsächlich,
  - gehört dem Gläubiger und
  - wird nach Inhalt, Höhe und Schuldner definiert.
- **Abtretbarkeit der Forderung:** Eine Forderung ist nicht abtretbar, wenn
  - die Abtretung mit dem Inhalt unvereinbar ist (§ 399 1. Alt. BGB)
  - die Abtretung vertraglich ausgeschlossen wurde (§ 399 2. Alt. BGB)
  - die Forderung unpfändbar ist (§ 400 BGB)

➤ Formen

- **Stille Zession:** Der Schuldner erfährt nichts von der Abtretung.
- **Offene Zession:** Der Schuldner wird über die Zession informiert. Gerät der Zedent mit seinen Verbindlichkeiten beim Zessionar in Verzug, kann der Schuldner befreiend nur an den Zessionar leisten.
- **Einzelzession:** Eine einzelne und genau bestimmte Forderung wird abgetreten.
- **Globalzession:** Da sich sowohl Höhe als auch Zusammensetzung der Forderungssituation eines Unternehmens ständig ändern, besteht z. B. die Möglichkeit, eine Forderungsgruppe an die Bank abzutreten.

➤ Sonderform: Das Factoring

Ein **Factor** in Form der Bank oder einer Factoring-Gesellschaft kauft die Forderung eines Unternehmers auf und übernimmt das Kreditrisiko und den Anspruch gegenüber dem Schuldner. Dieses Vorgehen bietet dem Zedenten die Möglichkeit, sofort wieder liquide zu sein. Dies hat seinen Preis, denn der Factor übernimmt die Forderung nur mit einem entsprechenden Abschlag.

6.8.1.2 Gesetzlicher Forderungsübergang – die gesetzliche Anordnung

➤ Gesetzlicher Forderungsübergang auf den Bürgen (§ 774 BGB)

Wenn im Rahmen der Bürgschaft (s. 9.5) der Bürge den Gläubiger befriedigt hat, so geht die Forderung des Gläubigers auf den Bürgen über. Dieser hat nun einen Anspruch gegenüber dem Schuldner in Höhe des Betrages, den der Gläubiger bei ihm geltend gemacht hat.

➤ Gesetzlicher Forderungsübergang im Sozialrecht (§§ 115, 116 SGB X)

Hat ein Arbeitnehmer einen Anspruch auf Entgeltzahlung gegenüber seinem Arbeitgeber (z. B. Lohnfortzahlung im Krankheitsfall) und erfüllt der Arbeitgeber seine Leistungspflicht nicht, so kann der Arbeitnehmer diese Leistung nun von der Krankenkasse erhalten. Der Anspruch des Arbeitnehmers geht nun in Höhe der vom Sozialversicherungsträger erbrachten Leistung auf den Sozialversicherungsträger (Krankenkasse) über (§ 115 I SGB X).

6.8.2 Schuldnerwechsel

6.8.2.1 Schuldübernahme

Im Gegensatz zur Abtretung tritt bei der Schuldübernahme an die Stelle des bisherigen Schuldners ein neuer Schuldner (Übernehmer).

- **Variante 1 (§ 414 BGB):** Der Vertrag wird zwischen Gläubiger und Übernehmer geschlossen.
- **Variante 2 (§ 415 BGB):** Der Vertrag wird zwischen Schuldner und Übernehmer geschlossen, der Gläubiger muss diesen Vertrag aber genehmigen.

6.8.2.2 Schuldbeitritt

Durch den Schuldbeitritt ersetzt nicht ein Schuldner den anderen, sondern es tritt ein weiterer Schuldner in das Schuldverhältnis ein. Ebenso wie bei der Schuldübernahme kann der Vertrag zwischen Gläubiger und Beitretendem oder zwischen Schuldner und Beitretendem mit Genehmigung des Gläubigers geschlossen werden. Schuldner und Beitretender haften nun gesamtschuldnerisch. Die gesamtschuldnerische Haftung verschafft dem Gläubiger die Möglichkeit, von jedem der Schuldner die volle Leistungspflicht zu verlangen.

6.9 Zusammenfassung

Schuldverhältnisse entstehen
- **kraft Gesetzes** aufgrund bestimmter Tatbestandsmerkmale direkt aus der gesetzlichen Vorschrift bzw.
- **durch Rechtsgeschäft,** indem sich mindestens zwei Personen im Rahmen gültiger Gesetze über einen bestimmten Sachverhalt einigen.

Das **Rechtsgeschäft** besteht aus dem

■ **Verpflichtungsgeschäft** = Die Parteien verpflichten sich zu einer Leistung, indem sie inhaltlich übereinstimmende Willenserklärungen über den Vertragsinhalt abgeben.

■ **Verfügungsgeschäft** = Die Parteien erfüllen die eingegangenen Verpflichtungen, indem sie die geschuldete Leistung erbringen.

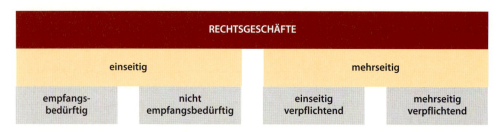

RECHTSGESCHÄFTE			
einseitig		mehrseitig	
empfangs-bedürftig	nicht empfangsbedürftig	einseitig verpflichtend	mehrseitig verpflichtend

MÄNGEL BEI RECHTSGESCHÄFTEN			
Nichtigkeit	Schwebende Unwirksamkeit		Anfechtbarkeit
Mangel in der ■ Person ■ Form ■ Willenserklärung ■ rechtlichen Zulässigkeit	Zustimmung ↓ Rechts-geschäft ist wirksam	Ablehnung ↓ Rechts-geschäft ist unwirksam	**(1)** wegen Irrtums ■ im Inhalt ■ in der Erklärung ■ in der Eigenschaft ■ in der Übermittlung **(2)** wegen arglistiger Täuschung oder widerrechtlicher Drohung

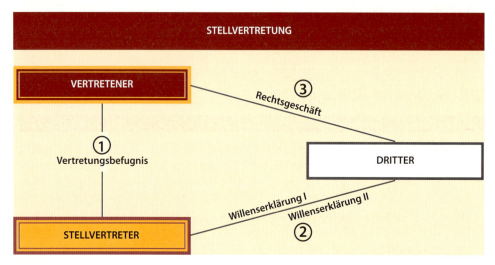

STELLVERTRETUNG

VERTRETENER

③ Rechtsgeschäft

① Vertretungsbefugnis

DRITTER

Willenserklärung I

Willenserklärung II

STELLVERTRETER

②

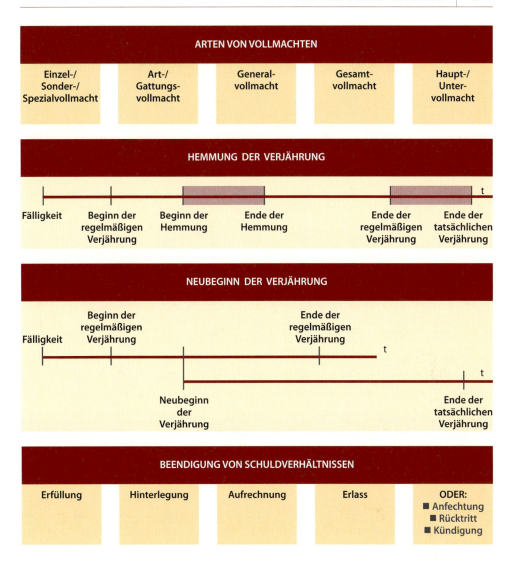

6.10   Fälle und Übungen

Willenserklärungen und Rechtsgeschäfte

1. Bruno Bräsig geht in den Supermarkt, nimmt einen Liter Milch und geht damit zur Kasse. Die Kassiererin Frieda Fröhlich scannt den Preis, der auf dem Display des Kassenterminals erscheint. Daraufhin erhält sie von Herrn Bräsig das abgezählte Geld. Sie legt das Geld in die Kassenschublade und Herr Bräsig verlässt mit der Milchflasche das Geschäft.

   a. Stellen Sie dar, welche Willenserklärungen abgegeben wurden!

   b. Entscheiden Sie abschließend, ob ein gültiger Kaufvertrag geschlossen wurde!

2. Bert Brösel erhält vom Brüllermann Verlag einen Autoatlas zugesandt. Die Rechnung über 25,00 EUR ist innerhalb von 14 Tagen zahlbar.

   Prüfen Sie, ob ein Rechtsgeschäft zustande gekommen ist!

3. Karlchen Schlau in Hamburg bietet Fritze Flink in München mit Schreiben vom 15.05. d.J. eine besondere Antiquität für den Preis von 2.560,00 EUR an. Am 12.07. d.J. bestellt Herr Flink die Antiquität zur sofortigen Lieferung. Schlau weigert sich mit der Begründung, die Ware sei längst verkauft, Flink hätte sich viel schneller entscheiden müssen.

   Prüfen Sie, ob Flink auf der Lieferung bestehen kann!

4. Ralf Rauchig zieht sich am Zigarettenautomaten nach Einwurf der abgezählten Münzen eine Packung Zigaretten.

   Erläutern Sie, welche Willenserklärungen abgegeben worden sind!

5. Friedobald Hubendudel ist Eigentümer des MFH in der Ladengasse 12. Eine Wohnung steht zurzeit frei, in die Silke Steinhuber einziehen möchte. Hubendudel und Steinhuber schließen einen Mietvertrag.

   a. Welche Art von Rechtsgeschäft ist gegeben?

   b. Wie kann dieses Verhältnis wieder aufgelöst werden?

6. Britta Balu denkt, ihr Ende sei gekommen. Daher errichtet sie ihr Testament, das sie zu Hause in ihrem Tresor verwahrt.

   a. Welche Art von Rechtsgeschäft liegt hier vor?

   b. Wie und wann wird dieses Rechtsgeschäft wirksam?

Formvorschriften, Stellvertretung und Anfechtung

Prüfen Sie, welche Formvorschriften in den Fällen 7–13 zu beachten sind:

7. Frau Durstig kauft eine Kiste Mineralwasser.

8. Kündigung der Drei-Zimmer-Wohnung, die Frau Lustig drei Jahre bewohnt hat.

9. Anmeldung der Einzelunternehmung „Matthias Muck e.K." zum HR.

10. Errichtung eines Testamentes, in dem Karl Klein seinen Neffen Guido Groß zum Alleinerben einsetzt.

11. Guido Groß schlägt die Erbschaft seines Onkels aus.

12. Kaufvertrag über ein Grundstück mit EFH (256.000,00 EUR).

13. Herbert Hubrig (20 Jahre) verspricht seiner Freundin Renate Rempel (21 Jahre), ihr Creolen mit je einem Einkaräter (Wert: 15.000,00 EUR) von Cartier zu schenken.

14. Bruno Bräsig kauft für seine Freundin Berta Brösel einen Becher Joghurt. Als Berta den Joghurt öffnet, stellt sie fest, dass dieser völlig von Schimmel überzogen ist.

    Prüfen Sie, wer Ansprüche gegenüber dem Lebensmittelgeschäft geltend machen kann!

15. Frieda Fritzenkötter möchte ihr Auto verkaufen. Bei ihrer Stammtankstelle lässt sie an ihrem Fahrzeug seit Jahren auch alle notwendigen Reparaturen durchführen und so ergibt es sich, dass der Tankstelleninhaber, Holger Hohl, ihr anbietet, das Fahrzeug für sie zu verkaufen.

    Frau Fritzenkötter informiert sich und teilt Herrn Hohl mit, dass sie als Kaufpreis mit 2.200,00 EUR einverstanden sei.

    Bereits am nächsten Tag erkundigt sich Paul Pfiffig nach dem Fahrzeug. Hohl nennt ihm versehentlich einen Betrag von 1.200,00 EUR, sodass die beiden schon nach kurzer Zeit handelseinig werden.

    Als Frau Fritzenkötter von dem Betrag hört, ist sie nicht bereit, das Eigentum am Fahrzeug zu übertragen. – Prüfen Sie die Rechtslage!

Prüfen Sie für die Fälle 16–18 Anfechtungsmöglichkeit und Anfechtungsgründe!

16. Bruno Bräsig sieht bei seiner Stammtankstelle einen Gebrauchtwagen. „Günstige Gelegenheit", denkt er sich und fragt den Tankstellenbesitzer Otto Oktan, der neben der Tankstelle noch eine kleine Autowerkstatt betreibt, nach weiteren Einzelheiten. Unter anderem versichert Oktan auf Nachfrage, dass das Auto unfallfrei sei. Einige Monate später muss Bräsig mit dem Auto zum TÜV – dort wird festgestellt, dass das Auto einen verzogenen Rahmen hat.

17. Klaus Klug, Geschäftsführer der Werbeagentur Klug & Partner GmbH, sagt seinem Kunden Stefan Pfiffig zu, einen vollständigen Internetauftritt für insgesamt 8.700,00 EUR erstellen zu können. Er gibt telefonisch jedoch einen Preis von 7.800,00 EUR an.

18. Berta Brösel wohnt in einer Mietwohnung, die sie von Günter Gierschlund gemietet hat. Dieser will schon wieder die Miete erhöhen. Darauf will Frau Brösel aber nicht eingehen. Im Falle der Weigerung kündigt Gierschlund aber an, Strom, Heizung und Telefon in der Zentrale im Keller abzustellen. Frau Brösel stimmt der Mieterhöhung zu.

Vertragsarten

19. Herr Bruno zu Bräsenheim schenkt seinem Neffen Bernhard zum Abitur eine sehr wertvolle Münzsammlung mit einem Schätzwert von 25.000,00 EUR. Bernhard beginnt noch im selben Jahr mit der Ausbildung, schreibt aber nur Fünfen und Sechsen. Das verärgert seinen Onkel dermaßen, dass er die Münzsammlung zurückfordert.

    a. Prüfen Sie, ob Bruno zu Bräsenheim die Münzsammlung zurückverlangen kann oder ob die Schenkung rechtswirksam zustande gekommen ist!

    b. Klären Sie, ob ggf. ein Verstoß gegen die Formvorschriften vorliegt (Schenkungsversprechen/Handschenkung)!

    c. Bestimmen Sie die Anzahl der Willenserklärungen, die für eine rechtswirksame Schenkung notwendig sind!

    d. Nennen Sie Gründe, wegen denen Herr zu Bräsenheim das Geschenk zurückfordern könnte!

e. Unter welchen Auflagen könnte eine Schenkung vorgenommen werden? Nennen Sie Beispiele!

f. Erläutern Sie die Sachmängelhaftung des Schenkers!

20. Herr Bratbecker verfügt über drei Mehrfamilienhäuser. In einem dieser Häuser hat er eine Wohnung an Herrn Bräsig zu einer Monatsmiete von 545,00 EUR vermietet. Der Mietzins ist jeweils bis zum 01. eines Monats im Voraus zu entrichten.

    Herr Bräsig hat jedoch die Mieten für Oktober, November und Dezember nicht bezahlt. Am 03. Januar stellt Herr Becker überdies fest, dass auch für Januar keine Mietzahlung eingegangen ist. Daher kündigt er Herrn Bräsig fristlos.

    Ferner macht Herr Becker geltend, dass Herr Bräsig seine hochwertige Einrichtung nicht aus der Wohnung entfernen darf, bis alle Außenstände beglichen sind.

    a. Nennen Sie zunächst die Hauptpflichten, die Mieter und Vermieter haben!

    b. Prüfen Sie nun, ob die fristlose Kündigung überhaupt zulässig ist!

    c. Berücksichtigen Sie hierbei, ob in diesem Fall der besondere Schutz des Mieters aus der Vermietung von Wohnraum gem. § 574 BGB gilt!

    d. Begründen Sie, ob der Vermieter die Möbel zurückbehalten darf!

21. Herr Bratbecker (s. Nr. 20) möchte eine Weltreise unternehmen. Daher will er eines seiner Mehrfamilienhäuser veräußern.

    Prüfen Sie, ob dadurch alle Mietverhältnisse enden!

22. Herr Bräsig (s. Nr. 20) stirbt. Die Erben weigern sich jedoch, die fällige Miete an Herrn Bratbecker zu überweisen.

    a. Prüfen Sie, ob Herr Bratbecker die Miete verlangen darf!

    b. Stellen Sie außerdem fest, innerhalb welcher Frist Bräsigs Erben den Vertrag kündigen dürfen!

23. Herr Brösel mietet im MFH von Frau Schnösel eine Dreizimmerwohnung unter dem Dach. Erst einige Tage nach dem Einzug stellt er bei einem Platzregen fest, dass das Dach undicht ist. Das Wasser tropft genau auf sein Kopfkissen.

    a. Prüfen Sie, ob Herr Brösel eine Mietkürzung vornehmen darf!

    b. Gegen welche Vertragspflicht verstößt Herr Brösel, wenn er seiner Vermieterin den Schaden nicht mitteilt?

24. Das MFH von Herrn Schnickenfittich umfasst vier Wohnungen, die allesamt vermietet sind.

    Wohnung 1:   Frau Bratbecker ist bereits mit drei Monatsmieten in Verzug.

    Wohnung 2:   Herr Sauerbier hat ohne Rücksprache mit Herrn Schnickenfittich ein Zimmer an den Studenten Faulig untervermietet.

    Wohnung 3:   Hier wohnt Frau Tierlieb, die 3 Hunde, 4 Katzen und 15 Mäuse freilaufend hält. Da Frau Tierlieb zudem nicht besonders reinlich ist, haben sich außerdem Schaben und Kakerlaken eingenistet.

    Wohnung 4:   Herr G. Räusch ist begeisterter Hobby-Posaunist und übt an vier Tagen in der Woche von 20:00–23:00 Uhr auf seinem Instrument.

    Prüfen Sie, ob hier Gründe für Kündigungen vorliegen!

25. Berta Brösel hat im Haus von Friedobald Hubendudel zum 01.01.2006 eine Wohnung für 340,00 EUR vermietet. Am 15.01.2007 teilt Herr Hubendudel Frau Brösel mit, dass ab dem 01.04.2007 eine Miete in Höhe von 410,00 EUR gelten soll.

    Prüfen Sie die Rechtmäßigkeit des Anspruchs!

26. Familie Schlemil wohnt in der Großstadt. Um seiner Familie dennoch etwas Natur bieten zu können, pachtet Herr Schlemil ein Gartengrundstück mit Obstbäumen. Das Grundstück umfasst 750 m^2 und die Pacht beträgt jährlich 150,00 EUR. Der Pachtvertrag wird mit einer Laufzeit von 15 Jahren geschlossen. Die Familie fühlt sich wohl, baut Gemüse an und errichtet ein Gartenhäuschen nebst Sandkasten für die Kinder. Das Obst und das Gemüse wird für den Eigenverbrauch geerntet. Nach 10 Jahren wird Herr Schlemil beruflich nach Frankreich versetzt. Daher möchte er das Vertragsverhältnis lösen.

    Prüfen Sie, ob eine vorzeitige Auflösung des Vertrages möglich ist!

27. Es ist Samstag gegen 17:00 Uhr. Frau Schusselig hat vergessen, für die Sonntagstorte einzukaufen, die sie backen wollte. Daher geht sie zu ihrem Nachbarn Herrn Wohlgemut und besorgt sich bei ihm die fehlenden Zutaten: 5 Eier und ein Kilogramm Mehl. Sie verspricht ihm, die Sachen am Montag, gleich nach dem Einkauf, zurückzugeben.

    a. Bestimmen Sie das Vertragsverhältnis!

    b. Nennen Sie die Hauptpflichten der Frau Schusselig aus diesem Vertrag!

28. Herr Pfiffig ist mit dem Flugzeug geschäftlich nach Frankfurt geflogen. Dort benötigt er ein Auto, mit dem er die Kunden zu den vereinbarten Terminen aufsuchen kann. Direkt am Flughafen nimmt er sich bei „Leihwagen Schraube" ein entsprechendes Fahrzeug.

    Als er am nächsten Tag den Wagen zurückbringt, verlangt die freundliche Dame hinter dem Schalter die entsprechende Gebühr in Höhe von 175,00 EUR. Der rechtskundige Herr Pfiffig ist nicht bereit, den geforderten Betrag zu entrichten.

    Beurteilen Sie die Rechtslage!

29. Frau Fritzenkötter ist Vorsitzende ihres Gesangsvereins. Zum Jubiläum organisiert sie für ihre Sangesschwestern eine größere Feier. Daher beauftragt sie den weithin bekannten Alleinunterhalter Sebastian Schnickenfittich, für die Zeit von 20:00 bis 23:00 Uhr die Damen mit einigen Einlagen zu erfreuen. Herr Schnickenfittich beginnt pünktlich um 20:00 Uhr mit seinem Programm – er erzählt einen „Blondinenwitz" nach dem anderen. Frau Fritzenkötter gebietet ihm Einhalt und bittet ihn darum, doch einen angemesseneren Programmteil aufzuführen. Daraufhin führt Herr Schnickenfittich einen jämmerlichen Stepp-Tanz auf.

    Als Herr Schnickenfittich gehen will, verlangt er von Frau Fritzenkötter das vereinbarte Honorar von 300,00 EUR + 75,00 EUR Fahrtkostenpauschale. Frau Fritzenkötter weigert sich, das Honorar zu bezahlen.

    Prüfen Sie die Rechtslage!

30. Frau Blauhaar vermisst ihren besten Freund – den betagten Dackel Waldi. Sie wendet sich in ihrer Not an die regionale Tageszeitung, um eine Anzeige aufzu-

geben: „Kleiner Rauhaardackel mit Namen Waldi entlaufen. Zahle dem ehrlichen Finder 250,00 EUR".

a. Prüfen Sie, ob sich hieraus für Frau Blauhaar eine Zahlungspflicht ergibt!

b. Bestimmen Sie die Möglichkeit, diese Auslobung zu widerrufen!

31. Regina von Rölmersdorf hat Sorge um ihren Schmuck, weil in letzter Zeit immer wieder in der Nachbarschaft eingebrochen wurde. Da sie ihre wertvollsten Stücke nur zu besonderen Gelegenheiten trägt, bringt sie sie zu ihrer Bank zwecks Aufbewahrung.

a. Erläutern Sie, um welches Vertragsverhältnis es sich handelt!

b. Nennen Sie die sich hieraus ergebenden Pflichten der Vertragsparteien!

32. Daniel und Daniela Dahrensburg haben gerade geheiratet. Beide verdienen gut und möchten daher ein Haus kaufen. Sie teilen dem Immobilienmakler Ingo Schlemil ihre Wünsche bezüglich Grundstücksgröße, Wohnfläche etc. mit.

Im Laufe des nächsten halben Jahres erhalten die beiden immer wieder Exposés und schauen sich auch die eine oder andere Immobilie an. Aber bei keinem der Objekte ist es „Liebe auf den ersten Blick".

Herr Schlemil hat dem Ehepaar nun mehr als 10 Angebote gemacht, hat viel telefoniert, einige Briefe geschrieben, Termine abgestimmt und diese wahrgenommen, hat beraten und ist auch insgesamt schon über 500 Kilometer gefahren.

Daher schreibt er den Eheleuten eine Rechnung über 300,00 EUR für seine Aufwendungen. Das Ehepaar ist allerdings nicht bereit, die Forderung auszugleichen. – Prüfen Sie die Rechtslage!

33. Familie Wohlgemut hat von Tischler Dünnbrett im Obergeschoss ihres Hauses das Kinderzimmer vertäfeln lassen. Bei der Übergabe verweigert Herr Wohlgemut die Annahme, weil in der Mitte des Zimmers (Größe 3 x 4 Meter) ein Brett kleine Schäden aufweist. Dies war bei der Verarbeitung nicht aufgefallen. Ferner ist Herr Wohlgemut nicht bereit, die Zahlung in Höhe von 1.500,00 EUR für das gesamte Werk zu leisten. – Prüfen Sie die Rechtslage!

34. Herr Moseler hatte sein Auto zur Inspektion in die Werkstatt gebracht. Der Geselle Schraube stellte dabei u.a. fest, dass die Wischblätter ausgetauscht werden müssen, hatte diese jedoch nicht ordnungsgemäß befestigt, weil gerade der Lehrling eine Frage zu einem anderen Problem hatte.

Beim nächsten Regen lösen sich die Wischblätter aus dem Befestigungssystem und das Metallgestänge zerkratzt die Windschutzscheibe. Kosten für die Reparatur der Scheibe: 650,00 EUR.

Erläutern Sie, wer für den entstandenen Sachschaden haftet!

35. Frau Richtermeier hat sich eine Eigentumswohnung gekauft, in der nun umfangreiche Renovierungsarbeiten durchzuführen sind. Unter anderem lässt sie von dem renommierten Fensterbauunternehmen Stulp & Flügel OHG die einfachen Kunststofffenster durch teure Holzfenster mit echten Sprossen ersetzen. Nach Abschluss der Renovierungsarbeiten funktionieren alle Mechanismen der Fenster

optimal und die gewünschte Dichtigkeit ist ebenfalls gegeben. Daher begleicht sie die Rechnung über 6.385,00 EUR in vollem Umfang.

Leider muss sie nach ca. einem Jahr feststellen, dass sich alle Fenster nach dem ersten Winter vollständig verzogen haben, sodass diese nur noch unter Aufbietung aller Kräfte zu schließen sind. Dadurch ist der geforderte Wärmeschutz nicht mehr möglich.

Prüfen Sie, welche Ansprüche Frau Richtermeier noch geltend machen kann!

36. Außerdem hat Frau Richtermeier (s. Nr. 35) den Installateur Flansch beauftragt, die Heizungsanlage zu erneuern. Nach Aufbringen des Estrichs und Verlegen eines hochwertigen Parketts stellt sie jedoch fest, dass aus den Heizungsleitungen Wasser austritt, dieses den Estrich durchfeuchtet und das Parkett aufquellen lässt. Flansch hatte nachweislich vergessen, den Dichtigkeitstest durchzuführen. So ist eine unordentliche Lötstelle nicht sofort aufgefallen.

Prüfen Sie, ob Frau Richtermeier zusätzlich zur Reparatur auch Schadensersatz verlangen kann!

Verjährung

37. Die Zinszahlung wäre am 14.04.07 fällig. Wann verjährt der Anspruch?

38. Die Kaufpreisforderung eines Unternehmers ist am 25.05.07 fällig. Der Schuldner leistet am 10.01.08 eine Abschlagszahlung. Wann verjährt der Kaufpreisanspruch?

39. Nach Ablauf der Verjährungsfrist zahlt der Schuldner an den Gläubiger. Erst später erfährt er, dass er dies nicht hätte tun müssen. Prüfen Sie, ob er das Geld vom Gläubiger zurückverlangen kann.

40. Das Urteil wird am 05.09.07 rechtskräftig. Wann verjähren die Ansprüche aus diesem Urteil?

41. Berta Bräsig wurde am 06.12.2003 um 23:47 Uhr geboren. Wann wird sie voll geschäftsfähig?

Prüfen Sie in den folgenden Fällen (42–44), ob die Verjährung gehemmt wird, neu beginnt oder von dem Sachverhalt gar nicht beeinflusst wird:

42. Der Schuldner erhält per Einschreiben eine Mahnung des Gläubigers.

43. Der Schuldner bittet um Stundung seiner Verbindlichkeit.

44. Der Mahnbescheid wird beantragt, erlassen und zugestellt.

Arbeitsauftrag (Gruppenarbeit): Zustellungsarten von WE

Stellen Sie unterschiedliche Zustellungsarten von Willenserklärungen (je 1 pro Gruppe: z. B. einfacher Brief, Einwurfeinschreiben, Einschreiben mit Rückschein, Übergabeeinschreiben, Telefax, Postzustellungsurkunde) gegenüber. Recherchieren Sie hierzu auch folgende Urteile: BGH VIII ZR 22/97 vom 26.11.1997, LG Potsdam 11 S 233/99 vom 27.07.2000, BAG 5 AZR 169/01 vom 14.08.2002. Entscheiden Sie sich im Plenum begründet für die Ihrer Ansicht nach „sicherste" Zustellungsart.

7 Kaufrecht

7.1 Überblick

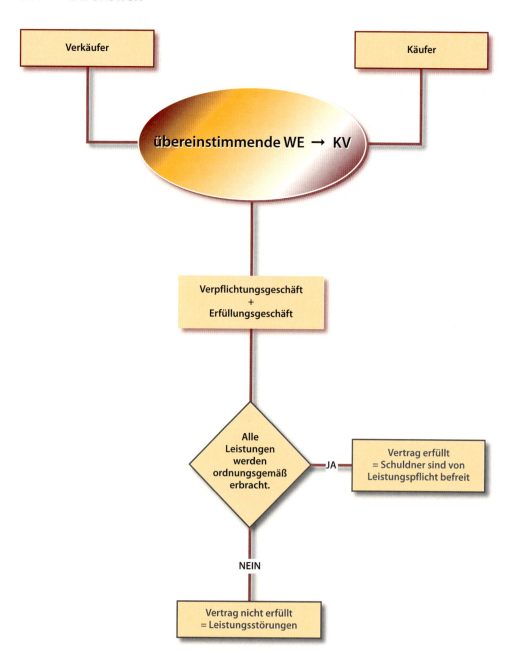

7.2   Definition

Der **Kaufvertrag** ist ein vertragliches Schuldverhältnis. Es handelt sich hierbei um ein zweiseitiges Rechtsgeschäft, bei dem beide Seiten zu einer Leistung verpflichtet werden. Der Kaufvertrag kommt durch **zwei übereinstimmende Willenserklärungen** (Antrag und Annahme) **zwischen dem Käufer und dem Verkäufer** zustande, und zwar über:

- einen genau bezeichneten mangelfreien Kaufgegenstand (§ 433 I BGB) und
- einen genau bestimmten Kaufpreis in Geld (§ 433 II BGB). Ist kein Kaufpreis in Geld vereinbart, liegt ein Tauschverhältnis vor.

Somit ist der Kaufvertrag zweigeteilt (s. 6.3.1.3):

1. schuldrechtlicher Vertrag = Verpflichtungsgeschäft gem. § 433 BGB,
2. sachenrechtlicher Vertrag = Erfüllungsgeschäft gem. § 929 BGB.

7.3   Leistungspflichten

7.3.1   Leistung nach Treu und Glauben

Der allgemeine Rechtsgrundsatz von Treu und Glauben leitet sich aus § 242 BGB ab. Danach wird der **Schuldner** verpflichtet, seine **Leistung so zu erfüllen, wie Treu und Glauben mit Rücksicht auf die Verkehrssitte** (s. 2.4.1) es erfordern. Nun legt der Wortlaut des Paragrafen es nahe, dieses tatsächlich nur auf den Geldschuldner zu beziehen. Es gilt allerdings der allgemeine Rechtsgedanke, dass das Leistungsverhalten nach Treu und Glauben auch auf den **Geldgläubiger** (Leistungsschuldner) anzuwenden ist (§§ 133, 157, 826 BGB). Bei der Übertragung des Eigentums schuldet er gegenüber dem Käufer ebenfalls eine Leistung – die Übergabe und Eigentumsverschaffung an der Sache.

Was heißt aber nun Treu und Glauben? Allgemein muss der Leistende auf die berechtigten Interessen des anderen Vertragspartners Rücksicht nehmen. Insbesondere wenn die Interessen nicht explizit formuliert worden sind, gewinnt dieser allgemeine Verhaltenskodex eine noch größere Bedeutung. Mit **Treue** sind Zuverlässigkeit, Aufrichtigkeit und Rücksichtnahme gemeint. **Glauben** heißt, dass der Vertragspartner auf diese Verhaltensmuster vertrauen kann.

Dadurch werden alle Rechtsvorschriften um eine sittlich-moralische Komponente erweitert, die selbstverständlich ist und daher nicht in jedem Schuldverhältnis neu spezifiziert zu werden braucht.

Die Hauptleistungspflichten des jeweiligen Schuldverhältnisses werden durch die vertraglichen Vereinbarungen konkretisiert. Durch Treu und Glauben erfährt aber auch die sorgfältige Erfüllung der Nebenpflichten entsprechende rechtliche Berücksichtigung.

Beispiel Karl Klug bestellt bei Kaufpark24.de einen Sessel. Die Lieferung erfolgt durch einen Spediteur am übernächsten Tag um 23:15 Uhr. Der Sessel ist überhaupt nicht verpackt und deshalb bereits bei Ablieferung verschmutzt und teilweise defekt.

Hier liegt also in zweifacher Hinsicht ein Verstoß gegen den Grundsatz von Treu und Glauben vor. Einerseits ist die Lieferzeit nicht zumutbar, andererseits sollte der Sessel versandgerecht verpackt sein.

7.3.2 Leistungspflichten des Verkäufers

Hauptpflichten
(= Grund des Schuldverhältnisses):

- Übergabe der Sache
- Eigentumsübertragung der Sache
- Sache muss frei von Rechtsmängeln sein.
- Sache muss frei von Sachmängeln sein.
- Sache muss an den Käufer zur
  – rechten Zeit und
  – am rechten Ort übergeben werden.

Nebenpflichten (dienen der Erfüllung der Hauptpflicht)
→ Beispiele:
- Die Ware muss ordnungsgemäß verpackt sein und
- eine lesbare und verständliche Gebrauchsanleitung enthalten.
- Für die Dauer der Gewährleistung bzw. Garantie ist eine entsprechende Menge von Ersatzteilen vorzuhalten.
- Die Rechnungsstellung hat ordnungsgemäß zu erfolgen.

7.3.3 Leistungspflichten des Käufers

Hauptpflichten
(= Grund des Schuldverhältnisses):

- Abnahme der Sache
- Zahlung (Übergabe und Eigentumsübertragung) des vereinbarten Kaufpreises in Geld

Nebenpflichten (dienen der Erfüllung der Hauptpflicht)
→ Beispiele:
- Der Käufer hat an der Erfüllung des Verkäufers mitzuwirken, sodass diesem eine Erfüllung nicht unnötig erschwert wird.
- Der Käufer hat eine ordentliche Lieferadresse anzugeben.
- Es muss dem Verkäufer möglich sein, die Ware dem Käufer zu übergeben.

7.4 Eigentumsvorbehalt (§ 449 BGB)

In den meisten Fällen erhält der Verkäufer den Kaufpreis erst **nach** Ablieferung der Ware. Dadurch geht er das Risiko ein, dass auch andere Gläubiger ggf. Ansprüche aus dem Erlös der weiterverkauften Ware erwerben.

Beispiel Der Möbelgroßhändler Skan-Design GmbH verkauft eine Schrankwand für 2.300,00 EUR an den Einzelhändler Ferdinand Fichte e.K. Dieser verkauft die Schrankwand an den Privatkunden Raimund Reich.

Der **Eigentumsvorbehalt** dient als Kreditsicherungsmittel des Verkäufers und muss spätestens auf der Rechnung verlautbart werden. Ein Eigentumsvorbehalt gilt gem. § 449 I BGB nur für bewegliche Sachen.

Der Käufer erhält jedoch vom Verkäufer das Benutzungsrecht an der Sache, obwohl er noch nicht Eigentümer geworden ist. Dies ist notwendig, da ansonsten jede Form eines Finanzierungskaufs unsinnig wäre.

Beispiel | Wird ein PKW mit einer Finanzierung über die Hausbank des Herstellers finanziert, muss der Kunde bereits mit Übergabe des Fahrzeugs in die Lage versetzt werden, dieses auch zu nutzen. Bei Laufzeiten von bis zu 60 Monaten wäre der Kaufvertrag ohne Nutzungsrecht vor Eigentumsübergang sinnlos.

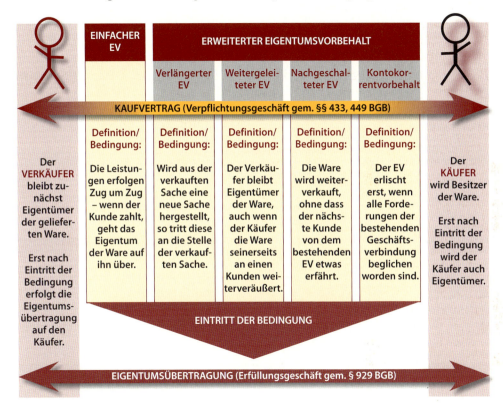

7.4.1 Einfacher Eigentumsvorbehalt

Der **einfache Eigentumsvorbehalt** ist die wohl bekannteste Form des Eigentumsvorbehalts, wenn es um Kaufverträge zwischen Verbrauchern und Unternehmern (§§ 13 f. BGB) geht. Die Leistungen erfolgen Zug um Zug, d.h.: Zahlt der Kunde, geht das Eigentum der Ware auf ihn über. Der Rechnungsvermerk „Die Ware bleibt bis zur vollständigen Bezahlung Eigentum des Lieferanten" gilt selbstverständlich auch zwischen Unternehmern.

7.4.2 Erweiterter Eigentumsvorbehalt

Der erweiterte Eigentumsvorbehalt trägt dem Sachverhalt Rechnung, dass in vielen Fällen der Kunde Wiederverkäufer oder Weiterverwender ist. Es gibt verschiedene Ausprägungen des erweiterten Eigentumsvorbehalts:

➤ Verlängerter Eigentumsvorbehalt

Wird eine Sache erworben, um eine neue Sache daraus herzustellen, so geht die alte Sache möglicherweise in der neuen unter.

Beispiel

Bäcker Otto Ökig kauft von Bauer Knut 3 Zentner Weizen. Ökig mahlt den Weizen und verbackt ihn.

Das Sägewerk Kreisch GmbH verkauft an Tischler Fritz Fräse eine Fuhre Ahornbretter. Fräse fertigt im Auftrag des Kunden Siegfried Snob eine Bibliothek für dessen Villa auf Sylt.

Damit wurden die Sachen „vernichtet" bzw. deren ursprüngliche Form aufgehoben. An die Stelle des Eigentumsvorbehalts tritt nun

- die neue Sache (z.B. Bibliothek) oder
- die aus dem Verkauf der neuen Sache enstehende Forderung (z.B. gegen Snob).

➤ Weitergeleiteter Eigentumsvorbehalt

Der Verkäufer bleibt Vorbehaltseigentümer und der Käufer muss diesen Sachverhalt im Falle des Weiterverkaufs verlautbaren. Diese Vorgehensweise ist sehr umständlich und daher im Geschäftsleben äußerst selten.

➤ Nachgeschalteter Eigentumsvorbehalt

Die Ware wird ohne Offenlegung des Eigentumsvorbehalts weiterverkauft.

Beispiel

Lieferung des Großhändlers an den Einzelhändler unter Eigentumsvorbehalt am 15.10.20xx – Zahlungsziel 30 Tage netto. Weiterverkauf des Einzelhändlers an den Verbraucher unter Eigentumsvorbehalt am 20.10.20xx – Zahlungsziel 20 Tage netto.

➤ Kontokorrentvorbehalt

Der Eigentumsvorbehalt erlischt noch nicht mit der Bezahlung der aktuell gelieferten Ware, sondern erst, wenn alle Forderungen oder bestimmte Teile der Gesamtforderung aus der Geschäftsbeziehung beglichen wurden.

7.5 Definition der Leistung

Erfüllt der Schuldner seine vertraglichen Verpflichtungen (§ 241 BGB) aus dem Kaufvertrag (§ 433 BGB), so endet das Schuldverhältnis mit der Erfüllung (§ 362 BGB).

Dies ist immer dann der Fall, wenn der Schuldner
- die **richtige Leistung**
- in der **richtigen Qualität** (Art und Güte) und
- in der **richtigen Quantität** (Menge)
- zur **richtigen Zeit**
- am **richtigen Ort**
- an den **richtigen Gläubiger**

erbringt.

7.5.1 Leistungsart

Bewegliche Sachen, die Gegenstand von Kaufverträgen des täglichen Bedarfs und des Handelsverkehrs werden können, lassen sich in Stück- und Gattungsschulden unterteilen (siehe vertretbare und nicht vertretbare Sachen in 4.3). Gesetzliche Regelungen findet man allerdings nur zu den Gattungsschulden (§§ 91, 243 BGB), Stückschulden müssen im Umkehrschluss definiert werden.

➤ Gattungsschulden

Gattungsschulden können nach allgemeinen Merkmalen nach Zahl, Maß oder Gewicht bestimmt werden (§ 91 BGB). Sie sind wiederbeschaffbar und die Leistung bezieht sich auf die Lieferung einer Sache mittlerer Art und Güte (§ 243 BGB), z. B. 10 t Winterweizen.

➤ Stückschulden

Stückschulden werden nach sehr speziellen Merkmalen definiert, die die Sache als Einzelstück ausmachen, z. B. das Bild „Mona Lisa" von Leonardo da Vinci.

Diese Unterscheidung hat weit reichende Konsequenzen für den Fall, dass der Schuldner die Leistung nicht mehr erbringen kann (s. 7.6.1.2).

7.5.2 Leistungszeit

Die Leistungszeit oder Fälligkeit der Leistung entspricht dem Zeitpunkt, an dem der Schuldner leisten muss (§ 271 BGB).

Die Fälligkeit bestimmt sich nach den Vereinbarungen der Vertragsparteien. Es ist aber davon auszugehen, dass der Gläubiger die Leistung nicht vor der vereinbarten Zeit verlangen kann, der Schuldner sie aber bereits erbringen darf (§ 271 II BGB).

Andernfalls gilt die gesetzliche Regelung, nach der die Leistung sofort verlangt bzw. erbracht werden kann (§ 271 I BGB). Bevor eine Leistung nicht fällig geworden ist, kann der Schuldner auch nicht in Verzug geraten!

7.5.3   Leistungsort

7.5.3.1   Begriffsbestimmung und Abgrenzung

Der Leistungs- bzw. Erfüllungsort ist der Ort, an dem der Schuldner seine Leistung zu erbringen hat (§ 269 BGB).

➤ Der vertragliche Erfüllungsort

Der vertragliche Erfüllungsort kann zwischen den Vertragsparteien frei vereinbart werden. So steht es den Vertragsparteien frei, ob am Sitz des Verkäufers oder am Sitz des Käufers oder an einem völlig anderen Ort die Leistung erbracht werden soll.

➤ Der natürliche Erfüllungsort

Der natürliche Erfüllungsort ergibt sich aus der Natur des Schuldverhältnisses. Kauft der Kunde ein Fenster einschließlich Einbau, so muss der Einbau bei dem im Vertrag bestimmten Bauwerk erfolgen.

➤ Der gesetzliche Erfüllungsort

- Der gesetzliche Erfüllungsort **für die Ware** ist der Sitz des Lieferanten
= **Leistungsort.**

- Der gesetzliche Erfüllungsort **für das Geld** ist der Sitz des Kunden
= **Zahlungsort.**

    ABER: § 270 BGB bestimmt, dass der Käufer die Transportkosten und das Transportrisiko für das Geld trägt.

7.5.3.2   Holschulden/Bringschulden/Schickschulden

➤ Holschulden

Wenn der Leistungsort nicht vertraglich vereinbart wurde oder nicht aus den Umständen des Vertragsverhältnisses abzuleiten ist, wo geleistet werden soll, ist davon auszugehen, dass der **Wohnsitz des Schuldners** auch gleichzeitig Leistungsort sein soll (§ 269 BGB). Dies gilt für **Warenschulden.** Daran ändert auch die Vereinbarung nichts, dass der Schuldner die Versandkosten übernommen hat (§ 269 III BGB).

➤ Bringschulden

Bei Bringschulden ist der **Wohnsitz des Warengläubigers** dann Erfüllungsort, wenn dies entweder vertraglich vereinbart wurde oder sich aus der Verkehrssitte nichts anderes ergeben kann.

Beispiel

Bruno Bräsig bestellt Heizöl beim örtlichen Lieferanten. Der natürliche Erfüllungsort kann in diesem Fall nur das Wohnhaus des Herrn Bräsig sein.

➤ Schickschulden

Bei den Schickschulden ist der Leistungsort zwar der Wohnort des Schuldners, er hat die Leistung aber an einem anderen Ort zu erbringen, da er dort erst von der Leistung frei wird.

Beispiel

Bruno Bräsig muss den Kaufpreis für das gelieferte Heizöl auf sein Risiko und seine Kosten dem Lieferanten übermitteln (§ 270 BGB).

7.5.4 Gerichtsstand

Während der Erfüllungsort im Vertrag frei bestimmt werden kann, gilt dies für den Gerichtsstand nur unter Kaufleuten und juristischen Personen öffentlichen Rechts. Einer Privatperson ist es nicht zuzumuten, beim Gericht des Kaufmanns verklagt zu werden.

Beispiel

Friedrich Fritzenkötter wohnt in Hamburg und bestellt bei dem Online-Versender „Versandkauf24.de" Ware im Wert von 250,00 EUR, die rechtzeitig und mangelfrei geliefert wird. Fritzenkötter zahlt nicht und „Versandkauf24.de" mit Gerichtsstand in München klagt gegen Fritzenkötter auf Zahlung des Kaufpreises. Die Klage muss vor dem Amtsgericht Hamburg eingereicht werden, weil Fritzenkötter in dessen Bezirk wohnt. Eine Gerichtsstandsvereinbarung gilt für ihn nicht.

Durch den **Gerichtsstand** wird das (ordentliche) **Gericht** bestimmt, **bei dem eine Person verklagt werden kann** (§ 12 ZPO). Dies ist üblicherweise das Gericht, in dessen Bezirk der Beklagte seinen Wohnsitz hat (§ 13 ZPO). Bei juristischen Personen ist es der Ort, wo die juristische Person ihren Sitz bzw. ihre Verwaltung hat (§ 17 ZPO).

Für die Klage auf Erfüllung einer Leistung aus einem Vertragsverhältnis wird der besondere Gerichtsstand des Erfüllungsortes definiert: Es ist das Gericht des Ortes zuständig, in dem die streitige Verpflichtung zu erfüllen war (§ 29 ZPO).

7.5.5 Gefahrübergang

Mit Übergabe der Sache geht die Gefahr des zufälligen Untergangs (Zerstörung, Beschädigung) auf den Käufer über (§ 446 BGB). Daraus ist allerdings nicht abzuleiten, dass der Käufer auch gleichzeitig die Transportkosten tragen muss oder dass aus einer vertraglichen Transportkostenregelung auf einen vertraglichen Erfüllungsort geschlossen werden kann (§ 269 III BGB). Der Erfüllungsort muss also nicht zwingend auch den Gefahrenübergang definieren.

- **Besonderheiten beim Versendungskauf (§ 447 BGB):**
  Der gesetzliche Erfüllungsort ist der Sitz des Lieferanten. Verlangt der Käufer die Zusendung, bedeutet dies nicht, dass nun der Erfüllungsort für die Ware beim Käufer ist. Der Lieferant hat mit Übergabe an den Spediteur (§§ 453 ff. HGB) oder den Frachtführer (§§ 407 ff. HGB) geleistet und die Gefahr geht damit auf den Käufer über.

- **Besonderheiten beim Verbrauchsgüterkauf (§ 474 BGB):**
  Beim Verbrauchsgüterkauf werden Warenschulden immer zu Bringschulden, da durch § 474 II BGB die Regelungen der §§ 445, 447 BGB keine Anwendung finden, wenn eine Vertragsseite Verbraucher ist. Da beim Verbrauchsgüterkauf der Unternehmer häufig Versandhändler ist, wäre es dem Verbraucher nicht zuzumuten, die Ware beim Unternehmer abzuholen. Daher hat der Verbraucher in diesem Zusammenhang auch nicht die Gefahr des zufälligen Untergangs oder der zufälligen Verschlechterung zu tragen.

7.5.6 Exkurs: Gefahrübergang im internationalen Geschäftsverkehr

Ist der Unternehmer auch international tätig, so gewinnt das Wissen um die Bedeutung des Gefahrübergangs einen noch größeren Stellenwert. Niederschlag finden diese Regelungen der Lieferbedingungen in den **International Commercial Terms**, den so genannten **Incoterms.** Die im Folgenden dargestellten Incoterms sind inhaltlich auf Gefahr- und Kostenübergang beschränkt.

- **EXW** = **ex w**orks
  - Gefahrübergang: ab Werk des Verkäufers (Exporteurs)
  - Kostenübergang: dto.

- **FOB** = **f**ree **on b**oard
  - Gefahrübergang: ab Überschreiten der Reling des Schiffs im vereinbarten Verschiffungshafen
  - Kostenübergang: dto.

- **CIF** = **c**ost, **i**nsurance, **f**reight (= FOB + Fracht + Versicherung)
  - Gefahrübergang: ab Überschreiten der Reling des Schiffs im vereinbarten Verschiffungshafen
  - Kostenübergang: im Bestimmungshafen des Importeurs

7.6 Leistungsstörungen

Erfüllt der Schuldner oder der Gläubiger seine Pflichten aus dem Kaufvertrag nicht ordnungsgemäß, so spricht man von Leistungsstörungen. Dabei unterscheidet man die folgenden Formen:

Leistung kann nicht erbracht werden	Leistung wird schlecht erbracht	Leistung wird zu spät erbracht	Leistung wird nicht angenommen	SONSTIGE PFLICHTVERLETZUNGEN
UNMÖGLICHKEIT	SCHLECHTLEISTUNG	SCHULDNERVERZUG	GLÄUBIGERVERZUG	
§§ 275 ff., 311, 326 BGB	§§ 437 ff. BGB	§§ 286 ff., 326 BGB	§§ 293 ff. BGB	§§ 241, 280 ff. BGB
Der Leistungsschuldner kann die Leistung nicht mehr erbringen.	Die Sache ist nicht frei von Sach- oder Rechtsmängeln.	Die Leistung wurde nicht rechtzeitig erbracht.	Die Leistung wurde nicht rechtzeitig angenommen.	▪ Positive Vertragsverletzung ▪ culpa in contrahendo
Unmöglichkeit s. 7.6.1	Mangelhafte Lieferung s. 7.6.2	Lieferungsverzug s. 7.6.3.2 Zahlungsverzug s. 7.6.3.3	Annahmeverzug s. 7.6.4	pVv s. 7.6.5.1 c.i.c. s. 7.6.5.2

7.6.1   Unmöglichkeit

7.6.1.1   Definition und Formen

Kann der Leistungsschuldner die Leistung nicht erbringen, die im Kaufvertrag mit dem Vertragspartner vereinbart war, so liegt Unmöglichkeit vor. Wichtiges Kriterium für eine Entscheidung, ob Unmöglichkeit vorliegt oder evtl. eine Form des Verzuges, ist die Frage nach dem **Können** oder **Wollen**. Ist die Leistung für den Schuldner nachholbar oder liegt nur ein vorübergehendes Leistungshindernis vor, kann grundsätzlich davon ausgegangen werden, dass keine Unmöglichkeit, sondern eine Form des Schuldnerverzuges vorliegt.

Die **Arten** der Unmöglichkeit werden anhand der nachfolgenden Beispiele genauer beschrieben:

Beispiel 1

Bruno Bräsig trifft Friedrich Fritzenkötter beim Spazierengehen auf der Straße. Er erzählt ihm, dass er aus Allergiegründen seinen Dackel Godzilla nicht mehr behalten könne und verkaufen wolle. Sie einigen sich auf den Preis von 125,00 EUR. Bräsig will am nächsten Tag den Hund zu Fritzenkötter bringen und übereignen.

- **Variante 1:**
  Was beide bei Vertragsschluss nicht wussten: Godzilla war bereits am Morgen des Tages des Vertragsschlusses verstorben.

- **Variante 2:**
  Godzilla verstirbt am Tage der Übereignung kurz vor der Übereignung.

- **Variante 3:**
  Bräsig fährt am Tag der Übergabe rückwärts aus der Garage und übersieht Godzilla. Der Hund ist sofort tot.

- **„Wann ist die Unmöglichkeit eingetreten?"**
  War die Leistung bereits vor Vertragsschluss unmöglich geworden, liegt **anfängliche Unmöglichkeit** vor (Variante 1). Trat die Unmöglichkeit jedoch erst zu einem Zeitpunkt ein, der dem Vertragsschluss nachgelagert war, so spricht man von **nachträglicher Unmöglichkeit** (Variante 2).

- **„Wer hat die Unmöglichkeit zu vertreten?"**
  Hat der Leistende die Unmöglichkeit selbst verschuldet (Variante 3), handelt es sich um die **zu vertretende Unmöglichkeit.** Andernfalls (Varianten 1 und 2) liegt die **nicht zu vertretende Unmöglichkeit** vor.

Beispiel 2

Bruno Bräsig trifft wiederum Friedrich Fritzenkötter beim allabendlichen Spaziergang. Bräsig erzählt Fritzenkötter, dass er einen Rauhaardackel, männlich, 1 Jahr, zu verkaufen habe.

- **„Wem ist die Leistung unmöglich geworden?"**
  Kann die Leistung von keinem Menschen mehr erbracht werden, so ist sie **objektiv** unmöglich geworden. Dies ist bei Godzilla (Beispiel 1) der Fall, da es sich hier um eine **Stückschuld** (nicht vertretbare Sache) handelt.

Der Rauhaardackel (Beispiel 2) ist bei Abschluss des Kaufvertrages lediglich nach Rasse, Geschlecht und Alter definiert worden. Somit handelt es sich um eine **Gattungsschuld** (vertretbare Sache), die zurzeit nur vom Schuldner nicht erbracht werden kann. Grundsätzlich möglich ist die Leistung noch. Daher spricht man hier von subjektiver Unmöglichkeit.

Die Rechtsfolgen für Schuldner und Gläubiger ergeben sich aus der Art der Unmöglichkeit. Die größte Bedeutung hat in diesem Zusammenhang, **ob der Schuldner die Unmöglichkeit zu vertreten hat.** Als nachrangig kann der Sachverhalt der anfänglichen und nachträglichen Unmöglichkeit betrachtet werden.

7.6.1.2 Rechtsfolgen der Unmöglichkeit

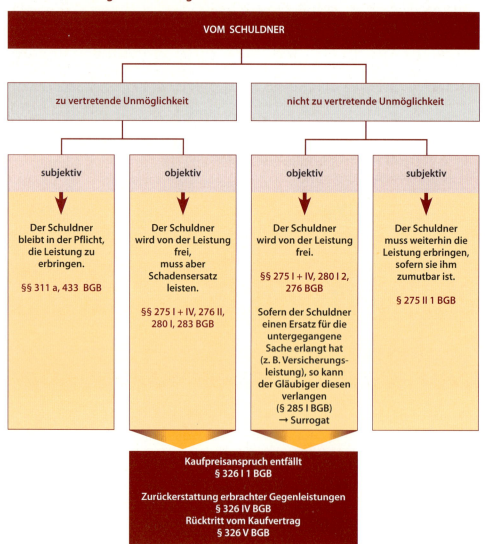

7.6.2 Die mangelhafte Lieferung (Schlechtleistung)

Im Gesetz wird zunächst nicht der Mangel, sondern die Mangelfreiheit definiert (§§ 434f. BGB). Dementsprechend haftet der Schuldner der Sache, falls Rechts- oder Sachmängel vorliegen. Zusätzlich muss überprüft werden, inwieweit der jeweilige Mangel erkennbar ist.

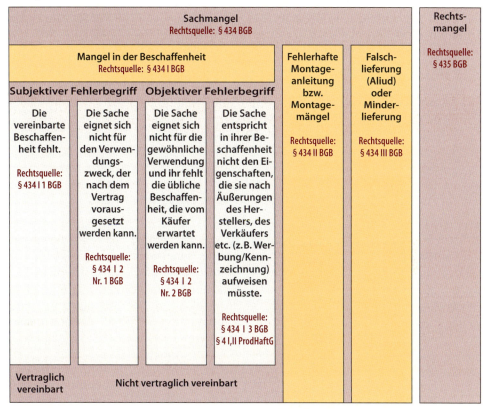

Sachmangel Rechtsquelle: § 434 BGB				Fehlerhafte Montage-anleitung bzw. Montage-mängel Rechtsquelle: § 434 II BGB	Falsch-lieferung (Aliud) oder Minder-lieferung Rechtsquelle: § 434 III BGB	Rechts-mangel Rechtsquelle: § 435 BGB
Mangel in der Beschaffenheit Rechtsquelle: § 434 I BGB						
Subjektiver Fehlerbegriff	Objektiver Fehlerbegriff					
Die vereinbarte Beschaffen-heit fehlt. Rechtsquelle: § 434 I 1 BGB	Die Sache eignet sich nicht für den Verwen-dungs-zweck, der nach dem Vertrag voraus-gesetzt werden kann. Rechtsquelle: § 434 I 2 Nr. 1 BGB	Die Sache eignet sich nicht für die gewöhnliche Verwendung und ihr fehlt die übliche Beschaffen-heit, die vom Käufer erwartet werden kann. Rechtsquelle: § 434 I 2 Nr. 2 BGB	Die Sache entspricht in ihrer Be-schaffenheit nicht den Ei-genschaften, die sie nach Äußerungen des Her-stellers, des Verkäufers etc. (z. B. Wer-bung/Kenn-zeichnung) aufweisen müsste. Rechtsquelle: § 434 I 3 BGB § 4 I,II ProdHaftG			
Vertraglich vereinbart	Nicht vertraglich vereinbart					

7.6.2.1 Sachmängel

➤ Mangel in der Beschaffenheit

a. **§ 434 I 1 BGB:** Entscheidend für die Mangelhaftigkeit der Ware ist die **ausdrück-liche bzw. stillschweigende Vereinbarung,** die bezüglich des Qualitätsstandards vertraglich getroffen worden ist. Der Mangel gilt hier nur **subjektiv** für diesen Gläubiger, weil die Ware für die von ihm geplante Verwendung nicht geeignet ist.

Beispiel Bruno Bräsig will sein Treppenhaus mit einer bestimmten Wischtechnik gestal-ten. Dazu benötigt er einen Farbton, den er in einer Wohnzeitschrift entdeckt hat. Er geht mit der Zeitschrift zu Malermeister Pinsel. Dieser verkauft ihm einen bestimmten Farbton mit der Zusicherung, das sei schon der richtige. Zu Hause stellt Bräsig fest, dass der Farbton dem gewünschten nicht einmal ähnelt.

b. § 434 I 2 Nr. 1 BGB: Die Beschaffenheit wird nicht vertraglich vereinbart. Aufgrund langjähriger Geschäftsbeziehungen zwischen den Vertragspartnern oder dem Vertragsschluss vorangehender und zugrunde liegender Vereinbarungen kann die entsprechende Beschaffenheit jedoch als selbstverständlich vorausgesetzt werden.

> **Beispiel**
> Bruno Bräsig hat mit Malermeister Pinsel besprochen, dass er die Farbe für die bestimmte Wischtechnik benötigt. Pinsel verkauft ihm zwar den richtigen Farbton, allerdings eine Farbqualität, die sich nur für das Streichen von Raufasertapete eignet.

c. § 434 I 2 Nr. 2 BGB: Die gekaufte Ware sollte für die gewöhnliche Verwendung geeignet sein und außerdem die Beschaffenheit aufweisen, die der Käufer bei Waren derselben Art und Güte erwarten kann, weil sie in diesem Zusammenhang üblich ist.

> **Beispiel**
> Die von Malermeister Pinsel empfohlene Farbe hat genau den richtigen Farbton und lässt sich hervorragend verarbeiten. Leider stellt Bräsig aber bereits nach einem Jahr fest, dass der ursprünglich terracotta-farbene Rotton inzwischen zu einem peinlichen Rosa verblasst ist. Üblicherweise sind diese Farben aber lichtecht und mindestens 5 Jahre haltbar.

d. § 434 I 3 BGB: Diese Vorschrift korrespondiert mit dem Produkthaftungsgesetz (hier § 4 I, II ProdHaftG). Danach haftet der Hersteller und der Verkäufer für öffentliche Aussagen bezüglich des Produktes, die durch Werbung, Produktbeschreibungen etc. Kunden dazu veranlassen könnten, die Sache kaufen zu wollen.

> **Beispiel**
> Für die von Bräsig bevorzugte Wischtechnik benötigt dieser einen speziellen Quast. Der Farbenhersteller bietet einen solchen mit der Aussage an: „Farbe und Quast aus einer Hand – tropffrei gestalten auf der Wand". Da Bräsig über eine hochwertige Vollholztreppe verfügt, kommt ihm dieser Sachverhalt sehr gelegen. Vorsichtig deckt er zwar die Stufen, aber nicht das Geländer ab, weil er der Auffassung ist, dass bei tropffreier Verarbeitung selbst das Stufenabkleben übertrieben vorsichtig sei. Es stellt sich aber heraus, dass die Borsten des Quasts so hart sind, dass ohne Spritzer kein einziger Strich zu machen ist.

Der Gesetzgeber hat somit Hersteller, Händler und Werbeindustrie dazu aufgerufen, seriös und insbesondere nicht irreführend Werbung zu betreiben.

➤ Fehlerhafte Montageanleitung bzw. Montagemängel

Durch § 434 II BGB wird die steigende Zahl von Kaufverträgen berücksichtigt, die Produkte zum Gegenstand haben, die

- durch den Verkäufer bzw. seinen Erfüllungsgehilfen (§ 278 BGB) gemäß § 434 II 1 BGB oder
- durch den Käufer selber

zusammengebaut bzw. montiert werden müssen.

Ein Sachmangel liegt dementsprechend auch dann vor, wenn die Einzelteile der Ware zwar fehlerfrei sind, diese aber nicht fehlerfrei montiert wurden. Hierbei ist es unbedeutend, ob der Verkäufer die Sache fehlerhaft montiert hat oder ob aufgrund der unverständlichen Montageanleitung der Käufer nicht in der Lage war, die Montage fehlerfrei auszuführen.

Der Montageanleitung bei zur Selbstmontage bestimmten Produkten kommt eine große Bedeutung zu, da ohne diese Anleitung in vielen Fällen ein zielführender Zusammenbau nicht möglich ist. Dadurch wird die Anleitung selbst zum zentralen **Bestandteil des Kaufvertrages.** Viele dieser Produkte, insbesondere Möbel, kommen aus ost- oder nordeuropäischen Ländern, sodass eine sachgerechte Übersetzung notwendig wird.

> **Beispiel**
>
> Klaudia Klappstein fährt zu einem skandinavischen Möbelhaus und kauft einen Schrank, den sie – in Einzelteilen verpackt – gut in ihrem Kleinwagen transportieren kann. Zu Hause angekommen macht sie sich sofort daran, den Schrank zusammenzubauen. Aufgrund der missverständlichen Anleitung sind die Türen nach Fertigstellung nicht zu öffnen.

Ist die Montageanleitung zwar fehlerhaft, der Kunde aber dennoch in der Lage, die Sache **fehlerfrei** zusammenzubauen, liegt kein Sachmangel vor (§ 434 II 3 BGB).

Mit der mangelhaften Montageanleitung korrespondiert die missverständliche, unvollständige oder fehlerhafte **Betriebsanleitung.** Kommt es daraufhin zu Bedienungsfehlern, ist dies ebenfalls als Sachmangel zu bewerten.

> **Beispiel**
>
> Gabriele Gimpel ist eine reizende ältere Dame und liebt ihre Siamkatze über alles. Daher kümmert sie sich rührend um das Tier. Auch im Winter muss die Katze gebadet werden. Damit sich das wertvolle Tier nicht erkältet, will Frau Gimpel das Fell möglichst schnell trocknen und setzt ihre Katze in die Mikrowelle.
>
> Ist in der Mikrowellen-Bedienungsanleitung nicht explizit aufgeführt, dass das Gerät zum Trocknen von Haustieren ungeeignet ist, macht sich der Hersteller schadensersatzpflichtig.

➤ Falschlieferung (Aliud) oder Minderlieferung

Gemäß § 434 III BGB liegt ein Sachmangel ebenfalls vor, wenn

- ein falsches Produkt oder
- zwar das richtige Produkt, aber in einer zu geringen Menge geliefert wurde.

Beim Aliud ist es unbedeutend, ob eine vergleichbare Qualität geliefert wurde, da der Erfüllungsversuch des Lieferanten sich nicht auf das bestellte Produkt bezieht.

> **Beispiel**
>
> Bruno Bräsig bestellt 20 Pasta-Teller.
> - Er erhält 20 Pasta-Löffel.
> - Er erhält 15 Pasta-Teller.

7.6.2.2 Rechtsmängel

Nach § 435 BGB liegt ein Rechtsmangel vor, wenn ein Dritter gegenüber dem Käufer bezüglich des Kaufgegenstandes Rechte geltend machen kann.

Beispiel
Bruno Bräsig kauft von Friedobald Hubendudel ein Auto. Hubendudel hatte das Fahrzeug unter Eigentumsvorbehalt erworben und noch nicht alle Raten bezahlt.

7.6.2.3 Unterscheidung der Mängel im Hinblick auf die Entdeckbarkeit

> **Offene Mängel**

Offene Mängel sind Mängel, die bei sorgfältiger Prüfung der Kaufsache bereits bei der Übergabe sofort erkennbar sind.

Beispiel
Bruno Bräsig kauft von Friedobald Hubendudel ein Auto. Am Tag der Übergabe entdeckt Bräsig eine neue Beule, die bei Vertragsschluss noch nicht vorhanden war.

> **Versteckte Mängel**

Versteckte Mängel sind Mängel, die selbst bei sorgfältiger Prüfung der Kaufsache bei der Übergabe nicht sofort erkennbar sind und sich erst bei späterem Gebrauch zeigen.

Beispiel
Bruno Bräsig kauft von Friedobald Hubendudel ein Auto. Das Fahrzeug wird übergeben und bezahlt. Als Bräsig zwei Wochen später die Reifen wechseln lässt, entdeckt er im Radgehäuse eine Roststelle, die so groß ist, dass man bis in den Motorraum schauen kann.

> **Arglistig verschwiegene Mängel**

Arglistig verschwiegene Mängel sind Mängel, die der Verkäufer absichtlich und wissentlich (Vorsatz) verschweigt, da er davon ausgehen muss, dass der Käufer bei Kenntnis die Kaufsache gar nicht oder nur zu einem niedrigeren Preis erwerben würde.

Beispiel
Bruno Bräsig kauft von Friedobald Hubendudel ein Auto. Hubendudel verschweigt Bräsig auch auf Nachfrage, dass das Fahrzeug bereits einen Unfallschaden hat.

Keller und Garage unter Wasser

Ein Hausgrundstück wurde unter Ausschluss der Haftung für Sachmängel verkauft. Der Verkäufer verschwieg allerdings arglistig, dass bei starken Regenfällen Oberflächen- und Grundwasser in Garage und Keller eindringen. Der Vertrag konnte ohne Fristsetzung zur Nacherfüllung rückabgewickelt werden, weil der Verkäufer ja bereits im Vorfeld die Möglichkeit hatte, sich vor der Rückabwicklung zu schützen, indem er auf die Mängel hingewiesen hätte.

Aktenzeichen: V ZR 249/05 (BGH-Beschluss vom 06.12.2006)

7.6.2.4 Rechtsfolgen

7.6.2.4.1 Gewährleistungsrechte des Käufers – Überblick

OHNE FRISTSETZUNG		MIT FRISTSETZUNG = Ablauf einer angemessenen Frist zur Nacherfüllung			
Nacherfüllung § 437 Nr. 1 i.V.m. § 439 BGB	**Schadensersatz** neben der Leistung § 280 I BGB	**Minderung** § 437 Nr. 2 i.V.m. § 441 BGB	**Rücktritt vom Kaufvertrag** § 437 Nr. 2 i.V.m. §§ 440, 323, 326 V BGB	**Schadensersatz statt der Leistung** § 437 Nr. 3 i.V.m. §§ 440, 280, 281, 283, 311 a BGB	**Ersatz vergeblicher Aufwendungen** § 437 Nr. 3 i.V.m. § 284 BGB
Der Verkäufer hat die Möglichkeit der ■ **Mängel-beseitigung** oder ■ **Nachlieferung.** Der Verkäufer muss die Chance bekommen, d.h. eine angemessene Frist erhalten, die Leistung fertig zu stellen (nicht erst mit der Leistungserbringung zu beginnen). Der Verkäufer trägt die Kosten. !!! Vgl. dazu: Urteil des BGH vom 23.02.2005 – VIII ZR 100/04 !!!	Der Schadensersatzanspruch entsteht zusätzlich zur Leistung, die der Verkäufer erbringen muss. Wenn der Käufer die nachgebesserte Sache behält, kann er außerdem noch Schadensersatzansprüche geltend machen, sofern ihm Auslagen, Gewinnausfall etc. entstanden sind, weil der Verkäufer die Sache nicht rechtzeitig im ordnungsgemäßen Zustand übergeben hat.	Das Recht auf Minderung gilt für alle Mängel, auch solche, die als unerheblich eingestuft werden.	Der Käufer kann dann vom Vertrag zurücktreten, wenn der Verkäufer zweimal erfolglos versucht hat nachzubessern (§ 440 II BGB). Ist die Pflichtverletzung des Verkäufers unerheblich oder der Käufer für den Rücktrittsgrund selbst verantwortlich (§§ 323 V, VI BGB), so ist das Rücktrittsrecht des Käufers ausgeschlossen.	Der Käufer gibt den mangelhaften Gegenstand zurück und erhält den Mangelschaden und zusätzlich (sofern entstanden) den Mangelfolgeschaden ersetzt.	Hat der Käufer Aufwendungen gemacht, die er im Vertrauen auf den Erhalt der Leistung getätigt hat und auch tätigen durfte, so erhält er diese vom Verkäufer ersetzt.
Der Käufer und der Verkäufer haben das Recht auf den Versuch der Nacherfüllung (§ 437 Nr. 1 BGB). Erst wenn die Nacherfüllung erfolglos war, kann der Käufer auf die Rechte gem. § 437 Nr. 2 u. 3 BGB zurückgreifen.		**A L T E R N A T I V**			

7.6.2.4.2 Gewährleistungsrechte des Käufers – Ablauf

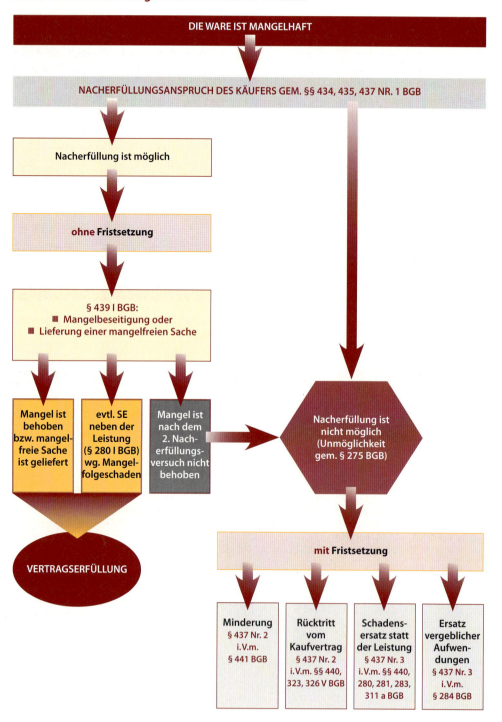

DIE WARE IST MANGELHAFT

NACHERFÜLLUNGSANSPRUCH DES KÄUFERS GEM. §§ 434, 435, 437 NR. 1 BGB

Nacherfüllung ist möglich

ohne Fristsetzung

§ 439 I BGB:
■ Mangelbeseitigung oder
■ Lieferung einer mangelfreien Sache

Mangel ist behoben bzw. mangelfreie Sache ist geliefert

evtl. SE neben der Leistung (§ 280 I BGB) wg. Mangelfolgeschaden

Mangel ist nach dem 2. Nacherfüllungsversuch nicht behoben

Nacherfüllung ist nicht möglich (Unmöglichkeit gem. § 275 BGB)

VERTRAGSERFÜLLUNG

mit Fristsetzung

Minderung
§ 437 Nr. 2
i.V.m.
§ 441 BGB

Rücktritt vom Kaufvertrag
§ 437 Nr. 2
i.V.m. §§ 440, 323, 326 V BGB

Schadensersatz statt der Leistung
§ 437 Nr. 3
i.V.m. §§ 440, 280, 281, 283, 311 a BGB

Ersatz vergeblicher Aufwendungen
§ 437 Nr. 3
i.V.m.
§ 284 BGB

7.6.2.5 Gewährleistung und Verjährung der Gewährleistung

➤ Abgrenzung von Gewährleistung und Garantie

Der Verkäufer hat dem Käufer die Sache grundsätzlich frei von Mängeln und von Rechten Dritter zu übereignen. Tut er dies nicht, muss er für die Fehlerhaftigkeit haften. Bei Mangelhaftigkeit der Ware stehen dem Käufer die in 7.6.2.4 dargestellten Rechte zu. Diese Rechte kann der Käufer gegenüber dem Verkäufer durchsetzen. Sie sind gesetzlich festgelegt und können – insbesondere beim Verbrauchsgüterkauf – nicht vertraglich ausgeschlossen werden. Sofern sich der Verkäufer dazu verpflichtet, dem Käufer weitergehende Rechte oder eine vereinfachte Abwicklung zuzusagen, wird hierüber ein weiterer Vertrag geschlossen: der **Garantievertrag.** Dem Käufer stehen dann hieraus im Garantiefall unbeschadet der gesetzlichen Ansprüche Rechte aus der Garantie zu (§ 443 BGB). Diese Rechte werden aus der Garantieerklärung und den Bedingungen aus der einschlägigen Werbung abgeleitet und gegenüber demjenigen geltend gemacht, der die Garantie eingeräumt hat. Durch die Garantie können gesetzliche Gewährleistungsansprüche nicht ausgeschlossen oder gesetzliche Gewährleistungsfristen nicht verkürzt werden.

➤ Verjährung der Gewährleistung

Die gesetzlichen Gewährleistungsansprüche unterliegen der Verjährung, d.h., dass der Verkäufer die Erfüllung der Rechte verweigern kann, die dem Käufer wegen Mangelhaftigkeit der Kaufsache zustehen (Einrede der Verjährung, s. 6.7.2.1).

VERJÄHRUNGSFRISTEN				
1 Jahr (§ 475 II BGB) für offene und versteckte Mängel bei beweglichen gebrauchten Sachen, die der Verbraucher vom Unternehmer kauft Beginn: nach Ablieferung (§ 438 II BGB)	**2 Jahre** (§ 438 I Nr. 3 BGB) für offene und versteckte Mängel bei beweglichen und unbeweglichen Sachen ■ Beginn: nach Ablieferung (§ 438 II BGB) ■ Beim Verbrauchsgüterkauf (§ 476 BGB) wird bei Auftreten von Sachmängeln innerhalb von 6 Monaten nach Ablieferung unterstellt, dass die Sache bereits bei Ablieferung mangelhaft war.	**3 Jahre** (§ 438 III BGB) für arglistig verschwiegene Mängel Beginn: mit Schluss des Jahres, in dem der Anspruch entstanden ist (§ 199 I BGB) → regelmäßige Verjährung	**5 Jahre** (§ 438 I Nr. 2 BGB) für Mängel an Bauwerken bzw. bei Sachen, die naturgemäß für ein Bauwerk verwendet wurden und die Mangelhaftigkeit des Bauwerks verursacht haben Beginn: mit Übergabe des Grundstücks bzw. der eingebauten Sache (§ 438 II BGB)	**30 Jahre** (§ 438 I Nr. 1 BGB) für Mängel, die in einem *dinglichen Herausgaberecht eines Dritten oder in einem sonstigen in das Grundbuch eingetragenen Recht bestehen. Beginn: mit Übergabe des Grundstücks (§ 438 II BGB) *dingliche Rechte = Rechte an einem Grundstück, ohne dass sich die Eigentumsrechte ändern, z.B. Erbbau-, Wohnungsrecht, Nießbrauch
Besonderheiten beim Handelskauf (= beide Vertragspartner sind Kaufleute): Bei offenen und versteckten Mängeln gilt die unverzügliche Untersuchungs- und Rügepflicht (§ 377 HGB), bei arglistig verschwiegenen Mängeln die regelmäßige Verjährungsfrist. Die zweijährige Gewährleistungsfrist kann unter Kaufleuten nach AGB verkürzt werden.				

7.6.2.6 Besonderheiten beim Verbrauchsgüterkauf

> ➤ **Definition (§ 474 BGB)**

Beim so genannten Verbrauchsgüterkauf handelt es sich um einen Kaufvertrag zwischen einem Verbraucher (§ 13 BGB) und einem Unternehmer (§ 14 BGB).

> ➤ **Einschränkung der Vertragsfreiheit (§ 475 BGB)**

Werden Vereinbarungen (AGB bzw. weitere Individualvereinbarungen) im Kaufvertrag getroffen, die von den gesetzlichen Mindestregeln abweichen, dürfen diese den Verbraucher nicht schlechter stellen als die gesetzlichen Vorschriften über die Gewährleistungsrechte.

Bei gebrauchten Sachen kann die Gewährleistungsfrist auf ein Jahr verkürzt werden. Bei neuen Sachen und bei fehlender Vereinbarung gilt immer die Zweijahresfrist. Formulierungen wie „… gekauft wie gesehen …" oder „… unter Ausschluss jeglicher Gewährleistung …" sind ausgeschlossen.

Durch die lange Gewährleistungsfrist von zwei Jahren stehen viele Händler und Hersteller vor dem Problem, Ersatzteile etc. für einen langen Zeitraum lagern zu müssen. Um die Gewährleistung ganz zu umgehen oder die Frist zu verkürzen, greifen viele Händler zu unlauteren Methoden.

Beispiel | Gebrauchtwagenhändler Schlemil bietet einen 5 Jahre alten Minivan als „rollenden Schrott" an, allerdings unter den Angabe „TÜV neu". Damit will er die Gewährleistungsfrist von einem Jahr für gebrauchte Sachen umgehen. Diese Vorgehensweise ist jedoch nicht zulässig!

Ein weiteres Problem entsteht bei der Abgrenzung der neuen zur gebrauchten Sache.

Beispiel | Fritz Fröhlich kauft sich ein Kanarienvogelweibchen, weil er gehört hat, dass diese besonders schön singen. Nach 14 Monaten bemängelt er beim Verkäufer, dass das Tier nicht singt. Der Verkäufer ist der Auffassung, dass der Vogel nicht neu war, weil das Weibchen bereits Eier gelegt und diese bebrütet habe. Daher gelte nur die Gewährleistungsfrist von einem Jahr.

Das „neue" Fohlen

Der BGH hat entschieden, dass ein sechs Monate altes Fohlen nicht als gebraucht anzusehen ist, weil es bisher weder zur Zucht noch als Reittier verwendet wurde.

Aktenzeichen: VIII ZR 3/06 (BGH-Urteil vom 16.11.2006)

> ➤ **Beweislastumkehr (§ 476 BGB)**

Werden Mängel innerhalb von 6 Monaten gerügt, unterstellt der Gesetzgeber, dass der Mangel bereits bei Übergabe vorgelegen hat.

Danach muss der Käufer nachweisen, dass er den Mangel an der Sache nicht verursacht hat.

➤ Sonderbestimmungen für Garantien (§ 477 BGB)

Die Garantieerklärung muss

- einfach und verständlich sein,
- auf Verlangen des Verbrauchers in Textform vorgelegt werden

und folgende Bestandteile enthalten:

- Hinweis auf die gesetzlichen Rechte und darauf,
- dass diese durch die Garantie nicht eingeschränkt werden,
- Inhalt der Garantie und
- alle wesentlichen Angaben, die zur Geltendmachung der Garantie im Garantiefall notwendig sind:
  - Dauer,
  - räumlicher Geltungsbereich,
  - Name und Anschrift des Garantiegebers.

7.6.2.7 Rückgriff des Unternehmers

Wenn ein mangelhaftes Produkt in den Handel gelangt ist, so betrifft dies i. d. R. nicht nur den Käufer und den Verkäufer, es sei denn, der Verkäufer ist auch gleichzeitig der Hersteller der Sache. In allen anderen Fällen ist zu überprüfen, welche Rechte der jeweilige Händler mit der zurückgenommenen Sache gegenüber seinem Lieferanten hat.

Geregelt ist dies auf der Basis des Verbrauchsgüterkaufs (§ 478 BGB). Somit werden demjenigen Unternehmer, der die Sache vom Verbraucher zurücknehmen musste, dieselben Rechte zugestanden, wie dem Verbraucher auch (s. 7.6.2.4). Jedes Glied der Liefererkette kann auf seinen Lieferanten zurückgreifen, sodass letztendlich der Hersteller alle Rückabwicklungskosten zu tragen hat.

7.6.3 Schuldnerverzug

Durch den Kaufvertrag begründen die Vertragsparteien gegenseitig Rechte und Pflichten. Sie schulden sich jeweils gegenseitig die vereinbarte Leistung:

- Übergabe und Übereignung der Ware,
- Übergabe und Übereignung des Geldes.

Um zu bestimmen, ob sich eine der Parteien im Verzug befindet, muss zunächst geklärt werden, was unter einem Verzug zu verstehen ist und welche Voraussetzungen gelten, damit sich die Partei im Verzug befindet.

7.6.3.1 Verzugsvoraussetzungen des Schuldnerverzuges

➤ Fälligkeit (§§ 271, 286 BGB)

Unter Fälligkeit versteht man den Zeitpunkt, von dem ab der Gläubiger die Leistung (Übergabe und Übereignung) verlangen kann (s. 7.5.2). Wenn der Schuldner seine Leistung nicht bis zu dem Zeitpunkt erbringt, bis zu dem er spätestens erfüllen müsste, so befindet er sich im Verzug.

➤ Mahnung (§ 286 I – III BGB)

Variante A gem. § 286 I 1 BGB:

- Der Schuldner kommt durch Mahnung in Verzug, nachdem die Fälligkeit eingetreten ist,
- wenn der Leistungszeitpunkt kalendermäßig nicht berechenbar ist.

  Beispiel
  „… zur sofortigen Lieferung …"
  „… ab 12. Dezember 20.. …"

Variante B gem. § 286 II BGB:

Der Schuldner kommt ohne Mahnung in Verzug, wenn

- der Zeitpunkt der Fälligkeit der Leistung (Zahlung) kalendermäßig bestimmt ist (vertraglich vereinbart);

  Beispiel
  „… zahlbar bis 15. November 20.."
  „… zahlbar 3 Wochen ab Rechnungsdatum"

- sich der Leistungszeitpunkt anhand eines der Leistung vorangehenden Ereignisses kalendermäßig bestimmen lässt (vertraglich vereinbart);

  Beispiel
  „… 2 Wochen nach Erhalt der Rechnung"
  „… 3 Wochen nach Erhalt der Ware"

- er selbst erklärt, dass er nicht leisten will (= Selbst-in-Verzug-Setzen);

- aus besonderen Gründen der sofortige Verzugseintritt zu rechtfertigen ist.

  Beispiel
  Guido Garçon betreibt ein Feinschmeckerrestaurant. Als er eines Morgens sein Restaurant betritt, steht aufgrund eines Wasserrohrbruches das Wasser bereits 10 cm hoch in der gesamten Etage. Sofort ruft er Klempnermeister Friedel Flansch an, der zusagt, die Angelegenheit bis 11:30 Uhr in Ordnung zu bringen, da Garçon andernfalls nicht öffnen kann und mit erheblichen Umsatzeinbußen zu rechnen ist.

Variante C gem. § 286 III BGB:

Der Schuldner kommt spätestens 30 Tage nach Zugang bzw. Fälligkeit der Rechnung (oder gleichwertiger Zahlungsaufforderung) in Verzug, sofern der Gläubiger auf eine Mahnung verzichtet hat.

Wichtig: Dies gilt gegenüber Verbrauchern allerdings nur dann, wenn diese auf die Folgen in der Rechnung (Zahlungsaufstellung) ausdrücklich hingewiesen wurden.

➤ Verschulden (§ 286 IV BGB)

Der Schuldner kommt nicht in Verzug, wenn er zwar nicht leistet, die Umstände, die dazu geführt haben, aber nicht zu vertreten hat. Damit haftet der Schuldner nur dann, wenn er durch vorsätzliches oder fahrlässiges Verhalten den Verzug selbst verursacht hat. Dasselbe gilt natürlich auch für seinen Erfüllungsgehilfen (§ 278 BGB).

- **Vorsätzlich** handelt derjenige, der wissentlich und willentlich einen bestimmten Erfolg herbeiführt.
- **Fahrlässig** handelt dagegen derjenige, der die aus seinem Tun resultierende Konsequenz entweder nicht voraussieht oder hofft, dass sie durch sein Tun nicht eintritt (§ 276 II BGB).

7.6.3.2 Rechte des Käufers beim Lieferungsverzug (Nicht-Rechtzeitig-Lieferung)

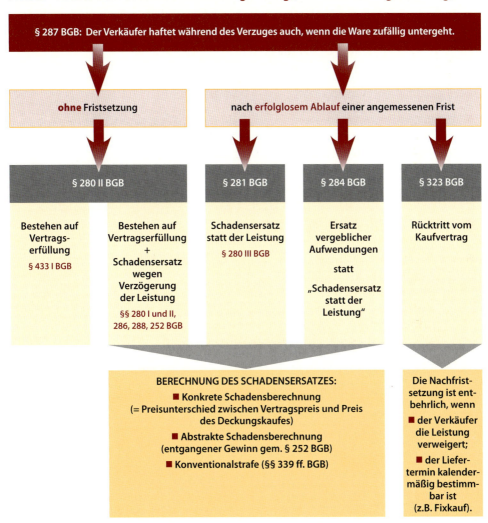

§ 287 BGB: Der Verkäufer haftet während des Verzuges auch, wenn die Ware zufällig untergeht.

ohne Fristsetzung

nach **erfolglosem Ablauf** einer angemessenen Frist

§ 280 II BGB

§ 281 BGB

§ 284 BGB

§ 323 BGB

Bestehen auf Vertrags-erfüllung

§ 433 I BGB

Bestehen auf Vertragserfüllung + Schadensersatz wegen Verzögerung der Leistung

§§ 280 I und II, 286, 288, 252 BGB

Schadensersatz statt der Leistung

§ 280 III BGB

Ersatz vergeblicher Aufwendungen

statt

„Schadensersatz statt der Leistung"

Rücktritt vom Kaufvertrag

BERECHNUNG DES SCHADENSERSATZES:
- ■ Konkrete Schadensberechnung (= Preisunterschied zwischen Vertragspreis und Preis des Deckungskaufes)
- ■ Abstrakte Schadensberechnung (entgangener Gewinn gem. § 252 BGB)
- ■ Konventionalstrafe (§§ 339 ff. BGB)

Die Nachfrist-setzung ist ent-behrlich, wenn
- ■ der Verkäufer die Leistung verweigert;
- ■ der Liefer-termin kalender-mäßig bestimm-bar ist (z.B. Fixkauf).

7.6.3.3 Rechte des Verkäufers beim Zahlungsverzug (Nicht-Rechtzeitig-Zahlung)

ohne Fristsetzung		nach **erfolglosem Ablauf** einer angemessenen Frist

§ 280 II BGB		**§ 281 BGB**	**§ 323 BGB**
Bestehen auf Vertragserfüllung	Bestehen auf Vertragserfüllung	Schadensersatz statt der Leistung	Rücktritt vom Kaufvertrag
§ 433 I BGB	**+** Schadensersatz wegen Verzögerung der Leistung	§ 280 III BGB	
	§§ 280 I und II, 286, 288, 252 BGB		
	kaufmännisches und gerichtliches Mahnverfahren (s. 7.8)		

BERECHNUNG DES SCHADENSERSATZES:

- Konkrete Schadensberechnung
(= Preisunterschied zwischen Vertragspreis und Preis, den der Verkäufer z. B. durch den Notverkauf erzielen kann)

- Verzugsschaden (§ 288 IV BGB)
(= Schaden, der dem Verkäufer entsteht, weil er das Geld nicht erhalten hat: Kosten für eine Zwischenfinanzierung, Mahn- und Inkassokosten)

- Verzugszinsen (§ 288 I – III BGB)

• *Grundsatz:* § 288 I BGB:
5 % über Basiszins (§ 247 BGB)

• *Zweiseitiger Handelskauf:* § 288 II BGB:
8 % über Basiszins (§ 247 BGB)

Der Basiszins ändert sich zum 1. Januar bzw. zum 1. Juli nach Maßgabe der EZB, von der Deutschen Bundesbank im Bundesanzeiger bekannt gemacht. (www.bundesbank.de)

ODER

Alternative: § 288 III BGB:
der tatsächliche Zinssatz, der für die Inanspruchnahme eines Bankkredites (Dispo/Kontokorrent) entsteht

- Besonderheit
Wird im Rahmen des gerichtlichen Mahnverfahrens der Vollstreckungsbescheid beantragt und erlassen, so steht dem Gläubiger ab Erlass zusätzlich die Verzinsung auf die entstandenen Kosten (Rechtsanwaltsgebühren und Gerichtskosten) zu (§§ 699, 104 I 2 ZPO, § 288 I und II BGB).

Die Nachfristsetzung ist entbehrlich, wenn

- der Käufer die Zahlung verweigert;
- der Zahlungstermin kalendermäßig bestimmbar ist (z. B. zahlbar bis 20.05.2007).

7.6.4 Annahmeverzug als Gläubigerverzug

Die nachfolgenden Ausführungen beziehen sich auf den Warengläubiger (Käufer) und den Warenschuldner (Verkäufer). Der Geldgläubiger (Verkäufer) kann zwar ebenfalls in Verzug geraten, dies ist als eher seltener Fall aber als nachrangig zu betrachten.

Zu den im Verpflichtungsgeschäft vereinbarten Pflichten gehört auch die Annahme der jeweiligen Leistung. Demnach kommt gem. § 293 BGB der Gläubiger (Käufer) in Verzug, wenn er die Leistung des Schuldners (Verkäufers) nicht annimmt.

Dazu muss
- der Verkäufer dem Käufer
- die vereinbarte Leistung
- zur richtigen Zeit und
- am richtigen Ort
- mangelfrei anbieten.

7.6.4.1 Verzugsvoraussetzungen des Gläubigerverzugs

▶ Fälligkeit (§ 271 BGB)

Im Kaufvertrag wird üblicherweise ein Termin oder eine Frist vereinbart, wann die Warenlieferung erfolgen soll. Damit soll sichergestellt werden, dass der Verkäufer lieferbereit und der Käufer annahmebereit ist.

▶ Tatsächliches Angebot (§ 294 BGB)

Die Leistung muss dem Käufer so angeboten werden,
- wie es die Vertragsparteien vereinbart haben oder
- wie es der Verkehrssitte oder dem Handelsbrauch entsprechend üblich ist.

▶ Wörtliches Angebot (§ 295 BGB)

Wenn der Käufer gegenüber dem Verkäufer bereits erklärt hat, dass er nicht vorhat, die Ware anzunehmen, dann genügt es auch, wenn der Verkäufer mündlich oder telefonisch die Ware anbietet. Das tatsächliche, körperliche Angebot (§ 294 BGB) ist somit nicht notwendig, um den Käufer in Verzug zu setzen.

Das Angebot der Leistung und die Aufforderung, die Leistung anzunehmen, haben die gleiche Rechtswirkung.

> ▶ **Entbehrliches Angebot (§ 296 BGB)**

Haben die Vertragsparteien für die Lieferung oder Abholung einen Termin vereinbart, ist ein Angebot zur In-Verzug-Setzung des Käufers nicht notwendig.

> ▶ **Unvermögen des Schuldners (§ 297 BGB)**

Beim Annahmeverzug ist immer davon auszugehen, dass der Verkäufer seinerseits willens und in der Lage ist, seine Leistung zu erbringen. Kann er dies nicht, kommt der Käufer auch nicht in Verzug (da ggf. bereits ein Lieferungsverzug vorliegt).

> ▶ **Nichtannahme der Leistung durch den Käufer (§ 293 BGB)**

Letztendlich kommt es nun zum Annahmeverzug, wenn der Käufer die Leistung des Verkäufers nicht annimmt. Ob die Gründe dafür verschuldet oder unverschuldet sind, ist hier nicht von Belang.

7.6.4.2 Rechtliche Wirkungen des Annahmeverzugs

Durch den Annahmeverzug wird die Haftung des Verkäufers eingeschränkt und der Gefahrübergang geändert:

- **§ 300 I BGB**

  Der Verkäufer haftet während des Verzugs nur für Vorsatz und grobe Fahrlässigkeit.

- **§ 300 II BGB**

  Bei Gattungsschulden geht die Gefahr auf den Käufer über, sobald dieser mit der Annahme in Verzug kommt.

- **§ 326 II 1 BGB**

  Wenn aufgrund des Annahmeverzuges die Ware z.B. durch höhere Gewalt zerstört wird und somit Unmöglichkeit eintritt (§ 275 I BGB, s. 7.6.1), so behält der Verkäufer dennoch seinen Anspruch auf Gegenleistung (= Vergütungsgefahr).

7.6.4.3 Rechte des Verkäufers beim Annahmeverzug des Käufers

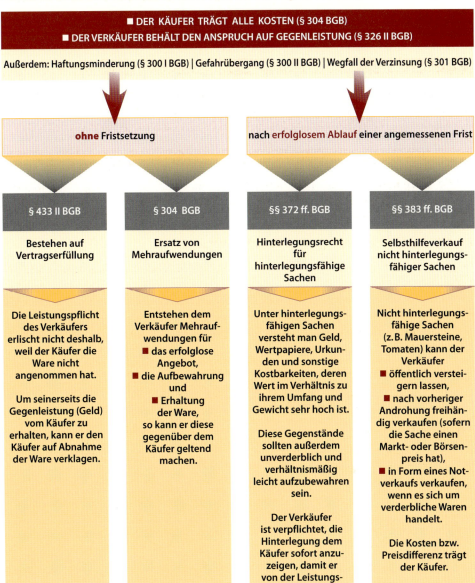

■ DER KÄUFER TRÄGT ALLE KOSTEN (§ 304 BGB)
■ DER VERKÄUFER BEHÄLT DEN ANSPRUCH AUF GEGENLEISTUNG (§ 326 II BGB)

Außerdem: Haftungsminderung (§ 300 I BGB) | Gefahrübergang (§ 300 II BGB) | Wegfall der Verzinsung (§ 301 BGB)

ohne Fristsetzung		nach erfolglosem Ablauf einer angemessenen Frist	
§ 433 II BGB	§ 304 BGB	§§ 372 ff. BGB	§§ 383 ff. BGB
Bestehen auf Vertragserfüllung	Ersatz von Mehraufwendungen	Hinterlegungsrecht für hinterlegungsfähige Sachen	Selbsthilfeverkauf nicht hinterlegungsfähiger Sachen
Die Leistungspflicht des Verkäufers erlischt nicht deshalb, weil der Käufer die Ware nicht angenommen hat. Um seinerseits die Gegenleistung (Geld) vom Käufer zu erhalten, kann er den Käufer auf Abnahme der Ware verklagen.	Entstehen dem Verkäufer Mehraufwendungen für ■ das erfolglose Angebot, ■ die Aufbewahrung und ■ Erhaltung der Ware, so kann er diese gegenüber dem Käufer geltend machen.	Unter hinterlegungsfähigen Sachen versteht man Geld, Wertpapiere, Urkunden und sonstige Kostbarkeiten, deren Wert im Verhältnis zu ihrem Umfang und Gewicht sehr hoch ist. Diese Gegenstände sollten außerdem unverderblich und verhältnismäßig leicht aufzubewahren sein. Der Verkäufer ist verpflichtet, die Hinterlegung dem Käufer sofort anzuzeigen, damit er von der Leistungspflicht befreit wird.	Nicht hinterlegungsfähige Sachen (z.B. Mauersteine, Tomaten) kann der Verkäufer ■ öffentlich versteigern lassen, ■ nach vorheriger Androhung freihändig verkaufen (sofern die Sache einen Markt- oder Börsenpreis hat), ■ in Form eines Notverkaufs verkaufen, wenn es sich um verderbliche Waren handelt. Die Kosten bzw. Preisdifferenz trägt der Käufer.

7.6.5 Sonstige Pflichtverletzungen

Bei sonstigen Pflichtverletzungen handelt es sich um alle schuldhaften Leistungsstörungen, die nicht oder nicht vollständig durch Unmöglichkeit, Verzug oder Mängelrecht abgedeckt werden können. Geklärt werden muss hier jeweils, inwieweit Schadensersatzpflicht entsteht.

7.6.5.1 Positive Vertragsverletzung gem. §§ 241 II, 280 BGB

▶ Sachverhalt

Es besteht zwar ein Schuldverhältnis, aber der Schuldner
- verletzt Nebenpflichten,
- verhält sich vertragswidrig oder
- unterlässt es, notwendige Informationen zu geben etc.

Beispiel

Schreiner Karl soll für das Fachwerkhaus von Bruno Bräsig mehrere neue Balken anfertigen und diese anschließend einbauen. Ordnungsgemäß führt er die Arbeit durch. Allerdings waren seine gelieferten Balken vom Holzwurm befallen, der schnell das gesamte Haus perforiert.

Durch das bisher dargestellte Leistungsstörungsrecht sind hier nur die mangelhaften, neu gelieferten Balken abgedeckt. Da aber der Schreiner seine Sorgfaltspflicht verletzt hat, wird er schadensersatzpflichtig auch in Bezug auf alle mit der Instandsetzung des Hauses einhergehenden Kosten.

▶ Rechtsfolgen

Folgende Rechte stehen dem Geschädigten zu:
- Schadensersatz (neben der Leistung) gem. §§ 280 I, 241 f., 249 ff. BGB;
- Schadensersatz (statt der Leistung) gem. §§ 280 I, III, 281 – 283, 241, 249 ff. BGB;
- Rücktritt (vom Kaufvertrag) gem. §§ 280 I, 323 f. BGB.

7.6.5.2 culpa in contrahendo gem. § 311 II + III BGB

▶ Sachverhalt

Häufig verletzt eine der Vertragsparteien bereits vor bzw. beim Vertragsschluss die ihr obliegenden Schutzpflichten.

Beispiel

Diesmal will Bruno Bräsig von Autohändler Schlemil einen gebrauchten PKW kaufen. Bei der Probefahrt bleibt der Wagen liegen und Bräsig muss mit einem Taxi die Heimreise antreten.

Bezogen auf das vorangegangene Beispiel muss zunächst geprüft werden, ob Schlemil aus deliktischer Haftung heraus schadensersatzpflichtig wird. Der Schadensersatzanspruch aus § 823 BGB greift allerdings nicht, da die Voraussetzungen für eine unerlaubte Handlung nicht gegeben sind.

Auch kann kein Schadensersatzanspruch aus einem schlecht erfüllten Vertrag geltend gemacht werden, da ja noch kein Kaufvertrag abgeschlossen worden ist. Dennoch muss Bräsig die Möglichkeiten haben, Schadensersatz zu erhalten.

▶ Rechtsfolgen

Durch den § 311 II und III BGB erhält der Geschädigte die Möglichkeit, Schadensersatz geltend zu machen, weil der Gesetzgeber die Phase der Vertragsanbahnung und des Vertragsabschlusses mit ähnlichen Rechten ausstattet wie die Vertragssituation selbst.

Der Geschädigte kann dementsprechend **Schadensersatz** gem. §§ 280 I, 311 II, III, 241 II, 249 ff. BGB verlangen.

7.7 Arten von Kaufverträgen

UNTERSCHEIDUNGSKRITERIEN FÜR KAUFVERTRAGSARTEN		
Vorschriften des BGB	**Ware (Art und Beschaffenheit)**	**Liefer- und Zahlungs- bedingungen**
Grundstückskauf (§ 311 b BGB) Veräußerung eines bebauten oder unbebauten Grundstücks durch einen notariell beurkundeten Vertrag	**Stückkauf** Veräußerung einer nicht vertretbaren Sache (s. 4.3)	**Terminkauf** Die Lieferung muss zu einem bestimmten Termin oder innerhalb einer vereinbarten Frist erfolgen.
Schiffskauf (§ 452 BGB) Veräußerung eines eingetragenen Schiffes oder Schiffsbauwerkes durch einen notariell beurkundeten Vertrag	**Gattungskauf (§ 243 BGB)** Veräußerung einer vertretbaren Sache. Wird die vertretbare Sache konkretisiert (z. B. durch Verladung), wird sie zu einer nicht vertretbaren Sache (wichtig für Unmöglichkeit, s. 7.6.1).	**Fixkauf** Sonderfall des Terminkaufs: Das Einhalten des Termins oder der Frist ist für das Geschäft von immenser Bedeutung, da die Leistungserbringung zu einem späteren Zeitpunkt nicht mehr sinnvoll ist.
Rechtskauf (§ 453 BGB) Neben Sachen können ebenso auch Rechte veräußert werden.	**Kauf auf Probe (§§ 454 ff. BGB)** Der Käufer kann innerhalb einer vereinbarten Frist entscheiden, ob er die Kaufsache behalten oder zurückgeben will (= aufschiebende Bedingung der Billigung).	**Sofortkauf** Die Ware ist sofort zu liefern und der Kaufpreis ist sofort zu zahlen.
Kauf auf Probe (§§ 454 ff. BGB) Der Käufer kann innerhalb einer vereinbarten Frist entscheiden, ob er die Kaufsache behalten oder zurückgeben will (= aufschiebende Bedingung der Billigung).	**Kauf nach Probe/Muster** Der Käufer erhält von der Kaufsache ein Muster, um anschließend dementsprechend eine größere Menge zu ordern, die die zugesicherten und geprüften Eigenschaften des Musters haben muss.	**Kauf auf Abruf** Verkäufer und Käufer vereinbaren eine Gesamtliefermenge. Die jeweiligen Liefertermine werden durch den Käufer zu einem späteren Zeitpunkt festgelegt.
Wiederkauf (§§ 456 ff. BGB) Veräußerung eines bebauten oder unbebauten Grundstücks durch einen notariell beurkundeten Vertrag	**Kauf zur Probe** Kauf einer kleinen Menge als Basis für die nachfolgende Bestellung einer größeren Menge	**Kommissionskauf (§§ 383 ff. HGB)** s. 5.7.4
Vorkauf (§§ 463 ff. BGB) Der Verkäufer behält sich das Recht vor, die Sache zurückkaufen zu dürfen.	**Spezifikations- oder Bestimmungskauf** Im Kaufvertrag werden zunächst nur einige Merkmale der Kaufsache genau festgelegt. Innerhalb einer bestimmten Frist hat der Käufer nun das Recht festzulegen, wie die Ausführung der zu liefernden Ware ausfallen soll. Dies kann mit Preisab- oder -aufschlägen verbunden sein.	
Verbrauchsgüterkauf (§§ 474 ff. BGB) Kaufverträge zwischen Verbrauchern (Käufer) und Unternehmern (Verkäufer) (s. 7.6.2.6)	**Ramschkauf** Eine gesamte Warenmenge wird ohne genaue Definition (meist zu einem geringen Preis) gekauft. Diese Verfahrensweise wird häufig bei den Einkäufern von so genannten Sonderpostenmärkten angewandt.	
Teilzahlungskauf und Ratenlieferungsvertrag (§§ 501 ff. BGB) Kaufvertrag zwischen Verbraucher und Unternehmer, bei dem die Ware in Teilmengen und die Zahlung in Raten erfolgen kann		
Erbschaftskauf (§ 2371 BGB) Der Erbe verkauft die gesamte Erbschaft durch einen notariell beurkundeten Vertrag.		

7.8 Exkurs: Mahnverfahren und Zivilprozess

Erfüllt eine Vertragspartei die ihr obliegende Pflicht nicht oder nur unzureichend, so steht der jeweils anderen Partei eine ganze Reihe von Rechten zu, wie sie die Leistung oder den Schadensersatz einfordern kann. Das schärfste Mittel ist in diesem Zusammenhang immer die Klage vor einem Zivilgericht (Eingangsinstanz Amts- oder Landgericht).

Der häufigste Fall ist die Zahlungsunwilligkeit oder -unfähigkeit des Käufers. Daher wird die außergerichtliche und gerichtliche Vorgehensweise hier exemplarisch dargestellt, basierend auf den Sachinhalten des Zahlungsverzuges (s. 7.6.3).

7.8.1 Das außergerichtliche (kaufmännische) Mahnverfahren

Der Käufer hat die Ware ordnungsgemäß erhalten und zahlt nicht, obwohl der Forderungsbetrag zur Zahlung fällig ist. Nach Eintritt der Fälligkeit kommt der Schuldner erst durch die Mahnung in Verzug (§ 286 I BGB). Ohne Mahnung in Verzug kommt der Schuldner in den Fällen des § 286 II und III BGB (s. 7.6.3.1).

Durch den Verzug hätte der Verkäufer an sich das Recht, direkt gerichtlich gegen den Schuldner vorzugehen. Dies wird er aber nicht tun, da grundsätzlich immer davon auszugehen ist, dass der Verkäufer an einer langfristigen geschäftlichen Beziehung interessiert ist. Insofern wird er allein aus Höflichkeitsgründen zunächst außergerichtlich versuchen, den Käufer zur Zahlung zu veranlassen.

> ▶ **Zahlungserinnerung (erste Mahnung)**

Die Zahlungserinnerung stellt rechtlich gesehen auch schon eine Mahnung dar. Im Zweifelsfall befindet sich der Schuldner immer nach der Zahlungserinnerung im Verzug. Sie ist eine höfliche Erinnerung an die Zahlungsverpflichtung des Käufers.

> ▶ **Mahnung**

Die nächste Mahnung ist nun auch schon als solche bezeichnet – meistens: „1. Mahnung", obwohl dies rechtlich nicht ganz korrekt ist. Hier wird nun ausdrücklich auf die Fälligkeit und einen letzten Zahlungstermin hingewiesen.

Sollte der Verkäufer noch eine weitere Mahnung versenden („2. Mahnung"), so wird spätestens in diesem Schreiben auf die Konsequenzen der Nichtzahlung hingewiesen (Kosten, Inkasso, Klage).

> ▶ **Anwaltliches Aufforderungsschreiben**

Die letzte Möglichkeit der außergerichtlichen Mahnung ist das sog. anwaltliche Aufforderungsschreiben. Hier wird der säumige Zahler vom Anwalt des Gläubigers zur Zahlung aufgefordert. Nun wird die Angelegenheit für den Schuldner auch schon wesentlich teurer, da er neben den Zinsen und den Mahnkosten auch die Kosten für die Inanspruchnahme des Rechtsanwaltes zu tragen hat.

In den meisten Fällen hat der Gläubiger seinem Rechtsanwalt bereits Klageauftrag und die Vollmacht zur Vertretung seiner Interessen in allen gerichtlichen Belangen erteilt. Dies teilt der Rechtsanwalt dem Schuldner ebenso mit wie die Aufstellung der einzelnen Forderungsbestandteile und die Hinweise auf Folgen des Fristversäumnisses.

> ▶ **Muster einer Prozessvollmacht**

VOLLMACHT

Der/die Unterzeichnende/-n erteilt/erteilen hiermit

Rechtsanwalt Norbert Klug

unbeschränkt Vollmacht in der Sache Theodor Dünnbrett e.K. ./. Eheleute Klappstuhl

wegen Geltendmachung einer Handwerkerleistung,

1. den oder die Vollmachtgeber außergerichtlich und gerichtlich gegenüber jedermann, insbesondere gegenüber allen Gerichten und Behörden zu vertreten;
2. zur Prozessführung (u.a. nach §§ 81 ff. ZPO) einschließlich der Befugnis zur Erhebung und Zurücknahme von Widerklagen;
3. zur Antragstellung in Scheidungs- und Scheidungsfolgesachen, zum Abschluss von Vereinbarungen über Scheidungsfolgen sowie zur Stellung von Anträgen auf Erteilung von Renten- und sonstigen Versorgungsauskünften;
4. zur Vertretung und Verteidigung in Strafsachen und Bußgeldsachen (§§ 302, 374 StPO) einschließlich der Vorverfahren sowie (für den Fall der Abwesenheit) zur Vertretung nach § 411 II StPO, mit ausdrücklicher Ermächtigung auch nach §§ 233 I, 234 StPO sowie mit ausdrücklicher Ermächtigung zur Empfangnahme von Ladungen nach § 45 a III StPO, zur Stellung von Straf- und anderen nach der Strafprozessordnung zulässigen Anträgen und von Anträgen nach dem Gesetz über die Entschädigung für Strafverfolgungsmaßnahmen, insbesondere auch für das Betragsverfahren;
5. zur Vertretung in sonstigen Verfahren und bei außergerichtlichen Verhandlungen aller Art (insbesondere in Unfallsachen zur Geltendmachung von Ansprüchen gegen Schädiger, Fahrzeughalter und deren Versicherer);
6. zur Begründung und Aufhebung von Vertragsverhältnissen und zur Abgabe und Entgegennahme von einseitigen Willenserklärungen (z. B. Kündigungen).

Die Vollmacht gilt für alle Instanzen und erstreckt sich auch auf Neben- und Folgeverfahren aller Art (z.B. Arrest und einstweilige Verfügung, Kostenfestsetzungs-, Zwangsvollstreckungs-, Interventions-, Zwangsversteigerungs-, Zwangsverwaltungs- und Hinterlegungsverfahren sowie Insolvenz- und Vergleichsverfahren über das Vermögen des Gegners). Sie umfasst insbesondere die Befugnis:

a. Zustellungen zu bewirken und entgegenzunehmen,
b. die Vollmacht ganz oder teilweise auf andere zu übertragen (Untervollmacht),
c. Rechtsmittel einzulegen, zurückzunehmen oder auf sie zu verzichten,
d. den Rechtsstreit oder außergerichtliche Verhandlungen durch Vergleich, Verzicht oder Anerkenntnis zu erledigen,
e. Geld, Wertsachen und Urkunden, insbesondere auch den Streitgegenstand und die vom Gegner, von der Justizkasse oder von sonstigen Stellen zu erstattenden Beträge entgegenzunehmen sowie
f. Akteneinsicht zu nehmen.

Zustellungen werden nur an den Bevollmächtigten, Herrn Rechtsanwalt Klug, erbeten.

Es wurde darauf hingewiesen, dass in Arbeitssachen der 1. Instanz auch im Falle des Obsiegens kein Kostenerstattungsanspruch besteht.

Der/die Vollmachtgeber ist/sind ausdrücklich mit der Speicherung der Daten und deren Verarbeitung durch EDV einverstanden.

Mehrere Vollmachtgeber haften als Gesamtschuldner

7.8.2 Das gerichtliche Mahnverfahren

Wenn der Käufer nun immer noch nicht bezahlt hat, kann sich der Gläubiger (meist nach Beratung mit seinem Rechtsanwalt) entscheiden, ob er

- das gerichtliche Mahnverfahren durchführen oder
- Klage vor dem zuständigen Zivilgericht einreichen

will.

Das gerichtliche Mahnverfahren ist nur dann für den Gläubiger (Antragsteller) empfehlenswert, wenn er davon ausgehen kann, dass der Schuldner (Antragsgegner) den Anspruch nicht bestreitet. Falls dieser Einwendungen erhebt, kommt es ohnehin zum Klageverfahren.

Das gerichtliche Mahnverfahren (§§ 688–703 d ZPO) bietet unter dieser Voraussetzung einige **Vorteile,** denn es ist

- **schneller,** weil weder eine mündliche Verhandlung stattfindet noch eine Beweisaufnahme vorgenommen werden muss;
- **einfacher,** weil das gesamte Verfahren durch den Einsatz von Formularen abgewickelt wird;
- **kostengünstiger,** da sowohl Gerichts- als auch Rechtsanwaltskosten in wesentlich geringerem Umfang anfallen.

Das gerichtliche Mahnverfahren ist grundsätzlich nur **für Ansprüche auf Zahlung einer Geldsumme** zulässig. Es ist jedoch gem. § 688 II ZPO ausgeschlossen:

- bei Zinsansprüchen eines Kreditgebers, wenn der anzugebende effektive Jahreszins (§§ 491–504 BGB = Verbraucherdarlehensvertrag, Finanzierungshilfen zwischen Unternehmer/Verbraucher) den bei Vertragsschluss geltenden Basiszinssatz um mehr als 12% übersteigt (§ 688 II Nr. 1 ZPO);
- wenn die geforderte Leistung von einer noch nicht erbrachten Gegenleistung abhängt (§ 688 II Nr. 2 ZPO, s. Zeile 52 des Mahnbescheidantrags auf S. 187);
- wenn der Mahnbescheid öffentlich zugestellt werden müsste (§ 688 II Nr. 3 ZPO), also bei unbekanntem Aufenthaltsort des Schuldners o.Ä.

7.8.2.1 Der Antrag auf Erlass des Mahnbescheids

▶ Zuständigkeiten

Die ZPO legt für das Mahnverfahren die so genannte ausschließliche Zuständigkeit fest, die dementsprechend durch die Parteien auch nicht vertraglich abgeändert werden darf. Zuständig ist unabhängig von der Höhe des Streitwertes das Amtsgericht, in dessen Bezirk der Antragsteller seinen allgemeinen Gerichtsstand hat (§ 689 II ZPO). Als Besonderheit für das maschinelle Mahnverfahren soll für jeden OLG-Bezirk ein zentrales Amtsgericht als Mahngericht eingerichtet werden (§ 689 III ZPO), bei dem die Mahnbescheidsachen durch die jeweiligen Rechtspfleger bearbeitet werden.

▶ Antrag

Als Antrag wird ein Formular ausgefüllt (s. S. 186 f., das Originalformular ist grün), das für jeden im Buchhandel erhältlich ist. Somit muss der Antragsteller nicht zwingend Rechtsbeistand haben. Der Antragsteller muss sich aber penibel an die Ausfüllhinweise (S. 188 f.) halten. Der Rechtspfleger prüft nicht die Richtigkeit der Angaben, da er dies nicht nachvollziehen kann, wohl aber, ob formal alle Vorgaben eingehalten wurden, die auch für eine ordnungsgemäße Zivilklage gelten. Ist dies nicht der Fall, erhält der Antragsteller eine Monierung, die den Antragsteller zur Nachbesserung verpflichtet.

Besonders wichtig für den Antragsteller ist die Möglichkeit, die Haftung des Antragsgegners für Verbindlichkeiten voll auszuschöpfen. Dies gilt insbesondere für Gesellschaftsformen wie die OHG und die KG, weil hier in Zeile 23–31 das Unternehmen als Antragsgegner und in Zeile 17–22 zusätzlich die vollhaftenden Gesellschafter als Privatpersonen eingetragen werden können. Dies erhöht die Chancen, im Zuge der Zwangsvollstreckung eine Befriedigung der Gläubiger herbeizuführen.

▶ Erlass und Zustellung

Sofern formal der Antrag in Ordnung ist (Entscheidung durch den Rechtspfleger) und die Gerichtskosten eingezahlt wurden, wird der Mahnbescheid erlassen und dem Antragsgegner von Amts wegen (also durch das Gericht) zugestellt. Über die wirksame Zustellung erhält der Antragsteller eine Nachricht.

Durch die Zustellung beginnt die Hemmung (§ 204 I Nr. 3 BGB) – allerdings nur, wenn die im Mahnantrag bezeichneten Rechnungen dem Antragsgegner schon zugegangen oder dem Mahnantrag als Anlage beigefügt sind (BGH-Urteil vom 10.07.2008 – IX ZR 160/07).

▶ Widerspruch und Widerspruchsfrist

Der Antragsgegner kann dem Mahnbescheid widersprechen. Er kann dies innerhalb von zwei Wochen ab Zustellung des Mahnbescheids tun oder längstens bis der Vollstreckungsbescheid beantragt und erlassen ist.

Ein fristgerechter Widerspruch führt zum Übergang in das streitige Verfahren vor dem ordentlichen Zivilgericht, das der Antragsteller bereits in Zeile 45 des Mahnbescheidantrags bezeichnet hat.

Zahlt dagegen der Antragsgegner den gesamten Forderungsbetrag (Hauptforderung + Kosten), ist das Verfahren beendet. Andernfalls kann für den gesamten Forderungsbetrag der Antrag auf Erlass des Vollstreckungsbescheids gestellt werden.

Wird nur ein Teilbetrag gezahlt oder wird nur gegen einen Teilbetrag Widerspruch eingelegt, kann der Antrag für den verbleibenden Forderungsbetrag gestellt werden.

▶ Beispiel und Muster

In der Kanzlei von Rechtsanwalt Norbert Klug erscheint der Tischler Theodor Dünnbrett (Einzelunternehmer) aus Lemgo. Er hat die Rechnung mit der Nummer 20051701 vom 17. Januar 20xx mitgebracht, die er an die Eheleute Klaus und Klaudia Klappstuhl, wohnhaft in Bad Salzuflen, geschickt hat. Die Eheleute Klappstuhl hatten ihn damit beauftragt, die Tritt- und Setzstufen ihrer Vollholztreppe in dem von ihnen bewohnten Haus auszubessern bzw. zu erneuern.

Der Rechnungsbetrag lautet auf 860,00 EUR und war bis zum 27. Januar 20xx ohne Abzug zahlbar (Handwerkerrechnung gem. VOB). Nach Fertigstellung der Arbeiten waren die Eheleute begeistert. Sachmängel wurden nicht geltend gemacht.

Herr Dünnbrett legt ferner die Kopien der Zahlungserinnerung sowie zweier Mahnungen vor. Hierauf haben die Eheleute bis heute nicht reagiert. Herr Dünnbrett arbeitet mit Bankkredit in Höhe von 10 %.

Rechtsanwalt Klug wird nun der Auftrag erteilt, Antrag auf Erlass des Mahnbescheids zu stellen. Antragsdatum: 17. April.

Antrag auf Erlass eines Mahnbescheids – Vorderseite
(Beispiel „Einzelunternehmen ./. Eheleute")

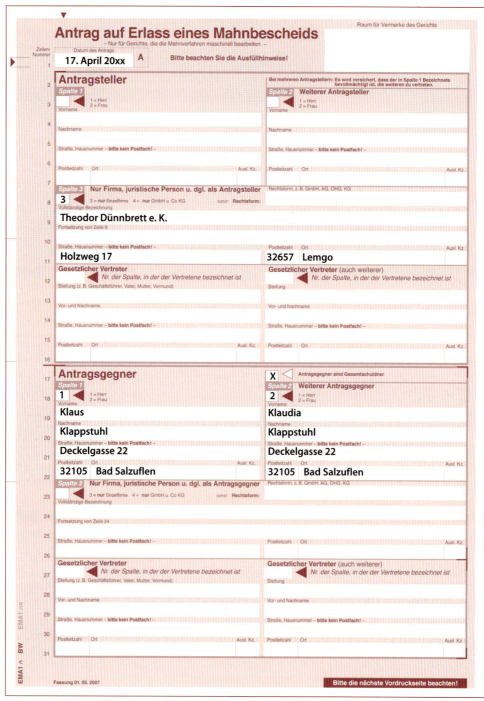

Antrag auf Erlass eines Mahnbescheids – Rückseite

Bezeichnung des Anspruchs

I. Hauptforderung – siehe Katalog in den Hinweisen –

Katalog-Nr.	Rechnung/Aufstellung/Vertrag oder ähnliche Bezeichnung	Nr. der Rechng./des Kontos u. dgl.	Datum bzw. Zeitraum (TT.MM.JJ) vom	bis	Betrag EUR
8	Rechnung	20051701	17.01.20xx		860,00

Postleitzahl Ort als Zusatz bei Katalog-Nr. 17, 19, 20, 90 — Ausl. Kz. — Vertragsart als Zusatz bei Katalog-Nr. 28 — -Vertrag

Sonstiger Anspruch – nur ausfüllen, wenn im Katalog nicht vorhanden – mit Vertrags-/Lieferdatum/Zeitraum vom ... bis ...

Fortsetzung von Zeile 36 — vom — bis — Betrag EUR

Nur bei Abtretung oder Forderungsübergang: Früherer Gläubiger - Vor- und Nachname, Firma (Kurzbezeichnung) — Datum — Seit diesem Datum ist die Forderung an den Antragsteller abgetreten/auf ihn übergegangen. — Postleitzahl, Ort — Ausl. Kz.

IIa. Laufende Zinsen

Zeilen-Nr. der Hauptforderung	Zinssatz %	oder %-Punkte über Basiszinssatz	1 = jährl. 2 = mtl. 3 = tägl.	Betrag EUR nur angeben, wenn abweichend vom Hauptforderungsbetrag.	Ab Zustellung des Mahnbescheids, wenn kein Datum angegeben. ab oder vom	bis
32	10		1		28.01.20xx	

IIb. Ausgerechnete Zinsen
Gemäß dem Antragsgegner mitgeteilter Berechnung für die Zeit — vom — bis — Betrag EUR

III. Auslagen des Antragstellers für dieses Verfahren
Vordruck/Porto Betrag EUR — Sonstige Auslagen Betrag EUR — Bezeichnung

IV. Andere Nebenforderungen
Mahnkosten Betrag EUR — Auskünfte Betrag EUR — Bankrücklastkosten Betrag EUR — Inkassokosten Betrag EUR — Anwaltsvergütung für vorgerichtl. Tätigkeit Betrag EUR — Sonstige Nebenforderung Betrag EUR — Bezeichnung

Ein streitiges Verfahren wäre durchzuführen vor dem
1 = Amtsgericht / 2 = Landgericht / 3 = Landgericht – KfH / 6 = Amtsgericht – Familiengericht / 8 = Sozialgericht

| 1 | Postleitzahl Ort | 32657 Lemgo | X | Im Falle eines Widerspruchs beantrage ich die Durchführung des streitigen Verfahrens. |

Prozessbevollmächtigter des Antragstellers
Ordnungsgemäße Bevollmächtigung versichere ich.

1 = Rechtsanwalt / 4 = Herr, Frau / 2 = Rechtsanwälte / 5 = Rechtsanwältin / 3 = Rechtsbeistand / 6 = Rechtsanwältinnen

| 1 | Betrag EUR | Bei Rechtsanwalt oder Rechtsbeistand: Anstelle der Auslagenpauschale (Nr. 7002 VV RVG) werden die nebenstehenden Auslagen verlangt, deren Richtigkeit versichert wird. | | Der Antragsteller ist nicht zum Vorsteuerabzug berechtigt. |

Vor- und Nachname
Norbert Klug

Straße, Hausnummer - bitte kein Postfach! -
Gerichtsstr. 1 — Postleitzahl Ort **32657 Lemgo** — Ausl. Kz.

Bankleitzahl **482 123 45** — Konto-Nr. **11 22 33 44** — bei der/dem **Spar Bank Lemgo**

Von Kreditgebern (auch Zessionar) zusätzlich zu machende Angaben bei Anspruch aus Vertrag, für den das Verbraucherkreditgesetz oder die §§ 491 bis 504 BGB gelten:
Zeilen-Nr. der Hauptforderung / Vertragsdatum / Effektiver Jahreszins

Geschäftszeichen des Antragstellers/Prozessbevollmächtigten
HR / TD ./. K&K.K

An das Amtsgericht Hagen – Mahnabteilung – PF 160

58081 Hagen
Postleitzahl, Ort

Ich beantrage, einen Mahnbescheid zu erlassen und in diesen die Kosten des Verfahrens aufzunehmen. Ich erkläre, dass der Anspruch von einer Gegenleistung

| X | abhängt, diese aber bereits erbracht ist. | | nicht abhängt. |

Unterschrift des Antragstellers/Vertreters/Prozessbevollmächtigten
Norbert Klug

Fassung 01. 05. 2007

EMA1 /2 BW EMA1 /2R

Ausfüllhinweise zum Antragsformular – 1

Hinweise zum Vordruck für den Antrag auf Erlass eines Mahnbescheids (Ausfüllhinweise)

Im gerichtlichen Mahnverfahren können Sie schnell und einfach einen Vollstreckungstitel (Vollstreckungsbescheid) über eine Geldforderung erwirken, wenn Einwendungen Ihres Antragsgegners nicht zu erwarten sind. Bevor Sie einen Mahnbescheid beantragen, sollten Sie prüfen, ob Sie dem Antragsgegner Ihre Forderungen in klarer, übersichtlicher Form in Rechnung gestellt haben. Holen Sie dies nötigenfalls nach. Sonst könnte der Antragsgegner dem Mahnbescheid allein deshalb widersprechen, weil er nicht nachprüfen kann, welche Beträge für welche Leistungen im Einzelnen Sie von ihm verlangen.

Bitte füllen Sie den Vordruck **gut lesbar** in Blockschrift oder maschinell aus. In **Kästchen mit schwarzem** Pfeil zutreffende Nummer, in Kästchen mit **weißem** Pfeil zutreffendenfalls ein X eintragen. Mit der **Schreibmaschine** erreichen Sie nach Einstellung der ersten Schreibzeile in zweifacher Grundzeilenschaltung jedes Kästchen. Eine versehentlich unrichtige Eintragung bitte eindeutig ungültig machen oder unmissverständlich berichtigen. Achten Sie bitte darauf, dass sich alle Eintragungen innerhalb der entsprechenden Felder befinden.

Die im Vordruck vorgesehenen Angaben entsprechen den gesetzlichen Erfordernissen. Nähere Angaben können im automatisierten Verfahren nicht berücksichtigt werden. Fügen Sie deshalb dem Antrag auf Erlass eines Mahnbescheids **keine Beweismittel** (z. B. Belege) bei, **sie müssten Ihnen ungeprüft zurückgesandt** werden.

Wenn der im Vordruck vorgesehene Raum nicht ausreicht, können Sie weitere Antragsteller, Antragsgegner, gesetzliche Vertreter, Hauptforderungen, Zinsen, Nebenforderungen und Prozessgerichte bei mehreren Antragsgegnern sowie einen Prozessbevollmächtigten des Antragsgegners auf einem gesonderten Blatt aufführen. Machen Sie die Angaben in der Reihenfolge und Systematik des Vordrucks und verwenden Sie bitte zur jeweiligen Kennzeichnung die im Vordruck enthaltenen Abschnittsüberschriften. Ergänzungsblatt mit dem Vordruck bitte fest verbinden.

Antragsteller, Antragsgegner *(Zeilen 2 bis 31, 49)*

In den mit *Spalte 1 und 2* überschriebenen Feldern können jeweils zwei natürliche Personen *(Herr, Frau)* als Antragsteller (Zeilen 3 bis 7) bzw. Antragsgegner (Zeilen 18 bis 22) bezeichnet werden. Das mit *Spalte 3* überschriebene Feld ist der Bezeichnung von *Firmen, juristischen Personen u. dgl.* als Antragsteller (Zeilen 8 bis 11) bzw. Antragsgegner (Zeilen 23 bis 26) vorbehalten. Ist für den betreffenden Personen u. dgl. eine *Kennziffer* erteilt worden, ist diese in Zeile 9 einzutragen. Weitere Angaben zu Antragsteller dürfen in diesem Feld nicht gemacht werden.

Nur für Ehegatten: Bei gleichem Namen und gleicher Anschrift genügen zur Bezeichnung des anderen Ehegatten in Spalte 2 die Angabe Herr bzw. Frau und die Eintragung des Vornamens.

Nur für Firma, juristische Person u. dgl.: In Spalte 3 dient die Angabe in der jeweils ersten Zeile (Zeile 8 bzw. 23) der maschinellen Unterscheidung der Firma des Einzelkaufmanns *(Einzelfirma)* von der **GmbH u. Co KG** und von sonstigen mit ihrer **Rechtsform** zu bezeichnenden Parteien. Bitte verwenden Sie bei Angabe der Rechtsform die gebräuchlichen Abkürzungen: e. V., OHG, KG, GmbH, AG, e. G, VVaG usw.

Nur für Einzelfirma: Bitte geben Sie in Zeile 9, 10 bzw. 24, 25 die im Handelsregister eingetragene Bezeichnung *mit dem Zusatz »eingetragener Kaufmann« oder »e. K.« an.* Ohne Eintragung im Handelsregister beim Amtsgericht muss die Eintragung als natürliche Personen *(Herr, Frau)* in Zeilen 3 bis 7 bzw. 18 bis 22 erfolgen, die ggf. bei Bedarf mit einem auf das Gewerbe hinweisenden Zusatz hinter dem Nachnamen.

Nur für GmbH u. Co KG u. ä.: Bitte tragen Sie die **KG** in Spalte 3, die **GmbH** (ohne die Angabe Herr/Frau) in Zeile 8 unter 2 und den **gesetzlichen Vertreter der GmbH** (Geschäftsführer) in Zeile 12 bis 16 bzw. 27 bis 31 ein. Verfahren Sie in gleicher Weise bei AG u. Co KG, bei OHG u. Co KG usw.; tragen Sie jedoch in diesen Fällen die Rechtsform bitte in Zeile 8 bzw. 23 ein.

Nur für Partei kraft Amtes: Bitte die Partei kraft Amtes in Spalte 1 oder 2, das betreute Vermögen in Zeile 9 bis 11 bzw. Zeile 24 bis 26, die Funktion (z. B. Insolvenzverwalter, Nachlassverwalter) in Zeile 8 bzw. Zeile 23 unter Rechtsform eintragen.

Nur bei gesetzlicher Vertretung: Bitte geben Sie Zeile 15, 16 bzw. Zeile 30, 31 Straße und Ort nur an, wenn diese Angaben von der Anschrift des Vertretenen abweichen. Bei mehreren Antragstellern oder Antragsgegnern bitte in Zeile 12 bzw. Zeile 27 die Nummer der Spalte eintragen, in der der Vertretene bezeichnet ist.

Nur bei mehreren Antragstellern: Soll abweichend von der vorgedruckten Erklärung in Zeile 2 keiner der Antragsteller zur Vertretung der weiteren Antragsteller berechtigt sein, so bitten Sie bitte auf einem gesonderten, mit dem Vordruck fest verbundenen Blatt mit.

Wohnungseigentumssachen. Sie können Ihre Rechte als *Gemeinschaft der Wohnungseigentümer,* als *Wohnungseigentümer* oder durch den *Verwalter als Prozessstandschafter* geltend machen.

Wohnungseigentümergemeinschaft als Antragsteller: Die Wohnungseigentümergemeinschaft als solche mit genauer Angabe des Grundstücks, auf dem die Wohnanlage sich befindet (z. B. Straße, Hausnummer, PLZ und Ort) unter Angabe der Rechtsform »Wohnungseigentümergemeinschaft« **stets** in Spalte 3 bezeichnen und den gesetzlichen Vertreter (Verwalter/Eigentümer) in Zeile 12–16 eintragen. Ist der Verwalter eine juristische Person, tragen Sie bitte die Verwaltungsgesellschaft in **Spalte 1,** Zeile 4–7 ein und den gesetzlichen Vertreter der Verwaltungsgesellschaft in Zeile 12–16. Ergänzen Sie bitte in diesem Fall in Zeile 8 die Angabe »WEG« um den Zusatz »vertreten durch Verwalter-<Rechtsform>«, z. B. »WEG, vertreten durch Verwalter-GmbH«.

Wohnungseigentümer als Antragsteller: Ersten und zweiten Wohnungseigentümer bitte in Spalte 1, 2 bezeichnen, die weiteren in einer mit dem Antrag fest verbundenen Liste. Den *zur gerichtlichen Geltendmachung des Anspruchs ermächtigten* Verwalter (nat. oder jur. Person) **stets** in Spalte 3 eintragen, und zwar in Zeile 8 unter Rechtsform seine Funktion *(Verwalter, Verwalterin),* ggf. zusammen mit der Rechtsform *(z. B. GmbH-Verwalterin),* in Zeile 9, 10 Vor- und Nachnamen bzw. vollständigen Namen der jur. Person, in Zeile 11 die Anschrift und in Zeile 12 bis 16 den gesetzlichen Vertreter einer in Spalte 3 bezeichneten Verwaltungsgesellschaft.

Verwalter als Prozessstandschafter: Ist der Verwalter zur Geltendmachung des Anspruchs in *eigenem* Namen berechtigt, ist die *Wohnungseigentümergemeinschaft/*sind die *Wohnungseigentümer* **nicht** zu bezeichnen; bitte den Verwalter zusammen mit der Rechtsform »Verwalter« in Spalte 3 eintragen; bei juristischen Personen ggf. zusammen mit deren Rechtsform (»GmbH-Verwalter«) und den gesetzlichen Vertreter der Verwaltungsgesellschaft in Zeile 12–16.

Ansprüche Dritter gegen eine Wohnungseigentümergemeinschaft/gegen Wohnungseigentümer: Geben Sie bitte in Zeile 45 den gemeinsamen Gerichtsstand für ein etwaiges streitiges Verfahren an. Bezeichnen Sie im Antrag eine *Wohnungseigentümergemeinschaft* oder *Wohnungseigentümer* so unter »**Antragsgegner**«, wie oben unter »Wohnungseigentümergemeinschaft als Antragsteller« bzw. »Wohnungseigentümer als Antragsteller« entsprechend beschrieben.

Angabe akademischer Titel: Akademische Titel können dem Vornamen (Zeilen 4, 19) vorangestellt werden.

Nur für Antragsteller mit Wohnsitz/Sitz im Ausland: In Zeile 7, 11, 16 bitte das Nationalitätskennzeichen im internationalen Kraftfahrzeugverkehr angeben. Bitte beachten Sie die Zuständigkeit des Amtsgerichts *Schöneberg* in Berlin.

Nur für Antragsgegner mit Wohnsitz/Sitz im Ausland: In Zeile 22, 26, 31 bitte das Nationalitätskennzeichen (s. beim Antragsteller) angeben. Die besondere Zuständigkeit des Mahngerichts (§ 703 d ZPO) ist zu begründen.

Zusatz zum Nachnamen des Antragsgegners: In Zeile 20 können dem Nachnamen nach einem Komma zur *Beruf* oder andere Zusätze wie *sen., jun.* hinzugefügt werden, soweit dies zur Vermeidung von Personenverwechselungen bei der Zustellung nötig ist.

Bankverbindung (Zeile 49): Ihre Bankverbindung können Sie, wenn kein Prozessbevollmächtigter vorhanden ist, in der Zeile 49 angeben.

Bezeichnung des Anspruchs *(Zeilen 32 bis 44)*
Haupt- und Nebenforderungen müssen gesondert und einzeln bezeichnet werden.

Hauptforderung *(Zeilen 32 bis 39)*

Zur Bezeichnung Ihrer Hauptforderung tragen Sie bitte aus dem Hauptforderungskatalog (siehe Rückseite dieser Hinweise) die zutreffende Katalog-Nr. in die erste Spalte der Zeile 32 ein. In der zweiten Spalte geben Sie an, in welcher Form Sie Ihre Forderung dem Antragsgegner mitgeteilt haben (z. B. »Rechnung«, »Mahnung«, »Kontoauszug«). Sie können eine allgemein verständliche Abkürzung eintragen. Für eine etwaige Rechnungs- oder Kontonummer ist in der dritte Spalte und für das Datum die vierte Spalte vorgesehen. Wenn Sie einen Anspruch für einen bestimmten Zeitraum geltend machen (z. B. Miete für die Zeit vom ... bis ...), ist in der vierten Spalte (»vom«) der Beginn dieses Zeitraums und in der vorletzten Spalte (»bis«) dessen Ende einzutragen. In der letzten Spalte folgt der Betrag der Hauptforderung. Die Zeilen 33 und 34 sind für weitere Hauptforderungen vorgesehen. In Zeile 36, 37 soll nur eine Hauptforderung eingetragen werden, die im Katalog nicht aufgeführt ist.

Nur für Urkundenmahnverfahren: Wünschen Sie bei Wahl dieser besonderen Verfahrensart in Zeile 36 das Wort »Urkundenmahnverfahren« ein und bezeichnen dann die Urkunde sowie die Hauptforderung mit Datum und Betrag.

Nur für Scheck- und Wechselmahnverfahren: Die Hauptforderung in Zeile 32 bis 34 bitte mit entsprechender Nummer des Hauptforderungskatalogs (Nr. 30 bis 32) bezeichnen und zusätzlich in Zeile 36 das Wort »Scheckmahnverfahren« bzw. »Wechselmahnverfahren« eintragen.

Laufende Zinsen *(Zeilen 40 bis 42)*

Machen Sie Zinsen geltend, so tragen Sie bitte die **Zeilennummer** (32, 33, 34 oder 36) der Hauptforderung, für die Sie Zinsen fordern, in die dafür vorgesehenen Spalten ein. In der gleichen Weise ist zu verfahren, wenn Sie für eine Hauptforderung ohne einen zeitlich unterschiedliche Zinssätze geltend machen wollen; wiederholen Sie für jeden Zinssatz die **Zeilen-Nr.** der betreffenden Hauptforderung.

In die Spalte »ab oder vom« ist dann eine Datumsangabe einzutragen, wenn Sie Zinsen geltend machen wollen, für die Sie nicht ab Zustellung des Mahnbescheids entstanden sind. Wenn Sie die Spalte »ab oder vom« nicht ausfüllen, wird vom Zustellungsdatum des Mahnbescheids als Zeitpunkt des Zinsbeginns ausgegangen. Zusätzlich ist eine Datumsangabe »bis« nur erforderlich, wenn Sie Zinsen von verschiedenen Hauptforderungen oder mit unterschiedlichen Prozentsätzen über mehrere Zeiträume geltend machen wollen. Aus den von Ihnen in Zeile 40, 41 und 42 gemachten Angaben werden die Zinsbeträge grundsätzlich maschinell errechnet, und zwar bis zum Tage des Erlasses des Mahnbescheids.

Fassung 01. 05. 2007

EH1 /s

Bitte nächste Seite beachten!

Ausfüllhinweise zum Antragsformular – 2

Ausgerechnete Zinsen *(Zeile 43 erste Hälfte)*

Sie können die Zinsen auch für verschiedene Zeiträume, verschiedene Hauptforderungen und unterschiedliche Zinssätze ausrechnen und hier eintragen. **Bitte teilen Sie die Berechnung – falls nicht bereits geschehen – dem Antragsgegner mit** (siehe allg. Hinweis oben erster Absatz).

Auslagen des Antragstellers für dieses Verfahren *(Zeile 43 zweite Hälfte)*

Die in den Mahnbescheid aufzunehmenden Gerichts- und Anwaltskosten (Rechtsbeistandskosten) berechnet das Gericht. Hier sind daher *nur andere Auslagen des Antragstellers anzugeben, und zwar nur solche, die in unmittelbarem Zusammenhang mit der Vorbereitung und Durchführung des Mahnverfahrens stehen und zur zweckentsprechenden Rechtsverfolgung notwendig sind.*

Andere Nebenforderungen *(Zeile 44)*

Hier können Sie insbes. durch den Verzug des Antragsgegners entstandene *vorgerichtliche* Kosten angeben.

Bezeichnung des für ein streitiges Verfahren zuständigen Gerichts *(Zeile 45)*

Die im Kästchen am Zeilenbeginn anzugebende Schlüssel-Nr. bezeichnet das Gericht nach der **sachlichen**, die Ortsangabe in dem folgenden Feld nach der **örtlichen** Zuständigkeit. *Sachlich* zuständig ist für Ansprüche bis 5000 EUR, für Ansprüche aus Mietverhältnissen für Wohn- und Geschäftsräume und für Unterhaltsansprüche das Amtsgericht, sonst grundsätzlich das Landgericht. *Örtlich* ist grundsätzlich das Gericht zuständig, in dessen Bezirk der Antragsgegner wohnt bzw. seinen Sitz hat. Abweichend von diesen Grundsätzen kann eine *besondere* oder *ausschließliche* Zuständigkeit begründet sein. Hierzu sollten Sie im Einzelfall *Rechtsrat* einholen. Haben Sie ein unzuständiges Gericht angegeben, drohen Ihnen *Kostennachteile.*

Prozessbevollmächtigter *(Zeilen 46 bis 49)*

Nur für Rechtsanwalt und Rechtsbeistand: Ihre in den Mahnbescheid aufzunehmende gesetzliche Vergütung berechnet das Gericht. Wenn Sie Vergütung für die Geltendmachung eines *eigenen Anspruchs* verlangen, so tragen Sie sich bitte – ohne die Zeilen 3 bis 16 auszufüllen – nur in Zeile 46 ein.

Nur für juristische Person als Prozessbevollmächtigter (z. B. Anwalts-GmbH): Bitte beantragen Sie eine Kennziffer bei dem für das Mahnverfahren zuständigen Gericht.

Hinweis: Ab 1. 12. 2008 können *Rechtsanwälte* Anträge nur in maschinell lesbarer Form stellen (2. Justizmodernisierungsgesetz vom 22. 12. 2006).

Anspruch nach dem VerbrKrG oder den §§ 491 bis 504 des Bürgerlichen Gesetzbuchs *(Zeile 50)*

In der Zeile muss sich *nur* der *Kreditgeber,* bei abgetretenem Anspruch der *Zessionar,* erklären. Einzutragen sind die *Zeilen-Nr. der Hauptforderung,* der nach dem VerbrKrG oder den §§ 492, 502 BGB anzugebende *effektive* oder *anfängliche effektive Jahreszins* und das *Datum des Vertrages,* in den Fällen des § 5 VerbrKrG oder des § 493 BGB (Überziehungskredit) *nur die Zeilen-Nr. der Hauptforderung.*

Gegenleistung *(Zeile 52)*

Bitte prüfen Sie, ob Ihr Anspruch von einer Leistung abhängt, die Sie dem Antragsgegner gegenüber noch zu erbringen haben. Zu der Frage müssen Sie sich erklären, Ihr Antrag kann sonst zurückgewiesen werden.

Zuständigkeit für das Mahnverfahren *(Zeile 53)*

Zuständig ist in der Regel das Amtsgericht, in dessen Bezirk der Antragsteller seinen Wohnsitz/Sitz hat. Bitte beachten Sie die in den Ländern geltenden Verordnungen, die Mahnverfahren aus den Bezirken mehrerer oder aller Amtsgerichte des Landes einem bestimmten Gericht zuweisen. Haben Sie Ihren Wohnsitz/Sitz im Ausland, ist für das Mahnverfahren das Amtsgericht *Schöneberg* in Berlin zuständig.

Hauptforderungs-Katalog   (Die Hinweise in Klammern bitte unbedingt beachten.)

Bezeichnung	Katalog-Nr.	Bezeichnung	Katalog-Nr.
Anzeigen in Zeitungen u. a.	1	**R**echtsanwalts-/Rechtsbeistandshonorar	24
Ärztliche oder zahnärztliche Leistung	2	Reisevertrag	75
		Rentenrückstände	25
Beiträge zur privaten Pflegeversicherung	95	Reparaturleistung	26
(Zuständigkeit des Sozialgerichts für das streitige Verfahren.)		Rückgriff aus Bürgschaft oder Garantie	80
Bürgschaft	3	Rückgriff aus Versicherungsvertrag wegen Unfall/Vorfall	27
Darlehensrückzahlung	4	**S**chadenersatz aus -Vertrag	28
Dienstleistungsvertrag	5	(Die Vertragsart ist im Vordruck Zeile 35 zweite Hälfte einzutragen.)	
(Keine Ansprüche aus Arbeitsvertrag – Zuständigkeit des Arbeitsgerichts.)		Schadenersatz aus Unfall/Vorfall	29
		Scheck/Wechsel	30
Frachtkosten	6	(Fügen Sie bitte keine Scheck-/Wechselabschrift bei.)	
Geschäftsbesorgung durch Selbständige	7	Scheck-/Wechselprovision (⅓ %)	31
(z. B. Rechtsanwälte, Steuerberater.)		Scheck-/Wechselunkosten – Spesen/Protest –	32
		Schuldanerkenntnis	33
Handwerkerleistung	8	Speditionskosten	34
Hausgeld – siehe Wohngeld			
Heimunterbringung	9	**T**elekommunikationsleistungen	76
Hotelkosten	10	Tierärztliche Leistung	78
(z. B. Übernachtung, Verzehr, Getränke.)		Tilgungs-/Zinsraten	35
Kaufvertrag	11	**Ü**berziehung des Bankkontos	36
Kindertagesstättenbeitrag	70	(Konto-Nr. in Zeile 32–34 in der 3. Spalte angeben.)	
(Zeitraum vom – bis angeben)		Ungerechtfertigte Bereicherung	37
Kontokorrentabrechnung	12	Unterhaltsrückstände	38
Krankenhauskosten – Pflege/Behandlung –	13		
Krankentransportkosten	77	**V**ergleich, außergerichtlicher	39
Kreditkartenvertrag	74	Vermittlungs-/Maklerprovision	40
		(nicht aus Ehemaklervertrag)	
Lagerkosten	14	Verpflegungskosten	79
Leasing/Mietkauf	15	Versicherungsprämie/-beitrag	41
Lehrgangs-/Unterrichtskosten	16	(ohne Beiträge zur privaten Pflegeversicherung, vgl. Nr. 95.)	
		Versorgungsleistung – Strom, Wasser, Gas, Wärme –	42
Miete für Geschäftsraum einschl. Nebenkosten	17	(Abn./Zähler-Nr. in Zeile 32–34 in der 3. Spalte eintragen.)	
Miete für Kraftfahrzeug	18		
Miete für Wohnraum einschl. Nebenkosten	19	**W**ahlleistungen bei stationärer Behandlung	61
(PLZ und Ort der Wohnung sind in Zeile 35 einzutragen. Wollen Sie die Nebenkosten getrennt geltend machen, siehe Katalog-Nr. 20.)		(Art der Wahll. in Zeile 32–34 in der 2. Spalte eintragen.)	
		Warenlieferung-en	43
		Wechsel – siehe Scheck	
Mietnebenkosten – auch Renovierungskosten –	20	Werkvertrag/Werklieferungsvertrag	44
(nur für Wohnraum; falls keine Miete geltend gemacht wird, sind PLZ und Ort der Wohnung im Vordruck Zeile 35 einzutragen.)		Wohngeld/Hausgeld für Wohnungseigentümergemeinschaft	90
		(PLZ und Ort des Wohnungseigentums sind im Vordruck Zeile 35 einzutragen.)	
Miete (sonstige)	21		
Mitgliedsbeitrag	22	**Z**eitungs-/Zeitschriftenbezug	45
		Zinsrückstände/Verzugszinsen	46
Pacht	23	(Gilt grundsätzlich nur für Zinsen, bei denen die zugrundeliegende Forderung nicht gleichzeitig geltend gemacht wird. Zinsen in diesen Fällen nicht in Zeile 40–43 bezeichnen.)	
Pflegeversicherung – siehe Beiträge zur privaten Pflegevers.			

EH1 /2

Fassung 01. 05. 2007

Hinweis:

Seit dem 1.12.2008 dürfen Rechtsanwälte den Mahnbescheidsantrag nur noch in maschinell lesbarer Form – also auf elektronischem Wege – einreichen:

- Barcode-Antrag,
- Online-Antrag,
- Elektronischer Datenaustausch.

Für Verbraucher und Unternehmer gilt weiterhin der amtliche Vordruck, wenngleich sie auch über das Portal www.online-mahnantrag.de den Antrag ausfüllen können.

7.8.2.2 Der Antrag auf Erlass des Vollstreckungsbescheids

▶ Antrag

Der Mahnbescheid ist noch kein vollstreckbarer Titel, d.h. ein Dokument, aus dem die Zwangsvollstreckung betrieben werden könnte. Erst der erlassene Vollstreckungsbescheid ist ein solcher Vollstreckungstitel, der den Antragsteller zur Zwangsvollstreckung gegen den Antragsgegner berechtigt (§ 794 I Nr. 4 ZPO).

Der Antragsteller erhält mit der Zustellungsnachricht und seiner Ausfertigung des Mahnbescheids das Formular (s. S. 191, das Originalformular ist blau), mit dem der Vollstreckungsbescheid beantragt werden kann. Er hat nun die Möglichkeit, für die gesamte oder auch für Teilforderungen Vollstreckungsbescheid zu beantragen.

▶ Erlass und Zustellung

Der Rechtspfleger ist auch für den Erlass des Vollstreckungsbescheids zuständig. Der Antragsteller kann beantragen, dass der Vollstreckungsbescheid von Amts wegen an den Antragsgegner zugestellt wird oder zunächst an den Antragsteller übergeben wird. Dann kann der Antragsteller entscheiden, wann er den Vollstreckungsbescheid durch Parteizustellung (von Partei zu Partei oder von Anwalt zu Anwalt) zustellen lassen will.

▶ Einspruch

Gegen den Vollstreckungsbescheid steht dem Antragsgegner das Rechtsmittel des Einspruchs zu, für den ebenfalls die vom Mahnbescheid bekannte Zweiwochenfrist gilt.

Durch den Einspruch geht wie beim Widerspruch das Verfahren an das zuständige Zivilgericht – beim Einspruch von Amts wegen, beim Widerspruch jedoch nur auf Antrag.

Andernfalls kann nun die Zwangsvollstreckung betrieben werden (s. 7.8.4).

Antrag auf Erlass eines Vollstreckungsbescheids
(Beispiel: Einzelunternehmen ./. Eheleute)

Mahnsache

Antragsteller: Vor- und Nachname/Firmenbezeichnung
Theodor Dünnbrett e. K.

gegen

Antragsgegner: Vor- und Nachname/Firmenbezeichnung
Klaus und Klaudia Klappstuhl

wegen

Handwerkerrechnung Nr. 20051701

Zeilen-Nummer

Datum des Antrags	Geschäftsnummer des Amtsgerichts
05. Mai 20xx	

1

Beleg wird maschinell gelesen.
Bitte deutlich schreiben.

Dieser Antrag darf nicht vor Ablauf von zwei Wochen nach dem
(Zustellung des Mahnbescheids) gestellt werden.

**An das
Amtsgericht Stuttgart
– Mahnabteilung –**

70154 Stuttgart

Antrag auf Erlass eines Vollstreckungsbescheids

Ich beantrage, Vollstreckungsbescheid zu erlassen und in diesen die weiteren Kosten des Verfahrens aufzunehmen. Falls der Antragsgegner gegen einen Teil des Anspruchs Widerspruch erhoben hat, beantrage ich, Vollstreckungsbescheid zu erlassen, soweit dem Anspruch nicht widersprochen wurde.

Zahlungen des Antragsgegners auf den Mahnbescheid

1 = Der Antragsgegner hat keine Zahlungen geleistet.
2 = Der Antragsgegner hat nur die hier angegebenen Zahlungen geleistet.

2 **1**

3	am	Betrag EUR	am	Betrag EUR
4	am	Betrag EUR	am	Betrag EUR
5	am	Betrag EUR	am	Betrag EUR

HINWEIS:
Die Zeilen 2 und 6 müssen immer ausgefüllt werden.

6 **1** 1 = Die Zustellung des Vollstreckungsbescheids soll vom Gericht veranlasst werden.
2 = Ich möchte den Vollstreckungsbescheid selbst durch einen Gerichtsvollzieher zustellen lassen und beantrage, mir den Bescheid für diesen Zweck in Ausfertigung zu übergeben.

Weitere Auslagen des Antragstellers für dieses Verfahren, soweit bisher nicht angegeben:

Betrag EUR	Porto, Telefon	Betrag EUR	Sonstige Kosten	Bezeichnung der Art

7

Betrag EUR

8 **X** Ich beantrage auszusprechen, dass die Kosten des Verfahrens ab Erlass des Vollstreckungsbescheids mit 5%-Punkten über dem jeweiligen Basiszinssatz zu verzinsen sind.

Bei Rechtsanwalt oder Rechtsbeistand: Anstelle der Auslagenpauschale (Nr. 7002 VV RVG) werden die nebenstehenden Auslagen verlangt, deren Richtigkeit versichert wird.

Der Antragsgegner hat jetzt folgende Anschrift:

Straße, Hausnummer – bitte kein Postfach! –	Postleitzahl	Ort	Ausl. Kz.

9

Nur, falls die Bezeichnung des Antragsgegners (Namensangabe) einen Schreibfehler oder eine ähnliche offenbare Unrichtigkeit enthält:
Die Bezeichnung lautet richtig:

Vorname/Vollständige Bezeichnung der Firma

10

Nachname/Fortsetzung der Bezeichnung der Firma	Bei juristischer Person, OHG und KG Rechtsform wiederholen

11

Nur, soweit bisher nicht oder unrichtig angegeben:
Gesetzlicher Vertreter des Antragsgegners

Stellung (z. B. Geschäftsführer)	Straße, Hausnummer – bitte kein Postfach –

12

Vor- und Nachname	Postleitzahl	Ort	Ausl. Kz.

13

Bezeichnung des Absenders

**RA Norbert Klug
Gerichtsstr. 1
32657 Lemgo**

Unterschrift des Antragstellers/Vertreters/Prozessbevollmächtigten

Norbert Klug

16

Fassung 01. 05. 2007

7.8.3 Der Zivilprozess

Nach erfolgloser Mahnung kann ein Zivilprozess eingeleitet werden. Obwohl hier ein Kaufvertrag Anlass für den Prozess ist, gelten die allgemeinen Regeln für einen Zivilprozess.

7.8.3.1 Grundlagen

▶ Inhalt und Aufbau der Klageschrift

Der erste Schritt, einen Zivilprozess anzustrengen, besteht in der Einreichung der Klageschrift.

Die Klageschrift enthält gem. § 253 ZPO:
- die Bezeichnung des Klägers sowie seines gesetzlichen Vertreters,
- den Namen des prozessbevollmächtigten Rechtsanwalts (sofern bestellt),
- einschließlich des Nachweises der gesetzlichen Vertretung bzw. der Prozessbevollmächtigung,
- das sachlich und örtlich zuständige Gericht,
- den Begriff der „KLAGE",
- die Bezeichnung des Beklagten sowie seiner
- gesetzlichen Vertretung bzw. seines prozessbevollmächtigten Rechtsanwalts,
- den Klagegegenstand,
- den Klagegrund,
- die Klageanträge mit den entsprechenden Haupt- und Nebenforderungen, die der Prozessbevollmächtigte im Namen und in Vollmacht des Klägers erhebt,
- die Klagebegründung und
- die Beweise.

▶ Klagearten

- **Die Leistungsklage (deklaratorisch)**

Durch die Leistungsklage soll die gegnerische Partei dazu verurteilt werden,
- eine Leistung zu erbringen,
- eine bestimmte Tätigkeit zu unterlassen oder
- eine bestimmte Tätigkeit zu dulden.

Beispiel
- Herausgabe einer Sache
- Zahlung eines Geldbetrages
- Räumung einer Wohnung

- **Die Feststellungsklage (deklaratorisch)**

Durch die Feststellungsklage soll das Gericht durch Urteil bestätigen, dass ein bestimmtes Rechtsverhältnis in dieser Form
- so besteht (= positive Feststellungsklage) oder
- nicht besteht (= negative Feststellungsklage).

Beispiel

- positiv: das Arbeitsverhältnis besteht weiter
- negativ: die Kündigung hebt das Arbeitsverhältnis nicht auf

- **Die Rechtsgestaltungsklage (konstitutiv)**

Durch die Rechtsgestaltungsklage soll eine Rechtsänderung herbeigeführt und durch Urteil bestätigt werden, es wird also eine neue Rechtssituation geschaffen.

Beispiel

- Anfechtung des Hauptversammlungsbeschlusses einer AG
- Scheidung der Ehe
- Anfechtung der Vaterschaft

7.8.3.2 Ablauf

▶ **Erhebung der Klage**

Die Klageschrift geht in der Geschäftsstelle des Gerichts ein (per Post oder persönliche Abgabe) – damit ist der Rechtsstreit **anhängig** geworden. In der Geschäftsstelle erledigt der Urkundsbeamte die notwendigen Prüfungs- und Verwaltungsarbeiten, um dann die Klage dem Vorsitzenden des Gerichts vorzulegen, der die unverzügliche Zustellung der Klageschrift an den Beklagten veranlasst (§§ 270f. ZPO). Mit der erfolgten Zustellung ist die Klage erhoben (§ 253 I ZPO) und mit Erhebung der Klage ist die Sache **rechtshängig** geworden (§ 261 I ZPO).

▶ **Schlichtungsverfahren**

Um die Gerichte zu entlasten, ist vor dem gerichtlichen Verfahren ein außergerichtliches Schlichtungsverfahren durchzuführen (GüSchlG der jeweiligen Bundesländer). Hier soll versucht werden, zu einer einvernehmlichen Lösung zu kommen. Erst wenn dieses Verfahren gescheitert ist, ist eine Klageerhebung überhaupt zulässig (§ 278 ZPO).

▶ **Die mündliche Verhandlung**

Im Mittelpunkt des Zivilprozesses steht die mündliche Verhandlung, bei der die Gerichte gezwungen sind, jeder Partei die Möglichkeit zu geben, eigene Standpunkte darzulegen und auf die Ausführungen der jeweils anderen Partei zu reagieren. Alle Fakten werden mündlich vorgebracht. Das Gericht darf auch nur die Sachverhalte seiner Entscheidung zugrunde legen, die im Rahmen der Verhandlung dargelegt wurden.

Sowohl die mündliche Verhandlung als auch die Urteilsverkündung erfolgen öffentlich, d.h., dass auch unbeteiligte Dritte einen freien Zugang zur Gerichtsverhandlung haben, es sei denn, dass der Schutz von einzelnen Personen vorrangig ist und so die Verhandlung nicht öffentlich durchgeführt wird.

Jede Partei hat selbst dafür zu sorgen, dass die für die Entscheidung des Gerichts erforderlichen Tatsachen und Beweismittel beschafft werden, da nur diese Informationen vom Gericht verwertet werden dürfen.

▶ Beendigung des Verfahrens

Das Verfahren kann beendet werden
- **ohne Urteil,** indem
  - der Kläger die Klage zurücknimmt oder
  - die Parteien einen Vergleich (Einigung) schließen;
- **mit Urteil,** das der Richter als Endentscheidung aufgrund der vorgebrachten Tatsachen bereits in dem Haupttermin oder zu einem späteren Termin erlässt und verkündet.

▶ Einwendungen gegen richterliche Entscheidungen

Gerichtliche Entscheidungen können
- in derselben oder
- in der nächsthöheren Instanz
- angefochten,
- überprüft und – falls erforderlich –
- abgeändert werden.

Durch **Rechtsbehelfe** kann eine Entscheidung in derselben Instanz überprüft werden:
- Einspruch,
- Erinnerung,
- Widerspruch.

Durch die **Rechtsmittel** wird den Parteien die Möglichkeit gegeben, den Eintritt der formellen Rechtskraft der gerichtlichen Entscheidung hinauszuschieben und die gerichtliche Entscheidung (Urteil, Beschluss, Verfügung) in der nächsten Instanz nachprüfen zu lassen:
- Berufung,
- Revision,
- Beschwerde.

7.8.4   Die Zwangsvollstreckung

▶ Begriff

Durch die Zwangsvollstreckung können privatrechtliche und rechtskräftig festgestellte Ansprüche mit staatlicher Gewalt durchgesetzt werden.

> ### ▶ Arten

Die Zwangsvollstreckung kann

- **wegen Geldforderungen** in das
    - ▶ bewegliche Vermögen des Schuldners, und zwar in Bezug auf
        - Sachen (z.B. Auto, Fernseher, Schmuck),
        - Forderungen (z.B. Arbeitseinkommen, Bankguthaben),
        - andere Vermögenswerte (z.B. Patent, Erbteil),
      oder in das
    - ▶ unbewegliche Vermögen (= Immobilien) eines Schuldners

ODER

- **wegen anderer Ansprüche** (Räumung und Herausgabe/Handlungen)

durchgeführt werden.

> ### ▶ Ablauf

Die Zwangsvollstreckung wird durch das zuständige **Vollstreckungsgericht** (Amtsgericht) angeordnet und durch den **Gerichtsvollzieher oder Rechtspfleger** durchgeführt. Dazu muss ein so genannter **Vollstreckungstitel** vorhanden sein. Dies ist eine Urkunde, die dem Gläubiger das Recht zubilligt, einen Anspruch gegen den Schuldner durchsetzen zu dürfen, sodass dieser seine Leistung erfüllt. Dazu gehören z.B. Endurteile aus dem Zivilprozess (§ 704 I ZPO) oder die unter 7.8.2.2 dargestellten Vollstreckungsbescheide (§ 794 I 4 ZPO).

Der Titel muss dem Schuldner **zugestellt** worden sein, sonst ist eine Zwangsvollstreckung unzulässig (§ 750 ZPO).

VOLLSTRECKUNGSAUFTRAG (§ 754 ZPO)

Der Gerichtsvollzieher am Ort des Schuldners erhält vom Vollstreckungsgericht den Vollstreckungsauftrag, mit dem er den Schuldner zur Zahlung auffordert.

Der Schuldner zahlt die gesamte Schuld	**Der Schuldner zahlt einen Teilbetrag**	**Der Schuldner verweigert die Zahlung**
Der Gerichtsvollzieher quittiert den Erhalt der Zahlung und händigt dem Schuldner den Titel aus (§ 757 ZPO).	Der Gerichtsvollzieher quittiert den Erhalt der Zahlung und vermerkt die Teilzahlung auf dem Titel (§ 757 ZPO).	Der Gerichtsvollzieher pfändet und verwertet das Vermögen des Schuldners.

Pfändung

durch
- Wegnahme der Sache
- Anbringen des Pfandsiegels

Verwertung

durch
- Zwangsversteigerung
- Zwangsverwaltung
- Übereignung an den Gläubiger

Durch das **Verfahren zur Abnahme der eidesstattlichen Versicherung** kann der Gläubiger den Schuldner zwingen, alle Vermögensteile zu offenbaren. Der Schuldner muss ein Vermögensverzeichnis aufstellen und an Eides statt versichern, dass es vollständig ist. Somit wird dem Gläubiger die Möglichkeit eingeräumt, nochmals Vermögensteile pfänden zu lassen, die ihm bisher nicht bekannt waren.

▶ Voraussetzungen des Verfahrens (§ 807 ZPO)

- keine Befriedigung der Forderung des Gläubigers durch die Zwangsvollstreckung,
- Glaubhaftmachung des Gläubigers, dass die Zwangsvollstreckung nicht zur Befriedigung der Forderung führen wird,
- der Schuldner verweigert die Durchsuchung bei einem Pfändungsversuch,
- der Gerichtsvollzieher hat den Schuldner wiederholt nicht angetroffen, obwohl die Vollstreckung rechtzeitig angekündigt war (mindestens zwei Wochen vorher).

Kaufleute sind nach Abgabe der eidesstattlichen Versicherung nicht mehr kreditwürdig, was dazu führt, dass Lieferanten nur noch gegen Vorkasse liefern und Banken i.d.R. keine Kredite mehr gewähren.

7.9 Zusammenfassung

EIGENTUMSVORBEHALT	
Einfacher Eigentumsvorbehalt	Erweiterter Eigentumsvorbehalt
	■ verlängerter Eigentumsvorbehalt ■ weitergeleiteter Eigentumsvorbehalt ■ nachgeschalteter Eigentumsvorbehalt ■ Kontokorrentvorbehalt

Durch den Kaufvertrag verpflichtet sich

- der **Verkäufer** dazu, dem Käufer die Ware mangelfrei, rechtzeitig und am vereinbarten Ort zu übergeben und zu übereignen sowie den Kaufpreis anzunehmen;
- der **Käufer** dazu, die Ware anzunehmen sowie den Kaufpreis zu übergeben und zu übereignen.

Kommt eine der Vertragsparteien ihren Verpflichtungen nicht vereinbarungsgemäß nach, liegt eine Leistungsstörung vor.

Erbringt die eine Partei ihre Leistung nicht oder nicht vollständig, so steht der anderen Partei jeweils eine Reihe von Rechten zu. Insbesondere der **Schadensersatzforderung** kommt in diesem Zusammenhang situationsabhängig eine große Bedeutung zu.

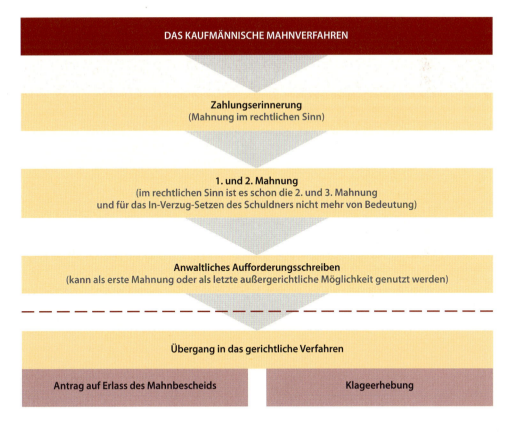

Vom Antrag auf Erlass eines Mahnbescheids zur Zwangsvollstreckung

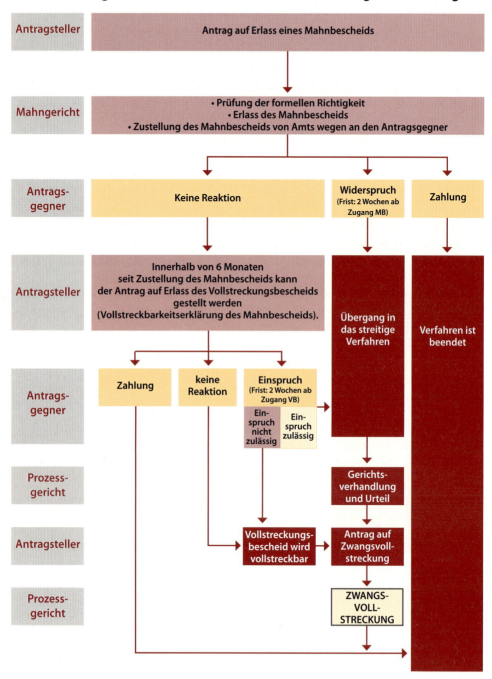

7.10 Fälle und Übungen

1. Bei der Wareneingangsprüfung werden unterschiedliche Mängel festgestellt. In welchem Fall handelt es sich um einen versteckten Mangel?

    a. Lieferung von Front- statt Heckscheibenwischern.

    b. Lieferung von Taschenlampen ohne Batterien.

    c. Lieferung von Rasenkantensteinen mit dem Maß 20x10 cm statt 30x10 cm.

    d. Lieferung von Heimwerkerbüchern, bei denen teilweise 16 Seiten fehlen.

    e. Lieferung von 10 Heimwerkerbüchern statt 100 Stück.

2. Tanja Krause kauft bei dem Fahrradhändler Bike & More GmbH ein neues Mountain-Bike. Nach fünf Monaten bricht bei einer Tour der Lenker. Bereits am nächsten Tag geht sie zum Händler, um den Schaden zu reklamieren. Prüfen Sie, welche Aussagen richtig sind.

    a. Für diesen Fall gelten die Regeln des allgemeinen Kaufvertragsrechts nach HGB.

    b. Für diesen Fall sind die Regeln des Verbrauchsgüterkaufrechts maßgeblich.

    c. Tanja Krause muss nicht beweisen, dass sie den Schaden nicht verschuldet hat.

    d. Tanja Krause kann den Gewährleistungsanspruch auch zu einem späteren Zeitpunkt innerhalb von 3 Jahren ab Übergabe des Rades geltend machen.

    e. Die auf der Rechnung abgedruckten AGBs sehen vor, dass alle Gewährleistungsansprüche innerhalb von 3 Monaten geltend gemacht werden müssen. Die Bike & More GmbH hat daher das Recht, den Anspruch zurückzuweisen.

3. Bruno Bräsig kauft in einem Möbelgeschäft einen Wohnzimmerschrank eines polnischen Herstellers. Voll Begeisterung schleppt er die einzelnen Teile in seine Wohnung, packt diese aus und fängt an, die Montageanleitung zu studieren. Diese ist äußerst unbeholfen ins Deutsche übersetzt worden und somit völlig unbrauchbar. Auch die Zeichnungen sind nicht besonders hilfreich.

    Aber Bruno ist ein geschickter Heimwerker und so kann er sich nach einigen Versuchen über den neuen Schrank freuen. Dennoch ist er der Auffassung, dass der Schrank mit der unmöglichen Anleitung nicht den Wert hat, den er bezahlen musste.

    Prüfen Sie, ob Bräsig Kaufpreisminderung verlangen kann!

4. Die Lebensmittelgroßhandlung „Öko-Fit GmbH" hat von Bauer Beck 3 Tonnen Sommerweizen gekauft. Es wird fristgerecht die richtige Sorte, davon aber nur die Hälfte geliefert.

    Prüfen Sie, welche Rechte die „Öko-Fit GmbH" geltend machen kann!

5. Friederike Fritzenkötter ist befördert worden. Damit war gleichzeitig eine saftige Gehaltserhöhung verbunden. Das muss gefeiert werden. Eingeladen sind ca. 20 Freunde und Kollegen. Schon lange vorher hatte sie mit der Glasserie „Charmant" geliebäugelt. Nun entschließt sie sich zur Investition: Sie kauft je 24 Weiß- und Rotweingläser der Serie bei „Glas- und Porzellan Meyer". Vereinbarungsgemäß liefert das Geschäft am nächsten Nachmittag und Frau Fritzenkötter überweist den Rechnungsbetrag. Als sie zwei Tage später, am Nachmittag vor der großen Party, die Gläser auspackt, um sie abzuwaschen, bemerkt sie, dass in jedem 6er-Karton ein Glas defekt ist.

    Prüfen Sie, ob Frau Fritzenkötter noch fristgemäß rügen kann!

6. Paul Pfiffig möchte sich ein neues Auto kaufen. Er geht zum Autohändler Schnickenfittich, weil er sich für den „Turboprop 2000" interessiert. Nach der Probefahrt ist er begeistert. Zur weiteren Entscheidungsfindung gibt ihm Schnickenfittich noch die aktuellen Verkaufsprospekte mit. Hier wird auf eine der wichtigsten Eigenschaften des „Turboprop 2000" hingewiesen: „Einer der Sparsamsten seiner Klasse – nur 5 Liter auf 100 Kilometer!".

   Ein gutes Argument, denkt sich Pfiffig und unterschreibt am nächsten Tag den Kaufvertrag. Als ordentlicher Mensch schreibt er sich Kilometerleistung und Tankmenge stets auf. So stellt er nach einiger Zeit fest, dass das Auto im Durchschnitt 8 Liter auf 100 Kilometer verbraucht. Damit geht er zu Schnickenfittich. Dieser sagt nun, er habe nie behauptet, dass das Auto so wenig verbrauche. Er könne da gar nichts machen.

   Prüfen Sie, welche Rechte Pfiffig geltend machen kann! Lesen Sie dazu auch das Urteil des OLG Stuttgart (vom 20.11.2008 – 7 U 132/07).

7. Karl Klug betreibt in einem beliebten Ferienort eine Fahrradvermietung. Während der Nebensaison bringt er die Fahrräder stets wieder in Ordnung. Außerdem nimmt er Kontakt mit potenziellen Lieferanten auf, die für „Nachschub" in Frage kommen. So auch in diesem Jahr. Klug bestellt bei dem Fahrradgroßhändler City-Bikes GmbH ein bestimmtes Kontingent von Fahrrädern. Jeweils 12 sollen „drei Tage nach Abruf" geliefert werden. Da bereits Ostern das Geschäft gut lief, bestellt er für das Pfingstgeschäft am Dienstag, 19.05.20xx, die erste Charge. City-Bikes GmbH liefert allerdings erst am 26.05.20xx (Pfingstdienstag). Wie erwartet war das Wetter gut und die Nachfrage groß, sodass Klug aufgrund der fehlenden Räder eine Reihe Kunden auf den Wettbewerb verweisen musste. Die Gewinneinbuße beträgt 2.400,00 EUR, die er von City-Bikes GmbH ersetzt haben möchte. Der Geschäftsführer von City-Bikes GmbH verweist darauf, dass er leider aufgrund der hohen Nachfrage vor Pfingsten die Lieferung nicht mehr geschafft habe.

   Prüfen Sie, ob Klugs Anspruch durchsetzbar ist!

8. Diesmal haben Klug und die City-Bikes GmbH keine explizite Lieferungsterminierung vorgenommen. Da die City-Bikes GmbH das Kontingent mittlerweile zu einem höheren Preis an einen anderen Händler verkauft hat, weigert sich die City-Bikes GmbH anschließend, den Auftrag auszuführen.

   Prüfen Sie, ob Klug auch in diesem Fall seine Gewinneinbuße in Höhe von 2.400,00 EUR gegen die City-Bikes GmbH geltend machen kann!

9. Malermeister Pinsel soll bei Familie Neureich die Eingangshalle neu streichen. Sein Lehrling Stefan Streifen, den er sorgfältig ausgesucht und bei den Arbeiten beaufsichtigt hat, stößt beim Hantieren mit der Leiter eine Ming-Vase um. Schaden: 5.100,00 EUR.

   Prüfen Sie, ob Familie Neureich diesen Schaden bei Pinsel geltend machen kann!

10. Berta Brösel geht in den Supermarkt. Dort bittet sie den Angestellten Friedobald Hubendudel darum, ihr aus dem obersten Regal eine Dose Heißwürstchen zu geben. Hubendudel wurde vom Geschäftsführer sehr sorgfältig ausgewählt und

gilt als ausgesprochen umsichtiger Mitarbeiter. Bei der Aktion fällt eine weitere Dose Frau Brösel auf den Kopf und verletzt sie leicht. Daraufhin nimmt Frau Brösel von ihren Kaufabsichten Abstand und verlangt zusätzlich noch Ersatz für die entstandenen Krankenhauskosten sowie Schmerzensgeld. Zu Recht?

11. Herr Hans-Werner Wasser-Hahn ist Geschäftsführer der Sanitärgroßhandlung „Der Badausstatter GmbH", Wannenstr. 10–14, 32756 Detmold. Das Unternehmen lieferte Waren im Wert von 11.600,00 EUR an den Sanitär- und Klempnereifachbetrieb „Flansch und Rohr OHG", Biegestr. 25, 32825 Blomberg. Die Rechnung (Nr. 2002012101 vom 21. Januar 20xx) war zahlbar bis 21. Februar 20xx. Sachmängel wurden von der „Flansch und Rohr OHG" nicht geltend gemacht. Die Gläubigerin arbeitet mit Bankkredit, für die Soll-Jahreszinsen in Höhe von 12 % erhoben werden.

Gesellschafter der „Flansch und Rohr OHG":
- Friedel Flansch, Quellweg 4, 32825 Blomberg
- Ronald Rohr, Leipziger Str. 22, 32657 Lemgo

a. Stellen Sie den Antrag auf Erlass des Mahnbescheids (02. Mai 20xx)!

b. Der Mahnbescheid wird am 08. Mai erlassen und am 09. Mai zugestellt. Bestimmen Sie den Tag, an dem der Antrag auf Erlass eines Vollstreckungsbescheids frühestens gestellt werden darf, wenn die Antragsgegnerin innerhalb der Widerspruchsfrist nichts unternimmt!

12. Stefan Stopotka bestellt am 6. Juni bei einem Internetanbieter für Elektronikgeräte, der Etec4consumer24.de GmbH, per E-Mail einen Camcorder für 799,00 EUR. Der Kaufpreis wird von der eingeschalteten Kreditbank bezahlt. Am 28. Juni wird die ordnungsgemäß verpackte und adressierte Ware einem Paketdienst übergeben, der mit der Zustellung des Camcorders an Stopotka beauftragt worden ist.

Der Etec4consumer24.de GmbH liegt ein Ablieferungsbeleg vor, der auf den 29. Juni datiert ist und die Unterschrift von Stopotka trägt. Dieser behauptet allerdings, die Ware nicht erhalten und den Ablieferungsbeleg nicht unterschrieben zu haben. Die Unterschrift auf dem vorgelegten Ablieferungsbeleg sei außerdem gefälscht.

Dementsprechend fordert Stopotka nach wie vor von der Etec4consumer24.de GmbH Vertragserfüllung, also Übergabe und Übereignung des Camcorders.

Prüfen Sie und begründen Sie jeweils unter Angabe der Paragrafen,

a. ob es sich um einen Verbrauchsgüterkauf handelt.

b. wo und wann die Etec4consumer24.de GmbH bei diesem Geschäft von der Leistung frei wird.

c. wo der Gefahrenübergang ist und was dies für Herrn Stopotka bedeutet.

d. inwieweit eine Unmöglichkeit vorliegt.

e. ob Stopotka weiterhin auf Lieferung bestehen kann.

Vergleichen Sie Ihre Lösung mit dem Urteil des BGH (vom 16. 07. 2003 – VIII ZR 302/02).

8 Verbraucherschutz

8.1 Überblick

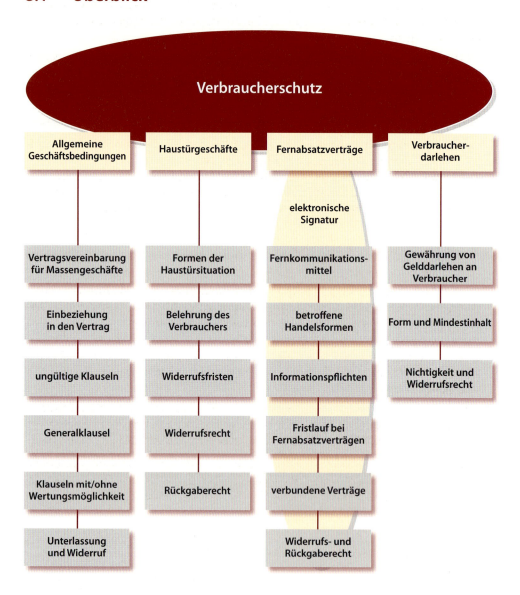

Nach den Vorstellungen des Gesetzgebers genießt der Verbraucher im täglichen Rechtsverkehr besonderen Schutz. Somit stellt der **Verbraucherschutz** eine wesentliche Säule der Rechtsordnung dar. In allen wirtschaftlichen Belangen sollen Verbraucher vor nachteiligen Verträgen geschützt werden, die sie aus **Unwissenheit** oder **Unterlegenheit** unterzeichnet haben. Ein einheitliches Verbraucherschutzgesetz gibt es jedoch nicht.

Beispiel

> Das gesamte Lebensmittelrecht gehört, wie die Skandale um BSE-verseuchtes Rindfleisch und Nitrofen-verseuchte Eier zeigen, zum Kern des Verbraucherschutzes. Es ist aber leicht einsehbar, dass diese Regelungen nicht in das BGB integrierbar sind. Andererseits lassen sich Vorschriften zu Tierfuttermitteln nur bedingt in einen Sachzusammenhang mit der digitalen Signatur o. Ä. bringen.

Allerdings sind einige der wichtigsten Vorschriften im BGB zusammengefasst. Zahlreiche Änderungen und Verbesserungen in den vergangenen Jahren zeigen, dass dem Verbraucherschutz ein zunehmend **höherer Stellenwert** eingeräumt wird. Der Europäischen Union kommt dabei die Rolle einer treibenden Kraft zur Einführung neuer und zur Vereinheitlichung existierender nationaler Vorschriften zu.

8.2 Verbraucher und Unternehmer

Nachfolgend ist immer wieder von Verbrauchern und Unternehmern die Rede.

- Ein **Verbraucher** ist nach § 13 BGB jede natürliche Person, die ein Rechtsgeschäft zu einem Zwecke abschließt, der **weder ihrer gewerblichen noch ihrer selbstständigen beruflichen Tätigkeit** zugerechnet werden kann.
- Ein **Unternehmer** kann nach § 14 BGB eine natürliche oder juristische Person oder eine rechtsfähige Personengesellschaft sein, die bei Abschluss eines Rechtsgeschäfts in Ausübung ihrer **gewerblichen oder selbstständigen beruflichen Tätigkeit** handelt.

Beispiel

> Der Autohändler Roland Reifen kauft für sein Unternehmen Gebrauchtwagen auf. Er handelt somit als Unternehmer. Einen bonbonfarbenen Porsche erwirbt er für sich selbst, um ihn privat zu nutzen. In diesem Geschäft ist er Verbraucher.

Sofern der Käufer allerdings einen gewerblichen Verwendungszweck der Kaufsache vortäuscht, kann er sich im Falle eines Mangels nicht im Nachhinein auf die Vorschriften über den Verbrauchsgüterkauf (§§ 474 ff. BGB) berufen (s. BGH-Urteil vom 22.12.2004 – VIII ZR 91/04).

8.3 Allgemeine Geschäftsbedingungen

Die gesetzlichen Vorschriften über die „Allgemeinen Geschäftsbedingungen (AGB)"

- sollen den „Wildwuchs" in dem so genannten **Kleingedruckten** eindämmen und
- schränken den Grundsatz der freien Vertragsgestaltung ein, und dies insbesondere zugunsten der Verbraucher.

8.3.1 Begriff der AGB

AGB sind für eine Vielzahl von Verträgen **vorformulierte Vertragsbedingungen**, die eine Vertragspartei der anderen bei Abschluss eines Vertrages stellt (§ 305 BGB). Sie sollen die rechtliche Ausgestaltung im **wirtschaftlichen Massenverkehr** erleichtern und ökonomisch gestalten. Sie **ergänzen** bestehende gesetzliche Bestimmungen und regeln allgemeine Rechte und Pflichten der Vertragsparteien.

So gibt es für viele Bereiche des Wirtschaftslebens **standardisierte** AGB, die von den Verbänden der Verwender auf ihre rechtliche Einwandfreiheit überprüft und auf die Bedürfnisse der Verwender angepasst sind.

Beispiel
- Sonderbedingungen für die Bankkarten
- allgemeine Versicherungsbedingungen

AGB können äußerlich einen **gesonderten Bestandteil** des Vertrages bilden oder **in die Vertragsurkunde** selbst aufgenommen werden.

Beispiel
Die allgemeinen Versicherungsbedingungen werden gesondert zur Versicherungsurkunde ausgegeben. Die allgemeinen Geschäftsbedingungen für Mobilfunkverträge befinden sich regelmäßig auf der Rückseite des eigentlichen Vertrages.

Werden die Vertragsbedingungen jedoch einzeln ausgehandelt, liegen keine AGB vor, da die Bedingungen nur für diesen einen Vertrag gelten (s. BGH-Urteil vom 21.09.2005 – XII ZR 312/02).

8.3.2 Einbeziehung der AGB in den Vertrag

DER VERWENDER VON AGB MUSS:		
die andere Partei ausdrücklich auf die Einbeziehung der AGB in den Vertrag hinweisen (i. d. R. durch eine Unterschrift auf dem Vertrag, häufig gebraucht wird die Klausel auf dem Vertrag: „mit der Unterschrift erkennt der Unterzeichner die umseitig gedruckten AGB an")	deutlich auf die AGB hinweisen, wenn er sie nicht mit dem Vertrag aushändigt (z.B. auf den öffentlichen Aushang)	dem anderen Vertragspartner die Möglichkeit geben, in zumutbarer Weise von ihrem Inhalt Kenntnis zu nehmen

Voraussetzung erfüllt!

Die AGB werden Bestandteil des zwischen den Parteien geschlossenen Vertrages (§ 305 BGB).

WICHTIG: Natürlich werden die AGB nur **Vertragsbestandteil,** wenn die andere Partei mit ihrer Geltung einverstanden ist. **Verbraucher** müssen die Kenntnisnahme und Einbeziehung der AGB immer **bestätigen** (§ 305 II BGB). Sie müssen die Möglichkeit erhalten, sich mit den entsprechenden Regelungen vertraut zu machen. Unter Kaufleuten gelten die AGB auch ohne gesonderte Bestätigung. Selbiges gilt auch für juristische Personen des öffentlichen Rechts.

In § 305a BGB sind **Sonderregelungen** aufgezählt, bei denen die formale Einbeziehung der AGB für den Verwender eine unzumutbare Belastung darstellen würde.

Beispiel | Mit dem Kauf einer Fahrkarte für den Bus erkennt der Kunde die allgemeinen Beförderungsbedingungen der Verkehrsbetriebe an. Eine gesonderte Anerkennung, z. B. durch Unterschrift, ist organisatorisch wegen des hohen Fahrgastaufkommens nicht möglich.

8.3.3 Andere grundsätzliche Bestimmungen

So genannte **überraschende Klauseln** werden nicht Vertragsbestandteil, wenn der Vertragspartner nach den äußeren Umständen nicht mit ihnen zu rechnen braucht (§ 305 c BGB).

Individuelle Abreden, die im Gegensatz zu den AGB stehen, haben Vorrang vor den AGB, d. h., sie werden in jedem Fall wirksam (§ 305 b BGB). **Unklarheiten** und **Zweifel** bei der Auslegung der AGB gehen zu Lasten des Verwenders. Sind die AGB nicht ganz oder nur teilweise Vertragsbestandteil geworden, so ist der eigentliche Vertrag unberührt (§ 306 BGB). Der Inhalt des Vertrages richtet sich nach den gesetzlichen Bestimmungen.

Es wird explizit darauf hingewiesen, dass es zwecklos ist, die gesetzlichen Regelungen über AGB zu umgehen – sie gelten immer (§ 306a BGB)!

8.3.4 Die gesetzliche Inhaltskontrolle der AGB

8.3.4.1 Generalklausel (§ 307 BGB)

Bestimmungen des Verwenders, die nach den Geboten von **Treu und Glauben** (§ 242 BGB) den Vertragspartner unangemessen benachteiligen, sind unwirksam. Sie liegen vor, wenn wesentliche Grundgedanken der gesetzlichen Regelung verletzt sind oder aber andere wesentliche Rechte und Pflichten aus dem Vertrag so eingeschränkt sind, dass die Erreichung des Vertragszweckes gefährdet ist.

8.3.4.2 Klauselverbote mit Wertungsmöglichkeit (§ 308 BGB)

Die Klauselverbote mit Wertungsmöglichkeit sind dann **unwirksam**, wenn die Formulierung der AGB gegen Wertungen des Gesetzes verstoßen. Im Gesetz sind an dieser Stelle Formulierungen wie **unangemessen** oder **hinreichend** aufgeführt. Da diese Begriffe auslegungs- und ausfüllungsbedürftig sind, zählt das Gesetz einige (allerdings nicht abschließende) Beispiele auf. Im jeweiligen Einzelfall muss aber ein Gericht entscheiden, wie die gesetzlichen Formulierungen „unangemessen" oder „hinreichend" zu würdigen sind.

Insbesondere sind **unwirksam** (die Zahlen bezeichnen die Absätze des Paragrafen):

1. **Annahme- und Leistungsfrist:** Regelungen über unangemessen lange oder nicht hinreichend bestimmte Fristen.
2. **Nachfrist:** Bestimmungen über eine unangemessen lange oder nicht hinreichend bestimmte Nachfrist.
3. **Rücktrittsvorbehalt:** Regelungen, die dem Verwender die Möglichkeit zusichern, ohne sachlich gerechtfertigten Grund vom Vertrag zurückzutreten.
4. **Änderungsvorbehalt:** Vereinbarungen, die dem Verwender das Recht geben, die versprochene Leistung zu ändern oder von ihr abzuweichen.
5. **Fingierte Erklärungen:** Bestimmungen, wonach eine Erklärung des Vertragspartners des Verwenders bei Vornahme oder Unterlassung einer bestimmten Handlung als von ihm abgegeben oder nicht abgegeben gilt.
6. **Fiktion des Zugangs:** Bestimmungen, die eine Erklärung des Verwenders mit besonderer Bedeutung als zugegangen erklären.
7. **Abwicklung von Verträgen:** Regelungen, die dem Verwender beim Rücktritt vom Vertrag oder der Kündigung des Vertrages eine unangemessen hohe Vergütung oder einen unangemessen hohen Ersatz von Aufwendungen zubilligen.

8.3.4.3 Klauselverbote ohne Wertungsmöglichkeit (§ 309 BGB)

Im Gegensatz zu den o. a. Klauseln unterliegen die aufgeführten Klauseln **keiner Wertungsmöglichkeit** und machen die entsprechende Bestimmung in den AGB **in jedem Fall unwirksam.** Dazu gehören Klauseln, die gesetzliche Rechte des Vertragspartners einschränken über (die Zahlen bezeichnen die Absätze des Paragrafen):

1. **Kurzfristige Preiserhöhungen**	10. **Gewährleistung**
2. **Leistungsverweigerungsrechte**	11. **Haftung für zugesicherte Eigenschaften**
3. **Aufrechnungsverbote**	
4. **Mahnung, Fristsetzung**	12. **Laufzeit bei Dauerschuldverhältnissen**
5. **Pauschalierung von Schadensersatzforderungen**	
6. **Vertragsstrafen**	13. **Wechsel des Vertragspartners**
7. **Haftung bei groben Verschulden**	14. **Beweislast**
8. **Verzug, Unmöglichkeit**	15. **Form von Anzeigen und Erklärungen**
9. **Teilverzug, Teilunmöglichkeit**	

8.3.4.4 Anmerkungen zum Verfahren

Wer AGB verwendet, die nach den §§ 307–309 BGB unwirksam sind, kann auf **Unterlassung** oder **Widerruf** in Anspruch genommen werden. Die Ansprüche müssen von den **zuständigen Kammern und Verbänden** geltend gemacht werden. Bei Verwendung solcher Klauseln unter Kaufleuten können Unterlassung und Widerruf durch Kammern und Verbände nicht geltend gemacht werden. Für Klagen ist ausschließlich das Landgericht zuständig, in dessen Bezirk der Beklagte seinen Wohn- oder Geschäftssitz hat. Das Gericht teilt dem Bundeskartellamt von Amts wegen mit, wenn Klagen wegen Unterlassungs- oder Widerrufsanspruch anhängig sind. Das Bundeskartellamt führt über eingehende Mitteilungen ein Register.

8.3.4.5 Urteile zu Allgemeinen Geschäftsbedingungen

Das Handy-Guthaben

Ein Mobilfunknetzbetreiber verwendete im Zusammenhang mit sog. Prepaid-Mobilfunkdienstleistungen folgende Klausel: Ein Guthaben, dessen Übertragung auf das Guthabenkonto mehr als 365 Tage zurückliegt, verfällt, wenn es nicht durch eine weitere Aufladung, die binnen eines Monats nach Ablauf der 365 Tage erfolgen muss, wieder nutzbar gemacht wird. Das Münchener Landgericht untersagte die Verwendung der Klausel, weil dies eine unangemessene Benachteiligung des Kunden sei. Ferner dürfe auch nach Beendigung des Vertrages ein etwaiges Restguthaben nicht verfallen, weil dadurch die Kündigung des Vertrages unnötig erschwert werde.

Aktenzeichen: 12 O 16098/05 (Urteil des LG München vom 26.01.2006)

Der günstig ersteigerte Passat

Über seine Internetseite bot ein Autohändler (nebenberufliche Tätigkeit) EU-reimportierte Kfz an. Es handelte sich hier um einen neuen VW Passat, der auf der eigens eingerichteten Angebotsseite in 5-EUR-Schritten zu ersteigern war. Ein Mindestkaufpreis wurde nicht festgesetzt und die Angebotsseite für 5 Tage freigeschaltet. Der Verkäufer erklärte in seinen AGB außerdem „die Annahme des höchsten, wirksam abgegebenen Kaufangebotes". Ein Bieter ersteigerte das Fahrzeug für 13.175,00 EUR. Der Verkäufer wollte aber nicht zu diesem Preis, sondern zu einem Preis von 19.500,00 EUR liefern. Vorsorglich focht der Verkäufer seine Willenserklärung als Versehen bei der Eingabe des Startpreises an. Der Käufer klagte nun auf Übereignung des PKW Zug um Zug gegen Zahlung der 13.175,00 EUR. Während das Landgericht Münster die Klage abwies, entschieden sowohl die Richter der Berufungsinstanz (OLG Hamm) als auch der Senat des BGH, dass der Kaufvertrag wirksam zustande gekommen sei und das Fahrzeug zu dem ersteigerten Preis übergeben und übereignet werden müsse.

Aktenzeichen: VIII ZR 13/01 (Urteil des BGH vom 07.11.2001)

8.4 Das Widerrufsrecht bei Haustürgeschäften (§ 312 BGB)

Die Möglichkeit, ein Geschäft rückabzuwickeln, bietet der § 312 BGB (Widerruf bei Haustürgeschäften). Dieser knüpft nicht an den Vertragsinhalt, sondern an den **Ort des Zustandekommens** an. Voraussetzung für den Widerruf ist, dass der Verbraucher in einer Umgebung mit einem Vertragsangebot konfrontiert wird, in der er dies nicht erwartet. Der Begriff des Haustürgeschäfts ist dabei etwas verwirrend, denn auch am Arbeitsplatz oder im Rahmen einer Freizeitveranstaltung können solche Haustürsituationen vorliegen, die zum **Widerrufsrecht gem. § 355 BGB** oder **Rückgaberecht gem. § 356 BGB** führen. Auch öffentliche Verkehrsmittel, öffentliche Plätze sowie so genannte **Kaffeefahrten** fallen unter den Begriff „Haustürgeschäft".

Beispiel

Frieda Fritzenkötter schneidet im Garten Rosen, als ein junger, gut aussehender Mann über den Zaun schaut und fragt: „Haben Sie einen Moment Zeit für mich, gnädige Frau?" Und schon steht er neben ihr im Garten. Nach kurzem Hin und Her unterschreibt sie ein Abonnement für eine Fernseh-, eine Wochen-, eine Tages- und eine Frauenzeitschrift. Als Frau Fritzenkötter erschöpft auf ihrer Gartenbank Platz nimmt, wird ihr erst richtig bewusst, dass sie all diese Zeitschriften gar nicht benötigt.

Die Widerrufsfrist beträgt **zwei Wochen** (§ 355 I BGB). Sie muss keine Begründung enthalten, allerdings in Textform verfasst sein. Dem schriftlichen Widerruf steht die Rücksendung der Sache gleich. Notwendige Voraussetzung für diese kurze Widerrufsfrist ist die **Belehrung des Verbrauchers** über die Möglichkeit des Widerrufs bei Vertragsabschluss. Erfolgt die Belehrung erst nach Vertragsschluss, beträgt die Widerrufsfrist **einen Monat** (§ 355 II 2 BGB). Bei schriftlichen Verträgen beginnt die Widerrufsfrist erst zu laufen, nachdem dem Verbraucher die Vertragsurkunde einschließlich Widerrufsbelehrung zugegangen ist. Im Zweifel trifft den Unternehmer die **Beweislast** über die Belehrung des Verbrauchers.

Spätestens **sechs Monate** nach dem Vertragsabschluss erlischt das Widerrufsrecht, es sei denn, dass der Verbraucher nicht ordnungsgemäß belehrt wurde.

Ausgeschlossen (§ 312 III BGB) von den o. a. Rechten sind

■ Versicherungsverträge,
■ Verträge, die nach vorherigen mündlichen Verhandlungen in der Haustürsituation abgeschlossen werden,
■ Verträge – deren Leistung sofort erbracht wird und
  – deren Wert 40,00 EUR nicht übersteigt,
■ notariell beurkundete Verträge.

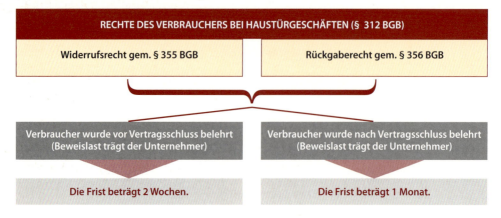

RECHTE DES VERBRAUCHERS BEI HAUSTÜRGESCHÄFTEN (§ 312 BGB)	
Widerrufsrecht gem. § 355 BGB	Rückgaberecht gem. § 356 BGB
Verbraucher wurde vor Vertragsschluss belehrt (Beweislast trägt der Unternehmer)	Verbraucher wurde nach Vertragsschluss belehrt (Beweislast trägt der Unternehmer)
Die Frist beträgt 2 Wochen.	Die Frist beträgt 1 Monat.

8.5 Die Fernabsatzverträge (§§ 312 b ff. BGB)

8.5.1 Begriffsbestimmung und Geltungsbereich

Von den gesetzlichen Regelungen zu den Fernabsatzverträgen sind Unternehmer betroffen, die Waren oder Dienstleistungen im **Wege des Fernabsatzes** an Verbraucher vertreiben. Hierzu zählt der **klassische Versandhandel** ebenso wie der **Vertrieb von Waren oder Finanzdienstleistungen über das Internet** und das **Teleshopping.**

Es gilt also für den so genannten Business-to-Consumer-Bereich (B2C – **Unternehmer an den Konsumenten**) und soll den Verbraucherschutz im Versand- und Online-handel stärken. Es gilt für Verträge über die Lieferung von Waren und/oder Erbringung von Dienstleistungen, die zwischen einem **Unternehmer** (Anbieter) und einem **Verbraucher** unter ausschließlicher Verwendung von **Fernkommunikationsmitteln** abgeschlossen werden.

Fernkommunikationsmittel sind Kommunikationsmittel, die ohne gleichzeitige körperliche Anwesenheit der Vertragspartner eingesetzt werden können (§ 312 b II BGB):

- Briefe
- Kataloge
- Fernsehen und Hörfunk
- Telefonanrufe
- Telefaxe
- E-Mails
- Internet-Homepages
- SMS-Nachrichten

Auch die immer populärer werdenden Internet-Versteigerungen fallen unter die Gesetzgebung des Fernabsatzrechts. Bei den so genannten **Internetauktionen** liegt nämlich häufig keine Versteigerung vor, weil der Zuschlag nicht zum höchsten Gebot erfolgt, sondern zu einem vorher festgelegten Zeitpunkt. Es kommt nicht darauf an, ob noch höhere Angebote gekommen wären. Zudem behält sich der Verkäufer teilweise die Annahme des Angebotes des Käufers vor.

Beispiel | Der wohl bekannteste Internet-Marktplatz ist ebay. Unter diesem Portal treten sowohl Unternehmer als auch Verbraucher als Anbieter auf. Bei der Versteigerung treffen nur Unternehmer die Verpflichtungen aus den gesetzlichen Regelungen. Verbraucher untereinander müssen sie nicht beachten.

Das Fernabsatzrecht gilt nur, wenn der Unternehmer ein für den Fernabsatz **speziell organisiertes Vertriebs- oder Dienstleistungssystem** unterhält. Dabei ist aber nicht Voraussetzung, dass der Unternehmer seine Produkte und Dienstleistungen ausschließlich im Wege des Fernabsatzes vertreibt.

Ausnahmen von dem Anwendungsbereich sind in § 312 b III BGB geregelt.

Beispiel |
- Fernunterricht
- Vermittlung von Versicherungen
- Immobiliengeschäfte
- Lieferungen von Lebensmitteln

8.5.2 Die wesentlichen Regelungen zu den Fernabsatzverträgen

Der Unternehmer ist verpflichtet, die Verbraucher über **Produktwerbung** und **Widerrufsrechte** umfangreich **aufzuklären.** Nach § 312 c BGB treffen den Unternehmer Informationspflichten zu verschiedenen Zeitpunkten. Die Verletzung dieser Informationspflichten zieht unterschiedliche Rechtsfolgen nach sich, je nach dem Zeitpunkt, der betroffen ist.

Rechtzeitig vor Vertragsschluss muss der Unternehmer den Verbraucher über die in § 312 d BGB aufgezählten Rechte informieren. Dabei handelt es sich um das kraft Gesetzes bestehende **Widerrufs- oder Rückgaberecht** sowie um die **Allgemeinen Geschäftsbedingungen.**

Rechtzeitig ist die Information dann, wenn sichergestellt ist, dass der Verbraucher die Informationen noch vor Vertragsschluss zur Kenntnis nehmen und eine informierte Entscheidung treffen kann. Der Unternehmer ist verpflichtet, spätestens bei Lieferung der Waren den Verbraucher auf einem **dauerhaften Datenträger** über die Einzelheiten des Widerrufsrechts zu belehren. Darüber hinaus muss der dauerhafte Datenträger Angaben zur **Anschrift** der für Reklamation zuständigen Niederlassung des Unternehmers, Informationen über den Kundendienst sowie **Gewährleistungs- und Garantiebedingungen** enthalten. Bei Verträgen, die für eine längere Zeit als ein Jahr oder auf unbestimmte Zeit geschlossen sind, muss über die Kündigungsbedingungen informiert werden.

Beispiel	Nach der Bestellung im Onlineshop bestätigt der Inhaber des Onlineshops den Eingang der Bestellung mit einer automatisch generierten E-Mail, die alle vom Gesetz geforderten Angaben enthält. Zusätzlich werden der versandten Ware noch einmal Ausdrucke gleichen Inhalts (mit Rücksendeunterlagen) beigefügt.

Als dauerhafter Datenträger im Sinne des § 355 BGB sind insbesondere Telefaxe, CDs, Disketten und E-Mails, aber natürlich auch herkömmliche Schriftstücke anzusehen. Die Informationen stehen dem Verbraucher nach dem Gesetz dann auf einem **dauerhaften Datenträger** zur Verfügung, wenn sie ihm in einer **Urkunde** oder in einer **anderen lesbaren Form** zugeht, die dem Verbraucher für eine den Erfordernissen des Rechtsgeschäfts entsprechende Zeit die **inhaltlich unveränderte Wiedergabe** der Informationen erlaubt. Den Anbieter trifft dafür die Beweispflicht.

Die Belehrung des Verbrauchers mittels E-Mail könnte strittig sein. Entscheidend ist insoweit, dass dem Empfänger die Information so zugegangen ist, dass ihm die unveränderte Wiedergabe für eine angemessene Zeit möglich ist. Klar ist, dass ein Hinweis auf der Webseite des Unternehmens nicht ausreichend für die geforderte Aufklärung ist.

Beispiel	Der Inhaber des Onlineshops versieht seine Bestätigungsmail mit einer Lesebestätigung und legt diese elektronisch bei den Bestell- und Rechnungsunterlagen ab. Im Streitfall kann die Lesebestätigung als Beweis für den Zugang verwendet werden.

Weitere Pflichten des Unternehmers im elektronischen Geschäftsverkehr enthält § 312 e BGB. Hierin wird der Unternehmer verpflichtet, angemessene, wirksame und zugängliche technische Mittel zur Verfügung zu stellen, mit deren Hilfe der Kunde Eingabefehler erkennen und berichtigen kann.

Der Zugang von Bestellungen soll unverzüglich auf elektronischem Wege bestätigt werden. Die Bestellung und die Bestätigung gelten als zugegangen, wenn sie unter gewöhnlichen Umständen abgerufen werden können.

In die **Verbraucherwerbung** greift das Fernabsatzrecht ganz massiv ein. Dies hat natürlich auch damit zu tun, dass die Internetwerbung neue Möglichkeiten der Werbung erschließt. Daher schreibt § 312 c BGB dem Unternehmer eine umfangreiche Aufklärung des Verbrauchers bereits vor Vertragsschluss vor.

- Dies bedeutet, dass der Verbraucher bereits in Werbematerialien über den wesentlichen Inhalt des angestrebten Vertrages aufzuklären ist.
- Darüber hinaus besteht eine Informationspflicht hinsichtlich
  - der Kosten für Fernkommunikationsmittel,
  - der Gültigkeitsdauer befristeter Angebote, insbesondere des Preises,
  - der Einzelheiten in Bezug auf die Zahlung,
  - der Lieferung oder Vertragserfüllung und
  - über das Bestehen eines Widerrufs- oder Rückgaberechts.

8.5.3 Widerrufs- und Rückgaberecht

Das Widerrufs- und Rückgaberecht bei Fernabsatzverträgen ist in § 312 d BGB kodifiziert. Es bezieht sich ausdrücklich auf die §§ 355 ff. BGB. Abweichend von den allgemeinen Widerrufs- und Rückgaberechten beginnt die **Widerrufsfrist** erst zu laufen, wenn **alle Informationspflichten** nach § 312 c II BGB erfüllt sind.

▶ Widerrufsrecht

Der Verbraucher ist bei fristgerechtem Widerruf nicht mehr an seine Willenserklärung in dem abgeschlossenen Vertrag gebunden. Der Widerruf muss keine Begründung enthalten und ist in Textform oder durch **Rücksendung** der Sache innerhalb von **zwei Wochen** gegenüber dem Unternehmer zu erklären. Zur Fristwahrung genügt die rechtzeitige Absendung (§ 355 BGB).

Ausnahmen hinsichtlich des Widerrufsrechts gelten für Dienstleistungen, wenn der Unternehmer bereits mit der Leistung mit Zustimmung des Verbrauchers begonnen hat. Weitere Ausnahmen gelten für nach Kundenspezifikationen angefertigte Waren, Software, Bild- und Musikaufzeichnungen, sofern die Datenträger entsiegelt wurden, Verträge über die Lieferungen von Zeitschriften und Zeitungen, Wett- und Lotteriedienstleistungen und Versteigerungen. Auch ist festzuhalten, dass das Widerrufsrecht **spätestens sechs Monate** nach Vertragsschluss erlischt.

▶ Rückgaberecht

Alternativ zum Widerrufsrecht kann durch den Unternehmer ein uneingeschränktes Rückgaberecht eingeräumt werden (§ 356 BGB). Voraussetzung dafür ist, dass im Verkaufsprospekt

■ eine deutlich gestaltete Belehrung über das Rückgaberecht enthalten ist,

■ der Verbraucher den Verkaufsprospekt in Abwesenheit des Unternehmers eingehend zur Kenntnis nehmen konnte und

■ das Rückgaberecht in Textform eingeräumt wurde.

Das Rückgaberecht kann innerhalb der Widerrufsfrist ausgeübt werden. Der Fristenlauf beginnt **nicht vor Erhalt der Sache.** Sofern die Sache nicht als Paket versandt werden kann, kann auch ein Rücknahmeverlangen ausgesprochen werden.

▶ Rechtsfolgen

Die rechtlichen Folgen des Widerrufs und der Rückgabe (§ 357 BGB) entsprechen den gesetzlichen Vorschriften des Rücktritts (§§ 346 ff. BGB). Im Falle des Widerrufs ist der Verbraucher zur Rücksendung der Ware verpflichtet. Kosten und Gefahr der Rücksendung trägt der Unternehmer. Ausnahme: Bei einem Bestellwert von bis zu 40,00 EUR trägt der Verbraucher die Rücksendekosten – dies allerdings nur, wenn es vertraglich ausdrücklich vereinbart worden ist. Bei Bestellungen mit einem Wert von über 40,00 EUR muss der Unternehmer die Rücksendekosten stets selbst tragen.

Sofern der Verbraucher die Sache in Gebrauch nimmt, hat er Wertersatz (abweichend von § 346 II BGB) für die entstandene Verschlechterung der Sache zu leisten, wenn dies vertraglich so vereinbart wurde.

Widerrufsbelehrung

Widerrufsrecht

Sie können Ihre Vertragserklärung innerhalb von zwei Wochen ohne Angabe von Gründen in Textform (z. B. Brief, Fax, E-Mail) oder – wenn Ihnen die Sache vor Fristablauf überlassen wird – durch Rücksendung der Sache widerrufen. Die Frist beginnt nach Erhalt dieser Belehrung in Textform. Zur Wahrung der Widerrufsfrist genügt die rechtzeitige Absendung des Widerrufs oder der Sache. Der Widerruf ist zu richten an:

    Bräsig GmbH
    Otternstraße 22
    11223 Bröselhausen

Widerrufsfolgen

Im Falle eines wirksamen Widerrufs sind die beiderseits empfangenen Leistungen zurückzugewähren und ggf. gezogene Nutzungen (z. B. Zinsen) herauszugeben. Können Sie uns die empfangene Leistung ganz oder teilweise nicht oder nur in verschlechtertem Zustand zurückgewähren, müssen Sie uns insoweit ggf. Wertersatz leisten. Bei der Überlassung von Sachen gilt dies nicht, wenn die Verschlechterung der Sache ausschließlich auf deren Prüfung – wie sie Ihnen etwa im Ladengeschäft möglich gewesen wäre – zurückzuführen ist. Im Übrigen können Sie die Pflicht zum Wertersatz für eine durch die bestimmungsgemäße Ingebrauchnahme der Sache entstandene Verschlechterung vermeiden, indem Sie die Sache nicht wie Ihr Eigentum in Gebrauch nehmen und alles unterlassen, was deren Wert beeinträchtigt.

Paketversandfähige Sachen sind auf unsere Kosten und Gefahr zurückzusenden. Nicht paketversandfähige Sachen werden bei Ihnen abgeholt. Verpflichtungen zur Erstattung von Zahlungen müssen innerhalb von 30 Tagen erfüllt werden. Die Frist beginnt für Sie mit der Absendung Ihrer Widerrufserklärung oder der Sache, für uns mit deren Empfang.

(Ort), (Datum), (Unterschrift des Verbrauchers)

8.5.4 Beweislast beim Fernabsatzvertrag

Das Fernabsatzrecht bürdet dem **Unternehmer** für fast alle streitigen Punkte die **Beweislast** auf. So muss er im Zweifel beweisen, ob, wann und mit welchem Inhalt dem Verbraucher eine Widerrufsbelehrung zugegangen ist. Der Verbraucher ist nach den allgemeinen Regeln beweispflichtig für sein fehlendes Verschulden bei Unmöglichkeit der Rückgabe der Ware.

8.5.5 Finanzierte Fernabsatzverträge als verbundene Verträge

§ 358 BGB trifft weitere Regelungen für Fernabsatzverträge, die durch einen Verbraucherdarlehensvertrag finanziert werden. Man spricht auch von verbundenen Verträgen, wenn der Darlehensvertrag ganz oder teilweise der **Finanzierung** eines anderen Vertrages dient und die Verträge eine wirtschaftliche Einheit bilden.

Beispiel
Der Verbraucher Otto Normal bestellt auf der Internetseite des Kaufparks (Kaufpark.net) ein Video-Hi-Fi-Set im Wert von 2.000,00 EUR. Den Betrag bezahlt er in 12 bequemen Monatsraten zu 200,00 EUR.

Dabei soll das Merkmal des Kreditvertrages nach Auffassung des Gesetzgebers wie in § 491 BGB (s. 8.8) interpretiert werden. Nach § 358 BGB führt der **Widerruf des Fernabsatzvertrages** dazu, dass der Verbraucher auch an den **Darlehensvertrag nicht mehr gebunden** ist. Auch der umgekehrte Fall ist geregelt: Widerruft der Verbraucher wirksam den Darlehensvertrag, so ist er nicht mehr an den Vertrag über die Lieferung einer Ware oder die Erbringung einer Dienstleistung gebunden. In diesem Zusammenhang ist aber dann ein Widerrufsrecht aus den Bestimmungen zu den Verbraucherdarlehensverträgen (§ 495 BGB) ausgeschlossen.

Verbundene Geschäfte sind insbesondere dann anzunehmen, wenn der Unternehmer selbst die Finanzierung vornimmt. Aber auch wenn ein Dritter die Finanzierung vornimmt, kann ein verbundenes Geschäft vorliegen, und zwar wenn sich der Darlehensgeber bei der Vorbereitung oder dem Abschluss des Vertrages der Mitwirkung des Unternehmers bedient.

Beispiel | Der Kaufpark arbeitet bei Konsumfinanzierungen mit der Kaufbank zusammen. Die Mitarbeiter des Kaufparks übernehmen das Ausfüllen der Verträge und die Zusammenstellung der für den Kreditantrag notwendigen Unterlagen.

8.6 Elektronische Signatur

Eine Ausweitung der vernetzten Wirtschaftstätigkeit mit ihren Möglichkeiten der globalen Markterschließung ist maßgeblich vom Vertrauen der Beteiligten in die Sicherheit der Datenübertragung abhängig. Die Verwendung der elektronischen Signatur soll auch Verbraucher beim Abschluss von Verträgen im Internet schützen.

Die Zunahme der kommerziellen Nutzung und die strukturbedingte Unsicherheit offener Netze schaffen einen großen Bedarf nach Mechanismen für verbindliche und sichere Abläufe. Ein Festhalten an der **Ausschließlichkeit der Verbindlichkeit papiergebundener Schriftstücke** ist in einer Informationsgesellschaft, in der Unternehmen, Behörden und Privatpersonen in weiter wachsendem Maße Informationen mittels elektronischer Medien übertragen, **nicht möglich.**

Während es zur Entwicklung, Durchsetzung und Anwendung der meisten Techniken ausreicht, dass der Gesetzgeber nur in Ausnahmefällen reagiert, handelt es sich im Falle der Entwicklung eines papierlosen, elektronischen Rechtsverkehrs um eine **gravierende Strukturveränderung der Rechtskultur.** Technische Verfahren müssen den „traditionellen" Methoden zur Identifizierung und Sicherung der Authentizität vergleichbare Möglichkeiten entgegenstellen. Die **elektronische Signatur** ist wesentliche **Grundlage der künftigen Sicherungsinfrastruktur.**

Die Anwendungsfelder der elektronischen Signatur liegen vor allen Dingen in den Bereichen von Wirtschaft und öffentlicher Verwaltung. Es ergeben sich folgende herausragende Einsatzmöglichkeiten:

■ **Zahlungsverkehr:** Onlinebanking, elektronische Geldbörse, Kreditkartennutzung, Pay-TV und Teleshopping;

■ **Dokumentenaustausch und Schriftverkehr mit Behörden:** elektronische Ausweispapiere, Datendokumentation und automatische Empfangsbestätigung von Schriftstücken.

Die elektronische Signatur soll den **Charakter einer Unterschrift** haben und in vielen Rechts- und Geschäftsbereichen die Unterschrift ersetzen können. Aber nicht in jedem Bereich erscheint es sinnvoll, die elektronische Signatur als Substitut der Unterschrift einzusetzen. Dem Unterzeichner soll durch den **förmlichen Akt der Unterschrift** deutlich gemacht werden, dass er eine rechtswirksame Erklärung abgibt, die eine **erhebliche Tragweite** besitzt. Es besteht die Gefahr, dass diese Warnfunktion bei einer elektronischen Signatur ihre Wirkung nicht mehr wie die Unterschrift entfaltet. Ausnahmen für die Anwendung der elektronischen Signatur sollten z. B. Bürgschaften oder Adoptionen sein. Auch andere Rechtsgeschäfte sollten in keinem Fall elektronisch wirksam abzugeben sein, z.B. Gewerbeanmeldung.

8.6.1 Zwingende Anwendung der elektronischen Signatur

Der so genannten Schriftform, also der **eigenhändigen Unterschrift,** bedarf es nur in sehr wenigen Fällen, z.B. bei **Bürgschaften, Immobilienkäufen und Kreditverträgen** über mehr als 200,00 EUR. Damit verbunden ist, dass eine besonders hohe **Inhaltssicherheit** erreicht wird, dass also der Inhalt der eigenhändig unterzeichneten Erklärung sicherer ist als bei nur mündlicher Abgabe der Erklärung. Bei elektronischem Geschäftsverkehr muss hinzukommen, dass der einmal digital signierte Inhalt unverändert seinen Empfänger erreicht (Integrität). Dies wird nur durch die so genannte „fortgeschrittene elektronische Signatur", die in Deutschland „qualifizierte" Signatur heißt, gewährleistet. Sie kann nur von staatlich genehmigten Zertifizierungsstellen vergeben werden, die weitergehende Voraussetzungen erfüllen müssen als diejenigen Anbieter, die sich nur der freiwilligen Akkreditierung unterwerfen und daher nur „einfache" elektronische Signaturen erteilen können.

8.6.2 Trustcenter

Aufgabe eines Trustcenters ist es u.a., die **Signatur-Chipkarten** herauszugeben, die zusammen mit einem **Geheimcode** zur eindeutigen **Identifizierung** von Personen dienen. Die Ausgabe und Verwaltung der Chipkarten einerseits und des Geheimcodes andererseits ist eine zentrale Voraussetzung für die Herstellung von Rechtssicherheit.

Die Garantie dafür, dass das **Schlüsselpaar** (Chipkarte und Geheimcode) von demjenigen benutzt wird, der sich als Aussteller des Dokuments ausgibt, übernimmt ein so genannter „vertrauenswürdiger Dritter": Diese Zertifizierungstelle bestätigt, dass ein öffentlicher Schlüssel zu einer bestimmten Person gehört. Das Gesetz sieht vor, dass private Unternehmer als Trustcenter die Durchführung der vier „kritischen" Phasen des Public-Key-Systems (Schlüsselerzeugung, Personalisierung, Zertifizierung und Directory-Pflege) übernehmen können. Ihre Arbeit soll von der staatlichen Signaturbehörde beaufsichtigt werden.

8.6.3 Technische Voraussetzungen zur Nutzung der elektronischen Signatur

Für die Nutzung der elektronischen Signatur werden grundsätzlich folgende Soft- und Hardwarekomponenten benötigt:

■ **Signaturschlüssel**

Dabei handelt es sich um **mathematische Funktionen zur Verschlüsselung** bestimmter Informationen; sie sind auf einer Chipkarte hinterlegt. Diese werden von einer zugelassenen Stelle (Trustcenter) erstellt und belegen, dass die Person, die ein signiertes Dokument versendet, auch der wirkliche Inhaber des Signaturschlüssels ist.

■ **Chipkarte mit Chipkartenlesegerät**

Auf der zugeteilten Chipkarte sind Signatur-
schlüssel und PIN hinterlegt. Ein Einlesen des
Schlüssels in den PC ist nur mittels des ange-
schlossenen Chipkartenlesegeräts möglich.
Hierzu wird neben der Karte (Besitz) auch die
PIN (Wissen) benötigt.

■ **PC mit Signaturfunktion**

In verschiedenen Betriebssystemen und
Programmen zur Versendung von E-Mails
(z. B. Outlook) sind Signaturfunktionen
vorgesehen. Sofern diese nicht vorhanden
sind, müssen zusätzlich Signaturprogramme
installiert werden.

8.6.4 Kryptografie/Verschlüsselung

Zum Schutz vertraulicher Informationen werden mit Hilfe von Verschlüsselungssy-
stemen, den so genannten Kryptosystemen, nur verschlüsselte Datenpakete über das
Netz versendet. Entsprechende Verschlüsselungsverfahren sind die Basis des abgesi-
cherten Datenaustausches. Der Sender codiert seine Nachricht mit dem öffentlichen
Schlüssel des Empfängers. Eine so verschlüsselte Nachricht lässt sich dann nur mit
dem privaten Schlüssel des Empfängers wieder entschlüsseln.

8.7 Haftung bei Zahlungskartenmissbrauch (§ 676 h BGB)

Die Vorschrift des § 676 h BGB schließt sich an die Regelungen über den Girovertrag
an. Sie regelt neben der Haftung für Zahlungskarten i.V.m. Girokonten auch die
Haftung für den **Missbrauch von Kreditkarten**, der im Fernabsatzhandel für den
Verbraucher zu einem nicht einschätzbaren Risiko geworden ist. Nach § 676 h BGB
kann die Bank „Aufwendungsersatz für die Verwendung von Zahlungskarten oder
von deren Daten nur verlangen, wenn diese nicht von einem Dritten missbräuchlich
verwendet wurden". Wird die Karte von einem Dritten missbräuchlich verwendet
und zahlt die Bank daraufhin Geld an einen anderen aus, so handelt sie nicht auf
Weisung des Karteninhabers, d.h., die Bank erwirbt **keinen Aufwendungsersatzanspruch** gegen den Inhaber aus § 670 BGB. Von dieser Missbrauchsregelung kann in
den AGB grundsätzlich nicht zu Lasten des Verbrauchers abgewichen werden.

8.8 Verbraucherdarlehen (§§ 491 ff. BGB)

8.8.1 Begriffsbestimmung und Geltungsbereich

Wird ein **Gelddarlehen** an einen Verbraucher gewährt, so finden die Vorschriften der
§§ 491 – 498 BGB Anwendung. Aber auch auf die sonstigen Darlehensbeziehungen
zwischen Unternehmern und Verbrauchern wie

- **Verbraucherleasing** und
- **Teilzahlungsgeschäfte**

werden die Vorschriften angewendet.

Ein Verbraucherdarlehen liegt vor, wenn ein Darlehen von einem Unternehmer an einen Verbraucher i.S.d. § 13 BGB oder an Personen gewährt wird, die eine selbstständige oder gewerbliche Tätigkeit aufnehmen. Existenzgründer stehen den Verbrauchern näher als den selbstständigen Gewerbetreibenden (§ 491 BGB).

Beispiel

> Verbraucher Otto Normal kauft eine Stereoanlage in den Räumlichkeiten des Kaufparks und schließt auch dort den Darlehensvertrag ab. Anschließend schließt er bei der Bank Kreditfix einen Darlehensvertrag über 20.000 EUR ab, mit dem er die Startausstattung für seinen Onlineshop für exotische Bierspezialitäten finanzieren möchte. In beiden Fällen greifen die Vorschriften über die Verbraucherdarlehen.

Allerdings gibt es **Einschränkungen** für die Anwendung der Vorschriften (§ 491 II BGB). Bei Darlehen **unter 200,00 EUR** ist die wirtschaftliche Belastung des Verbrauchers so gering, dass auf spezifische Schutzvorkehrungen wie Schriftform und Widerrufsrecht verzichtet werden kann. Im umgekehrten Fall wird bei Darlehen von **über 50.000,00 EUR** (§ 507 BGB) angenommen, dass der Existenzgründer in der Lage ist, seine Interessen selbst wahrzunehmen. Weiterhin gelten Ausnahmen für Darlehen von Arbeitgebern an Arbeitnehmer, deren Zinssatz unter dem marktüblichen Satz liegen, sowie für subventionierte Darlehensgewährungen durch die öffentliche Hand. Grundpfandrechtlich gesicherte Darlehen fallen ebenfalls nicht unter diese Vorschriften. In § 493 BGB werden die strengen Form- und Inhaltsvorschriften für Verbraucherdarlehen für Überziehungskredite von Kreditinstituten an Verbraucher eingeschränkt.

8.8.2 Form und Mindestinhalt der Verbraucherdarlehensverträge

Verbraucherdarlehen sind schriftlich abzuschließen. Der Abschluss des Vertrages in elektronischer Form ist ausgeschlossen.

Folgende **Angaben** sind **im Darlehensvertrag** zwingend anzugeben:

1. der **Nettodarlehensbetrag**, ggf. die Höchstgrenze des Darlehens,
2. der **Gesamtbetrag** aller vom Darlehensnehmer zu entrichtenden Teilzahlungen inklusive der Zinsen und sonstigen Kosten,
3. die **Art und Weise der Rückzahlung** des Darlehens oder sonstigen Beendigung des Vertrages,
4. der **Zinssatz** und alle **sonstigen Kosten**,
5. der **effektive Zinssatz**,
6. die **Kosten** einer Restschuld- oder sonstigen Versicherung sowie
7. die zu bestellenden **Sicherheiten**.

Der Darlehensgeber muss dem Darlehensnehmer **eine Abschrift** der Vertragserklärungen zur Verfügung stellen.

Werden die **formalen und inhaltlichen Anforderungen** an einen Verbraucherdarlehensvertrag nicht erfüllt, so ist der Vertrag nach § 494 BGB zunächst **nichtig**.

Nimmt der Verbraucher das Darlehen jedoch **in Anspruch,** wird der Vertrag **wirksam.** Allerdings reduziert sich der zugrunde gelegte Zinssatz auf den gesetzlichen Zinssatz, wenn der effektive Zinssatz oder die Angabe des Gesamtbetrages fehlen. Nicht angegebene Kosten werden nicht geschuldet. Weitere als die vereinbarten Sicherheiten können nicht gefordert werden. Gibt es keine Angaben, inwieweit preisbestimmende Faktoren geändert werden können, dürfen diese nicht zum Nachteil des Verbrauchers geändert werden.

Dem Darlehensnehmer steht ein **Widerrufsrecht** nach § 355 BGB zu. Hat der Verbraucher das Darlehen in Empfang genommen, gilt der Widerruf als nicht erfolgt, wenn das Darlehen nicht innerhalb von zwei Wochen zurückgezahlt wird.

In den §§ 496–498 BGB wird der Darlehensnehmer dagegen abgesichert, dass ihm Einwendungen und Einreden sowie Aufrechnungmöglichkeiten genommen werden. Durch die Regelungen in den §§ 497f. BGB zur Behandlung der **Verzugszinsen** und der **Anrechnung von Teilleistungen** sowie der **Gesamtfälligstellung von Teilzahlungsdarlehen** soll dafür Sorge getragen werden, dass sich die Verschuldung des Verbrauchers in Grenzen hält. Auch die Voraussetzungen, unter denen der Darlehensgeber das Darlehen kündigen und damit die Rückzahlung verlangen kann, werden genau eingegrenzt.

8.9   Zusammenfassung

Jeder kann Verträge schließen, mit wem er möchte. Gegenstand des Vertragsabschlusses, Zeitpunkt und Ort der Übergaben können frei gewählt werden. Aber die Vertragsfreiheit erfährt nicht nur dadurch Einschränkungen, dass z.B. für bestimmte Vertragsverhältnisse bestimmte Formen einzuhalten sind. Auch der wirtschaftlich schwächere Teilnehmer am Rechtsverkehr genießt besonderen Schutz durch das Gesetz.

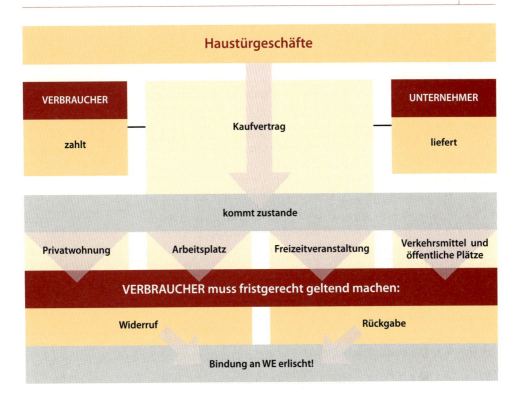

Haustürgeschäfte

VERBRAUCHER		UNTERNEHMER
zahlt	Kaufvertrag	liefert

kommt zustande

| Privatwohnung | Arbeitsplatz | Freizeitveranstaltung | Verkehrsmittel und öffentliche Plätze |

VERBRAUCHER muss fristgerecht geltend machen:

Widerruf   Rückgabe

Bindung an WE erlischt!

Technische Voraussetzungen zur Nutzung der elektronischen Signatur

Signaturschlüssel	Chipkarte + Lesegerät	PC mit Signaturfunktion
mathematische Funktion auf einer Chipkarte, ausgegeben vom Trustcenter	■ Chipkarte enthält Signaturschlüssel und persönliche Identifikations-nummer (PIN) ■ Chipkartenlesegerät wird an den PC angeschlossen	Software, die das Versenden signierter E-Mails erlaubt

ermöglichen

VERSCHLÜSSELTE ZUSENDUNG VON E-MAILS

8.10 Wiederholungsfragen

1. Erläutern Sie,
   - wozu die rechtlichen Vorschriften des Verbraucherschutzrechts dienen und
   - welcher Personenkreis die Schutzregelungen in Anspruch nehmen kann!
2. Wer trägt die Beweislast in Verbraucherschutzverfahren?
3. Stellen Sie kurz dar,
   - was Allgemeine Geschäftsbedingungen sind,
   - wozu sie dienen,
   - wie sie in einen Vertrag einbezogen werden und
   - zu wessen Lasten Unklarheiten bei der Verwendung der AGB gehen!
4. Unterscheiden Sie Klauseln mit Wertungsmöglichkeit von denen ohne Wertungsmöglichkeit und nennen Sie jeweils ein Beispiel!
5. Was sind Fernkommunikationsmittel?
6. Beschreiben Sie,
   - welche Vertriebsformen von den Regelungen zu den Fernabsatzverträgen erfasst werden,
   - welche Fristen bei Fernabsatzverträgen gelten und
   - wann diese Fristen zu laufen beginnen!
7. Welche Wirkung hat ein Rücktritt vom Kaufvertrag bei verbundenen Geschäften?
8. Wann liegt kein Verbraucherdarlehen vor?
9. Welche Formerfordernisse und Informationen sind beim Verbraucherdarlehen zwingend zu erfüllen?
10. Stellen Sie die Folgen eines Verstoßes gegen diese Erfordernisse dar!

8.11 Fälle und Übungen

Überprüfen Sie die Gültigkeit der nachfolgend aufgeführten AGB-Klauseln:

1. „Der Reiseveranstalter behält sich vor, die ausgeschriebenen und mit der Buchung bestätigten Preise im Falle der Erhöhung der Beförderungskosten oder der Abgaben für bestimmte Leistungen wie Hafen- oder Flughafengebühren oder einer Änderung der für die betreffende Reise geltenden Wechselkurse in dem Umfang zu ändern, wie sich deren Erhöhung pro Person bzw. pro Sitzplatz auf den Reisepreis auswirkt."
2. „Die Gewährleistungsansprüche aus der jeweiligen Möbellieferung beschränken sich auf eine Nachbesserung. Führt diese Nachbesserung nicht zum Erfolg, so hat der Käufer die Kosten für weitere Nachbesserungen zu tragen."
3. „Die Lieferung der Ware erfolgt zu den am Lieferungstag gültigen Preisen."
4. „Der Käufer verzichtet ausdrücklich auf alle Gewährleistungsansprüche."
5. „Die Ware bleibt bis zur vollständigen Bezahlung Eigentum des Lieferanten. Bis dahin ist es dem Käufer nicht gestattet, die Ware zu verwenden."

6. „Für alle Leistungen gelten ausschließlich unsere Liefer- und Zahlungsbedingungen. Abweichende Vorschriften des Bestellers werden nicht anerkannt, auch wenn wir ihnen nicht ausdrücklich widersprechen."

7. „Der Lieferant behält sich bis zur Erfüllung sämtlicher gegenwärtiger und zukünftiger Forderungen das Eigentum an der verkauften Ware vor. Übersteigt der Martkwert der Vorbehaltsware die Höhe der zu sichernden Forderungen um mehr als 20%, gibt der Lieferant auf Verlangen des Käufers den entsprechenden Teil der Vorbehaltsware frei und überträgt das Eigentum auf den Käufer. Bei Zugriffen Dritter auf die Vorbehaltsware hat der Käufer auf das Eigentum des Lieferanten hinzuweisen und den Lieferanten unverzüglich zu verständigen. Die Vorbehaltsware ist vom Käufer ausreichend gegen die üblichen Risiken, insbesondere Brand, Diebstahl etc., zu versichern. Er tritt mit Abschluss des Kaufvertrages seine diesbezüglichen gegenwärtigen und künftigen Ansprüche an den Lieferanten ab; der Lieferant nimmt die Abtretung an."

Prüfen Sie für die Fälle 8 und 9 die Rechtslage:

8. Bruno und Berta Bräsig gönnen sich einige schöne Tage in Berlin und verbinden dies mit dem Besuch der „Grünen Woche". Auf einem Stand treffen sie Rüdiger Rohr, Geschäftsführer der Rohr GmbH, die kostengünstige, selbst zu montierende Heizungsanlagen anbietet. Die Eheleute bestellen die Heizungsanlage „Kuschel 2000". Zu Hause angekommen stellen sie fest, dass das Angebot der Rohr GmbH doch deutlich über dem eines ortsansässigen Sanitärfachbetriebes liegt. Und da Bruno Bräsig sich auskennt, widerruft er am zweiten Tag nach der Rückkehr aus Berlin den Kaufvertrag mit der Begründung, die Willenserklärungen seien auf einer Freizeitveranstaltung abgegeben worden. Die Rohr GmbH besteht auf Abnahme.

9. „3 Tage München mit Busfahrt und Vollpension für 35,00 EUR!" Fein, denkt sich Helga Herrlich und bucht bei dem Veranstalter die Fahrt. Auf einer der sieben Verkaufsveranstaltungen lässt sie sich hinreißen und kauft die Heizdecke „Molly" für 222,22 EUR. Die ordnungsgemäße Widerrufsbelehrung unterschreibt Frau Herrlich. Als sie nach den drei Tagen nach Hause zurückkehrt und die wunderbare Decke in den Schrank legen will, stellt sie fest – dort liegen schon drei. Sie beschließt, die Decke zurückzuschicken.

10. Prüfen Sie die Gültigkeit des Darlehensvertrages zur Finanzierung der Küchenzeile „Megatrend", sofern das Darlehen noch nicht in Anspruch genommen wurde:

- Barzahlungspreis: 3.800,00 EUR
- Teilzahlungsaufschlag: 400,00 EUR
- Teilzahlungspreis: 4.200,00 EUR
- Kaufpreiszahlung in 12 bequemen Monatsraten zu je 350,00 EUR
- erstmalig fällig am 01.01.20xx
- Jahreszins: 5,8 %

9 Sachenrecht

9.1 Überblick

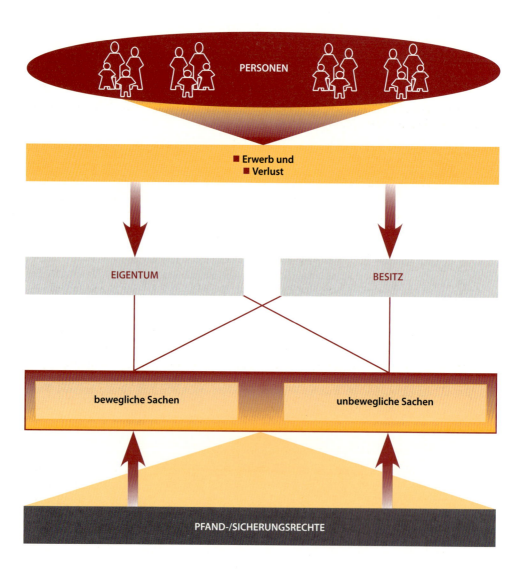

Sachen sind Rechtsobjekte (s. Übersichten in 4.3), die grundsätzlich beweglich (z.B. Buch, Auto, CD) oder unbeweglich (z.B. Haus, Grundstück) sein können. Während das Schuldrecht die Beziehungen zwischen den Personen untereinander regelt, werden im Sachenrecht die Rechtsbeziehungen zwischen Personen und Sachen geregelt.

9.2 Besitz und Eigentum

9.2.1 Abgrenzung

> ▶ **Besitz**

Unter Besitz wird die tatsächliche Gewalt oder Herrschaft verstanden, die eine Person über eine Sache ausüben kann (§ 854 I BGB).

> ▶ **Eigentum**

Im Unterschied dazu hat der Eigentümer die rechtliche Macht, mit der Sache nach Belieben verfahren zu dürfen (§ 903 BGB). Bei der Ausübung des Eigentumsrechts dürfen allerdings keine Rechte von anderen Rechtssubjekten verletzt werden.

Bruno Bräsig leiht seinem besten Freund Friedobald Hubendudel sein Auto. Bräsig ist immer noch Eigentümer, aber Hubendudel ist für die Zeit der Nutzung Besitzer des Fahrzeugs geworden.

Bräsig kann mit seinem Auto verfahren, wie er möchte. Weil das Fahrzeug alt und verrostet ist, fährt er damit in den nächsten Acker und lässt es dort stehen. Damit gibt Bräsig zwar möglicherweise das Eigentum am Fahrzeug auf – was ihm grundsätzlich ja erlaubt ist –, er verstößt aber mit der Handlung gegen viele Regeln und Gesetze des Zusammenlebens. Er schränkt in diesem Zusammenhang z.B. die Handlungsfreiheit von Bauer Beck ein, dem der Acker gehört und der sich nun um die Entsorgung kümmern müsste. Bräsig ist Zustandsstörer.

9.2.2 Besitz

9.2.2.1 Besitzerlangung als Realakt

Um Besitzer zu werden, muss die handelnde Person keine Willenserklärung abgeben. Es genügt die tatsächliche Handlung an sich – der Realakt. Damit kann der neue Besitzer geschäftsunfähig sein oder sich sogar unrechtmäßig in den Besitz der Sache gebracht haben.

Klaus Klever kommt am Haus von Bruno Bräsig vorbei. Er sieht das neue Mountain-Bike, setzt sich darauf und verschwindet. Klever wird zwar gem. § 854 I BGB Besitzer des Rades, macht sich aber gem. § 242 StGB strafbar.

Grundsätzlich wird zunächst einmal vermutet, dass der Besitzer auch der Eigentümer einer Sache ist (§ 1006 BGB).

9.2.2.2 Arten des Besitzes

UNMITTELBARER BESITZ	MITTELBARER BESITZ	TEILBESITZ	MITBESITZ	EIGENBESITZ	FREMDBESITZ
§ 854 BGB	§ 868 BGB	§ 865 BGB	§ 866 BGB	§ 872 BGB	
Eine Person übt die tatsächliche Herrschaft über eine Sache aus. ABER: Der <u>Besitzdiener</u> übt nur den Besitz für den Geschäftsherrn aus und wird <u>nicht</u> selbst Besitzer (§ 855 BGB).	Eine Person überträgt einer anderen Person per Rechtsgeschäft die Berechtigung, eine Sache zu besitzen.	Eine Person besitzt nur den Teil einer Sache.	Eine Person besitzt mit anderen Personen die Sache gemeinschaftlich.	Eine Person besitzt eine Sache als ihr gehörend (daher ist auch der Dieb Eigenbesitzer).	Eine Person besitzt die Sache als einer anderen Person gehörend und erkennt dieses Eigentumsrecht der anderen Person auch an.
Beispiel: Bruno Bräsig mietet von Berta Brösel eine Wohnung. ■ Bruno Bräsig → unmittelbarer Besitzer ■ Berta Brösel → mittelbare Besitzerin		**Beispiel:** Bruno Bräsig mietet in einem Mehrfamilienhaus eine Wohnung. ■ die Wohnung selbst → Teilbesitz ■ das Treppenhaus → Mitbesitz		**Beispiel:** Berta Brösel wohnt in ihrer eigenen Wohnung.	**Beispiel:** Bruno Bräsig wohnt in der Wohnung von Berta Brösel.

9.2.2.3 Erwerb des Besitzes

1. durch Erlangung der tatsächlichen Gewalt (§ 854 I BGB)

Wenn eine Person die tatsächliche Gewalt über eine Sache erlangt, wird dies daran deutlich, dass

- sich die Person und die Sache in unmittelbarer räumlicher Nähe zueinander befinden,
- die Person die Sache erkennbar beansprucht (gebraucht) oder
- verschleißt (verbraucht).

2. durch bloße Einigung (§ 854 II BGB)

Es reicht völlig aus, dass sich Besitzer und Erwerber über den Erwerb einigen, sofern der Erwerber in der Lage ist, die Gewalt über die Sache auszuüben. Dafür müssen die Parteien geschäftsfähig sein, weil die Einigung ein Rechtsgeschäft darstellt und die entsprechenden Vorschriften über Willenserklärungen gelten.

3. durch Erbschaft (§ 857 BGB)

Tritt der Erbfall ein (= eine Person stirbt), so wird der Erbe sofort Besitzer des Erbes (= Nachlass des Verstorbenen) und tritt somit an die Stelle des Erblassers (= der Verstorbene, also der Vererbende).

9.2.2.4 Beendigung des Besitzes

Der Besitzer kann den Besitz
- freiwillig aufgeben, indem er
  - die Sache einer anderen Person zum Besitz übergibt oder
  - die Sache wegschmeißt etc.;
- unfreiwillig aufgeben, indem er
  - die Sache verliert oder
  - bestohlen wird etc.

9.2.2.5 Schutzrechte des Besitzers

➤ Verbotene Eigenmacht (§ 858 I BGB)

Verbotene Eigenmacht liegt vor, wenn
- dem Besitzer
- ohne dessen Willen
- die tatsächliche Herrschaft über die Sache entzogen wurde

oder
- der Besitzer im Besitz der Sache gestört wurde,

ohne dass das Gesetz die Entziehung oder Störung gestattet.

Beispiel

Ferdinand Fritzenkötter hat aus einem Kaufvertrag eine Verbindlichkeit, die er nicht bezahlt hat. Der Gläubiger betreibt daher die Zwangsvollstreckung in das bewegliche Vermögen. Der Gerichtsvollzieher entzieht Herrn Fritzenkötter aufgrund des vollstreckbaren Titels den Besitz an einigen wertvollen Gegenständen. Diese Entziehung ist gestattet. Es liegt keine verbotene Eigenmacht vor.

➤ Selbsthilfe des Besitzers gegen verbotene Eigenmacht (§ 859 BGB)

Der unmittelbare Besitzer darf sich verbotener Eigenmacht mit Gewalt erwehren und sich die Sache wiederbeschaffen (Besitzkehr). Das Selbsthilferecht darf aber nur unmittelbar ausgeübt werden, d.h., dass zwischen der Wegnahme der Sache durch verbotene Eigenmacht und dem Wiederbeschaffungsversuch des Besitzers ein enger Zeithorizont einzuhalten ist.

Beispiel

Bruno Bräsig hat neu gebaut und seine Garage ist noch nicht fertig. Daher stellt er sein Fahrrad auf der Terrasse ab. Eines Tages erwischt er einen Dieb, der sich an dem Schloss zu schaffen macht. Bräsig darf sich sofort der verbotenen Eigenmacht des Diebes auch mit Gewalt erwehren, da andernfalls der Verlust des Fahrrades zu erwarten ist.

15 Jaschinski/Hey – ISBN 978-3-8120-0050-5

Im Falle der verbotenen Eigenmacht hat der Besitzdiener die Befugnis, ebenso zu handeln wie der tatsächliche Besitzer.

Beispiel

Sybille Schnickenfittich ist Verkäuferin in der DOB-Abteilung eines großen Kaufhauses. Sie beobachtet eine Frau, die eine Bluse nimmt, diese in ihre Tasche packt und zur Rolltreppe geht. Frau Schnickenfittich ist Besitzdienerin und berechtigt, das Selbsthilferecht für den Geschäftsherrn auszuüben (§§ 855, 860, 859 II BGB).

➤ Besitzanspruch (§ 861 BGB)

Hat eine unbefugte Person dem rechtmäßigen Besitzer den Besitz durch verbotene Eigenmacht entzogen, so kann der Besitzer die Wiedereinräumung des Besitzes von demjenigen verlangen, welcher die Sache fehlerhaft besitzt. Dieser Anspruch kann auch im Wege der Klage geltend gemacht werden (§ 864 I BGB), und zwar innerhalb eines Jahres nach der Vornahme der verbotenen Eigenmacht.

Beispiel

Bertram Brösel montiert an dem Balkon seiner Mietwohnung eine Satellitenschüssel, die durch seinen Vermieter entfernt wird. Hat der Vermieter ohne Absprache mit Brösel gehandelt, so muss dieser die Herausgabe der Schüssel im Zweifel auf dem Klageweg erstreiten.

9.2.3 Eigentum

9.2.3.1 Eigentumsübertragung

Die Eigentumsübertragung erfolgt bei
- beweglichen Sachen (s. 9.3)
  - durch Einigung der Vertragsparteien und anschließender
  - Übergabe der Sache und bei
- unbeweglichen Sachen (s. 9.4)
  - durch Auflassung (= Einigung) und
  - Eintragung ins Grundbuch.

9.2.3.2 Arten von Eigentum

ALLEINEIGENTUM	MITEIGENTUM	GESAMTHANDSEIGENTUM
Eine Person ist Eigentümer einer Sache.	Mehrere Personen sind Eigentümer einer Sache, zusammen bilden sie eine Eigentümergemeinschaft. Die Sache ist nach Bruchteilen aufgeteilt und jede Person kann über ihren Anteil frei verfügen.	Mehrere Personen sind Eigentümer einer Sache, die sich allerdings nicht nach Bruchteilen bestimmen lässt. Daher können nur alle Personen gemeinsam über die Sache verfügen.
Beispiel: Bruno Bräsig ist Eigentümer seiner Wohnung.	Beispiel: Bruno Bräsig ist Miteigentümer des Mehrfamilienhauses, in dem seine Wohnung 20 % des Wohnraumes (Sondereigentum) ausmacht.	Beispiel: Treppenhaus, Flure, Fahrstuhl etc. sind Gesamthandseigentum, da sie nicht gesondert veräußert werden können.

9.3 Rechte an beweglichen Sachen

9.3.1 Erwerb von Eigentum an beweglichen Sachen

9.3.1.1 Gesetzlicher Eigentumserwerb

1. durch Ersitzung (§§ 937–945 BGB)

Hat eine Person eine Sache zehn Jahre lang im Eigenbesitz, so geht das Eigentum nach dieser Zeit auf diese Person über.

Beispiel | Bruno Bräsig kauft von Karlchen Klau einen gestohlenen DVD-Player, von dem Bräsig aber nicht weiß, dass es sich um Diebesgut handelt. Da Bräsig das Gerät in gutem Glauben (er wusste nichts von dem Diebstahl und konnte auch nichts davon wissen) erworben hat, wird er erst nach zehn Jahren Eigentümer durch Ersitzung, weil ein gutgläubiger Erwerb von abhanden gekommenen Sachen nicht möglich ist (§ 935 BGB).

2. durch Verbindung (§§ 946, 947 BGB)

Wird eine bewegliche Sache

- mit einer unbeweglichen Sache (§ 946 BGB) oder
- mit einer anderen beweglichen Sache (§ 947 BGB)

derart verbunden, dass sie

- wesentlicher Bestandteil der unbeweglichen bzw.
- zu wesentlichen Bestandteilen einer einheitlichen Sache wird,

erstreckt sich das Eigentum auch auf die ursprüngliche bewegliche Sache.

Beispiel | Friedobald Hubendudel kauft im Baumarkt unter Eigentumsvorbehalt einen Sack Zement, den er unverzüglich zum Mauern verwendet. Er ist Eigentümer des Zementes geworden, weil dieser wesentlicher Bestandteil seiner Mauer wurde, die ihrerseits wesentlicher Bestandteil des Grundstückes ist, dessen Eigentümer er ist. Unbeschadet dieser Eigentumsänderung muss er die Rechnung dennoch bezahlen, weil er seinerseits ein Schuldverhältnis bezüglich des Geldes mit dem Baumarkt eingegangen war.

3. durch Vermischung und Vermengung (§ 948 BGB)

Werden bewegliche Sachen so miteinander vermischt oder vermengt, dass eine nachträgliche Trennung nicht mehr möglich ist, können die ursprünglichen Sachen den entsprechenden Eigentümern nicht mehr zugeordnet werden. Der jeweilige Eigentümer wird daher Bruchteilseigentümer an der neuen Sache.

Beispiel | Bauer Beck liefert 5 t Hafer, Bauer Harms liefert 15 t Hafer. Der Hafer wird in einem Silo gelagert, aus dem beide sich zum Füttern des Viehs bedienen. Welcher Hafer in dem Silo welchem Bauern gehört, ist nicht mehr nachvollziehbar. Aber Beck hat Anspruch auf 25 % und Harms auf 75 % der Lagermenge.

4. durch Verarbeitung und Bearbeitung (§ 950 BGB)

Durch Verarbeitung, Bearbeitung oder Umbildung einer oder mehrerer Sachen zu einer neuen Sache wird derjenige Eigentümer der neuen Sache, der die Herstellung vorgenommen hat. Dabei muss der **Wert der neuen Sache** höher sein, als der Wert der ursprünglichen Sache(n). Dennoch muss der neue Eigentümer die bisherigen Eigentümer dafür entschädigen, dass sie durch die Maßnahme einen Rechtsverlust bezüglich des Eigentums an ihrer Sache erlitten haben. Zu diesen Maßnahmen zählen auch Schreiben, Zeichnen, Malen, Drucken, Gravieren oder andere Oberflächenbearbeitungen.

Beispiel

Der Szenekünstler Toby stiehlt das Mountain-Bike von Berta Brösel – Zeitwert: 550,00 EUR. Er erstellt aus dem Material eine Skulptur mit einem Marktwert von 5.500,00 EUR. Der Dieb (Toby) kann Eigentümer werden. Brösel kann aber nicht verlangen, dass Toby das Rad in den ursprünglichen Zustand zurückversetzt und ihr zurückgibt (§ 951 I 2 BGB). Ihr steht jedoch Wertersatz in Höhe des Zeitwertes zu (§ 951 I 1 BGB).

5. durch Aneignung (§§ 958 – 964 BGB)

Um sich eine Sache aneignen zu können, muss diese herrenlos sein. Als herrenlos werden Sachen bezeichnet, deren Eigentümer aktiv den Besitz aufgibt, z. B. indem er die Sache wegwirft. Herrenlose Sachen können in Eigenbesitz genommen werden. Dadurch erwirbt der Eigenbesitzer Eigentum, es sei denn, dass dies gesetzlich verboten ist.

Beispiel

Frederike Fritzenkötter meldet ihr Sofa und ein altes Fahrrad zum Sperrmüll an und stellt die Sachen an die Straße. Carlo Colunda (10 Jahre) kommt vorbei und nimmt sich das Fahrrad mit. Er wird Eigentümer.

6. durch Fund (§§ 965 – 984 BGB)

- Wer eine verlorene (bewegliche) Sache findet
- und an sich nimmt,
- muss dies dem Verlierer bzw. dem Eigentümer oder der entsprechenden Behörde (z. B. Fundbüro)
- unverzüglich anzeigen, sofern der Wert der Sache den Betrag von 10,00 EUR übersteigt.

Wichtig: Verlorene Sachen gelten nicht als herrenlos.

Der Finder hat die **Pflicht** zur

- Anzeige (§ 965 BGB),
- Aufbewahrung bzw. Verwahrung (§ 966 BGB) und zur
- Ablieferung (§ 967 BGB).
- Außerdem haftet er für Vorsatz und grobe Fahrlässigkeit (§ 968 BGB).

Der Finder hat einen **Anspruch** auf

- Ersatz der Aufwendungen (§ 970 BGB),
- Finderlohn (§ 971 BGB): bei einem Wert der Sache
  – bis 500,00 EUR = 5 %,
  – ab 500,00 EUR = 3 % vom Mehrwert.

  Handelt es sich um ein Tier, erhält der Finder 3 % des Wertes; hat die Sache für den Verlierer nur einen ideellen Wert, muss ein angemessener Betrag als Finderlohn festgesetzt werden.

- Eigentumserwerb (§ 973 BGB): Hat der Finder den Fund bei der zuständigen Behörde angezeigt, wird er mit Ablauf von sechs Monaten Eigentümer der Sache.

Beispiel

Bruno Bräsig findet die Brieftasche von Berta Brösel, die sie verloren hatte, kurz nachdem sie bei der Bank 800,00 EUR für ihren Wochenendurlaub abgehoben hatte. Bräsig muss den Fund entweder beim zuständigen Amt anzeigen oder direkt zu Frau Brösel gehen, wenn die Adresse in der Brieftasche enthalten ist. Damit erwirbt er einen Anspruch auf Finderlohn in Höhe von 34,00 EUR (5 % auf 500,00 EUR = 25,00 EUR + 3% auf 300,00 EUR = 9,00 EUR).

Ist eine Adresse nicht angegeben und meldet sich innerhalb der nächsten sechs Monate niemand bei der zuständigen Behörde, wird Bräsig sechs Monate nach Anzeige Eigentümer der Brieftasche einschließlich der 800,00 EUR.

9.3.1.2 Rechtsgeschäftlicher Eigentumserwerb vom Berechtigten

1. durch Einigung und Übergabe gem. § 929 I BGB

- Erwerber und Veräußerer einigen sich darüber, dass das Eigentum an der Sache auf den Erwerber übergehen soll (dingliche Einigung).
- Die Sache wird vom Veräußerer an den Erwerber übergeben.

Beispiel

Im Rahmen eines Kaufvertrages ist die Einigung über die Eigentumsübertragung das Verpflichtungsgeschäft (der schuldrechtliche Teil gem. § 433 I 1 BGB) und die Übergabe das Erfüllungsgeschäft (der sachenrechtliche Teil gem. § 929 I BGB).

2. durch bloße Einigung gem. § 929 II BGB

Wenn der Erwerber bereits Besitzer der Sache ist, müssen sich die Vertragsparteien nur noch darüber einigen, dass auch das Eigentum(-srecht) auf den Erwerber übergehen soll.

Beispiel

Bruno Bräsig leiht sich von Berta Brösel ein Buch, von dem sie ihm schon so viel erzählt hat, weil sie es bereits mehrfach gelesen hatte. Auch Bruno ist von dem Werk so begeistert, dass er es gerne noch einmal lesen will. Daraufhin schenkt (§§ 516 ff. BGB) Berta ihm das Buch, ohne es von Bruno zurückbekommen zu haben. Die Übergabe entfällt, da Bruno ja bereits Besitzer ist.

3. durch Einigung und Besitzkonstitut (Besitzvermittlungsverhältnis) gem. § 930 BGB

Der Erwerber wird mittelbarer und der Veräußerer wird unmittelbarer Besitzer. Am häufigsten findet dieser Sachverhalt Anwendung im Rahmen der Sicherungsübereignung (s. 9.3.2).

Beispiel

Stefan Schlotterbeck verkauft seinen PKW an Bernd Bredenkötter. Bredenkötter benötigt das Fahrzeug zurzeit nicht und vermietet es daher an Schlotterbeck. Diese Gestaltung ist im Wirtschaftsleben als „Sale-&-lease-back" häufig anzutreffen.

4. durch Einigung und Abtretung des Herausgabeanspruchs gem. §§ 929, 931 BGB

Weder Erwerber noch Veräußerer, sondern ein Dritter ist unmittelbarer Besitzer. Nach der Einigung folgt **an Stelle der Übergabe die Abtretung des Anspruchs auf Herausgabe,** den nun der Erwerber gegenüber dem Dritten erworben hat.

Beispiel

Bernd Bredenkötter verkauft nun den PKW an Bruno Bräsig, der Eigentümer des Fahrzeugs wird und nun einen Herausgabeanspruch gegenüber Schlotterbeck hat.

9.3.1.3 Rechtsgeschäftlicher Eigentumserwerb vom Nichtberechtigten

Grundsätzlich kann das Eigentum an einer Sache nur durch den Eigentümer übertragen werden. Wenn der Veräußerer nicht Eigentümer ist, so kann dennoch rechtswirksam das Eigentum an der Sache übertragen werden (§§ 932 ff. BGB), wenn

- der Veräußerer im Besitz einer Sache ist,
- die nicht abhanden (§ 935 BGB) gekommen ist,
- der Erwerber die Sache im guten Glauben erwirbt, weil er aufgrund des Besitzverhältnisses des Veräußerers das Eigentumsrecht unterstellt,
- Einigung und Übergabe zwischen dem Nichtberechtigten und dem Erwerber stattfinden und
- der Erwerber somit unmittelbarer Besitzer der Sache wird.

Ausnahmen (§§ 932 II, 935 BGB):

- Dem Erwerber ist bekannt, dass der Veräußerer nicht Eigentümer ist.
- Dem Erwerber ist wegen grober Fahrlässigkeit unbekannt geblieben, dass der Veräußerer nicht Eigentümer ist.
- Die Sache ist gestohlen, verloren oder sonst abhanden gekommen.

Beispiel

Karlchen Klau stiehlt Graf Reginald vom Stein eine wertvolle goldene Uhr, die auf der Rückseite den Namen und das Geburtsdatum des Grafen eingraviert hat. Klau verkauft die Uhr für einen guten Preis an Belinda Bel-Ämmert, die sich über den guten Preis und die Gravur wundert, aber nicht weiter nachfragt. Dementsprechend ist kein Eigentumserwerb möglich, da die Uhr gestohlen war und zudem Frau Bel-Ämmert den Sachverhalt nicht weiter überprüft hat → kein gutgläubiger Erwerb!

9.3.2 Pfandrechte an beweglichen Sachen

9.3.2.1 Begriffsbestimmung

Unter einem Pfandrecht versteht man ein **dingliches Recht** des Gläubigers zur **Sicherung einer Forderung** (§ 1204 BGB). Der Gläubiger erhält durch die Übertragung des Pfandrechts die Berechtigung, dass er im Zweifel die **Befriedigung seiner Forderung** aus der mit dem Pfandrecht belegten Sache schöpfen kann.

9.3.2.2 Vertragliches Pfandrecht

➤ Begriff

Ein vertragliches Pfandrecht wird durch **Einigung und Übergabe** der Pfandsache bestellt. Der Gläubiger gelangt so in den Besitz der Sache (§ 1205 BGB).

➤ Merkmale

- Das Pfandrecht ist akzessorisch, weil es immer von der zu sichernden Forderung abhängig ist – gibt es die Forderung nicht mehr, erlischt auch das Pfandrecht.
- Der Schuldner muss Eigentümer der Sache sein und
- sie dem Gläubiger übergeben,
- um ihm das Recht zu übertragen,
- sich aus der gepfändeten Sache zu befriedigen.

➤ Entfall der Übergabe

Immer unter der Voraussetzung, dass der Pfandschuldner auch Eigentümer der Sache ist, kann die Übergabe entfallen, sofern
- der Pfandgläubiger bereits Besitzer ist.
  - → Einigung reicht aus (§ 1205 I 2 BGB)
- der Schuldner zwar Eigentümer, aber ein Dritter unmittelbarer Besitzer der Sache ist.
  - → Einigung + Übertragung des mittelbaren Besitzes + Anzeige gegenüber dem unmittelbaren Besitzer (§ 1205 II BGB);
- der Schuldner dem Pfandgläubiger den Mitbesitz einräumt (§ 1206 BGB).
  - **Mitverschluss:**
    - = der Pfandgläubiger erhält z. B. einen Zweitschlüssel zum Lagerraum
    - → Verfügungsmacht des Eigentümers nur mit Zustimmung des Pfandgläubigers;
  - **Pfandhaltervertrag:**
    - = schuldrechtlicher Vertrag zwischen Pfandgläubiger, -schuldner und einem Dritten, der unmittelbarer Besitzer ist;
    - → der Dritte darf die Sache nur an den Pfandgläubiger bzw. -schuldner herausgeben.

➤ Rechte des Pfandgläubigers

- Recht auf Besitz der Pfandsache (§§ 1204, 1205 BGB)
- Verwertungsrecht (§ 1228 BGB)

➤ Pflichten des Pfandgläubigers

- Ordentliche Verwahrung (§ 1215 BGB)
- Anzeige des drohenden Verderbes (§ 1218 II BGB)
- Rückgabe des Pfandes nach Erlöschen des Pfandrechts (§ 1223 I BGB)
- Androhung des Verkaufs (§ 1234 BGB)
- Benachrichtigung über den Verkauf (§ 1241 BGB)

➤ Gründe für das Erlöschen des Pfandrechts

- Erlöschen der Forderung (§ 1252 BGB)
- Rückgabe des Pfandes (§ 1254 BGB)
- Aufhebung des Pfandrechts (§ 1255 BGB)

➤ Voraussetzungen für die Verwertung der Pfandsache

- Pfandreife (die Forderung des Pfandgläubigers ist ganz oder aber zum Teil fällig [§ 1228 II BGB])
- Androhung des Verkaufs (§ 1234 I BGB)
- Versteigerung darf nicht vor Ablauf eines Monats nach Androhung stattfinden (§ 1234 II BGB)
- Öffentliche Bekanntmachung des Versteigerungsortes unter Bezeichnung des Pfandes (§§ 1236, 1237 BGB)
- Verwertung des Pfandes in öffentlicher Versteigerung (§§ 1235, 383 III BGB)

➤ Folgen der Verwertung

- Erwerber wird Eigentümer der Pfandsache (§ 1242 BGB)
- Erlöschen der Pfandrechte (§ 1242 II BGB)
- Erlös aus dem Pfandverkauf steht dem Pfandgläubiger in Höhe seiner Forderung zu (§ 1247 BGB)

9.3.2.3 Sicherungsübereignung

Bei der Sicherungsübereignung bleibt der Pfandschuldner unmittelbarer Besitzer der gepfändeten Sache, weil er die Sache weiterhin nutzen will oder muss. Die Sicherungsübereignung spielt eine große Rolle bei der Vergabe von Krediten für bewegliche Sachen, insbesondere Maschinen, Fahrzeuge etc.

Dadurch kann der Kreditnehmer die benötigte Investition tätigen und durch einen Kredit finanzieren. Gleichzeitig kann er die kreditfinanzierte Sache nutzen, um aus den Erlösen die Tilgung vornehmen zu können.

Beispiel

Die Bau GmbH benötigt einen neuen Bagger. Das benötigte Investitionsvolumen kann nicht vollständig aus den verfügbaren Vermögenspositionen gedeckt werden. Der Bagger wird bei der TEK AG gekauft und über das Bankhaus Schnuppenbein & Söhne finanziert, das den Preis direkt an die TEK AG zahlt.

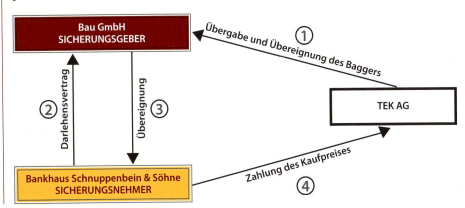

9.3.2.4 Gesetzliches Pfandrecht

Ein gesetzliches Pfandrecht entsteht aufgrund gesetzlicher Vorschriften und nicht durch eine vertragliche Vereinbarung. Nachfolgend einige Beispiele:

Beispiel

- **Vermieterpfandrecht** gem. §§ 562 ff. BGB:

  Der Vermieter hat für die Forderungen aus dem Mietverhältnis ein Pfandrecht an den eingebrachten Sachen des Mieters. Ausgenommen sind unpfändbare Gegenstände gem. § 811 ZPO wie Hausratsgegenstände, Arbeitsmittel, Kleidung und körperliche Hilfsmittel.

- **Verpächterpfandrecht** gem. § 592 BGB:

  Der Verpächter hat für seine Forderungen (Pachtzins) ein Pfandrecht an den eingebrachten Sachen des Pächters sowie an den Früchten der Pachtsache, bei der es sich zumeist um landwirtschaftlich genutzte Grundstücke handelt.

- **Gastwirtpfandrecht** gem. § 704 BGB:

  Der Gastwirt hat für seine Forderungen aus Bewirtung und Beherbergung ein Pfandrecht an den eingebrachten Sachen des Gastes.

Weitere Beispiele:

- Unternehmerpfandrecht beim Werkvertrag gem. § 647 BGB
- Pfandrecht des Kommissionärs gem. § 397 HGB
- Pfandrecht des Frachtführers gem. §§ 441 ff. HGB
- Pfandrecht des Spediteurs gem. §§ 464 ff. HGB
- Pfandrecht des Lagerhalters gem. § 475 b HGB

Die Rechte und Pflichten entsprechen denen beim vertraglichen Pfandrecht.

9.3.2.5 Pfändungspfandrecht

Die Zwangsvollstreckung in das bewegliche Vermögen des Schuldners wegen Geldforderungen erfolgt durch die Pfändung (§ 803 I 1 ZPO). Durch die Vornahme der Pfändung durch den Gerichtsvollzieher erwirbt der Geldgläubiger das Pfandrecht an den gepfändeten Gegenständen. Vorausgesetzt, es handelt sich um pfändbare Gegenstände, werden diese durch den Gerichtsvollzieher beschlagnahmt oder mit einem Pfandsiegel (gemeinhin als „Kuckuck" bekannt) belegt. Durch die Verwertung, z. B. in Form einer Versteigerung der Pfandsachen, kann der Gläubiger seine Forderungen befriedigen.

Beispiel

Bruno Bräsig hat gegen Berta Brösel einen vollstreckbaren Titel erwirkt, weil diese ihm 13.400,00 EUR schuldet. Der Gerichtsvollzieher findet bei ihr eine wertvolle Schmucksammlung sowie mehrere Gemälde bekannter Künstler. Bei der sich anschließenden Versteigerung werden 14.200,00 EUR erlöst, aus denen die Forderung sowie die Kosten des Verfahrens bestritten werden können. Den überschießenden Betrag erhält Frau Brösel.

9.3.3 Beendigung des Eigentumsrechts

Das Eigentumsrecht ist ein absolutes Recht, das gegen jedermann durchsetzbar ist. Es endet dennoch durch

- Untergang der Sache,
- Enteignung des Eigentümers,
- Übereignung der Sache an einen Dritten oder
- Aufgabe des Eigentums durch den Eigentümer.

9.4 Rechte an unbeweglichen Sachen

9.4.1 Begriffsbestimmung

Unbewegliche Sachen sind Sachen, die nicht fortbewegt werden können – sie werden daher als Immobilien bezeichnet. Dieser Begriff umfasst **Grundstücke** und Häuser, die auf den Grundstücken stehen, durch die Verbindung mit dem Grundstück aber deren **wesentlicher Bestandteil** (§§ 93, 94 BGB) geworden sind. Daher gehören alle anderen wesentlichen Bestandteile wie Bäume, Stromanlagen etc. ebenfalls unter den Rechtsbegriff des Grundstücks. Außerdem wird davon ausgegangen, dass das sich auf dem Grundstück befindliche **Zubehör** (§§ 97 i. V.m. 926 BGB) sich ebenfalls unter die gesamte Rechtsveränderung beugen muss, die sich auf das Grundstück selbst bezieht, es sei denn, dass die Vertragsparteien etwas anderes vereinbaren (§ 926 I 2 BGB).

Die Erdoberfläche in der Bundesrepublik Deutschland ist vollständig vermessen und in so genannte Flure eingeteilt. Jede **Flur** gehört zu einer bestimmten **Gemarkung,** die sich aus der Bezeichnung des Ortes, des Ortsteiles oder der Gemeinde ergibt, in der der jeweilige Teil der Erdoberfläche liegt. Jede Flur ist nun in bestimmte Flurstücke eingeteilt. Jedes **Flurstück** ist eine rein vermessungstechnische, also katastermäßige Einheit, die eine eigene Nummer erhält. Somit hat jedes Flurstück eine eindeutige

Bezeichnung, die es in Deutschland nur einmal gibt bzw. geben kann, damit es nicht zu Verwechslungen kommt. Jedes **Grundstück** kann aus einem oder mehreren Flurstücken bestehen. Grundstück und Flurstück sind im Rechtssinne zwei unterschiedliche Begriffe, die nicht synonym verwendet werden dürfen.

9.4.2 Eigentumserwerb an einem Grundstück

➤ Arten

Die Eigentumsübertragung an einem Grundstück erfolgt kraft

- Gesetzes:
  - Ersitzung gem. § 937 BGB,
  - Gütergemeinschaft der Ehegatten gem. § 1416 BGB,
  - Erbfolge gem. §§ 1922 ff. BGB,
  - Zuschlag bei der Zwangsversteigerung gem. § 90 ZVG.
- Rechtsgeschäfts:
  - Kauf / Verkauf (§§ 433 ff. BGB),
  - Tausch (§ 480 BGB),
  - Schenkung (§§ 516 ff. BGB).

Die folgenden Ausführungen beziehen sich auf die rechtsgeschäftliche Übertragung.

➤ Form

Für Verträge über die Eigentumsübertragung an Grundstücken gilt gem. § 311 b BGB die Form der **notariellen Beurkundung** (§ 128 BGB, s. 6.2.4.4). Weil insbesondere Grundstücksverträge weit reichende Konsequenzen haben, sollen Veräußerer und Erwerber die Möglichkeit haben, intensiv über ihr Vorhaben nachzudenken. Durch die notarielle Beurkundung weist auch der Notar während der Beurkundung nochmals auf mögliche Vor- und Nachteile hin. Aussagen zu steuerlichen Auswirkungen der Übertragung darf er nicht machen, wird die Parteien aber darauf hinweisen. Eine mögliche Konsultation eines Steuerberaters ist dementsprechend in einigen Fällen angeraten. Damit handelt es sich bei der gesamten Vertragsvorbereitung und -durchführung um einen langen Prozess, der den Parteien die Möglichkeit einer reiflichen Prüfung einräumt.

➤ Auflassung

Bei beweglichen Sachen müssen sich die Parteien darüber einigen, dass das Eigentum an der Sache übergehen soll (Verpflichtungsgeschäft). Anschließend muss die Sache übergeben werden (Erfüllungsgeschäft).

Das Grundprinzip ist beim Grundstücksgeschäft ähnlich, nur dass das Grundstück ja nicht übergeben werden kann. Daher werden die Bestandteile des Geschäfts als

- **Auflassung** (Verpflichtungsgeschäft) und
- **Eintragung in das Grundbuch** (Erfüllungsgeschäft)

bezeichnet.

Die Einigung der Vertragsparteien (§ 873 BGB) darüber, dass das Eigentum am Grundstück vom Veräußerer auf den Erwerber übergehen soll, wird als Auflassung bezeichnet (§ 925 BGB). Diese Einigung wird vor einem Notar durch die notarielle Beurkundung erklärt (s. S. 235).

➤ Grundbuch

Das Grundbuch ist ein bei den Amtsgerichten (Grundbuchamt) geführtes Register, das in der Regel als Loseblattgrundbuch organisiert ist (§ 1 GBO). Jedes Grundstück erhält im Grundbuch eine besondere Stelle, die als Grundbuchblatt bezeichnet wird. Dieses Grundbuchblatt ist für das jeweilige Grundstück als das Grundbuch i.S.d. BGB anzusehen (§ 3 GBO). Das Grundstück wird unter Nennung der jeweiligen Flurstücknummer (s. S. 234 f.) eingetragen.

Im Grundbuch wird eingetragen,
- wer Eigentümer des Grundstücks ist und
- inwieweit Dritten Rechte an dem Grundstück zustehen (s. 9.4.3, 9.4.4).

Für das Grundbuch gilt ebenso wie für das Handelsregister der öffentliche Glaube, d.h., dass jeder sich auf die Richtigkeit der Eintragung berufen kann (s. 5.3.2). **Eintragungen und Löschungen** erfolgen **auf Antrag** (öffentliche Beglaubigung der notwendigen Unterlagen gem. §§ 15, 29 GBO) durch denjenigen, dessen Recht von der Eintragung betroffen ist oder zu dessen Gunsten die Eintragung erfolgen soll (§ 13 I GBO). Löschungen werden rot unterstrichen.

Im Unterschied zum Handelsregister kann aber nur derjenige Einsicht nehmen, der ein so genanntes **berechtigtes Interesse** nachweisen kann (Zwangsversteigerung, Zwangsverwaltung, Käufer, Eintragung von Dienstbarkeiten oder Pfandrechten).

Das Grundbuch kann in elektronischer Form geführt werden, sofern die jeweilige Landesjustizverwaltung dies genehmigt (§ 133 II GBO). Viele Bundesländer haben davon Gebrauch gemacht und einen Großteil der Grundbuchämter umgestellt (nähere Informationen dazu auf der Sonderseite der Bundesnotarkammer www. elektronische-register.de).

Für das automatisierte Abrufverfahren gilt derselbe Personenkreis als berechtigt wie bei der Einsichtnahme in das papiermäßig geführte Grundbuch gem. § 12 GBO, also alle, die ein berechtigtes Interesse darlegen können wie z.B. Notare, Gerichte, Behörden oder öffentlich bestellte Vermessungsingenieure. Für die Einsicht in das elektronische Grundbuch muss eine Genehmigung durch die Landesjustizverwaltung ausgesprochen werden.

➤ Aufbau des Grundbuchblattes

Das Grundbuchblatt (s. auch 9.4.6) besteht aus
- **Titelblatt** (Hinweise zum Grundbuchbezirk und zum zuständigen Amtsgericht, die Bezeichnung des Grundbuchblattes mit Angabe der Seitenzahl),

- **Bestandsverzeichnis** (die Nummer des Grundstücks und der Flurstücknummer sowie dessen Größe, Hinweise auf die Zeitpunkte von Änderungen),
- **Abteilung I** (Hinweise zum Erwerber bzw. Grundstückseigentümer und zum Ablauf des Erwerbes wie Tag der Auflassung und der Eintragung sowie der Grund der jeweiligen Eintragung),
- **Abteilung II** (alle dinglichen Rechte außer den Grundpfandrechten, s. 9.4.3) und
- **Abteilung III** (die Grundpfandrechte, s. 9.4.4).

➤ Auflassungsvormerkung

Durch die Auflassung vereinbaren die Parteien zwar, dass das Eigentum am Grundstück übergehen soll, eine rechtskräftige Übertragung findet aber erst statt, wenn der Eigentümerwechsel im Grundbuch vollzogen ist. Daher hat der Erwerber die Möglichkeit, auch bereits die Auflassung im Grundbuch eintragen zu lassen (= Auflassungsvormerkung). Dieses Vorgehen erzeugt zwar zusätzliche Kosten, sichert den Erwerber aber dahingehend ab, dass der Veräußerer nicht an einen Dritten veräußern kann, ohne dass der Dritte von der Auflassung erfährt. Ein gutgläubiger Erwerb gegenüber dem Eingetragenen ist somit nicht möglich.

➤ Kosten

Die Kosten einer Immobilienübertragung in Form des Kaufvertrages sind beträchtlich:
- Kosten für die notarielle Beurkundung des Kaufvertrages, die Einholung von diversen Genehmigungen (z. B. Gemeinde, Landwirtschaftskammer) und Erteilung von Mitteilungen (Veräußerungsanzeige an das Finanzamt, Gutachterausschuss) nach der KostO;
- Kosten für die Eintragungen durch das Grundbuchamt nach der KostO;
- Nach der Veräußerungsanzeige ist Grunderwerbsteuer an das Finanzamt zu zahlen (3,5 % des Kaufpreises). Nach Zahlung erteilt die Finanzbehörde die so genannte Unbedenklichkeitsbescheinigung, die Voraussetzung dafür ist, dass der Eigentümerwechsel eingetragen werden kann.

Darüber hinaus können je nach Sachverhalt weitere Kosten, Gebühren oder Steuern entstehen (z. B. Schenkung- oder Erbschaftsteuer).

9.4.3 Dingliche Rechte

9.4.3.1 Nutzungsrechte

➤ Grunddienstbarkeit (§§ 1018–1029 BGB)

Die Grunddienstbarkeit (§ 1018 BGB) ist
- die **Belastung** (§ 1019 BGB) des Grundstücks mit
- dem Recht eines Eigentümers eines anderen Grundstücks, dass
    1. das belastete Grundstück **in einzelnen Beziehungen genutzt werden** darf,
    2. auf dem belasteten Grundstück **Handlungen** unterlassen werden oder
    3. bestimmte **Rechte nicht ausgeübt** werden dürfen.

Beispiel

zu 1.: Wegerecht; Recht, Versorgungsleitungen zu legen

zu 2.: Grundstückseigentümer darf keine Fabrikanlage errichten

zu 3.: Duldung von Emissionen des Nachbargrundstücks

➤ Nießbrauch (§§ 1030–1089 BGB)

Nießbrauch ist die Belastung des Grundstücks mit der Berechtigung eines Dritten, Nutzungen (Nießbrauch) aus der Sache ziehen zu dürfen (§ 1030 I BGB). Begründet wird der Nießbrauch regelmäßig durch Erbschaft oder durch vertragliche Vereinbarung, um steuerliche Vorteile geltend machen zu können.

Beispiel

Bruno Bräsig (verheiratet mit Berta Bräsig) ist Eigentümer eines Mehrfamilienhauses. Bruno Bräsig setzt die gemeinsame Tochter Bernadette als Alleinerbin ein, allerdings unter der Maßgabe, dass für seine Frau ein Nießbrauch in Höhe der Mieteinnahmen der drei Wohnungen im Obergeschoss eingetragen wird.

➤ Beschränkt persönliche Dienstbarkeit (§§ 1090–1093 BGB)

Durch die beschränkt persönliche Dienstbarkeit wird der Berechtigte ermächtigt, das Grundstück

- in einzelnen Beziehungen zu nutzen oder
- eine sonstige Befugnis auszuüben, die auf einer Grunddienstbarkeit basiert.

Der häufigste Anwendungsfall ergibt sich aus § 1093 BGB: das Wohnungsrecht.

Beispiel

Bruno und Berta Bräsig sind gemeinsam Eigentümer des Mehrfamilienhauses. Sie schenken ihrer Tochter Bernadette die Immobilie zu Lebzeiten, lassen sich aber für eine Wohnung ein lebenslanges Wohnungsrecht eintragen. Somit ist sichergestellt, dass beide Ehepartner bis zu ihrem Ableben das Recht haben, die Wohnung zu nutzen. Für den Fall, dass Bernadette das Haus verkaufen will, müsste der Erwerber das Wohnungsrecht miterwerben und Bernadettes Eltern weiterhin dort wohnen lassen. Dies schmälert natürlich den Kaufpreis, weil die Immobilie vom Erwerber nicht vollständig genutzt werden kann.

➤ Reallast (§§ 1105–1112 BGB)

Durch die Reallast wird der Eigentümer des Grundstücks verpflichtet, an den Berechtigten wiederkehrende Leistungen zu entrichten oder wiederkehrende Leistungen zu erbringen.

Beispiel

- Instandhaltung eines Weges
- Zahlung einer lebenslangen Rente

9.4.3.2 Vorkaufsrecht (§§ 1094–1104 BGB)

Soll das Grundstück verkauft werden, kann der Vorkaufsberechtigte geltend machen, das Grundstück zu denselben Konditionen kaufen zu wollen wie ein Dritter (§ 1094 I BGB). Das Vorkaufsrecht zwingt den Eigentümer nicht zum Verkauf des Grundstücks, es berechtigt lediglich den Eingetragenen dazu, zu prüfen, ob er statt eines Dritten das Grundstück kaufen will.

➤ Vertragliches Vorkaufsrecht

Die Parteien einigen sich durch einen schuldrechtlichen Vertrag, dass der Berechtigte im Falle des Verkaufs prüft, ob er das Grundstück erwerben möchte (§ 873 i. V.m. § 1094 BGB).

➤ Gesetzliches Vorkaufsrecht

Wenn ein Grundstück verkauft wird, müssen verschiedene Genehmigungen eingeholt werden (s. S. 237). Eine Genehmigung muss von der Stadt oder Gemeinde eingeholt werden, dass diese nicht das ihr gesetzlich zustehende Vorkaufsrecht geltend machen will (§ 24 BauGB). Dieses Vorkaufsrecht muss die Gemeinde innerhalb von zwei Monaten ausüben, sofern sie z. B. bereits den Bau einer Straße beschlossen hat, für den dieses Grundstück benötigt wird.

9.4.3.3 Erbbaurecht

➤ Sachverhalt

Durch das Erbbaurecht wird eine andere Person als der Eigentümer des Grundstücks berechtigt, auf dem Grundstück ein Bauwerk zu errichten (§ 1 I ErbbauVO). Der Eigentümer erhält für die Nutzung des Grundstücks einen so genannten Erbbauzins.

Diese Vorgehensweise beinhaltet für beide Parteien Vorteile: Der Grundstückseigentümer muss sein Grundstück nicht verkaufen und der Erbbauberechtigte muss kein teures Grundstück erwerben.

➤ Beendigung

Nach Ablauf der Erbbauzeit (meist 99 Jahre) erlischt das Erbbaurecht und das Gebäude fällt an den Eigentümer des Grundstücks, da es wesentlicher Bestandteil des Grundstücks geworden ist. Der Grundstückseigentümer hat dem Erbbauberechtigten aber eine Entschädigung zu zahlen (§ 27 ErbbauVO).

Eine andere Möglichkeit besteht darin, dem Erbbauberechtigten ein Vorkaufsrecht einzuräumen (s. 9.4.3.2).

9.4.4 Grundpfandrechte

Durch ein Pfandrecht an einem Grundstück (Grundpfandrecht) wird der Eigentümer des Grundstücks grundbuchlich für den Fall der Zahlungsunfähigkeit der Zwangsvollstreckung (s. 7.8.4) bzw. Zwangsverwaltung unterworfen. Bei der Zwangsverwaltung wird der Gläubiger nicht aus dem Versteigerungserlös befriedigt wie bei der Zwangsvollstreckung – vielmehr erfolgt die Abtragung der Schuld immer in Höhe der Erträge, die die Immobilie abwirft, z. B. durch Vermietung oder Verpachtung.

➤ Hypothek

Durch die Hypothek wird eine Forderung abgesichert (§§ 1113 ff. BGB). Dieser Sachverhalt wird in das Grundbuch eingetragen (Abteilung III). Das Bestehen der Hypothek ist gem. § 1153 II BGB immer davon abhängig, ob auch eine zu sichernde Forderung besteht (akzessorisch).

➤ Grundschuld

Im Unterschied dazu ist eine Grundschuld (§§ 1191 ff. BGB) nicht akzessorisch, d.h., dass die Grundschuld eingetragen sein kann, auch wenn die Forderung nicht, noch nicht oder nicht mehr besteht. Dies lässt sich daraus ableiten, dass im Gegensatz zu § 1113 I BGB beim § 1191 I BGB der Zusatz „wegen einer ihm zustehenden Forderung" fehlt.

Für den Grundstückseigentümer bietet die Grundschuld insbesondere unter Kostengesichtspunkten einige Vorteile. Für jede Eintragung, Änderung und Löschung müssen Notar- und Gerichtskosten gezahlt werden. Diese entstehen für jede Hypothek neu. Die Grundschuld kann einfach im Grundbuch stehen bleiben, selbst wenn z.B. der Kredit längst getilgt ist. Möchte der Grundstückseigentümer zu einem späteren Zeitpunkt (z.B. Umbau, Ausbau, Absicherung einer Investition) einen neuen Kredit aufnehmen, kann er die bestehende Grundschuld einfach weiterverwenden. Sind unterschiedliche Kreditinstitute beteiligt, besteht die Möglichkeit der privatrechtlichen Abtretung des Rechts.

➤ Rentenschuld

Die Rentenschuld stellt eine Sonderform der Grundschuld dar, die dergestalt bestellt wird, dass zu regelmäßig wiederkehrenden Terminen eine bestimmte Geldsumme aus dem Grundstück zu zahlen ist (§ 1199 I BGB).

9.4.5 Rangverhältnis mehrerer Rechte

Alle Rechte werden in der Reihenfolge eingetragen, in der die Anträge beim Grundbuchamt eingegangen sind (§ 45 I GBO). Danach bestimmt sich ein bestimmtes Rangverhältnis der Rechte untereinander (§§ 879 ff. BGB). Dieser Sachverhalt spielt im Rahmen der Kreditvergabe und somit bei der Zwangsvollstreckung eine große Rolle, da ein Gläubiger an Rang eins vor dem Gläubiger an Rang zwei usw. befriedigt wird, sodass nachfolgende Ränge ggf. leer ausgehen. Eine Rangänderung ist grundsätzlich möglich (§ 880 BGB).

9.4.6 Beispiel für ein Grundbuchblatt

Grundbücher haben sich im historischen Ablauf gebildet. Zurzeit befindet sich das Grundbuchwesen im Umbruch. In vielen Orten werden bereits elektronische Grundbücher eingeführt. Dennoch wird zum besseren Verständnis im Folgenden ein Beispiel für ein traditionelles Grundbuch abgebildet.

Grundbuch (Beispiel für ein Titelblatt)

Amtsgericht Mettmann

Grundbuch

von

Metzkausen

Blatt 0510

(Bemerkung: Die auf den folgenden Seiten unterpunktierten Eintragungen sind
gelöscht und im Grundbuch rot unterstrichen)

Grundbuch (Beispiel für ein Bestandsverzeichnis)

Amtsgericht Mettmann   Grundbuch von Metzkausen   Blatt 0510   **Bestandsverzeichnis**   Einlegeblatt 1

Laufende Nummer der Grundstücke	Bisherige laufende Nummer der Grundstücke	Bezeichnung der Grundstücke und der mit dem Eigentum verbundenen Rechte				Größe		
		Gemarkung (Vermessungsbezirk)	Flur	Karte Flurstück	Liegenschaftsbuch	Wirtschaftsart und Lage	ha	a	qm
1	2	a		b	c/d	3	4		
1	-	Metzkausen	5	215	96	Hof- und Gebäudefläche, Naumburger Weg 3		4	98
2	-	Metzkausen	5	216	96	Hof- und Gebäudefläche, Naumburger Weg 3		0	17
3	-	Metzkausen	5	420	98	Wiese, am Kirchendeller Weg		32	28
4	1,2	Metzkausen	5	215	96	Hof- und Gebäudefläche, Naumburger Weg 3			
		Metzkausen	5	216	96	Hof- und Gebäudefläche, Naumburger Weg 3		5	15
5 zu 3	-	Wegerecht an dem Grundstück Metzkausen Flur 5 Flurstück 217, eingetragen im Grundbuche von Metzkausen Blatt 0507 in Abt. II unter Nr. 1							
6 zu 4	-	1/10 (ein zehntel) Miteigentumsanteil an dem Grundstück Metzkausen 6 86 38 Gemeinschaftlicher Weg, an der Leipziger Straße						0	86

GS 74 Handblatt Best. Verz. (LB) – gen. 11.1962 – Justizverwaltungsanstalt Bochum (159000/6.72)

16 Jaschinski/Hey – ISBN 978-3-8120-0050-5

Grundbuch (Beispiel für Abteilung I)

| Amtsgericht Mettmann | | Grundbuch von Metzkausen | | Blatt 0510 | Erste Abteilung | Einlegeblatt 1 | Abt. I |

Laufende Nummer der Eintragungen	Eigentümer	Laufende Nummer der Grundstücke im Bestandsverzeichnis	Grundlage der Eintragung
1	2	3	4
1	Wilhelm Schulz, Kaufmann, Metzkausen	1	Aufgelassen am 29. Juni 1973 und eingetragen am 1. August 1973 *Meyer Koch*
		2	Aufgelassen am 29. Juni 1973 und eingetragen am 5. August 1973 *Meyer Koch*
		3	Aufgelassen am 19. März 1973 und eingetragen am 5. August 1973 *Meyer Koch*
2	Walter Schulz, Ingenieur, geboren am 15. Dezember 1926, Mettmann	1,2,3, 4	Auf Grund des Erbscheines des Amtsgerichts Mettmann vom 30. August 1977 -6 VI 426/77- eingetragen am 6. September 1977 *Schön Koch*
		5 zu 3	Metzkausen Blatt 0507 eingetragen am 12. September 1977. Hier vermerkt am 12. September 1977 *Schön Koch*
		6	Aufgelassen am 14. September 1977 und in Blatt 498 eingetragen am 11. Oktober 1977. Gemäß § 3 Abs. 3 GBO hier eingetragen am 12. November 1977 *Schön Koch*

Grundbuch (Beispiel für Abteilung II)

| Amtsgericht Mettmann | | Grundbuch von Metzkausen | Blatt 0510 | Zweite Abteilung | Einlegeblatt 1 | Abt. II |

Laufende Nummer der Eintragungen	Laufende Nummer der betroffenen Grundstücke im Bestandsverzeichnis	Lasten und Beschränkungen
1	2	3
1	1,2 4	Nießbrauchsrecht für den Kaufmann Max Müller, Ratingen. Zur Löschung des Rechts genügt der Nachweis des Todes des Berechtigten. Unter Bezugnahme auf die Bewilligung vom 29. Juni 1973 eingetragen am 8. August 1973. *Hoffmann Koch*
2	3	Vormerkung zur Sicherung des Anspruchs auf Eigentumsübertragung für die Stadt Mettmann. Unter Bezugnahme auf die Bewilligung vom 10. September 1974 eingetragen am 23. September 1974. *Meyer Koch*
3	4	Vorkaufsrecht für alle Verkaufsfälle für Alfons Schmitz, Landwirt, Wülfrath. Unter Bezugnahme auf die Bewilligung vom 13. September 1974 eingetragen am 23. September 1974. *Meyer Koch*
4	4	Beschränkte persönliche Dienstbarkeit (Recht auf Verlegung und Unterhaltung eines Stromkabels verbunden mit einer Nutzungsbeschränkung) zu Gunsten der Rheinisch-Westfälisches Elektrizitätswerk Aktiengesellschaft, Essen/Ruhr. Unter Bezugnahme auf die Bewilligung vom 16. September 1974 eingetragen am 24. September 1974. *Meyer Koch*
5	4	Beschränkte persönliche Dienstbarkeit (Wohnungsrecht) für die Eheleute Paul Schulz, Kaufmann, und Marion geborene Wilde, Hausfrau, Metzkausen, als Gesamtberechtigte nach § 428 BGB. Unter Bezugnahme auf die Bewilligung vom 16. September 1974 eingetragen am 24. September 1974. *Meyer Koch*
6	3,4	Die Zwangsversteigerung ist angeordnet. Eingetragen am 26. September 1976. *Meyer Koch*

Grundbuch (Beispiel für Abteilung III)

Amtsgericht Mettmann		Grundbuch von Metzkausen	Blatt 0510	**Dritte Abteilung**	Einlegeblatt **1** Abt. **III**

Laufende Nummer der Eintragungen	Laufende Nummer der belasteten Grundstücke im Bestandsverzeichnis	Betrag	Hypotheken, Grundschulden, Rentenschulden
1	2	3	4
1	1, 2 —— 4	15.000,- DM -5.000,- DM 10.000,- DM	Fünfzehntausend Deutsche Mark Grundschuld mit zwölf vom Hundert jährlich verzinslich für die Credit- und Volksbank eG., Wuppertal-Barmen. Unter Bezugnahme auf die Bewilligung vom 29. Juni 1973 eingetragen am 8. August 1973. *Hoffmann* *Koch*
2	4	50.000,- DM	Fünfzigtausend Deutsche Mark Hypothek für ein Darlehn der Deutschen Centralbodenkredit-Aktiengesellschaft in Köln nebst 9,5 vom Hundert Jahreszinsen. Unter Umständen sind ferner ein Säumniszuschlag von jährlich 1 vom Hundert und eine Entschädigung von höchstens 2,5 vom Hundert des ursprünglichen Darlehnsbetrages zu zahlen. Der jeweilige Eigentümer ist der sofortigen Zwangsvollstreckung unterworfen. Mit Bezug auf die Bewilligung vom 10. Oktober 1974 eingetragen am 24. Oktober 1974 mit Rang vor den Rechten Abt. II Nrn. 3, 4 und 5 sowie Abt. III Nr. 1. *Meyer* *Koch*
3	3	20.000,- DM	Sicherungshypothek zum Höchstbetrag von zwanzigtausend Deutsche Mark für den Werkmeister Friedrich Schlapeit, Hagen/Westf. Unter Bezugnahme auf die Bewilligung vom 9. Oktober 1974 eingetragen am 24. Oktober 1974. *Meyer* *Koch*

Veränderungen			Löschungen		
Laufende Nummer der Spalte 1	Betrag		Laufende Nummer der Spalte 1	Betrag	
5	6	7	8	9	10
1	10.000,- DM	Dem Recht Abt. III Nr. 2 ist der Vorrang eingeräumt. Eingetragen am 24. Oktober 1974. *Meyer* *Koch*	1	5.000,- DM	Fünftausend Deutsche Mark gelöscht am 10. Januar 1974 *Scholz* *Koch*
2	50.000,- DM	Löschungsvormerkung für den jeweiligen Gläubiger des Rechts Abt. III Nr. 1. Unter Bezugnahme auf die Eintragungsbewilligung vom 10. Oktober 1974 eingetragen am 24. Oktober 1974. *Meyer* *Koch*			
2	50.000,- DM	Dem Recht Abt. III Nr. 2 ist der Vorrang vor dem Recht Abt. II Nr. 1 eingeräumt. Eingetragen am 26. Oktober 1974. *Meyer* *Koch*			
2	50.000,- DM	Löschungsvormerkung für den Kaufmann Max Müller, Ratingen, als Berechtigter des Rechts Abt. II Nr. 1. Unter Bezugnahme auf die Bewilligung vom 10. Oktober 1974 eingetragen am 26. Oktober 1974. *Meyer* *Koch*			

Fortsetzung auf Einlegeblatt

9.5 Exkurs: Überblick über die Möglichkeiten der Kreditsicherung

Grundsätzlich hat der Gläubiger einer Geldforderung immer ein großes Interesse daran, das Risiko eines Forderungsausfalles zu minimieren. Folgende Möglichkeiten stehen ihm zur Verfügung:

- Eigentumsvorbehalt (s. 7.4)
- Sicherungsübereignung (s. 9.3.2.3)
- Pfandrechte (s. 9.3.2, 9.4.4)
- Bürgschaft
- Zurückbehaltungsrecht
- Sicherungszession

9.5.1 Bürgschaft

Beim Abschluss einer Bürgschaft muss der Kreditnehmer gegenüber dem Kreditgeber eine weitere Person (Bürge) benennen, die für die Erfüllung der Verbindlichkeit des Kreditnehmers im Zweifel einstehen muss (§ 765 BGB).

> ➤ **Einrede der Vorausklage (§ 771 BGB)**

Der Bürge kann die Erfüllung der Verbindlichkeit verweigern, sofern nicht der erfolglose Versuch des Gläubigers stattgefunden hat, durch Klage bzw. Zwangsvollstreckung den Schuldner zur Zahlung zu bewegen.

> ➤ **Selbstschuldnerische Bürgschaft (§ 773 BGB)**

Der Bürge haftet für die Verbindlichkeiten des Schuldners so, als ob er selbst Vertragspartner des Gläubigers wäre. Der Gläubiger muss bei dieser Form der Bürgschaft nicht zunächst den Klageweg beschreiten, da die Einrede der Vorausklage ausgeschlossen ist (§ 773 I 1 BGB).

> ➤ **Ausfallbürgschaft (§ 774 BGB)**

Dem Bürgen steht in diesem Fall die Einrede der Vorausklage zu, sodass der Gläubiger sich erst an den Bürgen wenden kann, wenn die Zwangsvollstreckung fruchtlos verlaufen ist. Die Forderung geht anschließend auf den Bürgen über.

9.5.2 Zurückbehaltungsrecht

Das Zurückbehaltungsrecht ist gem. § 273 BGB ein Leistungsverweigerungsrecht, das dem Schuldner die Möglichkeit eröffnet, die geschuldete Leistung so lange zu verweigern, bis der Gläubiger seinerseits die Gegenleistung bewirkt.

9.5.3 Sicherungszession

Bei dieser Sonderform der Zession (s. 6.8.1.1) wird die Forderung nicht abgetreten, sondern sie dient ihrerseits der Sicherung eines Anspruchs des Zessionars gegenüber dem Zedenten.

9.6   Zusammenfassung

BESITZ

Arten	Erwerb	Beendigung	Schutzrechte

■ unmittelbarer Besitz
■ mittelbarer Besitz
  ■ Teilbesitz
  ■ Mitbesitz
 ■ Eigenbesitz
 ■ Fremdbesitz
	■ Erlangung der tatsächlichen Gewalt
	■ bloße Einigung
	■ Erbschaft
		■ freiwillige Aufgabe
		■ unfreiwillige Aufgabe
			■ Selbsthilfe gegen verbotene Eigenmacht
			■ Besitzanspruch

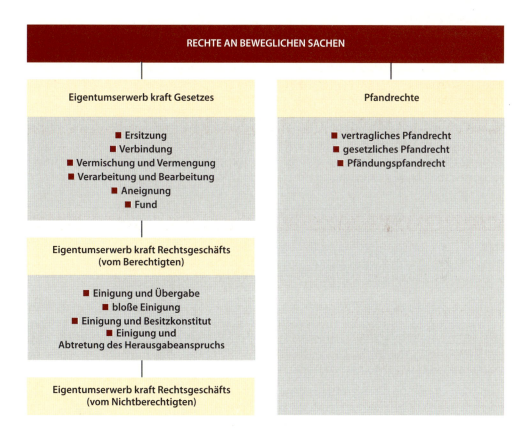

RECHTE AN BEWEGLICHEN SACHEN

Eigentumserwerb kraft Gesetzes	Pfandrechte
■ Ersitzung ■ Verbindung ■ Vermischung und Vermengung ■ Verarbeitung und Bearbeitung ■ Aneignung ■ Fund	■ vertragliches Pfandrecht ■ gesetzliches Pfandrecht ■ Pfändungspfandrecht

Eigentumserwerb kraft Rechtsgeschäfts (vom Berechtigten)

■ Einigung und Übergabe
■ bloße Einigung
■ Einigung und Besitzkonstitut
■ Einigung und Abtretung des Herausgabeanspruchs

Eigentumserwerb kraft Rechtsgeschäfts (vom Nichtberechtigten)

9.7 Fälle und Übungen

1. Robert Reich beabsichtigt seit einiger Zeit den Bau einer Villa, da er bisher bei Gebrauchtimmobilien nicht fündig geworden ist. In diesem Zusammenhang hat er sich von einigen Immobilienmaklern Angebote über Grundstücke zukommen lassen, auch einige private Angebote liegen ihm vor. Besonders das Grundstück in zentraler City-Lage mit 1.200 m², das ihm von Frau Bredenkötter angeboten wurde, hat es ihm angetan.

    a. Wie kann sich Herr Reich darüber informieren, ob Frau Bredenkötter wirklich die Eigentümerin des Grundstücks ist?

    b. Kann sich Herr Reich auf die Richtigkeit der behördlichen Auskunft verlassen?

    c. Da Herr Reich das Grundstück natürlich nur erwerben möchte, wenn er die Villa nach seinen Wünschen errichten kann, benötigt er Informationen über die Bebaubarkeit des Grundstücks. Wie kann er sich diese beschaffen?

2. Frau Spaten hat einen großen Gemüse- und Obstgarten. An der Grenze zum Nachbargrundstück der Familie Genau steht seit vielen Jahren ein gut tragender Apfelbaum. Die Äste des Baumes ragen weit bis auf das Nachbargrundstück. Aus beruflichen Gründen zieht Familie Genau weg und verkauft das Grundstück an das Ehepaar Kleinwurz.

    Als die Äpfel im Herbst reif geworden sind, ernten die Eheleute Kleinwurz sofort die Äpfel von den überhängenden Ästen. Damit ist Frau Spaten nicht einverstanden und untersagt dies. Daraufhin sägt Herr Kleinwurz die Äste ab und wirft diese auf das Grundstück von Frau Spaten.

    Erläutern Sie die Rechtslage!

3. Paul Pfiffig hat gerade ein günstiges Grundstück erworben, auf dem er nun ein Haus errichten möchte. Um möglichst sparsam zu bauen, denkt er sich „Sei schlau – klau' auf dem Bau!" und entwendet auf anderen Baustellen Baumaterial, das er bei seinem Hausbau verwendet.

   Erläutern Sie,

   a. ob Pfiffig Eigentümer geworden ist und

   b. ob die Geschädigten Ersatzansprüche geltend machen könnten!

4. Friedhelm Fischbein hat letztens bei der VHS einen Rechts-Kurs absolviert und weiß nun, dass man sich herrenlose Sachen aneignen darf. Als er sich im Camping-Urlaub einen netten Abend machen möchte, angelt er am nahe gelegenen Fluss drei Forellen. Hierfür verfügt er weder über eine Genehmigung noch über einen Angelschein, meint aber, dass er Eigentümer geworden ist.

   Erläutern Sie die Rechtslage!

5. Entscheiden Sie bei den nachfolgend dargestellten Beispielen unter Berücksichtigung der §§ 90 ff. BGB, ob es sich (s. auch 4.3) um

1. wesentliche Bestandteile	4. Zubehör
2. unwesentliche Bestandteile	5. Inventar
3. Scheinbestandteile	6. Früchte und Nutzungen

   handelt!

   Beispiele

   a. Wohnhaus auf Grundstück
   b. Bausatzgartenhaus auf Grundstück
   c. Getreide auf dem Halm
   d. Halm auf dem Feld
   e. Heizkörper in einem Wohnhaus
   f. Fensterrahmen in einem Wohnhaus
   g. Fensterflügel in dem Fensterrahmen
   h. Ladeneinrichtung einer Boutique
   i. Motor in einem PKW
   j. Milchkuh „Mama Muh"
   k. Wegerecht über ein Grundstück
   l. Obstbaum auf einer Obstplantage
   m. Obstbaum in einer Baumschule

6. Stellen Sie in einer Übersicht die Voraussetzungen zusammen, unter denen der sog. „gutgläubige Erwerb" möglich ist, und berücksichtigen Sie hierbei das Urteil des OLG München vom 12.12.2002 – AZ 19 U 4018/02!

7. Entscheiden Sie jeweils für jede der nachfolgenden Eintragungen, in welcher Abteilung des Grundbuches diese Eintragung vorgenommen wird!

   a. Grundschuld
   b. Grunddienstbarkeit
   c. Auflassungsvormerkung
   d. Eigentümer des Grundstücks
   e. Hypothek
   f. Reallast
   g. beschränkt persönliche Dienstbarkeit
   h. Vorkaufsrecht
   i. Insolvenzvermerk
   j. Abtretung einer Grundschuld
   k. Nießbrauch
   l. Löschung einer Grundschuld
   m. Erbbaurecht

10 Familienrecht

10.1 Überblick

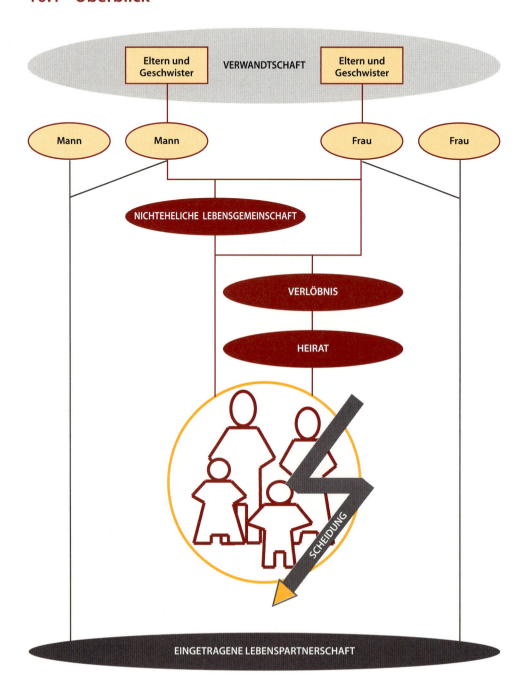

10.2 Begriffsbestimmung

Als **Familie** wird die Gesamtheit der Personen bezeichnet, die durch Ehe oder Verwandtschaft miteinander verbunden ist.

- **Familie als Großfamilie** (Familie i. w. S.) i. S. d. §§ 1589, 1601 ff., 1924 BGB wird bei der Unterhaltspflicht zwischen Verwandten und bei der gesetzlichen Erbfolge als Institut herangezogen.
- **Familie als Kleinfamilie** (Familie i. e. S.) entspricht der eigentlichen Bedeutung von Familie, weil unter einer Kleinfamilie die Ehegatten und deren Kinder verstanden werden.

Neben den gesetzlichen Regelungen im vierten Buch des BGB wird in Art. 6 GG insbesondere die Familie i. e. S. unter verfassungsrechtlichen Schutz gestellt, weil hier die Betreuung und die Sorge um die minderjährigen Kinder im Vordergrund steht.

10.3 Verwandtschaft und Schwägerschaft

10.3.1 Verwandtschaft

➤ Begriff

Als verwandt werden gem. § 1589 I 1 BGB zunächst diejenigen Personen bezeichnet, bei denen die eine von der anderen abstammt **= gerade Linie.**

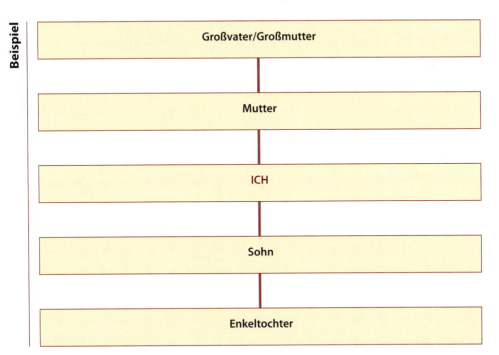

Verwandt sind gem. § 1589 I 2 BGB ebenfalls Personen, die zwar nicht in gerader Linie miteinander verwandt sind, aber von derselben dritten Person abstammen = **Seitenlinie** (Geschwister, Tanten, Onkel, Cousin, Cousine etc.).

Beispiel

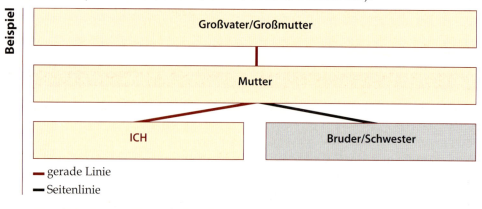

> ➤ **Grad**

Der Grad der Verwandtschaft ergibt sich aus der Zahl der Geburten, durch die das Verwandtschaftsverhältnis begründet wird (§ 1589 I 3 BGB).

Beispiel

Mutter und ICH: gerade Linie 1. Grad

Großvater und ICH: gerade Linie 2. Grad

Sohn und ICH: gerade Linie 1. Grad

Bruder und ICH: Seitenlinie 2. Grad

Tante und ICH: Seitenlinie 3. Grad

> ➤ **Voll- und Halbbürtigkeit**

Werden Geschwister in eine Ehe hineingeboren, so sind sie **vollbürtig** mit dem jeweiligen andern Geschwisterteil in der Seitenlinie 2. Grades verwandt. Bei halbbürtigen Geschwistern besteht nur Übereinstimmung bei einem Elternteil. Diese Geschwister sind in der Seitenlinie 2. Grades **halbbürtig** verwandt.

Beispiel

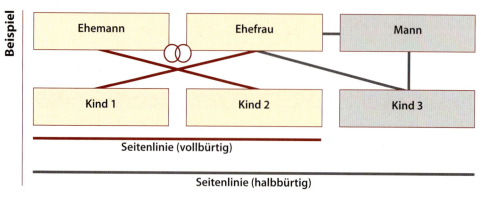

- Wichtig: Ehegatten (Frau und Mann) sind miteinander verheiratet, aber i.d.R. **nicht** miteinander verwandt.
- Ausnahme: Heirat von Verwandten in der Seitenlinie ab dem 3. Grad (z.B. Cousin/Cousine) gem. § 1307 BGB (s. auch Eheverbote 10.4.1.4).

10.3.2 Schwägerschaft

➤ Begriff

Gemäß § 1590 I 1 BGB sind die Verwandten eines Ehegatten mit dem anderen Ehegatten verschwägert:
- die Verwandten der Ehefrau und der Ehemann,
- die Verwandten des Ehemannes mit der Ehefrau,
- die Ehegatten der Verwandten.

Beispiel
Ehemann und Bruder der Ehefrau

Ehemann und Mutter der Ehefrau

Ehemann der Schwester mit dem Geschwisterteil

Die Verwandten der Ehegatten (z.B. Bruder der Ehefrau und Schwester des Ehemannes) sind nicht miteinander verschwägert.

Die Schwägerschaft wird durch die Eheschließung begründet. Wird die Ehe z.B. durch Scheidung aufgelöst, so bestehen die Schwägerschaftsverhältnisse jedoch fort (§ 1590 II BGB).

➤ Linie und Grad

Die Linie und der Grad der Schwägerschaft kann ebenso bestimmt werden wie bei der Verwandtschaft. Dabei richtet sich die Linie und der Grad der Schwägerschaft nach der Linie und dem Grad der Verwandtschaft (§ 1590 I 2 BGB).

Beispiel
Mutter und Tochter sind in gerader Linie 1. Grades verwandt. Dementsprechend sind der Ehemann und die Schwiegermutter in gerader Linie 1. Grades verschwägert.

10.3.3 Rechtsfolgen von Verwandtschaft und Schwägerschaft

Durch Verwandtschaft und Schwägerschaft ergibt sich eine Reihe von Rechten und Pflichten, die weitreichende Bedeutung für eine Vielzahl von Sachverhalten haben.

➤ Unterhalt und elterliche Sorge

Nur Verwandte in gerader Linie sind dazu verpflichtet, sich untereinander Unterhalt zu gewähren (§ 1601 BGB). Verwandte in der Seitenlinie sowie Verschwägerte sind dementsprechend davon ausgenommen.

Bei der Unterhaltsverpflichtung (s. 10.6) müssen insbesondere
- die Reihen- bzw. Rangfolge der Unterhaltspflichtigen gem. § 1606 BGB,
- die Bedürftigkeit des Unterhaltsberechtigten gem. § 1602 BGB und
- die Leistungsfähigkeit des Unterhaltspflichtigen gem. § 1603 BGB

berücksichtigt werden.

Eltern sind dazu verpflichtet, für ihre Kinder zu sorgen = elterliche Sorge gemäß §§ 1626 ff. BGB. Dabei geht es um die Person (Personensorge) und das Vermögen (Vermögenssorge) des Kindes (s. 10.5.3).

➤ Eheverbot

Zwischen Verwandten in gerader Linie sowie voll- und halbbürtigen Geschwistern darf keine Ehe geschlossen werden (§ 1307 BGB). Im Analogschluss dürfen also Cousin und Cousine (Seitenlinie 4. Grad) bereits heiraten.

➤ Nichtteilnahme an gerichtlichen Verfahren

In gerichtlichen Verfahren – insbesondere in Zivil- oder Strafprozessen – können Beteiligte wegen ihrer Verwandtschaft oder Schwägerschaft vom Verfahren ausgeschlossen werden oder von sich aus eine Teilnahme verweigern.

- **Zeugnis-, Auskunfts- und Gutachtenverweigerungsrecht** (§§ 383 ff. ZPO, 52, 55, 76 StPO): Werden Personen zwecks Beweisführung und -aufnahme als Zeugen oder Gutachter geladen, so haben sie das Recht, die Mitarbeit zu verweigern, wenn sie mit der Partei
  - in gerader Linie verwandt oder verschwägert,
  - in der Seitenlinie bis zum dritten Grad verwandt,
  - in der Seitenlinie bis zum zweiten Grad verschwägert sind.
- **Ausschluss von der Ausübung des Richteramtes** (§§ 41 ff. ZPO, 22 ff. StPO): Ein Richter kann von der Ausübung des Richteramtes kraft Gesetzes ausgeschlossen werden, wenn er mit einer Partei
  - in gerader Linie verwandt oder verschwägert,
  - in der Seitenlinie bis zum dritten Grad verwandt,
  - in der Seitenlinie bis zum zweiten Grad verschwägert ist.

➤ Erbrecht

Hat der Erblasser keine Verfügungen i.S.d. gewillkürten Erbfolge getroffen (z.B. Testament – hier müssten trotzdem die Pflichtteilsrechte geprüft werden), erfolgt die Verteilung der Erbmasse nach der gesetzlichen Erbfolge. Diese bestimmt sich nach den verwandtschaftlichen Verhältnissen. Verschwägerte sind von der gesetzlichen Erbfolge ausgeschlossen. Neben den Verwandten haben nur Ehegatten einen gesetzlichen Erbanspruch.

Durch die §§ 1924 ff. BGB wird eine Erbrangfolge unter den Überlebenden festgelegt. Dadurch ergibt sich auch der jeweilige Anteil an der Erbmasse, den der Erbe erhält (nähere Ausführungen hierzu s. Kapitel 11).

10.4 Eherecht

10.4.1 Begründung der Ehe

10.4.1.1 Einführung

> ➤ **Verfassungsrechtliche Stellung**

Das gesamte deutsche Familienrecht basiert auf der zentralen Vorschrift des Art. 6 GG, wodurch Ehe und Familie unter den besonderen Schutz der staatlichen Gemeinschaft gestellt werden. Diese Vorschrift hat Schutzcharakter für alle denkbaren Konstellationen – und somit für die kinderlose Ehe ebenso wie für die auf Abstammung basierende Familie ohne Eheschließung. Durch Art. 6 V GG sollen uneheliche den ehelichen Kindern gleichgestellt werden.

Familienrechtlich ebenfalls von hoher Relevanz ist die Gleichberechtigung von Mann und Frau gem. Art. 3 II 1 GG.

> ➤ **Begriff**

Die Ehe ist die

- auf Lebenszeit (§ 1353 I BGB) geschlossene
- geistige und körperliche Lebensgemeinschaft
- von einem Mann und einer Frau = Monogamie (§ 1306 BGB).
- Diese Lebensgemeinschaft genießt volle rechtliche Anerkennung und verfassungsrechtlichen Schutz (s.o.).
- Das Zustandekommen basiert auf freier Entscheidung und freiem Willen der beteiligten Personen.

Die **geschlechtliche Verschiedenartigkeit** hat große Bedeutung für die rechtliche und sprachliche Beurteilung: Eine Ehe zwischen gleichgeschlechtlichen Partnern soll und kann es nicht geben. Soll eine entsprechend legitimierte Beziehung eingegangen werden, so handelt es sich um eine eingetragene Lebenspartnerschaft (s. 10.8). Der Begriff der „Homo-Ehe" ist somit juristisch falsch.

> ➤ **Ehefähigkeit**

Wer die Ehe eingehen will, muss **ehefähig** sein. Ehefähig ist, wer **ehemündig** und **geschäftsfähig** ist (§§ 1303, 1304, 104, 105 BGB).

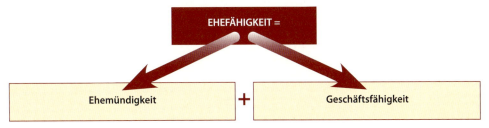

EHEFÄHIGKEIT =   Ehemündigkeit   +   Geschäftsfähigkeit

Die Ehemündigkeit beginnt mit der Vollendung des 18. Lebensjahres (Volljährigkeit). Da aber nicht jeder Volljährige auch geschäftsfähig ist (z. B. geistig Behinderte), die Eheschließung aber die Abgabe von Willenserklärungen verlangt, verlangt der Gesetzgeber die Erfüllung beider Voraussetzungen.

Auf besonderen Antrag kann das Familiengericht eine Sondergenehmigung erteilen, wenn der Antragsteller das 16. Lebensjahr vollendet hat und gleichzeitig der künftige Ehepartner bereits volljährig ist (§ 1303 II BGB). Können die Sorgeberechtigten des Minderjährigen triftige Gründe für die Versagung dieser Genehmigung vorbringen, so muss das Familiengericht diese berücksichtigen und darf die Genehmigung nicht erteilen (§ 1303 III BGB).

10.4.1.2 Verlöbnis

> ➤ **Begriff**

Das Verlöbnis ist ein
- formfreier Vertrag, in dem sich
- ein Mann und eine Frau
- versprechen,
- zukünftig die Ehe miteinander eingehen zu wollen.
- Durch dieses Rechtsverhältnis werden Rechte und Pflichten begründet.

Somit geht der Ehe immer ein Verlöbnis voraus, weil sich das Paar irgendwann zur Eheschließung entscheidet. An dieser Stelle werden die Willenserklärungen abgegeben, die das Verlöbnis begründen.

Eine Verlobungsfeier, der Austausch von Ringen, der Versand von Anzeigen etc. sind für das Zustandekommen eines Verlöbnisses irrelevant, sie können lediglich als Indizien für ein Verlöbnis verstanden werden.

> ➤ **Rechtsfolgen**

- Durch das Verlöbnis verpflichten sich die Verlobten zur Eingehung der Ehe. Dennoch kann aufgrund des Verlöbnisses nicht darauf geklagt werden, die Ehe miteinander einzugehen (§ 1297 I BGB), sodass keine Partei zur Ehe gezwungen werden kann.
- Die Verlobten haben bereits vor Eheschließung das Recht, sich über den späteren Güterstand (s. 10.4.2) Gedanken zu machen. Neben Eheverträgen können auch Erbverträge geschlossen werden.
- Ehegatten sind die einzigen nicht verwandten Personen, für die ein Zeugnisverweigerungsrecht gilt. Das Verlöbnis als Vorstadium der Ehe ist hier eingeschlossen (§§ 383 I 1 ZPO, 52 I 1, 55 StPO).

RECHTSFOLGEN BEI BEENDIGUNG DES VERLÖBNISSES

durch Heirat	durch den Tod eines Verlobten	im gegenseitigen Einverständnis	durch Rücktritt eines Verlobten		
			mit wichtigem Grund		**ohne wichtigen Grund**
			ohne Verschulden eines Verlobten	mit Verschulden eines Verlobten	

durch Heirat

Übergang in die Ehe

durch den Tod eines Verlobten

■ Beendigung des Rechtsverhältnisses

■ evtl. erbrechtliche Ansprüche

■ keine Rückgabe der Geschenke (§ 1301 II BGB)

mit Verschulden eines Verlobten

§§ 1299, 1298 BGB

ohne wichtigen Grund

§ 1298 BGB

■ Rückgabe der Geschenke (§ 1301 I BGB)

■ kein Schadensersatz (§ 1298 III BGB)

■ Ersatz der Aufwendungen und Verbindlichkeiten, die in Erwartung der Ehe getätigt bzw. eingegangen wurden (§ 1298 I 1 BGB)

■ Ersatz des Schadens, den der andere Verlobte dadurch erleidet, dass er in Erwartung der Ehe sonstige sein Vermögen oder seine Erwerbsstellung berührende Maßnahmen getroffen hat (§ 1298 I 2 BGB)

Beispiele für wichtige Gründe:

■ körperliche/seelische Misshandlungen

■ Untreue

■ Lieblosigkeit

■ dauerhafte Krankheit des Verlobten

■ eigene dauerhafte Krankheit

■ Verzögerung der Ehe ohne wichtigen Grund

10.4.1.3 Eheschließung

I. ANTRAG

- Die Verlobten melden die beabsichtigte Eheschließung bei dem für die Eheschließung zuständigen Standesbeamten an (§ 4 PStG).
- Zuständig ist das Standesamt, in dessen Bezirk einer der Verlobten seinen Wohnsitz hat (§ 6 II – V PStG).
- Die Verlobten legen dem Standesbeamten ihre Abstammungsurkunden oder Abschriften aus dem Familienbuch vor (§ 5 I PStG).
- Der Standesbeamte prüft, ob der Eheschließung Ehehindernisse (Annahme als Kind s. 10.4.1.4) entgegenstehen (§ 5 II 1 PStG).
- Der Standesbeamte teilt den Verlobten mit, dass er die Eheschließung vornehmen kann (§ 6 I 1 PStG).

II. NAMENSWAHL

- Der Standesbeamte muss die Verlobten fragen, ob sie einen Ehenamen bestimmen wollen (§ 6 I 3 PStG).
- Die Ehegatten sollen einen gemeinsamen Ehenamen führen (§ 1355 I+II BGB).
- Wird kein Ehename ausgewählt, führt jeder Ehegatte seinen Namen auch nach der Eheschließung (§ 1355 III BGB).
- Möglichkeiten der Namenswahl:
  - ➤ Geburtsname der Ehefrau wird von beiden Ehegatten getragen (§ 1355 II BGB).
  - ➤ Geburtsname des Ehemannes wird von beiden Ehegatten getragen (§ 1355 II BGB).
  - ➤ Geburtsname der Ehefrau wird Ehename:
    Mann stellt seinen Geburtsnamen voran bzw. fügt ihn an (§ 1355 IV 1 BGB) → nicht bei Doppelnamen.
  - ➤ Geburtsname des Ehemannes wird Ehename:
    Frau stellt ihren Geburtsnamen voran bzw. fügt ihn an (§ 1355 IV 1 BGB) → nicht bei Doppelnamen.
- Der verwitwete oder geschiedene Ehegatte
  - ➤ behält seinen (bisherigen) Ehenamen (§ 1355 V 1 BGB),
  - ➤ nimmt seinen Geburtsnamen wieder an (§ 1355 V 2 BGB) oder
  - ➤ stellt/fügt seinen Geburtsnamen dem (neuen) Ehenamen voran/an (§ 1355 V 2 BGB).

III. VORNAHME DER EHESCHLIESSENDEN HANDLUNG

- Die Ehe wird geschlossen, indem die Ehegatten
  - ➤ persönlich (höchstpersönliches Rechtsgeschäft) und
  - ➤ bei gleichzeitiger Anwesenheit (§§ 1311, 1355 III BGB)
  - ➤ nacheinander (§ 1312 I 1 BGB) vor dem Standesbeamten erklären,
  - ➤ die Ehe miteinander eingehen zu wollen (§ 1310 I 1 BGB).
- Der Standesbeamte spricht aus, dass die Eheleute nunmehr kraft Gesetzes rechtmäßig verbundene Eheleute sind (§ 1312 I 1 BGB) und trägt die Eheschließung in das Heiratsbuch ein (§ 1312 II BGB).
- Auf Wunsch der Ehegatten können ein oder zwei Zeugen anwesend sein (§ 1312 I 2 BGB).

10.4.1.4 Eheverbote

Gemäß §§ 1306–1308 BGB gelten folgende Eheverbote:

- **Doppelehe (§ 1306 BGB) = trennendes Eheverbot → Aufhebbarkeit der Ehe:**
  Wer bereits verheiratet ist, darf keine weitere Ehe eingehen.

- **Verwandtschaft (§ 1307 BGB) = trennendes Eheverbot → Aufhebbarkeit der Ehe:**
  Zwischen Verwandten gerader Linie sowie zwischen voll- und halbbürtigen Geschwistern (Seitenlinie 2. Grades) darf die Ehe nicht geschlossen werden.

- **Annahme als Kind (§ 1308 BGB) = aufschiebendes Eheverbot → Ehehindernis:**
  Wurde das Verwandtschaftsverhältnis durch Annahme als Kind begründet (s. 10.5.3.3), ist eine Eheschließung ebenfalls ausgeschlossen. Dies führt nicht zur Aufhebbarkeit der Ehe, sondern nur dazu, dass die zukünftigen Ehegatten beim Familiengericht Antrag auf Befreiung stellen müssen, sofern die Annahme als Kind zu einer Verwandtschaft in der Seitenlinie geführt hat.

10.4.1.5 Rechtsfolgen (allgemeine Ehewirkungen)

Die Eingehung der Ehe stellt einen Vertragsschluss dar, sodass sich für die beteiligten Parteien Rechte und Pflichten ergeben.

> **Eheliche Lebensgemeinschaft gem. § 1353 BGB**

Der Gesetzgeber hat davon abgesehen, eine Aufzählung einzelner Merkmale der ehelichen Lebensgemeinschaft darzustellen. Vielmehr haben sich im Laufe der Zeit durch die Rechtsprechung einige Kriterien herausgebildet.

Beispiel

- Wahl eines gemeinsamen Wohnsitzes
- eheliche Treue
- gegenseitige Liebe und Achtung
- Gestattung zur Mitbenutzung der Ehewohnung und des Hausrates
- Information über Vermögensangelegenheiten
- Sorge für die gemeinsamen und in den Haushalt aufgenommenen Kinder

> **Namensrecht**

Durch die Eheschließung haben die Ehegatten das Recht, einen Ehenamen auszuwählen und zu führen (s. 10.4.1.3).

Beispiel

Berta Bräsig und Stefan Schnösel heiraten. Folgende Namenskonstellationen sind zulässig:

- Berta Bräsig und Stefan Schnösel
- Berta und Stefan Bräsig
- Berta und Stefan Schnösel
- Berta Bräsig und Stefan Schnösel-Bräsig oder Bräsig-Schnösel
- Berta Bräsig-Schnösel oder Schnösel-Bräsig und Stefan Schnösel

17 Jaschinski/Hey – ISBN 978-3-8120-0050-5

➤ Haushaltsführung und Erwerbstätigkeit gem. § 1356 BGB

Durch die grundgesetzlich festgeschriebene Gleichberechtigung von Mann und Frau bleibt es beiden Ehegatten vorbehalten, den Haushalt zu führen (§ 1356 I 1 BGB) und einer Erwerbstätigkeit nachzugehen (§ 1356 II 1 BGB). Dies wird insoweit eingeschränkt, als beide auf die Belange des jeweils anderen Ehegatten und der Familie Rücksicht zu nehmen haben. Eine Selbstverwirklichung auf Kosten des Ehegatten bzw. der Familie hat somit zu unterbleiben (§ 1356 II 2 BGB).

➤ Die „Schlüsselgewalt" gem. § 1357 BGB

Wird die Ehe geschlossen, beginnt die eheliche Lebensgemeinschaft. Dieser Sachverhalt begründet die Notwendigkeit, dass jeder Ehegatte für den anderen Geschäfte des täglichen Lebens vornehmen kann.

Beispiel
> Bruno Bräsig macht jede Woche Donnerstag nach der Arbeit den wöchentlichen Großeinkauf beim Discounter, weil dieser am Arbeitsweg liegt. Seine Frau Berta arbeitet bei der Stadtverwaltung und hat somit die Möglichkeit, mittwochs auf dem Wochenmarkt einzukaufen.

Dadurch werden beide Ehegatten gegenüber Dritten sowohl als Gesamtschuldner verpflichtet (§ 421 BGB) als auch als Gesamtgläubiger berechtigt (§ 428 BGB). Diese Regelung verfolgt zwei Zielsetzungen:

- Hat einer der Ehegatten die Haushaltsführung übernommen und verfügt über kein eigenes Einkommen, soll er dennoch in der Lage sein, alle für das Zusammenleben notwendigen Geschäfte abzuwickeln.
- Zum allgemeinen Schutz des Rechtsverkehrs wird unterstellt, dass die Ehegatten gesamtschuldnerisch haften (§ 1362 BGB).

Die „Schlüsselgewalt" kann aufgehoben werden, wenn dadurch das Vermögen der Ehegatten geschützt wird, weil z. B. der Ehemann spielsüchtig o. Ä. ist.

➤ Unterhaltspflicht gem. §§ 1360–1361 BGB

Beide Ehegatten sollen gemeinsam durch ihre Arbeit und ihr Vermögen die Familie unterhalten, also sich gegenseitig und auch die Kinder, sofern sich diese (noch) nicht selbst unterhalten können. Der zur Haushaltsführung verpflichtete Ehegatte erfüllt seine Unterhaltspflicht durch eben diese Führung des Haushalts. Reicht das Einkommen eines Ehegatten für den Unterhalt nicht aus, so muss der haushaltsführende Ehegatte sich ebenfalls durch eine Erwerbstätigkeit an der Sicherung des Lebensunterhalts der Familie beteiligen.

Der angemessene Unterhalt der Familie umfasst alles,
- was nach den Verhältnissen der Ehegatten erforderlich ist,
- um die Kosten des Haushalts zu bestreiten und
- die persönlichen Bedürfnisse der Ehegatten und
- den Lebensbedarf gemeinsamer unterhaltsberechtigter Kinder zu befriedigen.

Wird die Ehe zwischen einem deutschen Staatsbürger und einem Angehörigen eines fremden Staates geschlossen, so führt dies nicht automatisch dazu, dass der Deutsche seine deutsche Staatsangehörigkeit verliert. Dies gilt auch dann nicht, wenn er die Staatsangehörigkeit seines Gatten aufgrund der Gesetzgebung des anderen Staates erwirbt – er verfügt nun über zwei Staatsangehörigkeiten.

Analog dazu erwirbt der Ausländer ebenfalls nicht automatisch die deutsche Staatsbürgerschaft oder einen Anspruch darauf, auch wenn das Einbürgerungsverfahren durch die Heirat vereinfacht werden kann.

10.4.2 Eheliches Güterrecht

Die Ehegatten haben die Möglichkeit, einen notariell beurkundeten (§ 1410 BGB) Ehevertrag zu schließen, in dem Gütergemeinschaft (§§ 1415 ff. BGB) oder Gütertrennung (§ 1414 BGB) vereinbart werden kann.

Andernfalls leben sie im gesetzlichen Güterstand der Zugewinngemeinschaft (§§ 1363 ff. BGB).

GÜTERSTÄNDE		
gesetzlich	vertraglich	
Güterstand der Zugewinngemeinschaft	Güterstand der Gütertrennung	Güterstand der Gütergemeinschaft

10.4.2.1 Gesetzlicher Güterstand der Zugewinngemeinschaft

■ Durch den Güterstand der Zugewinngemeinschaft bleiben die Vermögen der Ehegatten getrennt (§ 1363 II 1 BGB), d.h., jeder Ehegatte bleibt Eigentümer des Vermögens, das er
  – in die Ehe mit einbringt und
  – in der Ehe nach der Eheschließung erwirbt.
  Bei Beendigung der Ehe (z.B. durch Scheidung, Tod, Wechsel des Güterstandes) wird der Zugewinnausgleich durchgeführt (§ 1363 II 2 BGB).
■ Jeder Ehegatte verwaltet sein Vermögen selbstständig (§ 1364 BGB).
  Beschränkungen: – Vermögen eines Ehegatten im Ganzen (§§ 1365–1366 BGB)
  – Verfügung über Haushaltsgegenstände (§§ 1369–1370 BGB)
■ Jeder Ehegatte haftet für seine Schulden alleine.
  Ausnahmen: – Geschäfte im Rahmen der Schlüsselgewalt
  – Haftung für gemeinsam aufgenommene Darlehen

➤ Ende der Zugewinngemeinschaft durch Tod eines Ehegatten (§ 1371 BGB)

Endet die Zugewinngemeinschaft durch den Tod eines Ehegatten, wird keine Berechnung des Zugewinns bzw. des Zugewinnausgleichs (s.u.) vorgenommen. Vielmehr wird ein pauschalierter Zugewinn durch Erhöhung des gesetzlichen Erbteils realisiert.

Der gesetzliche Erbteil des Ehegatten (s. 11.3.2) wird um ein Viertel der Erbschaft erhöht, wobei es unerheblich ist, ob die Ehegatten tatsächlich einen Zugewinn erzielt haben.

Beispiel

Friedobald Hubendudel stirbt und hinterlässt seiner Frau Friederike und den erbberechtigten Zwillingen Freddy und Fritzi 200.000,00 EUR.

Gemäß § 1931 I 1 BGB erbt Friederike Hubendudel ein Viertel des Nachlasses. Dieser Anteil erhöht sich um ein Viertel der Erbschaft gem. § 1371 I BGB auf insgesamt die Hälfte der Erbmasse. Somit bekommt Frau Hubendudel 100.000,00 EUR und jeder Zwilling 50.000,00 EUR.

➤ Ende der Zugewinngemeinschaft zu Lebzeiten der Ehegatten (§ 1372 BGB)

Die Zugewinngemeinschaft kann zu Lebzeiten der Ehegatten beendet werden, wenn
- die Ehe geschieden wird,
- die Ehegatten sich entscheiden, einen anderen Güterstand zu wählen,
- die Ehe aufgehoben wird,
- die Ehe für nichtig erklärt wird oder
- das Familiengericht auf vorzeitigen Ausgleich entscheidet.

a. **Berechnung des Anfangsvermögens**
   Das Anfangsvermögen eines Ehegatten ist gem. § 1374 BGB
   – das Vermögen, das dem Ehegatten
   – nach Abzug der Verbindlichkeiten
   – beim Eintritt des Güterstandes gehört.
   – Die Verbindlichkeiten werden nur bis zur Höhe des Vermögens abgezogen.
   – Somit ist das Anfangsvermögen minimal null.
   – Hinzugerechnet werden Erbschaften, Schenkungen und Ausstattungen.

b. **Berechnung des Endvermögens**
   Das Endvermögen eines Ehegatten ist gem. § 1375 BGB
   – das Vermögen, das dem Ehegatten
   – nach Abzug der Verbindlichkeiten
   – beim Ende des Güterstandes gehört.
   – Die Verbindlichkeiten können die Höhe des Vermögens übersteigen.
   – Hinzugerechnet werden
     • Schenkungen an Dritte,
     • Verschwendungen und
     • Ausgaben, die mit dem Ziel getätigt wurden, den Ehegatten zu schädigen.

c. Berechnung des Zugewinns

Der Zugewinn wird berechnet (§ 1373 BGB), indem das Anfangsvermögen vom Endvermögen abgezogen wird.

> Endvermögen des jeweiligen Ehegatten
> – Anfangsvermögen des jeweiligen Ehegatten
>
> = Zugewinn des jeweiligen Ehegatten

d. Durchführung des Zugewinnausgleichs

Wurde für jeden der beiden Ehegatten der Zugewinn berechnet, wird nun ein Ausgleich vorgenommen: Übersteigt der Zugewinn des einen Ehegatten den Zugewinn des anderen, so steht die Hälfte des Überschusses dem anderen Ehegatten als Ausgleichsforderung zu (§ 1378 I BGB).

> **Variante I:** Zugewinn der Ehefrau **>** Zugewinn des Ehemannes
> Zugewinn der Ehefrau
> – Zugewinn des Ehemannes
>
> = Überschuss
>
> Überschuss : 2 = **Ausgleichsforderung des Ehemannes**

> **Variante II:** Zugewinn der Ehefrau **<** Zugewinn des Ehemannes
> Zugewinn des Ehemannes
> – Zugewinn der Ehefrau
>
> = Überschuss
>
> Überschuss : 2 = **Ausgleichsforderung der Ehefrau**

e. Verjährung

Die Ausgleichsforderung verjährt innerhalb von 3 Jahren ab dem Zeitpunkt, in dem der Ehegatte erfährt, dass der Güterstand beendet ist (§ 1378 IV BGB).

Beispiel

	Ehefrau	Ehemann
Vermögen zu Beginn	100.000,00 EUR	35.000,00 EUR
– Schulden zu Beginn	0,00 EUR	70.000,00 EUR
+ Erbschaften/Schenkungen	25.000,00 EUR	0,00 EUR
= **Anfangsvermögen**	**125.000,00 EUR**	**0,00 EUR**
Vermögen zum Ende	130.000,00 EUR	70.000,00 EUR
– Schulden zum Ende	0,00 EUR	5.000,00 EUR
+ Verschwendungen/Schenkungen	0,00 EUR	6.000,00 EUR
= **Endvermögen**	**130.000,00 EUR**	**71.000,00 EUR**
Endvermögen	130.000,00 EUR	71.000,00 EUR
– Anfangsvermögen	125.000,00 EUR	0,00 EUR
= **Zugewinn**	**5.000,00 EUR**	**71.000,00 EUR**

Ausgleichsforderung d. Ehefrau = (71.000,00 EUR – 5.000,00 EUR) : 2 = 33.000,00 EUR

10.4.2.2 Ehevertrag

Der Ehevertrag

- **muss** (§ 1410 BGB) bei gleichzeitiger Anwesenheit
- beider Ehegatten
- zur Niederschrift
- vor einem Notar geschlossen werden.
- Dies **kann** (§ 1408 BGB) vor oder nach der Eheschließung stattfinden.
- Eine **Wirkung gegenüber Dritte** entfaltet der Ehevertrag nur, wenn er in das Güterrechtsregister (s. 10.4.2.5) eingetragen wurde (§§ 1412, 1558 ff. BGB).

10.4.2.3 Gütertrennung

➤ **Begriff**

Die Ehegatten leben im vertraglichen Güterstand der Gütertrennung, sofern sie den gesetzlichen Güterstand der Zugewinngemeinschaft per Vertrag (s. 10.4.2.2) ausgeschlossen oder aufgehoben haben (§§ 1408, 1410, 1414 BGB).

➤ **Kennzeichen**

- Die Vermögen der Ehegatten bleiben getrennt.
- Jeder Ehegatte verwaltet sein Vermögen selbst.
- Die Ehegatten haften nicht gegenseitig für Schulden. Ausnahme: Schulden zur Deckung des Lebensbedarfs.
- Die Ehegatten führen ihr Vermögen in einem Vermögensverzeichnis auf. Dieses muss durch ein Nachtragsverzeichnis ergänzt werden, sofern dies durch Neuanschaffungen notwendig wird.

➤ **Zweck**

- Ist einer der beiden Ehegatten vermögender als der andere, so nimmt der andere am Vermögenszuwachs nicht teil.
- Führt einer der beiden Ehegatten einen Gewerbebetrieb, so wird das Vermögen durch den Haftungsausschluss vor dem Zugriff der Unternehmensgläubiger geschützt.
- Außerdem muss im Falle einer Scheidung der Unternehmenswert nicht liquidiert werden.
- Jeder der Ehegatten
  - muss sein Vermögen selbstverantwortlich und selbstständig verwalten;
  - kann unabhängig vom Ehepartner über das Vermögen verfügen.

10.4.2.4 Gütergemeinschaft

> **Begriff**

Auf der Vertragsgrundlage der Gütergemeinschaft wird die Ehe als **Lebens- und Vermögensgemeinschaft** geführt (§§ 1415–1518 BGB).

> **Vermögensmassen und -verwaltung**

GESAMTGUT		SONDERGUT	VORBEHALTSGUT
gemeinschaftliches Vermögen der Ehegatten = Gesamthandsgemeinschaft der Ehegatten (§ 1416 BGB)		Gegenstände, die nicht durch Rechtsgeschäft übertragen werden können (§ 1417 I BGB)	Gegenstände, die zum Vorbehaltsgut erklärt worden sind (§ 1418 II BGB): ■ durch Ehevertrag (§ 1418 II 1 BGB) ■ durch Erbschaft, wenn der Erblasser dies so bestimmt (§ 1418 II 2 BGB) ■ durch Schenkung, wenn der Schenkende dies so bestimmt (§ 1418 II 2 BGB) ■ als Ersatz für ein Vorbehaltsgut (§ 1418 II 3 BGB)
Verwaltung durch einen Ehegatten alleine (§§ 1422 ff. BGB) Der verwaltende Ehegatte benötigt die Zustimmung des anderen Ehegatten bei ■ Verfügungen über das Gesamtgut im Ganzen (§ 1423 BGB) ■ Verfügungen über Grundstücke (§ 1424 BGB) ■ Schenkungen aus dem Gesamtgut (§ 1425 BGB)	Verwaltung durch beide Ehegatten gemeinschaftlich (§§ 1450 ff. BGB)	Verwaltung durch jeden Ehegatten alleine (§ 1417 III 1 BGB) auf Rechnung des Gesamtgutes (§ 1417 III 2 BGB) Erträge aus dem Sondergut werden Gesamtgut	Verwaltung durch jeden Ehegatten alleine (§ 1418 III 1 BGB) auf eigene Rechnung (§ 1418 III 2 BGB)
Beispiel: Alle Nutzflächen, Gebäude und Geräte eines landwirtschaftlichen Betriebes		Beispiele: ■ Urheberrechte ■ unpfändbarer Teil eines Schmerzensgeldanspruchs	Beispiele: ■ Familienschmuck ■ Grundstück ■ Geburtshaus

10.4.2.5 Güterrechtsregister

Das Güterrechtsregister (§§ 1558–1563 BGB)

- ist ein bei den Amtsgerichten geführtes öffentliches Register
- mit negativer Publizität (§ 1412 BGB = gutgläubige Dritte können sich auf das Schweigen des Registers berufen)
- ohne Eintragungspflicht,
- das jeder einsehen kann (§ 1563 I BGB).
- Durch einen öffentlich beglaubigten Antrag (§ 1560 BGB)
- können eintragungsfähige Tatsachen, d.h.
  - Begründung, Änderung, Beendigung des vertraglichen Güterstandes sowie
  - Ausschluss des gesetzlichen Güterstandes (§ 1412 BGB) und
  - Beschränkung und Ausschließung der Schlüsselgewalt (§ 1357 II BGB),
- durch den Rechtspfleger
- bei dem Amtsgericht eingetragen werden, in dessen Bezirk einer der Ehegatten wohnt (§ 1558 I BGB).

10.4.2.6 Zwangsvollstreckung (Eigentumsvermutung und Gewahrsamsfiktion)

> **Eigentumsvermutung gem. § 1362 BGB**

Für außenstehende Dritte sind die Eigentums-, Besitz- und Vermögensverhältnisse von Ehegatten nicht oder nur schwer zu durchschauen. Und nur in den wenigsten Fällen wissen die Ehegatten selber nach einiger Zeit noch, welcher Gegenstand wessen Eigentum ist.

Also geht der Gesetzgeber zugunsten des Gläubigers zunächst einmal davon aus, dass die Ehegatten im **Außenverhältnis** zu dem jeweiligen Gläubiger als Gesamtschuldner zu sehen sind (§ 1362 I BGB). Dies gilt jedoch nicht, wenn die Ehegatten getrennt leben und sich die Sachen im Besitz des Ehegatten befinden, der nicht Schuldner ist (§ 1362 II BGB). Diese Regelungen gelten **unabhängig von dem jeweiligen Güterstand.** Dem nicht schuldenden Ehegatten bleibt somit nur die Möglichkeit der **Drittwiderspruchsklage** (§ 771 ZPO), in deren Rahmen er beweisen muss, dass er Alleineigentümer der zu pfändenden Sache ist.

> **Gewahrsamsfiktion gem. § 739 ZPO**

Ist einer der Ehegatten Schuldner, so wird zugunsten des Gläubigers vermutet (§§ 1362 BGB i.V.m. 739 ZPO), dass der Schuldner für die Durchführung der Zwangsvollstreckung auch alleiniger Gewahrsamsinhaber der zu pfändenden Sache ist.

10.4.2.7 Beispiel für einen Ehevertrag

<u>**Nummer 122 der Urkundenrolle für 20XX**</u>

Verhandelt

zu Lemgo am 22. Februar 20xx

Vor mir, dem unterzeichnenden Notar,

Lukas Schlau

erschienen heute

1. Herr Eberhard Möricke, geb. am 15. September 1978, wohnhaft Morgenstr. 112, 32657 Lemgo

2. Frau Christiane Morgenstern, geb. am 02. Mai 1980, wohnhaft Morgenstr. 112, 32657 Lemgo

Der Erschienene zu 1. ist dem Notar von Person bekannt. Die Erschienene zu 2. wies sich zur vollen Gewissheit des Notars durch Vorlage ihres Bundespersonalausweises aus.

Der Notar fragte nach einer Vorbefassung im Sinne von § 3 I 1 Nr. 7 BeurkG. Sie wurde von den Beteiligten verneint.

Die Erschienenen baten um die Beurkundung eines

Ehevertrages

und erklärten übereinstimmend folgende Sachverhalte:

§ 1

Wir sind kinderlos und deutsche Staatsangehörige. Wir sind verlobt und beabsichtigen, in Kürze die Ehe miteinander einzugehen. Der Erschienene zu 1. ist Geschäftsführer der Möricke Baustoffgroßhandlung GmbH und die Erschienene zu 2. ist bei dieser Gesellschaft als Großhandelskauffrau beschäftigt.

§ 2

Für unsere zukünftige Ehe möchten wir den Güterstand der Zugewinngemeinschaft beibehalten, jedoch sollen folgende Vereinbarungen gelten:

1. Die Einschränkungen der §§ 1365, 1369 BGB sollen für keinen der beiden Ehegatten gelten.
2. Wenn einer der Ehegatten vor Ablauf von fünf Ehejahren einen Scheidungsantrag stellt, aufgrund dessen die Ehe geschieden wird, soll kein Zugewinnausgleich vorgenommen werden.
3. Stellt einer der Ehegatten nach Ablauf von fünf Ehejahren einen Scheidungsantrag, in dessen Folge die Ehe geschieden wird, so soll bei der Ermittlung des Anspruchs auf Zugewinnausgleich das Betriebsvermögen der Möricke Baustoffgroßhandlung GmbH bei keinem der beiden Ehegatten Berücksichtigung finden.
4. Die Zwangsvollstreckung in das Betriebsvermögen wegen Ansprüchen aus einem Zugewinnausgleich ist unzulässig.

§ 3

1. Der Erschienene zu 1. verpflichtet sich gegenüber der Erschienenen zu 2., sie während der gesamten Dauer der Ehe in seinem Unternehmen als Assistentin der Geschäftsleitung oder in einer vergleichbaren Position zu beschäftigen. Die erforderlichen Sozialversicherungsbeiträge wird er abführen.

2. Dementsprechend schließen wir für die zukünftige Ehe den Versorgungsausgleich gegenseitig vollständig aus. Ist ein Ehegatte jedoch familienbedingt (z.B. wegen der Erziehung der Kinder) nicht oder nur teilweise berufstätig, so soll der Versorgungsausgleich für diesen Zeitraum vorgenommen werden.

§ 4

1. Wenn einer der Ehegatten vor Ablauf von fünf Ehejahren einen Scheidungsantrag stellt, aufgrund dessen die Ehe geschieden wird, verzichten wir gegenseitig und vollständig auf jeden nachehelichen Unterhalt.
2. Stellt einer der Ehegatten nach Ablauf von fünf Ehejahren einen Scheidungsantrag, in dessen Folge die Ehe geschieden wird, so begrenzen wir die Dauer der Unterhaltszahlung
   a. auf höchstens 3 Jahre,
   b. bei einer Ehedauer von bis zu zehn Jahren auf höchstens 6 Jahre
   c. bei einer Ehedauer von mehr als zehn Jahren auf höchstens 10 Jahre.
   Die Höhe der monatlichen Unterhaltszahlung wird auf 2.000,00 EUR begrenzt. Eine Erhöhung/Absenkung ergibt sich durch eine jährliche prozentuale Anpassung, die sich an dem vom Statistischen Bundesamt jährlich festgestellten und veröffentlichten Preisindex für die Lebenshaltung aller privaten Haushalte orientiert.

§ 5

1. Sollte eine der Vereinbarungen unwirksam sein, sollen unbeschadet dessen alle anderen Vereinbarungen weiterhin gelten.
2. Änderungen, Ergänzungen sowie Aufhebung einzelner Teile oder des gesamten Vertrages bedürfen der notariellen Beurkundung.
3. Die Kosten dieses Vertrages und seiner Ausführung gehen zu Lasten der Erschienenen.

Das Protokoll wurde den Erschienenen in Gegenwart des Notars vorgelesen, von ihnen genehmigt und eigenhändig wie folgt unterschrieben.

Lemgo, 22.02.20xx

Eberhard Mörike   *Christiane Morgenstern*

Lukas Schlau

10.4.3 Scheidung und Scheidungsfolgen

Grundsätzlich wird die Ehe auf Lebenszeit geschlossen (§ 1353 I 1 BGB). Trotzdem sieht das Gesetz für den Fall des Scheiterns das Konstrukt der Ehescheidung vor (§§ 1564–1588 BGB).

Die Ehe kann jedoch nur
- durch ein gerichtliches Urteil geschieden werden, wenn
- ein Ehegatte oder beide Ehegatten
- einen Antrag auf Ehescheidung stellen (§ 1564 I BGB).
- Mit Rechtskraft des Urteils gilt die Ehe als aufgelöst (§ 1564 II BGB).

10.4.3.1 Grund und Voraussetzungen

> ➤ **Zerrüttungsprinzip**

Eine Ehe kann nur geschieden werden, wenn sie gescheitert ist (§ 1565 I 1 BGB). Dabei ist es unerheblich,
- was zum Scheitern der Ehe geführt hat und
- inwiefern einer der Ehegatten oder beide Ehegatten dazu beigetragen haben (die Schuldfrage ist somit für den Richter irrelevant).

SCHEITERN DER EHE	
Es besteht keine Lebensgemeinschaft mehr (§ 1565 I 2 1. HS. BGB) „RETROSPEKTIVE"	Die Lebensgemeinschaft soll nicht mehr hergestellt werden (§ 1565 I 2 2. HS. BGB) „PROGNOSE"

> ➤ **Voraussetzungen**

Einen objektiven Kriterienkatalog, ob eine Lebensgemeinschaft besteht, gibt es nicht. Dennoch wird von der Rechtsordnung eine Reihe von Mindestanforderungen an die Ehe gestellt, zu denen gegenseitige Liebe, Treue, Achtung und Rücksichtnahme ebenso gehören wie Partnerschaft und gemeinsame Lebensführung.

Ein Scheitern der Ehe wird jedoch vermutet, wenn die Ehegatten getrennt voneinander leben (§ 1567 BGB) = **Aufhebung der häuslichen Gemeinschaft**. Umgekehrt darf nicht auf ein Scheitern einer Ehe geschlossen werden, weil die Ehegatten z.B. aus beruflichen Gründen getrennte Wohnungen haben.

Die häusliche Gemeinschaft besteht auch dann nicht mehr, wenn die Ehegatten einen Modus gefunden haben, innerhalb der ehelichen Wohnung getrennt voneinander zu leben (§ 1567 I 2 BGB).

Grundsätzlich sollen die Ehegatten versuchen, sich wieder zu **versöhnen.** Darauf versucht auch der Richter im Verfahren hinzuwirken. Entscheiden sich die Ehegatten dazu, für kürzere Zeit zusammenzuleben, werden die **Trennungsfristen** (1 Jahr, 3 Jahre) dadurch nicht gehemmt oder unterbrochen (§ 1567 II BGB).

10.4.3.2 Verfahren

➤ Zuständigkeit

Grundsätzlich sind für Ehesachen die **deutschen Gerichte** zuständig (§ 606 a I 1 ZPO),
- wenn ein Ehegatte Deutscher ist oder bei der Eheschließung war,
- wenn beide Ehegatten in Deutschland wohnen,
- wenn ein Ehegatte zwar staatenlos ist, seinen gewöhnlichen Aufenthaltsort aber in Deutschland hat,
- wenn ein Ehegatte zwar in Deutschland wohnt, die vom deutschen Gericht zu fällende Entscheidung aber nicht von den Staaten anerkannt würde, deren Angehörige die Ehegatten sind.

Beispiel

Ergün und Yasmin Özkan – beide sind türkische Staatsbürger mit ständigem Wohnsitz in Deutschland – wollen sich scheiden lassen. Sie können das Scheidungsverfahren vor dem für sie zuständigen Familiengericht durchführen.

Sachlich zuständig sind die **Familiengerichte** (§ 23 b I 1 GVG), die bei den Amtsgerichten als Abteilungen für Familiensachen gebildet werden.

Örtlich zuständig ist dann gem. § 606 I 1 ZPO das Familiengericht, in dessen Bezirk die Ehegatten gemeinsam wohnen oder gewohnt haben (bei Fehlen eines entsprechenden Aufenthaltsortes s. § 606 I 2, II, III ZPO).

➤ Begriff der Familiensachen

Familiensachen betreffen gerichtliche Auseinandersetzungen innerhalb der Familie, die erst nach der Heirat auftreten können, sodass Streitigkeiten unter Verlobten nicht zu den Familiensachen zählen. Ferner zählen Verfahren, die unter die Zuständigkeit des Vormundschaftsgerichts fallen, ebenfalls nicht zu den Familiensachen.

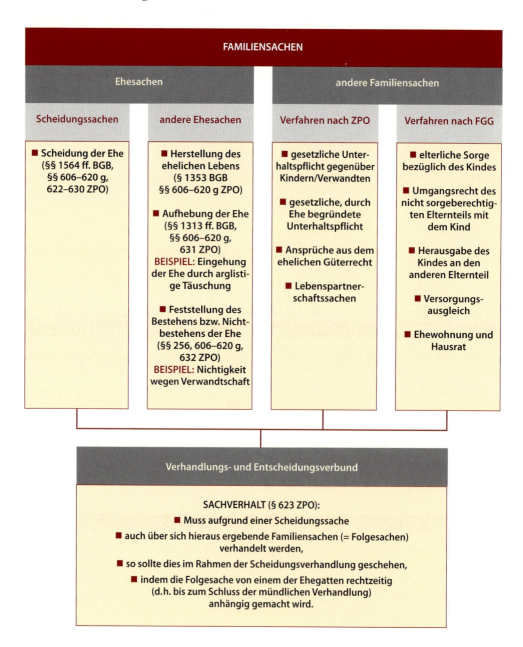

FAMILIENSACHEN

Ehesachen | **andere Familiensachen**

Scheidungssachen | **andere Ehesachen** | **Verfahren nach ZPO** | **Verfahren nach FGG**

- Scheidung der Ehe (§§ 1564 ff. BGB, §§ 606–620 g, 622–630 ZPO)

- Herstellung des ehelichen Lebens (§ 1353 BGB §§ 606–620 g ZPO)

- Aufhebung der Ehe (§§ 1313 ff. BGB, §§ 606–620 g, 631 ZPO)
  BEISPIEL: Eingehung der Ehe durch arglistige Täuschung

- Feststellung des Bestehens bzw. Nichtbestehens der Ehe (§§ 256, 606–620 g, 632 ZPO)
  BEISPIEL: Nichtigkeit wegen Verwandtschaft

- gesetzliche Unterhaltspflicht gegenüber Kindern/Verwandten

- gesetzliche, durch Ehe begründete Unterhaltpflicht

- Ansprüche aus dem ehelichen Güterrecht

- Lebenspartnerschaftssachen

- elterliche Sorge bezüglich des Kindes

- Umgangsrecht des nicht sorgeberechtigten Elternteils mit dem Kind

- Herausgabe des Kindes an den anderen Elternteil

- Versorgungsausgleich

- Ehewohnung und Hausrat

Verhandlungs- und Entscheidungsverbund

SACHVERHALT (§ 623 ZPO):
- Muss aufgrund einer Scheidungssache
- auch über sich hieraus ergebende Familiensachen (= Folgesachen) verhandelt werden,
- so sollte dies im Rahmen der Scheidungsverhandlung geschehen,
- indem die Folgesache von einem der Ehegatten rechtzeitig (d.h. bis zum Schluss der mündlichen Verhandlung) anhängig gemacht wird.

➤ Hinweise zum Verfahren

Für das Verfahren gelten grundsätzlich die prozessualen Regeln der ZPO, wobei einige Besonderheiten zu berücksichtigen sind.

- Nach früherem Recht war für die Scheidung das Landgericht zuständig – dies hat immer noch dahin gehend Auswirkungen, dass nicht die Vorschriften für das Verfahren vor den Amtsgerichten, sondern diejenigen für das Verfahren vor den Landgerichten gelten (§ 608 ZPO).
- Die Parteien werden als **Antragsteller** (im Zivilprozess „Kläger") und **Antragsgegner** (im Zivilprozess „Beklagter") bezeichnet (§ 622 III ZPO).
- Durch Einreichen der Antragsschrift (Scheidungsantrag) wird das Verfahren **anhängig*** (§ 622 I ZPO).
- Der Prozessbevollmächtigte benötigt eine **besondere Prozessvollmacht,** die sich auf das Verfahren vor dem Familiengericht bezieht (§ 609 ZPO).
- Für **beschränkt geschäftsfähige** Ehegatten gelten besondere Vorschriften (§ 607 ZPO).
- Es gilt der **Untersuchungsgrundsatz** (§ 616 ZPO). Im Unterschied zum Grundsatz der Verhandlung im „normalen" Zivilprozess kann der Richter z.B. auch von Amts wegen eine Beweisaufnahme anordnen.
- Es besteht **Anwaltszwang** (§ 78 II ZPO).
- Die Verhandlung in Familiensachen ist **nicht öffentlich** (§ 170 I GVG; Ausnahmen in § 170 II GVG).
- Ein **Versäumnisurteil** gegen einen säumigen Antragsgegner ist nicht möglich (§ 612 IV ZPO).

➤ Rechtsmittel

Gegen Urteile des Familiengerichts in Scheidungs- und Folgesachen entscheidet das Oberlandesgericht (§ 119 I 1 a GVG). Hat das Oberlandesgericht ein Berufungsurteil erlassen, so kann Revision eingelegt werden,

- wenn das Oberlandesgericht diese zugelassen hat oder
- wenn das Oberlandesgericht die Berufung als nicht zulässig verworfen hat.

Dadurch soll grundsätzlich eine einheitliche höchstrichterliche Rechtsprechung in den so wichtigen Fragen des Familienrechts sichergestellt werden.

10.4.3.3 Unterhaltsansprüche

➤ Begriff

Unter Unterhalt wird die Summe der Aufwendungen verstanden, die für den gesamten Lebensbedarf aufzubringen ist. Dazu gehören je nach Lebenssituation auch die Kosten für eine angemessene Schul- und Berufsausbildung und die Kosten der Erziehung (§ 1610 II BGB). Als angemessen wird der Unterhalt dann angesehen, wenn er in seiner Höhe der Lebensstellung des zu Unterhaltenden entspricht (§ 1610 I BGB).

---

* • Anhängigkeit: Einreichung der Antragsschrift bei Gericht
• Rechtshängigkeit: Zustellung der Antragsschrift an den Antragsgegner

➤ **Überblick**

Unterhaltspflicht gegenüber Ehegatten und Kindern gehört zu den **Scheidungs-folgen.** Dennoch sind die Ehegatten auch schon vor der Ehescheidung gegenseitig bzw. gegenüber ihren Kindern zum Unterhalt verpflichtet. Aber auch die Kinder können unter bestimmten Voraussetzungen zum Unterhalt gegenüber ihren Eltern verpflichtet werden.

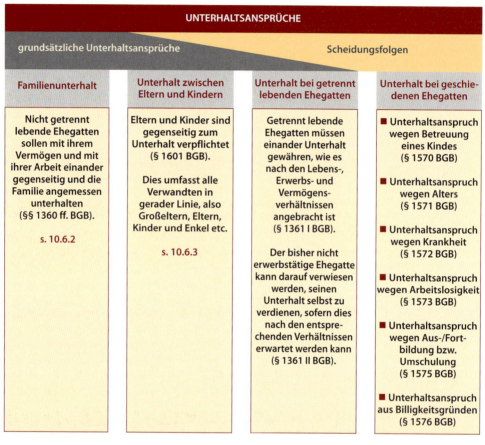

UNTERHALTSANSPRÜCHE			
grundsätzliche Unterhaltsansprüche		Scheidungsfolgen	
Familienunterhalt	Unterhalt zwischen Eltern und Kindern	Unterhalt bei getrennt lebenden Ehegatten	Unterhalt bei geschiedenen Ehegatten
Nicht getrennt lebende Ehegatten sollen mit ihrem Vermögen und mit ihrer Arbeit einander gegenseitig und die Familie angemessen unterhalten (§§ 1360 ff. BGB). s. 10.6.2	Eltern und Kinder sind gegenseitig zum Unterhalt verpflichtet (§ 1601 BGB). Dies umfasst alle Verwandten in gerader Linie, also Großeltern, Eltern, Kinder und Enkel etc. s. 10.6.3	Getrennt lebende Ehegatten müssen einander Unterhalt gewähren, wie es nach den Lebens-, Erwerbs- und Vermögens-verhältnissen angebracht ist (§ 1361 I BGB). Der bisher nicht erwerbstätige Ehegatte kann darauf verwiesen werden, seinen Unterhalt selbst zu verdienen, sofern dies nach den entspre-chenden Verhältnissen erwartet werden kann (§ 1361 II BGB).	■ Unterhaltsanspruch wegen Betreuung eines Kindes (§ 1570 BGB) ■ Unterhaltsanspruch wegen Alters (§ 1571 BGB) ■ Unterhaltsanspruch wegen Krankheit (§ 1572 BGB) ■ Unterhaltsanspruch wegen Arbeitslosigkeit (§ 1573 BGB) ■ Unterhaltsanspruch wegen Aus-/Fort-bildung bzw. Umschulung (§ 1575 BGB) ■ Unterhaltsanspruch aus Billigkeitsgründen (§ 1576 BGB)

➤ **Unterhaltsansprüche zwischen geschiedenen Ehegatten**

■ **Generalklausel gem. § 1569 BGB**
Nach der Scheidung muss jeder Ehegatte selbst für seinen eigenen Unterhalt sorgen. Kann er dies nicht, besteht für ihn die Möglichkeit, gegen den anderen Ehegatten einen Anspruch auf Unterhalt geltend zu machen. Dies geschieht auf der Grundlage der nachfolgend dargestellten **Unterhaltstatbestände.**

■ **Unterhaltsanspruch wegen Betreuung eines Kindes gem. § 1570 BGB**
– Ist nach der Scheidung einer der Ehegatten sorgeberechtigt und somit
– für die Pflege und Erziehung des gemeinschaftlichen Kindes verantwortlich

– und kann eine Erwerbstätigkeit von ihm nicht erwartet werden,

– weil Alter und Entwicklungsstand des Kindes eine Betreuung durch Dritte nicht zulässt

– oder dies nicht im Willen des Sorgeberechtigten liegt,

– kann er von dem geschiedenen Ehegatten Unterhalt verlangen (für mindestens 3 Jahre nach der Geburt eines Kindes bzw. aus Billigkeitsgründen).

Variante 1
Bruno und Berta Bräsig haben sich scheiden lassen. Das Sorgerecht für den zweijährigen Sohn Berthold ist Berta Bräsig übertragen worden. Frau Bräsig hat bewusst bisher auf die Berufstätigkeit verzichtet, um sich vollständig um den Sohn zu kümmern. Auch nach der Scheidung will sie ganz für den kleinen Berthold da sein und verlangt daher von Bruno Bräsig Unterhalt.

- **Unterhaltsanspruch wegen Alters gem. § 1571 BGB**

Der geschiedene Ehegatte kann von dem anderen Unterhalt verlangen, wenn aufgrund seines Alters eine Erwerbstätigkeit nicht mehr erwartet werden kann. Dies gilt sowohl zum Zeitpunkt der Scheidung als auch bei der Beendigung der Pflege/Erziehung eines gemeinsamen Kindes. Demnach ist es möglich, dass dieser Unterhaltsanspruch diejenigen wegen Betreuung eines Kindes, wegen Krankheit oder wegen Arbeitslosigkeit im Zeitablauf ablöst.

Variante 2
Als Bruno und Berta Bräsig geheiratet haben, war Berta Bräsig 28 Jahre alt. Berta Bräsig war zu diesem Zeitpunkt als Notarfachangestellte tätig. Im Alter von 35 Jahren wurde der Sohn Berthold und im Alter von 38 Jahren die Tochter Beate geboren. Als Berta Bräsig 45 Jahre alt ist, lassen sich die Bräsigs scheiden. In diesem Jahr kommt Beate erst zur Schule. Bruno und Berta hatten sich dafür entschieden, dass Berta vollständig für die Kinder da sein soll, sodass sie erst wieder anfangen wollte zu arbeiten, wenn Beate in die achte Klasse kommt. Dementsprechend erhält Berta zunächst Unterhalt wegen Betreuung der Kinder. Als Berta mit 56 Jahren wieder anfangen möchte, in einem Teilzeit-Job zu arbeiten, findet sie keine entsprechende Stelle, da sie ihren Beruf etwa 20 Jahre nicht ausgeübt hat und zunächst geschult werden müsste. Damit fühlt sie sich seelisch überfordert und fordert von Bruno Bräsig nun Unterhalt wegen Alters.

- **Unterhaltsanspruch wegen Krankheit gem. § 1572 BGB**

Der geschiedene Ehegatte kann von dem anderen Unterhalt verlangen, wenn aufgrund einer vorliegenden Krankheit, anderer Gebrechen oder Schwäche seiner körperlichen oder geistigen Kräfte eine Erwerbstätigkeit nicht mehr erwartet werden kann. Dies gilt sowohl zum Zeitpunkt der Scheidung als auch bei der Beendigung der Ausbildung/Fortbildung/Umschulung als auch bei der Beendigung der Pflege/Erziehung eines gemeinsamen Kindes.

Variante 3
Es gelten die gleichen Umstände wie bei Variante 2, nur dass Berta Bräsig außerdem bereits während der Ehe an einem schlimmen Augenleiden erkrankt, dass sich derart verschlimmert, dass sie zwar ihren Haushalt führen, aber keine Erwerbstätigkeit ausüben kann.

18 Jaschinski/Hey – ISBN 978-3-8120-0050-5

- **Unterhaltsanspruch wegen Arbeitslosigkeit gem. § 1573 BGB**

Sofern dem geschiedenen Ehegatten nicht bereits Unterhalt wegen

– Betreuung,

– Alters oder

– Krankheit

zusteht, kann er von dem anderen Unterhalt verlangen, solange und soweit er nach der Scheidung keine angemessene Erwerbstätigkeit zu finden vermag. Unter angemessen wird eine Erwerbstätigkeit verstanden, die den Fähigkeiten, der Ausbildung, dem Lebensalter und dem Gesundheitszustand des geschiedenen Ehegatten entspricht (§ 1574 BGB).

Variante 4 Berta Bräsig kann nach der Scheidung von ihrem Mann mit 48 Jahren ohne Schulungsmaßnahmen nicht mehr in den Arbeitsprozess eingegliedert werden. Für die Dauer der Schulungsmaßnahme bis zur Aufnahme der Erwerbstätigkeit zur Deckung des eigenen angemessenen Unterhalts (§ 1574 II BGB) ist Bruno Bräsig verpflichtet, seiner geschiedenen Frau Unterhalt zu gewähren.

- **Unterhaltsanspruch wegen Aus- und Fortbildung bzw. Umschulung gem. § 1575 BGB**

Der geschiedene Ehegatte kann von dem anderen Unterhalt verlangen, wenn er in Erwartung der Ehe bzw. in der Ehe eine Schul- oder Berufsausbildung nicht aufgenommen oder abgebrochen hat.

Variante 5 Als sich Bruno und Berta Bräsig kennen lernten, hatte Berta gerade ihre Ausbildung zur ReNo-Fachangestellten begonnen. Kurz darauf hatten die beiden schon geheiratet und ein Jahr später wurde das erste Kind geboren. Daraufhin beendete Berta Bräsig ihr Ausbildungsverhältnis während des zweiten Ausbildungsjahres. Nach der Scheidung will sie einen Berufsabschluss erwerben. Da Berta Bräsig ihre berufliche Qualifikation im Vertrauen auf die Ehe nicht abgeschlossen hat, darf sie dies nach der Scheidung nachholen. Bruno Bräsig ist für diese Zeit unterhaltspflichtig.

- **Unterhaltsanspruch aus Billigkeitsgründen gem. § 1576 BGB**

Mit dieser so genannten positiven Härteklausel soll sichergestellt werden, dass der geschiedene Ehegatte auch dann Unterhalt bekommt, wenn er

– aus anderen als den o.g. Gründen nicht erwerbstätig sein kann und

– eine Versagung der Unterhaltsgewährung grob unbillig wäre.

Variante 6 Bruno und Berta Bräsig heiraten. Berta bringt den kleinen Berthold mit in die Ehe, der kein gemeinsames Kind ist. Bei der Scheidung will sie sich um ihr Kind kümmern und verlangt von Bruno Unterhalt. § 1570 BGB begründet hier keinen Anspruch, da es sich nicht um ein gemeinsames Kind handelt. Insofern kann der Unterhaltsanspruch nur nach § 1576 BGB gewährt werden.

➤ Bedürftigkeit des Unterhaltsberechtigten

Wenn der geschiedene Ehegatte sich selbst aus eigenem Vermögen bzw. Einkommen unterhalten kann, sind Unterhaltsansprüche nach den oben dargestellten Tatbeständen nicht begründbar (§ 1577 I BGB). Andernfalls ist er i.S.d. § 1577 BGB **bedürftig.**

➤ Leistungsfähigkeit des Unterhaltsverpflichteten

Der Unterhaltsverpflichtete gilt als leistungsfähig (§ 1581 I 1 BGB), wenn er

- nach seinen Erwerbs- und Vermögensverhältnissen
- unter Berücksichtigung seiner sonstigen Verpflichtungen
- ohne Gefährdung seines eigenen angemessenen Unterhalts
- in der Lage ist,
- dem Unterhaltsberechtigten Unterhalt zu leisten.

➤ Umfang und Ende des Unterhaltsanspruchs

- Das **Maß des Unterhalts** bestimmt sich nach den ehelichen Lebensverhältnissen vor der Scheidung (§ 1578 I 1 BGB). Der bisherige Lebensstandard soll für beide Ehegatten möglichst erhalten bleiben. Grundlage einer möglichst objektiven Bewertung ist das **verfügbare Nettoeinkommen** des Unterhaltsverpflichteten.

- Der Unterhaltsanspruch kann **versagt, herabgesetzt oder zeitlich begrenzt** werden (§ 1579 BGB), wenn die Inanspruchnahme des Unterhaltsverpflichteten grob unbillig wäre, weil
  - die Ehe von kurzer Dauer war,
  - der Unterhaltsberechtigte in einer verfestigten Lebensgemeinschaft lebt,
  - der Unterhaltsberechtigte gegen den Unterhaltsverpflichteten oder einen nahen Angehörigen des Unterhaltsverpflichteten ein Verbrechen oder ein vorsätzliches Vergehen begangen hat,
  - der Unterhaltsberechtigte seine Bedürftigkeit mutwillig herbeigeführt hat,
  - der Unterhaltsberechtigte sich über schwerwiegende Vermögensinteressen des Verpflichteten mutwillig hinweggesetzt hat,
  - der Unterhaltsberechtigte vor der Trennung seiner Pflicht nicht nachgekommen ist, zum Familienunterhalt beizutragen,
  - dem Unterhaltsberechtigten ein offensichtlich schwerwiegendes, eindeutig bei ihm liegendes Fehlverhalten gegen den Unterhaltsverpflichteten zur Last fällt oder
  - ein anderer und ebenso schwerwiegender Grund wie die o.g. vorliegt.

- Der laufende Unterhalt ist als **Geldrente** monatlich im Voraus zu bezahlen (§ 1585 I BGB) = <u>NORMALFALL.</u>

  Es besteht auch die Möglichkeit, dass sich der Unterhaltsberechtigte durch eine **Einmalzahlung** abfinden lässt (§ 1585 II BGB) = <u>AUSNAHMEFALL.</u>

■ Der Unterhaltsanspruch endet (§ 1586 BGB), wenn der Unterhaltsberechtigte
  – stirbt,
  – wieder heiratet oder
  – eine Lebenspartnerschaft begründet.

Wenn der Verpflichtete stirbt, geht die Unterhaltspflicht auf seine Erben über
(§ 1586 b I 1 BGB). Diese Unterhaltspflicht bemisst sich aber maximal nach dem
Pflichtteilsbetrag gem. § 2303 II BGB (s. 11.4.5), den der Unterhaltsberechtigte
erhalten würde, wenn die Ehe nicht geschieden worden wäre (§ 1586 b I 2 BGB).

10.4.3.4 Versorgungsausgleich

> **➤ Sachverhalt**

Wenn in einer Ehe nur einer der Ehegatten erwerbstätig ist, weil der andere den
Haushalt führt und/oder die Kinder erzieht bzw. betreut, sorgt dementsprechend
nur der erwerbstätige Partner für seine Versorgung im Alter bzw. bei Invalidität. Der
geschiedene Ehegatte soll aber eine **eigene soziale Sicherung** erhalten.

Die während der Erwerbstätigkeit erworbenen Ansprüche, z. B.
■ Rentenansprüche aus der gesetzlichen Rentenversicherung,
■ betriebliche Ansprüche zur Alterssicherung,
■ Pensionsansprüche der Beamten,

werden als Anwartschaften bezeichnet. Durch den Versorgungsausgleich werden zum
Zeitpunkt der Scheidung nun die Anwartschaften der beiden Ehegatten dahingehend
ausgeglichen, dass beide identische Ansprüche haben (§§ 1587 ff. BGB).

> **➤ Berechnung**

Der Ehegatte mit den werthöheren Anwartschaften überträgt auf den anderen Ehegatten die Hälfte des Wertunterschieds (§ 1587 a BGB). Die Versorgungsleistungen
werden fällig, wenn die Voraussetzungen für den Versorgungsfall gegeben sind, z. B.
Eintritt in das Rentenalter, Erreichen der Pensionsaltersgrenze.

Vorgehensweise
Feststellung der Anwartschaften der Ehefrau und des Ehemannes

Berechnung der Wertunterschiede und Bestimmung des Ehegatten mit den werthöheren Anwartschaften

Versorgungsausgleich = (werthöhere Anwartschaft – wertniedrigere Anwartschaft) : 2

Beispiel

Rentenanwartschaft des Ehemannes (werthöher)	1.800,00 EUR
– Rentenanwartschaft der Ehefrau (wertniedriger)	700,00 EUR
= Differenz der Anwartschaften	**1.100,00 EUR**

Versorgungsausgleich = Differenz : 2 = 1.100,00 EUR : 2 = 550,00 EUR

Von der Rentenanwartschaft des Ehemannes werden 550,00 EUR auf die Ehefrau übertragen, sodass die Rentenansprüche der Ehegatten zum Zeitpunkt der Scheidung gleich hoch sind.

10.5 Rechtsstellung von Kindern

10.5.1 Abstammung

10.5.1.1 Mutterschaft

Als Mutter eines Kindes gilt die Frau, die das Kind geboren hat (§ 1591 BGB), auch wenn nach der modernen Fortpflanzungsmedizin weitere Möglichkeiten realisierbar sind, bei denen die gebärende Frau nicht mit der Frau identisch ist, von der das Kind genetisch abstammt.

- **Gespaltene Mutterschaft = Eispende (in Deutschland verboten):**
  Das Ei einer anderen Frau wird der Ehefrau eingepflanzt, nachdem es vom Samen des Ehemannes extrakorporal befruchtet wurde.

- **Embryonenspende (in Deutschland verboten):**
  Das Ei einer anderen Frau wird der Ehefrau eingepflanzt, nachdem es vom Samen eines Mannes, der nicht der Ehemann ist, extrakorporal befruchtet wurde.

- **Leihmutterschaft (in Deutschland verboten):**
  Das Ei wird der Ehefrau entnommen und mit dem Samen des Ehemannes befruchtet. Anschließend wird es der Leihmutter eingepflanzt.

Die dargestellten Möglichkeiten sind zwar medizinisch machbar, jedoch in Deutschland verboten. Der Gesetzgeber stellt vollständig auf die gebärende Frau als Mutter ab, da diese durch die Schwangerschaft und Geburt die intensivste Beziehung zum Neugeborenen aufweist. Außerdem ist somit eine eindeutige Zuordnung des Kindes zur Mutter möglich, die für die elterliche Sorge von großer Bedeutung ist.

10.5.1.2 Vaterschaft

Gemäß § 1592 BGB ist derjenige Mann der Vater eines Kindes,
- der zum Zeitpunkt der Geburt mit der Mutter verheiratet ist,
- der die Vaterschaft anerkannt hat,
- dessen Vaterschaft gerichtlich festgestellt wurde.

Zur Klärung der leiblichen Abstammung des Kindes kann auch eine genetische Abstammungsuntersuchung vorgenommen werden (§ 1598 a BGB). Sollte eine der beteiligten Parteien (Vater, Mutter, Kind) nicht einverstanden sein, kann das Gericht notfalls anordnen, dass die Probeentnahme geduldet wird (§ 1598 a I BGB).

➤ Vaterschaft kraft Ehe mit der Mutter des Kindes

Rechtlich ist immer der Mann Vater des Kindes, der zum Zeitpunkt der Geburt mit der Mutter verheiratet ist. Dies gilt auch unabhängig davon, ob das Kind vor der Ehe oder von einem anderen Mann gezeugt worden ist. Ist der Ehemann also nicht der Erzeuger und will er auch nicht Vater des Kindes sein, so hat er die Möglichkeit, die Vaterschaft unter Berücksichtigung der Fristen (§ 1600 b BGB) anzufechten (§ 1600 a BGB).

Beispiel

Friedrich und Friederike Fritzenkötter lassen sich scheiden, als Friederike im 3. Monat schwanger ist. Alsbald lernt sie Friedobald Hubendudel kennen, mit dem sie eine gemeinsame Wohnung sucht, um mit ihm zusammenzuleben.

Obwohl Friedrich Fritzenkötter der Erzeuger des neugeborenen Ferdinand ist, gilt er nicht als Vater i.S.d. § 1592 BGB, da Friederike und Friedrich ja geschieden sind. Auch scheidet Friedobald Hubendudel als Vater aus, da er mit Friederike zwar zusammenlebt, aber nicht mit ihr verheiratet ist. Friedrich Fritzenkötter als Erzeuger des Kindes steht selbstverständlich die Möglichkeit zu, die Vaterschaft anzuerkennen.

➤ Vaterschaft kraft Anerkennung

Ist der Erzeuger nicht mit der Mutter des Kindes verheiratet, so kann die Vaterschaft nur durch den konstitutiven Akt der Anerkennung (§ 1594 BGB) festgestellt werden. Hier gilt das Formerfordernis der öffentlichen Beglaubigung (§ 1597 I BGB). Die Anerkennung kann auch bereits vor der Geburt des Kindes geleistet werden (§ 1594 IV BGB).

Die Mutter muss der Anerkennung zustimmen (§ 1595 I BGB). Steht der Mutter die elterliche Sorge nicht zu, dann muss das Kind dem Anerkenntnis zustimmen (§ 1595 II BGB). Für Minderjährige nimmt der gesetzliche Vertreter die Zustimmung vor (§ 1596 II BGB).

➤ Vaterschaft kraft gerichtlicher Feststellung

Besteht keine Vaterschaft
- kraft Ehe mit der Mutter gem. § 1592 Nr. 1 BGB oder
- kraft Anerkennung gem. § 1592 Nr. 2 BGB,

kann die Vaterschaft gem. §§ 1600 d BGB, 640 h II ZPO gerichtlich festgestellt werden (§ 1592 Nr. 3 BGB).

Die Feststellung der Vaterschaft erfolgt im Abstammungsprozess (§ 1600 e BGB), der von allen Beteiligten (Vater, Mutter, Kind) angestrebt werden kann. Als Beweismittel werden medizinische und humangenetische Abstammungsgutachten herangezogen:
- **Genom- oder DNA-Analyse =** positive Feststellung der Vaterschaft;
- **serologische Beweisverfahren** auf der Basis der Bluteigenschaften der betroffenen Personen = negative Feststellung, wer als Vater ausscheidet;
- **anthropologische/erbbiologische Gutachten =** Wahrscheinlichkeitsschlüsse für das Bestehen/Nichtbestehen der Vaterschaft.

➤ Anfechtung der Vaterschaft

Eine Vaterschaft kann angefochten werden (§ 1600 I BGB) durch

- den Mann, dessen Vaterschaft kraft Ehe mit der Mutter besteht (§ 1592 Nr. 1 BGB),
- den Mann, dessen Vaterschaft kraft Anerkennung besteht (§ 1592 Nr. 2 BGB),
- den Mann, der an Eides statt versichert, zur Empfängniszeit mit der Mutter Geschlechtsverkehr gehabt zu haben,
- die Mutter,
- das Kind,
- das Familiengericht (falls Anerkennung gem. § 1592 Nr. 2 BGB).

Wurde die Vaterschaft gem. § 1600 d BGB gerichtlich festgestellt (§ 1592 Nr. 3 BGB), kann sie nicht angefochten werden. Es besteht jedoch die Möglichkeit der Wiederaufnahme des Verfahrens (§§ 578, 641 i ZPO).

Die Vaterschaft kann innerhalb einer Frist von 2 Jahren (§ 1600 b I BGB) höchstpersönlich (gilt gem. §§ 1600 a I, 1600 a II 1 BGB nur für § 1600 I 1–3 BGB) durch

- den geschäftsfähigen oder beschränkt geschäftsfähigen Mann (§ 1600 a II 1 + 2 BGB),
- die geschäftsfähige oder beschränkt geschäftsfähige Mutter (§ 1600 a II 1 + 2 BGB),
- das geschäftsfähige Kind (§ 1600 a III BGB),
- den gesetzlichen Vertreter des geschäftsunfähigen Mannes (§ 1600 a II 3 BGB),
- den gesetzlichen Vertreter der geschäftsunfähigen Mutter (§ 1600 a II 3 BGB),
- den gesetzlichen Vertreter des geschäftsunfähigen oder beschränkt geschäftsfähigen Kindes (§ 1600 a III BGB),
- sofern die Anfechtung durch den gesetzlichen Vertreter dem Wohl des Vertretenen dient (§ 1600 a IV BGB),

angefochten werden. Ausnahme: Die Anfechtungsfrist beträgt nur 1 Jahr, falls sie durch das Familiengericht vorgenommen wurde (§ 1600 b I a BGB).

> Ein heimlich eingeholtes DNA-Gutachten ist für eine Anfechtung der Vaterschaft vor Gericht nicht statthaft. Auch ein durch das angerufene Gericht eingeholtes Blutgruppengutachten darf nicht verwertet werden, wenn sich die Vaterschaftsanfechtung zuvor auf das heimlich eingeholte DNA-Gutachten stützt (BGH-Urteil vom 01.03.2006 – XII ZR 210/04).

10.5.2 Verhältnis von Kindern zu ihren Eltern

10.5.2.1 Name des Kindes

➤ Vorname

Der Vorname des Kindes darf von den Eltern frei gewählt werden.

➤ Nachname

- **Die Eltern führen einen Ehenamen (§ 1616 BGB)**

  Das Kind erhält den Ehenamen der Eltern als Geburtsnamen. Dies geschieht, ohne dass die Eltern eine weitere Erklärung abgeben müssen.

  Beispiel Karl-Friedrich von Taunusstein und seine Gemahlin Emilie von Taunusstein sind die Eltern der kleinen Gracia-Sophie. Die Tochter erhält den gemeinsamen Ehenamen und heißt somit Gracia-Sophie von Taunusstein.

- **Die Eltern führen keinen Ehenamen, üben aber gemeinsam das Sorgerecht aus (§ 1617 BGB)**

  Die Eltern bestimmen durch **Erklärung gegenüber dem Standesbeamten** den Namen des Vaters oder der Mutter zum Geburtsnamen des Kindes. Damit entfällt die Möglichkeit, dem Kind einen Doppelnamen zu geben. Auch der Begleitname gem. § 1355 IV BGB (vgl. 10.4.1.3, 10.4.1.5) kommt als Bestandteil des Geburtsnamens nicht infrage, da andernfalls ein Doppelname entstehen würde.

  > **Beispiel** | Emilie Freifrau von Rosenfels hat bei der Hochzeit mit Karl-Friedrich von Taunusstein darauf bestanden, ihren Namen weiterzuführen. Als ihre Tochter Gracia-Sophie geboren wird, soll sie aber den Namen des Vaters weiterführen und heißt somit fortan Gracia-Sophie von Taunusstein.

  Die Eltern müssen **innerhalb eines Monats nach der Geburt** des Kindes einen Namen bestimmen. Können sie sich jedoch nicht einigen, überträgt das Familiengericht einem der Elternteile ein Bestimmungsrecht zur Namenswahl (§ 1617 II BGB).

  Der gewählte Geburtsname gilt auch für alle weiteren Kinder (§ 1617 I 3 BGB).

- **Die Eltern führen keinen Ehenamen und nur ein Elternteil übt das Sorgerecht aus (§ 1617 a BGB)**

  Das Kind erhält den Namen des sorgeberechtigten Elternteils.

  > **Beispiel** | Berta Bröselmann hat das alleinige Sorgerecht für ihren Sohn Bernhard, der den Nachnamen Bröselmann erhält.

- **Die Änderung des Nachnamens des Kindes (§§ 1617 b, 1617 c, 1618 BGB)**

  Unter den Voraussetzungen der §§ 1617 b, 1617 c und 1618 BGB kann auch ein einmal festgelegter Nachname des Kindes **wieder geändert** werden.

  > **Beispiel** | Renate Rölmersdorf und ihr Freund Stefan Strellson bekommen einen Sohn: Martin. Der Erzeuger Stefan Strellson erkennt die Vaterschaft an, dennoch hat Renate Rölmersdorf zunächst das alleinige Sorgerecht für Martin. Kurz nach der Geburt heiraten Renate und Stefan. Renate entscheidet sich dafür, den Namen Strellson als Familiennamen zu führen. Nun soll Martin natürlich auch nicht mehr länger Rölmersdorf heißen, da die Eltern dies für das Kind dauerhaft sinnvoller finden.

10.5.2.2 Pflichten des Kindes

Neben allgemeinen gesellschaftlichen Pflichten (z. B. Schulpflicht) haben Kinder insbesondere in der Familie eine Reihe von Pflichten, die z. T. gesetzlich verankert sind:

- Pflicht zu Beistand und Rücksicht gegenüber den Eltern (§ 1618a BGB) – gilt auch umgekehrt;
- Pflicht zu Beistand und Rücksicht gegenüber den Geschwistern (§ 1618a BGB) – gilt auch umgekehrt;
- Pflicht zu Dienstleistungen in Haus und Geschäft (§ 1619 BGB).

Das Zusammenleben in der Familie bedingt Rechte und Pflichten für beide Seiten. Aus der Pflicht zu Beistand und Rücksicht und aus der Gegenseitigkeit in der Formulierung dieser Vorschrift ergibt sich auch das Recht darauf. Dies findet insbesondere Fortsetzung in § 1631 II BGB, der einem Kind explizit das Recht auf eine gewaltfreie Erziehung zubilligt (§ 1631 II 1 BGB). Jede Form von Gewalt oder Missbrauch – ob physisch oder psychisch – stellt einen Treuebruch gegenüber dem zu erziehenden Kind und einen Verstoß gegen das Gesetz dar (§ 1631 II 2 BGB).

Beispiel

- Das Baby der Eheleute Schrecklich weint sehr viel. Um in der Nacht ohne Unterbrechung schlafen zu können, bringen die Eltern das Kind in den Keller, wo es schreien kann, ohne die Eltern zu stören.
- Harry Potter muss immer in den Besenschrank unter der Treppe, wenn seine Tante Petunia oder sein Onkel Vernon wieder einmal der Auffassung sind, dass er etwas angestellt hat.

Das Kind ist seinerseits nach seinen Fähigkeiten und Kräften verpflichtet, im Haushalt oder im Geschäft der Eltern mitzuhelfen (§ 1619 BGB), sofern es

- im Haushalt der Eltern lebt und
- von den Eltern erzogen oder
- von den Eltern unterhalten wird.

Dementsprechend ist die Dienstverpflichtung unabhängig davon, ob das Kind noch minderjährig oder bereits volljährig, noch ledig oder bereits verheiratet ist.

Beispiel

Klaus (19 Jahre alt) absolviert gerade seine Ausbildung. Er erhält eine Ausbildungsvergütung, wohnt aber noch zu Hause bei seinen Eltern. Er ist auf Bitten seiner Eltern dazu verpflichtet, Rasen zu mähen, beim Abwaschen zu helfen oder einkaufen zu gehen.

10.5.3 Verhältnis von Eltern zu ihren Kindern

10.5.3.1 Elterliche Sorge

Die Eltern haben die elterliche Sorge in eigener Verantwortung und in gegenseitigem Einvernehmen zum Wohl des Kindes auszuüben. Bei Meinungsverschiedenheiten müssen sie versuchen sich zu einigen (§ 1627 BGB). Gelingt die Einigung nicht und ist die Sache für das Kind von erheblicher Bedeutung, kann das Familiengericht die Entscheidung einem Elternteil übertragen (§ 1628 BGB).

UMFANG DER ELTERLICHEN SORGE ZUM WOHL DES KINDES		
Personensorge (§§ 1631 ff. BGB)	**Vermögenssorge** (§§ 1638 ff. BGB)	**Gesetzliche Vertretung** (§§ 1629 ff. BGB)

Personensorge (§§ 1631 ff. BGB)

Pflege

Kleidung, Wohnung, Ernährung, Gesundheit

BEISPIEL: Wahrnehmung der Vorsorgeuntersuchungstermine im Kleinkindalter

Erziehung

Sorge für geistige, sittliche und körperliche Entwicklung – das Kind hat das Recht auf eine gewaltfreie Erziehung (s. 10.5.2.2)

BEISPIEL: Unterstützung bei der Schul-/Berufswahl

Beaufsichtigung

Aufsicht über das Kind zum Schutz vor Selbstgefährdung und Gefährdung durch Dritte

BEISPIEL: Anbringen einer Absturzsicherung an der Treppe

Aufenthalt

Festlegung des Wohnortes und der Wohnung → Recht auf Herausgabe des Kindes, wenn es den Eltern widerrechtlich vorenthalten wird.

BEISPIEL: Entscheidung für Unterbringung in einem Internat

Vermögenssorge (§§ 1638 ff. BGB)

Alle Maßnahmen, die dazu dienen, das Vermögen des Kindes zu erhalten, zu vermehren und zu verwerten

BEISPIEL: nicht spekulative Anlage des Geldes, das das Kind zur Geburt geschenkt bekommen hat

Für Vermögensgegenstände, die den Wert von 15.000,00 EUR übersteigen, müssen die Eltern ein Vermögensverzeichnis anlegen (insbes. Erbschaften und Schenkungen).

Die Vermögenssorge erstreckt sich jedoch nicht auf Vermögen, das das Kind aus Erbschaften oder Schenkungen erworben hat, und bei dem der Zuwendende die Verwaltung durch die Eltern oder ein Elternteil ausgeschlossen hat.

Gesetzliche Vertretung (§§ 1629 ff. BGB)

außergerichtliche Vertretung

Abgabe und Entgegennahme von Willenserklärungen (§§ 104 ff., 164 BGB)

BEISPIEL: Genehmigung des Kaufvertrages eines beschränkt Geschäftsfähigen gemäß §§ 107, 108 BGB

Zum Schutz des Vermögens des Kindes müssen einige weit reichende Entscheidungen der gesetzlichen Vertreter durch das Familiengericht genehmigt (§ 1643 BGB) werden.

BEISPIEL: Verkauf eines Grundstücks (§ 1821 BGB)

gerichtliche Vertretung

Vertretung des Kindes in allen prozessualen Angelegenheiten sowohl auf der Klageals auch auf der Beklagtenseite.

BEISPIEL: Klageeinreichung vor Gericht gemäß § 51 I ZPO

alleinige oder gemeinschaftliche Vertretung

10.5.3.2 Umgangsrecht

| Das Kind hat das Recht auf Umgang mit jedem Elternteil (§ 1684 I 1 BGB). | Jeder Elternteil ist zum Umgang mit dem Kind verpflichtet und berechtigt (§ 1684 I 1 BGB). |

Das Familiengericht kann das Umgangsrecht zum Wohl des Kindes einschränken oder ausschließen (§ 1684 III + IV BGB).

Weitere Umgangsberechtigte (sofern dies dem Wohl des Kindes dient) gemäß § 1685 BGB: Großeltern, Geschwister, Stiefeltern, Pflegeeltern

10.5.3.3 Annahme als Kind

➤ Sachverhalt

Durch die **Adoption** (§§ 1741–1772 BGB) entsteht

- zwischen dem Annehmenden
- und dem Kind
  (minderjährig gem. §§ 1741–1766 BGB, volljährig gem. §§ 1767–1772 BGB)
- ein Eltern-Kind-Verhältnis,
- sofern dies dem Wohl des Kindes dient.
- Durch das neu begründete und von der genetischen Abstammung unabhängige Verwandtschaftsverhältnis
- endet das Verwandtschaftsverhältnis des Kindes zu den bisherigen Verwandten.

➤ Annahmeberechtigte

- **Die Annehmenden sind verheiratet** (§ 1741 II 2 BGB)
  Ein Ehegatte muss das 25. Lebensjahr und der andere Ehegatte das 21. Lebensjahr vollendet haben (§ 1743 II BGB) – die Ehegatten nehmen das Kind **gemeinschaftlich** an. Hat der eine Ehegatte das 25. Lebensjahr vollendet und der andere ist noch geschäftsunfähig bzw. hat das 21. Lebensjahr noch nicht vollendet, kann der mindestens 25-jährige Ehegatte das Kind **allein** annehmen.

- **Der Annehmende ist nicht verheiratet** (§ 1741 II 1 BGB)
  Nicht miteinander verheiratete Personen können ein Kind nur **alleine** adoptieren (§ 1741 I 1 BGB). Damit ist auch die Adoption durch ein gleichgeschlechtliches Paar ausgeschlossen, wenn es im Stand der eingetragenen Lebenspartnerschaft lebt (s. 10.8).

➤ Einwilligung

Durch die Adoption ergeben sich weit reichende familien- und erbrechtliche Konsequenzen. Daher verlangt der Gesetzgeber, dass die betroffenen Parteien explizit in die Adoption einwilligen (§§ 1746 ff. BGB).

10.5.3.4 Vormundschaft, Betreuung, Pflegschaft

➤ Vormundschaft (§§ 1773–1895 BGB)

Zweck der Vormundschaft ist die Wahrnehmung aller persönlichen und vermögens-rechtlichen Angelegenheiten eines Minderjährigen/Mündels sowie dessen Vertretung durch einen Vormund. Der Vormund hat dieselben Rechte und Pflichten wie der Inhaber der elterlichen Sorge und

- wird von Amts wegen bestellt,
- weil der Minderjährige weder seine persönlichen noch seine vermögensrechtlichen Angelegenheiten selber regeln kann, da
- er nicht unter elterlicher Sorge steht,
- seine Eltern weder die Personen- noch die Vermögenssorge vornehmen können bzw. dementsprechend auch nicht dazu berechtigt sind,
- sein Familienstand nicht zu ermitteln ist.

Zum Vormund wird zunächst derjenige berufen, der durch die verstorbenen Eltern dazu bestimmt worden ist. Kein Vormund kann werden,

- wer von den Eltern im Vorhinein ausgeschlossen worden ist,
- wer geschäftsunfähig ist,
- wer minderjährig ist,
- für den selbst ein Betreuer bestellt ist.

➤ Betreuung (§§ 1896–1908k BGB)

Kann ein Volljähriger – unabhängig von seiner Geschäftsfähigkeit –

- aufgrund einer Krankheit oder einer körperlichen, geistigen oder seelischen Behinderung
- seine Angelegenheiten ganz oder teilweise nicht besorgen,
- so wird auf Antrag des Betroffenen oder
- von Amts wegen
- vom Vormundschaftsgericht ein Betreuer bestellt,
- und zwar für die Aufgabenkreise, in denen eine Betreuung erforderlich ist,
- weil der Betreute sie nicht selbst erledigen kann.

Besteht das Risiko, dass ein Betreuter sein Leben oder Vermögen gefährdet, kann das Vormundschaftsgericht einen sog. **Einwilligungsvorbehalt** anordnen (§ 1903 I BGB), sodass der Betreute nur mit Zustimmung des Betreuers handeln kann.

➤ Pflegschaft (§§ 1909–1921 BGB)

Im Unterschied zur Vormundschaft bezieht sich bei der Pflegschaft der Fürsorgeumfang nur auf einige besondere Angelegenheiten.

ARTEN DER PFLEGSCHAFT		
Ergänzungspflegschaft (§ 1909 BGB)	Abwesenheitspflegschaft (§ 1911 BGB)	Pflegschaft für eine Leibesfrucht (§ 1912 BGB)
Personenkreis	**Personenkreis**	**Personenkreis**
Minderjährige, die unter elterlicher Sorge oder unter Vormundschaft stehen, die Eltern oder der Vormund aber nicht in der Lage sind, die Angelegenheit zu regeln BEISPIEL: Verwaltung des Erbes, weil dies im Testament des Erblassers so verfügt war	Abwesende Volljährige mit unbekanntem Aufenthaltsort – die Pflegschaft bezieht sich auf Vermögensangelegenheiten BEISPIEL: Verwaltung des Erbes bis zur Rückkehr	Wahrung der Rechte eines erzeugten, aber noch nicht geborenen Kindes BEISPIEL: Einsetzung des Nichtgeborenen als Erbe
Ende der Pflegschaft	**Ende der Pflegschaft**	**Ende der Pflegschaft**
Ende der elterlichen Sorge oder der Vormundschaft (§ 1918 I BGB)	Rückkehr des Abwesenden bzw. Zeitpunkt, ab dem der Abwesende die Angelegenheiten selber regeln kann	Geburt des Kindes (§ 1918 II BGB)

10.6 Unterhaltsrecht

10.6.1 Allgemeines

Wie bereits in 10.4.3.3 dargestellt gibt es nicht nur Unterhaltsansprüche als Scheidungsfolge. Vielmehr ist die gegenseitige Gewährung von Unterhalt ein grundsätzliches familienrechtliches Prinzip (zur Begriffsbestimmung s. 10.4.3.3). Unterhalt als Scheidungsfolge ist unter 10.4.3.3 bereits ausführlich dargestellt worden, sodass nachfolgend nur noch der Unterhalt zwischen Verwandten und zwischen Eltern und ihren Kindern beschrieben wird.

Der Unterhaltsanspruch kann beschränkt werden oder vollständig entfallen (§ 1611 BGB), wenn der Unterhaltsberechtigte

- durch sein sittliches Verhalten bedürftig geworden ist (z. B. Verschwendung, Spiel- und Wettschulden),
- vorher seine eigene Unterhaltspflicht gegenüber dem Unterhaltspflichtigen grob vernachlässigt hat,
- sich vorsätzlich einer schweren Verfehlung gegen den jetzigen Unterhaltspflichtigen oder einen seiner nahen Angehörigen schuldig gemacht hat.

10.6.2 Unterhalt zwischen Verwandten

➤ Grundsatz

Verwandte sind einander nur zum Unterhalt verpflichtet, wenn sie in gerader Linie miteinander verwandt sind (§ 1601 BGB) → keine Verpflichtung unter Geschwistern.

Beispiel

■ Eltern sind ihren Kindern gegenüber unterhaltsverpflichtet und umgekehrt.

■ Großeltern müssen den Eltern und deren Abkömmlingen Unterhalt leisten und umgekehrt.

➤ Voraussetzungen für den Anspruch

Für die Geltendmachung eines Unterhaltsanspruchs zwischen Verwandten müssen folgende Voraussetzungen erfüllt sein:

■ **Verwandtschaft in gerader Linie** (§ 1601 BGB)

■ **Bedürftigkeit** (§ 1602 BGB)
Bedürftig und damit unterhaltsberechtigt ist nur, wer außerstande ist, sich selbst zu unterhalten (§ 1602 I BGB). Dafür können folgende Kriterien herangezogen werden:
– Vermögenslosigkeit
– Arbeitslosigkeit
– Erwerbsunfähigkeit
– Erwerbstätigkeit ist für die Bestreitung des Lebensunterhalts unzureichend
– Kreditunwürdigkeit

■ **Leistungsfähigkeit** (§ 1603 BGB)
Leistungsfähig und somit unterhaltsverpflichtet ist derjenige, der seiner Unterhaltspflicht nachkommen kann, ohne dabei seinen eigenen Unterhalt zu gefährden.

➤ Reihenfolge der Unterhaltsverpflichteten

> **I. Der Ehegatte (§ 1608 BGB) bzw. der geschiedene Ehegatte (§ 1584 BGB) des Bedürftigen haftet vor den Verwandten.**

> **II. Kinder und Abkömmlinge des Bedürftigen (§ 1606 BGB)**

> **III. Eltern, Großeltern und Urgroßeltern des Bedürftigen (§ 1606 BGB)**

Beispiel

Die Großeltern sind gegenüber den Enkelkindern zum Unterhalt verpflichtet, wenn die Eltern versterben.

> ## Reihenfolge der Unterhaltsberechtigten (§ 1609 BGB)

I. Ehegatte und minderjährige, unverheiratete Kinder des Verpflichteten – vorrangig und gleichberechtigt

II. volljährige oder verheiratete Kinder

III. Enkel und Urenkel

IV. Eltern, Großeltern, Urgroßeltern

10.6.3 Unterhalt zwischen Eltern und Kindern

> ## Sachverhalt

Wie bereits oben dargestellt nimmt der Unterhalt zwischen Kindern und ihren Eltern jeweils eine besondere Stellung ein, da diese Unterhaltspflicht jeweils allen andern vorgeht. Es gibt:

- Unterhaltsansprüche von Kindern gegenüber ihren Eltern;
- Unterhaltsansprüche von Eltern gegenüber ihren erwachsenen Kindern.

Um die Höhe der Unterhaltsansprüche festzulegen, orientiert man sich an Vereinbarungen der Gerichte. Die von den Gerichten verfassten Bedarfstabellen sind Richtlinien ohne Gesetzeskraft. Die am häufigsten eingesetzte Tabelle ist die **Düsseldorfer Tabelle,** in der

- der Kindesunterhalt,
- der Ehegattenunterhalt,
- sog. Mangelfälle (das Einkommen reicht zur Deckung des Bedarfs des Unterhaltspflichtigen und der gleichrangigen Unterhaltsberechtigten nicht aus),
- der Verwandtenunterhalt und
- der Bedarf der Mutter und des Vaters eines nichtehelichen Kindes

dargestellt werden.

> ## Besonderheit: Unterhaltsvorschussgesetz

Um den Unterhalt von Kindern alleinstehender Väter und Mütter (§ 1 UnterhVG) zu sichern, übernehmen gem. § 8 UnterhVG Bund (ein Drittel), Länder und Gemeinden (Quotelung ist Länderentscheidung) die Zahlung der Unterhaltsleistung für maximal 72 Monate (§ 3 UnterhVG).

> Lebt ein Kind bei einem Elternteil, der eine eingetragene Lebenspartnerschaft führt (s. 10.8), so hat dieses Kind keinen Anspruch auf Unterhaltsleistungen nach dem UnterhVG, weil der Elternteil nicht ledig ist (Urteil des Bundesverwaltungsgerichts vom 02.06.2005 – 5 C 24.04).

10.6.4 Sozialrechtliche Besonderheiten

10.6.4.1 Krankenversicherung

Um Leistungen aus der Krankenversicherung geltend machen zu können, muss die Person Mitglied der Krankenversicherung sein **(Stammversicherter).** Aus §§ 5 ff. SGB V ergibt sich eine Vielzahl von Personengruppen, die versicherungspflichtig sind.

➤ Familienversicherung

Gehören die Kinder oder der Ehegatte des Stammversicherten nicht zu diesem Personenkreis und ist es aus finanziellen Gründen auch nicht möglich oder sinnvoll, die Familienmitglieder selbstständig zu versichern, besteht die Möglichkeit einer **Familienversicherung** (§ 10 SGB V). Die familienversicherten Personen erhalten nun den Status eines versicherten Mitgliedes und können somit nahezu alle Versicherungsleistungen wie der Stammversicherte selbst in Anspruch nehmen (Ausnahme: Krankengeld gem. § 44 I 2 SGB V).

➤ Voraussetzungen

Um Versicherungsleistungen aus einer Familienversicherung in Anspruch nehmen zu können, darf

- das mitversicherte Familienmitglied nicht selber versichert sein,
- das Einkommen des Familienversicherten die jeweiligen Einkommensgrenze nicht übersteigen,
- das Alter des versicherten Kindes die vorgegebene Altersgrenze nicht übersteigen.

➤ Altersgrenzen für familienversicherte Kinder

Gemäß § 10 II SGB V können Kinder familienversichert werden:
- bis zur Vollendung des 18. Lebensjahres,
- bis zur Vollendung des 23. Lebensjahres, wenn sie nicht erwerbstätig sind,
- bis zur Vollendung des 25. Lebensjahres, wenn sie
  - sich in einer Schul- oder Berufsausbildung befinden oder
  - ein freiwilliges soziales/ökologisches Jahr ableisten,
- über die Vollendung des 25. Lebensjahres hinaus, wenn eine gesetzliche Dienstpflicht die Ausbildung unterbrochen hat (für die Dauer der Unterbrechung),
- ohne Altersbegrenzung, wenn sie aufgrund einer Behinderung (i. S. d. § 2 I 1 SGB IX) außerstande sind, selbst für ihren Unterhalt zu sorgen.

➤ Weitere Ansprüche einer Familie an die Krankenversicherung

Neben den originären Krankenversicherungsleistungen kann eine Familie in besonderen Situationen auch noch weitere Versicherungsleistungen in Anspruch nehmen:
- häusliche Krankenpflege/hauswirtschaftliche Versorgung des Kranken (§ 37 SGB V)
- Haushaltshilfe (§ 38 SGB V)

10.6.4.2 Hinterbliebenenrente

Verstirbt einer der Ehegatten, so kann er seinen Unterhaltspflichten nicht mehr nachkommen. Abhängig davon, wie der Ehegatte zu Tode gekommen ist, besteht die Möglichkeit, Rente vom Renten- bzw. Unfallversicherungsträger zu erhalten:

- **Witwenrente** für die hinterbliebene Ehefrau
- **Witwerrente** für den hinterbliebenen Ehemann
- **Waisenrente** für das/die hinterbliebene/-n Kind/-er
- **Erziehungsrente** für den hinterbliebenen Geschiedenen, sofern dieser ein Kind erzieht.

➤ Leistungen der Rentenversicherung (§§ 46 ff. SGB VI)

1. Voraussetzungen

Die Leistung aus der Rentenversicherung erfolgt, sofern der Verstorbene
- die allgemeine Wartezeit von 5 Jahren erfüllt oder
- bis zum Tod selbst eine Rente bezogen hat (§ 50 I SGB VI).

2. Rentenhöhe

Die Höhe der Rente bestimmt sich nach den persönlichen Verhältnissen des Hinterbliebenen und der Altersrente des Verstorbenen:
- Kleine Witwen-/Witwerrente = 25 %
- Große Witwen-/Witwerrente = 60 %
- Halbwaisenrente = 10 %/Vollwaisenrente = 20 %

➤ Leistungen der Unfallversicherung (§§ 65 ff. SGB VII)

1. Voraussetzungen

Die Leistung aus der Unfallversicherung erfolgt, sofern der Verstorbene
- in der Unfallversicherung versichert war und
- durch einen Arbeitsunfall (§§ 7, 8 SGB VII) oder
- infolge einer Berufskrankheit (§§ 7, 9 SGB VII) zu Tode gekommen ist.

2. Rentenhöhe

Die Höhe der Rente bestimmt sich nach den persönlichen Verhältnissen des Hinterbliebenen und dem Jahresarbeitsverdienst des Verstorbenen:
- Kleine Witwen-/Witwerrente = 30 %
- Große Witwen-/Witwerrente = 40 %
- Halbwaisenrente = 20 %/Vollwaisenrente = 30 %

➤ Leistungen aus beiden Versicherungen

Für den Fall, dass den Hinterbliebenen Ansprüche aus der Renten- **und** Unfallversicherung zustehen würden, wird der Maximalbetrag jedoch nur einmal gezahlt (§ 93 SGB VI).

19 Jaschinski/Hey – ISBN 978-3-8120-0050-5

10.7 Die nichteheliche Lebensgemeinschaft

> **➤ Begriffsbestimmung**

Die nichteheliche Lebensgemeinschaft ist **gesetzlich nicht geregelt.** Seit 1993 gilt jedoch die **Definition des Bundesverfassungsgerichts:** Die nichteheliche Lebensgemeinschaft ist

- eine Lebensgemeinschaft
- zwischen einem Mann und einer Frau,
- die auf Dauer angelegt ist,
- daneben keine weitere Lebensgemeinschaft gleicher Art zulässt und
- sich durch innere Bindungen auszeichnet, die ein gegenseitiges Einstehen der Partner füreinander begründen,
- also über die Beziehungen einer reinen Haushalts- und Wirtschaftsgemeinschaft hinausgeht.

Eine analoge Anwendung des Eherechts ist explizit nicht gewollt, da die Beteiligten ja andernfalls die Ehe miteinander eingehen könnten, die ihrerseits den besonderen Schutz des Grundgesetzes genießt (Art. 6 I GG).

> **➤ Beispiele für die Möglichkeiten der Ausgestaltung**

Wegen der fehlenden gesetzlichen Grundlage haben die Partner nur die Möglichkeit, sich in einigen Lebensbereichen **vertraglich** abzusichern.

- **Trennung**
  Die Partner können in einem Partnerschaftsvertrag alle Vereinbarungen zur Regelung der Trennungsfolgen festhalten.

- **Tod und Erbschaft**
  Das gesetzliche Erbrecht greift hier nicht, sodass die Erbfolge durch Erbvertrag oder Testament geregelt werden muss.

- **Krankheit**
  Gegenseitige Vollmachten für den Fall der Erkrankung bzw. eines Unfalls sind notwendig, um z.B. eine Auskunft zum Gesundheitszustand des Partners zu bekommen oder die Einwilligung zu einer Operation geben zu dürfen. Diese Informationen bzw. Entscheidungen stehen sonst nur den Ehegatten bzw. den nächsten Verwandten zu.

- **Geld und Unterhalt**
  Neben Vollmachten für Bankkonten sind auch Unterhaltsfragen für den Partner zu regeln, der sich um die Kindeserziehung bzw. die Führung des Haushalts kümmert.

- **Miete**
  Verstirbt der mietende Partner, muss eine Regelung mit dem Vermieter getroffen werden, wie in diesem Fall zu verfahren ist.

10.8 Die eingetragene Lebenspartnerschaft

BEGRÜNDUNG (§ 1 LPartG)

Zwei Personen gleichen Geschlechts erklären sich gegenseitig bei gleichzeitiger Anwesenheit vor der zuständigen Behörde, miteinander die Lebenspartnerschaft auf Lebenszeit führen zu wollen.

WIRKUNGEN (§§ 2 ff. LPartG)

Fürsorge und Lebensgestaltung (§§ 2, 4, 5, 9, 11 LPartG)	Name (§ 3 LPartG)	Vermögen (§§ 6–8 LPartG)	Erbrecht (§ 10 LPartG)
Die Lebenspartner ■ sind einander zu Fürsorge und Unterstützung verpflichtet – dazu gehört auch ein angemessener Unterhalt, ■ sind zur gemeinsamen Lebensgestaltung verpflichtet, ■ tragen füreinander Verantwortung, ■ stimmen sich in Sorgerechtsfragen ab, auch wenn nur einer der Lebenspartner sorgeberechtigt ist, ■ gelten gegenseitig als Familienangehörige.	■ Die Lebenspartner können einen gemeinsamen Namen bestimmen, der Lebenspartnerschaftsname ist. ■ Ansonsten bestehen die Möglichkeiten zur Namensfindung wie im Eherecht.	■ Die Lebenspartner sollen sich vor Begründung der Lebenspartnerschaft über den Vermögensstand erklären. ■ Dies kann in Form der Ausgleichsgemeinschaft geschehen (analog zur Zugewinngemeinschaft). ■ Eine andere Möglichkeit ist die Regelung der vermögensrechtlichen Verhältnisse durch einen Lebenspartnerschaftsvertrag (analog zum Ehevertrag). ■ Die gesamtschuldnerische Haftung analog zum Eherecht wird unterstellt.	Der Lebenspartner des Erblassers ist erbrechtlich wie ein Ehegatte zu behandeln.

AUFHEBUNG (§§ 15 ff. LPartG)

■ Die eingetragene Lebenspartnerschaft wird auf Antrag eines oder beider Lebenspartner durch gerichtliches Urteil aufgehoben.

■ Kann einer der beiden Lebenspartner nicht für seinen Unterhalt sorgen, kann er von dem anderen Lebenspartner einen angemessenen Unterhalt verlangen.

■ Können sich die Lebenspartner bezüglich Wohnung, Hausrat etc. nicht einigen, so entscheidet das Familiengericht die Rechtsverhältnisse.

10.9 Zusammenfassung

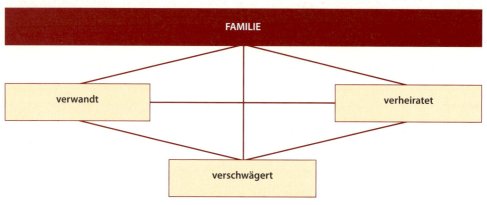

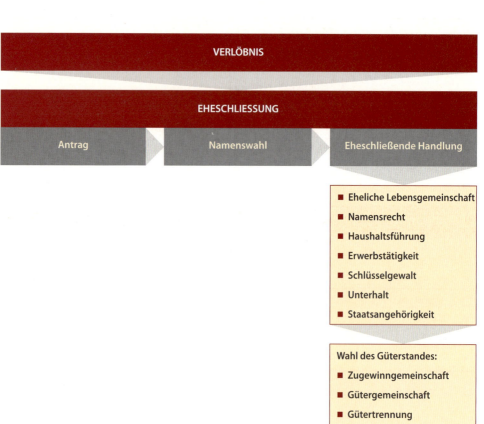

EHESCHEIDUNG

Die Ehe ist gescheitert

Antrag auf Scheidung

Antragsteller	Antragsgegner

Familiengericht

Ehescheidung und Scheidungsfolgesachen

Unterhalt und Versorgungsausgleich

ELTERLICHE SORGE

Personensorge	Vermögenssorge	Gesetzliche Vertretung

Unterhalt

zwischen Verwandten	zwischen Eltern und ihren Kindern	zwischen Ehegatten	

Voraussetzungen:	Unterhaltsansprüche:	verheiratet	geschieden
■ Verwandtschaft in gerader Linie ■ Bedürftigkeit ■ Leistungsfähigkeit	■ von Kindern gegenüber ihren Eltern ■ von Eltern gegenüber ihren erwachsenen Kindern	gegenseitiger und angemessener Unterhalt	Unterhalt ■ wegen Betreuung eines Kindes ■ wegen Alters ■ wegen Krankheit ■ wegen Arbeitslosigkeit ■ wegen Aus-/Fortbildung/Umschulung ■ aus Billigkeitsgründen

293

10.10 Fälle und Übungen

Aufgabe 1:

a. Kennzeichnen Sie die Verwandtschafts- und Schwägerschaftsverhältnisse (Grad und Linie) ausgehend von der Person „ICH"! Verwenden Sie hierzu folgende Abkürzungen (bitte in die Kästchen eintragen):

■ Gerade Linie – GL

■ Seitenlinie – SL

■ Verwandtschaft – V

■ Schwägerschaft – S

(z. B. verwandt in der Seitenlinie 2. Grades = SLV2)

b. Prüfen Sie, wer in welcher Reihenfolge der Person „ICH" unterhaltsverpflichtet ist!

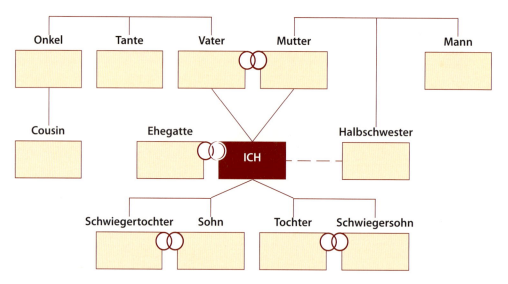

c. Nennen Sie die Voraussetzungen für den Unterhaltsanspruch zwischen Verwandten!

Aufgabe 2:

Was versteht man unter

a. Verwandtschaft in gerader Linie?

b. Verwandtschaft in der Seitenlinie?

c. Schwägerschaft?

Aufgabe 3:

Dörte Drossel und Karl Klappen wollen heiraten. Leider ist ihnen noch nicht klar, welchen Namen sie wählen sollen.

Stellen Sie die Möglichkeiten der Namenswahl für Frau Drossel dar!

Aufgabe 4:

Johanna Jansen (20) und Johannes Jockel (21) lernen sich während der Ausbildung kennen und lieben. Nach kurzer Zeit verloben sich die beiden.

Während Johanna nach der Ausbildung in Bielefeld weiterhin als ReNo-Fachangestellte arbeitet, beginnt Johannes ein Jurastudium in München, das Johanna von ihrem Gehalt mitfinanziert. Ferner bezahlt Johanna nach und nach die gesamte Wohnungseinrichtung. Johannas Eltern steuern außerdem eine hochwertige Sitzgruppe für das Wohnzimmer bei.

Johannes verliebt sich nach Abschluss des Studiums in eine Rechtsanwältin. Als er das Johanna mitteilt, erleidet diese einen Nervenzusammenbruch und muss eine vierwöchige Kur nehmen.

Erläutern Sie,
a. ob Johanna Johannes zwingen kann, das Eheversprechen einzuhalten;
b. ob Johanna andernfalls gegen Johannes Schadensersatz wegen
   – der von ihr bezahlten Gegenstände,
   – des von ihr finanzierten Studiums,
   – der Arzt- und Kurkosten
   geltend machen kann;
c. ob Johannas Eltern Schadensersatz gegen Johannes wegen der Sitzgruppe geltend machen können;
d. ob die Verlobung überhaupt rechtswirksam zustande gekommen ist, falls Johannes behauptet, er habe den Verlobungsring so gut wie nie getragen, sodass es ihm offensichtlich nicht ernst mit der Verlobung gewesen sei;
e. ob überhaupt die notwendigen Voraussetzungen dafür vorliegen, ein Verlöbnis aufzulösen!

Aufgabe 5:

Erläutern Sie kurz, für welche verwandtschaftlichen Verhältnisse Eheverbote bestehen!

Aufgabe 6:
a. Nennen Sie die Voraussetzungen, die für den gültigen Abschluss eines Ehevertrages gelten!
b. Die Ehegatten Berta und Bruno Bräsig haben durch Ehevertrag den Güterstand der Gütertrennung vereinbart. Über das Unternehmen von Bruno Bräsig wird das Insolvenzverfahren eröffnet. In welchem Umfang haften die Eheleute?

Aufgabe 7:

Karl und Karla Krause sehen keine Möglichkeit mehr, ihre Ehe aufrechtzuerhalten.
a. Nennen Sie die zwei Kennzeichen des Zerrüttungsprinzips!
b. Nennen Sie zwei Rechtsfolgen, die durch das Scheidungsurteil eintreten!
c. Beide Ehegatten erwarben während der Ehe Rentenanwartschaften: Karl in Höhe von 1.200,00 EUR und Karla in Höhe von 500,00 EUR.
   Berechnen Sie die Höhe des Versorgungsausgleichs!

Aufgabe 8:

Berechnen Sie den Zugewinnausgleich bei Beendigung der Ehe von Friedrich und Friederike Fritzenkötter durch Ehescheidung!

- **Vermögensverhältnisse von Friederike Fritzenkötter:**
  - Vermögen zu Beginn der Ehe...85.000,00 EUR
  - Schenkung von den Eltern während der Ehe ....105.000,00 EUR
  - Erbschaft von den Großeltern während der Ehe..........................60.000,00 EUR
  - Vermögen zum Ende der Ehe...315.000,00 EUR
- **Vermögensverhältnisse von Friedrich Fritzenkötter:**
  - Vermögen zu Beginn der Ehe:
    - Bargeld ....5.000,00 EUR
    - Wertpapiere ....12.000,00 EUR
    - Schulden..32.000,00 EUR
  - Aus Prahlerei verschenkte er an seine Freunde bei gemeinsamen Ausflügen ....17.000,00 EUR
  - Vermögen zum Ende der Ehe...55.000,00 EUR

Berechnen Sie nachvollziehbar:

a. für die Ehegatten jeweils das Anfangs-/Endvermögen und den Zugewinn;

b. wer Anspruch auf Zahlung einer Ausgleichsforderung hat;

c. die Höhe der Ausgleichsforderung!

Aufgabe 9:

Die Eheleute Dörte und Detlef Dorstmann betreiben einen landwirtschaftlichen Betrieb. Die beiden schulpflichtigen Kinder Jan (15) und Janina (17) müssen jeden Tag 4 Stunden bei der Arbeit im Stall und auf dem Feld helfen.

Prüfen Sie, ob diese Forderung der Eltern gegenüber den Kindern rechtmäßig ist!

Aufgabe 10:

Jolanda Rotkohl ist nicht verheiratet und hat das Mädchen Rosa zur Welt gebracht. Der Freund von Frau Rotkohl, Herr Matthias Mohn, hat die Vaterschaft anerkannt.

a. Wie lautet der Nachname von Rosa?

b. Gegen wen kann Rosa Unterhaltsansprüche geltend machen?

Begründen Sie Ihre Antworten unter Angabe der Paragrafen!

Aufgabe 11:

Helga Hinz heiratet Kuno Undkunz. Herr Undkunz heißt weiter Undkunz und Frau Hinz hat sich für den Namen Hinz-Undkunz entschieden. Weil die Ehe kinderlos bleibt, entscheiden sich die beiden für das Adoptivkind Clemens Klein, das ihnen auch zugesprochen wird.

a. Erläutern Sie, wie sich die Verwandtschaftsbeziehungen
   a.1 zwischen Clemens und seinen Adoptiveltern
   a.2 zwischen Clemens und seinen leiblichen Eltern
   ändern!
b. Welchen Nachnamen erhält Clemens?

Aufgabe 12:

Katja Klug (Studentin im 4. Semester, 22 Jahre) heiratet Norbert Schlau (Verkaufs-sachbearbeiter in einem Industriebetrieb, 24 Jahre). Katja verlangt von ihren Eltern eine Aussteuer in Höhe von 10.000,00 EUR. Außerdem verlangt sie Unterhalt in Höhe von 1.000,00 EUR monatlich von ihren Eltern mit der Begründung, das Studium sei nach ihrem Abitur als Erstausbildung anzusehen.

Prüfen Sie die Rechtmäßigkeit der Forderungen!

Aufgabe 13:

Gustav Grün heiratet Berta Blau. Als Ehename wird „Blau" gewählt. Leider geht die Ehe nicht gut, weil Gustav Berta arglistig verschwiegen hat, dass er zeugungsunfähig ist. Vor diesem Hintergrund wäre Berta die Ehe mit Gustav gar nicht eingegangen. Da sie sich derart hintergangen fühlt, verlangt sie von Gustav, dass er nach der Scheidung ihren Namen nicht mehr führt.

Prüfen Sie, ob Berta dies verlangen kann. Vergleichen Sie Ihren Lösungsansatz mit dem Urteil des BGH vom 25.05.2005 mit dem AZ XII ZR 204/02.

11 Erbrecht

11.1 Überblick

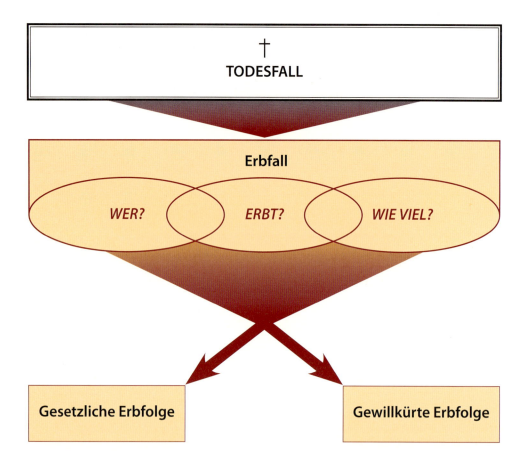

11.2 Grundlagen

11.2.1 Funktion des Erbrechts

Wenn ein Mensch stirbt, endet seine Rechtsfähigkeit (vgl. 4.2.1.1) und damit die Fähigkeit, Rechte zu haben und Pflichten nachkommen zu können. Das Privateigentum eines Menschen ist aber ein absolutes Recht – dem Gesetzgeber ist nun daran gelegen, dass das Privateigentum als Grundlage der eigenverantwortlichen Lebensgestaltung nicht mit dem Tod des Eigentümers untergeht, sondern dass sein Fortbestand durch eine Rechtsnachfolge gesichert wird. Damit umfasst das Erbrecht alle privatrechtlichen Vorschriften, die nach dem Tod eines Menschen die Weitergabe seines Eigentums regeln. Dazu dienen vornehmlich die Vorschriften im fünften Buch des BGB, aber auch sachen- und familienrechtliche Vorschriften sind relevant.

11.2.2 Erbrechtliche Grundsätze

- **Privaterbfolge**
  Das Vermögen des Verstorbenen soll in private Hand (z.B. Verwandte, Ehegatten) weitergeleitet werden. Nur unter der Voraussetzung, dass sich kein privater Erbe findet, steht dem Staat ein gesetzliches Erbrecht zu (s. 11.3.4).
- **Familienerbrecht**
  Wenn eine Person zu Lebzeiten keine Verfügung darüber getroffen hat, wer etwas erben soll, geht sein Vermögen „automatisch" auf seine Familie über (= gesetzliches Erbrecht) – dazu gehören der Ehegatte und die Verwandten. Wer wie viel erbt, bestimmt sich nach Ordnungen (s. 11.3.1).
- **Testierfreiheit**
  Möchte der Erblasser, dass sein Vermögen auch auf andere als die gesetzlichen Erben übergeht, so steht ihm durch die Testierfreiheit die Möglichkeit zu, die Erbfolge durch Verfügungen von Todes wegen (s. 11.4) weitgehend nach eigenen Vorstellungen festzulegen.
- **Gesamtrechtsnachfolge = Universalsukzession**
  Das Vermögen des Verstorbenen geht grundsätzlich als Ganzes auf seine Erben über (s. 11.2.5). Die Singularsukzession (Sondererbfolge), bei der ein Teil oder mehrere Teile von der Erbmasse abgesondert übertragen werden, ist dagegen ein Sonderfall.
- **Vonselbsterwerb**
  Der Erbe kann zu einer Erbschaft nichts tun. Er wird Erbe ohne besonderes Hinzutun, manchmal sogar ohne sein Wissen oder sogar gegen seinen Willen. Insofern hat der Gesetzgeber ein Ausschlagungsrecht vorgesehen – die Erbausschlagung (s. 11.5.2).

11.2.3 Wichtige erbrechtliche Begriffe im Überblick

- **Erbfall** → Tod einer Person
- **Erblasser** → verstorbene Person
- **Nachlass** → Vermögen/Verbindlichkeiten der verstorbenen Person
- **Erbschaft** → Nachlass (Vermögen/Verbindlichkeiten) des Erblassers, der durch Annahme oder Verstreichenlassen der Ausschlagungsfrist auf die Erben übergeht
- **Erben** → Personenkreis, auf den der Nachlass des Erblassers übergeht
- **Erbfolge** → Festlegung der Reihenfolge, welche Person vor welcher anderen erbt oder welche Personen gleichberechtigt oder zu abweichenden Bruchteilen erben
- **Nacherbe** → Person, die erst erben kann, wenn eine andere Person vor ihr Erbe geworden ist (Vorerbe). Spätestens zum Zeitpunkt des Todes des Vorerben geht die Erbschaft auf den Nacherben über.
- **Erbteil** → Sind mehrere Personen Erben, so steht jedem Erben ein bestimmter Anteil am Erbe zu.
- **Verfügung von Todes wegen** → Testament und Erbvertrag
- **Testament** → einseitiges Rechtsgeschäft (nicht empfangsbedürftig)
- **Erbvertrag** → mehrseitiges Rechtsgeschäft
- **Erbschein** → Das Nachlassgericht stellt dem Erben auf Antrag ein Zeugnis über sein Erbrecht aus – ist der Erbe Miterbe an einem gemeinschaftlichen Erbe, so weist der Erbschein die Höhe des Anteils aus.
- **Vermächtnis** → Durch das Testament verfügt der Erblasser, dass eine Person zwar einen Vermögensteil erhalten soll, aber nicht Erbe wird.

11.2.4 Erb- und Testierfähigkeit

➤ Erbfähigkeit

- **Aktive Erbfähigkeit**

  Gemäß § 1923 I BGB kann nur derjenige Erbe werden, der zum Zeitpunkt des Erbfalls lebt. Wer zum Zeitpunkt des Erbfalls zwar noch nicht geboren, aber bereits gezeugt war, wird so behandelt, als wäre er bereits vor dem Erbfall geboren worden (§ 1923 II BGB).

  Beispiel | Bruno Bräsig wird bei einem Autounfall so schwer verletzt, dass er noch auf dem Weg in das Krankenhaus verstirbt. Seine Frau Berta ist im 7. Monat mit einem Jungen schwanger. Weil Bruno keine Verfügung von Todes wegen getroffen hat und Bruno und Berta im Güterstand der Zugewinngemeinschaft lebten, erben Mutter und Sohn zu gleichen Teilen (§§ 1371 I, 1924 I, 1931 I und III BGB).

■ **Passive Erbfähigkeit**

Sterben kann im Unterschied zu einer juristischen Person nur eine natürliche Person. Dementsprechend kann auch nur eine natürliche Person ein Erblasser sein. Die Fähigkeit, beerbt werden zu können, wird als passive Erbfähigkeit bezeichnet.

➤ Testierfähigkeit

Unter Testierfähigkeit (§ 2229 BGB) wird die Fähigkeit einer Person verstanden, ein Testament rechtswirksam errichten zu können.

■ Personen bis zu einem Alter von sechzehn Jahren sind allerdings **testierunfähig** (§ 2229 I BGB).

■ Nach Vollendung des sechzehnten Lebensjahres kann ein Minderjähriger ein Testament als **öffentliches Testament** (unter Einbeziehung eines Notars gem. § 2232 BGB) ohne Zustimmung des gesetzlichen Vertreters errichten (§ 2229 II BGB).

■ Eine volljährige, aber nicht geschäftsfähige Person ist ebenfalls nicht testierfähig (§ 2229 IV BGB → s. dazu Urteil des BayOLG v. 17.08.2004 – I Z BR 53/04).

11.2.5 Gesamtrechtsnachfolge

➤ Definition (§ 1922 BGB)

■ Mit dem Tode einer Person (= Erbfall)
■ geht deren Vermögen (= Erbschaft)
■ als Ganzes
■ auf eine oder mehrere andere Personen (= Erben) über.
■ Erben mehrere Personen, so bekommt jeder Miterbe einen Anteil der Erbschaft (= Erbteil).

Höchstpersönliche Ansprüche, z.B. Beihilfeansprüche von Beamten, Namensrecht, Titel, sind **nicht vererbbar.**

➤ Voraussetzung

Der Tod der natürlichen Person muss nachgewiesen werden. Dies geschieht durch die Todesurkunde oder durch die Todeserklärung. Da Todeserklärungen nur im Ausnahmefall erteilt werden, ist hier das Standesamt I in Berlin zuständig (§ 40 PStG).

➤ Ausnahme

Die **Singularsukzession** ist eine Sondererbfolge, bei der bestimmte Vermögensteile vom Nachlass abgetrennt werden. Dabei wird jeder Vermögensteil wieder als ein eigener Nachlass behandelt.

| Beispiel | Tod eines persönlich haftenden Gesellschafters einer Personengesellschaft, also BGB-Gesellschaft, OHG oder KG. |

11.3 Die gesetzliche Erbfolge

In der Bundesrepublik Deutschland gilt der Grundsatz der Testierfreiheit – somit kann jeder weitestgehend durch Testament oder Erbvertrag frei bestimmen, welche Person im Todesfall wie viel von seinem Vermögen erhalten soll (= gewillkürte Erbfolge). Sind jedoch keine Verfügungen von Todes wegen getroffen worden, wird der Nachlass aufgrund der gesetzlichen Regelungen verteilt (= gesetzliche Erbfolge).

Die gewillkürte Erbfolge hat immer Vorrang vor der gesetzlichen Erbfolge!

Die gesetzliche Erbfolge hat eine stringente Struktur, die nach **Ordnungen** aufgebaut ist (§§ 1924 ff. BGB). Dabei geht es um die **Verwandtschaftsstruktur** und nicht nach den Verwandtschaftsgraden. Danach kann ein Verwandter, solange ein Verwandter der vorhergehenden Ordnung lebt, nicht erben (§ 1924 II BGB).

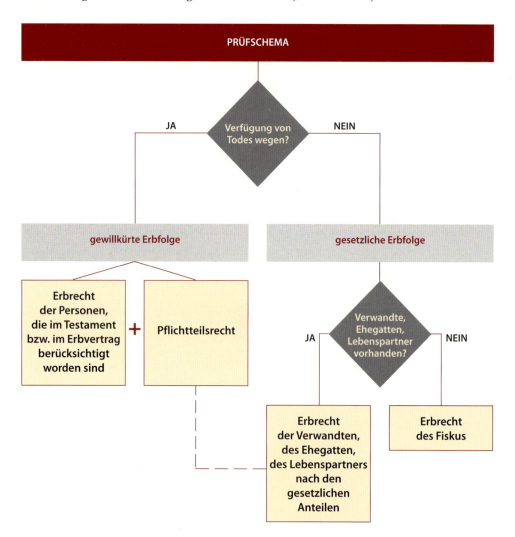

11.3.1 Die gesetzliche Erbfolge der Verwandten

➤ Grundsatz der Rangfolge der Ordnungen

Verwandte der vorgehenden Ordnungen haben immer Vorrang vor Verwandten der nachfolgenden Ordnungen (§ 1930 BGB).

➤ Symbolik der nachfolgenden Darstellung

 = Erblasser

 = Heirat

 = bereits vorverstorben

⑫ = Anteil eines vorverstorbenen Erbberechtigten, der nun an den nächsten Erbberechtigten fällt, z. B. Kinder, Eltern

 = tatsächlicher Erbanteil

11.3.1.1 Erben erster Ordnung

➤ Sachverhalt

Erben erster Ordnung sind **alle Abkömmlinge** des Erblassers (§ 1924 I BGB). Dies sind zunächst einmal die Kinder des Erblassers, die zu gleichen Teilen erben (§ 1924 IV BGB). Zu den Abkömmlingen des Erblassers zählen aber auch die Enkel, Urenkel etc. Das heißt nun aber nicht, dass alle Abkömmlinge des Erblassers auch etwas erben. Lebt ein Abkömmling zum Zeitpunkt des Erbfalls, so wird nur er Erbe, seine Abkömmlinge aber erben nichts (§ 1924 II BGB). Ist der Abkömmling beim Erbfall aber bereits selber verstorben, so erben dafür seine Abkömmlinge den Teil, der ihm zugestanden hätte (§ 1924 III BGB).

➤ Beispiel

Bruno Bräsig (verwitwet) stirbt. Er hatte drei Kinder: Berthold, Bertram und Beate. Berthold und Beate sind kinderlos. Bertram ist jedoch bereits vor seinem Vater verstorben, hinterlässt aber die drei Kinder Berta, Bernhard und Bernadette.

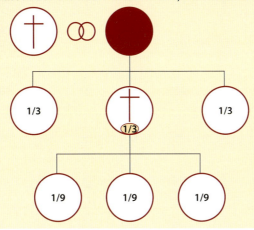

11.3.1.2 Erben zweiter Ordnung

➤ **Sachverhalt**

Die Erben der zweiten Ordnung sind die **Eltern des Erblassers sowie deren Abkömmlinge,** also die Geschwister, Neffen und Nichten etc. (§ 1925 I BGB), die aber ihrerseits nur erben können, wenn keine Erben der ersten Ordnung leben. Leben zur Zeit des Erbfalls noch beide Elternteile, so erben nur die Eltern, und zwar zu gleichen Teilen (§ 1925 II BGB).

Ist aber zur Zeit des Erbfalls ein Elternteil vorverstorben, erben die Abkömmlinge des Vaters oder der Mutter den Teil des verstorbenen Elternteils (§ 1925 III BGB).

➤ **Beispiele**

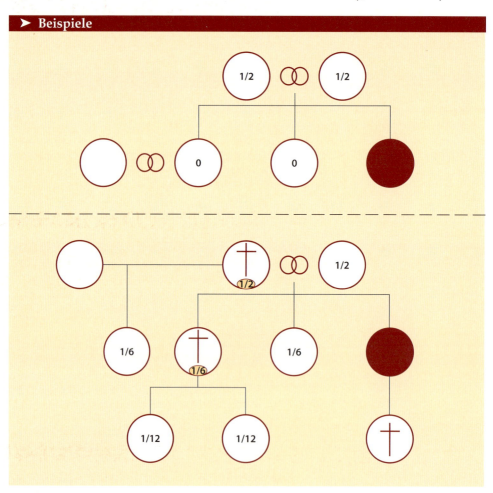

11.3.1.3 Erben dritter Ordnung

➤ **Sachverhalt**

Die Erben der dritten Ordnung sind die Großeltern des Erblassers und deren Kinder (§ 1926 I BGB). Entsprechend der Regelung bei den Erben zweiter Ordnung schließen lebende Großelternpaare ihre Abkömmlinge von der Erbschaft aus (§ 1926 II BGB).

Lebt zur Zeit des Erbfalls von einem Großelternpaar die Großmutter oder der Großvater nicht mehr, dann erben stattdessen die Abkömmlinge diesen Anteil. Sind keine Abkömmlinge vorhanden, fällt dieser Anteil dem anderen Großelternteil zu (§ 1926 III BGB). Da es zwei Großelternpaare gibt, gilt diese Regelung auch für die Großelternpaare untereinander (§ 1926 IV BGB).

➤ **Beispiele**

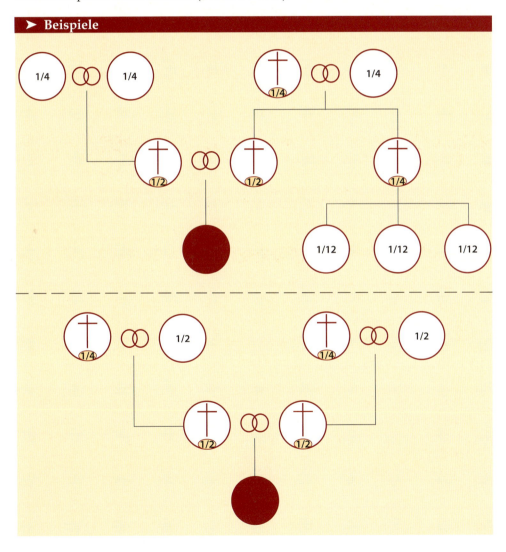

20 Jaschinski/Hey – ISBN 978-3-8120-0050-5

11.3.1.4 Erben vierter und weiterer Ordnungen

Die Erben der vierten Ordnung sind die Urgroßeltern des Erblassers und deren Abkömmlinge (§ 1928 I BGB), die wiederum nur dann erben können, wenn es keine Erben der ersten, zweiten oder dritten Ordnung gibt. Dieser Fall sowie die Regelung der Erben der ferneren Ordnung ist äußerst selten.

11.3.2 Erbrecht des Ehegatten

➤ Sachverhalt

Ehegatten sind i.d.R. nicht miteinander verwandt (s. Eheverbot in 10.3.3, 10.4.1.4) und bleiben somit auch von der Erbfolge nach Ordnungen ausgeschlossen. Unter der Voraussetzung, dass der Ehegatte bei Eintritt des Erbfalls noch mit dem Erblasser verheiratet ist, steht ihm jedoch auch ein Erbanspruch zu.

Das Ehegattenerbrecht ist jedoch ausgeschlossen (§ 1933 BGB), wenn
- die Voraussetzungen für die Scheidung vorliegen;
- der Erblasser die Scheidung beantragt hat;
- der Erblasser dem Scheidungsantrag des Ehegatten zugestimmt hat.

Der Umfang des Erbanspruchs des überlebenden Ehegatten ist abhängig von
- der Verwandtschaftsstruktur der (anderen) gesetzlichen Erben (§ 1931 I, II BGB);
- dem Güterstand der Ehegatten (§ 1931 III, IV BGB).

➤ Erbanspruch des überlebenden Ehegatten

Der überlebende Ehegatte erhält
- neben Verwandten der ersten Ordnung **ein Viertel** der Erbschaft (§ 1931 I 1 BGB);
- neben Verwandten der zweiten Ordnung und den Großeltern **die Hälfte** der Erbschaft (§ 1931 I 1 BGB). Der Erbteil jedes Großelternteils, der nicht mehr lebt, fällt dem Ehegatten zu (§ 1931 I 2 BGB). Damit sind die Abkömmlinge der Großeltern ausgeschlossen;
- **die gesamte Erbschaft,** wenn weder Verwandte der ersten oder zweiten Ordnung noch Großeltern vorhanden sind (§ 1931 II BGB).

11.3.2.1 Voraus des Ehegatten

Der überlebende Ehegatte erhält unabhängig vom Güterstand und zusätzlich zu seinem Erbteil den Voraus des Ehegatten gem. § 1932 BGB. Voraussetzung dafür ist aber, dass die Ehegatten einen **gemeinsamen Haushalt** geführt haben. Dabei erhält der Ehegatte aus der Erbmasse **ohne Anrechnung auf den Erbteil** alle gemeinsamen Haushaltsgegenstände (z. B. Möbel, Küchengeräte) und Hochzeitsgeschenke. Dadurch können sich die Erbanteile der Miterben erheblich vermindern.

Nicht zu den Haushaltsgegenständen gehören Sachen, die der Erblasser für den persönlichen Gebrauch verwendet hat, sowie Gegenstände, die der Berufsausübung des Erblassers dienten.

Der überlebende Ehegatte erhält diese Gegenstände,

- wenn er gesetzlicher Erbe neben Erben der zweiten Ordnung und den Großeltern geworden ist, **in vollem Umfang** (§ 1932 I 1 BGB);
- wenn er gesetzlicher Erbe neben Erben der ersten Ordnung geworden ist nur dann, wenn er sie nachweislich für die Führung eines **angemessenen Haushalts** benötigt (§ 1932 I 2 BGB).

11.3.2.2 Erbrecht beim Güterstand der Zugewinngemeinschaft

➤ Sachverhalt

Durch den Tod des Ehegatten wird die Zugewinngemeinschaft beendet. Bei Ende der Zugewinngemeinschaft muss aber der Zugewinnausgleich aufgeführt werden (s. 10.4.2.1 u. § 1363 II 2 BGB). Dies wird im Rahmen des Erbrechts so ausgestaltet, dass der überlebende Ehegatte **ein weiteres Viertel** (außer im Fall des § 1931 II BGB) erhält (§ 1371 I BGB).

➤ Beispiele

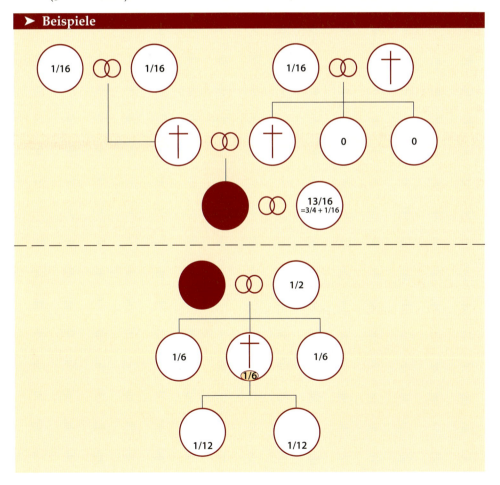

11.3.2.3 Erbrecht beim Güterstand der Gütertrennung

➤ Sachverhalt

- Lebten die Ehegatten zum Zeitpunkt des Erbfalls im Güterstand der Gütertrennung (s. 10.4.2.3)
- und erben mit dem überlebenden Ehegatten
- auch ein oder zwei Kinder,
- so erben alle zu gleichen Teilen (§ 1931 IV BGB).
- Sind drei oder mehr Kinder erbberechtigt,
- so erhält der überlebende Ehegatte gem. § 1931 I BGB ein Viertel der Erbmasse
- und der verbleibende Teil wird nach der Anzahl der Kinder zu gleichen Anteilen verteilt.

➤ Beispiele

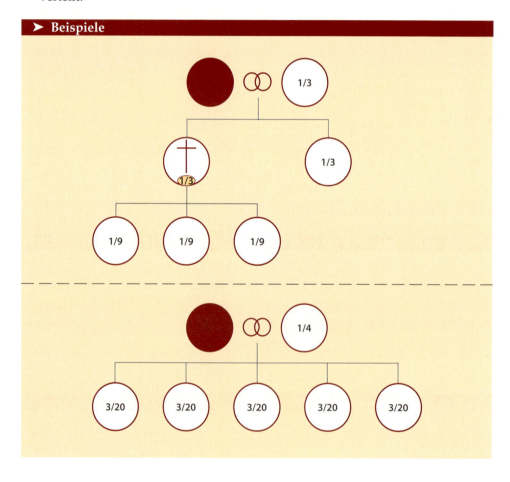

11.3.2.4 Erbrecht beim Güterstand der Gütergemeinschaft

➤ Grundsachverhalt

Die Ehe und somit auch die Gütergemeinschaft (s. 10.4.2.4) endet mit dem Tod. Zum Nachlass gehören gem. § 1482 I BGB:

- der Anteil des Erblassers am Gesamtgut,
- das Sondergut und
- das Vorbehaltsgut.

Es gelten die allgemeinen Erbschaftsregeln gem. §§ 1922 ff. BGB (§ 1482 II BGB). Die Auseinandersetzung über den Nachlass ist insbesondere in Bezug auf den Anteil am Gesamtgut bei Gütergemeinschaft problematisch und muss zwischen dem überlebenden Ehegatten und den Erben geführt werden (§§ 1471–1481 BGB).

➤ Möglichkeit der fortgesetzten Gütergemeinschaft

Die Ehegatten können jedoch im Ehevertrag vereinbaren, dass die Gütergemeinschaft mit Eintritt des Todes eines der Ehegatten nicht endet (§ 1483 I 1 BGB). Damit soll dem überlebenden Ehegatten die Auseinandersetzung mit den Erben über das Gesamtgut bzw. dessen Herausgabe erspart bleiben bis

- er wieder heiratet (§ 1493 BGB),
- zu seinem eigenen Tod (§ 1494 BGB),
- er die fortgesetzte Gütergemeinschaft selbst ablehnt (§ 1484 BGB) oder
- er die fortgesetzte Gütergemeinschaft aufhebt (§ 1492 BGB).

11.3.3   Erbrecht des Lebenspartners

➤ Erbanspruch des überlebenden Lebenspartners

Das Erbrecht des Lebenspartners ist in weiten Teilen dem Erbrecht des überlebenden Ehegatten nachgebildet. Der überlebende Lebenspartner erhält

- neben Verwandten der ersten Ordnung **ein Viertel** der Erbschaft (§ 10 I 1 LPartG),
- neben Verwandten der zweiten Ordnung und den Großeltern **die Hälfte** der Erbschaft (§ 10 I 1 LPartG) oder
- **die gesamte Erbschaft,** wenn weder Verwandte der ersten oder zweiten Ordnung noch Großeltern vorhanden sind (§ 10 II LPartG).

➤ Voraus des überlebenden Lebenspartners

Außerdem erhält der überlebende Lebenspartner gem. § 10 I 2 LPartG die zum Haushalt gehörenden Gegenstände sowie alle Geschenke, die die Lebenspartner bei der Begründung der Lebenspartnerschaft erhalten haben (= uneingeschränkter Voraus). Neben Verwandten der ersten Ordnung erhält der überlebende Lebenspartner den Voraus jedoch nur, wenn er ihn zur Führung eines angemessenen Haushalts benötigt (§ 10 I 3 LPartG).

11.3.4 Erbrecht des Fiskus

Der **Fiskus** (= Bezeichnung des Staates, sofern er als juristische Person am Privatrechtsverkehr teilnimmt) kann nur dann gesetzlicher Erbe werden (§ 1936 BGB), wenn weder

- ein Verwandter,
- ein Ehegatte noch
- ein Lebenspartner

vorhanden ist. Dies schließt die Erbausschlagung (s. 11.5.2) mit ein – der Fiskus ist jedoch nicht verpflichtet, die Verbindlichkeiten des Erblassers zu übernehmen.

Örtlich zuständig ist der Fiskus des Bundeslandes oder Stadtstaates, in dem der Erblasser zum Zeitpunkt des Todes lebte bzw. dem er zum Zeitpunkt des Todes angehört hat.

Der Fiskus versucht unter Zuhilfenahme des **Nachlassgerichts** zunächst, einen Erben ausfindig zu machen. Das Gericht bestimmt eine **Frist,** innerhalb deren sich Erben aufgrund einer **öffentlichen Bekanntmachung** melden können. Ist diese Frist fruchtlos abgelaufen, wird vermutet, dass der Fiskus der alleinige Erbe des Nachlasses wird (§ 1964 BGB).

11.4 Verfügungen von Todes wegen – die gewillkürte Erbfolge

Der Erblasser bestimmt bei der gewillkürten Erbfolge selbst über die Weitergabe von Vermögen bzw. Schulden, sodass die Erbfolge dem Willen des Erblassers entspricht.

Die Verfügung von Todes wegen kann

- als eine einseitige, nicht empfangsbedürftige WE (Testament) oder
- als ein zweiseitiges Rechtsgeschäft (Erbvertrag)

errichtet werden.

Für eine rechtswirksame Verfügung von Todes wegen gelten folgende **Voraussetzungen:**

- Testierfähigkeit des Erblassers (§§ 2229, 2275 BGB);
- **höchstpersönliche und eigenhändige Errichtung** der Verfügung (§§ 2064, 2274 BGB);
- Einhaltung der **notwendigen Form** der Verfügung (§§ 2231, 2276 BGB);
- die Verfügung ist **inhaltlich** nicht rechtsungültig (§§ 134, 138 BGB);
- die Verfügung wurde **nachträglich** nicht unwirksam.

Beispiele für mögliche Einzelbestimmungen:

Beispiel

„Meine Ehefrau Berta Bräsig wird Alleinerbin."

„Rechtsanwalt Norbert Schlau soll Testamentsvollstrecker werden."

„Mein treuer Gärtner Guido Grün erhält den hochwertigen Häcksler."

11.4.1 Testament

➤ Begriff

Durch das Testament kann der Erblasser durch eine einseitige Verfügung von Todes wegen den jeweiligen Erben und den ihm zugedachten Erbteil bestimmen (§ 1937 BGB), indem er das Testament höchstpersönlich errichtet (§ 2064 BGB).

➤ Mögliche Inhalte

a. Erbeinsetzungen

■	Alleinerbe	§ 1937 BGB → Eine Person erbt allein.
■	Miterbe	§§ 2087 ff. BGB → Mehrere Personen erben gemeinschaftlich.
■	Ersatzerbe	§ 2096 BGB → Der Erbe stirbt vor dem Erblasser. Der Nacherbe tritt nun an die Stelle des Erben.
■	Nacherbe	§ 2101 BGB → Der Nacherbe wird erst Erbe, nachdem ein anderer (Vorerbe) Erbe geworden ist, und wird ebenfalls Gesamtrechtsnachfolger des Erblassers.

b. Erbausschluss

- ■ Es werden keine Erben eingesetzt (§ 1938 BGB).
- ■ Jemand wird von der gesetzlichen Erbfolge ausgeschlossen (§ 1938 BGB).

c. Verpflichtungen des/der Erben

- ■ Die Erben müssen bestimmte Auflagen erfüllen (§ 1940 BGB).
- ■ Jemand bekommt einen Vermögensvorteil aus dem Nachlass, ohne jedoch Erbe zu sein = Vermächtnis (§ 1939 BGB).

d. mehrere Erben

- ■ Die Nachlassteilung wird vorher bestimmt.
- ■ Die Nachlassteilung wird für einen bestimmten Zeitraum ausgeschlossen (z. B. um ein Unternehmen zu erhalten).

e. Bestimmung eines Testamentsvollstreckers

Der Testamentsvollstrecker führt die Anordnungen im Testament (Verwaltung und Verteilung) aus (§ 2197 BGB).

➤ Möglichkeiten des Widerrufs eines Testaments

Der Erblasser kann das gesamte Testament oder einzelne Bestimmungen des Testaments jederzeit widerrufen (§ 2253 BGB), und zwar durch

- ■ Widerruf = Widerrufstestament (§ 2254 BGB),
- ■ Errichtung eines neuen Testaments (§ 2258 BGB),
- ■ Vernichtung des alten Testaments (§ 2255 BGB),
- ■ Abänderung des alten handschriftlichen Testaments (§ 2255 BGB) oder
- ■ Rücknahme aus amtlicher Verwahrung (§ 2256 BGB).

Auch der Widerruf kann widerrufen werden (§ 2257 BGB)!

11.4.1.1 Ordentliche Testamentsformen

ORDENTLICHES TESTAMENT nach der Form der Errichtung

Öffentliches Testament gemäß §§ 2232, 2233 BGB

Definition (§ 2232 BGB)

- Das öffentliche Testament wird
- zur Niederschrift eines Notars errichtet,
- indem der Erblasser durch
- mündliche Erklärung oder
- Übergabe einer offenen oder verschlossenen Schrift (die nicht vom Erblasser verfasst worden sein muss und deren Form frei gewählt werden kann, z. B. Maschinenschrift, fremde Sprache)
- deutlich zu erkennen gibt,
- dass die Erklärung der letzte Wille des Erblassers ist.

Inhalt der Niederschrift (§ 9 BeurkG)

- Ort und Datum der Testamentserrichtung (§ 9 II BeurkG)
- Bezeichnung des Notars (§ 9 I 1 BeurkG)
- Erblasser, der die Willenserklärung abgibt (§ 9 I 1 BeurkG)
- Willenserklärungen ("der letzte Wille") (§ 9 I 2 BeurkG)
- Schlussvermerk – Vorlesen, Genehmigen, Unterschreiben (§ 13 BeurkG)

Sonderfälle (§ 2233 BGB)

- Minderjährige Personen können ein Testament durch eine mündliche Erklärung vor dem Notar oder durch Übergabe einer offenen Schrift errichten (§ 2233 I BGB).
- Personen, die nicht lesen können, können ein Testament durch eine mündliche Erklärung vor dem Notar errichten (§ 2233 II BGB).

Eigenhändiges Testament gemäß §§ 2247*, 2248 BGB

Definition* (§ 2247 I BGB)

- Das eigenhändige Testament wird
- vom Erblasser
- lesbar
- eigenhändig <u>handschriftlich</u> geschrieben und
- eigenhändig unterschrieben.

Inhalt des Testaments* (§ 2247 I – III BGB)

- Ort und Datum der Testamentserrichtung (§ 2247 II BGB)
- Willenserklärungen ("der letzte Wille") (§ 2247 I BGB)
- Unterschrift = Vor- und Zuname des Erblassers (§ 2247 III 1 BGB)
- Eine andere Unterschriftsform, also ein individueller Schriftzug, ist nur dann gültig, wenn gewährleistet ist, dass es sich um den Erblasser handelt (§ 2247 III 2 BGB).
Handzeichen, Schnörkel oder die drei Kreuze reichen <u>nicht</u> aus.

Verwahrung

- Auf Verlangen des Erblassers ist das Testament in amtliche Verwahrung zu nehmen (§ 2248 BGB).
- Wurde das eigenhändige Testament nicht amtlich verwahrt, muss es unverzüglich nach dem Tod des Erblassers an das Nachlassgericht abgeliefert werden (§ 2259 BGB).

*   zur inhaltlichen Ausgestaltung und den möglichen Anfechtungsgründen s. Urteil des BayOLG v. 02.08.2004 – I Z BR 56/04

ORDENTLICHES TESTAMENT nach der Anzahl der Testatoren

Einzeltestament	Gemeinschaftliches Testament (§§ 2265 ff. BGB)
Eine Person errichtet alleine ein Testament.	Ein Ehepaar errichtet gemeinsam ein Testament ■ als öffentliches Testament; ■ als gemeinschaftliches eigenhändiges Testament.

11.4.1.2 Außerordentliche Testamentsformen

NOTTESTAMENTE

Voraussetzungen:

■ Absperrung, d.h., ein Ort ist vom üblichen Leben abgeschnitten und somit nicht mehr erreichbar (außerordentliche Umstände)

■ das vorzeitige Ableben des Erblassers ist vor Eintreffen des Notars zu befürchten

Bürgermeistertestament (§ 2249 BGB)	Dreizeugentestament (§ 2250 BGB)	Seetestament (§ 2251 BGB)
■ Der Bürgermeister des Ortes, in dem sich der Erblasser befindet, tritt an die Stelle des Notars. ■ Es müssen zur Niederschrift zwei Zeugen hinzugezogen werden, die jedoch nicht in dem Testament bedacht sind oder als Testamentsvollstrecker vorgesehen werden.	■ Wenn der Erblasser weder ein Testament vor einem Notar noch vor einem Bürgermeister errichten kann, kann das Testament durch mündliche Erklärung vor drei Zeugen errichtet werden. ■ Die Zeugen übernehmen die Funktion eines Notars und müssen eine Niederschrift anfertigen.	Befindet sich der Erblasser auf einem deutschen Schiff, aber außerhalb eines inländischen Hafens, so kann er ein Testament mündlich vor drei Zeugen errichten (s. Dreizeugentestament).

11.4.2 Erbvertrag

➤ Begriff

Der Erblasser kann gem. § 1941 BGB bereits zu Lebzeiten
■ vertraglich mit einem Vertragserben oder Vermächtnisnehmer festlegen,
■ wer Vor-, Nach- oder Ersatzerbe
■ des gesamten oder eines Teils seines Nachlasses werden kann
■ und/oder welche Vermächtnisse gelten sollen.

> **Voraussetzungen**

- persönlicher Abschluss durch den Erblasser (§ 2274 BGB),
- unbeschränkte Geschäftsfähigkeit des Erblassers (§ 2275 I BGB),
- Einhaltung der Form – zur Niederschrift des Notars (§ 2276 BGB),
- Der Erbvertrag soll in amtliche Verwahrung genommen werden
  - beim Notar (= einfache amtliche Verwahrung) oder
  - beim Nachlassgericht (= besondere amtliche Verwahrung).
- Bei der besonderen amtlichen Verwahrung soll ein Hinterlegungsschein erteilt werden (§ 2277 BGB).

> **Beispiel für ein Verfügungsverbot**

<u>**Nummer 403 der Urkundenrolle für 20XX**</u>

Verhandelt

zu Lemgo am 17. August 20xx

Vor mir, dem unterzeichnenden Notar,

Lukas Schlau

erschienen heute

1. Friedobald Hubendudel, geb. 17. März 1948, wohnhaft Ewertgasse 22, 32657 Lemgo

2. seine Tochter Frieda Hubendudel, geb. 25. September 1979, wohnhaft ebenda

Die Erschienenen zu 1.) und 2.) wiesen sich zur vollen Gewissheit des Notars durch Vorlage ihres Bundespersonalausweises aus.

Der Notar fragte nach einer Vorbefassung im Sinne von § 3 I 1 Nr. 7 BeurkG. Sie wurde von den Beteiligten verneint.

Die Erschienenen baten um die Beurkundung eines

Erbvertrages

und erklärten übereinstimmend folgende Sachverhalte:

Der Erschienene zu 1.) verpflichtet sich, über das Hausgrundstück

> Grundbuch des Amtsgerichts Lemgo, Blatt 22334, Gemarkung Lemgo, Flur 50, Flurstück 55, Gebäude und Freifläche, Ewertgasse 22 in 32657 Lemgo, in Größe von 956 m²

nicht mehr ohne die Zustimmung der Erschienenen zu 2.) zu verfügen. Die Zwangsvollstreckung in dieses Grundstück steht dem gleich. Für den Fall eines Verstoßes gegen diese Vereinbarung soll das Grundstück an die Erschienene zu 2.) unter Vorbehalt des Nießbrauchs übertragen werden. Zur Sicherung eines etwaigen Auflassungsanspruchs wird die Eintragung einer Auflassungsvormerkung in das Grundbuch beantragt.

Sollte eine der Vereinbarungen unwirksam sein, sollen unbeschadet dessen alle anderen Vereinbarungen weiterhin gelten. Änderungen, Ergänzungen sowie Aufhebung einzelner Teile oder des gesamten Vertrages bedürfen der notariellen Beurkundung. Die Kosten dieses Vertrages und seiner Ausführung gehen zu Lasten der Erschienenen.

Der Notar überzeugte sich während der Verhandlung von der Geschäftsfähigkeit der Erschienenen.

Das Protokoll wurde den Erschienenen in Gegenwart des Notars vorgelesen, von ihnen genehmigt und eigenhändig wie folgt unterschrieben.

Lemgo, 17.08.20xx

Friedobald Hubendudel   Frieda Hubendudel
Lukas Schlau

11.4.3 Vermächtnis

Durch das Vermächtnis (§ 1939 BGB)

- wendet der Erblasser
- einem Dritten **(= Bedachter)**
- durch Testament oder Erbvertrag
- einen Vermögensteil zu,
- ohne dass der Dritte Erbe wird.

Durch das Vermächtnis entsteht zwischen dem Bedachten und dem Erben **(= Beschwerter)** ein Schuldverhältnis (§§ 2147 ff. BGB), das für den Bedachten das Recht begründet, von dem Beschwerten eine Leistung in Höhe des Vermächtnisses zu fordern (§ 2174 BGB). Somit wird der Bedachte im Gegensatz zum Erben im Zeitpunkt des Erbfalls nicht Eigentümer des Gegenstandes, sondern kann nur einen schuldrechtlichen Anspruch geltend machen (§ 2176 BGB), der gegen die Erben durchzusetzen ist.

Bedachter kann auch ein Erbe sein, der zu Lasten des Vorausvermächtnisses selbst mitbeschwert wird (§ 2150 BGB).

Beispiel | Claus Clausen von Clausewitz hat in seinem Testament verfügt, dass seine beiden Kinder Camilla und Carl Alleinerben werden sollen. Lediglich seinen geliebten Rolls Royce soll der Butler James Jamski erhalten. Dieser muss dann im Todesfall des von Clausewitz gegen die Geschwister die Forderung auf Übergabe und Eigentumsübertragung des Fahrzeugs geltend machen.

11.4.4 Auflage

Im Unterschied zum Vermächtnis kommen die in der Auflage geforderten Leistungen meist niemandem direkt zugute (§§ 2140, 2192–2196 BGB).

Beispiel | Der Erblasser verfügt in seinem Testament, dass ein bestimmter Erbe sein Grab pflegen soll.

11.4.5 Pflichtteilsrecht

> ➤ **Sachverhalt**

Jeder Erblasser kann ohne jede Begründung verfügen, dass der Ehepartner, der Lebenspartner oder ein naher Verwandter **von der gesetzlichen Erbfolge ausgeschlossen** werden soll (§ 1938 BGB).

Die inhaltliche Grenze der Testierfreiheit bildet jedoch das sog. Pflichtteilsrecht (§§ 2303 ff. BGB), um Härten für nahe Verwandte und Ehegatten auszugleichen, sofern diese enterbt wurden. Die Pflichtteilsberechtigten werden nicht zu Erben (§ 2304 BGB), ihnen steht aber ein schuldrechtliches Forderungsrecht in Geld gegenüber den Erben zu.

➤ Pflichtteilsberechtigte

Pflichtteilsberechtigt sind

- die Abkömmlinge des Erblassers (§ 2303 I BGB),
- der Ehegatte des Erblassers (§ 2303 II BGB) sowie
- die Eltern des Erblassers (§ 2303 II BGB).

Schuldner des Pflichtteils sind dementsprechend die Erben, die im Fall der Erbengemeinschaft als Gesamtschuldner haften.

➤ Berechnung des Pflichtteils

Berechnung der Pflichtteilsquote:
- Feststellung der Erbquote, die bei gesetzlicher Erbfolge gelten würde
- Pflichtteilsquote = gesetzlicher Erbteil x 1/2

Berechnung des Nachlasswertes:
Nachlasswert = Vermögen – Schulden – Kosten des Erbfalls (z.B. Beerdigung)

Berechnung des Pflichtteils:
Pflichtteil = Nachlasswert x Pflichtteilsquote

Bei der Pflichtteilsberechnung müssen alle Personen mitgezählt werden (§ 2310 I BGB), die

- von der Erbschaft ausgeschlossen worden sind,
- die Erbschaft ausgeschlagen haben,
- für erbunwürdig erklärt wurden.

Wer jedoch auf das Erbe verzichtet hat, wird nicht mitgezählt (§ 2310 II BGB).

Beispiel

Friedobald Hubendudel hinterlässt bei seinem Tod seine Ehefrau Friederike, seinen Sohn Freddy und seine Tochter Friemhild. Die Ehegatten lebten im Güterstand der Zugewinngemeinschaft. Herr Hubendudel setzt in seinem Testament seine Freundin Sabrina Schön als Alleinerbin ein. Der Nachlasswert beträgt 100.000,00 EUR.

1. gesetzlicher Erbteil *a. der Ehefrau* $= \underline{1/2}$
                            b. des Sohnes $= \underline{1/4}$
                            c. der Tochter $= \underline{1/4}$

2. Pflichtteil *a. der Ehefrau* = 1/2 x 1/2 x 100.000,00 EUR = 25.000,00 EUR
                   b. des Sohnes = 1/4 x 1/2 x 100.000,00 EUR = 12.500,00 EUR
                   c. der Tochter = 1/4 x 1/2 x 100.000,00 EUR = 12.500,00 EUR

Sabrina Schön erhält somit 50.000,00 EUR (zur Sittenwidrigkeit von „Geliebtentestamenten" s. BGH-Beschluss vom 31.03.1970 – III ZB 23/68).

Hat der Pflichtteilsberechtigte zu Lebzeiten bereits Zuwendungen vom Erblasser erhalten und verfügt dieser, dass diese Zuwendungen auf den Pflichtteil anzurechnen sind, so vermindert sich der Pflichtteilsanspruch um diesen Betrag (§ 2315 BGB).

> ➤ **Entzug des Pflichtteils**

Hat sich ein Pflichtteilsberechtigter jedoch schwere Verfehlungen gegen den Erblasser, dessen Ehegatten oder dessen Abkömmlinge zuschulden kommen lassen, so kann ihm unter den Voraussetzungen der §§ 2333–2335 BGB der Pflichtteil wirksam testamentarisch entzogen werden.

11.5 Rechtliche Stellung der Erben

11.5.1 Annahme der Erbschaft

Bei Eintritt des Erbfalles kann der Erbe die Erbschaft annehmen oder ausschlagen (§ 1946 BGB). Die Annahme der Erbschaft tritt nach dem Gesetz von selbst ein, wenn der Erbe gem. § 1943 BGB

- die Erbschaft nicht ausschlägt oder
- die für die Ausschlagung der Erbschaft vorgeschriebene Frist von sechs Wochen hat ungenutzt verstreichen lassen. Nach Ablauf der Frist gilt die Erbschaft als angenommen.

11.5.2 Ausschlagung der Erbschaft

Wenn der Erbe die Erbschaft ausschlagen will, muss er folgende Vorschriften einhalten:

- **Fristeinhaltung**

  Die Ausschlagungsfrist beträgt sechs Wochen (§ 1944 I BGB) und beginnt zu laufen, wenn
  - der Erbe vom Anfall der Erbschaft Kenntnis erlangt (§ 1944 II 1 BGB) oder
  - die Verfügung von Todes wegen verkündet wurde (§ 1944 II 2 BGB).

- **Formeinhaltung**

  Die Ausschlagung erfolgt durch
  - Erklärung gegenüber dem Nachlassgericht (§ 1945 I BGB) und ist
  - zur Niederschrift des Nachlassgerichts oder
  - in öffentlich beglaubigter Form abzugeben (§ 1945 I BGB).

Beispiel | Friedobald Hubendudel setzt in seinem Testament seine Freundin Sabrina Schön als Alleinerbin ein. Da der Nachlass völlig überschuldet ist, schlägt Frau Schön die Erbschaft form- und fristgerecht aus. Nun gilt die gesetzliche Erbfolge.

11.5.3 Haftung für Nachlassverbindlichkeiten

Der Erbe haftet für alle Nachlassverbindlichkeiten (§ 1967 I BGB). Dazu gehören gem. § 1967 II BGB

- neben den Schulden des Erblassers auch
- die Verbindlichkeiten aus Pflichtteilsrechten, Vermächtnissen und Auflagen.

Der Erbe hat aber die Möglichkeit, die Haftung aus der Erbschaft auf den Nachlass zu beschränken und so das geerbte Vermögen zu einer eigenen Vermögensmasse zu erklären.

11.5.4 Erbengemeinschaft

Hinterlässt der Erblasser mehrere Erben, dann wird der Nachlass gemeinschaftliches Vermögen der Erben (§ 2032 I BGB). Somit können die Erben nur gemeinsam über die Erbschaft verfügen. Die Erben können aber untereinander einen notariell beurkundeten Vertrag schließen, durch den jeder Miterbe das Recht erhält, über seinen Anteil zu verfügen (§ 2033 I BGB). Will ein Miterbe seinen Anteil an einen Dritten verkaufen, so steht den anderen Miterben zunächst ein zweimonatiges vererbliches Vorkaufsrecht zu (§ 2034 BGB).

Beispiel | Bertram Brösel hat seinen beiden Kindern Berthold und Berta u.a. seine Eigentumswohnung hinterlassen. Berthold möchte die Wohnung gerne verkaufen, weil beide Kinder an anderen Orten wohnen und sich auch nicht um die Verwaltung kümmern können. Berta muss dem Kaufvertrag zustimmen und als Vertragspartei in den notariell beurkundeten Grundstückskaufvertrag aufgenommen werden.

11.5.5 Erbunwürdigkeit

Als erbunwürdig gilt (§ 2339 BGB), wer
- den Erblasser durch Vorsatz oder Fahrlässigkeit getötet oder zu töten versucht hat (Mord, Totschlag und versuchte Tötung gem. §§ 211, 212, 22, 23 StGB),
- den Erblasser vorsätzlich und widerrechtlich verhindert hat, eine Verfügung von Todes wegen zu errichten oder aufzuheben,
- den Erblasser durch arglistige Täuschung oder widerrechtlich durch Drohung bestimmt hat, eine Verfügung von Todes wegen zu errichten oder aufzuheben,
- sich einer Straftat i.S.d. StGB schuldig gemacht hat.

Die Erbunwürdigkeit wird durch **Anfechtung** des Erbschaftserwerbs geltend gemacht (§ 2340 BGB), indem ein **Anfechtungsberechtigter** (§ 2341 BGB) die **Anfechtungsklage** erhebt (§ 2342 BGB).

11.5.6 Erbverzicht

> ► **Sachverhalt**

Der Erbverzicht ist ein notariell beurkundeter Vertrag (§ 2348 BGB) zu Lebzeiten zwischen dem Erblasser und seinem Ehegatten, seinem Lebenspartner oder einem Verwandten mit dem Zweck, dass ein potenzieller Erbe auf sein gesetzliches Erbe verzichtet (§ 2346 I 1 BGB), um die Erbangelegenheiten zu vereinfachen, z.B. wenn
- ein Unternehmen in einer Hand bleiben soll,
- ein Erbe auswandert, was die Abwicklung im Erbfall erschweren würde.

Der Verzichtende ist von der Erbfolge ausgeschlossen und hat auch keinen Anspruch mehr auf einen Pflichtteil (§ 2346 I 2 BGB). Es besteht jedoch die Möglichkeit, den Verzicht auf den Pflichtteil zu beschränken (§ 2346 II BGB).

Der Erblasser kann dafür dem Verzichtenden eine **Abfindung** zukommen lassen, die vertragsrechtlich aber selbstständig bleibt.

> ➤ **Beispiel (Auszug aus einem notariell beurkundeten Vertrag)**

...

Herr Bruno Bräsig zahlt seinem volljährigen Sohn Berthold Bräsig einen Betrag in Höhe von 75.000,00 EUR zwecks Vorwegnahme der Erbfolge. Herr Berthold Bräsig verzichtet dafür für sich und seine Abkömmlinge gegenüber Herrn Bruno Bräsig auf alle Erb- und Pflichtteilsansprüche.

...

11.5.7 Erbschein

> ➤ **Sachverhalt**

Das Nachlassgericht muss dem Erben auf Antrag ein Zeugnis über
- sein Erbrecht bzw.
- über die Größe des Erbteils

erteilen, damit dieser sich im Rechtsverkehr als Erbe ausweisen kann (§ 2353 BGB).

> ➤ **Erbscheinsarten**

- **Erbschein des Alleinerben** (§ 2353 1. HS. BGB)
  Ein Erbe erhält den gesamten Nachlass.

- **Teilerbschein** (§ 2353 2. HS BGB)
  Der Erbe ist Miterbe und wünscht einen Erbschein über seinen Anteil.

- **Gemeinschaftlicher Erbschein** (§ 2357 BGB)
  Die Erbengemeinschaft beantragt einen gemeinsamen Erbschein – den Antrag kann jeder Erbe der Gemeinschaft stellen.

- **Gegenständlich beschränkter Erbschein** (§ 2369 BGB)
  Der Erbschein kann beantragt werden, wenn kein deutsches Nachlassgericht dafür zuständig ist, den Erbschein zu erteilen, sich aber im Inland noch Nachlassgegenstände befinden.

➤ Antragsberechtigte

- Erbe und Vorerbe
- Abkömmlinge des Erben
- Testamentsvollstrecker
- Nachlassverwalter
- Nachlassinsolvenzverwalter
- gesetzlicher Vertreter eines Erben
- Gläubiger des Nachlasses bzw. der Erben, sofern ein vollstreckbarer Titel vorliegt

➤ Inhalt

Der Antragsteller muss die Angaben auf dem Erbschein durch öffentliche Urkunden bzw. Abgabe einer eidesstattlichen Versicherung nachweisen (§ 2356 BGB). Der Erbscheinsantrag muss gem. § 2354 BGB enthalten:

- den Todeszeitpunkt des Erblassers,
- das Verhältnis, auf dem das Erbrecht beruht (Darstellung der Erbfolge),
- bei Ehegatten: Darstellung des Güterstandes,
- ob und welche Personen vorhanden sind oder waren, durch die er von der Erbfolge ausgeschlossen oder sein Erbteil gemindert werden würde,
- Auskunft über Verfügungen von Todes wegen,
- ob ein Rechtsstreit über das Erbrecht des gesetzlichen Erben anhängig ist.

➤ Zuständigkeit

- Die **funktionelle** Zuständigkeit wird durch den Rechtspfleger ausgeübt.
- Die **örtliche** Zuständigkeit ist davon abhängig, wo der Erblasser seinen letzten Wohnsitz hatte:
  - inländischer Wohnsitz → Nachlassgericht am letzten Wohnsitz,
  - kein inländischer Wohnsitz → Nachlassgericht am letzten Aufenthaltsort,
  - kein inländischer Wohnsitz/Aufenthaltsort und der Erblasser ist Deutscher → Amtsgericht Schöneberg in Berlin-Schöneberg,
  - kein inländischer Wohnsitz/Aufenthaltsort und der Erblasser ist Ausländer → jedes Nachlassgericht, in dessen Bezirk sich Nachlassgegenstände befinden.

11.5.8 Testamentsvollstrecker

Der Testamentsvollstrecker wird durch den Erblasser durch Testament ernannt (§ 2197 BGB), um die letztwilligen Verfügungen des Erblassers auszuführen (§ 2203 BGB) und die mögliche Erbauseinandersetzung zu führen (§ 2204 BGB).

Er hat die Verwaltung des Nachlasses ordnungsgemäß zu führen (§ 2216 BGB) und haftet für den Schaden, der dem Erben oder Vermächtnisnehmer daraus entsteht, dass er seine Verpflichtungen verletzt (§ 2219 BGB).

11.6 Sonderrechtsnachfolge

Eine erbrechtliche Besonderheit stellt die Sonderrechtsnachfolge im Sozialrecht dar (§§ 56 ff. SGB I).

11.6.1 Begriff und Voraussetzungen

➤ Begriff (§ 56 I SGB I)

Ansprüche auf
- laufende Geldleistungen, die
- vor dem Tod des Anspruchsberechtigten
- fällig geworden sind,
- stehen nacheinander
  - dem Ehegatten/Lebenspartner,   – den Eltern,
  - den Kindern,   – dem Haushaltsführer
- zu gleichen Teilen zu, sofern
- die Personen mit dem Anspruchsberechtigten in einem gemeinsamen Haushalt gelebt haben bzw. maßgeblich von ihm unterhalten worden sind.

Beispiel | Bruno Bräsig erhält Rente in Höhe von 1.236,30 EUR/Monat, die zum 3. des Monats fällig wird. In Bruno Bräsigs Haushalt leben noch seine Frau Berta sowie die beiden Enkel Beate und Bernhard seines verstorbenen Sohnes Berthold. Am 4. Juni 20xx verstirbt Bruno Bräsig. Der gesamte Rentenanspruch steht Berta zu, da sie als Sonderrechtsnachfolgerin der ersten Gruppe die Enkel ausschließt.

➤ Voraussetzungen (§ 56 II – IV SGB I)

Die Sonderrechtsnachfolger sind in 4 Gruppen eingeteilt, wobei ein Sonderrechtsnachfolger einer vorhergehenden Gruppe einen einer nachfolgenden Gruppe **ausschließt** (vgl. Beispiel) → s. „nacheinander" in § 56 I SGB I. Die Sonderrechtsnachfolger müssen nachweisen, dass sie vor dem Tod des Anspruchsberechtigten mit diesem in einem gemeinsamen Haushalt gelebt oder von ihm wesentlich unterhalten worden sind.

- **Gruppe 1:**
  Zur ersten Gruppe gehören **Ehegatte bzw. Lebenspartner** (§ 56 I Nr. 1, 1 a SGB I) des Anspruchsberechtigten.

- **Gruppe 2:**
  Zur zweiten Gruppe gehören die **Kinder** (§ 56 I Nr. 2 SGB I) des Anspruchsberechtigten. Als Kinder i.S.d. § 56 II SGB I gelten auch Stiefkinder, Enkel, Pflegekinder und Geschwister, sofern diese mit dem Berechtigten in einer auf Dauer angelegten häuslichen Gemeinschaft gelebt haben.

- **Gruppe 3:**
  Zur dritten Gruppe gehören die **Eltern** (§ 56 I Nr. 3 SGB I) des Anspruchsberechtigten. Als Eltern i.S.d. § 56 III SGB I gelten auch sonstige Verwandte der geraden

aufsteigenden Linie, Stiefeltern sowie Pflegeeltern (die den Berechtigten als Pflegekind aufgenommen haben).

- **Gruppe 4:**
  Zur vierten Gruppe gehört der **Haushaltsführer** (§ 56 I Nr. 4 SGB I) des Anspruchsberechtigten. Als Haushaltsführer i.S.d. § 56 IV SGB I gilt diejenige Person, die den Haushalt des Berechtigten mindestens ein Jahr vor dessen Tod geführt hat und vom Anspruchsberechtigten überwiegend unterhalten worden ist.

11.6.2 Wirkungen der Sonderrechtsnachfolge

> **Haftung des Sonderrechtsnachfolgers (§ 57 SGB I)**

Der Sonderrechtsnachfolger

- haftet für Verbindlichkeiten des Verstorbenen
- gegenüber dem Leistungsträger (§ 57 II SGB I),
- sofern er nicht innerhalb von 6 Wochen nach Kenntnisnahme der Sonderrechtsnachfolge auf diese **verzichtet** hat (§ 57 I SGB I).

> **Verhältnis des bürgerlichen Rechts zum Sozialrecht**

Die Sonderrechtsnachfolge nimmt eine Sonderstellung im Verhältnis zu den erbrechtlichen Vorschriften des BGB ein. Insofern können fällige Ansprüche auf Geldleistungen auch nach den bürgerlich-rechtlichen Vorschriften vererbt werden, sofern diese nicht im Rahmen der Sonderrechtsnachfolge geltend gemacht werden oder einem Sonderrechtsnachfolger nicht zustehen (§ 58 I SGB I).

> **Erbrecht des Fiskus (§ 58 SGB I)**

Im Unterschied zum Erbrecht des Fiskus im bürgerlichen Recht (§ 1936 BGB) kann der Fiskus im Sozialrecht als gesetzlicher Erbe die Ansprüche nicht geltend machen (§ 58 2 SGB I).

11.7 Zusammenfassung

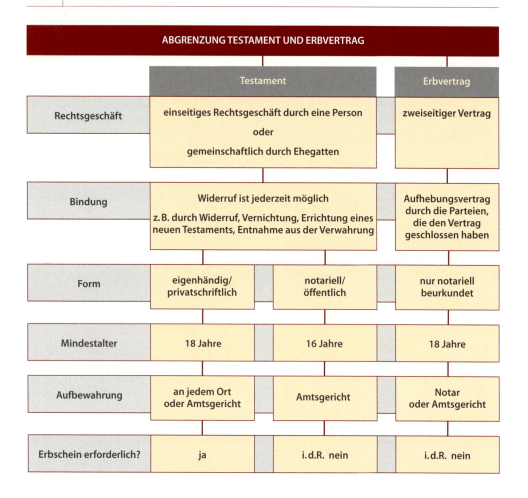

ABGRENZUNG TESTAMENT UND ERBVERTRAG

	Testament		Erbvertrag
Rechtsgeschäft	einseitiges Rechtsgeschäft durch eine Person oder gemeinschaftlich durch Ehegatten		zweiseitiger Vertrag
Bindung	Widerruf ist jederzeit möglich z.B. durch Widerruf, Vernichtung, Errichtung eines neuen Testaments, Entnahme aus der Verwahrung		Aufhebungsvertrag durch die Parteien, die den Vertrag geschlossen haben
Form	eigenhändig/ privatschriftlich	notariell/ öffentlich	nur notariell beurkundet
Mindestalter	18 Jahre	16 Jahre	18 Jahre
Aufbewahrung	an jedem Ort oder Amtsgericht	Amtsgericht	Notar oder Amtsgericht
Erbschein erforderlich?	ja	i.d.R. nein	i.d.R. nein

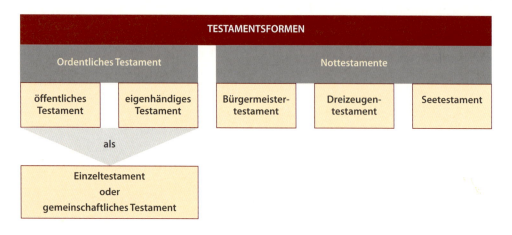

TESTAMENTSFORMEN

Ordentliches Testament		Nottestamente		
öffentliches Testament	eigenhändiges Testament	Bürgermeister-testament	Dreizeugen-testament	Seetestament

als

Einzeltestament
oder
gemeinschaftliches Testament

11.8 Fälle und Übungen

Aufgabe 1:

Frau Fiesig hinterlässt den Ehegatten Friedrich, die Kinder Fritz und Franz sowie ihre Eltern. Die Ehegatten lebten im gesetzlichen Güterstand. Frau Fiesig ernennt Frau Hämich zur Alleinerbin von 200.000,00 EUR.
Bestimmen Sie die Erbanteile!

Aufgabe 2:

Karl Kummer, 42, verstirbt plötzlich an einem Herzinfarkt. Er hat allerdings nicht testamentarisch verfügt, wer sein Vermögen in Höhe von 150.000,00 EUR erben soll.

Mit seiner Ehefrau Karla lebte er im Güterstand der Zugewinngemeinschaft. Er hinterlässt außerdem die Kinder Karlchen, Karlson, Karlotta und Karlinchen. In seinem Haushalt lebte außerdem sein Vater Karlo, der gerne an dem Erbe teilhaben möchte.

Bestimmen Sie die jeweiligen Erbanteile unter Angabe der Paragrafen!

Aufgabe 3:

Frederic (19) ist in Katja (21) verliebt. Diese erwidert jedoch seine Gefühle nicht in der Art, wie Frederic sich das vorstellt. Aus Liebeskummer nimmt er sich das Leben.

Bezüglich seines Vermögens (Stereoanlage, Mountainbike, Cabrio, Bargeld; Gesamtwert 20.000,00 EUR) hat er keine Verfügungen getroffen. Im Zeitpunkt des Erbfalls leben noch seine Mutter, sein Bruder und eine Tante.

Zu welchen Teilen ist das Erbe zu verteilen? Nehmen Sie zur Problematik der Verwertung der Gegenstände Stellung!

Aufgabe 4:

Ludwig Klüngel war 75 Jahre alt und noch sehr fit. Daher hatte der Witwer sich bisher nicht darum gekümmert, wie im Todesfall die Erbfolge zu regeln wäre. So gibt es keine Verfügungen seinerseits, wie sein Vermögen in Höhe von 320.000,00 EUR zu verteilen ist.

Er hinterlässt einen Sohn und dessen Ehefrau, aus deren Ehe zwei Kinder hervorgegangen sind. Seine Tochter hat Herr Klüngel überlebt, aber deren Ehemann und die beiden Kinder leben noch.

Außerdem lebt noch Opa Karl, der Vater von Ludwig, der in diesem Jahr seinen hundertsten Geburtstag feiert und gerne am Erbe teilhaben möchte.

Stellen Sie dar, zu welchen Teilen das Erbe zu verteilen ist!

Aufgabe 5:

Die Eheleute Stefan und Sabine Schreckenstein leben in ständigem Streit. Daher beantragt Stefan Schreckenstein beim zuständigen Familiengericht die Scheidung. Der Scheidungsantrag wird fristgerecht der Ehefrau zugestellt.

Insgesamt nimmt Herrn Schreckenstein die ganze Angelegenheit psychisch ungemein mit. Daher ist er im Straßenverkehr unachtsam und verursacht einen schweren Verkehrsunfall. Seinen tödlichen Verletzungen erliegt er noch auf dem Weg ins Krankenhaus.

Neben seiner Ehefrau hinterlässt er nur noch seine Schwester Stefanie Frankenstein (geb. Schreckenstein).

Erläutern Sie, wer zu welchen Bruchteilen erbt!

Aufgabe 6:

Prüfen Sie, ob in den folgenden Fällen gültige Testamente errichtet wurden! Begründen Sie Ihre Antwort unter Angabe der gesetzlichen Vorschriften!

a. Peter Pupille hat ein schweres Augenleiden. Geschriebenes kann er nur schemenhaft erkennen. Daher sucht er Notar Klug auf und erklärt vor diesem seinen letzten Willen zur Niederschrift.

   Notar Klug liest abschließend den Text noch einmal vor und Peter Pupille erklärt seine ausdrückliche Zustimmung zu dem Entwurf, den er auch sofort unterschreibt. Abschließend wird die Niederschrift vom Notar unterschrieben.

b. Notar Schlau (München) wird von dem Chinesen Chen Zen Feng aufgesucht. Dieser übergibt ihm in offener Schrift seinen letzten Willen, den er in chinesischen Schriftzeichen verfasst hat, und bittet um Beurkundung eines öffentlichen Testaments. Notar Schlau ist der chinesischen Sprache weder in Wort noch Schrift mächtig.

c. Berta Bräsig erstellt am 15. November ein eigenhändiges Testament. Sie beachtet dabei alle geltenden Formvorschriften. Am 30. November wird sie 18 Jahre alt.

d. Fallvariation zu c.: Berta Bräsig unterschreibt ihr Testament am 01. Dezember noch einmal.

Aufgabe 7:

Als Nadja und Norbert Schlau heiraten, bekommt Nadja von ihren Eltern ein hochwertiges 88-teiliges Silberbesteck. Die beiden erhalten außerdem von ihren Gästen u. a. zwei silberne Kerzenleuchter und teure Tischdecken. Aus beruflichen Gründen – Norbert ist Rechtsanwalt – entsteht außerdem in seinem Arbeitszimmer eine umfangreiche Bibliothek mit Fachliteratur. Ihr neu gebautes Haus statten die beiden nur mit den neuesten elektrischen Geräten aus.

Nach dem Tod von Norbert möchte Nadja das Silberbesteck, die Hochzeitsgeschenke, den gesamten Bibliotheksbestand und die Ausstattung des Hauses behalten.

Prüfen Sie unter Angabe der Paragrafen, ob sie diesen Anspruch wird durchsetzen können!

Aufgabe 8:

Friedobald Fritzenkötter hat u.a. in seinem Testament bestimmt, dass sein Sohn Friedbert Alleinerbe werden soll. Der alte Skatkumpel Stefan Stulpe soll jedoch die Pokalsammlung sowie das historische Skatspiel erhalten.

Prüfen Sie, ob Stulpe mit dem Ableben Friedobald Fritzenkötters Eigentümer der für ihn bestimmten Sachen geworden ist!

Aufgabe 9:

Lesen Sie sich den nebenstehenden (fiktiven) Zeitungstext bitte zunächst sorgfältig durch.

Stellen Sie nun dar,

a. wie die hinterbliebene Ehefrau und die zwei minderjährigen Kinder vorgehen müssen, um bei Fehlen eines Testaments ihr Erbrecht ausüben zu können;

b. welche Informationen der Todeserklärung dafür benötigt werden.

Bankier von Gericht für tot erklärt

Frankfurt – Der verschwundene Bankier Bernhard Stein-Reich wurde vom Amtsgericht Frankfurt nach Aussage des Gerichtssprechers für tot erklärt.

Obwohl die Leiche des 45-Jährigen bisher nicht gefunden werden konnte, ließ die Beweislage im Strafprozess keinen anderen Schluss zu.

...

12   Arbeitsrecht

12.1   Überblick

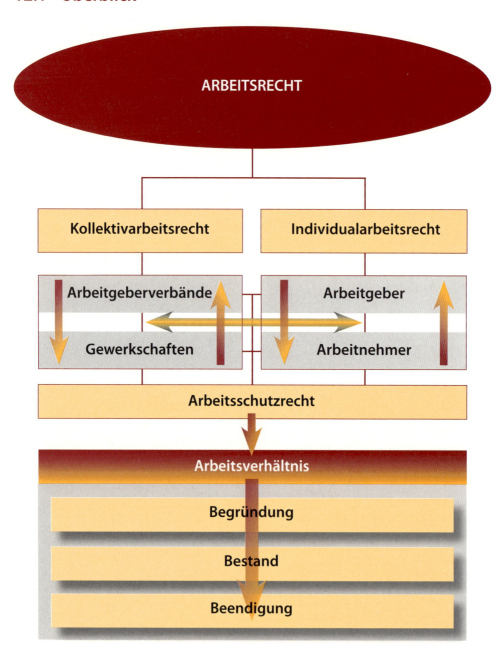

Das Arbeitsrecht ist ein eigenständiges Rechtsgebiet. Es regelt die Rechtsbeziehungen der Arbeitsvertragsparteien. Alle arbeitsrechtlichen Vorgänge haben einen Bezug zu wirtschaftlichen Sachverhalten und können daher nicht isoliert von anderen wirtschaftsrechtlichen Gebieten betrachtet werden.

Beispiel

In der Insolvenz gelten ganz spezielle arbeitsrechtliche Vorschriften, wie das dreimonatige Kündigungsrecht durch den Insolvenzverwalter gem. § 113 InsO (s. 12.2.6.1).

Das Arbeitsrecht in seinen Ausprägungen „individuelles Arbeitsrecht" und „kollektives Arbeitsrecht" ist Teil der sozialen Marktwirtschaft. Bestimmte arbeitsrechtliche Vorschriften sind direkt aus dem Grundgesetz abgeleitet.

Beispiel

Die Tarifautonomie ist Teil des kollektiven Arbeitsrechts. Sie leitet sich aus dem Grundgesetz her.

Das Arbeitsrecht ist systemkonform, systemgebunden und systemgestaltend. Im Mittelpunkt steht seine spezielle Bedeutung für den einzelnen Arbeitnehmer als das Sonder(-schutz-)recht der Arbeitnehmer. In einer Marktwirtschaft ist das Kräfteverhältnis zwischen Arbeitgeber und Arbeitnehmer in der Regel unausgewogen. Der Arbeitnehmer als der wirtschaftlich und sozial Schwächere soll in bestimmten Fragen gegenüber dem Arbeitgeber geschützt werden.

Eine Ausprägung hiervon ist das **Günstigkeitsprinzip.** Bei mehreren oder mehrdeutigen Regeln ist grundsätzlich die für den Arbeitnehmer günstigere auszuwählen.

Beispiel

Eine Sonderstellung nimmt das Arbeitsschutzrecht ein, das den Arbeitnehmer vor den Gefahren arbeitsbedingter gesundheitlicher Schäden schützen soll. Das Arbeitsschutzrecht normiert bestimmte Mindeststandards, durch die der Arbeitnehmer vor gesundheitlichen Gefahren am Arbeitsplatz geschützt werden muss.

Aufbauend auf den im Grundgesetz verankerten Sozialstaats- und Demokratieprinzipien werden durch das Arbeitsrecht die vorhandenen Nachteile des Arbeitnehmers bei Abschluss, Durchführung und Beendigung seines Arbeitsverhältnisses ausgeglichen.

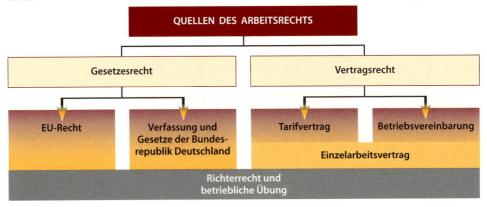

Es gibt kein einheitliches Gesetz, in dem die arbeitsrechtlichen Vorschriften zusammengefasst sind. Eine Vielzahl von Gesetzen kann zum Bereich Arbeitsrecht gezählt werden. Da aber nicht jede Arbeit unter das Arbeitsrecht fällt, ist die **abhängige Tätigkeit** das gemeinsame Band, das die entsprechenden Normen zusammenhält. Zusätzlich spielt die höchstrichterliche Rechtsprechung im Arbeitsrecht eine außerordentliche Rolle. Leitsätze des Bundesarbeitsgerichtes, des Bundesverfassungsgerichtes und auch des Europäischen Gerichtshofes füllen die „Löcher" im Arbeitsrecht. In der Praxis orientieren sich die Instanzgerichte sehr stark an der höchstrichterlichen Rechtsprechung.

KOLLEKTIVES UND INDIVIDUELLES ARBEITSRECHT

Das kollektive Arbeitsrecht

Parteien: ■ Arbeitgeberverbände
⠀⠀⠀⠀⠀⠀■ Arbeitnehmerverbände
Ziel: ⠀⠀Interessenausgleich im
⠀⠀⠀⠀⠀⠀Rahmen von Tarifverträgen

Für beide Parteien ist es vorteilhaft, nicht einzeln auf der Basis zahlreicher Einzelverträge, sondern gemeinschaftlich ein Verhandlungsergebnis zu erzielen.

Beispiel
Die Gewerkschaft IG Metall und der Arbeitgeberverband Gesamtmetall verhandeln einen neuen Flächentarifvertrag.

Der Betriebsrat der Maschinen-Bau AG verhandelt mit dem Vorstand der Gesellschaft ein neues Gehaltssystem.

Der einzelne Arbeitnehmer hat nicht die Verhandlungsmacht, um seine berechtigten Interessen gegenüber dem jeweiligen Arbeitgeber durchzusetzen. Für die Arbeitgeber bedeutet es eine erhebliche Vereinfachung, wenn sie nicht mit jedem Arbeitnehmer einzeln verhandeln müssen, sondern nur mit einer einzelnen Partei.

Das individuelle Arbeitsrecht

Parteien: ■ Arbeitgeber
⠀⠀⠀⠀⠀⠀■ Arbeitnehmer
Ziel: ⠀⠀Interessenausgleich im Rahmen von Arbeitsverträgen

Beispiel
Dem Arbeitnehmer Ferdinand Fritzenkötter der Maschinen-Bau AG wird wegen unentschuldigten Fehlens am Arbeitsplatz fristlos gekündigt.

Individual- oder kollektivrechtliche Vereinbarungen und Maßnahmen dürfen die Betroffenen nicht benachteiligen (z. B. wegen ethnischer Herkunft, Geschlecht, Religion, Behinderung, Alter, sexueller Identität) → §§ 1, 2 AGG!

12.2 Individuelles Arbeitsrecht

12.2.1 Der Arbeitsvertrag als Grundlage des Arbeitsverhältnisses

12.2.1.1 Abgrenzung

> ➤ **Definition Arbeitsverhältnis**

Das Arbeitsverhältnis wird definiert als
- Gesamtheit aller Rechtsbeziehungen, die zwischen
- dem Arbeitgeber und
- dem Arbeitnehmer durch
- den Arbeitsvertrag begründet werden.

> ➤ **Definition Arbeitsvertrag**

Der Arbeitsvertrag ist die Grundlage für die rechtlichen Beziehungen zwischen Arbeitnehmer und Arbeitgeber. Er enthält gesetzlich vorgeschriebene Bestandteile, kann aber auch dispositive Elemente, die über die gesetzlichen Vorschriften hinausgehen, enthalten.

Beispiel

Regelmäßig enthält der Arbeitsvertrag Bestimmungen über das Entgelt, den Urlaub, die (stichwortartige) Arbeitsbeschreibung und sonstige Sonderregelungen. Diese Sonderregelungen können insbesondere enthalten, dass bestimmte (Teil-)Entgeltleistungen für die Arbeitskraft nicht in Geld geleistet werden. Das bekannteste Instrument hierfür ist der Firmen-PKW, der auch privat genutzt werden kann. Aber auch Erfolgsbeteiligungen in Form von sonstigen Boni, Aktien oder Optionen kommen immer häufiger vor.

> ➤ **Der Arbeitsvertrag als Sonderform des Dienstvertrages**

In seiner Grundform entspricht der Arbeitsvertrag dem Dienstvertrag gem. § 611 BGB. Es gibt eine Partei, die Dienste zusagt und diese leisten muss, während die andere Partei zur Gewährung der vereinbarten Vergütung verpflichtet ist. Entscheidend für die Abgrenzung zwischen Arbeitsvertrag und Dienstvertrag (z. B. „freier" Mitarbeiter) ist der Grad der Abhängigkeit. Er konkretisiert sich durch das Weisungsrecht des Arbeitgebers und die für den Arbeitnehmer typische zeitliche und räumliche Eingliederung in den Betrieb.

12.2.1.2 Prinzipien der Vertragsgestaltung

> ➤ **Grundsatz**

Der Arbeitsvertrag regelt die wesentlichen Aspekte der Begründung, des Bestandes und der Beendigung eines Arbeitsverhältnisses. Für den Arbeitsvertrag gilt der Grundsatz der **Vertrags- und Abschlussfreiheit** unter Berücksichtigung des § 2 AGG.

> **Ausnahmen**

Ein Kontrahierungszwang (Pflicht zur Annahme eines Angebotes) besteht in zwei Ausnahmefällen:

1. Der Auszubildende, der Mitglied in einer Jugendvertretung ist, kann gem. § 78 a I BetrVG innerhalb der letzten drei Monate vor Beendigung des Ausbildungsverhältnisses Weiterbeschäftigung verlangen.
2. Sofern ein Entleiher von Arbeitskräften nicht die notwendige Erlaubnis besitzt, kommt nach § 10 AÜG zwischen dem entliehenen Arbeitnehmer und dem aufnehmenden Arbeitgeber ein Arbeitsverhältnis zustande.

> **Gestaltungsfreiheit**

Die **Gestaltungsfreiheit** findet ihre Grenzen in den sonstigen arbeitsrechtlichen Vorschriften wie z. B. den Arbeitsschutzgesetzen, den Tarifverträgen oder Betriebsvereinbarungen. Bei der Verwendung formularmäßiger Arbeitsverträge unterliegen sie der Inhaltskontrolle des § 310 IV BGB. Dabei sind die arbeitsrechtlichen Besonderheiten zu berücksichtigen.

> **Formfreiheit**

Der Arbeitsvertrag ist nicht an eine bestimmte Form gebunden. Mögliche Formen sind z. B. schriftliche, mündliche oder durch konkludentes Handeln abgeschlossene Arbeitsverträge.

Erforderlich für den wirksamen Abschluss des Arbeitsvertrages ist die Geschäftsfähigkeit nach den allgemeinen Bestimmungen des BGB. Mit Abschluss des Arbeitsvertrages ist das Arbeitsverhältnis begründet.

12.2.2 Beteiligte Parteien

12.2.2.1 Arbeitgeber

Arbeitgeber ist, wer mindestens einen Arbeitnehmer beschäftigt. Damit ist zunächst zu klären, was ein Arbeitnehmer ist.

12.2.2.2 Arbeitnehmer

> **Arbeitnehmereigenschaft**

Verschiedene Arbeitnehmerdefinitionen finden sich in Gesetzen und der Rechtsprechung:

- In **§ 2 II ArbZG** und **§ 5 I BetrVG** sind Arbeitnehmer als Arbeiter und Angestellte sowie als zur Berufausbildung Beschäftigte aufgeführt. **§ 1 I LStDV** definiert als Arbeitnehmer diejenigen Personen, die in einem privaten oder öffentlichen Dienstverhältnis (s. §§ 611 ff. BGB) beschäftigt sind bzw. waren und aus diesem oder einem früheren Dienstverhältnis Arbeitslohn beziehen.
- Die **Rechtsprechung** hat den Arbeitnehmer als denjenigen konkretisiert, der aufgrund eines privatrechtlichen Vertrages unselbstständig und fremdbestimmt Arbeit leistet.

Merkmale der Arbeitnehmereigenschaft:

- Unselbstständigkeit
- Fremdbestimmtheit
- wirtschaftliche Abhängigkeit vom Arbeitgeber
- Tätigkeit muss nicht den gesamten Lebensunterhalt des Arbeitnehmers decken
- Tätigkeit ist nicht erfolgsabhängig, sondern erfolgsorientiert (Arbeitnehmer schuldet hierbei eine „durchschnittliche" Leistung, die mit der Leistung anderer Arbeitnehmer vergleichbar ist)

➤ Fehlende Arbeitnehmereigenschaft

Etwas leichter lässt sich abgrenzen, wer **nicht** Arbeitnehmer ist:

- **Vorstände und Aufsichtsräte** unterliegen keinen Weisungen und sind daher keine Arbeitnehmer.
- Auch **Geschäftsführer** sind regelmäßig keine Arbeitnehmer. Nur in seltenen Fällen, wenn der Geschäftsführer nicht weisungsfrei arbeiten kann (so genannter Titulargeschäftsführer), kann auch beim Geschäftsführer die Arbeitnehmereigenschaft bejaht werden. In diesen Fällen sind sehr oft die Gesellschafter die faktischen Geschäftsführer. Jeder Gesellschafter kann aber auch Arbeitnehmer der Gesellschaft sein. Auf seine Beteiligung kommt es für die Arbeitnehmereigenschaft nicht an.

  Beispiel | Peter Wiebe ist Geschäftsführer der Maschinen-Bau GmbH. Er ist am Geschäftsvermögen des Unternehmens nur mit 3% beteiligt und stark den Weisungen der anderen Gesellschafter unterworfen. Er gilt dennoch nicht als Arbeitnehmer (s. Urteil des OLG Jena vom 14.03.2001 – 7 U 913/00).

- Die im HGB aufgeführten **Handelsvertreter** (§ 84 I HGB) und **Kommissionäre** (§ 383 I HGB) üben eine selbstständige Tätigkeit aus und sind daher keine Arbeitnehmer.
- **Beamte, Soldaten** und **Richter** fallen wegen des öffentlich-rechtlichen Arbeitsverhältnisses nicht unter den arbeitsrechtlichen Begriff des Arbeitnehmers.

12.2.2.3 Arbeitnehmerähnliche Personen

➤ Definition

Als **arbeitnehmerähnliche Personen** werden Personen bezeichnet, die zwar nicht persönlich, aber wirtschaftlich von einem Arbeitgeber abhängig sind. Sie werden in bestimmten Bereichen des Arbeitsrechts dem Arbeitnehmer gleichgestellt.

➤ Heimarbeitsverhältnisse

Bei **Heimarbeitsverhältnissen** findet das Arbeitsrecht nur begrenzte Anwendung. Heimarbeiter werden aufgrund eines Dienst-, Kauf- oder Werkvertrages tätig (§ 2 HAG). Allerdings ist für Streitigkeiten aus dem Heimarbeitsverhältnis das Arbeitsgericht zuständig.

➤ Auszubildende

Eine weitere Sonderstellung nehmen die zur **Berufsausbildung** eingestellten Personen ein. Für sie gilt das Berufsbildungsgesetz. Bei diesen Beschäftigungsverhältnissen steht gerade der Ausbildungsaspekt und nicht die erfolgsorientierte Tätigkeit im Vordergrund.

➤ Weitere Kriterien

In Zweifelsfällen werden die folgenden Kriterien geprüft:

- die Eigenschaften als Alleinunternehmer,
- die Bindung an lediglich einen oder überwiegend an einen Auftraggeber,
- die typische Arbeitsleistung,
- die typischen Merkmale unternehmerischen Handelns (risikobehaftet und gewinn-orientiert) sowie
- das Verhältnis zwischen tatsächlich angestellten Mitarbeitern und der ausgeführten Arbeitsleistung.

12.2.2.4 Arbeiter und Angestellte

➤ Definition

- Der **Arbeiter** führt überwiegend körperliche Arbeiten aus.
- Der **Angestellte** führt überwiegend geistige Tätigkeiten aus.

➤ Leitende Angestellte

Eine gesetzliche Sonderstellung nehmen allerdings die **leitenden** Angestellten im Rahmen des BetrVG ein. Sie sind Angestellte des Unternehmens, üben aber **arbeitge-berähnliche Funktionen** aus. Allein die Bezeichnung „Abteilungsleiter" ist allerdings noch kein hinreichendes Indiz für einen leitenden Angestellten. Ausschlaggebend ist vielmehr, dass der Angestellte in seinem Handeln dem Unternehmer gleichgestellt ist. Der Umfang der ihm eingeräumten Handlungsvollmacht/Weisungsbefugnis (§ 5 III BetrVG) kann als Maßstab für die Eigenschaft als leitender Angestellter dienen.

Beispiel Der Prokurist Carl Clever der Maschinen-Bau GmbH leitet selbstständig den Geschäftsbereich Maschinenbau mit 1.000 Mitarbeitern. Seine Prokura ist nicht eingeschränkt. Ohne weitere Rücksprache kann er Mitarbeiter einstellen und entlassen. Clever ist leitender Angestellter.

12.2.3 Begründung des Arbeitsverhältnisses

12.2.3.1 Einstellungsverfahren

Vor dem eigentlichen Beginn des Arbeitsverhältnisses steht die Einstellungspro-zedur. Sie kann als Aufnahme von Vertragsverhandlungen gesehen werden. Diese begründen zwischen Arbeitgeber und dem potenziellen Arbeitnehmer eine vorver-tragliche Sonderbeziehung, die durch ein besonderes Vertrauensverhältnis geprägt ist. Daraus ergeben sich für beide Parteien Rechte und Pflichten. Diese Rechte und Pflichten sind nicht von dem Zustandekommen eines späteren Arbeitsverhältnisses abhängig. Beide Parteien haben wie bei jeder vorvertraglichen Verhandlung in der Vertrags-anbahnungsphase ein besonderes Informationsbedürfnis. Dabei sind die strengen Vorschriften des BDSG (insb. §§ 4, 4 a BDSG) sowie des AGG (insb. §§ 7 – 11 AGG) zu beachten.

Eine Besonderheit des Arbeitsrechts sind die **Offenbarungspflichten,** die die Parteien während der Vertragsanbahnung treffen. Viele Auseinandersetzungen gibt es regelmäßig über die **Zulässigkeit bestimmter Fragen.** Grundsätzlich können die Beteiligten Fragen zu allen Lebensbereichen stellen. Die Grenze ist das grundgesetzlich geschützte Recht auf **informationelle Selbstbestimmung.** Meist ist es die Arbeitgeberseite, die durch unerlaubte Fragen versucht, Auskünfte über die Lebensumstände des Bewerbers zu bekommen.

Wenn der Arbeitgeber kein berechtigtes, billigenswertes und schutzwürdiges Interesse an der verlangten Auskunft hat, bleiben Falschauskünfte folgenlos. Handelt es sich dagegen um zulässige Fragen, müssen die Antworten wahrheitsgemäß ausfallen. Wenn falsche Auskünfte auf zulässige Fragen erteilt werden, kann der Arbeitgeber den geschlossenen Arbeitsvertrag wegen arglistiger Täuschung anfechten. Voraussetzung ist allerdings, dass die falsche Auskunft für das Zustandekommen des Arbeitsvertrages von wesentlicher Bedeutung war.

Beispiel | Die Frage, ob der Bewerber für die frei gewordene Stelle in der Buchhaltung eines Maschinenbaubetriebes Vegetarier ist, spielt für das Arbeitsverhältnis keine Rolle. Sie kann falsch beantwortet werden.

Die Frage könnte berechtigt sein, wenn die besonderen Marktumstände des Unternehmens es erfordern.

- **Die Frage nach Vorstrafen und Ermittlungsverfahren ...**
  ... ist bei Positionen zulässig, die mit besonderem Vertrauen in die Integrität des Bewerbers verbunden sind.

  Beispiel | Der Bewerber für eine Stelle als Fahrer bei einem Geldtransportunternehmen wird gefragt, ob irgendwelche Vorstrafen vorliegen. Daraufhin verschweigt er, dass er wegen Beihilfe zu räuberischer Erpressung rechtskräftig verurteilt wurde. Der Arbeitgeber hatte ein berechtigtes Interesse an dieser Frage und kann wegen des rechtswidrigen Verhaltens den geschlossenen Vertrag wegen arglistiger Täuschung anfechten. Ein rechtswidriges Verhalten liegt aber nicht vor, wenn die gestellte Frage unzulässig war.

- **Die Frage nach einer bestehenden Schwangerschaft ...**
  ... ist grundsätzlich unzulässig, da sie dem Diskriminierungsverbot der §§ 1, 2 I Nr. 1 AGG widerspricht. Eine Offenbarungspflicht ist ebenfalls nicht gegeben. Der Arbeitgeber kann zwar fragen, aber eine Verpflichtung zur wahrheitsgemäßen Beantwortung gibt es nicht.

Eine Schwangere bewirbt sich als Lagerarbeiterin in einem Getränkehandel. Die auszuführende Tätigkeit umfasst auch das Heben voller Getränkekisten. Durch das MuSchG darf der Arbeitgeber die Schwangere an diesem Arbeitsplatz während der Schwangerschaft nicht einsetzen. Dennoch ist die Frage nach der Schwangerschaft bei Einstellung unzulässig.

■ **Die Frage nach einer Schwerbehinderung ...**

... ist unzulässig, da sie gegen das Diskriminierungsverbot der § 81 II Nr. 1 SGB IX, § 1 AGG verstößt. Allerdings kann der Arbeitgeber bewusst freie Arbeitsplätze mit schwerbehinderten Arbeitnehmern besetzen (§ 81 I SGB IX).

Der Arbeitgeber hat nicht genügend Schwerbehinderte eingestellt und ihm droht die Zahlung der Schwerbehinderten-Abgabe. Daher möchte er die vakante Position mit einem Schwerbehinderten besetzen.

■ **Die Frage nach dem bisherigen Gehalt ...**

... ist eingeschränkt zulässig.

Dass der Bewerber im vorherigen Arbeitsverhältnis deutlich mehr verdient hat, hat keinen rechtlichen Einfluss auf die nun festzulegende Vergütung.

■ **Die Frage nach bestehenden Krankheiten ...**

... ist zulässig. Eine Offenbarungspflicht besteht für den Bewerber, wenn die bestehende Krankheit die Ausübung der Tätigkeit offensichtlich vereitelt.

■ **Die Frage nach dem beruflichen Werdegang ...**

... ist wahrheitsgemäß zu beantworten.

■ **Die Frage nach den Vermögensverhältnissen ...**

... ist regelmäßig nicht zulässig, es sei denn, die ausgelobte Stelle setzt ein besonderes Interesse des Arbeitgebers voraus.

Der Bankkassierer übt eine Tätigkeit aus, für die die Vermögensverhältnisse wegen der besonderen Vertrauensstellung eine Rolle spielen könnten.

■ **Die Frage nach der Familienplanung ...**

... ist unzulässig.

■ **Die Frage nach Gewerkschafts-, Partei- und Konfessionszugehörigkeit ...**

... ist nur in so genannten Tendenzbetrieben zulässig. Dies sind Betriebe, die bestimmte weltanschauliche Ansichten vertreten (dürfen).

Der katholische Kindergarten „Sonnenschein" sucht eine neue Kindergärtnerin. Wegen der besonderen weltanschaulichen Ausrichtung des Kindergartens ist die Frage nach der Konfession erlaubt.

Wegen der vorvertraglichen Schutz- und Obhutspflichten muss der Arbeitgeber

- den Bewerber rechtzeitig von einer für ihn negativen Auswahlentscheidung unterrichten,
- den Bewerber von nutzlosen Aufwendungen bei der Vertragsanbahnung abhalten,
- Verschwiegenheit bewahren (gilt auch für den Bewerber!),
- die dem Bewerber im Rahmen des Bewerbungsverfahrens entstandenen Auslagen ersetzen.

12.2.3.2 Nachweisgesetz

> ▶ **Definition und Erfordernis**

Das NachwG

- verpflichtet den Arbeitgeber,
- dem Arbeitnehmer
- bis spätestens einen Monat nach dem vereinbarten Beginn des Arbeitsverhältnisses
- eine schriftliche,
- von ihm unterzeichnete Niederschrift
- über die wesentlichen Vertragsbedingungen auszuhändigen.

Werden die Arbeitsbedingungen geändert, muss der Arbeitnehmer erneut schriftlich unterrichtet werden. Der schriftliche Nachweis gilt vor allem der Rechtssicherheit bezüglich des Inhalts des Arbeitsverhältnisses.

> ▶ **Mindestinhalt des Arbeitsvertrages**

Der Arbeitgeber wird durch das NachwG verpflichtet, dem Arbeitnehmer wenigstens folgende Bedingungen des Arbeitsvertrages schriftlich nachzuweisen (§ 2 I NachwG):

- Name und Anschrift der Vertragsparteien,
- Zeitpunkt des Beginns des Arbeitsverhältnisses,
- bei befristeten Arbeitsverhältnissen die vorhersehbare Dauer,
- die Angabe des Arbeitsortes,
- die Bezeichnung oder allgemeine Beschreibung der vom Arbeitnehmer zu leistenden Tätigkeit,
- die Zusammensetzung, Höhe und Fälligkeit des Arbeitsentgelts einschließlich Zuschläge, Zulagen, Prämien und Sonderzulagen,
- die regelmäßige wöchentliche oder tägliche Arbeitszeit,
- die Dauer des jährlichen Erholungsurlaubs,
- die Fristen für die Kündigung des Arbeitsverhältnisses sowie
- einen allgemeinen Hinweis auf Tarifverträge und Betriebsvereinbarungen, die auf das konkrete Arbeitsverhältnis anzuwenden sind.

▶ Auslandseinsatz des Arbeitnehmers

Wird ein Arbeitnehmer länger als einen Monat im Ausland eingesetzt, dann müssen zusätzlich die im Folgenden genannten Punkte in die Niederschrift aufgenommen werden (§ 2 II NachwG):

- die Dauer der Auslandtätigkeit,
- die Währung, in der das Arbeitsentgelt ausbezahlt wird,
- zusätzliche, an den Auslandsaufenthalt gekoppelte Geld- und Sachleistungen und
- vereinbarte Bedingungen für die Rückkehr des Arbeitnehmers.

▶ Änderungen während der Vertragslaufzeit

Werden während des Arbeitsverhältnisses wesentliche Vertragsbedingungen geändert, dann müssen diese dem Arbeitnehmer spätestens einen Monat nach der jeweiligen Änderung schriftlich mitgeteilt werden (§ 3 NachwG). Dies gilt nicht bei einer Änderung der gesetzlichen Vorschriften, Tarifverträge und Betriebsvereinbarungen. Mit dieser Verpflichtung zur kontinuierlichen Anpassung soll dem Arbeitnehmer ermöglicht werden, sich jederzeit über die wesentlichen Vertragsbedingungen informieren zu können.

▶ Fehlen der Schriftform

Natürlich kann ein Arbeitsvertrag auch ohne Einhaltung einer Form geschlossen werden, z.B. mündlich oder stillschweigend durch schlüssiges Handeln. Wer aber keinen schriftlichen Vertrag abschließt, hat Beweisprobleme, wenn es Streit über die Dauer des Urlaubs, die Höhe von Zulagen u.a. gibt. Kommt es zum Streit mit dem Arbeitgeber vor Gericht, dann ist der Arbeitgeber hierfür beweispflichtig.

Wer keinen schriftlichen Arbeitsvertrag hat, kann einen schriftlichen Nachweis vom Arbeitgeber verlangen, der binnen zwei Monaten ausgehändigt werden muss. Eine Verpflichtung des Arbeitgebers, von sich aus zu handeln, besteht nicht.

Für den Fall, dass ein Arbeitgeber sich weigert, den Nachweis zu erstellen, steht dem Arbeitnehmer der Weg zu den Arbeitsgerichten offen, wo er den Nachweis einklagen und ggf. Schadensersatz geltend machen kann. Ein Schadensersatzanspruch kommt z.B. in Betracht, wenn ein Anspruch des Arbeitnehmers, den dieser nicht kennen konnte (der Arbeitgeber hatte den Nachweis auf den anzuwendenden Tarifvertrag versäumt), wegen tarifvertraglicher Ausschlussfrist verfällt.

Von diesen Regelungen kann nicht zu Lasten des Arbeitnehmers abgewichen werden (§ 5 NachwG).

12.2.3.3 Exkurs: Arbeitsverhältnisse nach dem Berufsbildungsrecht

▶ Grundlagen

Das BBiG enthält eine einheitliche Regelung der verschiedenen betrieblichen Ausbildungsformen. Dazu gehört im Wesentlichen das Berufsausbildungsverhältnis, während Teilbereiche des BBiG auch auf andere Berufsausbildungsverhältnisse angewandt werden können. Öffentlich rechtliche Dienstverhältnisse (im Bereich der Berufsausbildung) sind vom Geltungsbereich des BBiG ausgenommen.

▶ Duales System und Schulbesuch

Der Schwerpunkt der Berufsausbildung liegt in der betrieblichen Ausbildung, die im dualen System durch eine schulische Ausbildung ergänzt wird.

Die Verpflichtung zum Berufsschulbesuch ergibt sich aus der öffentlich-rechtlichen Schulpflicht, aus den jeweiligen Landesgesetzen und gleichzeitig als vertragliche Verpflichtung aus dem Berufsausbildungsverhältnis.

BEISPIELE VON MÖGLICHEN RECHTSVERHÄLTNISSEN NACH DEM BBIG			
Berufsausbildungs-verhältnis	**Praktikum**	**Berufliche Fortbildung**	**Berufliche Umschulung**
Das Berufsausbildungsverhältnis dient der Vorbereitung auf eine Tätigkeit in einem staatlich anerkannten Ausbildungsberuf. Es soll eine breit angelegte berufliche Bildung erfolgen, durch die die für die Ausübung einer qualifizierten beruflichen Tätigkeit notwendigen fachlichen Fertigkeiten und Kenntnisse vermittelt werden.	Das Praktikum ist ein Ausbildungsverhältnis im Rahmen einer schulischen Ausbildung (z. B. Zulassung zum Studium). Das Praktikantenverhältnis kann als Ausbildungsverhältnis gestaltet sein – mit der Folge, dass das Arbeitsrecht einschließlich des BBiG anzuwenden ist. Der Arbeitgeber soll dem Praktikanten Gelegenheit geben, sich die erforderlichen Kenntnisse zu verschaffen. Damit einher geht der Nachweis der Praktikantenzeit als Zulassungsvoraussetzung. Gemäß §§ 17, 26 BBiG haben Volontäre und Praktikanten Anspruch auf Vergütung.	Eine berufliche Fortbildung soll ermöglichen, die beruflichen Kenntnisse und Fertigkeiten zu erweitern, sie der technischen Entwicklung anzupassen oder beruflich aufzusteigen.	Eine berufliche Umschulung soll hingegen zu einer anderen beruflichen Tätigkeit befähigen. Nach Inhalt, Art, Ziel und Dauer muss die Maßnahme in einer Umschulung den besonderen Anforderungen der beruflichen Erwachsenenbildung entsprechen.

▶ Ausbildungsvertrag

Das Berufsausbildungsverhältnis wird durch einen Vertrag begründet, der auch formlos wirksam ist.

Der Ausbildende hat jedoch die Verpflichtung, den wesentlichen Inhalt der Berufsausbildung spätestens vor Beginn der Berufsausbildung schriftlich niederzulegen und in das von der zuständigen Stelle für anerkannte Ausbildungsberufe eingerichtete Verzeichnis der Berufsausbildungsverhältnisse einzutragen. Die Niederschrift dient sowohl der Überwachung einer geordneten Berufsausbildung als auch dem Schutz des Auszubildenden.

Keine Geld-zurück-Garantie

Klauseln in Ausbildungsverträgen, nach denen der Auszubildende bei vorzeitiger Kündigung die bisher angefallenen Ausbildungskosten zurückzahlen muss, sind ungültig.

Aktenzeichen: 9 AZR 610/05 (BAG-Urteil vom 11.04.2006)

Der **Inhalt des Berufsausbildungsvertrages** ergibt sich aus § 11 BBiG:
- Art, sachliche und zeitliche Gliederung sowie Ziel der Berufsausbildung, insbesondere die Berufstätigkeit, für die ausgebildet werden soll,
- Beginn und Dauer der Berufsausbildung,
- Ausbildungsmaßnahmen außerhalb der Ausbildungsstätte,
- Dauer der regelmäßigen Ausbildungszeit,
- Dauer der Probezeit,
- Zahlung und Höhe der Vergütung sowie
- Dauer des Urlaubs.

Weitergehende Regelungen können sich aus bestehenden Tarifverträgen ergeben.

▶ Rechte und Pflichten der Vertragsparteien

Die Rechte und Pflichten der Parteien des Berufsausbildungsvertrages sind in den §§ 14ff. BBiG bestimmt. Der hauptsächliche Inhalt des BBiG besteht in der Forderung nach der Vermittlung einer beruflichen Grundausbildung. Die Hauptleistungspflichten aus dem Berufsausbildungsvertrag sind:

- die **Ausbildungspflicht des Ausbildenden:** Der Ausbildende hat dafür zu sorgen, dass dem Auszubildenden Fertigkeiten und Kenntnisse vermittelt werden, die zum Erreichen des Ausbildungszieles erforderlich sind, und die Berufsausbildung in einer durch ihren Zweck gebotenen Form planmäßig, zeitlich und sachlich gegliedert so durchzuführen, dass das Ausbildungsziel in der vorgesehenen Ausbildungszeit erreicht werden kann.
- die **Lernpflicht des Auszubildenden.**

Am Anfang des Berufsausbildungsverhältnisses steht die **Probezeit,** die mindestens 1 Monat und höchstens 4 Monate beträgt (§ 20 BBiG). Die Probezeit dient dem Zweck, festzustellen, ob der Auszubildende sich für die vorgesehene Berufsausbildung eignet.

Das Berufsausbildungsverhältnis endet mit dem Ablauf der Ausbildungszeit und ist deshalb als **befristetes Arbeitsverhältnis** anzusehen. Besteht der Auszubildende die Abschlussprüfung nicht, muss er eine Verlängerung des Berufsausbildungsverhältnisses bis zur nächstmöglichen Wiederholungsprüfung ausdrücklich verlangen.

▶ Beendigung des Berufsausbildungsverhältnisses

Das Berufsausbildungsverhältnis endet aus folgenden Gründen:

- Ablauf der Ausbildungszeit,
- Bestehen der Abschlussprüfung vor Abschluss der Ausbildungszeit,
- Ablauf eines Jahres nach der regelmäßigen Ausbildungsdauer bei Nichtbestehen der Abschlussprüfung und der Wiederholungsprüfung,
- Kündigung während der Probezeit ohne Kündigungsfrist,
- Kündigung des Auszubildenden nach der Probezeit mit einer Kündigungsfrist von vier Wochen, wenn er die Berufsausbildung aufgeben oder sich in einer anderen Ausbildungstätigkeit ausbilden lassen will.

12.2.4 Bestand des Arbeitsverhältnisses

Durch den Abschluss des Arbeitsvertrages kommt das Arbeitsverhältnis zustande. Auf den Arbeitsvertrag sind die allgemeinen Bestimmungen des BGB – insbesondere über den Dienstvertrag – anwendbar. Dem Angebot des Arbeitnehmers, unselbstständig und weisungsgebunden seine Arbeitsleistung gegen Entgelt zu erbringen, steht die Annahme des Arbeitgebers gegenüber, die mit der Verpflichtung zur Entgeltzahlung einhergeht.

Hat der gesetzliche Vertreter bei Minderjährigen bzw. beschränkt Geschäftsfähigen seine Ermächtigung zum Vertragsabschluss gegeben, so gelten die genannten Personengruppen für diese Vertragsabschlüsse als voll geschäftsfähig (§ 113 BGB). § 113 BGB findet keine Anwendung bei Ausbildungsverhältnissen, da bei ihnen die Ausbildung zum Beruf und nicht die erfolgsorientierte Arbeitsleistung den Schwerpunkt bildet.

12.2.4.1 Hauptpflichten des Arbeitnehmers

▶ Leistungserbringung

Der Arbeitnehmer verpflichtet sich freiwillig auf Grundlage des Arbeitsvertrages zur Leistungserbringung. Die Arbeitsleistung ist persönlich gegenüber dem Arbeitgeber zu erbringen (§ 613 BGB).

Beispiel | Der angestellte Maurergeselle Karl Kelle kann nicht seinen Freund und Maurergesellen Stefan Spaten als Ersatz schicken. Der könnte zwar die Arbeitsleistung erbringen, aber Kelle schuldet die Arbeitsleistung in Person.

Der Arbeitgeber kann sich gegenüber Dritten zur Erbringung bestimmter Leistungen verpflichten und diese durch seinen Mitarbeiter erfüllen lassen.

Beispiel Der Bauunternehmer Sigurd Solid bekommt den Auftrag, ein Haus für die Familie Neureich zu bauen. Er schickt Maurergeselle Kelle auf die Baustelle, um die Maurerarbeiten zu erledigen.

In rechtlicher Hinsicht ist der Arbeitnehmer **Erfüllungsgehilfe** (§ 278 BGB) des Arbeitgebers. Der Arbeitgeber kann aber den Arbeitnehmer nicht verpflichten, für einen Dritten tätig zu werden und dessen Weisungen zu befolgen.

Beispiel Neureich und Solid haben einen Bauträgervertrag geschlossen, in dem alle zu erledigenden Arbeiten genau festgelegt sind – ausgenommen sind Fliesen- und Tapezierarbeiten. Neureich kann den ausführenden Kelle nun nicht von Solid „mieten", damit Kelle am Wochenende die Fliesen verlegt.

Die Hauptpflicht des Arbeitnehmers besteht somit darin, dass er die **vertraglich vereinbarte Arbeitsleistung** erbringt. Ist diese nicht im Arbeitsvertrag durch eine Stellenbeschreibung festgehalten oder bestehen sonstige Zweifel an Art oder Umfang der Arbeitsleistung, so ist diese durch Auslegung zu ermitteln (§§ 133, 157 BGB). Dazu können unterschiedliche Hilfsmittel herangezogen werden.

Für Ausbildungsberufe gelten die Ausbildungsordnungen (betriebliche Ausbildung) sowie Rahmen- und Landeslehrpläne (Berufsschule), in denen dargestellt wird, welche Fähigkeiten und Kompetenzen von einem ausgebildeten Arbeitnehmer erwartet werden können.

Der Arbeitnehmer ist trotz der Gestaltung des Arbeitsverhältnisses als gegenseitiges Austauschverhältnis zunächst vorleistungspflichtig (§ 614 BGB).

Zwangsweise kann der Arbeitgeber gegenüber dem Arbeitnehmer die Erfüllung der Hauptleistungspflicht nicht durchsetzen. Soweit der Arbeitnehmer die Hauptleistungspflichten nicht erbringt, kann der Arbeitgeber

- eine Abmahnung aussprechen (s. S. 353 f.),
- eine Kündigung androhen (s. 12.2.6.8) oder
- Schadensersatzansprüche geltend machen.

Aus dem Arbeitsvertrag kann der Arbeitnehmer nicht direkt den Anspruch auf tatsächliche Beschäftigung erheben. Der Arbeitspflicht des Arbeitnehmers steht lediglich der Anspruch an den Arbeitgeber auf Zahlung des Arbeitsentgeltes gegenüber. Der Arbeitgeber ist aber generell aufgrund seiner Fürsorgepflicht verpflichtet, einen Arbeitsplatz anzubieten, an dem der Arbeitnehmer die Möglichkeit hat, seine Kenntnisse und Fähigkeiten einzusetzen und seine Persönlichkeit zu entfalten.

Beispiel Der promovierte Wirtschaftswissenschaftler Bert Bildreich ist als Leiter Marketing eingestellt worden. Da die Marketingaktivitäten in eine Marketingagentur ausgelagert werden, wird ihm ein Arbeitsplatz als Produktionshelfer angeboten.

▶ Leistungs-/Arbeitszeit

Das ArbZG beschränkt die tägliche Arbeitszeit auf acht Stunden. Die wöchentliche Arbeitszeit ist auf höchstens 48 Stunden festgelegt. Wann die Arbeitszeit genau zu erbringen ist, steht im Ermessen des Arbeitgebers **(= Direktionsrecht des Arbeitge-bers).** Das Direktionsrecht räumt dem Arbeitgeber einen einseitigen Gestaltungs-spielraum ein, der aber durch Gesetze, Tarifverträge und Betriebsvereinbarungen eingeengt wird.

▶ Schadensersatz wegen Pflichtverletzung

Der Arbeitgeber kann gegenüber dem Arbeitnehmer nur dann Schadensersatz verlangen, wenn dieser in vorwerfbarer Weise seine Verpflichtungen verletzt hat. Gewährleistungsrechte wie im Kauf- oder Werkvertragsrecht gibt es nicht.

Beispiel Der Kraftfahrer Peter Pferdestärke ist mit einem Geschäftswagen unterwegs. Auf einmal leuchten die Warnlampen für den Öldruck und die Kühlertempe-ratur. Obwohl diese Warnhinweise auf ein ernstes Problem im Motorbereich hindeuten, fährt er unbeirrt weiter. Das führt dazu, dass der Motor beschädigt wird und komplett ausgetauscht werden muss. Er macht sich gegenüber seinem Arbeitgeber schadensersatzpflichtig.

12.2.4.2 Nebenpflichten des Arbeitnehmers (Treuepflicht)

Neben den Hauptpflichten aus dem Arbeitsvertrag sind auch Nebenpflichten aus dem Grundsatz von Treu und Glauben ableitbar (§ 242 BGB, s. 7.3.1). Des Weiteren besteht zwischen Arbeitnehmer und Arbeitgeber ein besonderes Verhältnis. Der Arbeitnehmer ist im Rahmen dieses Verhältnisses zur **Treuepflicht** aufgerufen. Die Treuepflichten bestehen insbesondere aus bestimmten **Unterlassungs-, Handlungs- und Schutzpflichten.**

▶ Verschwiegenheitspflicht

Der Arbeitnehmer ist verpflichtet, betriebliche Geheimnisse zu schützen (vgl. § 17 UWG, der den Verrat von Betriebsgeheimnissen unter Strafe stellt).

Beispiel Der Marketing-Leiter des Schokoladenherstellers „Zuckersüß", Bert Bildreich, verrät an den Mitbewerber die Einzelheiten des Rezeptes für die neue kalori-enfreie Schokolade „Sorglos genießen".

Auch **Meinungsäußerungen,** die den Arbeitgeber **schädigen** könnten, sind zu un-terlassen.

Beispiel Gegenüber einer großen Boulevardzeitung behauptet Bildreich, „Sorglos ge-nießen" habe den Geschmack und die Konsistenz einer über längere Dauer benutzten Sportsocke.

▶ Wettbewerbsverbot

Das Wettbewerbsverbot ist auf den Wettbewerb im selben Handelsgewerbe be-schränkt. Ein allgemeines Verbot zur Nebentätigkeit gibt es nicht. Das Wettbewerbs-verbot bezieht sich sowohl auf die Zeitdauer des Arbeitsverhältnisses (§§ 60, 61 HGB) als auch auf die Zeit nach Beendigung des Arbeitsverhältnisses (= nachvertragliches Wettbewerbsverbot i.S.d. §§ 74 ff. HGB).

Beispiel

Bert Bildreich entwirft trotz seiner Beschäftigung bei „Zuckersüß" eine Marketingkampagne für den Schokoladenhersteller „Bittersüß", und zwar für eine kalorienfreie Schokolade. Dafür erhält er ein stattliches Honorar. Diese Tätigkeit fällt unter das Wettbewerbsverbot.

Für seinen Freund Peter Pferdestärke überarbeitet er kostenlos den Flyer zur Eröffnung seiner neuen Kfz–Werkstatt. Diese Tätigkeit fällt nicht unter das Wettbewerbsverbot.

▶ Auskunfts- und Anzeigepflichten

Der Arbeitnehmer muss

- mitteilen, wenn er z.B. durch Krankheit arbeitsunfähig ist,
- Auskunft über den Stand der Arbeit geben,
- darlegen, ob sich Verbesserungsmöglichkeiten ergeben,
- auf das Fehlverhalten von Kollegen hinweisen, wenn es zu Schäden führen könnte.

▶ Schadensminderungspflicht

Der Arbeitnehmer ist verpflichtet, drohenden Schaden zu mindern oder abzuwehren.

▶ Herausgabepflicht

Schließlich hat der Arbeitnehmer eine Herausgabepflicht von Arbeitsmitteln und Arbeitsergebnissen gegenüber dem Arbeitgeber, wenn dieser es verlangt.

12.2.4.3 Hauptpflicht des Arbeitgebers

▶ Entgeltzahlung

Die Hauptleistungspflicht des Arbeitgebers ist, dem Arbeitnehmer die vereinbarte Vergütung in Geld (EUR) auszuzahlen. **Unzulässig** ist es, die Leistung in **Naturalien** zu vergüten oder **Lohnverwendungsabreden** zu treffen.

Die Höhe des Entgelts kann sich aus

- dem Tarifvertrag,
- dem innerbetrieblichen Entgeltsystem (aufgrund einer Betriebsvereinbarung),
- dem individuellen Arbeitsvertrag ergeben.

Der Arbeitgeber darf Mitarbeiter nicht diskriminieren. Das bedeutet, dass alle Arbeitnehmer, die eine gleiche oder ähnliche (= dasselbe Anforderungsprofil) Tätigkeit ausüben, Anspruch auf das gleiche Entgelt haben (§§ 1, 3 I, 8 II AGG).

Beispiel

Beim Automobilhersteller Fix arbeiten Männer am Band 1 und lackieren die Wagen in Silbermetallic. Am Band 2 arbeiten Frauen und lackieren die Wagen in Blau. Mit der Begründung, für die Metalliclackierung ließe sich ein höherer Preis erzielen, erhalten die Männer einen höheren Lohn. Da es sich um die gleiche Arbeit handelt, ist die Diskriminierung nicht gerechtfertigt.

Gleichwohl kann mehr Erfahrung, z.B. nach Dienstaltersstufen oder Betriebszugehörigkeit gestaffelt, entgeltdifferenzierend Berücksichtigung finden.

Steht die ausgezahlte Vergütung in auffälligem Missverhältnis zu der ausgeübten Tätigkeit, kann eine sittenwidrige Entgeltvereinbarung vorliegen. In diesen Fällen spricht man auch von Lohnwucher. Lohnwucher kann den Straftatbestand des § 291 StGB erfüllen und ist dann unter Strafe gestellt.

Lohn- und Gehaltsansprüche unterliegen grundsätzlich der **regelmäßigen Verjährungsfrist** von drei Jahren (§ 195 BGB). In Tarif- und Individualverträgen können aber abweichend andere Ausschlussfristen vereinbart sein. Wichtig für den Arbeitnehmer ist, dass er den Anspruch (schriftlich, dazu reicht eine E-Mail) für den genau bezeichneten Zeitraum erhebt, um eine gerichtliche Feststellung des Gehaltsanspruchs zu erreichen.

▶ Gründe für Erlöschen und Fortbestehen des Entgeltanspruchs

1. Erlöschen des Entgeltanspruchs

Der Entgeltanspruch des Arbeitnehmers kann erlöschen, wenn dem Arbeitnehmer die Erbringung der Arbeitsleistung objektiv nicht möglich ist. So ein objektives Leistungshindernis ist z.B. gegeben, wenn der Arbeitnehmer wegen höherer Gewalt seinen Arbeitsplatz nicht erreichen kann.

Beispiel
Die Flutkatastrophe in Ostdeutschland im Jahre 2002 hat viele Straßen zerstört und Brücken unpassierbar gemacht. Viele Arbeitnehmer konnten deshalb ihren Arbeitsplatz nicht erreichen. Das Wegerisiko liegt aber beim Arbeitnehmer, daher gibt es keinen Lohnanspruch für die Zeitversäumnisse, die wegen der Überschwemmung eintraten.

2. Fortbestehen des Entgeltanspruchs als Betriebsrisiko

Anders ist der Fall beim Betriebsrisiko gelagert, das der Arbeitgeber zu tragen hat. Dies ergibt sich aus dem unternehmerischen Risiko. § 615 BGB regelt die Einzelheiten zum Annahmeverzug bei Dienstverhältnissen und Betriebsrisiko.

Beispiel
Die Flutkatastrophe hat auch viele Betriebe unter Wasser gesetzt. Daher konnten die Arbeitnehmer ihre Arbeitsleistung nicht erbringen. Sie haben aber nur ihre Arbeitsleistung anzubieten. Wenn, wie in diesem Fall, sie ihre Arbeitsleistung anbieten, aber nicht erbringen können, bleibt der Entgeltanspruch bestehen. Rechtlich sind die Regeln des Annahmeverzuges (§§ 293 ff. BGB) anwendbar, wenn der Arbeitgeber außer Stande ist, einen funktionsfähigen Arbeitsplatz anzubieten (vgl. BAG-Urteil vom 27.08.2008 – AZR 16/08).

3. Fortbestehen des Entgeltanspruchs trotz Verhinderung des Arbeitnehmers

In einigen Fällen besteht der Entgeltanspruch allerdings fort, obwohl die Verhinderung in der Person des Arbeitnehmers begründet ist. Die Verhinderung darf allerdings nicht durch den Arbeitnehmer verschuldet sein und nur über eine verhältnismäßig unerhebliche Zeit dauern (§ 616 BGB).

Solche Gründe können sein:

- Tod eines nahen Angehörigen,
- schwere Erkrankung eines nahen Angehörigen oder
- Pflege eines erkrankten Kindes.

4. Entgeltfortzahlung im Krankheitsfall des Arbeitnehmers (§ 3 EntgFG)

Darüber hinaus wird die Entgeltzahlung durch den Arbeitgeber für die Dauer von sechs Wochen (§ 3 I EntgFG) für dieselbe (unverschuldete) Krankheit (§ 3 II EntgFG) fortgeführt, wenn das Arbeitsverhältnis seit mindestens vier Wochen ununterbrochen bestanden hat (§ 3 III EntgFG).

Dauert die Erkrankung länger als sechs Wochen, erhält der Arbeitnehmer Krankengeld von der Krankenkasse ab der siebten Woche (bis zu maximal 78 Wochen) in Höhe von 70 % des Regellohnes bis maximal 90 % des Nettoverdienstes.

12.2.4.4 Nebenpflichten des Arbeitgebers (Fürsorgepflicht)

▶ Gesundheitsschutz

Der Arbeitgeber ist verpflichtet, Maßnahmen zu treffen, um den Arbeitnehmer vor **gesundheitlichen Gefahren** am Arbeitsplatz zu schützen. Die Bestimmungen des ArbZG, der ArbStättV und die Unfallverhütungsvorschriften sind einzuhalten. Der Arbeitgeber muss einen **Arbeitsplatz** zur Verfügung stellen, der den individuellen Arbeitsbedingungen entspricht und auf den Gesundheitsschutz des Arbeitnehmers angepasst ist.

▶ Sicherung eingebrachter Sachen

Weiter muss der Arbeitgeber sicherstellen, dass von dem Arbeitnehmer eingebrachte Sachen gesichert sind.

▶ Wahrung der Intimsphäre

Die Intimsphäre des Mitarbeiters muss auch am Arbeitsplatz gewahrt bleiben (§§ 3 III + IV, 14 AGG).

> **Beweislast beim Mobbing**
>
> Fühlt sich ein Mitarbeiter gemobbt, so hat er im Fall einer Schadensersatzklage gegen den Arbeitgeber darzulegen und zu beweisen, dass er aufgrund des Mobbings erkrankt ist.
>
> Aktenzeichen: 9 SA 935/06 (LAG-Mainz v. 24.01.2007)

▶ Erteilung eines Zeugnisses bei Beendigung des Arbeitsverhältnisses

Bei Beendigung des Arbeitsverhältnisses hat der Arbeitgeber dem Arbeitnehmer ein **schriftliches Arbeitszeugnis** auszustellen. Auch wenn die Parteien um die Wirksamkeit einer Kündigung streiten, ist das Zeugnis spätestens bei Ablauf der Kündigungsfrist auszuhändigen.

Grundsätzlich ist zwischen einem einfachen und einem qualifizierten Zeugnis zu unterscheiden.

- Das **einfache Arbeitszeugnis** muss Angaben über Art und Dauer der Beschäftigung enthalten. Der neue Arbeitgeber soll darüber unterrichtet werden, welche Tätigkeiten der Arbeitnehmer ausgeübt hat und für welchen Zeitraum dies geschehen ist.
- Bei einem **qualifizierten Arbeitszeugnis** sind auf Verlangen des Arbeitnehmers auch Angaben über seine Leistung u. Führung aufzunehmen.
- Bei **Auszubildenden** sind Angaben über Führung, Leistung und besondere fachliche Qualifikationen aufzunehmen.

Unterschrift vom Vorgesetzten

Das Abschluss- oder Zwischenzeugnis muss von einer Person unterzeichnet sein, die fachlich in der Lage ist, die Qualifikation und Leistung des Arbeitnehmers zu beurteilen. Auch muss sich die Stellung des Beurteilenden (z. B. Vorgesetzter, Dienststellenleiter) aus dem Zeugnis ablesen lassen.

Aktenzeichen: 9 AZR 507/04 (BAG-Urteil vom 04.10.2005)

▶ Erteilung eines Zwischenzeugnisses

Schließlich hat der Arbeitnehmer unter besonderen Voraussetzungen einen Anspruch auf die Ausstellung eines Zwischenzeugnisses. Dieses Zwischenzeugnis muss immer dann erstellt werden, wenn z. B. der unmittelbare Vorgesetzte wechselt, eine wesentliche Betriebsänderung bevorsteht oder die Kündigung angedroht ist.

Das Arbeitszeugnis soll **wahr,** aber auch **wohlwollend** ausgestellt werden. Es soll
- dem Arbeitnehmer als Unterlage für eine neue Bewerbung dienen,
- einen Dritten, der die Einstellung erwägt, unterrichten und
- den Arbeitnehmer informieren, wie der Arbeitgeber seine Leistungen bewertet hat.

Die Formulierung steht im Ermessen des Arbeitgebers. Kommt es zu einer Auseinandersetzung, kann über Zeugnisinhalt und Bewertung vor dem Arbeitsgericht gestritten werden.

Jedoch dürfen weder Form, Wortwahl, Interpunktion, Satzstellung noch Auslassungen dazu führen, dass bei Dritten der Wahrheit nicht entsprechende Vorstellungen entstehen. Der Arbeitgeber ist für die dem Zeugnis zugrunde liegenden Tatsachen und Bewertungen beweispflichtig. Der Arbeitnehmer hat bei einem **unrichtigen Zeugnis** einen **Berichtigungs- und Beseitigungsanspruch.**

Hat der Arbeitgeber ein unrichtiges Zeugnis ausgestellt, in dem Verfehlungen verschwiegen worden sind, und wird ein Dritter hierdurch geschädigt, so hat der Dritte einen Schadensersatzanspruch gegen den früheren Arbeitgeber.

▶ Einbehalten und Abführen der Sozialversicherungsbeiträge

Der Arbeitgeber ist verpflichtet, sowohl die Lohnsteuer als auch die anteiligen Sozialversicherungsbeiträge vom Bruttoeinkommen des Arbeitnehmers einzubehalten und an die zuständigen Stellen (Finanzamt, Träger der Sozialversicherung) abzuführen (zur Beitragsvorenthaltung s. 13.8.4.3).

Arbeitgeber und Arbeitnehmer tragen prinzipiell je zur Hälfte die Beiträge zur

- Krankenversicherung,
- Pflegeversicherung,
- Rentenversicherung und
- Arbeitslosenversicherung.

Für Sonderbeiträge zur Kranken- und Pflegeversicherung kommt der Arbeitnehmer jedoch allein auf. Die Beiträge zur Unfallversicherung trägt der Arbeitgeber.

12.2.5 Haftungsfragen zwischen den Arbeitsvertragsparteien

Arbeitgeber und Arbeitnehmer haften im Rahmen des Arbeitsvertrages für ein Tun ebenso wie für ein Unterlassen.

▶ **Haftung des Arbeitgebers**

Der **Arbeitgeber** hat für Schäden, die der Arbeitnehmer im Zusammenhang mit der Erbringung der Arbeitsleistung erleidet, aus vertraglicher und deliktischer Haftung einzustehen (§§ 618 III, 823 ff. BGB). Eine Beschränkung der Haftung ergibt sich aus der gesetzlichen Unfallversicherungspflicht, die die Haftung des Arbeitgebers auf vorsätzlich herbeigeführte Personenschäden oder Personenschäden aus einem Wegeunfall beschränkt. Für alle anderen möglichen Schäden (z.B. Sach- und Vermögensschäden) bleibt aber der Arbeitgeber nach den o.a. Vorschriften haftbar (§ 15 AGG).

▶ **Haftung des Arbeitnehmers**

Der **Arbeitnehmer** haftet ebenfalls dem Arbeitgeber nach zivilrechtlichen Grundsätzen (§§ 280, 823 ff. BGB). Die Haftung des Arbeitnehmers für die Beschädigung von Rechtsgütern des Arbeitgebers im Rahmen der betrieblichen Tätigkeit werden über eine **Rangfolge** vorwerfbaren Verhaltens beurteilt:

1. Bei Vorsatz oder grober Fahrlässigkeit haftet der Arbeitnehmer allein.
2. Bei (mittlerer) Fahrlässigkeit ist der Schaden im Verhältnis zwischen Arbeitgeber und Arbeitnehmer aufzuteilen.
3. Bei (leichter) Fahrlässigkeit hat der Arbeitgeber den Schaden allein zu tragen.

▶ **Haftungserleichterung**

Wenn der Verdienst des Arbeitnehmers in einem deutlichen Missverhältnis zu einem möglichen Schadensrisiko steht, legt das Gericht bei der Festlegung des Schadensersatzanspruches Maßstäbe wie Monatsverdienst oder Betriebszugehörigkeit an. Wenn für den Arbeitgeber die Möglichkeit besteht, bestimmte betriebliche Risiken zu versichern, und er dies nicht tut, so wird dieses Unterlassen im Rahmen eines Mitverschuldens bewertet.

In den Fällen, in denen ein Arbeitnehmer anderen Arbeitskollegen ohne Vorsatz im Rahmen der betrieblichen Tätigkeit einen Personenschaden zufügt, kommt die gesetzliche Unfallversicherung zum Tragen (§ 105 SGB VII). Der Geschädigte kann seinen Schaden nicht beim Verursacher geltend machen, sondern muss sich an die zuständige Berufsgenossenschaft wenden. Etwas anders gelagert ist der Fall, wenn betriebsfremde Personen zu Schaden kommen. Hier greift die gesetzliche Unfallversicherung nicht, aber der Arbeitnehmer kann im Hinblick auf die Fürsorgepflicht des Arbeitgebers eine Haftungsfreistellung verlangen (§§ 278, 831 BGB).

Unfall mit dem Dienstwagen

Die Beschränkung der Haftung des Arbeitnehmers bei betrieblich veranlassten Tätigkeiten (hier: Auffahrunfall beim Ein- und Ausparken des Dienstfahrzeugs bei einem Vertreterbesuch) gilt als zwingendes Arbeitnehmerschutzrecht. Daher ist eine entsprechende Haftungsverschärfung im Arbeitsvertrag nichtig.

Aktenzeichen: 8 AZR 91/03 (BAG-Urteil vom 05.02.2004)

12.2.6 Beendigung des Arbeitsverhältnisses

Da Arbeitsverhältnisse rechtlich sehr unterschiedlich gestaltet werden können, können sie auch auf verschiedene Arten und Weisen beendet werden. Die Art der Beendigung hängt wesentlich von der rechtlichen Gestaltung des Arbeitsvertrages ab.

12.2.6.1 Insolvenz und Veräußerung des Unternehmens

Sowohl die Insolvenz als auch die Veräußerung des Unternehmens haben keinen Einfluss auf den Bestand des Arbeitsverhältnisses.

Der **Insolvenzverwalter** kann lediglich bestehende Arbeitsverhältnisse mit einer Kündigungsfrist von 3 Monaten zum Monatsende durch Kündigung beenden (§ 113 InsO). Diese Frist ist unabhängig von den sonstigen vertraglichen Vereinbarungen. Soweit vertraglich längere Kündigungsfristen vereinbart worden sind, kann der betroffene Arbeitnehmer seinen Schadensersatz im Insolvenzverfahren geltend machen. Im Falle vereinbarter, kürzerer Kündigungsfristen gelten diese und nicht die Dreimonatsfrist.

Auch die **Veräußerung des Unternehmens** berührt den Bestand des Arbeitsverhältnisses nicht. Nach § 613a BGB (Betriebsübergang) tritt der neue Betriebsinhaber in alle Rechte und Pflichten aus dem bestehenden Arbeitsverhältnis ein.

12.2.6.2 Anfechtung des Arbeitsvertrages

Eine Sonderstellung bei den Beendigungsmöglichkeiten nimmt die Anfechtung des Arbeitsvertrages ein. Wird der Arbeitsvertrag (in der Regel durch den Arbeitgeber) angefochten, so ist er nichtig. Eine Anfechtung kann immer dann erfolgen, wenn z.B. die vorvertraglichen Auskunftspflichten verletzt worden sind. Die Anfechtung führt dazu, dass das zugrunde liegende Rechtsgeschäft nichtig ist (§ 142 BGB). Das Rechtsgeschäft wäre Zug um Zug rückabzuwickeln. Nun besteht der Charakter des Arbeitsverhältnisses gerade darin, dass es sich hierbei um ein höchstpersönliches Dauerschuldverhältnis handelt (§ 613 BGB). Die gezahlten Entgelte könnte der Arbeitnehmer zwar zurückerstatten, aber der Arbeitgeber ist außer Stande, die geleistete Arbeit zurückzugeben. Im Endeffekt führt das dazu, dass eine wirksame Anfechtung des Arbeitsvertrages zu einer Beendigung mit Jetztwirkung führt.

Beispiel

Der Kassierer Karlo Kleingeld hatte in seinem Vorstellungsgespräch auf die ausdrückliche Nachfrage verschwiegen, dass er wegen Unterschlagung vorbestraft ist. Er wird zum 01.01.2010 eingestellt. Einige Monate später erfährt sein Arbeitgeber von der Vorstrafe und ficht den geschlossenen Vertrag am 15.03.2010 an. Die Wirkung der Anfechtung entfaltet sich ab dem 16.03.2010.

12.2.6.3 Faktische Arbeitsverhältnisse

Faktische Arbeitsverhältnisse entstehen immer dann, wenn Gründe vorliegen, die zu einer anfänglichen Nichtigkeit des Arbeitsvertrages führen. Hat der Arbeitnehmer die Arbeit aufgenommen, wird dieses faktische Arbeitsverhältnis zunächst wie ein wirksames Arbeitsverhältnis behandelt.

Aber: Beide Vertragspartner können sich ohne Angabe weiterer Gründe, ohne weitere Rechtsfolgen und ohne Einhaltung einer Kündigungsfrist aus dem faktischen Arbeitsverhältnis lösen bzw. es beenden.

Beispiel
Der 17-jährige Berthold Brösel hat ohne Einwilligung seiner Eltern eine Stelle in der Werkstatt von Peter Pferdestärke angenommen. Es ist ein faktisches Arbeitsverhältnis entstanden. Da Pferdestärke Brösel nur unter der Bedingung eingestellt hatte, dass er die Einwilligung der gesetzlichen Vertreter von Brösel nicht bräuchte, beendet er das Arbeitsverhältnis.

12.2.6.4 Befristete Arbeitsverhältnisse

Befristete Arbeitsverhältnisse werden durch die Bestimmungen des TzBfG geregelt.

Normalerweise endet ein befristetes Arbeitsverhältnis mit Zeitablauf (§ 620 BGB). Soll ein befristetes Arbeitsverhältnis vorzeitig beendet werden, so kommt nach Ablauf der maximal sechsmonatigen Probezeit nur eine außerordentliche Kündigung in Betracht. Allerdings besteht auch die Möglichkeit, innerhalb eines befristeten Arbeitsverhältnisses eine ordentliche Kündigungsfrist zu vereinbaren.

Andere Arbeitsverhältnisse, die mit anderen auflösenden Bedingungen als dem Zeitablauf begründet worden sind, sind in der Regel unzulässig. Sofern andere (unzulässige) auflösende Bedingungen im Arbeitsvertrag genannt sind, ist der Arbeitsvertrag wie ein unbefristetes Arbeitsverhältnis anzusehen (§ 16 TzBfG).

12.2.6.5 Aufhebungsvertrag

Die Parteien des Arbeitsvertrages können sich jederzeit mittels eines **Aufhebungsvertrages** aus dem Arbeitsverhältnis lösen. Dazu ist die Schriftform erforderlich. § 623 BGB schließt die Möglichkeit der elektronischen Schließung eines Aufhebungsvertrages (z.B. per E-Mail) explizit aus.

Der Arbeitnehmer stimmt der Aufhebung gegen Zahlung einer Abfindung zu und verzichtet auf die Erhebung einer Kündigungsschutzklage. Die Zahlung einer Abfindung kann aber zu einer Sperre des Anspruchs des Arbeitnehmers auf Arbeitslosengeld führen (§ 143a SGB III).

12.2.6.6 Tod des Arbeitnehmers oder des Arbeitgebers

Das Arbeitsverhältnis endet mit dem Tod des Arbeitnehmers. Seine höchstpersönlich zu erbringenden Leistungen können nicht mehr erbracht werden. Der Tod des Arbeitgebers hingegen berührt den Bestand des Arbeitsverhältnisses nicht, seine Rechtsnachfolger treten in die Leistungspflicht des Verstorbenen ein (§§ 1922, 1927 BGB). In der Regel können auch höchstpersönliche Leistungen des Arbeitnehmers für den Dienstberechtigten nur im Wege der ordentlichen Kündigung beendet werden.

12.2.6.7 Entscheidung des Arbeitsgerichts

Nach dem KSchG kann das Arbeitsgericht ein Arbeitsverhältnis auflösen, wenn die Vertragsfortsetzung für eine oder beide Seiten unzumutbar ist (§§ 9 f. KSchG).

- Ein solcher Fall kann z.B. gegeben sein, wenn ein Arbeitnehmer die Unwirksamkeit einer Kündigung durch das Arbeitsgericht hat feststellen lassen. Er kann dann die Fortsetzung des Arbeitsverhältnisses verweigern (§§ 12, 16 KSchG).
- Einen weiteren Fall stellt ein Verstoß gegen das Mitbestimmungsrecht des Betriebsrates dar. Wird ein Mitarbeiter ohne die erforderliche Zustimmung des Betriebsrates eingestellt und kann die Ersetzung der Zustimmung des Arbeitsgerichtes nicht erreicht werden, dann endet das Arbeitsverhältnis zwei Wochen nach der rechtskräftigen Entscheidung des Arbeitsgerichtes (§ 100 BetrVG).

12.2.6.8 Kündigung

▶ **Definition**

Den praktisch wichtigsten Fall der Beendigung eines Arbeitsverhältnisses stellt die **Kündigung** dar. Die Kündigung ist ein **einseitiges, empfangsbedürftiges Rechtsgeschäft** (§§ 104 ff., 116 ff., 130 BGB, s. auch Arbeitsauftrag S. 153 unten).

- **einseitiges Rechtsgeschäft** → muss von der Gegenseite nicht angenommen werden
- **empfangsbedürftiges Rechtsgeschäft** → muss der anderen Partei zugegangen sein, d.h. derart in den Macht- und Herrschaftsbereich der empfangenden Partei gelangen, dass diese die Möglichkeit zur tatsächlichen Kenntnisnahme hat
- **ausreichende Berechtigung des Unterzeichners** → entscheidend für die Wirksamkeit der Kündigung. Sofern der Unterzeichnende nicht berechtigt ist, ist die Kündigung unwirksam oder wird dann unwirksam, wenn der Gekündigte der Kündigung widerspricht (§ 174 BGB).
- **Schriftform mit eigenhändiger Unterschrift** → §§ 623, 126 I BGB (s. BAG-Urteil vom 21.04.2005 – 2 AZR 162/04; Urteil d. LAG-Hessen vom 26.10.2007 – 10 Sa 961/06)

▶ **Beweislast**

Der Zugang der Kündigung ist wesentlich für die Frage, ob die Kündigungsfrist gewahrt wurde. Unter Anwesenden stellt sich diese Frage eigentlich nicht.

Bei allen Formen postalischer Zustellung muss der Kündigende

- den Zugang an sich als Möglichkeit der Kenntnisnahme und
- den richtigen Inhalt des Schreibens

beweisen.

Beispiel | Bei postalischer Zustellung ist die Kündigung mit dem Einwurf in den Hausbriefkasten fristwahrend zugestellt. Ein Einschreiben dagegen kann zunächst mit einer Nachricht hinterlassen werden, sodass der Empfänger dieses auf dem Postamt abholen kann. Da aber tatsächlich der Empfänger den Inhalt des Schreibens nicht zur Kenntnis nehmen kann, ist ein wirksamer Zugang nicht gegeben.

Dementsprechend bietet nur die Amtszustellung die notwendige Sicherheit – über die Verteilstelle des Amtsgerichts, in dessen Bezirk der Empfänger wohnt, wird der Gerichtsvollzieher mit der Zustellung beauftragt.

▶ Kündigungsfristen

Die Kündigungsfristen ergeben sich aus

- dem BGB (§§ 622, 626 BGB),
- den entsprechenden Tarifverträgen,
- den Betriebsvereinbarungen oder
- dem individuellen Arbeitsvertrag.

▶ Die ordentliche Kündigung

Bei einer ordentlichen Kündigung wird unter Beachtung der vereinbarten oder gesetzlichen Kündigungsfrist durch den Arbeitgeber oder Arbeitnehmer gekündigt.

Die gesetzlichen Kündigungsfristen sind **Mindestfristen,** die durch Einzel- oder Kollektivarbeitsvertrag verlängert werden können. Auch die **Kündigungstermine** können vertraglich vereinbart werden. Für Arbeiter und Angestellte gelten die gleichen Vorschriften.

1. Die Grundkündigungsfrist gem. § 622 I BGB beträgt 4 Wochen zum Fünfzehnten oder zum Ende eines Kalendermonats. Dies gilt sowohl für den Arbeitnehmer als auch für den Arbeitgeber.

2. Für die Kündigung durch den Arbeitgeber gelten längere Kündigungsfristen (§ 622 II BGB), sofern der Arbeitnehmer länger als 2 Jahre dem Betrieb angehörte. Die Betriebszugehörigkeit wird ab dem 25. Lebensjahr wie folgt berechnet:

Betriebszugehörigkeit ab dem 25. Lebensjahr	Kündigungsfrist in Monaten zum Monatsende
2 Jahre	1 Monat
5 Jahre	2 Monate
8 Jahre	3 Monate
10 Jahre	4 Monate
12 Jahre	5 Monate
15 Jahre	6 Monate
20 Jahre	7 Monate

3. Zwischen den Vertragsparteien kann eine Probezeit bis zu einer Dauer von 6 Monaten vereinbart werden. Die Kündigungsfrist beträgt in dieser Zeit 2 Wochen (§ 622 III BGB).

4. Während durch **Tarifvertrag** die gesetzlichen Regelungen **verlängert und verkürzt** werden können, ist eine Verkürzung auf **einzelvertraglicher Ebene nicht möglich** (§ 622 IV BGB).

   Ausnahmen davon beschreibt § 622 V BGB:

   - Wird ein Arbeitnehmer als **Aushilfe** eingestellt (bis zu einer Dauer von 3 Monaten), gibt es für die Kündigung keine Mindestfrist (§ 622 V Nr. 1 BGB).

   - Beschäftigt ein Arbeitgeber weniger als 20 Arbeitnehmer, so kann die Kündigungsfrist fest auf vier Wochen vereinbart werden (§ 622 V Nr. 2 BGB).

Ferner muss geprüft werden, ob für den Arbeitnehmer das KSchG gilt. Dies ist der Fall wenn,

- der Arbeitnehmer bereits länger als 6 Monate beschäftigt ist (§ 1 I KSchG);
- in dem Betrieb regelmäßig mehr als 10 Arbeitnehmer beschäftigt sind (§ 23 KSchG).

In diesen Fällen bzw. wenn der Arbeitnehmer zu einer Gruppe gehört, für die weitere besondere Vorschriften des Kündigungsschutzes gelten, muss der Arbeitgeber die Kündigung zusätzlich noch begründen bzw. kann sie gar nicht vornehmen (s. 12.2.7).

➤ Die außerordentliche Kündigung

Die **außerordentliche Kündigung** („fristlose Kündigung") kann nur im Rahmen der Vorschriften des § 626 BGB wirksam erklärt werden. Für die Kündigung muss es einen wichtigen Grund geben, der zu einer Unzumutbarkeit des Festhaltens am Arbeitsvertrag führt. Dazu müssen die Umstände des Einzelfalles geprüft werden. Die außerordentliche Kündigung darf nur die „Ultima Ratio" sein.

1. Außerordentliche Kündigung mit Abmahnung

Außerordentlichen Kündigungen geht in der Regel eine **Abmahnung** voraus.

- Die Abmahnung muss durch eine weisungsberechtigte Person durchgeführt werden.
- Der Inhalt muss darauf abzielen, dass der Arbeitnehmer klar und deutlich ermahnt wird. Der Arbeitnehmer muss aufgefordert werden, ein genau bestimmtes Fehlverhalten zu ändern oder zu unterlassen. Die Rüge- und Warnfunktion (bezüglich des Vorliegens eines außerordentlichen Kündigungsgrundes) der Abmahnung muss dem Arbeitnehmer verdeutlicht werden.
- Die Abmahnung muss 14 Tage nach Kenntnisnahme des Pflichtverstoßes erteilt werden, sonst verliert sie ihre Rechtswirkung.

2. Außerordentliche Kündigung ohne Abmahnung

Nicht für jeden Fall muss eine Abmahnung der außerordentlichen Kündigung vorangehen. Bei Störungen im Leistungsbereich des Arbeitnehmers ist für eine außerordentliche Kündigung eine Abmahnung zwingend erforderlich. Dadurch hat der Arbeitnehmer die Möglichkeit, seine Leistungen wieder den Ansprüchen des Arbeitgebers anzupassen. Ist jedoch das Vertrauensverhältnis irreparabel gestört, ist eine Abmahnung für eine wirksame außerordentliche Kündigung nicht erforderlich.

Beispiel | Wegen seiner Tätigkeit bei dem Mitbewerber „Bittersüß" ist das Vertrauensverhältnis zwischen Bert Bildreich und seinem Arbeitgeber „Zuckersüß" gestört. Der Geschäftsführer von „Zuckersüß" spricht ihm die außerordentliche Kündigung aus.

23 Jaschinski/Hey – ISBN 978-3-8120-0050-5

3. Gründe

Für Störungen im betrieblichen Bereich ist die Notwendigkeit einer Abmahnung vom Einzelfall abhängig. Störungen im betrieblichen Bereich sind Handlungen, die nachteilig für das Unternehmen oder die Kollegen sind:

- Störungen des Betriebsfriedens,
- Straftaten, die im betrieblichen Bereich begangen werden (z.B. Diebstahl, Betrug, Unterschlagung),
- grobe Beleidigungen,
- Tätlichkeiten sowie
- alle Formen des Mobbings (soziale Isolierung von Kolleginnen oder Kollegen durch üble Nachrede, Belästigung, Missachtung, Unterstellung etc.).

Schon der Verdacht einer strafbaren Handlung kann eine außerordentliche Kündigung rechtfertigen, allerdings nur unter der Voraussetzung, dass der dringende Verdacht so schwerwiegend ist, dass es dem Arbeitgeber nicht zumutbar ist, das Arbeitsverhältnis fortzusetzen.

Beispiel Immer wenn der Kassierer Karlo Kleingeld der Spar- und Kreditbank allein an der Kasse sitzt, entstehen Negativdifferenzen im Kassenbuch, d.h., es kommt Bargeld abhanden. Sofern sich der Verdacht einer strafbaren Unterschlagung aufdrängt, kann eine außerordentliche Kündigung (Verdachtskündigung) wirksam erklärt werden.

4. Frist

Die außerordentliche Kündigung muss innerhalb von zwei Wochen nach Kenntniserlangung des Kündigungsgrundes ausgesprochen werden. Während der notwendigen Aufklärung des Sachverhaltes durch den Arbeitgeber ist die Frist gehemmt. Erst wenn der Sachverhalt sicher festgestellt ist und, soweit möglich, alle für die Kündigung ausschlaggebenden Tatsachen belegbar sind, beginnt die Frist zu laufen.

5. Rechtsfolgen einer unbegründeten außerordentlichen Kündigung

Eine außerordentliche Kündigung ohne die sachlich erforderlichen Begründungen und Nachweise kann zu einer Schadensersatzpflicht durch den Arbeitgeber führen (§ 628 BGB).

Surfen im Internet/Skifahren während der Krankschreibung

Der Arbeitnehmer verletzt seine arbeitsvertraglichen Pflichten, wenn er

- während der Arbeitszeit den betrieblichen Internetzugang **intensiv** für private Zwecke nutzt, auch wenn der Arbeitgeber dies nicht ausdrücklich verboten hat;
- während einer längeren nachgewiesenen Arbeitsunfähigkeit (erkannte Krankheitssymptome) im Hochgebirge Ski läuft.

Aktenzeichen: 2 AZR 581/04 (BAG-Urteil vom 07.07.2005)

Aktenzeichen: 2 AZR 53/05 (BAG-Urteil vom 02.03.2006)

▶ Der Betriebsrat im Kündigungsverfahren

In Betrieben, in denen ein **Betriebsrat** existiert, muss dieser vor der Aussprache der Kündigung immer gehört werden (§ 102 I 1 BetrVG). Das Unternehmen muss erklären, warum es den Mitarbeiter entlassen will (§ 102 I 2 BetrVG). Zudem hat der Arbeitgeber die Kündigungsart (ordentlich oder außerordentlich), die Kündigungsfrist und den Kündigungstermin zu nennen. Wird die Kündigung ausgesprochen, ohne den Betriebsrat anzuhören, so ist die ausgesprochene Kündigung unwirksam (§ 102 I 3 BetrVG).

- Bei **verhaltensbedingten** Kündigungen muss der Arbeitgeber dem Betriebsrat auch die vorangegangene Abmahnung bekannt machen.
- Bei **betriebsbedingten** Kündigungen muss der Arbeitgeber dem Betriebsrat konkret die dringenden betrieblichen Notwendigkeiten und den entstandenen Beschäftigungsüberhang darlegen.
- Bei **personenbedingten** Kündigungen (z.B. durch Fehlzeiten) sind die Fehlzeiten in der Vergangenheit, die Lohnfortzahlungskosten und gegebenenfalls eingetretene und prognostizierte Betriebsstockungen aufzuzählen.

Auch bei Maßnahmen bezüglich **leitender Angestellter** ist der Betriebsrat zu informieren. Eine Verletzung des Informationsanspruchs bleibt aber zivilrechtlich folgenlos.

Der Betriebsrat kann der Kündigung unter Angabe von Gründen widersprechen (§ 102 II BetrVG):

- der **ordentlichen Kündigung** innerhalb von einer Woche;
- der **außerordentlichen Kündigung** innerhalb von drei Tagen.

Der Schutzgedanke des § 102 BetrVG erfasst jede Kündigung; der Betriebsrat muss vorher angehört werden. Dies gilt auch in den Fällen, in denen nach einer außerordentlichen Kündigung zeitversetzt eine ordentliche Kündigung folgt oder wegen der Nichtzustellung der Kündigung die Wirksamkeit nicht fristgerecht eintritt. Mit anderen Worten: Immer wenn eine erneute Kündigung ausgesprochen wird, muss wieder der Betriebsrat vorher gehört werden.

▶ Sonderfall: Die Änderungskündigung

Die Änderungskündigung besteht aus einer Kündigung mit einem neuen Vertragsangebot. Dies kommt immer dann in Frage, wenn der Arbeitgeber den Arbeitnehmer an einen qualitativ anders gearteten Arbeitsplatz umsetzen will und diese Möglichkeit im Arbeitsvertrag in diesem Umfang nicht berücksichtigt ist. Aber: Sollen die neuen Regelungen bereits vor Ablauf der Kündigungsfrist gelten, muss der Arbeitnehmer die Kündigung nicht akzeptieren (vgl. Az. 3 Ca 2130/06 d. Arbeitsgerichts Siegburg).

Da es sich um eine Kündigung handelt, gelten alle entsprechenden Regeln.

12.2.7 Kündigungsschutz

Der Kündigungsschutz dient dem Interesse des Arbeitnehmers am Bestand seines Arbeitsverhältnisses. Die Regelungen des Kündigungsschutzes lassen sich in **individuellen und kollektiven Kündigungsschutz** unterteilen. Unter den kollektiven

Kündigungsschutz fallen die Regelungen des BetrVG und des PersVG. Der kollektive Kündigungsschutz ist präventiv ausgeprägt.

Der individuelle Kündigungsschutz hat seine rechtlichen Grundlagen insbesondere im KSchG und in den Kündigungssonderschutzgesetzen. Der individuelle Kündigungsschutz ist **repressiv,** da der Arbeitnehmer die Möglichkeit hat, sich vor dem Arbeitsgericht gegen die Kündigung zu wehren.

Das **„Ultima-Ratio"-Prinzip** findet seinen Ausdruck darin, dass betriebs-, personen- und verhaltensbedingte Kündigungen **nur das letzte Mittel** sein dürfen. Eine weitere Beschäftigung, gegebenenfalls auch zu ungünstigeren Bedingungen, darf nicht möglich sein.

➤ Kündigungsschutzklage

Die Frist zur Erhebung der Kündigungsschutzklage ist drei Wochen nach Zugang der Kündigung (§ 4 KSchG). Es handelt sich um eine **Feststellungsklage,** d.h., das Arbeitsgericht soll feststellen, dass die Kündigung sozial ungerechtfertigt ist. Wird diese Frist versäumt, wird die Kündigung als sozial gerechtfertigt angesehen (§ 7 KSchG).

Jeder streitigen Verhandlung vor der Kammer des Arbeitsgerichts muss eine Güteverhandlung vorangehen (§ 54 I ArbGG). In dieser Güteverhandlung vor dem Kammervorsitzenden soll noch einmal versucht werden, eine Einigung zwischen den Parteien zu erzielen (zum Instanzenzug in Arbeitssachen s. 3.3.2).

➤ Sozial gerechtfertigte/ungerechtfertigte Kündigung

Das Arbeitsgericht muss unter Anwendung des KSchG entscheiden, ob eine Kündigung sozial gerechtfertigt ist. **Sozial ungerechtfertigt** ist eine Kündigung, wenn sie **nicht** durch betriebs-, personen- oder verhaltensbedingte Gründe belegt werden kann.

> **Besonderer Kündigungsschutz**

Einige Personengruppen genießen besonderen gesetzgeberischen Kündigungsschutz:

- Für **Schwangere** gilt im Rahmen des Mutterschutzes ein fast (§ 9 III MuSchG)
  absoluter Kündigungsschutz (§ 9 MuSchG).
- Für Personen, die **Elternzeit** verlangen bzw. bereits in Elternzeit sind, gilt, dass
  ihr Arbeitsverhältnis ab dem Zeitpunkt, von dem an Elternzeit verlangt worden
  ist, höchstens jedoch acht Wochen vor Beginn der Elternzeit und während der
  Elternzeit nicht gekündigt werden darf (§ 18 BEEG).
- In den §§ 85 ff. SGB IX ist der besondere Kündigungsschutz **schwerbehinderter
  Personen** kodifiziert. Die Kündigung eines schwerbehinderten Arbeitnehmers
  bedarf grundsätzlich der vorherigen Zustimmung des Integrationsamtes.
- **Mitglieder des Betriebsrates bzw. einer Jugend- und Auszubildendenver-
  tretung** sind während der Amtszeit und ein Jahr danach vor einer Kündigung
  geschützt (§ 15 KSchG). Eine Ausnahme gilt lediglich für die Schließung eines
  Betriebes oder Betriebsteils. Das heißt allerdings nicht, dass den genannten
  Personengruppen nicht außerordentlich gekündigt werden kann.
- **Wehr- und Zivildienstleistende** sind durch das ArbPlSchG besonders vor
  Kündigungen geschützt.
- **Arbeitnehmer,** die auch **öffentliche Interessen wahrnehmen,** sind besonders
  geschützt. Dazu gehören z. B.
  - **Fachkräfte für Arbeitssicherheit** (§§ 5, 9 ASiG),
  - **Datenschutzbeauftragte** (§ 36 BDSG),
  - **Immissionsschutzbeauftragte** (§ 58 II BImSchG).
- Bei **Auszubildenden** kann nach Ablauf der Probezeit von 1–4 Monaten das Ar-
  beitsverhältnis vom Arbeitgeber nur noch aus wichtigem Grunde gekündigt
  werden (§ 22 BBiG).

Massenentlassungen stellen einen weiteren Fall für das besondere Kündigungs-
schutzrecht dar (§§ 17 ff. KSchG). Massenentlassungen liegen vor, wenn die Anzahl
der ausgesprochenen Kündigungen innerhalb einer bestimmten Frist eine bestimmte
Anzahl übersteigt. Die Massenentlassung ist der Agentur für Arbeit anzuzeigen.

12.3 Kollektives Arbeitsrecht

12.3.1 Koalitionsfreiheit

Die Koalitionsfreiheit ist in Art. 9 III GG verankert.

Diese allgemeine Bestimmung findet ihre Ausprägungen in
- dem Recht auf arbeitsrechtliche Koalitionen,
- dem Tarifvertragsrecht,
- dem Arbeitskampfrecht und
- den Arbeitnehmermitbestimmungsrechten.

Die kollektiv-arbeitsrechtlichen Koalitionen sind die Arbeitgeberverbände und die Gewerkschaften. Jedem Arbeitgeber und Arbeitnehmer steht es frei, sich einer Interessenvertretung anzuschließen. Ein Zwang zur Mitgliedschaft besteht für beide Parteien nicht. Der Staat ist nicht befugt, in den Bestand und die Betätigung der Interessenvertretungen einzugreifen **(= Tarifautonomie)**.

Die wichtigste Aufgabe der Koalitionen besteht darin, die Tarifverträge auszuhandeln. Die rechtliche Grundlage bildet das TVG.

12.3.2 Tarifverträge

▶ Definition

Beim Tarifvertrag handelt es sich um einen Vertrag, der zwischen tariffähigen Parteien geschlossen wird. Darin werden arbeitsrechtliche Rechte und Pflichten der Vertragsparteien geregelt (§§ 1 f. TVG). Tariffähig sind Arbeitgeberverbände, Einzelarbeitgeber und Gewerkschaften. Aus dieser Aufzählung ergibt sich die Unterscheidung zwischen **Verbandstarifverträgen,** die zwischen Arbeitgeberverbänden und Gewerkschaften geschlossen werden, und **Firmentarifverträgen,** die zwischen einem einzelnen Arbeitgeber und einer Gewerkschaft geschlossen werden.

▶ Inhalt

Tarifverträge lassen sich inhaltlich in zwei Kategorien einteilen:

- Im **Manteltarifvertrag** werden allgemeine Bedingungen wie Arbeitszeit, Urlaub und Kündigungsfristen vertraglich zwischen den Parteien festgelegt. Da sich diese Rahmenbedingungen nicht so häufig ändern, hat der Manteltarifvertrag meistens eine **längere Laufzeit** als die speziellen Tarifverträge.
- Im **speziellen Tarifvertrag** werden überwiegend die Entgeltfragen geregelt.

▶ Laufzeit

Der Zweck der Koalitionsfreiheit ist es, dass sich die Tarifvertragspartner ohne Einmischung des Staates auf bestimmte Arbeitsbedingungen einigen. Daraus ergibt sich, dass es einen staatlichen Zwang zum Abschluss eines Tarifvertrages nicht gibt. Da die Tarifverträge mit einer bestimmten Laufzeit ausgestattet sind, müssen sich die Tarifvertragsparteien nach dem Auslaufen der Verträge auf bestimmte, neue Bedingungen einigen, sonst gelten die bestehenden Rechtsnormen weiter (Nachwirkung i.S.d. § 4 V TVG). Vor dem Auslaufen der Tarifverträge besteht die Friedenspflicht, d.h., die Parteien dürfen keine Druckmittel einsetzen, um zukünftige Verhandlungsergebnisse zu beeinflussen. Kommt es allerdings nicht zu einer Einigung, stehen nach Ablauf der Friedenspflicht den Arbeitgebern und Gewerkschaften Druckmittel zur Verfügung, um die gewünschten Vorstellungen zu realisieren.

12.3.3 Streik und Aussperrung

12.3.3.1 Streik

Die Gewerkschaften haben die Möglichkeit, ihre Mitglieder zum Streik aufzurufen. Ein Streik ist eine vorübergehende Arbeitsniederlegung durch eine größere Anzahl von Arbeitnehmern zur Verfolgung eines gemeinsamen tariffähigen Zwecks. Bevor ein Streik ausgerufen werden kann, muss eine Urabstimmung bei den Gewerkschaftsmitgliedern durchgeführt werden. Nur wenn mindestens 75 % der Gewerkschaftsmitglieder dem Streikbegehren zustimmen, kann der Streik durchgeführt werden. Der Streik darf ausschließlich durch die Gewerkschaft organisiert werden. Das Ziel des Streiks muss ein tarifvertraglich regelbarer Gegenstand sein.

Wenn die rechtlichen Grundlagen des Streiks nicht gegeben sind, spricht man von einem wilden (rechtswidrigen) Streik. Beachte: Ein Streikgesetz gibt es nicht. Streikrecht und Aussperrung sind **Richterrecht.**

Während des Streiks haben die streikenden Arbeitnehmer keinen Anspruch auf Entgelt vom Arbeitgeber. Die Streikteilnehmer, die Gewerkschaftsmitglieder sind, werden aus der „Streikkasse" der Gewerkschaft bezahlt.

Arbeitnehmer

12.3.3.2 Aussperrung

Um sich gegen Streiks zu wehren, steht den Arbeitgebern das Mittel der Aussperrung zur Verfügung. Bei einer Aussperrung verweigert der Arbeitgeber allen Arbeitnehmern den Zugang zum Arbeitsplatz. Im Falle der Aussperrung verlieren die Arbeitnehmer ihren Entgeltanspruch. Dies hat zwei Auswirkungen. Zum einen wird der Solidarbeitrag, den die Arbeitnehmer zur Unterstützung ihrer streikenden Kollegen zahlen, geringer und zum anderen fallen die ausgesperrten Arbeitnehmer der Streikkasse zur Last. Die Gewerkschaften haben mehrfach versucht, das Recht auf Aussperrung durch die Arbeitgeber durch verschiedene Gerichte anzugreifen, sind aber mit diesen Versuchen gescheitert.

Arbeitgeber

12.4 Mitbestimmung der Arbeitnehmer

Im Rahmen der Mitbestimmung sollen Arbeitnehmer die Gelegenheit bekommen, in unternehmerischen Belangen und sonstigen wirtschaftlichen Fragen Einfluss auf die Unternehmensführung zu nehmen.

12.4.1 Mitbestimmungsgesetz

In **großen Kapitalgesellschaften** (mit in der Regel mehr als 2.000 Arbeitnehmern) haben die Arbeitnehmer Mitbestimmungsrechte (§ 1 MitBestG). Diese Rechte sind im MitbestG und im MontanMitbestG kodifiziert. Sie gelten allerdings nicht für Unternehmen mit politischen, koalitionspolitischen, konfessionellen, karitativen, erzieherischen, wissenschaftlichen oder künstlerischen Zielen und Unternehmen, die Zwecken der Berichterstattung oder Meinungsäußerung (Medien) dienen (= Tendenzbetriebe).

Der Einfluss auf unternehmerische Entscheidungen wird durch die paritätische Besetzung des Aufsichtsrats ausgeübt. Die Parität wird allerdings dadurch relativiert, dass der Vorsitzende (Anteilseignerseite) bei Stimmengleichheit (Pattsituation) eine zweite Stimme erhält. Dem Stellvertreter (Arbeitnehmerseite) steht die zweite Stimme nicht zu (§ 29 MitbestG).

Die Arbeitnehmermitglieder des Aufsichtsrates werden in Unternehmen mit weniger als 8.000 Mitarbeitern unmittelbar gewählt (§ 9 II MitbestG). In Unternehmen mit mehr Beschäftigten erfolgt die Wahl durch Delegierte, sofern die Arbeitnehmer nicht die unmittelbare Wahl beschließen (§ 9 I MitbestG).

12.4.2 Betriebsverfassungsgesetz

12.4.2.1 Grundlagen

Auf **betrieblicher Ebene** wirken die Arbeitnehmer mit dem Betriebsrat an unternehmerischen Entscheidungen mit (im öffentlichen Dienst spricht man von der Personalvertretung). Die Rechte des Betriebsrates sind im Betriebsverfassungsrecht normiert. Von der Unternehmensleitung werden weitreichende Entscheidungen getroffen, die sich mit Fragen der Produktion und Absatzwirtschaft, der Finanz- und Investitionsplanung, der Beschaffung und Lagerwirtschaft, der Betriebsorganisation und des Personalwesens befassen. Diese unternehmerischen Entscheidungen wirken sich auf Arbeitnehmer aus. Die Arbeitnehmer haben ein berechtigtes Interesse daran, über betriebliche Entscheidungen informiert zu werden und so Einfluss darauf zu nehmen, dass Nachteile vermieden oder gemindert werden können.

Das Betriebsverfassungsrecht regelt den Umfang der Mitwirkung der Arbeitnehmer bei den Entscheidungsprozessen im Unternehmen. Die Interessen der Arbeitnehmer werden im Rahmen des geltenden BetrVG aus Gründen der Zweckmäßigkeit überwiegend kollektiv von gewählten Vertretern der Arbeitnehmer wahrgenommen. Die Zahl der Betriebsratsmitglieder richtet sich nach der Größe des Betriebes. Ein Betriebsrat kann in Unternehmen mit mindestens fünf wahlberechtigten Arbeitnehmern gebildet werden. Drei von diesen müssen wählbar sein (§§ 1, 7f. BetrVG).

12.4.2.2 Betriebsrat

➤ Notwendigkeit

Voraussetzung für das Funktionieren der betrieblichen Mitbestimmung ist gegenseitiges Vertrauen und kooperative Zusammenarbeit. Trotzdem kann (muss) es zu verschiedenen Standpunkten in den zu lösenden Sachverhalten kommen. Um diese Meinungsverschiedenheiten zu überwinden, sieht das Gesetz die Einrichtung einer Einigungsstelle vor (§ 76 BetrVG).

Der Betriebsrat hat Mitbestimmungs- und Mitwirkungsrechte bei
- sozialen Angelegenheiten (§ 87 BetrVG),
- Arbeitsschutz (§§ 80, 87 BetrVG),
- der Gestaltung von Arbeitsplatz, Arbeitsablauf und Arbeitsumgebung,

- personellen Angelegenheiten (§§ 92ff. BetrVG) und
- wirtschaftlichen Angelegenheiten (§ 106 BetrVG).

➤ Betriebsvereinbarung

Arbeitgeber und Betriebsrat regeln die betrieblichen Angelegenheiten einvernehmlich durch formlose Absprachen oder durch den **Abschluss schriftlicher Betriebsvereinbarungen** (§ 77 BetrVG). Eine Betriebsvereinbarung bedarf der Schriftform und gilt unmittelbar und zwingend.

In einer Betriebsvereinbarung schließen Arbeitgeber und Betriebsrat einen Vertrag. In diesem werden bestimmte Betriebsangelegenheiten geregelt. Der einzelne Mitarbeiter kann aus diesen Betriebsvereinbarungen einen direkten Anspruch gegen seinen Arbeitgeber geltend machen.

➤ Aufgaben des Betriebsrates

Der Betriebsrat unterrichtet die Arbeitnehmer in regelmäßigen Betriebsversammlungen über seine Arbeit (§§ 42ff. BetrVG). Bei großen Unternehmen mit mehreren Betriebsteilen an verschiedenen Orten können bzw. müssen auch Gesamtbetriebs- oder Konzernbetriebsräte gewählt werden. Ergänzt wird der Betriebsrat durch die Jugend- und Auszubildendenvertretung (§§ 60ff. BetrVG).

Die regelmäßigen **Betriebsratswahlen** finden alle vier Jahre in der Zeit vom 01.03. bis 31.05. nach Maßgabe des § 13 BetrVG und der Wahlordnung statt.

Der **Betriebsrat** hat folgende **Aufgaben:**
- Überwachungsrecht hinsichtlich der Durchführung der zugunsten der Arbeitnehmer geltenden Gesetze, Verordnungen, Unfallverhütungsvorschriften, Tarifverträge und Tarifvereinbarungen;
- Antragsrecht bei dem Arbeitgeber für Maßnahmen, die dem Betrieb und der Belegschaft dienen, Förderung der Durchsetzung der tatsächlichen Gleichberechtigung von Männern und Frauen;
- Entgegennahme von Anregungen der Arbeitnehmer und der Jugend- und Auszubildendenvertretung und Hinwirkung auf deren Erledigung durch Verhandlungen durch den Arbeitgeber;
- Förderung der Eingliederung Schwerbehinderter;
- Vorbereitung und Durchführung der Wahl einer Jugend- und Auszubildendenvertretung;
- Förderung der Beschäftigung älterer Arbeitnehmer;
- Förderung der Eingliederung ausländischer Arbeitnehmer.

Darüber hinaus gewährt das Betriebsverfassungsrecht dem Betriebsrat **Mitwirkungs- und Mitbestimmungsbefugnisse.** Insbesondere die Mitwirkungsrechte sind von den Mitbestimmungsrechten zu unterscheiden. Innerhalb der Mitbestimmungsrechte ist zunächst eine Abgrenzung zwischen zwingender Mitbestimmung des Betriebsrates bei Entscheidungen des Arbeitgebers und Zustimmungserfordernissen vorzunehmen.

Beteiligung/Nicht-Beteiligung des Betriebsrates

Der Arbeitgeber muss den Betriebsrat vor jeder Kündigung eines Arbeitnehmers anhören.

Aktenzeichen: 2 AZR 149/04 (BAG-Urteil vom 12.05.2005)

Dagegen hat der Betriebsrat kein Mitbestimmungsrecht, wenn es um die Zuweisung bestimmter Arbeitsmittel geht, weil es sich hierbei nicht um mitbestimmungspflichtige Angelegenheiten i.S.d. § 87 BetrVG (insb. Abs. 10 + 11) handelt.

Aktenzeichen: 1 ABR 22/04 (BAG-Beschluss vom 31.05.2005)

▶ Mitwirkungsrechte

Die **Mitwirkungsrechte** räumen eine gewisse Einflussnahme auf die betreffende Angelegenheit aus, die Entscheidungsbefugnis bleibt aber allein beim Arbeitgeber.

Mitwirkungsrechte sind:

- Informationsrecht,
- Vorschlagsrecht (zur Einführung einer Personalplanung),
- Antragsrecht,
- Beratungsrecht sowie
- Anhörungsrecht.

▶ Mitbestimmungsrechte

Die **Mitbestimmungsrechte** des Betriebsrates geben diesem die Möglichkeit, unternehmerische Entscheidungen zu beeinflussen. In den Fällen der Mitbestimmung kann der Betriebsrat eine Maßnahme des Arbeitgebers verhindern. Der Arbeitgeber darf ohne Einverständnis des Betriebsrates weder eine Entscheidung treffen noch Maßnahmen einleiten. Das BetrVG regelt die folgenden Mitbestimmungsrechte des Betriebsrates:

- Das Zustimmungserfordernis bei personellen Einzelmaßnahmen betrifft die Einstellung, Eingruppierung, Umgruppierung oder Versetzung eines Arbeitnehmers. Der Betriebsrat darf in dem Fall seine Zustimmung nur aus den im Gesetz genannten Gründen verweigern.
- Eine Entscheidungsbefugnis in den Angelegenheiten der **zwingenden Mitbestimmung,** insbesondere in den sozialen Angelegenheiten gem. § 87 I BetrVG, liegt bei dem Betriebsrat und dem Arbeitgeber gemeinsam.

▶ Beteiligung an Personalentscheidungen

In den Bereichen **allgemeiner personeller Angelegenheiten,** Berufsbildung und personeller Einzelmaßnahmen bestehen zahlreiche Mitwirkungs- und Mitbestimmungsrechte:

- Personalplanung,
- Ausschreibung von Arbeitsplätzen,
- Personalfragebogen- und Formulararbeitsverträge,
- Beurteilungsgrundsätze und Auswahlrichtlinien,

- Förderung der Berufsausbildung,
- Einrichtung und Maßnahmen der Berufsbildung,
- Durchführung betrieblicher Bildungsmaßnahmen,
- Mitbestimmung bei personellen Einzelmaßnahmen (Einstellung, Eingruppierung, Umgruppierung, Versetzung und Kündigung) und
- vorläufige personelle Einzelmaßnahmen in Eilfällen.

▶ Beteiligung an unternehmerischen Entscheidungen

Die **unternehmerische Entscheidungsfreiheit in wirtschaftlichen Fragen** wird im Grundsatz nicht eingeschränkt. Dem Betriebsrat stehen jedoch Informationsrechte über wirtschaftliche Angelegenheiten zu. Bei Betriebsänderungen ist ein Sozialplan zum Ausgleich oder zur Eindämmung der wirtschaftlichen Nachteile für die Arbeitnehmer aufzustellen (§§ 111 ff. BetrVG). Der Sozialplan ist erzwingbar (§ 112 IV BetrVG).

Zu den **wirtschaftlichen Angelegenheiten** gehören insbesondere
- die wirtschaftliche und finanzielle Lage des Unternehmens,
- Produktions- und Absatzlage,
- Produktions- und Investitionsprogramm,
- Rationalisierungsvorhaben,
- Fabrikations- und Arbeitsmethoden,
- Einschränkung oder Stilllegung, Verlegung oder Zusammenschluss von Betrieben und von Betriebsteilen,
- Änderung der Betriebsorganisationen und des Betriebszwecks und
- sonstige Vorhaben und Vorgänge, welche die Interessen der Arbeitnehmer im Unternehmen wesentlich berühren können.

▶ Störungen der Betriebsratsarbeit

Das BetrVG enthält auch einen Katalog von Straf- und Bußgeldvorschriften, mit dem Störungen der Arbeit des Betriebsrates sanktioniert werden (§§ 119ff. BetrVG). Dies gilt auch für grobe Verstöße des Arbeitgebers (§ 23 III BetrVG).

12.5 Weitere arbeitsrechtlich relevante Sachverhalte

12.5.1 Arbeitsschutzrecht

12.5.1.1 Überblick über die Arbeitsschutzrechte

Das Arbeitsschutzrecht erfasst die Gesamtheit der öffentlich-rechtlichen Vorschriften, die der Arbeitgeber zu beachten hat. Dies sind insbesondere
- Unfall- und Gefahrenschutz (technischer Arbeitsschutz),
- Arbeitszeitschutz,
- Entgeltschutz und
- Datenschutz.

Der Arbeitnehmer soll vor den Gefahren des Arbeitslebens geschützt werden. Damit der Arbeitsschutz durchgesetzt werden kann, wird staatliche Aufsicht ausgeübt. Darüber hinaus gibt es behördlichen Zwang und Strafandrohungen für die Nichteinhaltung von Arbeitsschutzgesetzen. Die Normen des Arbeitsschutzes sind verpflichtend und können von den Parteien nicht umgangen werden.

Der Arbeitsschutz gilt für alle Arbeitnehmer. Für einige Berufs- und Personengruppen gelten verschärfte Arbeitsschutzbedingungen. Die arbeitsteilige Wirtschaft hat dazu geführt, dass zahlreiche Sondergesetze und Verordnungen entstanden sind. Der EU kommt in der Weiterentwicklung des Arbeitsschutzrechtes eine besondere Bedeutung zu.

12.5.1.2 Datenschutz

Dem Datenschutz kommt in einer Gesellschaft der globalen Informationsverarbeitung eine besondere Bedeutung zu. Die Grundlage dafür bildet in der Bundesrepublik Deutschland das **Bundesdatenschutzgesetz.**

➤ Zweck

Gemäß §1I BDSG soll der Einzelne davor geschützt werden, dass er durch den Umgang mit seinen personenbezogenen Daten in seinem Persönlichkeitsrecht beeinträchtigt wird.

Dieses Gesetz mit der angegebenen Zweckbestimmung ist Ergebnis eines Urteils des Bundesverfassungsgerichtes (1 BvR 209/83 vom 15.12.1983), in dem im Zusammenhang mit einer Volkszählung der **Grundsatz eines Rechtes auf informationelle Selbstbestimmung** festgelegt wurde. Es handelt sich hierbei um ein Persönlichkeitsrecht – resultierend aus den Artikeln 1 und 2 des Grundgesetzes (s. auch § 75 II BetrVG) –, das in allen gesellschaftlichen Bereichen – öffentlich wie privat – zu schützen ist.

> *Es sollen nicht die Daten geschützt werden,*
> *sondern die Personen vor Datenmissbrauch.*

➤ Personenbezogene Daten

In die Sprache hat allerdings die Version vom „personenbezogenen Datenschutz" Eingang gefunden.

Unter personenbezogenen Daten werden gem. § 3 I BDSG Einzelangaben über persönliche oder sachliche Verhältnisse einer bestimmten oder bestimmbaren natürlichen Person (Betroffener) verstanden.

Es geht also immer um die Herstellung einer IDENTITÄT zwischen Daten und einer Person; dies kann auch in anonymer Form erfolgen.

Beispiel | Arbeitnehmerin Lara Landow steht mit dem „23.07.1983" auf der am schwarzen Brett des Betriebes aushängenden Geburtstagsliste. Sie besteht mit Recht auf der Entfernung dieser Daten.

➤ Zustimmungspflicht

Für Daten, die im Arbeitsleben erhoben, verarbeitet oder genutzt werden sollen, muss der Betroffene **freiwillig zustimmen** (§ 4 a I BDSG).

Handelt es sich bei den Daten um sog. besondere Arten gem. § 3 IX BDSG (s.u.), kann die Zustimmung nicht allgemein gültig abgegeben werden, sondern muss sich explizit auf genau diese Daten beziehen (§ 4 a III BDSG).

➤ Besonders schützenswerte Daten

Zu den besonders schützenswerten Daten gehören gem. § 3 IX BDSG:

- Angaben über rassische und ethnische Herkunft
- politische Meinungen
- religiöse oder philosophische Überzeugungen
- Gewerkschaftszugehörigkeit
- Gesundheit
- Sexualleben

➤ Der Datenschutzbeauftragte

1. **Notwendigkeit**

   Im Rahmen zunehmender Vernetzung hat der Gesetzgeber eine Kontrollinstanz für konkretes Handeln im Unternehmen geschaffen – den betrieblich Beauftragten für den Datenschutz (§§ 4 f, g BDSG). Dieser Datenschutzbeauftragte ist auf dem Gebiet des Datenschutzes weisungsfrei (§ 3 III BDSG). Außerdem gilt für ihn ein besonderer Kündigungsschutz (s. 12.2.7).

2. **Qualifikation**

   Zum Datenschutzbeauftragten darf nur derjenige bestellt werden (§ 4 II BDSG), der die zur Erfüllung seiner Aufgaben erforderliche

   - Fachkunde und
   - Zuverlässigkeit besitzt.

   Diese beiden Merkmale – **fachliche Qualifikation und persönliche Integrität** – werden nicht konkretisiert. Wie hoch im konkreten Fall die Messlatte anzulegen ist, muss im Rahmen der Anforderungen geklärt werden. Da der Datenschutzbeauftragte nach § 4 g I Nr. 2 BDSG zusätzlich Schulungen durchführen muss, wird man auch ein gewisses pädagogisches Geschick von ihm erwarten dürfen.

3. **Berufung**

   Über § 99 BetrVG hat der Betriebsrat bei der Bestellung eines Datenschutzbeauftragten ein erhebliches Mitbestimmungsrecht.

   Von den Landesregierungen der Bundesländer werden Stellen bestimmt, die für die Kontrolle der Durchführung des Datenschutzes verantwortlich sind **(= Aufsichtsbehörden)**. Die jeweilige Aufsichtsbehörde kann im Zweifelsfall einen Datenschutzbeauftragten abberufen, falls er nachweislich die zur Erfüllung seiner Aufgaben erforderliche Fachkunde und Zuverlässigkeit nicht besitzt (§ 38 V 3 BDSG).

▶ Grenzen der Überwachung

Im betrieblichen Alltag stellt sich stets die Frage, wann bestimmte Maßnahmen erlaubt sind und wann nicht.

Beispiel
Im Einzelhandelsgeschäft MediaSpecial GmbH gibt es in letzter Zeit immer häufiger Kassenfehlbeträge. Daraufhin beschließt die Geschäftsleitung, über den Kassen Videokameras anzubringen, um die Schuldigen schnellstmöglich und mit dem Beweis des Videobandes zu überführen.

Dazu der Auszug aus einem Grundsatzurteil des BAG vom 27.03.2003, 2 AZR 51/02

„Die heimliche Überwachung mit Videokameras stellt einen Eingriff in das durch Art. 2 Abs.1 GG geschützte Persönlichkeitsrecht des Betroffenen dar. Beweise, die durch solche Eingriffe erlangt werden, können einem Verwertungsverbot unterliegen. Das Gericht darf ein solches Beweismittel nur dann berücksichtigen, wenn besondere Umstände, z. B. eine notwehrähnliche Lage, den Eingriff rechtfertigen. Dabei ist der Grundsatz der Verhältnismäßigkeit zu wahren. Hier diente der Eingriff dem Beweis vermuteter, von der Klägerin [Kassiererin, Anm. d. Verf.] heimlich begangener strafbarer Handlungen. Die Beklagte [Arbeitgeberin, Anm. d. Verf.] durfte die Klägerin deshalb mit Video-kameras verdeckt überwachen, weil nach den Feststellungen der Vorinstanzen ein hinreichend konkreter Verdacht bestand, der nicht oder nur schwer mit anderen, das Persönlichkeitsrecht der Klägerin wahrenden Mitteln geklärt werden konnte."

▶ Kontroll- und Auskunftsrechte der Betroffenen

Die Betroffenen haben erhebliche Kontrollrechte, die ebenfalls durch den Betriebs- bzw. Personalrat ausgeübt werden können. Darüber hinaus kann sich jeder Arbeitnehmer an externe Aufsichtsbehörden als Kontrollinstanzen wenden (Bundes-/ Landesbeauftragte für den Datenschutz). Die Rechte der Betroffenen ergeben sich hauptsächlich aus den §§ 33 ff. BDSG.

Beispiel
Arbeitnehmer Müller kann sich in der Personalabteilung darüber informieren, welche Daten über ihn gespeichert sind und zu welchem Zweck.

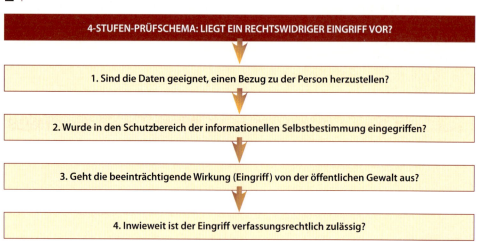

4-STUFEN-PRÜFSCHEMA: LIEGT EIN RECHTSWIDRIGER EINGRIFF VOR?

1. Sind die Daten geeignet, einen Bezug zu der Person herzustellen?

2. Wurde in den Schutzbereich der informationellen Selbstbestimmung eingegriffen?

3. Geht die beeinträchtigende Wirkung (Eingriff) von der öffentlichen Gewalt aus?

4. Inwieweit ist der Eingriff verfassungsrechtlich zulässig?

12.5.2 Schwarzarbeitsbekämpfungsgesetz

Nicht nur die individuelle Gefahrenabwehr des Arbeitnehmers ist Gegenstand des Arbeitsrechts. Der Gesetzgeber sieht außerdem die Notwendigkeit, durch einzelne Vorschriften Schaden von der gesamten Volkswirtschaft abzuwenden, z.B. durch das Gesetz zur Bekämpfung der Schwarzarbeit und illegalen Beschäftigung.

Schäden durch Schwarzarbeit

Wie hoch der volkswirtschaftliche Schaden durch Schwarzarbeit ist, lässt sich naturgemäß nicht genau beziffern. Untersuchungen gehen von drei Prozent des gesamten Arbeitsvolumens aus. Das wären bei einem Bruttoinlandsprodukt (BIP) in Deutschland von 2,5 Billionen EUR immerhin 75 Milliarden EUR. – Das Institut für Angewandte Wirtschaftsforschung in Tübingen spricht von „Schattenwirtschaft" und beziffert den damit erwirtschafteten Umsatz für 2007 auf rund 349 Milliarden EUR. Der Begriff Schattenwirtschaft ist dabei etwas umfangreicher gefasst als die Schwarzarbeit.) *(Quelle: www.bundesregierung.de vom 19.12.2008).*

▶ Definition Schwarzarbeit

Gemäß § 1 II SchwarzArbG werden unter Schwarzarbeit
- alle Werk- und Dienstleistungen verstanden,
- die erbracht oder
- im Auftrag ausgeführt wurden,
- ohne dass die beteiligten Parteien ihren damit in Zusammenhang stehenden Pflichten nachgekommen sind.

Zu den Pflichten gehören insbesondere
- Sozialversicherungspflichten (Nrn. 1 und 3)
- Steuerpflichten (Nr. 2)
- Mitteilungspflichten (Nr. 4)
- fehlende Genehmigungen (Nr. 5)

Davon ausgenommen sind Werk- und Dienstleistungen (§ 1 III SchwarzArbG), die erbracht werden
- in der Familie,
- als Gefälligkeit,
- im Wege der Nachbarschaftshilfe oder
- der Selbsthilfe.

▶ Zuständige Behörden

Die zur Überprüfung zuständige Behörde ist die **Zollverwaltung** (§ 2 SchwarzArbG), die dabei u. a. unterstützt wird von
- den Finanzbehörden,
- der Bundesagentur für Arbeit,
- den Sozialversicherungsträgern und
- der Polizei.

➤ Prüfungsbefugnisse

Die zuständigen Behörden (s.o.) dürfen
- während der Arbeitszeit
- die Grundstücke bzw. Geschäftsräume
- des Auftraggebers bzw. des Auftragnehmers

betreten (§ 3 SchwarzArbG) und dort Einsicht in die
- Lohn- und Meldeunterlagen,
- Bücher sowie
- weiteren Geschäftsunterlagen

nehmen, um festzustellen, wie sich
- Umfang,
- Art und
- Dauer

des Beschäftigungsverhältnisses darstellen (§ 4 SchwarzArbG).

Dabei haben alle beteiligten Personen (Arbeit- bzw. Auftraggeber, Arbeitnehmer bzw. Auftragnehmer, Dritte) gem. § 5 SchwarzArbG
- die Prüfung zu dulden,
- aktiv an der Klärung mitzuwirken und
- sachverhaltsrelevante Auskünfte zu erteilen bzw.
- entsprechende Unterlagen vorzulegen.

➤ Rechtsfolgen

1. **Bußgelder**

   Je nach Schwere des Verstoßes können Bußgelder bis zu 300.000,00 EUR verhängt werden (§ 8 SchwarzArbG).

   Beispiel | 300.000,00 EUR Bußgeld werden fällig, wenn Ausländer ohne gültige Arbeitserlaubnis tätig werden und der Auftraggeber außerdem bei einer Prüfung den Zutritt zu den Geschäftsräumen nicht gewährt (§ 8 III i.V.m. § 8 I Nr. 1 und § 8 II SchwarzArbG).

2. **Strafverfahren**

   Steuerhinterziehung, Erschleichen von Sozialleistungen, Hinterziehung von Sozialversicherungsabgaben sind Straftatbestände (s. 13.8.4.3, 13.8.4.6) und führen zusätzlich zu Geldstrafen i.d.R. auch zu Freiheitsstrafen. Außerdem müssen die nicht gezahlten Beiträge nachgezahlt werden.

Grundsätzlich gilt:

Barzahlung ohne Rechnung = Beihilfe zur Steuerhinterziehung

12.6 Zusammenfassung

Das Arbeitsrecht teilt sich auf in die drei großen Kategorien

- individuelles,
- kollektives Arbeitsrecht und
- Arbeitsschutzrecht.

Im **individuellen Arbeitsrecht** stehen das Arbeitsverhältnis und die rechtlichen Auswirkungen der vertraglichen Beziehungen zwischen Arbeitgeber und Arbeitnehmer im Vordergrund. Die Vertragsbeziehungen können ihrerseits in Vertragsanbahnung, Vertragsdurchführung und Vertragsbeendigung kategorisiert werden.

Im **kollektiven Arbeitsrecht** stehen sich Arbeitgeber (Verbände und einzelne Arbeitgeber) und Arbeitnehmervertretungen (Gewerkschaften und Betriebsräte) als Parteien gegenüber. Sie verhandeln über Tarifverträge und Betriebsvereinbarungen.

Im **Arbeitsschutzrecht** sollen die Arbeitnehmer durch staatliche Vorschriften und Aufsicht vor möglichen gesundheitsschädigenden Folgen des Arbeitslebens geschützt werden.

24 Jaschinski/Hey – ISBN 978-3-8120-0050-5

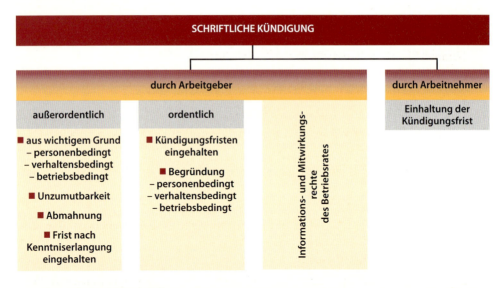

SCHRIFTLICHE KÜNDIGUNG

durch Arbeitgeber

durch Arbeitnehmer

außerordentlich

ordentlich

Einhaltung der Kündigungsfrist

- aus wichtigem Grund
  - personenbedingt
  - verhaltensbedingt
  - betriebsbedingt
- Unzumutbarkeit
- Abmahnung
- Frist nach Kenntniserlangung eingehalten

- Kündigungsfristen eingehalten
- Begründung
  - personenbedingt
  - verhaltensbedingt
  - betriebsbedingt

Informations- und Mitwirkungsrechte des Betriebsrates

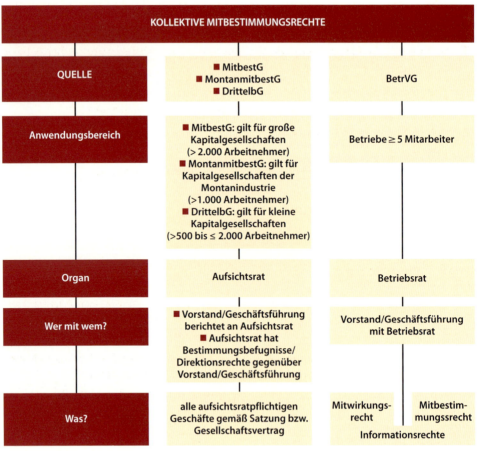

KOLLEKTIVE MITBESTIMMUNGSRECHTE

QUELLE	- MitbestG - MontanmitbestG - DrittelbG	BetrVG
Anwendungsbereich	- MitbestG: gilt für große Kapitalgesellschaften (> 2.000 Arbeitnehmer) - MontanmitbestG: gilt für Kapitalgesellschaften der Montanindustrie (>1.000 Arbeitnehmer) - DrittelbG: gilt für kleine Kapitalgesellschaften (>500 bis ≤ 2.000 Arbeitnehmer)	Betriebe ≥ 5 Mitarbeiter
Organ	Aufsichtsrat	Betriebsrat
Wer mit wem?	- Vorstand/Geschäftsführung berichtet an Aufsichtsrat - Aufsichtsrat hat Bestimmungsbefugnisse/ Direktionsrechte gegenüber Vorstand/Geschäftsführung	Vorstand/Geschäftsführung mit Betriebsrat
Was?	alle aufsichtsratpflichtigen Geschäfte gemäß Satzung bzw. Gesellschaftsvertrag	Mitwirkungsrecht / Mitbestimmungsrecht / Informationsrechte

12.7 Wiederholungsfragen

1. Nennen Sie die Teilbereiche des Arbeitsrechts!
2. Erläutern Sie kurz,
   a. aus welchem Recht die Tarifautonomie abgeleitet wird und
   b. in welchem Gesetz dies festgeschrieben ist!
3. Stellen Sie kurz die Parteien des individuellen und des kollektiven Arbeitsrechts dar!
4. Welche arbeitsrechtlich relevanten Sachverhalte werden durch Tarifverträge geregelt?
5. Erläutern Sie,
   a. warum es im Rahmen der Vertragsanbahnung im Arbeitsrecht besondere Offenbarungspflichten gibt und
   b. wo sie ihre Grenzen haben!
6. Nennen Sie ein Beispiel für eine grundsätzlich nicht zulässige Frage beim Vorstellungsgespräch und begründen Sie, wann diese doch zulässig sein könnte!
7. Welche Ausbildungsverhältnisse regelt das BBiG?
8. Nennen Sie die Hauptleistungspflichten von Arbeitnehmern und Arbeitgebern im Rahmen des Arbeitsvertrages!
9. Unterscheiden Sie das einfache von dem qualifizierten Arbeitszeugnis!
10. Welche Formerfordernisse sind bei der Kündigung zu beachten?
11. Welche Mitwirkungs-/Mitbestimmungsrechte hat der Betriebsrat bei einer Kündigung?
12. Nennen Sie die wesentlichen Eckpunkte des Arbeitsschutzrechtes!

12.8 Fälle und Übungen

Aufgabe 1:

Entscheiden Sie in den nachfolgend dargestellten Fällen, ob der Bewerber wahrheitsgemäß antworten muss:

a. Ein Bademodenhersteller sucht für die nächsten drei Jahre ein Haus-Model. Der Personalverantwortliche fragt die Bewerberin nach einer möglichen Schwangerschaft.

b. Das Bankhaus Heller & Pfennig sucht einen neuen Kassierer. Der Vorauswahlfragebogen enthält die Frage, ob der Bewerber bereits vorbestraft sei.

c. Nach seiner erfolgreichen Ausbildung bewirbt sich der Tischlergeselle Hans Hammer bei dem bekannten Möbelhersteller Tisch & Stuhl GmbH. Im Vorstellungsgespräch wird er vom Personalchef u.a. gefragt, ob er sich als „Gottes berufener Prophet" fühle.

d. Der SPD-Landesverband sucht einen neuen Kassierer. Bruno Bräsig, seit langem nicht aktives Mitglied bei der CDU, bewirbt sich und antwortet auf die Frage nach einer Parteizugehörigkeit mit „parteilos". Er ist der Auffassung, dies sei zu persönlich und er habe daher das Recht, zu lügen.

Aufgabe 2:

Friederike Fröhlich (27 Jahre alt, wohnhaft in der Wollstr. 17 in 32756 Detmold) wurde nach ihrer Ausbildung zur Einzelhandelskauffrau im DOB-Fachgeschäft Young Fashion GmbH, Lange Str. 115, 32756 Detmold, übernommen und ist nun seit sieben Jahren als Verkäuferin beschäftigt.

Am 10. Oktober d. J. erhält sie ihre Kündigung mit der Begründung, in der letzten Zeit zu wenig verkauft zu haben. Frau Fröhlich ist mit der Kündigung nicht einverstanden, da sie diese für sozial ungerechtfertigt hält. Leider ist der Versuch des Betriebsrates gescheitert, zwischen Frau Fröhlich und dem Arbeitgeber zu vermitteln.

Frau Fröhlich beauftragt daher RA Schlau mit der Erhebung der Klage nach dem KSchG.

a. Erläutern Sie,
  a.1 bei welchem Gericht Klage einzureichen ist,
  a.2 welchen Inhalt die Klage haben und
  a.3 innerhalb welcher Frist die Klage erhoben werden muss!

b. Erläutern Sie für diesen Fall, was einer streitigen Verhandlung vor dem angerufenen Gericht vorhergeht!

c. Der Kammertermin schließt mit folgendem Urteil:
  „Es wird festgestellt, dass die Kündigung der Beklagten vom 10. Oktober d. J. das Arbeitsverhältnis zwischen den Parteien nicht aufgelöst hat. Die Beklagte wird verurteilt, die Klägerin zu den bisherigen Arbeitsbedingungen weiter zu beschäftigen. Die Kosten des Verfahrens trägt die Beklagte."
  Das Urteil wird den Parteien am 25. Oktober d. J. ordnungsgemäß zugestellt.

  Erklären Sie,
  c.1 wie die Beklagte das Urteil anfechten kann,
  c.2 bis wann das geschehen muss,
  c.3 bei welchem Gericht Rechtsmittel eingelegt werden muss!

d. Erläutern Sie, ob der Prozessbevollmächtigte der ersten Instanz ebenfalls in der Rechtsmittelinstanz tätig werden kann!

Aufgabe 3:

Recherchieren Sie das Urteil des LAG Berlin-Brandenburg mit dem Az. 7 SA 2017/08 und diskutieren Sie,
a) inwieweit hier ein „wichtiger Grund" gem. § 626 BGB vorliegt;
b) warum das LAG die Revision nicht zugelassen hat.

Aufgabe 4:

Gudrun Geduldig (47 Jahre alt, wohnhaft in Detmold) ist seit 14 Jahren bei der Trend & Fashion GmbH, Inkoopstr. 22 in Bielefeld, beschäftigt.

Frau Geduldig erhält am 15. November die Kündigung. Dies wird damit begründet, dass das Geschäft die Ladenöffnungszeiten flexibilisieren müsse, dies jedoch nur mit jüngeren Angestellten möglich sei. Frau Geduldig kann jedoch nicht feststellen, dass sich die Ladenöffnungszeiten geändert haben.

Da Frau Geduldig die Kündigung für ungerechtfertigt hält, beauftragt sie RA Schlau mit Klageerhebung.

Bestimmen Sie unter Angabe der Paragrafen die Kündigungsschutzfrist für Frau Geduldig!

Aufgabe 5:

Die weltweit operierende AUTO AG sieht sich immer wieder mit exorbitanten Telefonkosten konfrontiert.

Der Vorstand beschließt, eine neue Telefonanlage zu installieren, mit deren Hilfe man die Kosten durch entsprechende Kontrollen in den Griff bekommen möchte. Der Betriebsrat, der nach § 87 BetrVG ein Mitbestimmungsrecht hat, wird in die Einführung und Anwendung dieser technischen Einrichtung, die das Verhalten und die Leistung der Arbeitnehmer überwachen soll, miteinbezogen.

Da sich Vorstand und Betriebsrat nicht einigen können, wird die Einigungsstelle angerufen. Der Spruch der Einigungsstelle lautet wie folgt:

„Bei extern ausgehenden Privatgesprächen werden für die Ortsgespräche die Gebühreneinheiten und Kosten je Monat, für Ferngespräche das Datum, die Uhrzeit, die Gebühreneinheit und Kosten je Monat und für beide die Nebenstellennummern erfasst. Bei dienstlich externen ausgehenden Gesprächen werden für Ortsgespräche die Gebühreneinheiten und Kosten je Monat, für Ferngespräche je Gespräch das angewählte Land außerhalb der Bundesrepublik Deutschland, der angewählte Ort im Bundesgebiet, die Kosten und Gesprächseinheiten, Datum, Uhrzeit, die angewählten Teilnehmernummern, die Summe der Kosten je Monat und Nebenstellen erfasst."

Der Betriebsrat ist mit dem Spruch der Einigungsstelle nicht einverstanden. Er vertritt die Meinung, dieser Spruch verstoße gegen das Bundesdatenschutzgesetz, zusätzlich besonders gegen die Persönlichkeitsrechte der Arbeitnehmer.

Der Betriebsrat ruft das Arbeitsgericht an, um eine Klärung herbeizuführen.

Wie wird das Arbeitsgericht entscheiden?

Aufgabe 6:

Nehmen Sie zu folgender Aussage begründet Stellung: „Illegal ist unsozial".

13 Strafrecht

13.1 Überblick

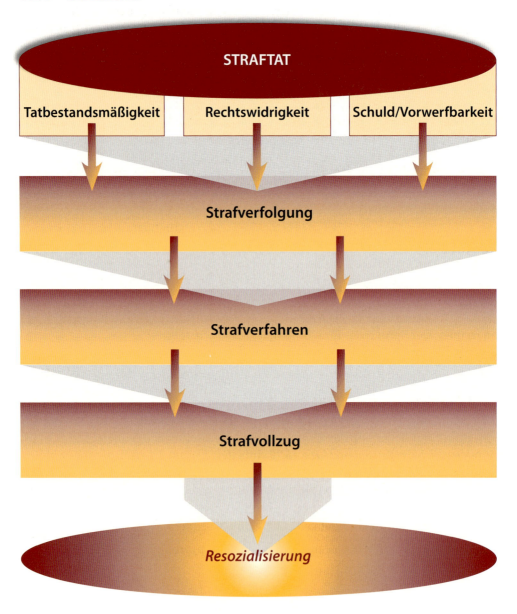

13.2 Einführung

13.2.1 Notwendigkeit staatlicher Ordnungsmaßnahmen

Nur wenn der Bürger eines Staates sich auch sicher sein kann, dass durch den Staat ein Verstoß gegen geltende Rechtsvorschriften geahndet wird, fühlt er sich einerseits geschützt, ist aber andererseits auch gewarnt (vgl. 2.3 – Funktionen des Rechts). Damit **muss** das Strafrecht Bestandteil des öffentlichen Rechts sein, da nur dem Staat das entsprechende Gewaltmonopol zusteht.

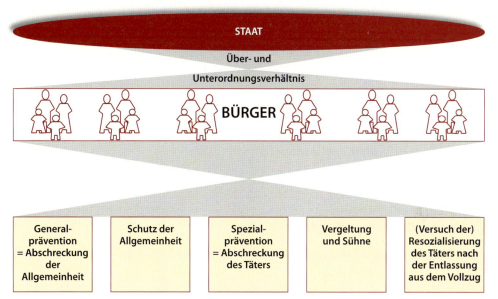

| General-
prävention
= Abschreckung
der
Allgemeinheit | Schutz der
Allgemeinheit | Spezial-
prävention
= Abschreckung
des Täters | Vergeltung
und Sühne | (Versuch der)
Resozialisierung
des Täters nach
der Entlassung
aus dem Vollzug |

13.2.2 Wichtige gesetzliche Grundlagen

Ein wesentliches Prinzip des deutschen Strafrechts liegt darin, dass alle Voraussetzungen der Bestrafung sowie Art und Höhe der Strafe durch das Gesetz bestimmt sein müssen (§1 StGB, der wörtlich mit dem Art. 103 II GG übereinstimmt). Weiterhin werden Strafe und Nebenfolgen nach dem **Gesetz** bestimmt, das **zurzeit der Tat** gilt (§ 2 StGB). Deutsches Strafrecht gilt grundsätzlich für alle Taten, die im Inland begangen werden (§ 3 StGB). Für ausgewählte Bereiche der Wirtschaftskriminalität sind auch Auslandstaten nach deutschem Strafrecht verfolgbar, so z. B. die Verletzung von Betriebs- und Geschäftsgeheimnissen von deutschen Unternehmen, bestimmte Umweltstraftaten und diverse Korruptionsdelikte (§ 5 StGB). Weiterhin sind auch die Auslandstaten Subventionsbetrug sowie Geld- und Wertpapierfälschung zu verfolgen (§ 6 StGB).

Kern des Strafrechts ist das **StGB (materielles Recht)** und die **StPO (formelles Recht).** Daneben finden sich auch noch in einer Reihe von anderen Gesetzen Straftatbestände, z. B. StVG, AO, BörsG. Das StGB besteht ebenso wie das BGB aus einem **allgemeinen** und einem **besonderen Teil.**

13.2.3 Abgrenzung Strafrecht und Ordnungswidrigkeitenrecht

Neben dem Strafrecht gibt es das Recht der Ordnungswidrigkeiten, die im OWiG festgeschrieben sind. Hier wird geregelt, wie zu verfahren ist, wenn ein Gesetzesverstoß stattgefunden hat, der **nicht krimineller Natur** ist und mit einer **Geldbuße** belegt ist. Verfahrenstechnisch ist die Bearbeitung von Ordnungswidrigkeiten zeitlich viel schneller zu bewältigen als ein ordentliches Strafverfahren. Außerdem kann das Rechtsmittel der Berufung/Revision nicht eingelegt werden.

Beispiel | Bruno Bräsig fährt auf der Landstraße 78 km/h, obwohl nur 70 km/h erlaubt sind. Er gerät in eine Polizeikontrolle und muss Bußgeld für die Geschwindigkeitsüberschreitung bezahlen.

13.3 Die Straftat

13.3.1 Merkmale der strafbaren Handlung

Eine Tat gilt als zu der Zeit begangen, in der der Täter **gehandelt** hat oder hätte etwas **tun oder unterlassen** müssen (§ 8 StGB). Wann der Erfolg der Tat eintritt, ist nicht maßgeblich. Der Ort der Tat ist dort, wo der Täter gehandelt oder etwas unterlassen hat oder der Erfolg eingetreten ist (§ 9 StGB).

Damit auch das Handeln für juristische Personen bzw. Personenvereinigungen strafrechtlich verfolgt werden kann, sind die **vertretungsberechtigten Organe** für die **juristische Person** einstandspflichtig (§ 14 StGB).

VORAUSSETZUNGEN EINER STRAFTAT		
Tatbestandsmäßigkeit	**Rechtswidrigkeit**	**Schuld/Vorwerfbarkeit**
= die vorgenommene Handlung muss im StGB oder in einem strafrechtlichen Nebengesetz den Tatbestand einer strafbaren Handlung erfüllen	= für die vorgenommene und verbotene Handlung liegt kein Rechtfertigungsgrund vor	= die Handlung wurde schuldhaft vorsätzlich oder fahrlässig begangen

13.3.1.1 Tatbestandsmäßigkeit

▶ Abgrenzung von Verbrechen und Vergehen (§ 12 StGB)

- **Verbrechen** sind Taten, die mit einer Mindestfreiheitsstrafe von einem Jahr bedroht sind.
- **Vergehen** sind mit einer geringeren Mindestfreiheitsstrafe oder Geldstrafe bedroht.

▶ Tun oder Unterlassen

Eine Tat wird i. d. R. dadurch begangen, dass **jemand etwas tut,** was er nicht hätte tun dürfen. Genauso kann aber auch ein Unterlassen strafbar sein, d. h., **jemand tut etwas nicht,** um einen Erfolg abzuwenden, der zum Tatbestand eines Gesetzes gehört (§ 13 StGB).

Beispiel
Die Nichtabführung des Arbeitnehmeranteils zur Sozialversicherung durch den Arbeitgeber stellt eine Unterlassungstat dar. Bei einer GmbH ist dieses Verhalten der Geschäftsführung strafrechtlich zurechenbar.

13.3.1.2 Rechtswidrigkeit

Als rechtswidrig gilt eine Handlung dann, wenn
- sie im Gesetz als rechtswidrig eingestuft wird und
- kein Rechtfertigungsgrund (z. B. Notwehr gemäß § 32 StGB) vorgebracht werden kann.

13.3.1.3 Schuld und Vorwerfbarkeit

▶ Vorsatz und Fahrlässigkeit

In den meisten Fällen ist nur **vorsätzliches Handeln** strafbar. Soll auch **fahrlässiges Handeln** strafbar sein, so ist dies im Gesetz ausdrücklich vermerkt (§ 15 StGB). Wer bei der Begehung der Tat einen Umstand nicht kennt, der zum gesetzlichen Tatbestand gehört, handelt nicht vorsätzlich, kann aber ggf. trotzdem wegen fahrlässiger Begehung der Tat strafrechtlich verfolgt werden (§ 16 StGB). Verstößt der Täter gegen ein Gesetz, dass er nicht kannte, so handelt er ohne Schuld, wenn er diesen Irrtum nicht vermeiden konnte (§ 17 StGB).

Beispiel
„Unwissenheit schützt vor Strafe nicht": So ließe sich der Verbotsirrtum im Volksmund umkehren. Der Geschäftsführer einer GmbH kann sich eben nicht darauf berufen, dass er die Strafbarkeit der Nichtabführung der Arbeitnehmeranteile nicht kannte. Dies gilt im Übrigen für alle wirtschaftsstrafrechtlichen Vorschriften. Wer als vertretungsberechtigtes Organ am Wirtschaftsverkehr teilnimmt, von dem wird erwartet, dass er auch die strafrechtlichen Grenzen seines (wirtschaftlichen) Handelns kennt.

➤ Versuch

Auch der **Versuch einer Straftat** ist strafbar:

- **Verbrechen** – der Versuch ist stets strafbar;
- **Vergehen** – der Versuch ist nur dann strafbar, wenn es das Gesetz ausdrücklich vorsieht (§ 23 StGB).

Ein **Versuch** liegt vor, wenn jemand zur Verwirklichung eines Tatbestandes unmittelbar ansetzt (§ 23 StGB). Ein **Rücktritt vom Versuch** liegt vor, wenn die weitere Ausführung der Tat aufgegeben wird oder nicht vollendet wird. Es kann dann von einer Bestrafung abgesehen werden.

13.3.2 Täterkreis

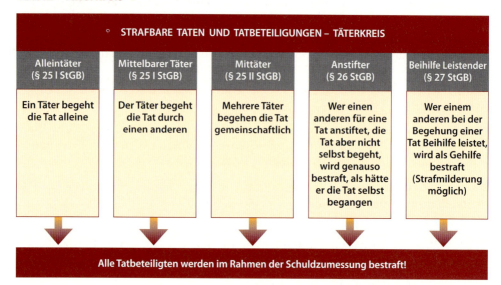

STRAFBARE TATEN UND TATBETEILIGUNGEN – TÄTERKREIS				
Alleintäter (§ 25 I StGB)	**Mittelbarer Täter** (§ 25 I StGB)	**Mittäter** (§ 25 II StGB)	**Anstifter** (§ 26 StGB)	**Beihilfe Leistender** (§ 27 StGB)
Ein Täter begeht die Tat alleine	Der Täter begeht die Tat durch einen anderen	Mehrere Täter begehen die Tat gemeinschaftlich	Wer einen anderen für eine Tat anstiftet, die Tat aber nicht selbst begeht, wird genauso bestraft, als hätte er die Tat selbst begangen	Wer einem anderen bei der Begehung einer Tat Beihilfe leistet, wird als Gehilfe bestraft (Strafmilderung möglich)

Alle Tatbeteiligten werden im Rahmen der Schuldzumessung bestraft!

Ex-Minister als Anstifter

Ein ehemaliger Verkehrsminister wurde zu fünf Jahren Freiheitsstrafe verurteilt, weil er einen Mann damit beauftragt hatte, seine Ehefrau umzubringen. Ein Teil des Lohns war schon bezahlt. Der „Killer" ging allerdings zur Polizei, die den Ex-Minister bei einem fingierten Treffen festnahm. Die Revision gegen das LG-Urteil wurde verworfen.

Aktenzeichen: 5 StR 421/02 (BGH-Beschluss vom 06.11.2002)

13.3.3 Rechtsfolgen

➤ Tateinheit und Tatmehrheit

- Eine **Tateinheit** liegt vor, wenn eine Tat mehrere Strafgesetze gleichzeitig verletzt. In diesem Fall ist das Gesetz anzuwenden, das die schwerste Strafe androht (§ 52 StGB).

- Hat jemand mehrere Taten begangen **(Tatmehrheit),** die gleichzeitig abgeurteilt werden, so wird aus den verschiedenen Strafen eine Gesamtstrafe gebildet (§ 53 StGB).

Entführung, Ermordung und Erpressung

Im September 2002 wurde der Sohn eines Bankiers entführt und ermordet. Die Schwurgerichtskammer des zuständigen Landgerichts verurteilte den Verdächtigen (einen Bekannten der Familie) wegen Mordes in Tateinheit mit erpresserischem Menschenraub und wegen falscher Verdächtigung in Tateinheit mit Freiheitsberaubung in zwei Fällen zu lebenslanger Freiheitsstrafe. Diese Freiheitsstrafe wurde für alle Taten als Gesamtstrafe ausgesprochen. Aufgrund der Schwere der Tat erfolgt nach 15 Jahren nicht automatisch die Prüfung, ob der Vollzug der restlichen Strafe zur Bewährung ausgesetzt werden könnte.

Der Verurteilte wandte sich mit einer Revision an den Strafsenat des BGH, weil er Foltervorwürfe gegen die ermittelnde Behörde erhob und deswegen das Verfahren hätte eingestellt werden müssen. Die Revision wurde als unbegründet verworfen.

Aktenzeichen: 2 StR 35/04 (BGH-Beschluss vom 21.05.2004)

➤ Strafen

Die **Schuld des Täters** ist Grundlage für die Strafbemessung durch das Gericht. Dabei ist zu berücksichtigen, welche Folgen sich für das künftige Leben des Täters in der Gesellschaft ergeben. Bei der **Beurteilung der Schuld** sind alle Faktoren zu berücksichtigen, die für und gegen einen Täter sprechen (§ 46 StGB).

Als **Strafen** kommen
- **Freiheitsstrafen** (§ 38 StGB) oder
- **Geldstrafen** (§ 40 StGB)

in Betracht.

Zusätzlich kann noch eine **Vermögensstrafe** verhängt werden (§ 43 a StGB). Als **Nebenstrafe** kann ein Fahrverbot erteilt werden (§ 44 StGB).

Weiterhin droht gem. § 45 StGB (= Nebenfolgen) der
- **Verlust der Amtsfähigkeit,**
- **Verlust der Wählbarkeit** und
- **Verlust des Stimmrechts.**

Liegen **berufs- oder gewerbebezogene Straftaten** vor, kann das Gericht nach der Verurteilung auch ein **Berufs- oder Gewerbeverbot** verhängen (§ 70 StGB, § 6 GmbHG). Das Gericht kann bei durch Straftaten erlangten Vorteilen (Geld, Vermögensgegenstände usw.) den Verfall anordnen (§§ 73 ff. StGB) oder sie einziehen (§§ 74 ff. StGB).

Die Staatsanwältin und der Bankräuber

Einer Staatsanwältin wurde vorgeworfen, aufgrund eines Liebesverhältnisses mit einem Bankräuber falsch für diesen ausgesagt und sich somit einer versuchten Strafvereitelung im Amt strafbar gemacht zu haben. Das Landgericht Potsdam sprach die Staatsanwältin frei, worauf die Staatsanwaltschaft Revision einlegte, die jedoch vom BGH verworfen wurde.

Aktenzeichen: 5 StR 425/02 (BGH-Urteil vom 12.02.2003)

13.4 Jugendstrafrecht

13.4.1 Strafmündigkeit

Kinder unter 14 Jahren sind schuldunfähig (§ 19 StGB). Für Jugendliche und Heranwachsende gilt nicht das StGB, sondern es gelten die besonderen Regeln des JGG.

- **Jugendlicher** ist, wer zur Zeit der Tat vierzehn, aber noch nicht achtzehn Jahre alt ist (§ 1 II 1. HS. JGG).
- **Heranwachsender** ist, wer zur Zeit der Tat achtzehn, aber noch nicht einundzwanzig Jahre alt ist (§ 1 II 2. HS. JGG).

Der Jugendliche ist strafrechtlich dann verantwortlich, wenn er zur Zeit der Tat nach seiner **sittlichen und geistigen Entwicklung** reif genug ist, das Unrecht der Tat einzusehen und nach dieser Einsicht zu handeln (§ 3 I JGG). In diesem Zusammenhang liegt der zentrale Punkt im Jugendstrafverfahren darin, bereits zu Beginn des Verfahrens

- die Lebens- und Familienverhältnisse,
- den Werdegang,
- das bisherige Verhalten und
- alle übrigen Umstände

des Beschuldigten zu ermitteln, die zur Beurteilung seiner **seelischen, geistigen und charakterlichen Eigenart** dienen können (§ 43 JGG).

Pressemitteilung des Landgerichts Verden

Urteil im Sasser-Wurm-Prozess

Mitteilung vom 08.07.2005, 13:40 Uhr

In dem so genannten Sasser-Wurm-Prozess hat die 3. Strafkammer des Landgerichts Verden – Jugendkammer – heute um 11.00 Uhr folgendes Urteil verkündet:

Der Angeklagte ist der Datenveränderung in 4 Fällen sowie der Computersabotage in 3 Fällen schuldig.

Gegen ihn wird eine Jugendstrafe von 1 Jahr und 9 Monaten verhängt. Die Vollstreckung der Jugendstrafe wird zur Bewährung ausgesetzt.

Es wird davon abgesehen, die Kosten des Verfahrens dem Angeklagten aufzuerlegen, seine eigenen notwendigen Auslagen trägt er jedoch selbst.

Angewendete Strafvorschriften: §§ 303 a, 303 b Abs. 1 Ziffer 1, 53 StGB, §§ 1, 105 JGG.

Die Kammer hat in ihrer mündlichen Urteilsbegründung festgestellt, dass der Angeklagte der Datenveränderung und der Computersabotage in den oben genannten Fällen schuldig ist. Dabei hat die Kammer das umfassende Geständnis des Angeklagten, die Angaben der in der Hauptverhandlung vernommenen Zeugen, sachverständigen Zeugen und des Sachverständigen zugrunde gelegt.

Bei der Frage, wie der Angeklagte für diese Straftaten zur Verantwortung zu ziehen ist, ist die Kammer von der Anwendung von Jugendstrafe ausgegangen und hat insbesondere auch für die Zeit, in der der Angeklagte Heranwachsender war, aufgrund von entwicklungsbedingten Verzögerungen das Jugendstrafrecht angewendet.

Nach Auffassung des Gerichts erscheinen hier angesichts des Tatherganges und der Persönlichkeit des Angeklagten Erziehungsmaßnahmen und Zuchtmittel unter erzieherischen Gesichtspunkten nicht mehr ausreichend.

Bei der Anordnung der Jugendstrafe ist das Gericht davon ausgegangen, dass bei dem Angeklagten schädliche Neigungen, also eine innere Neigung zu Straftaten, jedenfalls gegenwärtig nicht mehr vorliegen.

Andererseits habe der Angeklagte jedoch mit großer Intensität und erheblicher krimineller Energie gehandelt, seine Taten über einen langen Zeitraum geplant und ständig neue, bessere und schnellere Versionen seiner Computerwürmer weiterentwickelt. Er sei insoweit in einen Wettbewerb mit anderen eingetreten, habe einen immensen, nicht abschätzbaren Schaden verursacht. Sein Ziel sei gewesen, die von ihm programmierten Computerwürmer zu verbessern, d. h. insbesondere ihre Verbreitungsgeschwindigkeiten zu verkürzen und auf diese Weise die von ihm beabsichtigte Schadenswirkung zu maximieren. Nur einen Bruchteil der Schäden habe die Kammer in der Beweisaufnahme überhaupt feststellen können.

Der Angeklagte habe auch in Kenntnis dieser Folgen gehandelt, diese zielgerichtet herbeigeführt und dabei eine „diebische Freude" dann entwickelt, wenn ihm dies im Einzelfall besonders gut gelungen war.

Andererseits hat die Kammer dem Angeklagten zu Gute gehalten, dass sich in seinem Handeln ein jugendtypisches und insbesondere nicht auf kommerzielle Ziele ausgerichtetes Verhalten gezeigt hat. Er habe seine Klassenkameraden und sein engeres Umfeld nicht im Unklaren darüber gelassen, welche Ziele er verfolge und sei insbesondere mit anderen in den Wettbewerb darüber eingetreten, seine Viren möglichst schnell und weit zu verbreiten.

Unter diesen Gesichtspunkten hält die Kammer die Schwere der Schuld als Voraussetzung für die Verhängung einer Jugendstrafe für gegeben.

Bei der Höhe der Jugendstrafe hat die Kammer zugunsten des Angeklagten seine jedenfalls zu Beginn der Taten bestehende schwierige soziale Situation berücksichtigt, der damals sehr introvertiert und extrem zurückhaltend gewesen und insbesondere in seiner Schulklasse nicht integriert gewesen sei und demnach ein starkes Bedürfnis nach Anerkennung gehabt habe, die er durch seine speziellen Fähigkeiten im Bereich des Programmierens erreichen konnte.

Der Angeklagte sei nicht vorbestraft, er habe überdies ein umfassendes Geständnis abgelegt. Außerdem berücksichtigt die Kammer das Verhalten des Angeklagten nach der Tat. Er habe gezeigt, dass es ihm möglich sei, eine solide Ausbildung mit offenbar gutem Erfolg durchzuführen und stabile soziale Bezüge zu erreichen.

Andererseits war der immense Schaden bei der Höhe der Jugendstrafe in Rechnung zu stellen und auch der Umstand, dass der Angeklagte durch sein Handeln auch Gefahren für Leib und Leben anderer herbeigeführt hat, die dadurch hätten entstehen können, dass Notrufanlagen und ähnliche Einrichtungen vorübergehend funktionsunfähig gemacht worden sind.

Die Kammer hat die Jugendstrafe zur Bewährung ausgesetzt, weil aus den oben angeführten Gründen bei dem Angeklagten eine günstige Sozialprognose festzustellen ist.

Sie hat die Bewährungszeit auf 3 Jahre bemessen. Als Bewährungsauflage soll der Angeklagte 30 Stunden gemeinnützige Arbeit in einem Altenheim oder einem Krankenhaus verrichten.

Die Staatsanwaltschaft und der Verteidiger haben auf Rechtsmittel verzichtet, sodass das Urteil rechtskräftig ist.

Quelle: Pressemitteilung des Landgerichts Verden
(http://www.landgericht-verden.niedersachsen.de/master/C11833164_L20_D0_I4799562_h1.html)

13.4.2 Rechtsfolgen der Jugendstraftat

FOLGEN (JUGENDSTRAFRECHT)

vorläufige Maßnahmen

endgültige Maßnahmen

Unterbringung zur Beobachtung

Rechtsquelle: § 73 JGG

Sachverhalt: Zur Vorbereitung eines Gutachtens (vgl. § 43 JGG) kann der Richter anordnen, dass der Jugendliche für diese Zeit in einer entsprechenden Anstalt untergebracht wird.

Vorläufige Erziehungsanordnung

Rechtsquelle: § 71 I JGG

Sachverhalt: Bis zum Eintritt der Rechtskraft des Urteils kann der Richter eine vorläufige Anordnung darüber treffen, wie Erziehungsmaßnahmen bis dahin auszusehen haben.

Einstweilige Unterbringung in einem Heim

Rechtsquelle: § 71 II JGG

Sachverhalt: Bis zum Eintritt der Rechtskraft des Urteils soll sichergestellt werden, dass sich der Jugendliche in einem Umfeld aufhält, das ihn auf die geplanten Maßnahmen vorbereitet bzw. ihn davon abhält, eine weitere Straftat zu begehen.

Im Ausnahmefall: Untersuchungshaft

Rechtsquelle: § 72 JGG

Sachverhalt: Untersuchungshaft darf nur dann verhängt/vollstreckt werden, wenn klar ist, dass die vorläufige Erziehungsanordnung bzw. andere Maßnahmen sinnlos sein werden.

Erziehungsmaßregeln

Rechtsquelle: §§ 9–12 JGG

Sachverhalt: Erziehungsmaßregeln sind keine Strafen und werden daher nur in das Erziehungsregister eingetragen.
- Weisungen
- Erziehungsbeistand
- Unterbringung in einem Heim/betreutes Wohnen

Zuchtmittel

Rechtsquelle: §§ 13–16 JGG

Sachverhalt: Zuchtmittel werden dann angewandt, wenn eine Jugendstrafe nicht geboten erscheint.
- Verwarnung
- Auflagen
- Jugendarrest (Freizeit-/Kurz-/Dauerarrest)

Jugendstrafe

Rechtsquelle: §§ 17–30 JGG

Sachverhalt: Die Jugendstrafe ist eine Freiheitsstrafe in einer Jugendstrafanstalt (6 Monate bis 5 Jahre), die verhängt wird, wenn
- nicht zu erwarten ist, dass Erziehungsmaßregeln/ Zuchtmittel zur Erziehung ausreichen
- die Schwere der Tat dies erfordert.

Maßregeln zur Besserung und Sicherung

Rechtsquelle: § 7 JGG

- Unterbringung in einem psychiatrischen Krankenhaus
- Unterbringung in einer Entziehungsanstalt
- Führungsaufsicht
- Führerscheinentzug

13.5 Ablauf des Strafverfahrens

I. Erkenntnisverfahren

II. Vollstreckungsverfahren

13.5.1 Erkenntnisverfahren

Im Erkenntnisverfahren soll festgestellt werden, ob und inwieweit ein **staatlicher Strafanspruch** überhaupt besteht.

ERKENNTNISVERFAHREN

I. Strafanzeige/Strafantrag (§§ 158, 159 StPO)

Die Staatsanwaltschaft (ggf. unter Zuhilfenahme der Polizei) kann nur tätig werden, wenn ihr die Begehung einer Straftat auch bekannt ist. Dies geschieht entweder
- durch eine Strafanzeige (§ 158 I StPO),
- durch einen Strafantrag (§ 158 II StPO) oder
- durch eine andere Art des Bekanntwerdens einer Straftat (z.B. Leichenfund).

II. Vorverfahren = Ermittlungsverfahren (§§ 160–177 StPO)

Die Staatsanwaltschaft bzw. die Kriminalpolizei (auf Weisung der Staatsanwaltschaft) nimmt die Ermittlungen auf. Der gesamte Sachverhalt ist so zu erforschen, dass zunächst ein Beschuldigter gefunden werden muss. Anschließend ist durch eine entsprechende Beweissicherung (belastende und entlastende Umstände) zu überprüfen, ob auf dieser Basis Klage erhoben werden kann.

Der Haftbefehl wird erlassen und der Beschuldigte (sofern man ihm habhaft werden kann) wird in Untersuchungshaft genommen.

III. Einstellung des Verfahrens (§ 170 II StPO)

III. Zwischenverfahren (§§ 199–212 b StPO)

Das für die Hauptverhandlung zuständige Gericht überprüft, ob das Hauptverfahren zu eröffnen ist.

EINSTELLUNG DES VERFAHRENS

Das Gericht beschließt, das Hauptverfahren nicht zu eröffnen (§ 199 I StPO).

Das Gericht beschließt, das Hauptverfahren zu eröffnen (§ 199 I StPO).

IV. Hauptverhandlung (s. nächste Seite)

IV. Ablauf der Hauptverhandlung (§§ 213–295 StPO)

(1)
Vorsitzender stellt fest, ob Angeklagter und Verteidiger anwesend sind,
Beweismittel herbeigeschafft und Zeugen sowie Sachverständige erschienen sind.

(2)
Zeugen verlassen den Sitzungssaal

(3)
Vorsitzender vernimmt Angeklagten über seine persönlichen Verhältnisse

(4)
Staatsanwalt verliest Anklage

(5)
Angeklagter wird darauf hingewiesen, dass es ihm freisteht,
sich zu der Anklage zu äußern oder nicht auszusagen

(6)
Will sich Angeklagter äußern, wird er zur Sache vernommen.
Feststellung der Vorstrafen, falls für Sachverhalt relevant

(7)
Beweisaufnahme: Zeugen, Sachverständige, Augenschein, Urkunden

(8)
Plädoyer des Staatsanwalts

(9)
Plädoyer des Verteidigers

(10)
Angeklagter hat die Möglichkeit zur letzten Äußerung

(11)
Beratung (geheim) des Gerichts

(12)
URTEILSVERKÜNDUNG
mit Begründung

(13)
Belehrung des Angeklagten über die Rechtsmittel

Einstellung des Verfahrens

Freispruch   **Verurteilung**

Urteil erlangt Rechtskraft

Vollstreckung

Staatsanwaltschaft Krefeld   Krefeld, den 22.07.2006
                                                                          Nordwall 131

3 Js 34/06

            Anklageschrift

der Arbeiter Günter Schüler, geb. am 07.04.54 in Krefeld, ledig, deutsch,
wohnhaft Rheinstr. 18 in Krefeld,

wird angeklagt,

zu Krefeld am 18.06.2006
            eine fremde bewegliche Sache einem anderen in der Absicht
            weggenommen zu haben, dieselbe sich rechtswidrig anzueignen,
indem er aus dem Fahrradständer am Badezentrum in Krefeld-Bockum ein rotes
Herrenfahrrad, Marke Mücke, Rahmen-Nr. 1008, das dem Peter Schulze gehört,
wegnahm.

Vergehen nach § 242 StGB

Beweismittel: 1. Einlassung des Angeschuldigten
               2. Zeugen:
                  a) Peter Schulze, Hohe Str. 43, Krefeld
                  b) Winfried Krömer, Tulpenstr. 98, Krefeld

            Wesentliches Ergebnis der Ermittlungen

Der Jugendliche Peter Schulze begab sich am 18.06.2006 mit seinem roten
Herrenfahrrad, Marke Mücke, zum Badezentrum. Er stellte sein Fahrrad in
dem dort aufgestellten Fahrradständer ab. Als er nach ca. 2 Stunden das
Schwimmbad verlassen wollte, stellte er fest, dass sein Fahrrad weg war.
Er benachrichtigte sofort den Bademeister und die Polizei. Bei dem Bademeister hatte sich bereits ein Zeuge Krömer gemeldet, der mitgeteilt hatte,
dass sich eine Person am Fahrradständer zu schaffen gemacht hatte. Aufgrund
der Beschreibung des Zeugen Krömer konnte der Angeschuldigte ermittelt
werden. In seinem Keller wurde das Fahrrad gefunden.

Der Angeschuldigte bestreitet, das Fahrrad gestohlen zu haben. Er behauptet,
er habe das Fahrrad gefunden. Er wird jedoch durch die Zeugenaussagen
überführt.

Es wird beantragt,
            die Anklage zuzulassen und das Hauptverfahren vor dem Amts-
            gericht – Einzelrichter – in Krefeld zu eröffnen.

                                          gezeichnet Dr. Schneider
                                          Staatsanwalt

25 Jaschinski/Hey – ISBN 978-3-8120-0050-5

13.5.2 Vollstreckungsverfahren

Strafurteile werden vollstreckbar, wenn sie rechtskräftig sind (§ 449 StPO). Das Strafvollstreckungsverfahren umfasst somit alle Maßnahmen, die dazu dienen, das rechtskräftige Urteil durchzusetzen.

Vollstreckungbehörde ist die Staatsanwaltschaft (§ 451 StPO).

Die Strafarten und Strafmaße ergeben sich aus den Vorschriften des StGB:

- **Freiheitsstrafen** gem. §§ 38 f. StGB
- **Geldstrafen** gem. §§ 40 – 43 a StGB
- **Nebenstrafen** gem. § 44 StGB
- **Nebenfolgen** gem. §§ 45 – 45 b StGB

13.5.3 Verfahrensbeteiligte

- Die **Staatsanwaltschaft** ist die **Herrin des Verfahrens.** Alle Verfahrensschritte werden durch sie eingeleitet, koordiniert und kontrolliert. Zur praktischen Umsetzung bedient sie sich regelmäßig der **Spezialkräfte** aus den Kommissariaten der **Polizei,** der **Steuerfahndung** und der **Zollfahndung.**
- **Richter** und **Schöffen** (= ehrenamtliche Richter);
- **Beschuldigter/Angeklagter** (§ 157 StPO) und **Verteidiger** (§§ 136 ff. StPO);
- **Zeugen** und **Sachverständige.**

13.6 Besondere Verfahrensarten

13.6.1 Privatklage (§§ 374 – 394 StPO)

Unter bestimmten Voraussetzungen hat der Verletzte ein eigenes Strafklagerecht. Eine öffentliche Klage wird jedoch nur erhoben, sofern sie im öffentlichen Interesse liegt (§ 376 StPO).

Im Wege der Privatklage können verfolgt werden (§ 374 I StPO):

- Hausfriedensbruch,
- Beleidigung,
- Verletzung des Briefgeheimnisses,
- Körperverletzung,
- Bedrohung,
- Bestechlichkeit oder Bestechung,
- Sachbeschädigung,
- unlauterer Wettbewerb,
- Urheberrechtsverletzungen.

13.6.2 Nebenklage (§§ 395 – 402 StPO)

Der Verletzte oder ein Verwandter des Verletzten oder Getöteten kann sich als Nebenkläger der öffentlichen Klage anschließen (§ 395 I StPO), z. B. bei

- Mord/versuchtem Mord,
- Totschlag/versuchtem Totschlag,
- Sexualdelikten,
- Körperverletzung,
- Beleidigung.

13.6.3 Strafbefehl

Beim Strafbefehl kommt es nicht zur öffentlichen Hauptverhandlung. Dem Täter wird ein Schriftstück zugestellt, in dem die Strafe festgesetzt wird. Der Beschuldigte kann nun die Strafe akzeptieren oder dem Strafbefehl widersprechen. Ein Strafbefehl darf nur bei Geld- oder Freiheitsstrafen bis zu einem Jahr angewandt werden. Auf diese Weise werden Bagatellverfahren effizient erledigt. Widerspricht der Beschuldigte dem Strafbefehl, kommt es automatisch zur öffentlichen Hauptverhandlung.

13.7 Rechtsmittel im Strafverfahren

Im Strafverfahren sind die Rechtsmittel der Beschwerde, der Berufung und der Revision möglich.

➤ **Beschwerde (§§ 304 – 311 a StPO)**

Die Beschwerde ist gegen alle von den Gerichten in der ersten Instanz oder im Berufungsverfahren erlassenen Beschlüsse und gegen die Verfügungen des Vorsitzenden zulässig, sofern nicht per Gesetz ein Ausschluss des Beschwerderechts (§ 305 StPO) vorgesehen ist. Die Beschwerde muss innerhalb einer Woche ab Bekanntwerden der Entscheidung eingelegt werden (§ 311 II StPO).

➤ **Berufung (§§ 312 – 332 StPO)**

Die Berufung gegen die Urteile des Strafrichters und des Schöffengerichts muss bei dem Gericht der ersten Instanz innerhalb von einer Woche nach Verkündung des Urteils zu Protokoll der Geschäftsstelle oder schriftlich eingelegt werden (§§ 312, 314 I StPO). Unter den Voraussetzungen des § 313 StPO ist eine Berufung nur dann zulässig, wenn sie auch angenommen wurde.

➤ **Revision (§§ 333 – 358 StPO)**

Die Revision kann gegen die Urteile der Strafkammern und der Schwurgerichte sowie gegen die in der ersten Instanz ergangenen Urteile der OLG eingelegt werden (§ 333 StPO). Anstelle der Berufung kann auch Sprungrevision eingelegt werden (§ 335 StPO).

13.8 Exkurs: Überblick über das Wirtschaftsstrafrecht

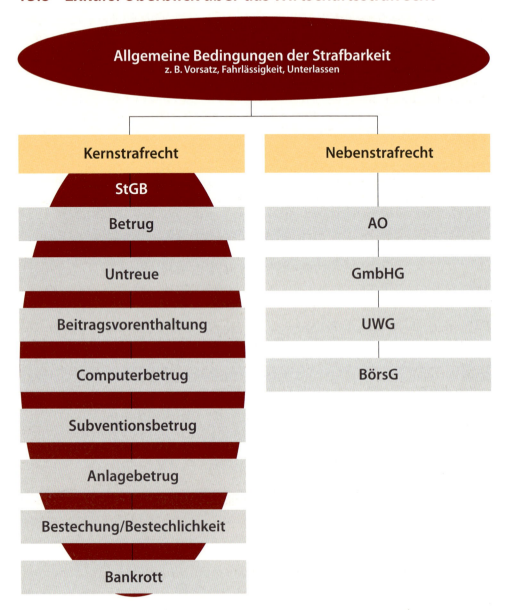

Für alle Wirtschaftsstraftaten gelten die **allgemeinen Regeln** der Strafbarkeit. Diese leiten sich aus verschiedenen Quellen her. Einige ergeben sich z. B. aus dem Grundgesetz. Zusammengefasst sind die Regeln über die Strafbarkeit im **allgemeinen Teil des StGB.** Wie für die allgemeine Kriminalität gilt auch beim Wirtschaftsstrafrecht die kriminalpolitische Konzeption der Verbindung von Schuldausgleich und Einwirkung auf den Täter, die so genannte **Spezialprävention.**

13.8.1 Besonderheiten von Wirtschaftsstraftaten

Wirtschaftsdelikte unterscheiden sich nach **Art** und **Begehungsform** weitgehend von dem, was man sich üblicherweise unter dem Begriff **„Kriminalität"** vorstellt. Im Gegensatz zu Mord, Raub oder Diebstahl geht die **Gegenständlichkeit** und **Sichtbarkeit** von Tat und Schaden verloren. Wirtschaftsdelikte sind gerade **nicht gewaltsame** Störungen der Außenwelt, sondern in die Normalität des beruflichen Alltags eingebettet. Trotzdem erregen insbesondere die Großverfahren, die nach der Aufdeckung der Taten eingeleitet werden, wegen ihrer **politisch-gesellschaftlichen Dimension** das öffentliche Aufsehen.

Beispiel | In den Fällen Balsam und Flowtex ermitteln die verschiedenen Staatsanwaltschaften wegen diverser Wirtschaftsstraftaten. In diesen Fällen ist besonders erwähnenswert, dass beide Unternehmen von namhaften Wirtschaftsprüfungsgesellschaften beraten wurden und die Straftatbestände erst sehr spät aufgedeckt wurden.

Wirtschaftskriminalität ist **Bereicherungskriminalität.** Sie macht typische Merkmale der industriellen Massengesellschaft sowie des marktwirtschaftlichen Systems zu ihren Angriffspunkten und erweitert dabei gleichsam den Anwendungsbereich des freien Spiels der Kräfte ins Unerlaubte. Andererseits entsteht häufig der Eindruck, dass die Grenze zwischen Kriminalität und Geschäftstüchtigkeit verschwimmt.

Die meisten Wirtschaftsstraftaten werden in der Unternehmenskrise begangen. Die Definition der **Krise** ergibt sich aus den Begriffen der Zahlungsunfähigkeit und der Überschuldung. Auf diese Weise ist das Wirtschaftsstrafrecht eng mit dem **Insolvenzrecht** verzahnt. Wenn die Krise nach den Kriterien der Insolvenzordnung vorliegt, treffen den Kaufmann besondere Verpflichtungen, die seinen straffreien Handlungsspielraum zum Schutz der Gläubiger erheblich einschränken.

Beispiel | Außerhalb der Krise kann der Kaufmann Stefan Stein straflos Geld auf der Pferderennbahn verwetten. In der Krise ist dies eine Bankrottstraftat.

Aber auch außerhalb der Krise können Wirtschaftsstraftaten begangen werden.

Beispiel | Klaus Klappstein ist Geschäftsführer der Bau GmbH und verwettet die Portokasse des Unternehmens auf der Pferderennbahn. In diesem Fall liegt eine Untreue zu Lasten der Bau GmbH vor.

13.8.2 Schäden der Wirtschaftskriminalität

Wirtschaftskriminalität ist statistisch gesehen **keine Massenkriminalität,** sondern sie zeichnet sich vielmehr durch die durch sie verursachte Schadenshöhe aus. Schon in kleineren Verfahren werden sehr oft Schadenshöhen verzeichnet, die mehrere Hunderttausende von Euro umfassen. Die genaue Höhe der durch Wirtschaftskriminalität verursachten Schäden ist nicht bekannt. Gerade für Wirtschaftsstraftaten gilt:

- Nicht alle Straftaten werden entdeckt,
- von den Entdeckten nicht alle angezeigt und
- von den Angezeigten nicht alle abgeurteilt.

> **Materielle Schäden**

Inwieweit die amtliche Erfassung der Rechtsbrüche mit der wirklichen Kriminalität übereinstimmt, ist Spekulationsgrund für Dunkelfeld und Dunkelziffer. Die von den Experten ausgebrachten **materiellen** Schadensschätzungen reichen von 1 Mrd. über 50 Mrd. EUR bis hin zu 10 % des Bruttonationaleinkommens pro Jahr.

> **Immaterielle Schäden**

1. **Verlust des Vertrauens:** Jede menschliche Gemeinschaft gibt sich für das gedeihliche, möglichst störungsfreie Nebeneinander Regeln. Diese Regeln können geschrieben (insbesondere Gesetze) oder ungeschrieben sein (z.B. Kaufmannsbrauch: Grundsätze ordnungsmäßiger Buchführung). Notwendige Voraussetzung für das Funktionieren der Gesellschaft ist, dass der **überwiegende Teil** ihrer Mitglieder **darauf vertraut,** dass diese **Regeln eingehalten** werden. Der Staat muss gewisse Rahmenbedingungen schaffen, die die Sicherheit der Rechts- und Wirtschaftsordnung garantieren. Verlieren die Wirtschaftssubjekte das Vertrauen in den Staat oder untereinander, ist der freie Austausch von Waren und Dienstleistungen gefährdet.

2. **Sog- und Spiralwirkung** (Ansteckungswirkung): Durch eine Wirtschaftsstraftat kann ein krimineller Prozess angestoßen werden, der sich selbst verstärkt. Wie weit sich der Prozess entwickelt, hängt von den unterschiedlichsten Faktoren ab.

   Beispiel
   Wenn Karlo Karlsberg in Hamburg eine Bank ausraubt, besteht regelmäßig kein Zusammenhang zu dem Banküberfall des Peter Plett in München.

   Aber: Geschäftsführer Florian Fuchs führt die Profitabel GmbH durch gezielte Bankrottstraftaten in die Insolvenz. Größter Gläubiger ist die Multi GmbH unter Geschäftsführer Ferdinand Fritzenkötter. Wegen der Straftaten von Fuchs gerät auch die Multi GmbH in die Krise und Fritzenkötter begeht seinerseits verschiedene Wirtschaftsstraftaten, um das Unternehmen zu retten.

13.8.3 Opfer der Wirtschaftskriminalität

Man kann den Eindruck gewinnen, dass in keiner anderen Kriminalitätsform der Einfluss des **Opfers** auf **Tatbegehung** und **Sanktionierung** so ausgeprägt ist wie bei Wirtschaftsdelikten. Die einzelnen Rollen, die das Opfer in den verschiedenen Phasen von der Tatbegehung bis hin zur strafrechtlichen Ahndung spielt, haben Einfluss auf die konkrete **Gestaltung der Delikte,** auf die **Tatdurchführung** bzw. Verhinderung bis hin zum Bekanntwerden der Tat und deren **Sanktionierung.** Zentrale Bedeutung hat die Beziehung zwischen Tätern und Opfern, die in Wirtschaftsdelikte mündet. Diese Beziehungen sind sehr spezifisch und unterscheiden sich deutlich von den Interaktionsmustern bei anderen Straftaten. Auch die These, dass Täter und Opfer ähnliche Verhaltens- und Persönlichkeitsmerkmale aufweisen und manche Opfer nur **zufällig verhinderte Täter** seien, wird gern ins Feld geführt.

Sind die Opfer der Wirtschaftskriminalität **abstrakte Gebilde** wie Krankenkassen, Unternehmen oder der Staat, spricht man auch von der **Verflüchtigung der Opfer-**

eigenschaft, denn die Verlagerung von individuellen zu kollektiven, von konkreten zu abstrakten Gefährdungen und Schädigungen droht das **„Betroffensein"** des Einzelnen – mit den Konsequenzen für Anzeigeerstattung und Mitwirkung im Strafverfahren – zu verwässern.

Diese Kette lässt sich am Beispiel des Anlagebetrugs verdeutlichen. Die Produkte der Täter werden auf die Bedürfnisse des potenziellen Anlegers zugeschnitten – den Wunsch nach möglichst hohen Renditen bei gleichzeitig hoher Sicherheit. Im „Beratungsgespräch" werden dann die Täuschungshandlungen der Täter auf das individuelle Verhalten der Opfer abgestellt. Bei der Sanktionierung halten sich die Opfer dann mit Zeugenaussagen zurück, da man nicht zugeben möchte, auf so schlichte Versprechungen hereingefallen zu sein. Manchmal legen die Opfer auch Schwarzgeld an – sie sind dann Täter einer anderen Straftat und bei betrogenen Betrügern verflüchtigt sich vor Gericht die Opfereigenschaft.

13.8.4 Exemplarische Darstellung einzelner Wirtschaftsstraftaten

13.8.4.1 Betrug (§ 263 StGB)

Der Betrug ist wohl einer der „populärsten" Tatbestände innerhalb des StGB. Der Betrug spielt in der Wirtschaftskriminalität eine besonders herausragende Rolle, weil er zum einen alle Merkmale der anderen Wirtschaftsstraftaten auf sich vereinigt und zum anderen, weil die Abgrenzung zwischen **strafloser Geschäftstüchtigkeit** und **strafbarer Betrugshandlung** schwierig ist. Hat man den Grundtatbestand des Betruges verstanden, erschließen sich die weiteren Tatbestände fast von selbst. Die zentrale Rolle des § 263 StGB innerhalb der Wirtschaftskriminalität kommt auch in der polizeilichen Kriminalstatistik (PKS) zum Ausdruck. Etwa 65 % aller Wirtschaftsstraftaten entfallen auf diesen Tatbestand.

Gerade beim Betrug ist das **gewaltlose Vorgehen** der Täter typisch. Das Opfer wird durch die Betrugshandlung nicht unmittelbar schockiert. Untersuchungen über strafrechtlich erfasste **Betrüger** ergaben im Vergleich zu anderen Straftätern eine weiterreichende Schulbildung, eine höhere Intelligenz und einen geringeren Anteil der Herkunft aus unteren sozioökonomischen Gruppen.

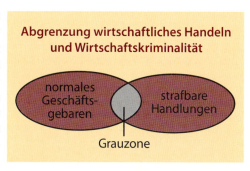

Abgrenzung wirtschaftliches Handeln und Wirtschaftskriminalität

normales Geschäftsgebaren — strafbare Handlungen — Grauzone

▶ **Definition des Straftatbestands**

Ziel von § 263 StGB ist der Schutz fremder Rechtsgüter in Form von Vermögen. Nicht die Täuschung an sich, sondern die **vermögensschädigende Täuschung** ist strafbar. Der Betrug gemäß § 263 StGB ist abstrakt gefasst. Er liegt vor, wenn jemand sich oder einem Dritten einen rechtswidrigen Vermögensvorteil verschafft und das Vermögen eines anderen schädigt, indem er durch Vorspiegelung falscher oder durch Entstellung oder Unterdrückung wahrer Tatsachen einen Irrtum erregt oder unterhält.

➤ Merkmale des Straftatbestands

Die abstrakte Formulierung wurde gewählt, um die ganze Breite möglicher Täuschungshandlungen erfassen zu können.

- Der Betrug ist eine **Vorsatztat,** die erfordert, dass sich der Täter bewusst ist,
  - dass er über eine **Tatsache täuscht,**
  - dadurch einen **Irrtum erregt** oder unterhält,
  - der seinerseits zu einer **Vermögensverfügung** seitens des Opfers führt,
  - die auf dessen oder das Vermögen eines anderen **schädigend** wirkt.
- Der Täter muss sich auch über den Kausalzusammenhang bewusst sein. Dabei muss er nicht die direkten Zusammenhänge des strafrechtlichen Betrugstatbestandes kennen, es reicht, wenn der Täter die **sachlichen Umstände der Tatbegehung richtig erfasst** (Parallelwertung in der Laiensphäre).
- Dem Täter muss es darauf ankommen, für sich oder einen Dritten einen **Vermögensvorteil** zu erreichen. Der Vorteil muss dabei nicht das einzige Ziel der Handlung sein. Zwischen dem Vermögensvorteil des Täters und dem Vermögensnachteil des Opfers muss **Stoffgleichheit** bestehen.
- Es droht eine Freiheitsstrafe bis zu 5 Jahren oder Geldstrafe. In besonders schweren Fällen oder bei bandenmäßiger Begehung kommt auch eine Freiheitsstrafe von bis zu 10 Jahren in Betracht.

1. Die Täuschung	2. Der Irrtum	3. Die Vermögens-verfügung	4. Der Vermögens-schaden
ist ein zur Irreführung und zur Unterhaltung eines Irrtums dienendes Tun oder Unterlassen. Ein Betrug liegt vor, wenn über Tatsachen getäuscht wird. Eine Tatsache ist etwas Geschehenes oder Bestehendes und dem Beweis zugänglich. Für die Entscheidung des Käufers wesentliche Tatsachen sind Qualität, Eigenschaften oder Herkunft einer Ware. Die Täuschungshandlung kann in drei Begehungsformen unterteilt werden: ■ die **Vorspiegelung falscher Tatsachen** ■ die **Entstellung wahrer Tatsachen** ■ die **Unterdrückung wahrer Tatsachen**	bedeutet **Widerspruch zwischen einer Vorstellung und der Wirklichkeit.** Der Irrtum muss sich dabei auf Tatsachen beziehen. Ein Irrtum setzt die positive Vorstellung einer der Wirklichkeit widersprechenden Tatsache voraus. Wenn der Getäuschte die vorgespiegelte Tatsache für wahr hält, ist die Feststellung des Irrtums problemlos möglich. Problematisch gestaltet sich die Feststellung des Irrtums, wenn er die Tatsache lediglich für möglich hält.	wird durch den Irrtum des Getäuschten veranlasst. Sie ist ■ das notwendige Bindeglied zwischen Irrtum und Vermögensschaden. ■ jedes Handeln, Dulden oder Unterlassen des Getäuschten, das unmittelbar eine **Vermögensminderung im wirtschaftlichen Sinne** bei dem Getäuschten selbst oder bei dritten Personen herbeiführt. Der Begriff der **Verfügung** deckt sich hierbei **nicht** mit dem aus dem **Zivilrecht** (Rechtsgeschäft). Es ist irrelevant, ob im Falle eines Rechtsgeschäftes dieses **wirksam, anfechtbar** oder **nichtig** ist. Es reicht jedes tatsächliche Verhalten, wenn es als Einwirkung auf das Vermögen verstanden werden kann.	Die **Vermögensverfügung** des Getäuschten muss auf dessen Vermögen oder das Vermögen eines anderen einwirken. Vermögen im Sinne des Strafrechts ist die Summe aller geldwerten Güter nach Abzug der Verbindlichkeiten. Zur **Schadensberechnung** wird das Vermögen vor und nach der Verfügung gegenübergestellt. Ein Schaden liegt vor, wenn der aktuelle Wert des Vermögens infolge der Verfügung bei wirtschaftlicher Betrachtungsweise – und zwar nach dem Urteil eines unbeteiligten, sachkundigen und unterrichteten Beobachters und unter Berücksichtigung der individuellen wirtschaftlichen Verhältnisse des Verletzten – gemindert erscheint.

➤ Erscheinungsformen des § 263 StGB

1. Lieferantenbetrug

Der **Lieferantenbetrug** wird auch als **Warenkreditbetrug** bezeichnet. Er stellt wohl die häufigste Begehungsweise innerhalb der Wirtschaftsstraftaten dar und korreliert mit einer hohen Zahl von Geschädigten und hohen Schäden. Er steht häufig im Zusammenhang mit **Insolvenzverschleppung,** weil er meist in einer Unternehmenskrise begangen wird. Beim Lieferantenbetrug bestellt ein Kunde Waren, obwohl er Kenntnis davon hat, dass die Bezahlung der Ware aufgrund seiner eingeschränkten Zahlungsfähigkeit gefährdet ist.

Im Zuge der Insolvenzverschleppung wird die Täuschungshandlung entweder durch **Unterlassung der Mitteilung** über die wirtschaftliche Situation oder durch **konkludentes Handeln,** meist in der Form von **Zahlungsversprechen** oder Zahlung von geringen Abschlagsbeträgen, begangen.

Die Täuschung erfolgt durch eine konkludente Handlung im Zusammenhang mit der Warenbestellung. Selten einmal wird der Warenbesteller bei der Bestellung – dies ist bei der Täuschungshandlung der **relevante Zeitpunkt** – ausdrücklich erklären, er werde zahlen. Die Zahlung bei Fälligkeit ist nämlich ein künftiges Ereignis und deswegen keine Tatsache, über die allein getäuscht werden kann. In der Praxis besteht immer das Problem, nachzuweisen, dass der Besteller im **Zeitpunkt der Bestellung** wusste, dass er **nicht zahlungsfähig** ist. Daher wird im Rahmen eines Strafverfahrens anders vorgegangen. Der Zeitpunkt der tatsächlichen Zahlungsunfähigkeit wird ermittelt. Alle Bestellungen, die nach diesem Zeitpunkt ausgelöst wurden, stellen dann einen Lieferantenbetrug dar.

2. Stoßbetrug und Vorsteuerbetrug

Als besondere Form des Lieferantenbetrugs kann der **Stoßbetrug** aufgefasst werden. Er geht vielfach einher mit dem **Vorsteuerbetrug.** Der Unterschied zwischen dem Stoßbetrug und dem nebenstehend beschriebenen Lieferantenbetrug liegt in dem **Vorsatz.** Während der Kaufmann in der Krise **billigend in Kauf nimmt,** dass sein Geschäftspartner geschädigt wird, besteht beim Stoßbetrug von vornherein die **Absicht, die bestellten Waren nicht zu bezahlen.** Die Vorgehensweise ist mit zahlreichen Verschleierungshandlungen verbunden.

Beispiel:

Eine GmbH wird zum Schein gegründet. Sie wird mit einem Telefon, Fax und einem Briefkasten ausgestattet. Dann werden unter dieser Adresse Waren in zunächst geringem Umfang bestellt. Das Unternehmen wird umsatzsteuerlich angemeldet. Auf die erste Lieferung wird beim Finanzamt Vorsteuererstattung beantragt. Aus der Vorsteuererstattung werden zunächst Abschlagszahlungen zur Vertrauensbildung geleistet. Ist ausreichend Vertrauen beim Geschäftspartner geschaffen worden, wird eine Großbestellung ausgelöst. Die bestellten Waren werden weiterveräußert (die Vorsteuer selbstverständlich nochmals angemeldet) und das Unternehmen verschwindet wieder von der Bildfläche.

3. Computerbetrug (§ 263 a StGB)

Der steigende Einsatz von Datenverarbeitungsanlagen hat auch die Gefahr ihrer missbräuchlichen Verwendung im gleichen Maße steigen lassen.

Besonderes Problem bei den Betrugshandlungen unter Einbeziehung einer DV-Anlage ist, dass es zu **keiner Täuschungshandlung an einer natürlichen Person** kommt und daher auch die **Irrtumserregung ausgeschlossen** ist. Geht man einen Schritt weiter, so muss man feststellen, dass zwar menschliches Handeln durch die Informationsveränderung in der DV-Anlage geändert wird, aber auch Eingriffe in die DV-Anlagen möglich sind, ohne dass die Kontrollpersonen getäuscht werden. Mit Strafe ist bedroht, wer das **Ergebnis eines vermögenserheblichen Datenverarbeitungsvorganges** durch betrügerische Mittel beeinflusst, um dadurch für sich oder einen anderen einen rechtswidrigen Vermögensvorteil zu erlangen. Der Strafrahmen ist Freiheitsstrafe bis zu fünf Jahren oder Geldstrafe.

Die strafbaren Alternativen dieser Vorgehensweise betreffen:

- die **unbefugte Verwendung von Daten** = Täter beschafft sich durch Unterschlagung, Diebstahl oder in sonstiger Weise die Karte und die PIN und verwendet diese.

- die **unbefugte Einwirkung auf den Datenablauf** = durch den nichtberechtigten oder den ordnungsgemäßen Empfänger einer EC-Karte. Gelingt es nämlich dem rechtmäßigen Inhaber der EC-Karte, die Karte oder den Geldausgabeautomaten so zu manipulieren, dass die täglich mögliche Zahl von Abhebungen erhöht wird, so liegt ein Computerbetrug vor. Auch ein Nichtberechtigter kann die Daten entsprechend auf den Karten verändern (gilt entsprechend für alle weiteren Speichermedien).

➤ Subventionsbetrug (§ 264 StGB)

Kaum ein Tag vergeht, an dem nicht die Verschwendung öffentlicher Mittel lauthals beklagt wird. Unter die beklagte Verschwendung der öffentlichen Mittel fällt auch regelmäßig die nicht ordnungsgemäße Verwendung von Subventionen. Beim Subventionsbetrug geht es in erster Linie nicht um eine rechtswidrige Vermögensschädigung, sondern darum, dass staatliche Mittel zweckwidrig in Anspruch genommen und damit fehlgeleitet werden. Das zu schützende Rechtsgut beim Subventionsbetrug ist der sinnvolle Einsatz staatlicher Mittel bzw. die staatliche Planungs- und Dispositionsfreiheit.

1. Definition der Subvention im Sinne des StGB	2. Der Straftatbestand des § 264 StGB	3. Subventionsbetrug und Subventionsgesetz (SubvG)	4. Strafrechtlich relevante Falschangaben in Subventionsanträgen
■ Subventionen sind Leistungen ■ aus öffentlichen Mitteln nach Bundes- oder Landesrecht oder nach EU-Recht ■ an Betriebe und Unternehmen, ■ die wenigstens zum Teil ohne marktmäßige Gegenleistung gewährt werden und ■ der Förderung der Wirtschaft dienen sollen. Die Form der Gewährung dieser Subventionen ist sehr unterschiedlich und abhängig vom Subventionsgeber und vom Verwaltungsgang. **Beispiele:** ■ Investitionszuschuss ■ Investitionszulage ■ Inanspruchnahme von Arbeitsbeschaffungsmaßnahmen	Subventionen müssen beantragt werden. Dabei geht der Gesetzgeber davon aus, dass dem **Subventionsempfänger** besondere **Offenlegungs- bzw. Wahrheitspflichten** auferlegt werden können. Nur unter der Voraussetzung, dass die im Antrag gemachten Angaben vollständig und richtig sind, kann die subventionsvergebende Stelle entscheiden, ob die Mittel der staatlichen Zielsetzung entsprechend verwendet werden. Für den Fall der vollständig betrügerischen Erlangung von Subventionen werden in der Regel die Subventionen „erschlichen", indem über die im Gesetz festgelegten **subventionserheblichen Tatsachen,** von denen die **Bewilligung, Gewährung, Rückforderung, Weitergewährung** oder das **Belassen einer Subvention** abhängen, getäuscht wird. Sie werden unrichtig, unvollständig oder gar nicht an den Subventionsgeber weitergegeben. Der Strafrahmen ist Freiheitsstrafe bis zu fünf Jahren oder Geldstrafe, in besonders schweren Fällen sechs Monate bis zu zehn Jahren Freiheitsstrafe (§ 264 II StGB).	Der Tatbestand des § 264 StGB ist eine so genannte Blankettnorm, die im Zusammenhang mit dem SubvG zu sehen ist, in dem die Pflichten des Subventionsgebers/-nehmers genauer definiert werden. ■ Zunächst wird der **Subventionsgeber** verpflichtet, vor der Bewilligung die subventionserheblichen Tatsachen zu kennzeichnen (§ 2 SubvG). ■ Dem **Subventionsnehmer** werden in § 3 SubvG wesentliche Offenbarungspflichten auferlegt. ■ Grundlage und entscheidender Faktor für das Funktionieren des Vergabesystems ist neben der klaren Formulierung der Vergabevoraussetzungen die redliche Mitwirkung des Subventionsnehmers. Der Subventionsbetrug ist als **abstraktes Gefährdungsdelikt** bereits vollendet, sobald die falschen Angaben gegenüber dem Subventionsgeber gemacht sind.	Die Täuschungssachverhalte beziehen sich im Wesentlichen auf örtliche, technische und/oder persönliche Voraussetzungen des Subventionsnehmers. Man kann „leichtere" und „schwerere" Formen des Subventionsbetruges unterscheiden. Bei den leichteren Formen wird der gewünschte wirtschaftliche Erfolg erzielt – ob in der geplanten Höhe oder im geplanten zeitlichen Korridor, kann dahingestellt bleiben. Bei den schwereren Formen des **Subventionsbetrugs** kommt i. d. R. kriminelle Energie zu der absoluten Zweckverfehlung hinzu. Der wirtschaftliche Erfolg der Subvention wird insgesamt in Frage gestellt. Diese Formen des Subventionsbetrugs gehen regelmäßig mit Verschleierungshandlungen und Täuschungen in allen Phasen der Subventionierung einher und beinhalten meistens auch eine Vermögensverschiebung in die Privatsphäre des beantragenden „Unternehmers".

➤ Anlagebetrug

Der Anlagebetrug hat viele Ausprägungsformen. Ähnlich viele Straftatbestände gibt es, die die unterschiedlichen Handlungsformen unter Strafe stellen. Die strafrechtliche Ahndung der verschiedenen Delikte stellte die Gerichte im Ablauf der Zeit vor viele juristische Probleme, sodass sich der Gesetzgeber gezwungen sah, sowohl im Kern- als auch im Nebenstrafrecht die im Folgenden dargestellten Regelungen einzuführen. Die Anwendung des „normalen" Betrugstatbestandes reichte zur Abdeckung der möglichen kriminellen Aktivitäten nicht mehr aus.

1. Definition	2. Merkmale	3. Täterkreis	4. Abstraktes Gefährdungsdelikt
Unter Anlagebetrug werden gem. § 264 a StGB alle diejenigen Handlungen aufgefasst, ■ bei denen Anlegern ■ unter Vortäuschung der Möglichkeit der Erzielung einer Rendite ■ Vermögenswerte entzogen werden. Unter dieser pragmatischen Definition des Anlagebetrugs können die Straftatbestände ■ des allgemeinen Betrugs (§ 263 StGB), ■ der progressiven Kundenwerbung (§ 16 II UWG – die so genannten Ketten-, Pyramiden-, Schneeball-Spielsysteme wie z. B. Jump, Life) und ■ der Verleitung zur Börsenspekulation (§ 89 BörsG) zusammengefasst werden. Unter den Begriff „Finanzbetrug" fallen außerdem ■ der Kursbetrug (§ 88 BörsG) ■ die Straftatbestände des Insiderstrafrechts gem. WpHG ■ der Betrug mit (gefälschten) Finanzpapieren	■ Der Vermittler ist **nicht in der Lage,** das angebotene Geschäft **schlüssig zu erklären** und flüchtet sich bei Nachfragen in englische Fachbegriffe oder geheimnisvolle Geschäfte in der Hochfinanz. ■ Der Anleger fühlt sich durch den Vermittler **psychologisch unter Druck** gesetzt. ■ Die Rendite der angebotenen Geschäfte liegt 3 – 5 % p. a. über entsprechenden Bankofferten und die Anlage wird als risikolos dargestellt. ■ Vom Anleger werden **hohe Vorab-Provisionen** verlangt. ■ Gläubigerrechte des Anlegers werden durch eine **umfassende Vollmachtserteilung für den Vermittler** ausgehebelt. ■ Das Stammkapital (i. d. R. 25.000,00 EUR) einer inländischen Vertriebs-GmbH steht in **keinem Verhältnis** zu den anzulegenden Geldern. ■ Der Unternehmenssitz befindet sich in einer **ausländischen Steueroase.** ■ Fällige **Renditezahlungen** werden mit **fadenscheinigen** Begründungen immer wieder **hinausgezögert.**	Nach § 264 a StGB wird bestraft, ■ wer im Zusammenhang mit dem Vertrieb von Wertpapieren oder ■ von Anteilen, die eine Beteiligung am Ergebnis eines Unternehmens gewähren sollen, oder ■ dem Angebot, die Einlage auf solche Anteile zu erhöhen, ■ in Prospekten, Darstellungen oder Übersichten ■ über den Vermögensstand hinsichtlich der für die Entscheidung über den Erwerb oder die Erhöhung erheblichen Umstände ■ unrichtige Angaben macht oder ■ nachteilige Tatsachen verschweigt. Diese Angaben müssen gegenüber einem größeren Kreis von Personen gemacht werden. Dieses Tatbestandsmerkmal bezieht sich darauf, dass eine einmalige Tathandlung gegenüber einem Einzelnen nicht bereits die Voraussetzungen des Kapitalanlagebetrugs erfüllen soll. Der Strafrahmen für derartige Handlungen ist Geldstrafe oder Freiheitsstrafe bis zu drei Jahren.	Der § 264 a StGB beschreibt ein **abstraktes Gefährdungsdelikt,** das den Strafschutz in den Bereich der Täuschung vorverlagert, d. h., der Eintritt eines Schadens ist nicht notwendig, sondern der Tatbestand knüpft an die Gefährdung der Vermögensinteressen der Anleger an. Dies wurde notwendig, weil die Gefährdungssituation in weiteren sondergesetzlichen Regelungen (z. B. im AktG, im KAGG, im UWG, im AuslInvestmG, im BörsG, oder in der GewO) nicht ausreichend berücksichtigt ist. Zwar können dubiose Kapitalanlagegeschäfte die Voraussetzungen des § 263 StGB erfüllen, aber vielfach scheitert der Nachweis des Betrugs an der notwendigen Kausalität des Täterverhaltens und des Vorsatznachweises.

➤ Prospektbetrug

Vielfach wird der Kapitalanlagebetrug auch als Prospektbetrug (der Begriff stammt noch aus § 88 I 2 BörsG a.F.) bezeichnet. Es werden unter bestimmten Voraussetzungen Falschangaben (**„das Betrugsmanöver an sich"**) in Prospekten, die zum Vertrieb von Kapitalanlagen genutzt werden, unter Strafe gestellt. Die Definition des Prospektes im strafrechtlichen Sinne ist weiter gefasst als der Begriff des „Informationspapiers für einzuführende Wertpapiere" (§ 36 III 2 i.V.m. § 38 BörsG). Gemeint ist jedes Schriftstück, das für die **Beurteilung der Geldanlage erhebliche Angaben** enthält oder den Eindruck eines solchen Inhalts erwecken will. Zu diesen Schriftstücken zählen insbesondere Darstellungen und Übersichten zum Vermögensstand. Es handelt sich um den Sonderfall strafbarer Werbung (vgl. auch § 16 UWG) auf dem Gebiet der Kapitalbeteiligungen.

13.8.4.2   Untreue (§ 266 StGB)

Neben dem Betrug ist die Untreuevorschrift eine der wichtigsten Rechtsquellen in der Praxis des Wirtschaftsstrafrechts. Ein besonderes Problem der Untreue besteht aber darin, dass kein anderer Straftatbestand so weitreichend in seinem Anwendungsbereich ist und gleichzeitig so unbestimmt. Zudem setzt die Untreue in den meisten Fällen umfangreiche Vorprüfungen im Zivilrecht im Allgemeinen und im Vertretungsrecht im Speziellen voraus.

Generell gilt, dass eine Untreue vorliegt, wenn jemand die **Vermögensbetreuungspflicht,** die ihm seitens **eines Dritten** auferlegt wurde, verletzt und dadurch ein Schaden entsteht.

Untreue des Vorstandsmitglieds

Ein ehemaliges Vorstandsmitglied eines großen Energieversorgers wurde zu zwei Jahren und neun Monaten Freiheitsstrafe verurteilt. Die Revision des Ex-Managers vor dem 5. Strafsenat des BGH blieb erfolglos.

Der Mann hatte sich wegen Beihilfe zu Untreue, Steuerhinterziehung und Titelmissbrauchs zu verantworten. Er hatte u.a. auf seinem privaten Gartengrundstück umfangreiche Gartenarbeiten vornehmen lassen – diese Leistungen hatte er von seinem Arbeitgeber in Anspruch genommen. Außerdem hatte er Zinseinnahmen nicht versteuert, die er durch Geldanlage in Luxemburg erzielt hatte.

Aktenzeichen: 5 StR 371/99 (BGH-Beschluss vom 10.08.1999)

Die Untreue wird mit Freiheitsstrafe bis zu fünf Jahren oder Geldstrafe bestraft. In besonders schweren Fällen ist die Strafe Freiheitsstrafe von einem Jahr bis zu zehn Jahren.

Die Untreue ist in § 266 StGB als **vorsätzliche Verletzung** der Pflicht zur Betreuung **fremder Vermögensinteressen** durch Benachteiligung (= Zufügung eines Schadens) des Treugebers unter Strafe gestellt.

Um über das Vermögen eines anderen verfügen oder einen anderen verpflichten zu können, muss dem Handelnden eine **Vertretungs- oder Verfügungsbefugnis** eingeräumt worden sein. Diese kann sich **aus dem Gesetz, aus behördlichem Auftrag** oder **aus einem Rechtsgeschäft** (Vollmacht gem. § 167 II BGB) ergeben.

> **Beispiel**
>
> Ein Vermögensbetreuungsverhältnis aus dem Gesetz ergibt sich z. B. für die Eltern für das Vermögen der Kinder.

Eingeräumt wird die Vollmacht häufig im Rahmen eines Auftrags oder eines Dienstvertrags. Ebenso oft gibt es aber auch Mischformen, in denen nach Gesetz bestimmte Verfügungs- oder Verpflichtungsbefugnisse bestehen, diese aber erst aufgrund eines behördlichen Auftrags entstanden sind (z. B. Insolvenzverwalter). Eine große Anzahl gesetzlicher Vorschriften des Wirtschaftslebens sieht eine Verfügungs- bzw. Verpflichtungsbefugnis vor, zu deren Begründung es jedoch eines Rechtsgeschäfts bedarf.

> **Beispiel**
>
> - Bestellung eines Prokuristen
> - Bestellung des Geschäftsführers einer Kapitalgesellschaft

Bei dem zu betreuenden Vermögen muss es sich um **fremdes Vermögen** handeln. Hierbei gilt die **zivilrechtliche Betrachtungsweise.** Die Frage, wem das Vermögen wirtschaftlich zuzurechnen ist, ist nicht ausschlaggebend.

Dem Geschäftsherren muss ein **Nachteil bzw. Schaden** zugefügt worden sein. Diese Begriffe sind sehr weit gefasst. Der Vermögensschaden kann nur durch die so genannte wirtschaftliche Betrachtungsweise ermittelt werden.

Er berechnet sich durch den **Vergleich**
- der Vermögenslage vor der ungetreuen Handlung mit
- der Vermögenslage **infolge** (nicht nach) der ungetreuen Handlung.

Ein Schaden wird immer angenommen, wenn
- Vermögenswerte verschenkt werden,
- Vermögenswerte unter Preis verkauft oder „verschleudert" werden,
- wenn für Sachen unangemessen hohe Preise gezahlt werden.

Es ist allerdings **nicht notwendig,** dass dem **Täter** bei der **Untreue** ein **Gewinn** zufließt.

> **Beispiel**
>
> Das bekannteste Beispiel für eine Untreue ohne Bereicherung ist der Fall, dass der Vormund das Vermögen seines Mündels verspielt. Außer dem Lustgewinn beim Spielen hat der untreue Vormund sich nicht bereichert.

Zwei Arten der Untreue werden unterschieden, und zwar der **Missbrauchstatbestand** und der **Treuebruchtatbestand.**

➤ Missbrauchstatbestand

Der Täter hat eine Verfügungs- oder Verpflichtungsbefugnis für fremdes Vermögen. Die Rechtsgrundlage für die Vermögensbetreuungspflicht kann sich aus Gesetz, behördlichem Auftrag und Rechtsgeschäft ergeben. Ein Missbrauch ist immer dann gegeben, wenn Handeln im Rahmen des rechtlichen Könnens (Außenverhältnis) unter Überschreiten des rechtlichen Dürfens (Innenverhältnis) stattfindet.

Beispiel

Die Geschäftsführer der Bau GmbH können Investitionen bis 50.000,00 EUR zu zweit freizeichnen. Für größere Investitionen ist die Zustimmung des Aufsichtsrats einzuholen. Geschäftsführer Schaufel investiert ohne Kollegenunterschrift und ohne Aufsichtsratsvotum 100.000,00 EUR in Aktien einer Goldmine, die dann in die Insolvenz geht. Im Außenverhältnis kann seine Verfügungsmacht als Geschäftsführer nicht eingeschränkt werden. Im Innenverhältnis hat er diese gleich zweifach übertreten (missbraucht).

Die Vertretung der GmbH durch ihren Geschäftsführer ist in § 35 GmbHG geregelt. Die GmbH (Kapitalgesellschaft) muss alle Rechtshandlungen ihres vertretungsberechtigten Organs im **Außenverhältnis** für und gegen sich gelten lassen, unabhängig davon, ob im **Innenverhältnis** die Zustimmung (z. B. eines Aufsichtsrates) zu der Rechtshandlung erforderlich gewesen wäre (§ 36 GmbHG). Die **Vertretungsmacht** der Geschäftsführer ist nach § 37 II GmbHG Dritten gegenüber **nicht beschränkbar,** weder durch Satzung noch durch Gesellschafterbeschluss. Ein **Missbrauch** liegt generell **nicht** vor, wenn der Geschäftsherr mit dem Abschluss des dem ursprünglichen Auftrag widersprechenden Geschäfts **wirksam einverstanden** ist. Das **Einverständnis** wirkt **tatbestandsausschließend** und nicht erst als Rechtfertigungsgrund.

Auch die Unterlassung rechtsgeschäftlicher Handlungen kann die Voraussetzung des Missbrauchstatbestandes erfüllen.

- Ein Geschäftsführer unterlässt es, im Rahmen eines aussichtsreichen Verfahrens ein Rechtsmittel einzulegen (z. B. einen Einspruch gegen einen Steuerbescheid).
- Unterlassen der Kündigung eines lästigen Vertrages.
- Annahme eines Vertrages durch Schweigen (§ 362 HGB), wenn dadurch ein Schaden entsteht.
- Nichtvornahme einer unverzüglichen Mängelrüge (§ 377 HGB).

➤ Treuebruchtatbestand

Der **Treuebruchtatbestand** liegt vor, wenn den Täter eine Vermögensbetreuungspflicht trifft und sein Verhalten im Widerspruch zu der obliegenden Treuepflicht steht. Beim Treuebruchtatbestand ist ein tatsächliches Einwirken auf das fremde Vermögen ausreichend. Tatsächliche Verfügungen oder Einwirkungen auf das zu betreuende Vermögen können einen Treuebruch darstellen. Zu solchen tatsächlichen Verfügungen oder Einwirkungen gehören die Fälle der Verbindung, Vermischung, Verarbeitung, Zerstörung, Wegnahme oder des Eigenverbrauchs.

Beispiel

Der Geschäftsführer einer GmbH hat die Aufgabe, das Vermögen der Gesellschaft zu schützen und zu mehren. Jedes Verhalten, das dieser Aufgabe zuwiderläuft, stellt eine Treuepflichtverletzung dar; z. B. wenn der Geschäftsführer in die Firmenkasse greift, um die nächste Kneipentour zu finanzieren.

Um den Treuebruchtatbestand zu erfüllen, muss der Täter die ihm **obliegende Pflicht** verletzen. Inhalt und Umfang der Vermögensfürsorgepflicht müssen dem zugrunde liegenden **Betreuungsverhältnis** entnommen werden. Bei rechtsgeschäftlichen Betreuungsverhältnissen ist allgemeiner Maßstab die **Sorgfalt,** die der Geschäftsverkehr und das Interesse des Geschäftsherren erfordern. Bei Aufträgen muss die Vermögensfürsorgepflicht den zugrunde liegenden **Vertragsvereinbarungen** entnommen und gegebenenfalls durch Auslegung ergänzt werden.

Beispiel | Der Geschäftsführer einer GmbH hat in den Angelegenheiten der Gesellschaft die Sorgfalt eines ordentlichen Geschäftsmannes anzuwenden (§ 43 GmbHG).

Folgende Tathandlungen können einen Treuebruch darstellen:

- Bildung schwarzer Kassen,
- Verrat von Betriebsgeheimnissen,
- Zerstörung eines verwalteten Betriebs,
- treuwidrige Veranlassungen des Geschäftsherren zum Nachteil der zu betreuenden Vermögensmasse,
- Verjährenlassen einer Forderung,
- Nichtabwendung schädigender Ereignisse,
- Nichtvornahme vermögensmehrender Ereignisse,
- Verkommenlassen von Warenlagern,
- Nichtversicherung des Vermögens gegenüber nahe liegenden Gefahren.

Auch bei dem Treuebruchtatbestand kann die Einwilligung den Tatbestand der Untreue ausschließen, es sei denn, sie ist gesetzwidrig.

13.8.4.3 Beitragsvorenthaltung (§ 266 a StGB)

Die **Beitragsvorenthaltung** gehört zu den Wirtschaftsstraftaten, die am meisten in ihrer Bedeutung und ihrem Umfang unterschätzt werden. Der Strafschutz der Beitragsvorenthaltung ist durch das **besondere Sicherungsbedürfnis** des Verfahrens zur Erhebung der **Beiträge zur Sozialversicherung** gerechtfertigt. Die Berechnung, Erklärung und Abführung der Beiträge der Arbeitnehmer ist den Arbeitgebern übertragen. Der Strafrechtsschutz soll sicherstellen, dass der Vermögensübergang quasi im Auftrag des Arbeitnehmers vom Arbeitgeber an die Sozialkassen erfolgt.

Ein **Arbeitgeber** macht sich strafbar, wenn er **Beiträge des Arbeitnehmers** zur Sozialversicherung oder zur Bundesagentur für Arbeit der zuständigen Einzugsstelle **vorenthält**. Der Strafrahmen für derartige Handlungen ist Freiheitsstrafe bis zu fünf Jahren oder Geldstrafe.

Eine Besonderheit des Tatbestandes liegt darin, dass **Straffreiheit** durch eine **Selbstanzeige** erreicht werden kann. Die Strafbefreiung durch die Selbstanzeige ist auch unter Beachtung des Spannungsverhältnisses von fiskalischen Interessen und strafrechtlichen Grundsätzen nicht unumstritten. Vorbild für diese Vorschrift im Strafgesetzbuch ist der § 371 AO. Das Gericht kann von einer Bestrafung absehen, wenn der Arbeitgeber spätestens im Zeitpunkt der Fälligkeit oder unverzüglich danach der Einzugsstelle schriftlich

- die Höhe der vorenthaltenen Beiträge mitteilt und
- darlegt, warum die fristgemäße Zahlung nicht möglich ist, obwohl er sich ernsthaft darum bemüht hat.

Zusätzlich müssen die Beiträge innerhalb von einer durch die Einzugsstelle bestimmten, angemessenen Frist entrichtet werden, damit Straflosigkeit eintreten kann.

Täter im Sinne dieser Vorschrift ist der **Arbeitgeber.** Wer Arbeitgeber ist, richtet sich nach den **Vorschriften des Sozialrechts.** Als Arbeitgeber wird derjenige angesehen, der in einem Arbeitsverhältnis der Dienstberechtigte i.S.d. §§ 611 ff. BGB ist. Dabei kommt es nicht darauf an, ob ein Arbeitsvertrag ausdrücklich abgeschlossen wurde. Das SGB spricht in diesem Zusammenhang etwas weiter gefasst von **Beschäftigung** und definiert diese als nichtselbstständige Arbeit, insbesondere in einem Arbeitsverhältnis. Daher kann auch Strafbarkeit des Arbeitgebers bei bloßer faktischer oder bewusst falscher Bezeichnung des Arbeitsverhältnisses vorliegen. Für den **Vorsatz** im Sinne von § 266a I StGB ist das Bewusstsein und der Wille erforderlich und ausreichend, die **Abführung der Beiträge bei Fälligkeit** zu unterlassen. Bedingter Vorsatz reicht ebenfalls. Bedingter Vorsatz liegt vor, wenn der Arbeitgeber damit rechnen musste, zum Zeitpunkt der Fälligkeit der Beitragsforderung zur Zahlung nicht in der Lage zu sein. Die Unkenntnis über das Vorliegen der Zahlungspflicht ist i.d.R. ein vermeidbarer Verbotsirrtum, der den Vorsatz und damit die strafrechtliche Verantwortung unberührt lässt. Der strafrechtlich **relevante Schaden** ist der **geschuldete Sozialversicherungsanteil** der Arbeitnehmer, der unter Berücksichtigung der Beitragsbemessungsgrenzen aus dem Bruttolohn berechnet wird.

Die **Fälligkeit der Sozialversicherungsbeiträge** tritt spätestens am drittletzten Bankarbeitstag des Monats, in dem der Arbeitnehmer entgeltauslösend beschäftigt war, ein. Es kommt also darauf an, in welchem Monat das Arbeitsentgelt erzielt worden ist bzw. wann die Voraussetzungen für die Auszahlung an den Arbeitnehmer erfüllt sind. Der Zeitpunkt der tatsächlichen Lohnzahlung spielt dementsprechend keine Rolle.

Beispiel

Die Bau GmbH beschäftigt 25 Mitarbeiter. Normalerweise zahlt die Bau GmbH die Löhne am Ende eines Monats aus. Im Monat Januar können wegen Zahlungsausfällen die Löhne nicht gezahlt werden. Auf die Bruttolöhne sind insgesamt 10.000,00 EUR Sozialversicherungsbeiträge zu zahlen, davon 5.000,00 EUR Arbeitnehmeranteile. Bis zum drittletzten Bankarbeitstag des Monats Januar werden die Arbeitnehmeranteile nicht abgeführt und die Einzugsstelle nicht informiert. Die (alle!) Geschäftsführer der Bau GmbH machen sich strafbar nach § 266a StGB. Der strafrechtlich zurechenbare entstandene Schaden sind die 5.000,00 EUR Arbeitnehmeranteile – die Nichtabführung der Arbeitgeberanteile ist strafrechtlich nicht relevant.

Auch § 266a StGB ist Schutzgesetz i.S.d. § 823 BGB, d.h., dass der Arbeitgeber (hier: Geschäftsführer einer GmbH) privatrechtlich aus dem Strafverfahren in die Haftung für die Arbeitnehmeranteile zur Sozialversicherung genommen werden kann.

13.8.4.4 Bankrottdelikte (§ 283 StGB)

Um nach der Beantragung des Insolvenzverfahrens nicht mit leeren Händen dazustehen, bringt der Schuldner **Vermögensgegenstände** vor den Gläubigern in Sicherheit und in seine eigene **Einflusssphäre.** Solche Handlungen werden im Allgemeinen als Bankrott bezeichnet. Die strafrechtlichen Vorschriften zum Bankrott sollen das **Vermögensinteresse der Gläubiger** schützen. Sind mehrere Gläubiger vorhanden, steht nicht ein einzelnes Befriedigungsinteresse im Vordergrund, sondern die **Befriedigung der Gesamtheit der Gläubiger.** Damit einhergehend sollen die Bankrottstraftatbestände die **potenzielle Insolvenzmasse** schützen (s. 5.8.2).

Der § 283 StGB ist in zwei Teile aufgeteilt:

- Am Anfang des § 283 StGB stehen die Vermögensdelikte, die **in der Krise** (bei vorliegender **Überschuldung** oder drohender bzw. eingetretener **Zahlungsunfähigkeit**) begangen werden. Eine Krise ist zusätzlich dadurch gekennzeichnet, dass die Unternehmensbeendigung sich nicht nur als abstrakte Möglichkeit darstellt, sondern bereits eine **konkrete Gefahr der Unternehmensbeendigung** besteht. Betriebswirtschaftlich äußert sich dies darin, dass die prognostischen Elemente negativ sind (Fortführungsprognose bei Überschuldung, Liquiditätsplanungen bei Zahlungsunfähigkeit dauerhaft unter 100%).

- In § 283 II StGB wird ergänzt, dass die Vermögensdelikte auch dann strafbar sind, wenn sie eine **Unternehmenskrise herbeiführen.** Neben den Vermögensdelikten stellen die §§ 283 I 5–7, 283 b StGB auch **Buchführungsdelikte** unter Strafe. Ein **besonders schwerer Fall des Bankrotts** liegt vor, wenn der Täter aus Gewinnsucht handelt (§ 283 a I StGB) oder wissentlich viele Personen in die Gefahr des Verlustes ihrer ihm anvertrauten Vermögenswerte oder in wirtschaftliche Not bringt (§ 283a II StGB).

Die Abschnitte der §§ 283 c, 283 d StGB schließlich stellen die **Gläubigerbegünstigung bzw. die Schuldnerbegünstigung** unter Strafe.

- Bei der Gläubigerbegünstigung wird die inkongruente Leistung an einen Gläubiger verboten, der diese nicht in dieser Höhe, in dieser Art oder zu diesem Zeitpunkt zu beanspruchen hat.

- Bei der Schuldnerbegünstigung wird § 283 I 1 StGB für den Fall ergänzt, dass nicht der in der Krise befindliche Schuldner, sondern ein Außenstehender für ihn handelt und selbst die Tatherrschaft hat.

Der **Strafrahmen** für Bankrottstraftaten ist **Freiheitsstrafe bis zu fünf Jahren oder Geldstrafe.** Bei **leichtfertiger Begehungsweise** droht eine Freiheitsstrafe bis zu zwei Jahren oder Geldstrafe. Beim besonders **schweren Bankrott** werden **sechs Monate bis zu zehn Jahren Freiheitsstrafe** angedroht.

➤ **Vermögensverschiebungen**

Die Vermögensverschiebungen (§ 283 I StGB) sind neben den Buchführungs- und Bilanzdelikten die häufigsten Insolvenzstraftaten. Sie liegen vor, wenn der Unternehmer Teile seines Vermögens dem Zugriff der Gläubiger entzieht. § 283 I 1 StGB führt zunächst das Vermindern der Aktivmasse auf, d.h. den Versuch, in der Krise Vermögensbestandteile zu verheimlichen, beiseite zu schaffen oder auch in wirtschaftswidriger Weise zu zerstören, zu beschädigen oder unbrauchbar zu machen.

Beispiel | Ein **Beiseiteschaffen** ist die Scheinveräußerung an Familienangehörige oder eine nicht gerechtfertigte Sicherungsübereignung. Das **Verheimlichen** ist die Einziehung einer Forderung durch den Schuldner nach Eröffnung des Insolvenzverfahrens.

1. Beiseiteschaffen

Die praktisch wichtigste Handlungsform ist das Beiseiteschaffen, das alle Tätigkeiten des Unternehmers umfasst, Vermögensteile in tatsächlicher oder rechtlicher Hinsicht dem Zugriff seiner Gläubiger zu entziehen oder ihn wesentlich zu erschweren. Dazu gehören:

- nicht gerechtfertigte Sicherungsübereignungen,
- Veräußerungen ohne entsprechenden Gegenwert,
- Scheinveräußerungen,
- Übernahme vertraglicher Verpflichtungen ohne gleichzeitigen Erwerb vertraglicher Rechte,
- Einzug von Forderungen für ein auf fremdem Namen lautendes Konto,
- Einzug von Forderungen für den eigenen Verbrauch,
- Einzug von Forderungen über ein auf fremdem Namen lautendes Konto, um damit Löhne und Sozialbeiträge der Arbeitnehmer und Baumaterialien für das Unternehmen zu bezahlen.

Beispiel | Das Beiseiteschaffen kann bei Sachen z. B in einem Verstecken, Verbrauchen oder Verarbeiten bestehen. Weiterhin ist auch ein Rechtsgeschäft bei Sachen möglich, zu denken ist insbesondere an eine Übereignung oder Verpfändung.

Entscheidend für die Abgrenzung tatbestandsmäßigen Beiseiteschaffens ist die Frage, ob der Masse ein gleichwertiger **greifbarer Gegenwert** zufließt.

Beispiel | Die Veräußerung von Waren zu einem angemessenen Preis ist straflos, und zwar auch dann, wenn sie an den Unternehmer selbst erfolgt. Für Waren mit einem definierten Börsen- oder Marktwert stellt dies kein Problem dar. Bei selbst hergestellten Waren dürfte die Untergrenze für einen angemessenen Preis bei den Herstellungskosten erreicht sein.

Die Strafbarkeit des Beiseiteschaffens wird nicht dadurch beseitigt, dass es dem Insolvenzverwalter gelingt, den Vermögensgegenstand wiederzuerlangen.

2. Verheimlichen

Das Verheimlichen ist eine in der Praxis häufig vorkommende Handlungsweise. Es ist als **Tätigkeit (Ableugnen)** oder pflichtwidriges **Unterlassen (Schweigen)** zu kennzeichnen, durch die der Vermögensgegenstand und/oder seine Zugehörigkeit zur Masse der Kenntnis der Gläubiger oder, im Falle eines eröffneten Insolvenzverfahrens, des Verwalters entzogen werden soll.

Folgende Sachverhalte sind als Verheimlichen zu beurteilen:

- Nichtangabe eines Vermögensgegenstandes, der in den Unterlagen des Unternehmers zur Insolvenzeröffnung nicht verzeichnet war (auch ohne besondere Aufforderung), gegenüber dem Insolvenzverwalter oder
- heimliches Einziehen einer versehentlich nicht in das Vermögensverzeichnis aufgenommenen Forderung.

Weitere im Gesetz genannte Handlungsalternativen des Zerstörens, Beschädigens und Unbrauchbarmachens können als Unterfälle des Beiseiteschaffens betrachtet werden, haben aber praktisch kaum Bedeutung.

13.8.4.5 Korruption (§§ 331 ff. StGB)

In vielen Teilen der öffentlichen Verwaltung, der Privatwirtschaft, aber auch der Politik scheinen Entscheidungen korruptiv beeinflusst zu sein. Durch die Aufdeckung immer neuer Skandale wird zum Teil ein Vergleich mit „italienischen Verhältnissen" oder einer „Bananenrepublik" gezogen. Das **Vertrauen in die Nichtkäuflichkeit** der Vertreter staatlicher und privater Einrichtungen schwindet.

Die besondere Gefährlichkeit der Korruption für das Funktionieren des demokratischen Gemeinwesens erfordert daher vom Gesetzgeber, Initiativen zu ergreifen, damit es bei den Bürgern nicht zu einem noch größeren Vertrauensverlust gegenüber dem staatlichen System kommt.

Die Tatbestände der

- Bestechung im geschäftlichen Verkehr (§ 299 StGB),
- Vorteilsannahme (§ 331 StGB),
- Bestechlichkeit (§ 332 StGB),
- Vorteilsgewährung (§ 333 StGB) und
- Bestechung (§ 334 StGB)

werden im Allgemeinen auch unter der Bezeichnung **Korruption** zusammengefasst.

Dabei werden unter dem Begriff der Korruption sowohl **mit Strafe bedrohte Handlungen** als auch **ethisch-moralisch verwerfliche Praktiken** zusammengefasst. Von Korruption wird gesprochen, wenn **fünf unterschiedliche Kriterien** zusammentreffen:

- Missbrauch einer amtlichen Funktion oder einer vergleichbaren Funktion in der Wirtschaft oder eines politischen Mandats,
- der auf Veranlassung oder eigeninitiativ erfolgt,
- auf die Erlangung bzw. das Anstreben eines persönlichen Vorteils zielt,
- den Eintritt eines unmittelbaren oder mittelbaren Schadens oder Nachteils für die Allgemeinheit oder für ein Unternehmen nach sich zieht und
- die Geheimhaltung bzw. Verschleierung dieser Machenschaften voraussetzt.

Die Darstellung der strafrechtlichen Ausgestaltung der Bestechungsdelikte soll sich im Folgenden auf die gesetzlichen Tatbestände, wie sie historisch im StGB definiert sind, d.h. als Bestechung von Beamten gem. §§ 331 ff. StGB, beschränken. Die Bestechung und Bestechlichkeit im geschäftlichen Verkehr von Angestellten und Beauftragten gem. § 299 StGB folgt ähnlichen Regeln.

➤ Vorteilsannahme (§ 331 StGB)

Nach § 331 I StGB ist es für einen **Amtsträger** oder einen für den **öffentlichen Dienst besonders Verpflichteten** strafbar, wenn er im **Rahmen der Dienstausübung** einen Vorteil fordert oder sich versprechen lässt bzw. annimmt. Eine **konkrete Diensthandlung ist nicht notwendig.** In den Fällen der Entgegennahme von Vorteilen für eine **ordnungsgemäße Dienstausübung** wird von Vorteilsannahme gesprochen.

Als Strafrahmen steht hierfür eine Geldstrafe bzw. eine Freiheitsstrafe bis zu zwei Jahren zur Verfügung. Eine Sonderstellung nehmen die **Richter** ein; bei ihnen können derartige Handlungen mit Freiheitsstrafen bis zu drei Jahren bestraft werden. Bereits der Versuch der Vorteilsannahme ist bei Richtern strafbar.

Eine **Straflosigkeit** ist möglich, wenn die entsprechende Handlung der zuständigen Behörde angezeigt bzw. von ihr genehmigt wurde. Es liegt bereits eine Vorteilsannahme vor, wenn sich ein Beamter für sich oder einen Dritten einen Vorteil versprechen lässt. Es ist nicht notwendig, dass der Beamte selbst direkt in den Genuss der Zuwendung kommt.

| Beispiel | Der fleißige Beamte Stefan Stempelkissen bearbeitet Bauanträge. Bei ihm bleibt nichts liegen; die Bauanträge werden zügig bearbeitet. Der Bauherr Helmut Holzhaus möchte, zunächst ohne Hintergedanken, den Fleiß von Stempelkissen honorieren und bietet ihm Geld an. Da Stempelkissen Skrupel hat, das Geld direkt anzunehmen, bittet er Holzhaus, das Geld seinem arbeitslosen Freund Klaus Klappstuhl zu geben. Es liegt eine Vorteilsannahme vor. |

Durch die Formulierung „für die Dienstausübung" wird klargestellt, dass weiterhin eine Beziehung zwischen der Annahme und Gewährung des Vorteils und den Diensthandlungen des Amtsträgers im Allgemeinen bestehen muss; lediglich eine hinreichend bestimmte **Gegenleistung** muss nicht mehr nachgewiesen werden. Schon das „**Anfüttern**" eines Beamten soll unter Strafe gestellt sein.

| Beispiel | Holzhaus möchte ein großes Bauträgerprojekt realisieren. Daher versucht er, sich den Beamten Stempelkissen über viele kleine (straflose) Aufmerksamkeiten gewogen zu machen. Im Laufe der Zeit nehmen die Aufmerksamkeiten an Wert zu. Diesen Prozess bezeichnet man als Anfüttern. |

➤ Bestechlichkeit (§ 332 StGB)

Nach § 332 StGB wird ein **Amtsträger** oder ein für den **öffentlichen Dienst besonders Verpflichteter** bestraft,
- der einen Vorteil für sich oder einen Dritten
- als Gegenleistung
- dafür fordert, sich versprechen lässt oder annimmt,
- dass er eine Diensthandlung vorgenommen hat oder künftig vornehme und
- dadurch seine Dienstpflichten verletzt hat oder verletzen würde.

Der Strafrahmen ist Freiheitsstrafe von sechs Monaten bis zu fünf Jahren. Der Versuch ist strafbar. Selbiges gilt für Richter oder Schiedsrichter, allerdings ist der Strafrahmen höher: Freiheitsstrafe von einem Jahr bis zu zehn Jahren in schweren Fällen; in minder schweren Fällen ist die Strafe Freiheitsstrafe von sechs Monaten bis zu fünf Jahren.

Falls der Täter den Vorteil als Gegenleistung für eine künftige Handlung fordert, sich versprechen lässt oder annimmt, so liegt bereits dann eine Strafbarkeit vor, wenn er sich dem anderen gegenüber bereit gezeigt hat,

- bei der Handlung seine Pflichten zu verletzen oder,
- soweit die Handlung in seinem Ermessen steht, sich bei Ausübung des Ermessens durch den Vorteil beeinflussen zu lassen.

> **Beispiel**
> Zur endgültigen Erledigung des Bauantrages von Bauunternehmer Holzhaus fehlt dem Beamten Stempelkissen ein Gutachten. Um den Bauantrag auch ohne Gutachten zu bekommen, gibt er dem Freund von Stempelkissen Schaufel eine größere Menge Bargeld. Dieser leitet das Geld an Stempelkissen weiter. Danach bewilligt Stempelkissen den Antrag ohne das eigentlich benötigte Gutachten.

Im Gegensatz zur Vorteilsnahme ist bei der Bestechung explizit die Verletzung einer Dienstpflicht im Rahmen einer Diensthandlung notwendig.

➤ Strafbarkeit

Die **Strafbarkeit kann vermieden werden,** wenn die Annahme von Vorteilen dem Vorgesetzten mitgeteilt wird. Ferner fallen, auch wenn dies nicht ausdrücklich im Gesetz erwähnt ist, Höflichkeitszuwendungen als **sozialadäquate Zuwendungen** nicht unter die §§ 331, 333 StGB. Derartige Zuwendungen haben allerdings **enge Grenzen** und werden schon bei **direkten Geldzuwendungen** überschritten. Die Definitionen und Abgrenzungen zwischen strafloser sozialadäquater Zuwendung und dem oben beschriebenen Anfüttern sind fließend. Es kommt dabei nicht auf den absoluten Wert einer Sache, sondern auf die Umstände der Zuwendung an.

> **Beispiel**
> Bauunternehmer Holzhaus und Beamter Stempelkissen, beide Raucher, führen eine Baubesichtigung durch. Stempelkissen hat seine Zigaretten im Büro vergessen. Holzhaus bietet ihm im Verlauf der Besichtigung mehrfach von seinen Zigaretten an, die Stempelkissen auch annimmt. Dies ist ein sozialadäquates Verhalten.
>
> **Fallvariante A:**
> Holzhaus drückt nach der Besichtigung Stempelkissen eine volle Packung Zigaretten in die Hand, damit er auch auf dem Heimweg rauchen kann. Dies überschreitet bereits den sozialadäquaten Umgang, ohne dass es als strafrechtlich relevant zu sehen ist.
>
> **Fallvariante B:**
> Holzhaus überreicht nach der Besichtigung Stempelkissen eine ganze Stange Zigaretten. Dies ist nicht mehr sozialadäquat.
>
> **Fallvariante C:**
> Holzhaus lädt Stempelkissen in ein gutbürgerliches Restaurant ein. Dies ist wieder sozialadäquat, obwohl das Essen teurer ist als die in Fallvariante B genannte Stange Zigaretten.

> **Vorteilsgewährung und Bestechung (§§ 333, 334 StGB)**

Spiegelbildlich zu der Vorteilsannahme und der Bestechlichkeit sind die Paragrafen §§ 333 f. StGB aufgebaut. Diese regeln die Strafbarkeit von denjenigen Personen, die den Beamten bzw. Richtern ein Angebot unterbreiten und die versprochenen Leistungen auch erbringen.

Zudem ist auf die **Erweiterung des Amtsträgerbegriffes** gemäß § 11 I StGB hinzuweisen. Durch die Einfügung der Worte „unbeschadet der zur Aufgabenerfüllung gewählten Rechtsform" wird verdeutlicht, dass die **Erfüllung öffentlicher Aufgaben in privater Rechtsform** die Amtsträgereigenschaft nicht ausschließt. Diese Erweiterung des Amtsträgerbegriffes dürfte insbesondere vor dem Hintergrund der **zunehmenden Auslagerung öffentlicher Aufgaben** auf private Rechtsträger an Bedeutung gewinnen.

Beispiel In Zeiten knapper Kassen ist das Outsourcing staatlicher Aufgaben ein Mittel zur Kostensenkung. Müllentsorgung, Bauaufsicht, Schulen, Autobahnen – der Bereich der Leistungen, die aus dem staatlichen Rahmen in private Trägerformen überführt werden können, ist lang. Auf diese Gesellschaftsformen treffen aber dann die Amtsträgereigenschaften zu.

Für **besonders schwere Fälle der Bestechlichkeit und Bestechung** ist der Strafrahmen erheblich erweitert. In besonders schweren Fällen der Bestechung und Bestechlichkeit von Amtsträgern ist eine Bestrafung nicht unter 1 Jahr und bis zu 10 Jahren vorgesehen. Bei Richtern oder Schiedsrichtern beträgt die Mindeststrafe 2 Jahre.

13.8.4.6 Steuerhinterziehung (§ 370 AO)

> **Begriffsbestimmung und Sachverhalt**

Das Steuerstrafrecht ist in den §§ 369 ff. AO – und damit in einem strafrechtlichen Nebengesetz – geregelt. § 370 AO **(Steuerhinterziehung)** bringt bereits in der Überschrift zum Ausdruck, dass es sich bei dieser Straftat um eine **Verkürzung des gesetzlichen Steueranspruchs** handelt, die **vorsätzlich** und auf **unehrliche Weise** herbeigeführt wird. Unbeschadet einzelner Besonderheiten, die die Steuerhinterziehung von den allgemeinen Vorschriften zum Betrug unterscheiden, trifft die umgangssprachliche Bezeichnung als „Steuerbetrug" den Tatbestand ziemlich genau.

Gemäß § 370 III AO drohen bei **unrichtigen oder unvollständigen Angaben** gegenüber dem Finanzamt bzw. bei pflichtwidriger Nichtbenutzung von Steuerzeichen oder Steuerstempler Freiheitsstrafen von bis zu 5 Jahren oder Geldstrafe. In besonders schweren Fällen ist eine Freiheitsstrafe von 6 Monaten bis maximal 10 Jahren zu verhängen (§ 370 III AO). Ein besonders schwerer Fall liegt vor, wenn

- aus groben Eigennutz in großem Maße Steuern verkürzt werden,
- der Täter seine Befugnisse oder seine Stellung als Amtsträger missbraucht,
- der Täter die Mithilfe eines Amtsträgers ausnutzt, der seine Befugnisse oder Stellung missbraucht, oder
- der Täter unter Verwendung nachgemachter oder gefälschter Belege fortgesetzt Steuern verkürzt oder nicht gerechtfertigte Steuervorteile erlangt.

Eine Steuerhinterziehung aufgrund **unrichtiger oder unvollständiger Angaben** liegt dann vor, wenn die Steuern nicht rechtzeitig, nicht in voller Höhe oder nicht festgesetzt wurden (§ 370 IV AO).

Beispiel

> Der steuerpflichtige Arbeitnehmer Schaufel gibt bei seinen Werbungskosten an, dass er jeden Tag 60 Kilometer zu seinem Arbeitsplatz zurücklegen muss, obwohl die einfache Strecke nur 45 Kilometer beträgt.

Strafbar ist **vorsätzliches Handeln,** d.h., dass die Steuerverkürzung bewusst und gewollt herbeigeführt wurde.

Beispiel

> Um Steuern zu sparen, bucht der Bauunternehmer Holzhaus einige Umsätze nicht in der Finanzbuchhaltung, sondern legt das eingenommene Geld in eine schwarze Kasse. Er ist sich vollständig darüber bewusst, dass durch die Nichtaufnahme in die Buchführung sowohl die Umsatz- als auch die Gewinnbesteuerung falsch festgesetzt werden.

Neben dem direkten Vorsatz genügt der **bedingte Vorsatz,** d.h., der Steuerpflichtige nimmt billigend in Kauf, dass Steuern verkürzt festgesetzt werden. Der Übergang zur leichtfertigen Steuerverkürzung (§ 378 AO) ist in diesem Zusammenhang fließend.

Beispiel

> Die Buchhaltungskraft von Bauunternehmer Holzhaus ist schon seit längerem krank. Holzhaus nimmt Bargelder ein und legt diese in die offizielle Firmenkasse ein. Gleichzeitig werden einige Rechnungen in bar beglichen. Nach ihrer Genesung kann die Buchhaltungskraft die Barzahlungen nicht mehr nachhalten und es kommt zu einer verkürzten Umsatzsteuerfestsetzung. Durch seine nachlässige Handhabung der Kasse hat Holzhaus billigend in Kauf genommen, dass Steuern verkürzt festgesetzt werden.

➤ Täterschaft und Straffreiheit

Grundsätzlich gelten im Steuerstrafrecht die allgemeinen Regeln des StGB über die

- Täterschaft,
- Teilnahme,
- Anstiftung oder
- Beihilfe.

Eine besondere Rolle nehmen **Steuerberater** ein. Auch das Handeln des Steuerberaters kann zur Steuerhinterziehung führen. Bei der Frage, ob ein steuerlicher Berater für eine unter seiner Mitwirkung zustande gekommene unrichtige Steuererklärung wegen Steuerhinterziehung verantwortlich zu machen ist, kommt es nur auf den **tatsächlichen Umfang seines Beitrages** an. Jeder Beitrag eines steuerlichen Beraters, der zur Abgabe einer unrichtigen Steuererklärung oder zur Unterlassung einer richtigen Erklärung geführt hat, **kann** als (Mit-)Täterschaft oder Teilnahme an einer vorsätzlichen Steuerhinterziehung zu werten sein.

Strafrechtliche Folgen einer Steuerhinterziehung können vermieden werden, wenn die unrichtigen Angaben im Rahmen einer **Selbstanzeige** (§ 371 AO) richtig gestellt werden. Die Selbstanzeige muss als solche allerdings **deutlich gekennzeichnet** werden. § 371 AO verlangt, dass man in der Erklärung deutlich zum Ausdruck bringt, dass es sich um eine **Anzeige wegen hinterzogener Steuern** handelt. Die Selbstanzeige kann bei **jeder Finanzbehörde** abgegeben werden. Weitere Voraussetzung für eine strafbefreiende Wirkung ist außerdem, dass die hinterzogene Steuer so **exakt** wie möglich **beschrieben** wird. **Straffreiheit** wird nur gewährt, wenn die hinterzogene Steuer innerhalb einer angemessenen Frist bezahlt wird (§ 371 III AO).

Straffreiheit kann allerdings gemäß § 371 II AO nicht mehr gewährt werden, wenn
- ein Prüfer erscheint,
- die Bekanntgabe der Einleitung eines Straf- oder Bußgeldverfahrens erfolgte oder
- die Entdeckung der Tat seitens des Finanzamtes gegeben ist und der Täter dies wusste.

In diesen Fällen tritt eine Sperrwirkung ein.

➤ Steuerordnungswidrigkeiten

Eine Steuerordnungswidrigkeit liegt vor, wenn eine Tat gemäß § 370 I AO begangen wurde, dies aber nur leichtfertig erfolgte (§ 378 I AO). In diesen Fällen kann eine Geldbuße bis zu 50.000,00 EUR verhängt werden. Im Zusammenhang mit der **leichtfertigen Steuerverkürzung** ist in der Regel weniger die Tat als solche strittig, sondern die **Abgrenzung von Vorsatz und Leichtfertigkeit.**

Dabei bedeutet Leichtfertigkeit **Fahrlässigkeit,** also ein **Außerachtlassen der erforderlichen Sorgfalt.** Von dem bedingten Vorsatz unterscheidet sich die Leichtfertigkeit durch die **Zielvorstellung des Täters.** Der leichtfertig Handelnde will weder Steuern verkürzen noch rechnet er mit einer Verkürzung: „Es wird schon gut gehen". Die vom Täter zu beachtende Sorgfalt bemisst sich sowohl nach allgemein gültigen Regeln wie auch nach individuellen Merkmalen und Umständen, beispielsweise Ausbildung, Kenntnisse, Beruf und persönliche Erfahrungen.

➤ Steuerumgehung

Eine Steuerhinterziehung liegt nicht bei Steuerumgehungen (§ 42 AO) vor. Bei Steuerumgehungen handelt es sich um **wirtschaftliche Gestaltungen,** die für den Steuerpflichtigen **steuerlich vorteilhaft** sind, aber durch wirtschaftliche oder sonstige steuerlich beachtliche Gründe nicht mehr zu rechtfertigen sind (Missbrauch von rechtlichen Gestaltungsmöglichkeiten). Die Grenzen zwischen Steuerumgehung und Steuerhinterziehung sind fließend.

➤ Steuergefährdung

Über die Steuergefährdung werden die ansonsten **straflosen Vorbereitungshandlungen** der Steuerhinterziehung als Ordnungswidrigkeit geahndet (§ 379 AO). Dazu gehören Handlungen, die abstrakt geeignet sind, eine Steuerverkürzung zu begehen. Geldbußen bis zu 5.000,00 EUR können ausgesprochen werden. Die Übergänge zwischen Steuergefährdung und Steuerhinterziehung sind fließend. Eine Steuergefährdung begeht, wer z. B.

- unrichtige Belege ausstellt,
- Buchungs- und Aufzeichnungspflichten verletzt und dadurch Steuerverkürzungen oder Steuervorteile ermöglicht,
- die Mitteilungspflichten nach § 138 II AO (Gründung und Erwerb von Auslandsbetrieben, Erwerb von Auslandsbeteiligungen) verletzt,
- die Pflicht zur Kontenwahrheit nach § 154 I AO verletzt oder
- gegen die Auflagen im Rahmen der zollamtlichen Überwachung (Steueraufsicht) nach §§ 209 ff. AO verstößt.

13.8.4.7 Bilanz- und Buchführungsdelikte

Die **Buchführung** sollte das **Informationszentrum des Kaufmanns** sein, wenn er Daten über die **Vermögens- und Ertragslage** benötigt. Die Buchhaltung dient den Gesellschaftern als Informationsgrundlage, z. B. zur Ermittlung der Entstehungsgrundlagen des Gewinns. Das Finanzamt benötigt die Buchführung als Veranlagungsgrundlage und auch für Arbeitnehmer können die Daten der Buchführung von Interesse sein. Hatten die Bilanzdelikte über Jahre hinweg ein Schattendasein geführt, so haben sie im Zuge der Skandale börsennotierter Gesellschaften ein neues Gewicht gewonnen. Im StGB finden sich in den Bankrottvorschriften strafrechtlich bewährte Bilanzierungspraktiken. In den strafrechtlichen Nebengesetzen sind die Ausführungen insbesondere im HGB (§§ 238 ff.) relevant.

➤ Die Buchführungsdelikte im Rahmen des Bankrotts

1. Sachverhalt

Verstöße gegen die **Grundsätze ordnungsmäßiger Buchführung** werden strafrechtlich geahndet. Sofern keine Krise vorliegt, können Buchführungsdelikte nach § 283 b StGB strafrechtlich verfolgt werden. Taten, die in der Krise begangen werden, werden durch § 283 I 5 – 7 StGB unter Strafe gestellt. Eine Krise liegt bei drohender Zahlungsunfähigkeit, faktischer Zahlungsunfähigkeit oder Überschuldung eines Unternehmens vor. Wie in den anderen Bankrottvorschriften auch, sind die Buchführungsdelikte des Bankrotts auch dann strafbar, wenn durch diese die Überschuldung oder Zahlungsunfähigkeit herbeigeführt wird. Die Buchführungsdelikte des § 283 StGB knüpfen vielfach an die Buchführungspflicht des HGB an.

Gemäß § 283 I 5 StGB wird derjenige bestraft, der **Handelsbücher,** zu deren Führung er **gesetzlich verpflichtet** ist, **zu führen unterlässt** oder so führt oder verändert, dass die **Übersicht über seinen Vermögensstand erschwert** wird.

Der Strafrahmen ist Freiheitsstrafe von bis zu fünf Jahren oder Geldstrafe. Sofern bei der Begehung der Tat nur Fahrlässigkeit vorliegt, reduziert sich die Höchststrafe auf eine Freiheitsstrafe von zwei Jahren.

2. Bücher der Buchführung

Welche Bücher zu führen sind, kann nicht direkt dem HGB entnommen werden, es verweist in diesem Zusammenhang auf die Grundsätze ordnungsmäßiger Buchführung.

Danach müssen sachverständige Dritte (z.B. der Kaufmann selbst, ein Wirtschafts- oder Betriebsprüfer) anhand der Unterlagen in der Lage sein, sich in einer angemessenen Zeit einen Überblick über die Vermögens- und Ertragslage zu verschaffen. Beachtet man dies, so sind zumindest die nachstehenden Bücher zu führen:

- Grundbuch (Aufzeichnung aller Geschäftsvorfälle in chronologischer Form),
- Hauptbuch (Trennung der Geschäftsvorfälle in sachlicher Form),
- ggf. Personenkonten, um erkennen zu können, wie sich z.B. die Forderungen und Verbindlichkeiten gegenüber Schuldnern und Gläubigern entwickeln,
- Kassenbuch,
- Inventar,
- Anlagenverzeichnis/-spiegel,
- Jahresabschluss.

3. Unterlassene und mangelhafte Buchführung

Nach § 283 I 5 StGB ist zwischen dem **Unterlassen einer Buchführung** und der **mangelhaften Buchführung** zu unterscheiden. Ein Unterlassen liegt dabei vor, wenn überhaupt keine Bücher geführt werden. Sofern zumindest eine **Rumpfbuchführung** existiert, kommt allein eine Bestrafung aufgrund einer mangelhaften Buchführung in Betracht. Eine mangelhafte Buchführung entsteht vor allem, wenn gegen das **Prinzip der Vollständigkeit, der Richtigkeit, der zeitgerechten und der geordneten Buchung** verstoßen wird.

Beispiel
- Verschleierung von Geschäftspartnern oder der Art des Geschäfts
- Angabe von falschen Werten (z.B. willkürliche Höherbewertungen)
- Geschäftsbelege werden nicht ordentlich aufbewahrt
- nachträgliche Veränderungen von Buchungen durch Streichungen
- Einbuchung von Fiktivposten

4. Aufbewahrungspflicht

Gemäß § 283 I 6 StGB wird derjenige bestraft, der **Handelsbücher** oder sonstige Unterlagen, zu deren **Aufbewahrung ein Kaufmann verpflichtet** ist, vor Ablauf der Aufbewahrungspflichten

- beiseite schafft,
- verheimlicht,
- zerstört oder beschädigt und
- dadurch die Übersicht über seinen Vermögensstand erschwert.

Die handelsrechtlichen Aufbewahrungspflichten sind im Einzelnen im § 257 HGB geregelt. Danach ist ein Kaufmann verpflichtet, die Handelsbücher, Inventare, Eröffnungsbilanzen, Jahresabschlüsse, Lageberichte, Konzernabschlüsse, Konzernlageberichte sowie die zu ihrem Verständnis erforderlichen Arbeitsanweisungen und sonstigen Unterlagen, empfangene Handelsbriefe, Wiedergaben der abgesandten Handelsbriefe, Belege für Buchungen (Buchungsbelege) aufzubewahren. Handelsbriefe sind dabei allein Schriftstücke, die ein Handelsgeschäft betreffen.

- Demnach müssen die empfangenen und abgesandten Handelsbriefe sowie die Buchungsbelege **6 Jahre** aufbewahrt werden (§ 257 IV HGB).
- Alle anderen Unterlagen sind **10 Jahre** aufzubewahren.
- Die Eröffnungsbilanzen, die Jahresabschlüsse und die Konzernabschlüsse sind in ausgedruckter Form aufzubewahren.
- Der Rest kann auf Datenträgern abgespeichert und aufbewahrt werden.

Die **Aufbewahrungsfrist beginnt** dabei erst mit dem **Schluss des Kalenderjahres,** in dem die letzte Eintragung in das Handelsbuch gemacht, das Inventar aufgestellt, die Eröffnungsbilanz oder der Jahresabschluss festgestellt, der Konzernabschluss aufgestellt oder der Buchungsbeleg entstanden ist.

5. Beispiele für Tathandlungen gem. § 283 I 6 StGB

Beispiel

- ■ Verbrennen einer Buchführung,
- ■ völlige Zerstörung der Ordnung einer Buchführung,
- ■ Buchführung wird in Räumlichkeiten aufbewahrt, die den Zugang zu ihr unmöglich machen,
- ■ Vernichtung der Handelsbriefe (es genügt auch ein Teil, wenn hierdurch die Ordnung zerstört wird) sowie
- ■ Löschen von gespeicherten Handelsbriefen oder Belegen.

6. Bilanzierung

Gemäß § 283 I 7 StGB macht sich derjenige strafbar, der **entgegen den handelsrechtlichen Vorschriften**

- Bilanzen so aufstellt, dass die Übersicht über seinen Vermögensstand erschwert wird **(unordentliche Bilanzierung)**, oder
- es unterlässt, die Bilanzen seines Vermögens oder das Inventar in der vorgeschriebenen Zeit aufzustellen **(unterlassene Bilanzierung)**.

Wie eine Bilanz aufzustellen ist, damit nicht die Einsicht in die Vermögenslage erschwert ist, ergibt sich im Einzelnen aus den §§ 242ff. HGB. Hier sind die Ansatz- und Bewertungsregeln für die Bilanz fixiert worden. Beispiele für die Erschwerung der Einsicht in die Vermögenslage sind:

Beispiel

- ■ Verstöße gegen das Verrechnungsverbot (§ 246 HGB),
- ■ Nichtausweis von Rückstellungen (§ 249 I HGB),
- ■ Rechnungsabgrenzungsposten werden nicht gebildet (§ 250 HGB),
- ■ Ausweis der Rückstellungen unter dem Posten „Sonstige Verbindlichkeiten",
- ■ Forderungen werden nicht einzelwertberichtigt (§ 253 III HGB),
- ■ Verbindlichkeiten werden erst erfasst, wenn sie bezahlt werden und nicht, wenn sie entstanden sind, sowie
- ■ Einstellen von fiktiven Wirtschaftsgütern in die Bilanz.

Strafbar ist es gem. § 283 I 7 StGB, wenn der Kaufmann es unterlässt, **die Bilanzen seines Vermögens oder das Inventar in der vorgeschriebenen Zeit aufzustellen.**

■ Für die **Einzelunternehmen und Personengesellschaften** bestimmt § 243 III HGB, dass der Jahresabschluss innerhalb der einem ordnungsmäßigen Geschäftsbetrieb entsprechenden Zeit aufzustellen ist. Eine Handelsbilanz ist rechtzeitig aufgestellt, wenn der Kaufmann im Laufe des folgenden Geschäftsjahres auf den Bilanzstichtag einen auf dem Inventar und einer Hauptabschlussübersicht beruhenden „Vermögensstatus" erstellt hat, der eine zutreffende Vermögensübersicht ermöglicht.

■ Für **Kapitalgesellschaften** sind die Fristen für die Bilanzierung im § 264 HGB festgelegt. Demnach ist die Bilanz von den gesetzlichen Vertretern innerhalb einer Frist von 3 Monaten aufzustellen.

■ **Kleine Kapitalgesellschaften** haben eine Frist von 6 Monaten, wenn dies dem ordnungsmäßigen Geschäftsgang entspricht (§ 267 I HGB).

Sofern sich das Unternehmen in einer **Krise** befindet, verkürzt sich die Zeit, die für die Aufstellung der Bilanz zur Verfügung steht. Die Vorschriften, die für die Aufstellung der Bilanz gelten, treffen auch auf die Inventarisierung aller Vermögensgegenstände und die Aufstellung des Inventars zu (§ 240 HGB). Alle Inventurmethoden und Erleichterungen bedürfen einer schriftlichen Dokumentation. Die Folge einer unterlassenen Inventarisierung ist, dass die Buchführung nicht mehr den Grundsätzen ordnungsmäßiger Buchführung entspricht. Das führt zum **Verlust ihrer Beweiskraft.**

§ 283 b I StGB stellt die unterlassene Bilanzierung und Inventarisierung bzw. die unordentliche Bilanzierung sowie die unordentliche oder unterlassene Führung von Handelsbüchern und die Verletzung der Aufbewahrungspflichten nach Handelsrecht für einen Kaufmann unter Strafe. Die Taten müssen also nicht während der Krise begangen werden. Voraussetzung, damit eine Tat nach § 283 b I StGB vorliegt, ist, dass eine Zahlungseinstellung oder eine Eröffnung bzw. Ablehnung der Gesamtvollstreckung gegeben ist.

➤ Bilanzfälschung und Bilanzverschleierung (§ 331 HGB)

Nach § 331 I HGB macht sich derjenige strafbar, der als **Mitglied des vertretungsberechtigten Organs** oder des **Aufsichtsrates** einer Kapitalgesellschaft die Verhältnisse der Kapitalgesellschaft in der **Eröffnungsbilanz**, im **Jahresabschluss** oder im **Lagebericht** unrichtig wiedergibt oder verschleiert. Für Handlungen dieser Art können Freiheitsstrafen bis zu drei Jahren oder Geldstrafen ergehen (§ 331 HGB).

Eine unrichtige Wiedergabe liegt dabei vor, wenn die Darstellung der Lage nicht mit der Wirklichkeit übereinstimmt. In Betracht kommen die Bilanzfälschung und die Bilanzverschleierung.

1. Bilanzfälschung

Bei der Bilanzfälschung handelt es sich um eine willkürliche Erhöhung oder Herabsetzung einzelner Bilanzposten i.S.v. falschen Wertansätzen. Eine Strafbarkeit ist nur dann gegeben, wenn es sich um schlechterdings nicht mehr vertretbare Bewertungen handelt, d.h. die Unrichtigkeit zweifelsfrei besteht, also evident ist, und die Darstellung daher unvertretbar ist.

Beispiel

- Darstellung von nicht erzielten Umsatzerlösen durch Scheinrechnungen,
- Ausweis dubioser Außenstände zum Nennwert,
- Einstellen fiktiver Beträge,
- Voraktivierung künftiger Kaufpreisforderungen vor Übereignung der ebenfalls aktivierten Waren,
- Weglassen einzelner Bilanzposten oder
- willkürliche Über- und Unterbewertungen.

2. Bilanzverschleierung

Eine Bilanzverschleierung ist gegeben, wenn Tatsachen so undeutlich oder unkenntlich wiedergegeben werden, dass sich der wirkliche Tatbestand nur schwer oder überhaupt nicht erkennen lässt.

Beispiel

- Falschbezeichnungen: Hierunter werden u.a. Fälle subsumiert, in denen Wechselbestände auf dem Wertpapierkonto ausgewiesen werden, Effekten als Debitoren bezeichnet werden oder Forderungen unter dem Posten „Kassen" aufgeführt werden.
- Saldierungen von Forderungen und Verbindlichkeiten sowie
- Missachtung der Gliederungsvorschriften.

13.8.4.8 Insolvenzverschleppung (am Beispiel der §§ 64, 84 GmbHG)

Die Gesellschaften, deren Haftung auf das Grund- oder Stammkapital beschränkt ist, genießen gegenüber den Personengesellschaften das Privileg, dass eben im Falle der Insolvenz die **Haftung beschränkt** ist. Damit einem **Missbrauch dieses Privilegs** kein Vorschub geleistet wird, ist die Insolvenzverschleppung bei den Kapitalgesellschaften unter Strafe gestellt. Die Kapitalgesellschaften, die diese Regelungen betreffen, sind die Aktiengesellschaft, die Genossenschaft und die Gesellschaft mit beschränkter Haftung. Bei der GmbH sind es die §§ 64, 84 GmbHG, die die strafrechtlichen Rahmenbedingungen setzen. Die entsprechenden Vorschriften aus dem AktG und dem GenG sind wortgleich und gelten analog.

In § 64 GmbHG ist festgelegt, dass bei eingetretener Zahlungsunfähigkeit und/oder Überschuldung beim zuständigen Amtsgericht ein Insolvenzantrag zu stellen ist. Dieser muss spätestens **drei Wochen nach Eintritt der Tatbestände ohne schuldhafte Verzögerung** gestellt werden. Für Zahlungen, die nach dem Eintritt der Tatbestände geleistet wurden, kann der Geschäftsführer von der Gesellschaft auf Schadensersatz in Anspruch genommen werden. Ausnahmen gibt es allerdings für Zahlungen, die mit der Sorgfalt eines ordentlichen Kaufmanns vereinbar sind. Der Eintritt der Zahlungsunfähigkeit und der Überschuldung bzw. die Definition dieser Begriffe ergeben sich aus den Vorschriften des Insolvenzrechts (s. 5.8).

Der Strafrahmen für die Handlungen (Unterlassungen) beträgt Freiheitsstrafe bis zu drei Jahren oder Geldstrafe (§ 84 GmbHG). Bei fahrlässiger Insolvenzverschleppung mildert sich der Strafrahmen auf ein Jahr oder Geldstrafe ab.

13.9 Zusammenfassung

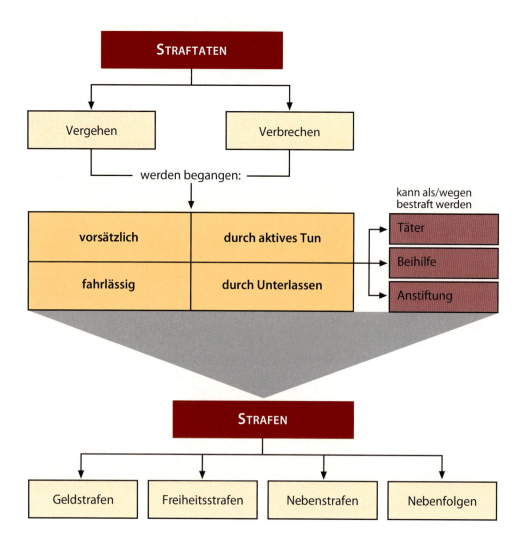

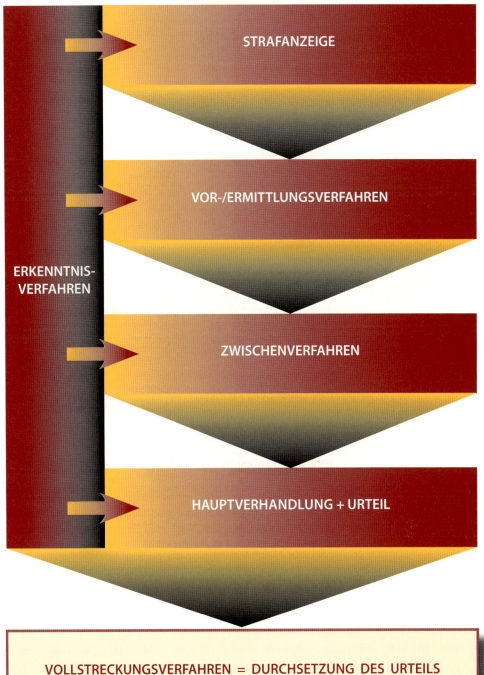

STRAFANZEIGE

VOR-/ERMITTLUNGSVERFAHREN

ERKENNTNIS-
VERFAHREN

ZWISCHENVERFAHREN

HAUPTVERHANDLUNG + URTEIL

VOLLSTRECKUNGSVERFAHREN = DURCHSETZUNG DES URTEILS

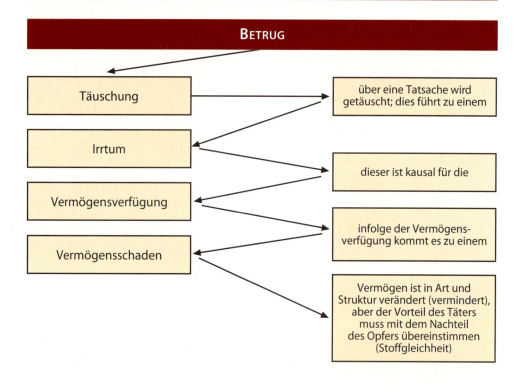

Betrug

Täuschung	über eine Tatsache wird getäuscht; dies führt zu einem
Irrtum	dieser ist kausal für die
Vermögensverfügung	infolge der Vermögens-verfügung kommt es zu einem
Vermögensschaden	Vermögen ist in Art und Struktur verändert (vermindert), aber der Vorteil des Täters muss mit dem Nachteil des Opfers übereinstimmen (Stoffgleichheit)

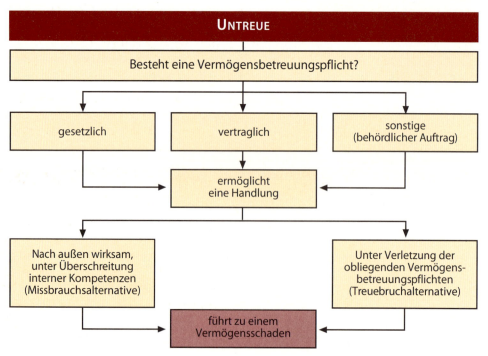

Untreue

Besteht eine Vermögensbetreuungspflicht?

gesetzlich	vertraglich	sonstige (behördlicher Auftrag)

ermöglicht eine Handlung

Nach außen wirksam, unter Überschreitung interner Kompetenzen (Missbrauchsalternative)	Unter Verletzung der obliegenden Vermögens-betreuungspflichten (Treuebruchalternative)

führt zu einem Vermögensschaden

13.10 Fälle und Übungen

Prüfen Sie in den nachfolgenden Fällen 1–4, ob die jeweils handelnde(n) Person(en) eine strafbare Handlung begangen hat(haben):

1. Friederike Fritzenkötter ist Bankangestellte im Bankhaus Pfennig & Söhne. Aufgrund von Geldsorgen wegen des Neubaus eines Einfamilienhauses bedient sie sich im Tresorraum und entwendet 15.000,00 EUR.

2. Bruno Bräsig kommt auf der Landstraße an einer Unfallstelle mit einem Verletzten vorbei, der ihn bittet, ihn in das nächstgelegene Krankenhaus zu fahren. Bräsig weigert sich mit der Begründung, er habe sein Auto gerade neu und wolle es nicht unnötig mit Blut verschmutzen.

3. Bernhard Brösel hat seine Frau Berta schon mehrfach mit diversen Liebschaften betrogen. Berta kauft in einem Gartenfachmarkt ein starkes Pflanzengift, mit dem sie ihren Gatten töten möchte. Der Plan gelingt und Bernhard stirbt.

4. Karlchen Klein (19 Jahre alt) ist Anführer einer Clique von 4 Gleichaltrigen, die sich darauf spezialisiert haben, in großen Supermärkten die neuesten Computer-Games „abzugreifen". Sie verkaufen die erbeutete Ware über einen weiteren Bekannten, der unter dem Namen „High-Score" bekannt ist und 24 Jahre alt ist.

Fallübung

Harry Holzhammer und Bert Beitel sind Gesellschafter und Geschäftsführer der Zimmermann GmbH. Die Zimmermann GmbH wurde im Jahr 0 mit einem Stammkapital von 25.000,00 EUR gegründet, das die beiden Gesellschafter bar auf das Konto der Gesellschaft eingezahlt haben. Die Zimmermann GmbH beschäftigt 5 Mitarbeiter. Am Ende des Jahres 5 (31.12.) hat die Gesellschaft folgende Bilanz:

Aktiva

Anlagevermögen	25.000,00 EUR
Umlaufvermögen	
Bankguthaben	5.000,00 EUR
Forderungen	20.000,00 EUR
Unfertige Leistungen	25.000,00 EUR

Passiva

Lieferantenverbindlichkeiten	25.000,00 EUR
Bankverbindlichkeiten	25.000,00 EUR
Eigenkapital	25.000,00 EUR

Im Jahre 6 verschlechtert sich die Situation der Gesellschaft dramatisch.

27 Jaschinski/Hey – ISBN 978-3-8120-0050-5

Aufgabe: Geben Sie zu jeder der nun folgenden Situationsbeschreibungen eine kurze strafrechtliche Bewertung ab!

1. Die Forderungen bestehen lediglich gegen einen Kunden (Bau GmbH). Die Bau GmbH meldet Insolvenz an. Das Verfahren wird mangels Masse abgelehnt. Holzhammer und Beitel suchen nach neuen Aufträgen und unternehmen sonst nichts weiter.

2. Der einzige Kunde, die Bau GmbH, befindet sich in Zahlungsschwierigkeiten. Eine Zahlung ist in näherer Zukunft nicht zu erwarten. Die Forderungen der Gläubiger der Zimmermann GmbH in Höhe von 25.000,00 EUR sind bereits seit längerer Zeit fällig. Zehn Gläubiger haben bereits gerichtliche Mahnbescheide beantragt.

3. Beitel ist als kaufmännischer Geschäftsführer für die Lohnbuchhaltung zuständig. Weil er die Befriedigung der anderen Gläubiger für wichtiger hält, überweist er die Nettolöhne an die Arbeitnehmer, unterlässt es aber, die Sozialversicherungsbeiträge an die zuständige Einzugsstelle zu überweisen.

4. Holzhammer ist es gelungen, einen neuen Auftrag zu gewinnen. Der neue Auftrag verspricht einen Gewinn von 10.000,00 EUR. Da die Zimmermann GmbH auf die Lieferungen von fünf Altgläubigern angewiesen ist, um den neuen Auftrag abzuarbeiten, nutzt sie ihre Barreserve von 5.000,00 EUR, um jeweils 1.000,00 EUR auf die Altverbindlichkeiten der fünf Gläubiger abzuzahlen. Die Gläubiger liefern aufgrund der geleisteten Anzahlung weiter. Auch der neue Kunde geht in die Insolvenz. Die neue Lieferung wird nicht bezahlt.

5. Zur Abarbeitung des neuen Auftrags benötigt die Zimmermann GmbH eine Maschine im Wert von 50.000,00 EUR. Mit der neuen Maschine erhofft man sich zusätzlich neue Aufträge. Für die Holz verarbeitende Industrie gibt es ein Subventionsprogramm, das 50 % der Investitionssumme fördert. Als subventionserheblich sind die gegenwärtige Situation des Unternehmens und der Eigenmitteleinsatz gekennzeichnet. Holzhammer und Beitel beantragen eine Subvention von 100.000,00 EUR.

6. Um die Subvention zu erlangen, wird mit dem Lieferanten Nagel eine Abmachung getroffen. Er stellt die 100.000,00 EUR zuzüglich USt in Rechnung. Der die eigentliche Investition überschießende Betrag soll 50/50 aufgeteilt werden. Beitel und Holzhammer machen zudem die Vorsteuer der überhöhten Rechnung als Vorsteuerabzug geltend.

7. Um die Subvention zu erlangen und die kritische Situation zu verschleiern, greifen Holzhammer und Beitel zu einem probaten Mittel. Die von dem Steuerberater Gerhard Grummelmann testierte Bilanz (s. o.) wird mit Hilfe von Tipp-Ex und Computer korrigiert (s. folgende Seite).

Aktiva

Anlagevermögen	25.000,00 EUR

Umlaufvermögen

Bankguthaben	5.000,00 EUR
Forderungen	40.000,00 EUR
Unfertige Leistungen	25.000,00 EUR

Passiva

Lieferantenverbindlichkeiten	25.000,00 EUR
Verbindlichkeiten gg. Gesellschafter	25.000,00 EUR
Eigenkapital	25.000,00 EUR
Gewinn	20.000,00 EUR

8. Holzhammer geht zur Bank und hebt die 5.000,00 EUR verfügbares Gutha-ben in bar ab. Von seinem Bekannten Ferdinand Fuchs hat er den Insidertipp erhalten, dass Black Beauty bei einer Quote von 1:10 der sichere Sieger beim Pferderennen sein soll. Aus dem Gewinn möchte er die für den nächsten Auftrag notwendige Investition finanzieren. Leider bricht sich Black Beauty in dem Rennen ein Bein.

9. In seiner Verzweiflung bittet Beitel seinen alten Schulfreund Dieter Dietel um Hilfe. Letzterer hat eine Anlageform parat, die pro Monat 100% gesicherte Rendite verspricht. Beitel legt das verfügbare Barguthaben von 5.000,00 EUR an. Dietel nimmt das Geld, um damit seinen Urlaub zu finanzieren.

Arbeitsauftrag

Lesen Sie sich die Pressemitteilung des Landgerichts Verden auf den Seiten 380 f. sorgfältig durch. Nehmen Sie anschließend begründend Stellung, warum

a. die Verhandlung vor der Jugendkammer stattfand, obwohl der Beklagte bereits über 18 Jahre alt war;

b. das Gericht ein verhältnismäßig geringes Strafmaß wählte, obwohl ein millionen-schwerer Schaden entstanden ist.

14 Verwaltungsrecht

14.1 Überblick

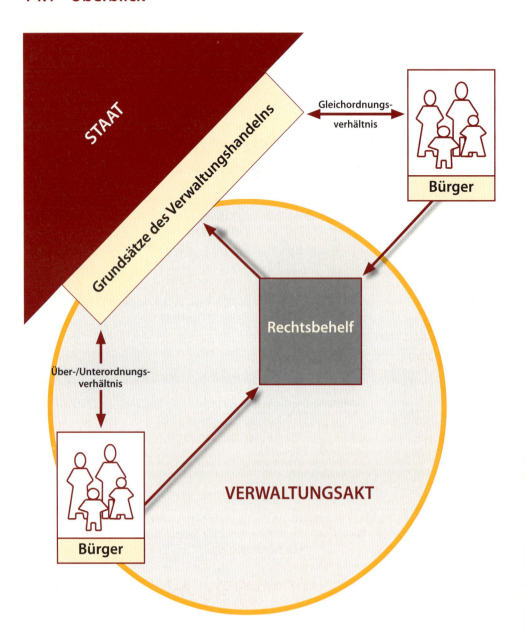

14.2 Die öffentliche Verwaltung

14.2.1 Begriffsbestimmung:
Die öffentliche Verwaltung als Teil der Staatsgewalt

Aus Art. 20 II 2 GG ergibt sich, dass in der Bundesrepublik Deutschland die Staatsgewalt durch besondere Organe ausgeübt wird (funktionale Gewaltentrennung):

- **Gesetzgebung** (Abschnitt VII des GG: Vorschriften über die Bundesgesetzgebung),

- **vollziehende Gewalt** (Abschnitt VIII des GG: Vorschriften über die Bundesverwaltung) und

- **Rechtsprechung** (Abschnitt IX des GG: Vorschriften über Rechtsprechung).

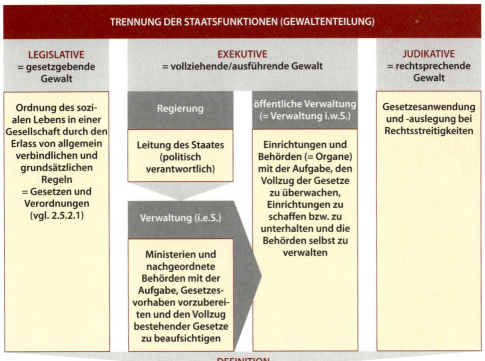

TRENNUNG DER STAATSFUNKTIONEN (GEWALTENTEILUNG)

LEGISLATIVE = gesetzgebende Gewalt	EXEKUTIVE = vollziehende/ausführende Gewalt	JUDIKATIVE = rechtsprechende Gewalt
Ordnung des sozialen Lebens in einer Gesellschaft durch den Erlass von allgemein verbindlichen und grundsätzlichen Regeln = Gesetzen und Verordnungen (vgl. 2.5.2.1)	**Regierung** — Leitung des Staates (politisch verantwortlich); **Verwaltung (i.e.S.)** — Ministerien und nachgeordnete Behörden mit der Aufgabe, Gesetzesvorhaben vorzubereiten und den Vollzug bestehender Gesetze zu beaufsichtigen; **öffentliche Verwaltung (= Verwaltung i.w.S.)** — Einrichtungen und Behörden (= Organe) mit der Aufgabe, den Vollzug der Gesetze zu überwachen, Einrichtungen zu schaffen bzw. zu unterhalten und die Behörden selbst zu verwalten	Gesetzesanwendung und -auslegung bei Rechtsstreitigkeiten

DEFINITION

**Öffentliche Verwaltung ist die Tätigkeit des Staates,
die nicht zur Gesetzgebung, Regierung und Rechtsprechung zählt
(Negativdefinition)**

VERWALTUNGSRECHT

Allgemeines Verwaltungsrecht = grundlegende Regeln für alle Bereiche der Verwaltung (z. B. VwVfG, AO, SGB X)	Besonderes Verwaltungsrecht = Sonderregelungen und Spezialgesetze für einzelne Verwaltungsbereiche (z. B. Schulrecht, Baurecht, Wasserrecht)

Eine Positivdefinition der öffentlichen Verwaltung ist zwar nicht möglich, dennoch können sowohl die Erscheinungsformen als auch einige Merkmale der Abgrenzung dienen.

➤ Erscheinungsformen der öffentlichen Verwaltung

Die durch den Staat übernommenen Aufgaben werden für den Bürger bereitgestellt durch:

- die Verwaltung des Bundes
- die Verwaltung der Länder
- die Verwaltung der Gemeinden, Kreise und Städte
- die Verwaltung weiterer Körperschaften, Anstalten und Stiftungen des öffentlichen Rechts, z. B. Schulen und Universitäten

➤ Merkmale der öffentlichen Verwaltung

Die öffentliche Verwaltung – und durch sie der Staat – handelt für die Gemeinschaft der Bürger, aber auch für Einzelne in der sozialen Gemeinschaft

- im öffentlichen Interesse
- durch öffentlich-rechtliche Organisationsträger,
- die in unterschiedlichen Rechtsformen auftreten können.
- Dies geschieht kontrolliert und geleitet durch Gesetze, Justiz, Aufsichtsbehörden, aber auch durch Medien.

14.2.2 Arten der öffentlichen Verwaltung

14.2.2.1 Hoheitsverwaltung und Fiskalverwaltung

Die Verwaltung kann sowohl öffentlich-rechtlich als auch privatrechtlich handeln. Kriterium dieser Unterscheidung ist also das Verhältnis der handelnden Parteien zueinander.

➤ Hoheitsverwaltung

Handelt die Verwaltung in öffentlich-rechtlicher Form, so ist dieses Handeln durch das **Über-/Unterordnungsverhältnis** von Staat zu Bürger geprägt.

Beispiel Die Stadt Klecksdorf plant den Bau einer Umgehungsstraße. Dazu müssen aber einige Bürger ihre Grundstücke zur Verfügung stellen. Da Bruno Bräsig dies nicht freiwillig tut, steht der Stadt das hoheitliche Zwangsmittel der Enteignung zur Verfügung.

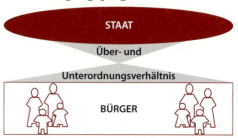

STAAT

Über- und

Unterordnungsverhältnis

BÜRGER

➤ Fiskalverwaltung

Von fiskalischer Verwaltung wird gesprochen, wenn das staatliche Handeln ein **Gleichordnungsverhältnis** von Bürger und Staat begründet. Unter fiskalischer Verwaltung wird außerdem die **Selbstverwaltung** des Staates verstanden. Hierzu gehören

- die Beschaffung und Verwaltung von Sachmitteln, z.B. Fuhrpark des Bauhofes, EDV-Anlage des Ordnungsamtes,
- die Personalverwaltung, z.B. Einstellung und Freisetzung von Personal, Auszahlung der monatlichen Bezüge, und
- der Betrieb und die Verwaltung eigener Unternehmen nach dem erwerbswirtschaftlichen Prinzip, z.B. Banken oder Versicherungen der Länder.

Beispiel | Für den Bau der Südumgehung um die Stadt Klecksdorf kauft die Stadt von einem Landwirt 10.000 m² Land.

14.2.2.2 Eingriffsverwaltung und Leistungsverwaltung

Als weiteres Unterscheidungskriterium kann die Zielsetzung herangezogen werden, mit der die Verwaltung handelt und inwieweit sich dieses Handeln auf den Bürger auswirkt.

➤ Eingriffsverwaltung

Verwaltungsseitig wird als **zentrales Instrument der Verwaltungsakt mit Verwaltungszwang** eingesetzt. Dies bedeutet, dass massiv in die Rechte der Bürger eingegriffen wird und sich somit eine **Belastung für den Bürger** ergibt.

Dies erfolgt durch die

- **Gefahrenabwehr,** da der Staat als Ordnungsgarant für die Aufrechterhaltung von Sicherheit und Ordnung zuständig ist – dies kann nur durch eine hoheitliche Anordnung geschehen, die aber einen Eingriff in die Rechts- und Freiheitssphäre des Bürgers darstellt
  → insb. Polizei- und Ordnungsverwaltung

Beispiel |
  - Ablehnung eines Bauantrags
  - Führerscheinentzug nach einer Verkehrskontrolle
  - Verbot einer Demonstration

- **Abgabenverwaltung,** da der Staat (Fiskus) seine hoheitlichen Aufgaben schwerpunktmäßig durch Steuereinnahmen finanziert
  → insb. Finanzverwaltung

▶ **Leistungsverwaltung**

Im Unterschied dazu ist das **zentrale Instrument** der Leistungsverwaltung ein **begünstigender Verwaltungsakt,** durch den dem Bürger **Leistungen gewährt** werden. Die Leistungsverwaltung dient somit der **Daseinsvorsorge** der Bürger in sozial- und wirtschaftspolitischer Sicht.

Beispiel

Bereitstellung von

■ Versorgungsleistungen, z.B.öffentlicher Nahverkehr, Wasser, Elektrizität,

■ kulturellen Leistungen, z.B. Theater, Museen, Bibliotheken

■ Sozialleistungen, z.B. BAFöG, Wohngeld, Sozialhilfe

14.2.2.3 Unmittelbare und mittelbare Verwaltung

Der Staat (hier: Bund und Länder) kann seine Verwaltungsaufgaben durch **eigene Verwaltungsbehörden** (= unmittelbare Verwaltung) oder durch **andere, rechtlich weitgehend selbstständige Verwaltungsbehörden** (Körperschaften, Anstalten, Stiftungen) wahrnehmen (= mittelbare Verwaltung).

Je mehr Kompetenzen der mittelbaren Verwaltung zugewiesen sind, desto stärker ist die Staatsverwaltung dezentralisiert.

KOMPETENZVERTEILUNG DER STAATSVERWALTUNG

unmittelbare Verwaltung

mittelbare Verwaltung

stärker zentralisiert

stärker dezentralisiert

Die Verwaltungsaufgaben des **Bundes** und der **Länder** werden durch unmittelbare oder mittelbare Verwaltungsorgane wahrgenommen. Im Unterschied dazu sind die **Gemeinden** als Körperschaften des öffentlichen Rechts Teil der mittelbaren Verwaltung und nehmen gleichzeitig Aufgaben einer unteren Verwaltungsbehörde der Länder wahr.

14.2.3 Träger der öffentlichen Verwaltung

Dieser Zusammenhang verdeutlicht, dass es keine einheitliche Verwaltungsstruktur einer zentralen Organisation gibt. Vielmehr sind die staatlichen Aufgaben dem **Bund** und den (Bundes-)**Ländern** zugewiesen. Die föderale Organisation stützt den Gedanken der dezentralen Verwaltungsstruktur.

Durch den Grundsatz der Demokratie ist **Bürgernähe** Ziel der öffentlichen Verwaltung. Diese kann aber nur gewährleistet werden, wenn die Verantwortlichkeiten so verteilt sind, dass der Bürger auch in der Lage ist, die Verwaltungsdienstleistungen abzurufen. Daher sind viele Aufgaben grundrechtlich dem Selbstverwaltungsrecht der **Kommunen** (Städte/Gemeinden/Kreise) zugewiesen.

Daneben übernehmen **Körperschaften, Anstalten und Stiftungen** weitere Aufgaben.

14.2.3.1 Aufbau der Bundesverwaltung

VERWALTUNG DES BUNDES

Unmittelbare Bundesverwaltung		Mittelbare Bundesverwaltung		
mehrstufig **für** ■ den auswärtigen Dienst ■ die Bundesfinanzverwaltung ■ die Bundeswehrverwaltung ■ die Bundespolizei ■ die Verwaltung der Bundeswasserstraßen ■ die Schifffahrtsverwaltung	**zweistufig**	**Körperschaften** öffentlichen Rechts	**Anstalten** öffentlichen Rechts	**Stiftungen** öffentlichen Rechts
	Oberste Bundesbehörde sind die jeweiligen Bundesministerien, z.B. ■ für Wirtschaft und Technologie ■ für Arbeit und Soziales ■ für Verkehr, Bau und Stadtentwicklung ■ ...	Deutsche Rentenversicherung Bund ...	Bundesagentur für Arbeit ...	Stiftung Preußischer Kulturbesitz ...

Oberste Bundesbehörde

■ Bundespräsident/ Bundespräsidialamt
■ Bundeskanzler/ Bundeskanzleramt
■ Präsidium des Bundestages
■ Ministerien des Bundes
■ Bundesrechnungshof
■ ...

Bundesoberbehörden

■ Bundesgesundheitsamt
■ Bundeskartellamt
■ Passkontrolldirektion
■ Kraftfahrt-Bundesamt
■ ...

Mittlere Bundesbehörde

■ Bundesbankdirektion
■ Wehrbereichsverwaltung
■ Passkontrolldirektion
■ Wasser- und Schifffahrtsdirektion
■ ...

Untere Bundesbehörde

■ Hauptzollamt
■ Passkontrollamt
■ ...

14.2.3.2 Aufbau der Länderverwaltung

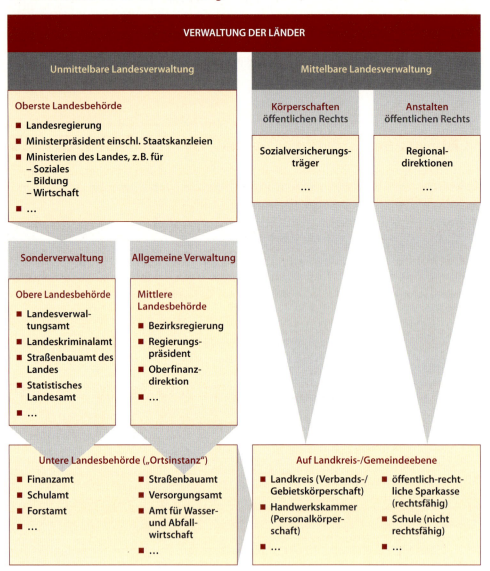

14.2.3.3 Aufbau der Verwaltung auf Gemeindeebene

Die Organisation und der Aufbau der Verwaltung in den Gemeinden und Kreisen (z. B. Stadtverwaltung, Kreisverwaltung) ist von den jeweiligen örtlichen Besonderheiten abhängig.

14.3 Grundsätze des Verwaltungsrechts (Bedeutung für das Verwaltungshandeln)

Verwaltungshandeln geht vom Staat und nicht vom Bürger aus. Damit das Verwaltungshandeln verlässlich ist, müssen sich alle Handlungen an gemeinsamen Grundsätzen ausrichten.

14.3.1 Grundsatz der Gesetzmäßigkeit

> ➤ **Oberster Grundsatz**

Bei den gemeinsamen Grundsätzen des Verwaltungshandelns dreht es sich um die Orientierung an der Verfassung und an den Gesetzen. Durch Art. 1 III, 20 III GG wird alles Verwaltungshandeln an das Recht/Gesetz gebunden.

> ➤ **Vorrang des Gesetzes = Kein Handeln gegen das Gesetz**

Aus der starken Rechtsbindung ergibt sich, dass Verwaltungshandeln immer gesetzeskonform sein muss – es darf kein Widerspruch zwischen Gesetz und Verwaltungshandeln bestehen. Dies gilt auch für Verwaltungsvorschriften, die (nur) verwaltungsintern gelten.

Beispiel
Berta Brösel beantragt Wohngeld. Der Antrag wird abgelehnt, weil Brösel aufgrund ihres hohen Nettoeinkommens nicht die Voraussetzungen einer Wohngeldempfängerin erfüllt. Damit ist das Verwaltungshandeln rechtmäßig.

> ➤ **Vorbehalt des Gesetzes = Kein Handeln ohne das Gesetz**

Daneben gilt für alle belastenden Maßnahmen (= Eingriffe in die Rechte der Bürger = Eingriffsverwaltung) durch die Verwaltung, dass die Verwaltung ausdrücklich durch ein Gesetz zu dieser Maßnahme ermächtigt sein muss.

Beispiel
Im Fall der Grundstücksenteignung der Stadt Klecksdorf ./. Bruno Bräsig ist also zunächst zu prüfen, ob es für die Enteignung überhaupt eine Gesetzesgrundlage gibt, da dies einen Eingriff in das grundrechtlich zugesicherte Eigentumsrecht (Art. 14 I GG) darstellt. Gleichzeitig wird in Art. 14 GG aber auch darauf hingewiesen, dass der Gebrauch des Eigentums dem Wohle der Allgemeinheit dienen soll (Art. 14 II GG) und dass eine Enteignung zum Wohle der Allgemeinheit möglich ist (Art. 14 III GG), sofern es ein Gesetz dazu gibt, das ebenfalls die Entschädigungsseite berücksichtigt. Hierbei handelt es sich um die §§ 85 ff. BauGB.

Der Vorbehalt des Gesetzes für Sozialleistungen ergibt sich aus § 31 SGB I.

14.3.2 Grundsatz des pflichtgemäßen Ermessens

Der Bearbeiter von verwaltungsrechtlichen Fällen muss alle der Falllösung zugrunde liegenden Normen berücksichtigen. Hierbei ist zwischen solchen Fällen zu unterscheiden, bei denen

- eine bestimmte Rechtsfolge an den dargestellten Sachverhalt geknüpft ist (= gebundene Entscheidung) oder
- dem Bearbeiter durch die Rechtsvorschrift der Verwaltung ein gewisser Entscheidungsspielraum gegeben wird (= Ermessensentscheidung).

▶ Gebundene Entscheidung

Sachverhalte, die einer grundsätzlichen Regelung bedürfen, werden in Gesetzen generalisiert (s. 2.5). Jeder Sachverhalt wird durch einen sog. Tatbestand zusammengefasst, an den regelmäßig eine Rechtsfolge geknüpft wird (s. 1.3.1.3). Damit enthält ein Gesetz abstrakt-generelle Anordnungen, die das Verhalten aller am Rechtsverkehr Beteiligten (Rechtssubjekte = natürliche und juristische Personen, s. 4.2) regeln sollen.

Beispiel

Nach § 2 I SGB XII erhält derjenige Sozialhilfe, der sich nicht durch Einsatz seiner Arbeitskraft, seines Einkommens und seines Vermögens selbst helfen kann oder wer die erforderliche Leistung nicht von anderen, insbesondere von Angehörigen oder von Trägern anderer Sozialleistungen, erhält. Erfüllt ein Antragsteller also diese Voraussetzungen, muss ihm nach Prüfung der notwendigen (die Voraussetzungen belegenden) Unterlagen Sozialhilfe gewährt werden.

- **Tatbestand:**
  - Fehlen der eigenständigen Leistungsfähigkeit bzw.
  - Unmöglichkeit, die erforderliche Leistung von anderen zu erhalten
- **Rechtsfolge:** Gewährung der Sozialhilfe

▶ Ermessensentscheidung

Grundlage der Ermessensentscheidung ist die gesetzliche Ermächtigung. Das Ermessen ist entsprechend dem Zweck der Ermächtigung auszuüben und die gesetzlichen Grenzen des Ermessens sind einzuhalten (§ 40 VwVfG). Die Ermessensentscheidung der Verwaltungsbehörde kann durch das Verwaltungsgericht überprüft werden (§ 114 VwGO). So soll sichergestellt werden, dass der Verwaltungsakt bzw. die Ablehnung/Unterlassung des Verwaltungsaktes nicht rechtswidrig ist oder die Grenzen des freien Ermessens nicht zum Nachteil des Bürgers überschritten wurden (§ 114 I VwGO).

Beispiel

Kann eine Behörde aufgrund der vorliegenden Gebührenordnung eine Gebühr im Rahmen von 10,00 EUR – 25,00 EUR verlangen, liegt der genaue Betrag im Ermessen des Sachbearbeiters. Werden dem Bürger aber 40,00 EUR berechnet, übersteigt dieser Betrag den Ermessensspielraum erheblich.

14.3.3 Grundsatz der Verhältnismäßigkeit

Greift der Staat in die allgemeinen Freiheitsrechte des Bürgers ein, so darf dies nur geschehen, wenn der Eingriff im öffentlichen Interesse unbedingt notwendig ist. Die durchzuführende Maßnahme muss:

- **geeignet** sein → Trägt die Maßnahme zur Zielerreichung tatsächlich/objektiv bei?
- **erforderlich** sein → Gibt es ggf. ein milderes Mittel zur Zielerreichung?
- **angemessen** sein → Steht der Nachteil für den einen in einem vertretbaren Verhältnis zum angestrebten Erfolg/zu den Vorteilen für die anderen?

Beispiel

Die Abluftanlage der Holzmöbel KG entspricht nicht den aktuellen Anforderungen des Immissionsschutzes. Ein Abriss der Anlage wäre eine unverhältnismäßige Auflage, wenn die Verringerung des Schadstoffausstoßes auch durch den Einbau einer entsprechenden Filteranlage erreicht werden könnte.

14.3.4 Gleichheitsgrundsatz

Der Gleichheitsgrundsatz wird verfassungsrechtlich durch **Art. 3 GG** festgeschrieben und erhält durch die Aufnahme in das Grundgesetz besondere Bedeutung. Danach darf niemand bevorzugt oder benachteiligt werden aufgrund seines Geschlechts, einer Behinderung, seiner Rasse oder Sprache, Heimat oder Herkunft, seines Glaubens oder seiner religiösen oder politischen Anschauungen. Natürlich darf andererseits z.B. die religiöse oder politische Anschauung nicht der deutschen Verfassung entgegenstehen.

Die verwaltungsrechtlichen Entscheidungen haben diesen Gleichheitsgrundsatz zu berücksichtigen.

14.4 Der Verwaltungsakt als Form des Verwaltungshandelns

14.4.1 Begriff – inhaltliche Merkmale

Der Verwaltungsakt (§ 35 VwVfG) ist
- jede Verfügung, Entscheidung oder andere hoheitliche Maßnahme,
- die eine Behörde
- zur Regelung eines Einzelfalls
- auf dem Gebiet des öffentlichen Rechts
- mit unmittelbarer Rechtswirkung nach außen trifft.

Beispiel

- Baustoppverfügung wegen Nichteinhaltung der Bauvorschriften
- Erteilung einer TÜV-Plakette für eine Produktionsmaschine
- Hundesteuerbescheid

14.4.2 Arten

Verwaltungsakte (VA) werden nach ihrem Inhalt und den sich daraus ergebenden Konsequenzen unterschieden:

➤ nach dem Grad der Rechtsgebundenheit:

- **Gebundener VA:** VA muss aufgrund des vorliegenden Tatbestands erlassen werden, z.B. Erteilung einer Baugenehmigung nach Erfüllung aller Vorschriften.
- **Ermessens-VA:** Aufgrund und im Rahmen der Gesetzgebung steht der Behörde ein Entscheidungsspielraum zur Verfügung, z.B. Auflösung einer nicht genehmigten Versammlung.

Gebühren für Restmülltonne

Eine Verkaufsfiliale für Backwaren muss die Abfallbeseitigungsgebühr an den Landkreis zahlen, in dem die Filiale liegt. Die Mitnahme der Abfälle in den Landkreis der Bäckereizentrale zur Entsorgung durch ein privates Unternehmen entbindet nicht von der Gebührenpflicht, insbesondere da seitens der Gemeinde Restabfallsäcke und die Restmülltonne zur Verfügung gestellt werden.

Es wird eine Mindestgebühr erhoben, die sich am Abfallvolumen eines Kleinsthaushaltes, an der Bereitstellung der Restmülltonne und am regelmäßigen Anfahren des Grundstücks durch ein Fahrzeug der Müllabfuhr orientiert.

Aktenzeichen: 10 C 4.04 (BVerwG-Urteil vom 01.12.2005)

➤ nach der Art der Rechtsgestaltung:

- **Befehlender VA:** VA verpflichtet zu einem bestimmten Tun/Dulden/Unterlassen, z.B. Einberufung zum Wehrdienst.
- **Gestaltender VA:** VA begründet/verändert/beendet ein Rechtsverhältnis, z.B. Ernennung eines Beamten.
- **Feststellender VA:** VA stellt einen rechtlichen Sachverhalt positiv fest, z.B. Vergabe eines Stipendiums.

Keine Erlaubnis für Fun-Games ohne Bauartzulassung

Das BVerwG sieht sog. Fun-Games (Spielgeräte, die allerdings nicht mit Geld, sondern mit Spielmünzen [Token] oder aufladbaren Speicherchips bespielt werden) unter gewerberechtlichen Gesichtspunkten als Gewinnspiele an. Da es hierzu keine Bauartzulassung gibt, dürfen diese Geräte nicht in Spielhallen oder ähnlichen gestalteten Unternehmen aufgestellt und betrieben werden.

Nach Ablauf der Spielzeit von einer Stunde erhält der Spieler als Gewinn Geld oder Gutscheine. Damit wird er zum Weiterspielen angeregt, obwohl er zunächst die Möglichkeit erhalten sollte, sein Spielverhalten und seine finanzielle Situation zu reflektieren.

Aktenzeichen: 6 C 8.05 + 9.05 (BVerwG-Urteile vom 23.11.2005)

➤ nach der Rechtswirkung:

- **Begünstigender VA:** VA begründet oder bestätigt Rechte/rechtlich erhebliche Vorteile, z.B. Erteilung einer Baugenehmigung.
- **Belastender VA:** VA greift in das Recht des Betroffenen ein, erlegt ihm Pflichten auf oder begründet Verbindlichkeiten, z.B. Ablehnung eines Bauantrags.

- **VA mit Doppelwirkung:**
  - VA mit gleichzeitig begünstigender und belastender Wirkung, z. B. Wohngeldbescheid über einen geringeren Betrag als den beantragten.
  - VA mit gleichzeitig begünstigender Wirkung für den einen und belastender Wirkung für den anderen Bürger, z. B. Erteilung einer Baugenehmigung, wenn sich für den Nachbarn Nachteile ergeben.

Baubeginn für Flugzeug-Wartungshalle

Der Baubeginn einer Flugzeug-Wartungshalle wird nicht verschoben, weil der Planfeststellungsbeschluss des zuständigen Ministeriums die notwendigen Umweltgesichtspunkte (auch nach Rechtsprechung des EuGH) bereits berücksichtigt hatte.

Aktenzeichen: 4 B 49.05 (BVerwG-Beschluss vom 07.09.2005)

➤ nach der zeitlichen Wirkung:

- **VA mit Einmalwirkung:** VA gilt für einen Rechtsvorgang, z. B. Steuerbescheid.
- **VA mit Dauerwirkung:** VA lässt Dauerrechtsverhältnisse entstehen, z. B. Rentenbescheid.

Kein Verheiratetenzuschlag bei eingetragener Lebenspartnerschaft

Der Verheiratetenzuschlag, wie ihn Beamte bzw. Beamtinnen auf Grund ihrer Ehe erhalten, steht Beamtinnen und Beamten, die in einer eingetragenen Lebenspartnerschaft leben, nicht zu (Ausnahme: Einkommen des eingetragenen Lebenspartners weniger als 600,00 EUR). Dies widerspricht nicht dem verfassungsrechtlichen Gleichheitssatz, weil die Ehe besonderen verfassungsrechtlichen Schutz genießt und die eingetragene Lebenspartnerschaft zwar ein eigenständiger Familienstand, aber keine Ehe ist.

Aktenzeichen: 2 C 43.04 (BVerwG-Urteil vom 26.01.2006)

➤ nach Zahl der Adressaten:

- **VA als Einzelverfügung:** VA richtet sich an bestimmte Person(en), z. B. Baugenehmigung.
- **VA als Allgemeinverfügung:** VA gilt für einen Personenkreis, der sich nach allgemeinen Merkmalen bestimmen lässt, z. B. Verkehrszeichen.

Ungläubiger Theologieprofessor muss alternatives Lehrfach unterrichten

Ein Professor an einer staatlichen Universität hatte das Fach „Neues Testament" zu lehren. 16 Jahre nach seiner Berufung sagte er sich vom christlichen Glauben los und bezeichnete sich seither als „nicht mehr Glaubender". Daraufhin wurde er seitens der theologischen Fakultät von der Theologenausbildung ausgeschlossen. Lediglich das Nicht-Prüfungsfach „Geschichte und Literatur des frühen Christentums" durfte er noch lehren.

Das BVerwG hat entschieden, dass dadurch seine Wissenschaftsfreiheit nicht berührt wird, weil er sich auch weiterhin, allerdings anderweitig, am Lehr- und Prüfungsbetrieb der Hochschule beteiligen kann. Der Fakultät als konfessionsgebundenen Einrichtung ist es jedoch ihrerseits nicht zumutbar, einen Lehrenden zu akzeptieren, der den kirchlichen Eignungsanforderungen nicht genügt.

Aktenzeichen: 2 C 31.04 (BVerwG-Urteil vom 03.11.2005)

nach der Mitwirkung der Adressaten:

◀ **Mitwirkungsbedürftige VA:** Die Behörde erlässt den VA mit Mitwirkung des Bürgers, z.B. Sozialhilfebescheid nach Antragstellung.

■ **Nichtmitwirkungsbedürftige VA:** Die Behörde erlässt den VA ohne Mitwirkung des Bürgers, z.B. Enteignung.

Eltern haften für Abschiebekosten ihrer Kinder

Verlassen illegal eingereiste Personen nach Abschiebehaft die Bundesrepublik Deutschland, haften die Eltern sowohl für die eigenen als auch für die entstandenen Haft- und sonstigen Abschiebekosten ihrer Kinder.

Aktenzeichen: 1 C 15.04 (BVerwG-Urteil vom 14.06.2005)

14.4.3   Form

▶ Grundsatz

Eine besondere Form ist für den Verwaltungsakt nicht vorgeschrieben. Er kann gem. § 37 II VwVfG

■ schriftlich,

■ mündlich,

■ elektronisch oder

■ in anderer Form erlassen werden.

Der in mündlicher Form erteilte Verwaltungsakt ist auf Verlangen allerdings schriftlich bzw. elektronisch zu bestätigen (§ 37 II 2 VwVfG).

▶ Ausnahmen

Die Ausnahmen ergeben sich aus den jeweiligen Spezialvorschriften.

Beispiel

■ Ernennung eines Beamten durch Urkunde

■ Erteilung/Aushändigung der Fahrerlaubnis (Führerschein)

■ Einbürgerung eines Immigranten durch Urkunde

Wird die Formvorschrift nicht berücksichtigt, ist der Verwaltungsakt i.d.R. nichtig (§ 44 VwVfG).

▶ Begründung

Zum besseren Verständnis des Verwaltungsaktes für den betroffenen Bürger ist eine Begründung beizufügen. In der Begründung sind alle wesentlichen tatsächlichen und rechtlichen Gründe mitzuteilen, die die Behörde zu der Entscheidung bewogen haben (§ 39 I 2 VwVfG). Dies gilt insbesondere für Ermessensentscheidungen (§ 39 I 3 VwVfG).

14.4.4 Bekanntgabe

Die Bekanntgabe des Verwaltungsaktes ist der Zugang des Verwaltungsaktes beim Adressaten bzw. seinem Bevollmächtigten (§ 41 I VwVfG). Der Verwaltungsakt wird wirksam, wenn er bekannt gegeben ist (§§ 41 VwVfG, 37 SGB X – die Paragrafen sind sachlich/inhaltlich deckungsgleich).

Ein Verwaltungsakt wird durch die Behörde bekannt gegeben:
- schriftlich, z.B. Zustellung durch die Post
- mündlich, z.B. Mitteilung der Entscheidung nach Vorsprache in der Behörde
- konkludent, z.B. Aufstellen eines Verkehrsschildes
- öffentliche Bekanntgabe, z.B. ortsübliche Bekanntmachung im Amtsblatt.

14.4.5 Wirksamkeit/Vollziehbarkeit/Bestandskraft/Rechtmäßigkeit

14.4.5.1 Wirksamkeit

Der Verwaltungsakt wird **wirksam** (§ 43 I VwVfG)
- zu dem Zeitpunkt, wenn er
- gegenüber demjenigen,   – für den er bestimmt ist oder
  – der von ihm betroffen ist,
- bekannt gegeben wird (= **äußere Wirksamkeit** gem. § 43 I 1 VwVfG).

Davon ist die **innere Wirksamkeit** zu unterscheiden (§ 43 I 2 VwVfG). Hierbei handelt es sich um den Zeitpunkt, ab dem die Rechtsfolge greifen soll.

Beispiel

Am 15.02.20xx wird Herrn Bräsig per Verwaltungsakt die Sonderparkerlaubnis für seine 3 Taxen vor seinem Haus für die Zeit der Frühjahrskirmes vom 20.03.20xx – 25.03.20xx entzogen. Das Schreiben wurde noch am selben Tag bei der Post aufgegeben.

Die **äußere Wirksamkeit** tritt am 18.02.20xx ein, da der VA gem. § 41 II VwVfG drei Tage nach Aufgabe zur Post als bekannt gegeben gilt.

Die **innere Wirksamkeit** tritt am 20.03.20xx ein, da ab diesem Tage die Rechtsfolge (Entzug der Sonderparkerlaubnis) eintreten soll.

Sonderfall Genehmigungsfiktion: Wird eine Genehmigung beantragt und sind alle notwendigen Unterlagen eingegangen, so gilt diese unter bestimmten Voraussetzungen nach Fristablauf (z. B. 3 Monate) als erteilt (§ 42a VwVfG).

14.4.5.2 Vollziehbarkeit

Mit Eintritt der inneren Wirksamkeit ist der VA vollziehbar. Er steht damit einem (vollstreckbaren) Titel gleich. Die Verwaltung kann die Rechtsfolge also auch mit Zwangsmitteln durchsetzen.

.3 Bestandskraft

Unter Bestandskraft wird die Unanfechtbarkeit eines VA verstanden, d.h., dass der VA mit Rechtsbehelfen/-mitteln nicht mehr angefochten werden kann, wenn die Anfechtungsfrist abgelaufen ist.

14.4.5.4 Rechtmäßigkeit

Ein rechtmäßiger Verwaltungsakt ist immer rechtskonform.

PRÜFSCHEMA: LIEGT EIN RECHTMÄßIGER VERWALTUNGSAKT VOR?

I. An welcher Rechtsnorm kann der VA überprüft werden? → **Wurde Vorbehalt/Vorrang berücksichtigt?**

II. Formelle Rechtmäßigkeit: → **War die Behörde zuständig?**
→ **Ist das richtige Verfahren für den Erlass gewählt worden?** → **Wurde die korrekte Form gewählt?**

III. Materielle Rechtmäßigkeit: → **Weist der VA keine inhaltlichen Mängel auf?**

14.4.5.5 Fehlerhafte Verwaltungsakte und deren Rechtsfolgen

Verwaltungsakte werden dann als fehlerhaft bezeichnet, wenn der Fehler rechtserheblich und auch nicht heilbar ist.

Verwaltungsakte können durch folgende Fehler gekennzeichnet sein:

1. **Fehlerhafter VA → rechtmäßig/wirksam, sofern Fehler rechtlich unbeachtlich:**
   - Schreibfehler
   - Rechenfehler
   - formeller Fehler
   - inhaltlicher/materieller Fehler
2. **Rechtswidriger VA → rechtswidrig/unwirksam:**
   - formeller Fehler
   - inhaltlicher/materieller Fehler

Ein unwirksamer VA ist **nichtig** und wirkt somit, als wäre er gar nicht erlassen worden.

14.5 Verwaltungsprozessrecht

14.5.1 Rechtsschutz des Bürgers

▶ Grundsatz

Grundsätzlich wird von einer korrekten Bearbeitung und somit von einem rechtmäßigen und somit wiederum von einem wirksamen VA ausgegangen. Dennoch steht dem Bürger eine Reihe von Möglichkeiten zur Verfügung, den VA zu überprüfen. Der **Verwaltungsrechtsweg** steht dem Bürger in allen öffentlich-rechtlichen Streitigkeiten offen (§ 79 VwVfG i.V.m. § 40 VwGO). Beachte: Sonderzuweisung von Sozialhilfeprozessen an die Sozialgerichte gem. § 51 SGG.

▶ Rechtsbehelfe (Arten)

Abhängig vom anzufechtenden Sachverhalt kann der Bürger folgende Rechtsbehelfe geltend machen:

1. **Formlose Rechtsbehelfe:**
   - **Gegenvorstellung:** Der Adressat des VA wendet sich an die **erlassende Behörde,** damit diese den VA nochmals auf Recht- und Zweckmäßigkeit überprüft.
   - **Fachaufsichtsbeschwerde:** Der Adressat des VA wendet sich an die **übergeordnete Behörde,** damit diese den VA überprüft und der untergeordneten (erlassenden) Behörde Weisung erteilt, den VA zu ändern.
   - **Dienstaufsichtsbeschwerde:** Der Bürger wendet sich an den Dienstvorgesetzten des VA-Bearbeiters nicht wegen des Inhaltes der Verwaltungsentscheidung, sondern wegen des persönlichen Verhaltens des Verwaltungsmitarbeiters.

2. **Förmliche Rechtsbehelfe:**
   - **Widerspruch:** Durch den außergerichtlichen Rechtsbehelf wird der VA einer förmlichen verwaltungsinternen Kontrolle ausgesetzt, insbes. durch die Widerspruchsbehörde.
   - **Klage:** Der VA wird außerhalb der Verwaltung durch das unabhängige Verwaltungsgericht überprüft, und zwar durch die
     - Anfechtungsklage (§ 42 I VwGO),
     - Verpflichtungsklage (§ 42 I VwGO),
     - Feststellungsklage (§ 43 I VwGO),
     - Gestaltungs-/Leistungsklage (§ 43 II VwGO).

14.5.2 Ablauf des Verfahrens

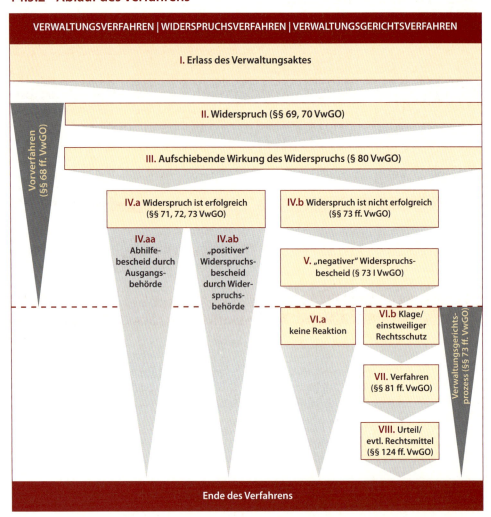

VERWALTUNGSVERFAHREN | WIDERSPRUCHSVERFAHREN | VERWALTUNGSGERICHTSVERFAHREN

I. Erlass des Verwaltungsaktes

Vorverfahren (§§ 68 ff. VwGO)

II. Widerspruch (§§ 69, 70 VwGO)

III. Aufschiebende Wirkung des Widerspruchs (§ 80 VwGO)

IV.a Widerspruch ist erfolgreich (§§ 71, 72, 73 VwGO)

IV.b Widerspruch ist nicht erfolgreich (§§ 73 ff. VwGO)

IV.aa Abhilfebescheid durch Ausgangsbehörde

IV.ab „positiver" Widerspruchsbescheid durch Widerspruchsbehörde

V. „negativer" Widerspruchsbescheid (§ 73 I VwGO)

VI.a keine Reaktion

VI.b Klage/einstweiliger Rechtsschutz

VII. Verfahren (§§ 81 ff. VwGO)

VIII. Urteil/evtl. Rechtsmittel (§§ 124 ff. VwGO)

Verwaltungsgerichtsprozess (§§ 73 ff. VwGO)

Ende des Verfahrens

14.6 Zusammenfassung

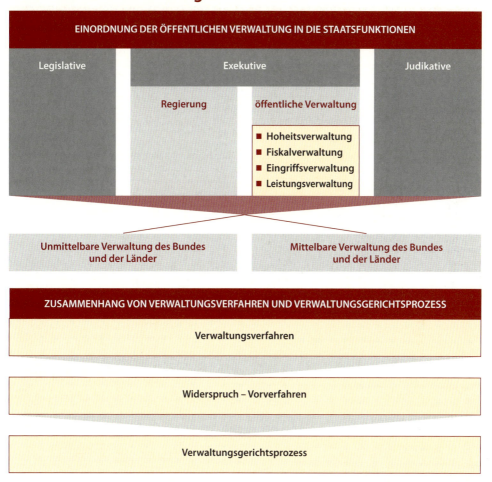

EINORDNUNG DER ÖFFENTLICHEN VERWALTUNG IN DIE STAATSFUNKTIONEN

Legislative	Exekutive	Judikative

Regierung | öffentliche Verwaltung

- Hoheitsverwaltung
- Fiskalverwaltung
- Eingriffsverwaltung
- Leistungsverwaltung

Unmittelbare Verwaltung des Bundes und der Länder

Mittelbare Verwaltung des Bundes und der Länder

ZUSAMMENHANG VON VERWALTUNGSVERFAHREN UND VERWALTUNGSGERICHTSPROZESS

Verwaltungsverfahren

Widerspruch – Vorverfahren

Verwaltungsgerichtsprozess

14.7 Fragen zur Wiederholung und Vertiefung

1. Grenzen Sie Hoheitsverwaltung von Fiskalverwaltung anhand eines Beispiels ab.

2. Die Gemeinde Rölmersdorf plant den Bau einer Entlastungsstraße. Prüfen Sie, ob es sich hierbei um Eingriffs- oder Leistungsverwaltung handelt.

3. Stellen Sie für die nachfolgenden (einfachen) Fälle dar, welche Rechtsfolgen sich aus den Rechtsfehlern ergeben:

   a. Sachbearbeiter Bernhard Brösel hat sich bei der Bearbeitung eines Wohngeldantrages verrechnet, sodass der Antrag negativ beschieden wird.

   b. Bruno Bräsig ist Teeliebhaber und möchte sich durch ein Kleingewerbe ein zweites Standbein schaffen. Sein Antrag auf Ausstellung einer Reisegewerbekarte wird ohne weitere Begründung abgelehnt.

Abkürzungsverzeichnis

A ...

Abt.	Abteilung
a.F.	alte Fassung
AG	Aktiengesellschaft oder Amtsgericht (Kontext beachten!)
AGB	Allgemeine Geschäftsbedingungen
AGG	Allgemeines Gleichbehandlungsgesetz
AktG	Aktiengesetz
a.L.L.	aus Lieferungen und Leistungen
Alt.	Alternative
AO	Abgabenordnung
ArbGG	Arbeitsgerichtsgesetz
ArbPlSchG	Arbeitsplatzschutzgesetz
ArbStättV	Arbeitsstättenverordnung
ArbZG	Arbeitszeitgesetz
ARGE	Arbeitsgemeinschaft
Art.	Artikel
ASiG	Arbeitssicherheitsgesetz
Aufl.	Auflage
AuslInvestmG	Auslandinvestment-Gesetz
AÜG	Arbeitnehmerüberlassungsgesetz

B ...

BAFöG	Bundesausbildungsförderungsgesetz
BauGB	Baugesetzbuch
BBiG	Berufsbildungsgesetz
BBodSchG	Bundesbodenschutzgesetz
BDSG	Bundesdatenschutzgesetz
BEEG	Bundeselterngeld- und -elternzeitgesetz
BetrVG	Betriebsverfassungsgesetz
BeurkG	Beurkundungsgesetz
BImSchG	Bundesimmissionsschutzgesetz
BGB	Bürgerliches Gesetzbuch
BGH	Bundesgerichtshof
BMU	Bundesministerium für Umwelt, Naturschutz und Reaktorsicherheit
BNatSchG	Bundesnaturschutzgesetz
BNotO	Bundesnotarordnung
BörsG	Börsengesetz
BRAO	Bundesrechtsanwaltsordnung
BVerwG	Bundesverwaltungsgericht
B2B	Business to Business
B2C	Business to Consumer

C ...

CD	Compact Disc
c.i.c.	culpa in contrahendo
CIF	cost, insurance, freight

D ...

DIN	Deutsche Industrie-Norm
d.J.	dieses Jahres
DNA	Desoxyribonucleic acid = Träger der genetischen Information
DRiG	Deutsches Richtergesetz
DrittelbG	Drittelbeteiligungsgesetz
dto.	dito
DVD	Digital Vertile Disc

E ...

EFH	Einfamilienhaus
e.G.	eingetragene Genossenschaft
EHUG	Gesetz über elektronische Handels-/Genossenschafts-/Unternehmensregister
e.K.	eingetragener Kaufmann
e.Kfr.	eingetragene Kauffrau
E-Mail	Electronic Mail
EntgFG	Entgeltfortzahlungsgesetz
ErbbauVO	Erbbauverordnung
EStG	Einkommensteuergesetz
EStVO	Einkommensteuerverordnung
EU	Europäische Union
EuGH	Europäischer Gerichtshof
EUR	Euro
EV	Eigentumsvorbehalt
e.V.	eingetragener Verein
EXW	ex works
EZB	Europäische Zentralbank

F ...

f.	folgende (Seite) bzw. folgender (Paragraf)
ff.	fortfolgende
FamFG	Gesetz über das Verfahren in Familiensachen und in den Angelegenheiten der freiwilligen Gerichtsbarkeit (ersetzt zum 01.09.2009 das FGG)
FGG	Gesetz über die Angelegenheiten der freiwilligen Gerichtsbarkeit
FOB	free on board

G ...

GBO	Grundbuchordnung
GbR	Gesellschaft des bürgerlichen Rechts
GebrMG	Gebrauchsmustergesetz
GenG	Genossenschaftsgesetz
GesO	Gesamtvollstreckungsordnung
GewO	Gewerbeordnung
GG	Grundgesetz
GKG	Gerichtskostengesetz
GmbH	Gesellschaft mit beschränkter Haftung
GmbHG	GmbH-Gesetz
GoA	Geschäftsführung ohne Auftrag
GO BT	Geschäftsordnung des Bundestages
GschmMG	Geschmacksmustergesetz
GüSchlG	Gütestellen- und Schlichtungsgesetz
GVG	Gerichtsverfassungsgesetz
GWB	Gesetz gegen Wettbewerbsbeschränkungen

H ...

HAG	Heimarbeitsgesetz
HGB	Handelsgesetzbuch
Hi-Fi	High Fidelity
HR	Handelsregister
HRV	Verordnung über die Einrichtung und Führung des Handelsregisters
Hrsg.	Herausgeber
HS	Halbsatz

I ...

i.A.	im Auftrag
i.d.R.	in der Regel
i.e.S.	im engeren Sinne
IHK	Industrie- und Handelskammer
i.H.v.	in Höhe von
Incoterms	International Commercial Terms
InsO	Insolvenzordnung
i.S.d.	im Sinne des/der
ISO	International Organization for Standardization
i.V.	in Vertretung
i.V.m.	in Verbindung mit
i.w.S.	im weiteren Sinne

J ...

JGG	Jugendgerichtsgesetz

K ...

KAGG	Gesetz über Kapitalanlagegesellschaften
KfH	Kammer für Handelssachen
KG	Kommanditgesellschaft
KGaA	Kommanditgesellschaft auf Aktien
KostO	Kostenordnung
KSchG	Kündigungsschutzgesetz
KV	Kaufvertrag

L ...

LG	Landgericht
LPartG	Lebenspartnerschaftsgesetz
LStDV	Lohnsteuerdurchführungsverordnung
Ltd.	Limited Company
LuftVG	Luftverkehrsgesetz

M ...

MarkenG	Markengesetz
MB	Mahnbescheid
MFH	Mehrfamilienhaus
MitbestG	Mitbestimmungsgesetz
MontanMitbestG	Montanmitbestimmungsgesetz
MuSchG	Mutterschutzgesetz

N ...

NachwG	Nachweisgesetz
Nr.	Nummer
NRW	Nordrhein-Westfalen

O ...

o.g.	oben genannt
OHG	offene Handelsgesellschaft
OLG	Oberlandesgericht
OWiG	Ordnungswidrigkeitengesetz

P ...

PAngV	Preisangabenverordnung
PartGG	Partnerschaftsgesellschaftsgesetz
PatG	Patentgesetz
PC	Personal Computer
PersVG	Personalvertretungsgesetz
PF	Postfach
PIN	Persönliche Identifikationsnummer
pp/ppa	per procura
ProdHaftG	Produkthaftungsgesetz
PStG	Personenstandsgesetz
pVv	positive Vertragsverletzung

R ...

RA	Rechtsanwalt
RBerG	Rechtsberatungsgesetz
RDG	Rechtsdienstleistungsgesetz
RPflG	Rechtspflegergesetz

S ...

s.	siehe
S.	Seite
SchwarzArbG	Gesetz zur Bekämpfung der Schwarzarbeit und illegalen Beschäftigung
SE	Schadensersatz, Societas Europaea (Kontext beachten!)
SGB	Sozialgesetzbuch
SGG	Sozialgerichtsgesetz
SigG	Signaturgesetz
S.L.	Sociedad de Responsabilidad Limitada
SMS	Short Message Service
s.o.	siehe oben
StA	Staatsanwaltschaft
StGB	Strafgesetzbuch
StPO	Strafprozessordnung
StVG	Straßenverkehrsgesetz
StVO	Straßenverkehrsordnung
s.u.	siehe unten
SubvG	Subventionsgesetz

T ...

TÜV	Technischer Überwachungsverein
TV	Television
TVG	Tarifvertragsgesetz
TzBfG	Teilzeit- und Befristungsgesetz

U ...

UG	Unternehmergesellschaft (haftungsbeschränkt)
UnterhVG	Unterhaltsvorschussgesetz
UrhG	Urheberrechtsgesetz
USB	Universal Serial Bus
UWG	Gesetz gegen den unlauteren Wettbewerb

V ...

VA	Verwaltungsakt
VB	Vollstreckungsbescheid
vgl.	vergleiche
VO	Vergleichsordnung
VVaG	Versicherungsverein auf Gegenseitigkeit
VwGO	Verwaltungsgerichtsordnung
VwVfG	Verwaltungsverfahrensgesetz
VwVG	Verwaltungsvollstreckungsgesetz
VwZG	Verwaltungszustellungsgesetz

W ...

WE	Willenserklärung
WpHG	Wertpapierhandelsgesetz

Z ...

ZPO	Zivilprozessordnung
ZVG	Gesetz über die Zwangsversteigerung und -verwaltung
./.	gegen

Glossar

A

Abschlussfreiheit
gestattet jedem → Rechtssubjekt die Freiheit, ob es überhaupt eine vertragliche Bindung und damit Verpflichtungen eingehen möchte und mit wem, also mit welchem Vertragspartner, dies stattfinden soll.
→ Vertrags- und Gestaltungsfreiheit

Abtretung
→ Zession

Aktiengesellschaft (AG)
ist eine → Kapitalgesellschaft, die durch eine notariell beurkundete Satzung (= Gesellschaftsvertrag) von einer oder mehreren Personen gegründet wird. Die Haftung der Aktionäre (Gesellschafter) beschränkt sich auf das von ihnen eingebrachte Kapital (Aktien). Das Grundkapital oder gezeichnete Kapital beträgt mindestens 50.000,00 EUR und ist in Aktien zerlegt, von denen jede über einen Mindestnennwert von 1,00 EUR lauten muss. Die Geschäftsführung obliegt dem Vorstand, der vom Aufsichtsrat ernannt und kontrolliert wird. Die Mitglieder des Aufsichtsrates werden ihrerseits von der Hauptversammlung (= regelmäßige Versammlung der Anteilseigner/Aktionäre) bestellt. Rechtsquelle: AktG

Allgemeine Geschäftsbedingungen (AGB)
sind für eine Vielzahl von → Verträgen vorformulierte Vertragsbedingungen, die eine Vertragspartei der anderen bei Abschluss eines Vertrages stellt. Sie sollen die rechtliche Ausgestaltung im wirtschaftlichen Massenverkehr erleichtern und ökonomisch gestalten. Sie ergänzen bestehende gesetzliche Bestimmungen und regeln allgemeine Rechte und Pflichten der Vertragsparteien.

Anfechtbarkeit
bedeutet, dass das → Rechtsgeschäft zunächst einmal gültig ist, jedoch eine Vertragspartei dazu berechtigt ist zu entscheiden, ob das Rechtsgeschäft Gültigkeit haben soll und die entstandenen Verpflichtungen in genau der Form erfüllt werden sollen oder ob sie anfechten möchte. Durch die Anfechtung wird die → Willenserklärung rückwirkend als von Beginn an nichtig angesehen.

Anspruch
ist das Recht des Gläubigers, vom Schuldner eine Leistung (Tun oder Unterlassen) zu fordern.

Anstalten
sind öffentlich-rechtliche Verwaltungseinrichtungen, die einem bestimmten Verwendungszweck dienen. → juristische Personen

Anwaltszwang
Der Bürger muss sich vor Gericht durch einen → Rechtsanwalt vertreten lassen.

Arbeitsgerichtsbarkeit
entscheidet über Streitigkeiten, die zwischen Tarifvertragsparteien und aus Arbeitsverhältnissen geführt werden.

Arbeitsverhältnis
ist die Gesamtheit aller Rechtsbeziehungen, die zwischen dem Arbeitgeber und dem Arbeitnehmer durch den Arbeitsvertrag begründet werden.

Arglistige Täuschung
entsteht dadurch, dass der Vertragspartner über eine wesentliche Eigenschaft der Sache oder der Person getäuscht wird, die Gegenstand des → Rechtsgeschäftes ist. Hätte der Vertragspartner den wahren Sachverhalt gekannt, so hätte er den → Vertrag nicht abgeschlossen (Vorspiegelung falscher Tatsachen oder Verschweigen relevanter Gesichtspunkte).

Aufhebungsvertrag
zur Beendigung eines Arbeitsverhältnisses bedarf es der Schriftform. Der Arbeitnehmer stimmt der Aufhebung gegen Zahlung einer Abfindung zu und verzichtet auf die Erhebung einer Kündigungsschutzklage.

Auflassung
ist die Einigung der Vertragsparteien bei einem Grundstückskaufvertrag darüber, dass das Eigentum am Grundstück vom Veräußerer auf den Erwerber übergehen soll. Diese Einigung wird vor einem → Notar durch die notarielle Beurkundung erklärt.

Auflassungsvormerkung
ist die Möglichkeit des Erwerbers, auch die → Auflassung im → Grundbuch eintragen zu lassen.

Auftrag
Der Beauftragte verpflichtet sich zur unentgeltlichen Besorgung des ihm vom Auftraggeber übertragenen Geschäfts.

Ausgleichsfunktion
verpflichtet bei einem Verstoß gegen eine bestehende → Rechtsnorm den Schädiger, dem Geschädigten den zugefügten Schaden zu ersetzen. → Ordnungsfunktion, → Sicherheitsfunktion

Aussperrung

ist die Möglichkeit des Arbeitgebers, im Rahmen des → Streiks allen Arbeitnehmern den Zugang zum Arbeitsplatz und somit auch die Entgeltzahlung zu verweigern.

B

Berufung

ist das Rechtsmittel, um ein → Urteil anzufechten.

Beschluss

ist eine gerichtliche Entscheidung, der im Unterschied zum → Urteil i.d.R. keine mündliche Verhandlung vorangeht und der häufig eine geringere Bedeutung zukommt als dem → Urteil. Ein Beschluss kann durch die → Beschwerde angefochten werden.

Beschwerde

ist das Rechtsmittel, um gegen einen → Beschluss vorzugehen.

Besitz

ist die tatsächliche Gewalt oder Herrschaft, die eine Person über eine → Sache ausüben kann. → Eigentum

Besondere Gerichtsbarkeit

ist zuständig für alle Rechtsstreitigkeiten, die nicht der → ordentlichen Gerichtsbarkeit zugewiesen sind:

- ■ → Finanzgerichtsbarkeit
- ■ → Verwaltungsgerichtsbarkeit
- ■ → Sozialgerichtsbarkeit
- ■ → Arbeitsgerichtsbarkeit
- ■ → Patentgerichtsbarkeit
- ■ → Disziplinargerichtsbarkeit

Betriebsrat

ist das Mitbestimmungs- und Mitwirkungsorgan der Arbeitnehmer im Unternehmen, das von der Belegschaft gewählt wurde.

Beweislastumkehr

Werden Mängel innerhalb von 6 Monaten gerügt, unterstellt der Gesetzgeber, dass der Mangel bereits bei Übergabe vorgelegen hat. Danach muss der Käufer nachweisen, dass er den Mangel an der Sache nicht verursacht hat.

Bundesrecht

→ nationales Recht

Bundesgerichtshof

in Karlsruhe ist die oberste Instanz der → ordentlichen Gerichtsbarkeit.

Bundesverfassungsgericht

in Karlsruhe stellt die oberste Instanz der Verfassungsgerichtsbarkeit dar. Die Verfassungsgerichtsbarkeit entscheidet völlig selbstständig und unabhängig – zur Kontrolle der Staatsgewalt und zur Fortentwicklung bzw. Konkretisierung des Verfassungsrechts.

Bürgschaft

ist ein Kreditsicherungsinstrument, bei dem der Kreditnehmer gegenüber dem Kreditgeber eine weitere Person (Bürge) benennt, die für die Erfüllung der Verbindlichkeit des Kreditnehmers im Zweifel einstehen muss.

C

culpa in contrahendo

liegt vor, wenn eine der Vertragsparteien bereits vor bzw. beim Vertragsschluss die ihr obliegenden Schutzpflichten verletzt.

D

Darlehensvertrag

Der Darlehensgeber stellt dem Darlehensnehmer den vereinbarten Geldbetrag zur Verfügung, für den der Darlehensnehmer die vereinbarten Zinsen für die jeweilige Periode der Inanspruchnahme zahlt. Bei Fälligkeit wird das gesamte Darlehen oder die jeweilige Rate an den Darlehensgeber zurückbezahlt.

deklaratorisch

= rechts**be**zeugend → konstitutiv

Delikt

→ unerlaubte Handlung

Deliktsfähigkeit

ist die Fähigkeit einer Person, für → unerlaubte Handlungen i.S.d. BGB verantwortlich gemacht werden zu können und als Ausgleich → Schadensersatz zu leisten.

Dienstvertrag

Der Dienstberechtigte verpflichtet den Dienstverpflichteten zur Erbringung einer selbstständigen oder unselbstständigen Leistung, für die der Dienstverpflichtete vom Dienstberechtigten eine Vergütung nach Erbringung der Leistung erhält.

Dispositives Recht

oder nachgiebiges Recht erlaubt, dass geltende allgemeine Rechtsvorschriften durch die Beteiligten abgeändert oder ausgeschlossen werden. Allerdings nur insofern, als keiner der Beteiligten dadurch benachteiligt wird. → zwingendes Recht

Disziplinargerichtsbarkeit

entscheidet über Dienstpflichtverletzungen von Beamten, Richtern und Soldaten. (Disziplinargerichte = Kammern/Senate bei den Verwaltungsgerichten)

E

Ehe

ist die auf Lebenszeit geschlossene geistige und körperliche Lebensgemeinschaft von einem Mann und einer Frau (= Monogamie). Diese Lebensgemeinschaft genießt volle rechtliche Anerkennung und verfassungsrechtlichen Schutz.

Ehefähigkeit

ist die Fähigkeit einer Person, die Ehe eingehen zu können.

Ehevertrag

muss bei gleichzeitiger Anwesenheit beider Ehegatten zur Niederschrift vor einem → Notar geschlossen werden. Dies kann vor oder nach der Eheschließung stattfinden und begründet den Güterstand der Gütergemeinschaft oder der Gütertrennung. Eine Wirkung gegenüber Dritten entfaltet der Ehevertrag nur, wenn er in das → Güterrechtsregister eingetragen wurde.

Ehrenamtliche Richter

In einer Demokratie soll das Volk an der Rechtsprechung beteiligt werden. Daher gibt es neben den Berufsrichtern auch ehrenamtliche Richter (Laienrichter; in der Strafgerichtsbarkeit Schöffen). Dies gilt für die → Arbeitsgerichtsbarkeit, die Kammer für Handelssachen oder die → Verwaltungsgerichtsbarkeit. Die Laienrichter sind Privatpersonen, die an richterlichen Entscheidungen beteiligt werden.

Eidesfähigkeit

ist die Fähigkeit einer Person, eine Aussage vor Gericht durch Beeidigung bekräftigen zu können.

Eigentum

ist die rechtliche Macht über eine → Sache. → Besitz

Eigentumsvorbehalt

dient als Kreditsicherungsmittel des Verkäufers, indem das → Eigentum an der Ware erst auf den Käufer übergeht, wenn dieser den Kaufpreis gezahlt hat.

Eingetragene Lebenspartnerschaft

wird begründet, indem zwei Personen gleichen Geschlechts sich gegenseitig bei gleichzeitiger Anwesenheit vor der zuständigen Behörde erklären, miteinander die Lebenspartnerschaft auf Lebenszeit führen zu wollen.

Einzelunternehmen

ist ein Unternehmen, das nur von einer Person verantwortlich betrieben wird. Diese Person führt die Geschäfte und haftet auch mit ihrem gesamten Vermögen für Verbindlichkeiten aus dem Geschäftsverkehr. Wird das Unternehmen in das → Handelsregister eingetragen, wird die → Firma um den Zusatz e.K., e.Kfm. oder e.Kfr. ergänzt.

Erbbaurecht

berechtigt eine andere Person als den Eigentümer des Grundstücks, auf dem Grundstück ein Bauwerk zu errichten. Der Eigentümer erhält für die Nutzung des Grundstücks einen so genannten Erbbauzins.

Erben

Personenkreis, auf den der → Nachlass des → Erblassers übergeht.

Erbfall

= Tod einer Person

Erbfolge

Festlegung der Reihenfolge, welche Person vor welcher anderen erbt oder welche Personen gleichberechtigt oder zu abweichenden Bruchteilen erben.

Erblasser

= verstorbene Person

Erbschaft

→ Nachlass (Vermögen/Verbindlichkeiten) des → Erblassers, der durch Annahme oder Verstreichenlassen der Ausschlagungsfrist auf die → Erben übergeht.

Erbschein

Das Nachlassgericht stellt dem → Erben auf Antrag ein Zeugnis über sein Erbrecht aus – ist der Erbe Miterbe an einem gemeinschaftlichen Erbe, so weist der Erbschein die Höhe des Anteils aus.

Erbteil

Sind mehrere Personen Erben, so steht jedem → Erben ein bestimmter Anteil am Erbe zu.

Erbvertrag

mehrseitiges → Rechtsgeschäft, mit dem der → Erblasser bereits zu Lebzeiten vertraglich mit einem Vertragserben oder Vermächtnisnehmer festlegen kann, wer Vor-, Nach- oder Ersatzerbe des gesamten oder eines Teils seines → Nachlasses werden kann und/oder welche → Vermächtnisse gelten sollen.

Erfüllungsgeschäft (Verfügungsgeschäft)
ist das → sachenrechtliche → Rechtsgeschäft, bei dem die aus dem → Verpflichtungsgeschäft geschuldete Leistung erbracht wird.

Erfüllungsort
ist der Ort, an dem der Schuldner seine Leistung zu erbringen hat (= Leistungsort).

F

Fachanwalt
→ Rechtsanwalt, der sich durch Zusatzausbildung auf ein bestimmtes Gebiet spezialisiert hat.

Fernabsatzvertrag
ist ein Vertrag zwischen einem → Unternehmer und einem → Verbraucher, über die Lieferung von Waren und/oder Erbringung von Dienstleistungen unter ausschließlicher Verwendung von → Fernkommunikationsmitteln.

Fernkommunikationsmittel
sind Kommunikationsmittel, die ohne gleichzeitige körperliche Anwesenheit der Vertragspartner eingesetzt werden können.

Finanzgerichtsbarkeit
entscheidet über Streitigkeiten wegen Abgabeangelegenheiten (Steuern und Zölle).

Firma
ist der Name eines → Kaufmanns, unter dem er seine Geschäfte betreibt, seine Unterschrift abgibt, klagen und verklagt werden kann (§ 17 HGB).

Formelles Recht
sind verfahrensrechtliche Vorschriften, die der gerichtlichen Durchführung und Durchsetzung derjenigen Ansprüche dienen, die sich aus den materiellen Rechtsnormen ergeben.
→ materielles Recht

Formfreiheit
ist das Recht der an einem → Rechtsgeschäft Beteiligten, die Entscheidung für die äußere Form der Ausgestaltung frei zu wählen. Das Gesetz enthält aber eine Reihe von Ausnahmen, für die eine gesetzlich bestimmte Form vorgeschrieben ist.
→ Vertrags- und Gestaltungsfreiheit

Frist
= Zeitraum → Termin

G

Garantie
ist ein Vertrag, bei dem der Garantiegeber (Garant) dem Vertragspartner bestimmte Rechte für den Garantiefall (z.B. Eintritt eines Schadens → Sachmangel) einräumt. → Gewährleistung

Gattungsschulden
können nach allgemeinen Merkmalen nach Zahl, Maß oder Gewicht bestimmt werden. Sie sind wiederbeschaffbar und die Leistung bezieht sich auf die Lieferung einer Sache mittlerer Art und Güte. → Stückschulden

Gefährdungshaftung
ist die Ersatzpflicht für diejenigen Schäden, die zwar durch eine rechtmäßige, aber dennoch für andere mit Gefahren verbundene Betätigung verursacht werden.

Gefahrübergang
definiert den Ort der Übergabe der → Sache, ab dem die Gefahr des zufälligen Untergangs (Zerstörung, Beschädigung) auf den Käufer übergeht.

Gemeinderecht
Satzungen, die die einzelne Gemeinde durch den Gemeinde- oder Stadtrat erlassen kann.
→ Bundesrecht, → Landesrecht

Gerichtsstand
bestimmt das → (ordentliche) Gericht, bei dem eine Person verklagt werden kann. Dies ist üblicherweise das Gericht, in dessen Bezirk der Beklagte seinen Wohnsitz hat. Bei → juristischen Personen ist es der Ort, wo die juristische Person ihren Sitz bzw. ihre Verwaltung hat.

Gerichtsvollzieher
wird im Rahmen seines Amtsverhältnisses tätig, indem er direkt oder über die Gerichtsvollzieherverteilstelle beauftragt wird, z.B. den einzelnen Parteien eines Rechtsstreits Dokumente zuzustellen, die Abnahme der eidesstattlichen Versicherung vorzunehmen, → Zwangsvollstreckung in das bewegliche Vermögen eines Schuldners durchzuführen und im Rahmen der Zwangsvollstreckung auch für Verhaftungen verantwortlich zu sein.

Geschäftsfähigkeit
ist die Fähigkeit einer Person, rechtswirksame → Willenserklärungen zu äußern und von Dritten entgegennehmen zu können, um so → Rechts-

geschäfte selbstständig zu begründen, zu ändern oder aufzuheben.

Geschäftsführung ohne Auftrag (GoA)

ist die Übernahme eines Geschäfts für einen anderen, bei dem die eine Person tatsächlich tätig wird oder → rechtsgeschäftliche Handlungen vornimmt, ohne von der anderen Person dazu beauftragt worden zu sein oder berechtigt zu sein. Das Geschäft ist dann so auszuführen, wie es dem wirklichen oder mutmaßlichen Willen der anderen Person entsprechen würde.

Geschriebenes Recht

umfasst alle niedergeschriebenen Vorschriften innerhalb einer → Rechtsordnung. → Rechtsquellen, → Gesetze, → Verordnungen, → Satzungen

Gesellschaft des bürgerlichen Rechts (GbR)

ist eine → Personengesellschaft, die durch einen Vertrag der Gesellschafter zur Erreichung eines gemeinsamen Zwecks begründet wird. Die Gesellschafter haften gesamtschuldnerisch und unbeschränkt. Rechtsgrundlage: §§ 705 ff. BGB.

Gesellschaft mit beschränkter Haftung (GmbH)

ist eine → Kapitalgesellschaft, die durch einen notariell beurkundeten Gesellschaftsvertrag von einer oder mehreren Personen gegründet wird. Die Haftung ist auf das eingebrachte Stammkapital beschränkt – mindestens 25.000,00 EUR, das durch Bar- oder Sacheinlagen aufgebracht werden muss. Zur Geschäftsführung kann ein Gesellschafter oder eine andere natürliche Person bestellt werden. Rechtsquelle: GmbHG

Gesetze

sind allgemein gültige Regeln und Vorschriften, die von den gesetzgebenden Körperschaften beschlossen werden. Der Weg der Gesetzgebung ist durch die Verfassung vorgegeben. → Rechtsquellen

Gestaltungsfreiheit

→ Vertragsfreiheit

Gewährleistung

ist das gesetzlich verbriefte Recht des Käufers, im Schadensfall (→ Sachmangel) gegenüber dem Verkäufer bestimmte Rechte geltend machen zu können (z. B. das Recht auf → Nacherfüllung).
→ Garantie

Gewahrsamsfiktion in der → Ehe

Ist einer der Ehegatten Schuldner, so wird zugunsten des Gläubigers vermutet, dass der Schuldner für die Durchführung der → Zwangsvollstreckung auch alleiniger Gewahrsamsinhaber der zu pfändenden Sache ist.

Gewerbe

ist jede erlaubte Tätigkeit, die auf Gewinn gerichtet und auf eine gewisse Dauer angelegt sein (also nicht nur gelegentlich) und selbstständig ausgeführt werden soll.

Gewohnheitsrecht

entsteht durch langjährige Tradition oder dauernde Übung und ist nicht schriftlich fixiert. Nur durch die Rechtsüberzeugung der das Gewohnheitsrecht anwendenden Bürger haben diese Vorschriften Gültigkeit. Immer mehr im Gewohnheitsrecht verankerte Vorschriften werden in geschriebenes Recht überführt. → Rechtsquellen

Grundbuch

ist ein bei den Amtsgerichten (Grundbuchamt) geführtes Register, das in der Regel als Loseblattgrundbuch organisiert ist. Jedes Grundstück erhält im Grundbuch eine besondere Stelle, die als → Grundbuchblatt bezeichnet wird. Dieses Grundbuchblatt ist für das jeweilige Grundstück als das Grundbuch i. S. d. BGB anzusehen. Das Grundstück wird unter Nennung der jeweiligen Flurstücknummer eingetragen.

Grundbuchblatt

ist das genaue Verzeichnis aller relevanten Informationen über ein Grundstück und besteht aus dem Titelblatt, Bestandsverzeichnis sowie den Abteilungen I – III.

Grunddienstbarkeit

ist die Belastung des Grundstücks mit dem Recht eines Eigentümers eines anderen Grundstücks, dass das belastete Grundstück in einzelnen Beziehungen genutzt werden darf, auf dem belasteten Grundstück Handlungen unterlassen werden oder bestimmte Rechte nicht ausgeübt werden dürfen.

Grundpfandrecht

Durch ein Pfandrecht an einem Grundstück wird der Eigentümer des Grundstücks grundbuchlich für den Fall der Zahlungsunfähigkeit der Zwangsvollstreckung bzw. Zwangsverwaltung unterworfen.
→ Hypothek
→ Grundschuld

Grundschuld

ist eine nicht akzessorische Absicherung einer Forderung, d. h., dass die Grundschuld eingetragen sein kann, auch wenn die Forderung nicht, noch nicht oder nicht mehr besteht.

Güterrechtsregister

ist ein bei den Amtsgerichten geführtes öffentliches Register, das jeder einsehen kann und in das durch

einen öffentlich beglaubigten Antrag eintragungsfähige Tatsachen, d.h. Begründung, Änderung,
Beendigung des vertraglichen Güterstandes sowie
Ausschluss des gesetzlichen Güterstandes und
Beschränkung und Ausschließung der Schlüsselgewalt, durch den Rechtspfleger eingetragen werden können, in dessen Bezirk einer der Ehegatten
wohnt.

H

Handelsgeschäfte
sind alle Geschäfte eines → Kaufmanns, die er in
Ausübung seines Handelsgewerbes abschließt.

Handelsregister
ist ein amtlich (beim Amtsgericht) geführtes öffentliches Verzeichnis, in das für den Handelsverkehr
bedeutsame Informationen aller Kaufleute und
Handelsgesellschaften eines Amtsgerichtsbezirks
eingetragen werden.

Handlungsfähigkeit
von → Rechtssubjekten ist die Fähigkeit, rechtliche
Wirkungen herbeiführen zu können. → Geschäftsfähigkeit, → Deliktsfähigkeit, → Straffähigkeit, →
Parteifähigkeit, → Prozessfähigkeit, → Eidesfähigkeit, → Ehefähigkeit, → Testierfähigkeit

Haustürgeschäft
ist ein Vertrag, der zwischen einem Unternehmer
und einem Verbraucher zustandegekommen ist,
nachdem der Verbraucher in einer Umgebung mit
einem Vertragsangebot konfrontiert wurde, in der
er dies nicht erwarten konnte. Dadurch erwirbt der
Verbraucher das Recht, den Vertrag zu widerrufen
bzw. das erworbene Produkt zurückzugeben.

Hemmung der → Verjährung
bedeutet, dass Phasen, in denen der Gläubiger an
der Durchsetzung seines → Anspruchs gehindert
wird, in den Verjährungszeitraum nicht hineingerechnet, sondern der Verjährungsfrist hinzugerechnet werden. → Neubeginn

Hypothek
dient der Absicherung einer Forderung. Dieser
Sachverhalt wird in das → Grundbuch eingetragen
(Abteilung III). Das Bestehen der Hypothek ist
immer davon abhängig, ob auch eine zu sichernde
Forderung besteht (akzessorisch).

I

Immobilien
sind unbewegliche → Sachen.

Inhaltsfreiheit
gestattet den Vertragspartnern die freie Entscheidung darüber, wie der jeweilige → Vertrag
inhalt-lich ausgestaltet werden soll. Um vermutlich
schwächere Partner zu schützen, gibt es jedoch eine
Reihe von Gesetzen, die dazu dienen, Benachteiligungen zu vermeiden.
→ Vertrags- und Gestaltungsfreiheit

Inkrafttreten
Mit dem Tage der Verkündung im Bundesgesetz-
blatt tritt ein neues oder überarbeitetes Gesetz in
Kraft.

Insolvenz
eines Unternehmens entsteht durch (drohende)
→ Zahlungsunfähigkeit bzw. → Überschuldung.
Durch das Insolvenzverfahren soll versucht werden, die Gläubiger zu befriedigen und das Unternehmen zu sanieren. Gelingt dies nicht, führt
dies zur Liquidation und das Unternehmen wird
aufgelöst. Rechtsquelle: InsO

Internationales Recht
umfasst alle Rechtsvorschriften, die eine internationale Organisation erlassen hat und die von den
jeweiligen Staaten anerkannt werden (EU-Recht
oder Völkerrecht). → nationales Recht

J

Judikative
ist die rechtsprechende Gewalt im Staat – neben
der Legislative (= gesetzgebende Gewalt) und der
Exekutive (= ausführende Gewalt).
→ Rechtsprechung

Juristische Personen
sind so genannte Personenvereinigungen bzw. Vermögensmassen mit eigener Rechtspersönlichkeit,
die künstlich geschaffen wurden und nicht selbstständig handeln können. → natürliche Personen

K

Kapitalgesellschaft
ist eine Gesellschaft mit eigener Rechtspersönlichkeit = → juristische Person. Die Mitgliedschaft der
Gesellschafter beruht hierbei nicht auf persönlicher Mitarbeit, sondern auf der Beteiligung mit
Kapital.

Kaufmann
i.S.d. HGB ist jeder, der ein Handelsgewerbe betreibt, es sei denn, dass das Unternehmen nach
Art und Umfang einen in kaufmännischer Weise

eingerichteten Geschäftsbetrieb nicht erfordert (§ 1 HGB). → Gewerbe

Kaufvertrag

Der Verkäufer übergibt und übereignet dem Käufer eine → Sache oder ein Recht, für das der Käufer den vereinbarten Kaufpreis zahlt.

Klage

Begehren bei Gericht, die gegnerische Partei dazu zu verurteilen, eine Leistung zu erbringen, eine bestimmte Tätigkeit zu unterlassen, eine bestimmte Tätigkeit zu dulden oder zu bestätigen, dass ein bestimmtes Rechtsverhältnis in dieser Form so besteht (= positive Feststellungsklage) oder nicht besteht (= negative Feststellungsklage).

Kommanditgesellschaft (KG)

ist eine → Personengesellschaft, deren Zweck auf den Betrieb eines Handelsgewerbes gerichtet ist. Es wird eine gemeinsame → Firma geführt. Die → Komplementäre haften mit ihrem gesamten Vermögen, während die → Kommanditisten nur bis zur Höhe ihrer Einlage haften. Rechtsgrundlage: §§ 160–177 HGB.

Kommanditist

= Teilhafter – Gesellschafter einer → Kommanditgesellschaft, der beschränkt bis zur Höhe seiner Einlage haftet.

Komplementär

= Vollhafter – Gesellschafter einer → Kommanditgesellschaft, der unbeschränkt mit seinem gesamten Vermögen haftet.

konstitutiv

= rechtserzeugend → deklaratorisch

Körperschaften

sind → juristische Personen, die auf der Mitgliedschaft derjenigen Personen aufgebaut sind, die ihnen angehören.

Kündigung

einseitiges, empfangsbedürftiges → Rechtsgeschäft zur Beendigung eines Rechtsverhältnisses, z.B. Mietvertrag, Arbeitsverhältnis.

L

Laienrichter

→ ehrenamtliche Richter

Landesrecht

Gesetze, die die einzelnen Bundesländer erlassen können und die innerhalb der Grenzen des jeweiligen Bundeslandes gelten.
→ Bundesrecht, Gemeinderecht

Leihvertrag

Der Verleiher erlaubt dem Entleiher den unentgeltlichen Gebrauch der Sache. Der Entleiher muss dieselbe Sache zurückgeben.

Leistungsort

→ Erfüllungsort

Lesungen

sind Beratungen im Bundestag, durch die jedes Gesetzesvorhaben vor → Inkrafttreten geprüft wird.

M

Mahnung

i.d.R. schriftliches Verlangen des Gläubigers, in dem er dem Schuldner mitteilt, dass dieser die Leistung umgehend zu erbringen habe.

Mahnverfahren

Das gerichtliche Mahnverfahren dient der Durchsetzung eines auf eine Geldzahlung gerichteten Anpruchs unter Zuhilfenahme standardisierter gerichtlicher Abläufe. Zunächst wird der Antrag auf Erlass eines Mahnbescheides (formularmäßige Abwicklung) gestellt mit dem Ziel, daraufhin den Vollstreckungsbescheid beantragen zu können, um anschließend die Zwangsvollstreckung durchführen zu können, sofern der Schuldner nach Zustellung des Mahnbescheids die offene Forderung nicht beglichen hat.

Materielles Recht

umfasst alle Rechtsvorschriften, die die Entstehung von Rechtsverhältnissen und die daraus entstehenden Verpflichtungen und Ansprüche begründen.
→ formelles Recht

Mietvertrag

Der Vermieter gewährt dem Mieter während der vereinbarten Mietzeit den Gebrauch einer → Sache gegen Entgelt.

Mitbestimmung

ist das Recht der Arbeitnehmer, in unternehmerischen Belangen und sonstigen wirtschaftlichen Fragen Einfluss auf die Unternehmensführung zu nehmen.

Mobilien

sind bewegliche → Sachen.

Moral

ist ein innerer Antrieb und durch die innere Gesinnung und das Gewissen des Menschen motiviert. Moral entsteht im Zusammenleben von Gemeinschaften und wird durch die innere Einstellung, aber insbesondere auch durch Erziehung im Elternhaus, in der Schule, im Freundeskreis oder im Arbeitsleben geprägt. → Sitte

Mutter

eines Kindes ist die Frau, die das Kind geboren hat. → Vater

N

Nacherbe

Person, die erst erben kann, wenn eine andere Person vor ihr Erbe geworden ist (Vorerbe). Spätestens zum Zeitpunkt des Todes des Vorerben geht die → Erbschaft auf den Nacherben über.

Nacherfüllung

stellt das → Gewährleistungsrecht bei → Sachmängeln dar, wonach z. B. der Käufer im Kaufvertragsrecht einen Anspruch auf Mängelbeseitigung oder Nachlieferung hat.

Nachlass

= Vermögen/Verbindlichkeiten des → Erblassers

Nationales Recht = Bundesrecht

Alle Rechtsvorschriften, die innerhalb der Bundesrepublik Deutschland gelten. → internationales Recht

Natürliche Personen

sind alle Menschen. → juristische Personen

Neubeginn der → Verjährung

entwertet die bisher abgelaufene Verjährungsfrist und die Verjährung beginnt erneut. → Hemmung

Nichtigkeit

eines → Rechtsgeschäfts führt dazu, dass dies von Anfang an unwirksam ist.

Nießbrauch

ist die Belastung des Grundstücks mit der Berechtigung eines Dritten, Nutzungen aus der Sache ziehen zu dürfen.

Notar

Der Notar hat als unabhängiger Träger eines öffentlichen Amtes die Aufgabe, Rechtsvorgänge zu beurkunden oder zu beglaubigen sowie andere Aufgaben auf dem Gebiete der vorsorgenden → Rechtspflege vorzunehmen.

O

Offene Handelsgesellschaft (OHG)

ist eine → Personengesellschaft, deren Zweck auf den Betrieb eines Handelsgewerbes gerichtet ist. Es wird eine gemeinsame → Firma geführt. Die Gesellschafter haften gesamtschuldnerisch und unbeschränkt und sind zur Geschäftsführung befugt. Rechtsgrundlage: §§ 105–160 HGB.

Öffentliches Recht

regelt das Verhältnis des einzelnen Bürgers zum Staat bzw. umgekehrt (Prinzip der Über- und Unterordnung). Dem Staat als Inhaber hoheitlicher Gewalt kommt hier die übergeordnete Rolle zu. Die Interessen der Allgemeinheit werden gewahrt, indem der Einzelne seine Interessen denen des Gemeinwesens unterordnet. → Privatrecht

Ordentliche Gerichtsbarkeit

ist zuständig für alle bürgerlichen Rechtsstreitigkeiten und Strafsachen, es sei denn, dass besondere Vorschriften auf eine andere Zuständigkeit verweisen. Die ordentliche Gerichtsbarkeit besteht aus
- → Zivilgerichtsbarkeit (streitige und freiwillige)
- → Strafgerichtsbarkeit

Gerichte der ordentlichen Gerichtsbarkeit:
- Amtsgericht
- Landgericht
- Oberlandesgericht
- → Bundesgerichtshof

Ordnungsfunktion

dient der Aufrechterhaltung des gesellschaftlichen Lebens durch Gebote und Verbote, die als normierte Möglichkeiten zur Konfliktlösung verwendet werden sollen, um im Streitfall die Ordnung wiederherzustellen.
→ Ausgleichsfunktion, → Sicherheitsfunktion

P

Parteifähigkeit

ist die Fähigkeit einer Person, als Beteiligter an einem → Zivilprozess aktiv (= Kläger) oder passiv (= Beklagter) teilzunehmen.

Patentgerichtsbarkeit

entscheidet über Streitigkeiten zwischen Dritten und dem Patentamt.

Personengesellschaft

entsteht durch den Zusammenschluss von mehreren (meist natürlichen) Personen durch Gesellschaftsvertrag, ohne dass dabei eine eigene Rechtspersönlichkeit begründet wird, sodass die Haftung und Besteuerung sich auf die Gesellschafter bezieht. Die Mitgliedschaft bzw. Beteiligung der einzelnen Gesellschafter ist funktionell auf die jeweilige Person bezogen.

Pfandrecht

ist ein dingliches Recht des Gläubigers zur Sicherung einer Forderung. Der Gläubiger erhält durch die Übertragung des Pfandrechts die Berechtigung, dass er im Zweifel die Befriedigung seiner Forderung aus der mit dem Pfandrecht belegten Sache schöpfen kann.

Pfändungspfandrecht

Die → Zwangsvollstreckung in das bewegliche Vermögen (→ Mobilien) des Schuldners wegen Geldforderungen erfolgt durch die Pfändung. Durch die Vornahme der Pfändung durch den → Gerichtsvollzieher erwirbt der Geldgläubiger das → Pfandrecht an den gepfändeten Gegenständen. Vorausgesetzt, es handelt sich um pfändbare Gegenstände, werden diese durch den Gerichtsvollzieher beschlagnahmt oder mit einem Pfandsiegel belegt. Durch die Verwertung, z.B. in Form einer Versteigerung der Pfandsachen, kann der Gläubiger seine Forderungen befriedigen.

Positive Vertragsverletzung

Es besteht zwar ein Schuldverhältnis, aber der Schuldner verletzt Nebenpflichten, verhält sich vertragswidrig oder unterlässt es, notwendige Informationen zu geben.

Privatrecht

regelt die Rechtsbeziehungen von Personen untereinander (Prinzip der Gleichordnung), wodurch die Personen als gleichberechtigte Partner am Rechtsverkehr teilnehmen. → öffentliches Recht

Prokura

ist die Ermächtigung des Angestellten (Prokuristen) durch den → Kaufmann, alle gerichtlichen und → rechtsgeschäftlichen Handlungen vornehmen zu dürfen, die der Betrieb des Handelsgewerbes mit sich bringt. → Stellvertreter

Prozessfähigkeit

Fähigkeit einer Person, vor Gericht sich selbst oder eine andere Person vertreten zu dürfen.

R

Reallast

verpflichtet den Eigentümer des Grundstücks, an den Berechtigten wiederkehrende Leistungen zu entrichten oder wiederkehrende Leistungen zu erbringen.

Recht

= → Rechtsordnung

Rechtsanwalt

Der Rechtsanwalt ist ein unabhängiges Organ der → Rechtspflege, übt einen freien Beruf aus und ist der berufene unabhängige Berater und Vertreter in allen Rechtsangelegenheiten. Zur Ausübung dieser Tätigkeit muss er bei einem Gericht der ordentlichen Gerichtsbarkeit zugelassen werden.
Grundsätzlich kann sich der Rechtsanwalt frei entscheiden, welchen Mandanten er annimmt, es sei denn, er wird zum Pflichtverteidiger in Strafsachen bestellt.

Rechtsberatung

ist die Informations-, Auskunftserteilung und Beratung in rechtlichen Fragen durch → Rechtsanwälte, → Notare, → Rechtspfleger, → Urkundsbeamte, Steuerberater und Wirtschaftsprüfer.

Rechtsfähigkeit

ist die Fähigkeit einer Person, Träger von Rechten und Pflichten zu sein (§ 1 BGB).

Rechtsgeschäft

entsteht aus einer oder mehreren → Willenserklärungen, die alleine oder im Zusammenhang mit anderen Handlungen im Rahmen der bestehenden → Rechtsordnung eine beabsichtigte Rechtswirkung herbeiführen sollen.

Rechtsnormen

sind hoheitliche Anordnungen (Gesetze bzw. Gesetzesbestandteile), die für eine Vielzahl von Personen allgemein verbindliche Regelungen enthalten, und bestehen aus
■ dem Tatbestand und
■ der Rechtsfolge.

Rechtsobjekte

sind alle → Sachen, Tiere und Rechte, über die die → Rechtssubjekte ihre Rechtsmacht ausüben können.

Rechtsordnung

ist die Summe aller Rechtsvorschriften.

Rechtspflege

ist die Verantwortung des Staates, die rechtliche Ordnung aufrechtzuerhalten. → Rechtsberatung, Rechtsprechung

Rechtspfleger

Der Rechtspfleger ist Beamter des gehobenen Justizdienstes mit abgeschlossenem Fachhochschulstudium und nimmt teilweise richterliche Tätigkeiten wahr. Daher gelten für ihn dieselben Grundsätze wie für den → Richter.

Das Aufgabengebiet des Rechtspflegers umfasst u.a. das → Mahnverfahren, die Abnahme der eidesstattlichen Versicherung, → Zwangsversteigerungs- und -verwaltungsverfahren, weitgehende Durchführung von → Insolvenzverfahren, → Grundbuchsachen, Vollstreckung in Straf- und Bußgeldsachen.

Rechtsquellen

sind alle fixierten bzw. allgemeinen Rechtsgedanken (Summe aller Rechtsnormen, die für eine Gemeinschaft gelten), die einer → Rechtsordnung zugrunde liegen. → geschriebenes Recht, → Gewohnheitsrecht, → Richterrecht

Rechtsprechung (Judikative)

erfolgt durch die Gerichte, indem → Richter, → Rechtspfleger, → Gerichtsvollzieher und → Urkundsbeamte über – jeweils bestimmte – rechtliche Fragen entscheiden.

Rechtssubjekte

sind alle Personen, die durch die → Rechtsordnung zu Pflichten berufen und mit Rechten ausgestattet werden können.

Richter

Ein Richter muss die deutsche Staatsangehörigkeit besitzen. Er ist unabhängig und entscheidet nur nach dem Gesetz und seinem Gewissen. Nur somit kann gewährleistet werden, dass der Richter unparteiische Urteile sprechen kann.
→ ehrenamtliche Richter

Richterrecht

entsteht durch Urteile von → Richtern, die über Sachverhalte urteilen, die so nicht im → Gesetz niedergelegt waren. Damit werden durch die → Urteile Ergänzungen zu den Gesetzen geschaffen. Höchstrichterliche Urteile erhalten durch Auslegungen quasi Gesetzescharakter. → Rechtsquellen

Rückgaberecht

→ Haustürgeschäft

S

Sachen

sind körperliche Gegenstände, die einen Raum einnehmen und ausfüllen und räumlich begrenzt werden können.

Sachmangel

beeinträchtigt eine Sache in ihrer Verwendbarkeit, weil die Sache nicht die gewöhnlichen oder nach dem Vertrag vorausgesetzten Merkmale aufweist.

Satzungen

sind Rechtsvorschriften, die von staatlichen Verbänden, Körperschaften, Anstalten, Stiftungen etc. zur Erfüllung ihrer Aufgaben erlassen werden können. → Rechtsquellen

Schadensersatz

ist der Versuch des Schädigers, den Zustand vor der Schädigung wiederherzustellen, also z.B. die Sache selbst oder eine gleichwertige zurückzugeben (= Naturalrestitution). Ist dies nicht möglich, kann auch ein Schadensersatz in Geld geleistet werden, z.B. entgangener Gewinn (§ 252 BGB), Schmerzensgeld (§ 253 II BGB).

Scheidung

ist die Auflösung der → Ehe durch ein gerichtliches → Urteil auf Antrag eines oder beider Ehegatten.

Schenkung

Der Schenker bereichert den Beschenkten unentgeltlich aus dem Vermögen des Schenkers.

Schlechtleistung

→ Sachmangel

Schöffen

sind → ehrenamtliche Richter in Strafverfahren.

Schuldfähigkeit

→ Straffähigkeit

Schuldverhältnis

bezeichnet die Beziehung zwischen mindestens zwei Personen, bei der die eine Person (= Gläubiger) berechtigt ist, etwas zu fordern, während die andere Person (= Schuldner) diese Forderung zu erfüllen hat.

Schwägerschaft

wird durch die Eheschließung begründet. Die Verwandten eines Ehegatten sind mit dem anderen Ehegatten verschwägert.

Schwarzarbeit

sind alle Werk- und Dienstleistungen, die erbracht oder im Auftrag ausgeführt wurden, ohne dass die beteiligten Parteien ihren damit in Zusammenhang stehenden Pflichten nachgekommen sind. Dazu gehören insbesondere Sozialversicherungspflichten, Steuerpflichten, Mitteilungspflichten und fehlende Genehmigungen.

Schwebende Unwirksamkeit

entsteht dadurch, dass ein → Rechtsgeschäft durch einen Unberechtigten abgeschlossen wird; das Rechtsgeschäft könnte aber im Nachhinein Wirksamkeit erlangen, sofern ein Dritter das Rechtsgeschäft genehmigt.

Sicherheitsfunktion

stellt beim Verstoß gegen bestehende Rechtsvorschriften durch (staatliche) Zwangsmaßnahmen den Rechtsfrieden wieder her, um die einzelnen Rechtsgüter zu schützen. → Ausgleichsfunktion, → Ordnungsfunktion

Sicherungsübereignung

ist ein besonderes → Pfandrecht, wobei der Schuldner unmittelbarer Besitzer der gepfändeten Sache bleibt, weil er die Sache weiterhin nutzen will oder muss. Dadurch kann der Kreditnehmer die benötigte Investition tätigen und durch einen Kredit finanzieren. Gleichzeitig kann er die kreditfinanzierte Sache nutzen, um aus den Erlösen die Tilgung vornehmen zu können.

Sitte

umfasst Verhaltensformen im gesellschaftlichen Umgang, die das äußere Verhalten der Menschen bestimmen. → Moral

Sozialgerichtsbarkeit

entscheidet über Streitigkeiten, die die Aufgaben der Sozialversicherungen und der Bundesagentur für Arbeit betreffen.

Staatsanwalt(-schaft)

Der Staatsanwalt tritt im → Strafprozess als Vertreter der Anklage auf und ist somit Anwalt des Staates. Die Staatsanwaltschaft untersteht unmittelbar den Justizministern der einzelnen Bundesländer und ist gleichzeitig staatliche Strafverfolgungs-, Anklage- und Strafvollstreckungsbehörde.

Stellvertreter

ist eine → natürliche Person, die für eine andere natürliche oder → juristische Person → Willenserklärungen abgibt oder empfängt. Die durch die Willenserklärung ausgelöste Rechtsfolge wirkt unmittelbar gegen bzw. für den Vertretenen.

Stiftungen

sind rechtlich selbstständige Vermögensmassen ohne Mitglieder. → juristische Personen

Strafbefehl

ist ein Schriftstück, das dem Täter ohne öffentliche Hauptverhandlung zugestellt wird und in dem die Strafe festgesetzt ist.

Straffähigkeit

Fähigkeit einer Person, für strafbare Handlungen i.S.d. StGB verantwortlich gemacht werden zu können.

Strafgerichtsbarkeit

ist (als Zweig der → ordentlichen Gerichtsbarkeit) zuständig für die Prüfung und Entscheidung, ob eine strafbare Handlung vorliegt und wie das Strafmaß zu bemessen ist. Strafverfolgung und -vollstreckung erfolgt durch die → Staatsanwaltschaft.

Strafprozess

ist das Verfahren vor den → ordentlichen Gerichten zur Klärung, ob eine → Straftat vorliegt und welche strafrechtlichen Maßnahmen (Strafen) zu ergreifen sind, um den Rechtsfrieden wiederherzustellen. → Zivilprozess, → Ausgleichsfunktion

Straftat

ist eine tatbestandsmäßige, rechtswidrige und schuldhaft begangene Handlung, die durch das Gesetz mit einer Strafe bedroht ist.

Streik

ist eine vorübergehende Arbeitsniederlegung durch eine größere Anzahl von Arbeitnehmern zur Verfolgung und Durchsetzung eines gemeinsamen tariffähigen Zwecks. → Aussperrung

Stückschulden

werden nach sehr speziellen Merkmalen definiert, die die Sache als Einzelstück ausmachen. → Gattungsschulden

T

Tarifvertrag

ist ein Vertrag zwischen Arbeitgeberverbänden und Gewerkschaften zur Regelung arbeitsrechtlicher Rechte und Pflichten.

Termin

= Zeitpunkt → Frist

Testament

ist als einseitiges → Rechtsgeschäft (nicht empfangsbedürftig) eine einseitige Verfügung von

Todes wegen, durch die der jeweilige → Erbe und der ihm zugedachte → Erbteil bestimmt werden kann, indem der → Erblasser das Testament höchstpersönlich errichtet (§ 2064 BGB).

Testamentsvollstrecker

wird durch den → Erblasser durch → Testament ernannt, um die letztwilligen Verfügungen des Erblassers auszuführen und die mögliche Erbauseinandersetzung zu führen. Er hat die Verwaltung des Nachlasses ordnungsgemäß zu führen und haftet für den Schaden, der dem → Erben oder → Vermächtnisnehmer daraus entsteht, dass er seine Verpflichtungen verletzt.

Testierfähigkeit

ist die Fähigkeit einer Person, ein → Testament errichten zu können.

U

Überschuldung

als Eröffnungsgrund des → Insolvenzverfahrens liegt vor, wenn das Vermögen des Schuldners die bestehenden Verbindlichkeiten nicht deckt.

Unerlaubte Handlung

Einer Person wird vorsätzlich oder fahrlässig ein Schaden (an Leben, Körper, Gesundheit, Freiheit, Eigentum oder einem sonstigen Recht) widerrechtlich zugefügt. Dieser Sachverhalt wird auch Delikt genannt (lat. delictum = Vergehen/Verbrechen).

Ungerechtfertigte Bereicherung

stellt die Vermögensverschiebung zugunsten eines Nichtberechtigten ohne rechtlichen Grund dar.

Unmöglichkeit

liegt vor, wenn der Leistungsschuldner die Leistung, die im → Kaufvertrag mit dem Vertragspartner vereinbart war, nicht erbringen kann.

Unterhalt

= Summe der Aufwendungen, die für den gesamten Lebensbedarf aufzubringen ist. Dazu gehören je nach Lebenssituation auch die Kosten für eine angemessene Schul- und Berufsausbildung und die Kosten der Erziehung. Als angemessen wird der Unterhalt dann angesehen, wenn er in seiner Höhe der Lebensstellung des zu Unterhaltenden entspricht.

Unternehmer

ist jede → natürliche oder → juristische Person oder rechtsfähige → Personengesellschaft, die bei Abschluss eines → Rechtsgeschäfts in Ausübung ihrer gewerblichen oder selbstständigen beruflichen Tätigkeit handelt (§ 14 BGB) → Verbraucher.

Unternehmergesellschaft

„Mini-GmbH" mit einem Stammkapital i. H. v. 1,00 EUR bis 24.999,00 EUR, die durch gesetzliche Gewinnrücklagen das Mindeststammkapital i. H. v. 25.000,00 EUR „ansparen" kann und damit eine Alternative zur Ltd. ist.

Urkundsbeamte

sind bei jedem Gericht bzw. bei jeder → Staatsanwaltschaft in so genannten Geschäftsstellen tätig. Zu den Aufgaben gehört u. a. die Ausfertigung von → Urteilen oder → Beschlüssen, die Protokollführung in Sitzungen, die Vermittlung von Zustellungen sowie die Aufnahme von Anträgen und Erklärungen auch außerhalb der Gerichtsverhandlung.

Urteil

ist eine gerichtliche Entscheidung, in schriftlicher Form abgefasst.

V

Vater

eines Kindes ist der Mann, der zum Zeitpunkt der Geburt mit der Mutter verheiratet ist, der die Vaterschaft anerkannt hat oder dessen Vaterschaft gerichtlich festgestellt wurde.

Verbraucher

ist jede → natürliche Person, die ein → Rechtsgeschäft abschließt, das weder ihrer gewerblichen noch ihrer selbstständigen beruflichen Tätigkeit zugerechnet werden kann (§ 13 BGB). → Unternehmer

Verbraucherdarlehen

ist der → Darlehensvertrag zwischen einem → Verbraucher und einem → Unternehmer.

Verbrauchsgüterkauf

ist der → Kaufvertrag zwischen einem → Verbraucher und einem → Unternehmer.

Verfügungsgeschäft

→ Erfüllungsgeschäft

Verjährung

vernichtet nicht den → Anspruch als solchen, sondern nur das Recht für eine gerichtliche Durchsetzbarkeit.

Verlöbnis

ist ein formfreier → Vertrag, in dem sich ein Mann und eine Frau versprechen, zukünftig die → Ehe miteinander eingehen zu wollen. Durch dieses Rechtsverhältnis werden Rechte und Pflichten begründet.

Vermächtnis

Durch das Vermächtnis wendet der → Erblasser einem Dritten durch → Testament oder → Erbvertrag einen Vermögensteil zu, ohne dass der Dritte → Erbe wird.

Verordnungen

sind abgeleitete → Rechtsnormen und können von der Bundesregierung, einem Bundesminister oder einer Landesregierung erlassen werden.
→ Rechtsquellen

Verpflichtungsgeschäft

ist ein schuldrechtliches → Rechtsgeschäft, bei dem sich die Vertragsparteien zu der vereinbarten Leistung verpflichten – Antrag und Annahme des Antrages. Daher auch die Begrifflichkeit des Schuldrechts: Die Vertragsparteien schulden nun gegenseitig die versprochenen Leistungen.

Vertrag

entsteht immer durch zwei → Willenserklärungen (Antrag und Annahme des Antrags), die zwar nicht identisch sein, aber sich inhaltlich voll entsprechen müssen.

Vertrags- und Gestaltungsfreiheit

gilt grundsätzlich bei Vertragsabschluss und besagt, dass die Vertragsparteien die sich ergebenden schuldrechtlichen Beziehungen so ausgestalten können, wie sie es gerne möchten, sofern sie nicht gegen geltendes → Recht verstoßen.
→ Abschlussfreiheit
→ Inhaltsfreiheit
→ Formfreiheit

Verwaltungsakt

ist jede Verfügung, Entscheidung oder andere hoheitliche Maßnahme, die eine Behörde zur Regelung eines Einzelfalls auf dem Gebiet des → öffentlichen Rechts mit unmittelbarer Rechtswirkung nach außen trifft.

Verwaltungsgerichtsbarkeit

entscheidet über öffentlich-rechtliche Streitigkeiten, die im Zusammenhang mit Maßnahmen der Verwaltungsbehörden entstehen können.

Verwandtschaft

bezeichnet die Beziehung zwischen denjenigen Personen, bei denen die eine von der anderen abstammt.

Verzug

stellt eine Vertragspflichtverletzung dar, bei der der Schuldner zu spät oder gar nicht mehr leistet. Letzteres muss von der → Unmöglichkeit abgegrenzt werden.

Vollmacht

ist die durch Rechtsgeschäft zu übertragende Vertretungsmacht. → Stellvertretung

W

Werkvertrag

Der Unternehmer stellt für den Besteller das versprochene Werk gegen Entrichtung der vereinbarten Vergütung her.

Widerrechtliche Drohung

Der Vertragspartner gibt die Willenserklärung nur ab, weil er sich in einer Situation psychischen Drucks befindet.

Widerrufsrecht

→ Haustürgeschäft

Widerspruch

Einwendung gegen eine gerichtliche Entscheidung innerhalb einer bestimmten → Frist.

Willenserklärung

Basis eines jeden Rechtsgeschäfts ist die Willenserklärung (WE), durch die eine Person ihren Willen äußert mit dem Ziel, ein Rechtsverhältnis neu zu begründen, zu ändern oder zu beenden.
Die rein subjektive Willensbildung reicht jedoch nicht aus. Auch objektiv muss der Wille des Rechtssubjektes für Dritte erkennbar sein – dazu muss der Wille nachvollziehbar geäußert werden. Um eine rechtswirksame Willenserklärung abgeben zu können, muss das → Rechtssubjekt → geschäftsfähig sein.
Willensbildung + Willensäußerung = WE!

Z

Zahlungsunfähigkeit

als Eröffnungsgrund des → Insolvenzverfahrens liegt vor, wenn der Schuldner nicht in der Lage ist, die fälligen Zahlungspflichten zu erfüllen.

Zession

Eine Forderung wird vom Ursprungsgläubiger (Zedent) an einen Dritten (Zessionar) abgetreten, sodass nun der Dritte als Gläubiger gegenüber dem Schuldner auftreten kann.

Zivilgerichtsbarkeit

ist (als Zweig der → ordentlichen Gerichtsbarkeit) zuständig für die Klärung bürgerlich-rechtlicher Ansprüche bzw. deren Ausgestaltung.
Während sich im Rahmen der **streitigen Gerichtsbarkeit** im Prozess zwei gleichberechtigte Parteien gegenüberstehen, die um bürgerlich-rechtliche Ansprüche streiten, wirkt die **freiwillige Gerichtsbarkeit** bei der Gestaltung von Privatrechtsverhältnissen mit. → Strafgerichtsbarkeit

Zivilprozess

ist die Auseinandersetzung wegen bürgerlich-rechtlicher Ansprüche vor den → ordentlichen Gerichten. → Strafprozess

Zugewinngemeinschaft

ist der gesetzliche Güterstand, bei dem die Vermögen der Ehegatten getrennt bleiben, d.h., jeder Ehegatte bleibt Eigentümer des Vermögens, das er in die → Ehe mit einbringt und in der Ehe nach der Eheschließung erwirbt. Bei Beendigung der Ehe (z.B. durch → Scheidung, Tod, Wechsel des Güterstandes) wird der Zugewinnausgleich durchgeführt.

Zwangsvollstreckung

dient der Durchsetzung privatrechtlicher und rechtskräftig festgestellter Ansprüche mit staatlicher Gewalt.

Zwingendes Recht

umfasst alle Rechtsvorschriften, deren Abänderung oder deren Ausschluss im Rechtsverkehr grundsätzlich gesetzlich verboten ist. Eine unbedingte Einhaltung ist zwingend erforderlich.
→ dispositives Recht

Stichwortverzeichnis

Abfindung 320, 350
Abgabeangelegenheiten 45, 443
Abgabenverwaltung 423
Abgeordnete des Bundestages 31
Abkömmlinge 303
Ableugnen 402
Ablieferung 228
Abmahnung 353
Abschlussfreiheit 120
Abschlussprüfung 341
Abschlusszwang 120
absolute Zahlungsunfähigkeit 96
absolutes Recht 57
Absonderung 100
Abstammung 277
Abstammungsurkunde 256
abstrakte Schadensberechnung 175
Abteilung A = HRA 72
Abteilung B = HRB 72
Abteilung I – III (Grundbuch) 236
Abtretung des Herausgabeanspruchs 230
Abwesende 118
Abwesenheitspflegschaft 285
Adoption 283
AG 81
AG & Co. KG 82
AGB 204
Aktiengesellschaft 81
Aktiengesetz 81
Aktiennennwerte 81
akzessorisch 231
Aliud 167
Alleineigentum 226
Alleinerbe 320
Alleintäter 378
Allgemeine Geschäftsbedingungen 90, 125, 203
Amtsgericht 45, 72
Amtspflichtverletzung 130
Änderungskündigung 355
Aneignung 228
anfängliche Unmöglichkeit 163
Anfangsvermögen 260
Anfechtbarkeit 124
Anfechtung 132, 319
Anfechtung der Vaterschaft 279
Anfechtungsberechtigter 319
Anfechtungsfrist 124
Anfechtungsklage 319, 435
Anfechtung wegen Irrtums 124
Anfechtung wegen Täuschung oder Drohung 125
Anfüttern 404
Angeklagter 386
Angestellter 332, 334
Anhängigkeit 193
Anklage 384
Anlagebetrug 395
Anmeldetermin 102
Annahme 117
Annahme als Kind 283
Annahmefristen 118

Annahmeverzug 90, 177
Anspruch 113, 139, 440
Anstalt 55
Anstalten des öffentlichen Rechts 425
Anstifter 378
Antrag 117
Antrag auf ein Insolvenzverfahren 93
Antrag auf Erlass des Mahnbescheids 184
Antrag auf Erlass des Vollstreckungsbescheids 185, 190
Antragsgegner 271
Antragsteller 271
anwaltliches Aufforderungsschreiben 182
Anwaltszwang 42, 271
Anwartschaften 276
Anwesende 118
Anzeige 228
Anzeigepflicht 70
Arbeiter 332, 334
Arbeitgeber 127, 330, 332
arbeitgeberähnliche Funktionen 334
Arbeitgeberverbände 330
Arbeitnehmer 127, 330
arbeitnehmerähnliche Personen 333
Arbeitnehmereigenschaft 332
Arbeitnehmerverbände 330
Arbeitsgerichtsbarkeit 46, 440
Arbeitsleistung 341
Arbeitsplatz 342
Arbeitsschutzrecht 363
Arbeitsverhältnis 46, 331, 440
Arbeitsvertrag 127, 331
Arbeitszeitschutz 363
arglistige Täuschung 125
arglistig verschwiegene Mängel 168
Artikel 18
Artvollmacht 135
Aufbewahrung 228
Aufbewahrungsfrist 411
Aufbewahrungspflicht 410
Aufenthalt 282
Aufforderung zur Abgabe eines Angebotes 119
Aufhebung der häuslichen Gemeinschaft 268
Aufhebung des Insolvenzverfahrens 104
Aufhebungsvertrag 350
Auflage 316
Auflassungsvormerkung 237
Auflassung 226, 235
Auflösungsgeschwindigkeit 94
Auflösungsintensität 94
Auflösungswerte 94
Aufrechnung 132
Auftrag 127
Auftraggeber 127
Aufwendungsersatzanspruch 128, 216
Ausbildungspflicht 340
Ausbildungsvertrag 339
Ausfallbürgschaft 244
Ausgleichsforderung 261
Ausgleichsfunktion 26, 440
Auskunfts- und Anzeigepflichten 344

Auskunftsverweigerungsrecht   252
Auslegung der Gesetze   30
Ausschlagungsfrist   318
äußere Wirksamkeit   433
außergerichtliches (kaufmännisches)
    Mahnverfahren   182
außergerichtliches Verfahren   104
außerordentliche Kündigung   353, 355
Aussonderung   100
Aussperrung   359
Auszubildende   334, 357

B2C   198
Bankrott   401
Bankrottdelikte   400
Bankrottstraftat   104
Bearbeitung   228
Beaufsichtigung   282
Beauftrager   127
Bedachter   316
Bedrohung   386
Bedürftigkeit   275, 286
Beendigung des Verfahrens   194
befristetes Arbeitsverhältnis   350
begünstigender Verwaltungsakt   430
Beihilfe Leistender   378
Beiseiteschaffen   402
Beistand   137
Beitragsvorenthaltung   399
belastender Verwaltungsakt   430
Belehrung des Verbrauchers   208, 210
Beleidigung   386, 387
Bereicherungskriminalität   389
Berichtigungsanspruch   347
Berufsausbildungsverhältnis   339
Berufsbildungsrecht   338
Berufsrichter   41, 442
Berufung   194, 387
Berufungsinstanz   44
Beschenkter   127
beschränkte Geschäftsfähigkeit   58, 123
beschränkt persönliche Dienstbarkeit   238
Beschuldigter   386
Beschwerde   194, 387
Beschwerter   316
Beseitigungsanspruch   347
Besitz   223, 441
Besitzanspruch   226
Besitzerlangung   223
Besitzkehr   225
Besitzkonstitut   230
Besitzstörung   225
Besitzvermittlungsverhältnis   230
besondere Gerichtsbarkeit   45
Bestandskraft   434
Bestandsverzeichnis   236, 444
Bestandteil   56, 204
Bestechlichkeit   386, 404, 406
Besteller   127
Besteuerung   82
Bestimmungskauf   90
Betreuung   284
Betreuungsverhältnis   398
betriebsbedingte Kündigung   355

Betriebsrat   355, 361
Betriebsrisiko   345
Betriebsvereinbarung   352
Betriebsverfassungsgesetz   360
Betriebszugehörigkeit   352
Betrug   391
Bevollmächtigter   137
bewegliche Sachen   56, 227
bewegliches Vermögen   195
Beweise   192
Beweislast   208, 213, 351
Beweislastumkehr   172
Beweispflicht des Zugangs   115
Bewilligung   394
BGB-Gesellschaft   80
Bilanz   75
Bilanzfälschung   412
Bilanzgewinn   83
Bilanzierung   411
Bilanzverschleierung   413
Bösgläubigkeit   129
Bote   133
Bringschulden   160
Bruchteilseigentum   53
Buchführungsdelikte   409
Buchführungspflicht   75
Bundesagentur für Arbeit   46, 450
Bundesanzeiger   72
Bundesarbeitsgericht   46
Bundesbehörde   425
Bundesdatenschutzgesetz   364
Bundesdisziplinargericht   47
Bundesfinanzhof   46
Bundesgerichtshof   45, 47
Bundesgesetzblatt   33, 445
Bundesoberbehörde   425
Bundespatentgericht   47
Bundesrat   31
Bundesrecht   35
Bundesregierung   31
Bundessozialgericht   46
Bundesverfassungsgericht   47, 441
Bundesverwaltung   425
Bundesverwaltungsgericht   46
Bürgermeistertestament   313
Bürgschaft   244
Business-to-Consumer   209
Bußgeld   368

Chipkartenlesegerät   215
CIF   162
Code Hammurabi   28
Computerbetrug   393
culpa in contrahendo   180

Darlehensvertrag   126
Darlehensvertrag   126
Datenschutz   364
Datenschutzbeauftragte   357, 365
dauerhafte Datenträger   210
dauerhafte Tätigkeit   68
deklaratorische Wirkung
Delikt   130, 451
Deliktsfähigkeit   60, 131

Deutsches Patent- und Markenamt   47
Dienst- oder Arbeitsverhältnis   59
Dienstaufsichtsbeschwerde   435
Dienstberechtigter   127
Dienstpflichtverletzungen   47, 442
Dienstverpflichteter   127
Dienstvertrag   127
dingliche Einigung   229
dingliches Recht   231, 237, 448
Directory-Pflege   215
Direktionsrecht   343
dispositives Recht   34
Disziplinargerichtsbarkeit   47, 442
Doppelehe   257
Dreizeugentestament   313
drohende Zahlungsunfähigkeit   96
duales System   339

E-Mails   215
Ehe   253, 442
Ehefähigkeit   61, 253
Ehegattenerbrecht   306
Ehehindernis   256f.
Ehemündigkeit   253
Ehename   256
Eherecht   253
Ehesachen   270
Eheschließung   256
Eheverbot   252, 257
Ehevertrag   262
ehrenamtlicher Richter   41, 442
Eidesfähigkeit   61
eidesstattliche Versicherung   196
Eigenantrag   104
Eigenbesitz   224
Eigenschaftsirrtum   124
Eigentum   223, 226
Eigentümerwechsel   237
Eigentumserwerb vom Nichtberechtigten   230
Eigentumsübertragung   226
Eigentumsvermutung   264
Eigentumsvorbehalt   156
einfacher Eigentumsvorbehalt   157
einfaches Arbeitszeugnis   346
Eingangsinstanz   44
Eingriffsverwaltung   423, 427
Einigung   224, 226
Einkommensteuer   82
Einrede der Verjährung   140
Einrede der Vorausklage   244
einseitiges Handelsgeschäft   89
einseitiges Rechtsgeschäft   116
einseitig verpflichtendes Rechtsgeschäft   117
Einspruch   190, 194
Einspruchsgesetz   32
Einzelgeschäftsführungsbefugnis   81
Einzelprokura   135
Einzeltestament   313
Einzelunternehmen   80
Einzelvertretungsmacht   135
Einzelvollmacht   135
Einzelvollstreckung   99
Einzelzession   144
elektronische Signatur   121, 214

elterliche Sorge   281
empfangsbedürftige Willenserklärungen   115
Endvermögen   260
entbehrliches Angebot   178
Enteignung   234
Entgeltschutz   363
Entgeltzahlung   344
Entleiher   126
Entscheidungsbefugnis   362
Entscheidungsverbund   270
Entstellung wahrer Tatsachen   392
Erbausschlagung   299
Erbausschluss   311
Erbbaurecht   239
Erbbauzins   239, 442
Erbeinsetzungen   311
Erben   300
Erbengemeinschaft   319
Erbfähigkeit   52, 300
Erbfall   52, 300, 442
Erbfolge   235, 300, 442
– gesetzliche   302
– gewillkürte   302, 310
– der Verwandten   303
Erblasser   300, 442
Erbrecht   252
– des Ehegatten   306
Erbschaft   225, 300, 442
– Annahme   318
– Ausschlagung   318
Erbschaftskauf   181
Erbschein   300, 320, 442
– gegeständlich beschränkter   320
– gemeinschaftlicher   320
Erbteil   300, 442
Erbunwürdigkeit   319
Erbvertrag   300, 313
Erbverzicht   319
Erfüllung   132
Erfüllungsgehilfe   342
Erfüllungsgeschäft   119, 155, 451
Ergänzungspflegschaft   285
Erinnerung   194
Erkenntnisverfahren   383
Erklärungsirrtum   124
Erklärungswille   114
Erlass   132, 185
erlaubte Tätigkeit   67, 444
Ermessensentscheidung   428
Ermessensverwaltungsakt   430
Ermittlungsverfahren   383
Eröffnung des Insolvenzverfahrens   99
Eröffnungsbeschluss   99
Ersatz vergeblicher Aufwendungen   169, 170
Ersatz von Mehraufwendungen   179
Ersitzung   227, 235
erweiterter Eigentumsvorbehalt   158
Erwerbsgeschäft   59
Erwerbstätigkeit   258
Erziehung   282
Erziehungsanordnung, vorläufige   382
Erziehungsmaßregeln   382
Erziehungsrente   289
EU-Recht   35, 445

Europa-AG   85
Europäische Genossenschaft   83
Europäischer Gerichtshof   48
Europäische Wirtschaftliche Interessenvereinigung   85
Exekutive   421

Fachanwalt   42
Fachaufsichtsbeschwerde   435
Fachkräfte für Arbeitssicherheit   357
Factoring   144
Fahrlässigkeit   175, 377
faktisches Arbeitsverhältnis   350
Fälligkeit   159, 173
Falschauskünfte   335
Falscheintragung   74
Falschlieferung   167
Familie   249
Familienbuch   256
Familienerbrecht   299
Familiengericht   61, 269
Familienplanung   336
Familiensachen   270
Familienunterhalt   272
Familienversicherung   288
Fantasiefirma   79
fehlerhafte Montageanleitung   166
Fernabsatzverträge   209
Fernkommunikationsmittel   209, 443
Feststellungsklage   192, 435
Filialprokura   135
Finanzbehörde   408
Finanzbetrug   395
Finanzgerichtsbarkeit   45, 443
Firma   77
Firmenarten   79
Firmenausschließlichkeit   77
Firmenbeständigkeit   77
Firmenkern   79
Firmenöffentlichkeit   78
Firmenwahrheit
Firmenklarheit   77
Firmenzusatz   79
Fiskalverwaltung   423
Fiskus   310
Fixhandelskauf   90
Fixkauf   181
Flur   234
Flurstück   234
Forderungsrecht   57
formelles Recht   34
Formfreiheit   121, 332
Formkaufmann   76
Frachtführer   91
Fraktion   32
Freiheitsstrafe   379, 386
Freispruch   384
freiwillige Gerichtsbarkeit   44
Fremdbesitz   224
Fremdbestimmtheit   333
Frist   138
Fristbeginn   138
Fristende   139
fristlose Kündigung   353
Fristsetzung   169f., 175f., 179

Früchte   56
Fund   228

Garantie   171, 173
Gastwirtpfandrecht   233
Gattungskauf   181
Gattungsschulden   159
Gattungsvollmacht   135
GbR   80
Gebäudebesitzer   130
Gebäudeunterhaltpflichtiger   130
Gebietskörperschaft   55
gebundene Entscheidung   428
gebundener Verwaltungsakt   430
Gefährdungshaftung   130
Gefahrenabwehr   423
Gefahrübergang   161
Gegenstände des Rechtsverkehrs   55
Gegenvorstellung   435
Geheimcode   215
geheimer Vorbehalt   123
geistesgestört   57
Geldbuße   376
Gelddarlehen   216
Geldstrafen   379, 386
Gemarkung   234
Gemeinderecht   35
gemeinschaftliches Testament   313
gemischte Firma   79
Genehmigung   58
Generalklausel   205
Generalprävention   375
Generalvollmacht   135
Genossenschaft   81
Genossenschaftsregister   81
geordnete Kassenführung   75
gerichtliches Mahnverfahren   183
Gerichtsstand   161
Gerichtsvollzieher   43, 195
Gesamtvollmacht   135
Gesamtfälligstellung   217
Gesamtgeschäftsführungsbefugnis   81
Gesamtgut   263
Gesamthandseigentum   53, 226
Gesamtprokura   135
Gesamtrechtsnachfolge   299, 301
gesamtschuldnerisch   80
Geschäftsbericht   83
Geschäftsbesorgung   89
Geschäftsbriefe   78
Geschäftsfähigkeit   57, 253
Geschäftsführung   80
Geschäftsführung ohne Auftrag (GoA)   128, 444
Geschäftsunfähigkeit   57
Geschäftswille   114
geschriebenes Recht   29
Gesellschaft bürgerlichen Rechts
Gesellschaft mit beschränkter Haftung   81
Gesellschaftsvertrag   81
Gesetze   29
Gesetzesvorlage   31
Gesetzgebung   421
Gesetzgebungsverfahren   31
gesetzliche Anordnung   145

gesetzlicher Erfüllungsort 160
gesetzlicher Vertreter 57
gesetzliche Schuldverhältnisse 128
gesetzliches Pfandrecht 233
gesetzliche Stellvertretung 134
gesetzliches Vorkaufsrecht 239
Gestaltungsfreiheit 332
Gesundheitsschutz 346
Gewährleistungsrechte 169, 170
Gewahrsamsfiktion 264
Gewährung 394
Gewaltmonopol 375
Gewerbe 67
Gewerbebetrieb 70
Gewerbefreiheit 69
Gewerberecht 67
Gewerbetreibender 74
Gewinnverteilung 82
Gewinnerzielungsabsicht 68
Gewohnheitsrecht 25, 29
gezeichnetes Kapital 81
Gläubiger 113, 449
Gläubigerausschuss 103
Gläubigerbegünstigung 401
Gläubigerverzeichnis 103
Gläubigerverzug 177
Gläubigerwechsel 144
Gleichheitsgrundsatz 429
Globalzession 144
GmbH 81
GmbH-Gesetz 81
GmbH & Co. KG 82
Going-Concern-Prinzip 96
grobe Beleidigungen 354
Großfamilie 249
Grundbuch 235, 236
Grundbuchamt 236, 444
Grundbuchblatt 236
Grunddienstbarkeit 237, 238
Grunderwerbsteuer 237
Grundkapital 81
Grundkündigungsfrist 352
Grundpfandrecht 239
Grundsatz der Verhältnismäßigkeit 429
Grundsätze ordnungsmäßiger Buchführung 409
Grundschuld 240
Grundstück 234
Grundstücksbesitzer 130
Grundstückskauf 181
Günstigkeitsprinzip 329
Gutachtenverweigerungsrecht 252
Gutachterausschuss 237
Gütergemeinschaft 235, 263, 309
Güterrechtsregister 264
Güterstand 259, 306
Gütertrennung 262, 308
Güteverhandlung 356
gutgläubiger Erwerb 237

Haftbefehl 383
Haftung bei Übernahme 78
– des Arbeitgebers 348
– des Arbeitnehmers 348
Haftungserleichterung 348

Halbbürtigkeit 250
Handelsbrauch 89
Handelsbücher 409
Handelsgeschäft 90
Handelsgewerbe 74
Handelskauf 90, 171
Handelsmakler 91
Handelsregister 72, 445
Handelsvertreter 90
Handlungsfähigkeit der Rechtssubjekte 57
Handlungspflicht 343
Handlungsvollmacht 136
Handlungswille 114
Hauptforderung 185
Hauptpflichten 156
– des Arbeitgebers 344
– des Arbeitnehmers 341
Hauptverfahren 383
Hauptverhandlung 383, 384
Hauptversammlung 83
Hauptvollmacht 135
Hausfriedensbruch 386
Haushaltsführung 258
Haushaltshilfe 288
Haustürgeschäfte 207
Heimarbeitsverhältnis 333
Hemmung der Verjährung 141
Heranwachsender 380
Herausgabe 195
Herausgabeansprüche 128
Herausgabepflicht 344
Herrschaftsrecht 57
Hinterlegung 132
hinterlegungsfähige Sachen 179
Hinterlegungsschein 314
höchstpersönliches Rechtsgeschäft 132
Hoheitsverwaltung 422
Holschulden 160
Homo-Ehe 253
Hypothek 239

Idealverein 54
immaterielle Schäden 390
Immobilien 56, 234
individueller Kündigungsschutz 355
individuelles Arbeitsrecht 330, 352
informationelle Selbstbestimmung 364
Informationspflichten 211
inhaltliche Übereinstimmung 117
Inhaltsfreiheit 120
Inhaltsirrtum 124
innere Wirksamkeit 433
Insolvenz 92, 349
Insolvenzgläubiger 103
Insolvenzmasse 100
Insolvenzplan 92, 103
Insolvenzverschleppung 393, 413
Insolvenzverwalter 93, 349
Instanzenzug 45
internationaler Geschäftsverkehr 162
internationales Recht 35
Internet-Auktionen 209
Irrtum 124, 392
Istkaufmann 76

Jahresabschluss   83
Judikative   41, 421
Jugendlicher   380
Jugendstrafrecht   380
juristische Person   54
– des öffentlichen Rechts   55
– des privaten Rechts   54

Kaffeefahrt   208
Kammer für Disziplinarsachen   47
Kannkaufmann   76
Kapitalertragsteuer   83
Kauf auf Abruf   181
Kauf auf Probe   181
Käufer   126, 155
Kaufmann   74
kaufmännisch eingerichteter Geschäftsbetrieb   75
kaufmännisches Bestätigungsschreiben   89
kaufmännisches Mahnverfahren   182
Kaufmann
– kraft Eintragung   76
– kraft Gewerbebetriebes   76
– kraft Rechtsform   76
Kaufmannseigenschaften   74
Kauf nach Muster   181
Kaufvertrag   117, 126, 155
Kommanditgesellschaft (KG)   80
Klage   192
Klageauftrag   183
Klauselverbote   206
kleine AG   83
Kleinfamilie   249
Kleingedrucktes   203
Kleingewerbe   75
Koalitionsfreiheit   357
kollektiver Kündigungsschutz   355
kollektives Arbeitsrecht   330, 357
Kommanditgesellschaft auf Aktien (KGaA)   86
Kommanditist   80, 86
Kommissionär   91
Kommissionskauf   181
Komplementär   80, 86
Kondiktion   129
konkludentes Verhalten   114
konkrete Schadensberechnung   175
konstitutive Wirkung
Kontokorrentvorbehalt   158
Kontrahierungszwang   120, 332
Konventionalstrafe   175
Körperschaft   54 f., 425
Körperschaftsteuer   83
Körperverletzung   386, 387
Korruption   403
Kreditkartenmissbrauch   216
Kriminalität   389
Krise   94
Kryptografie   215
Kündigung   132
Kündigungsfristen   352
Kündigungsgrund   354
Kündigungsschutz   355
Kündigungsschutzklage   356
Kündigungsverfahren   355

Ladenvollmacht   136
Lagerhalter   91
Laienrichter   41, 442
Länderverwaltung   426
Landesarbeitsgericht   46
Landesbehörde   426
Landesrecht   35
Landessozialgericht   46
Landgericht   45
Lebensgemeinschaft, eheliche   257
Lebensgemeinschaft, nichteheliche   290
Lebenspartner   309
Lebenspartnerschaft, eingetragene   291
Legaldefinitionen   20
Legislative   421
Leihvertrag   126
Leistung   155
Leistungsart   159
Leistungsfähigkeit   275, 286
Leistungsklage   192, 435
Leistungskondiktion   129
Leistungsort   160
Leistungspflichten   155
Leistungsstörungen   162
Leistungsverwaltung   424
Leistungszeit   159
leitender Angestellter   334
Lernpflicht   340
Lesung   32
lex specialis derogat legi generali   20
Lieferantenbetrug   393
Lieferungsverzug   175
Limited Company (Ltd.)   87
Liquidationswert   94

Mahnung   174, 182
Maklerlohn   91
mangelhafte Lieferung   165
mangelhafte Buchführung   410
Mangel
– in der Beschaffenheit   165
– in der Form   122
– in der Person   122
– in der rechtlichen Zulässigkeit   123
– in der Willenserklärung   123
Manteltarifvertrag   358
Marktverkehr   70
Massenentlassungen   357
materielle Schäden   390
materielles Recht   34
mehrseitig verpflichtendes Rechtsgeschäft   117
Mietvertrag   126
Minderlieferung   167
Minderung   169, 170
Mindesteinlage   80
Mindestkapital   80
Mindestnennwert   81
Missbrauchstatbestand   397
Mitbesitz   224
Mitbestimmung   359
Miteigentum   226
Mittäter   378
mittelbarer Besitz   224, 339

mittelbare Verwaltung 424
Mitverschluss 231
Mitwirkungsrechte 360, 362
Mobbing 354
Mobilien 56
Montagemängel 166
Moral 27, 446
Mord 387
mündliche Äußerung 114
mündliche Verhandlung 193
Mutterschaft 277

Nacherbe 300, 447
Nacherfüllung 169
Nachfristsetzung 175
nachgeschalteter Eigentumsvorbehalt 158
Nachlass 300, 447
Nachlassverbindlichkeiten 318
Nachlasswert 317
Nachschusspflicht 81
Nachteil 397
nachträgliche Unmöglichkeit 163
Nachweisgesetz 337
Namensrecht 257
Nasciturus 52
nationales Recht 35, 441, 447
Naturalien 344
Naturalrestitution 130, 449
natürliche Personen 52
natürlicher Erfüllungsort 160
Nebenfolgen 386
Nebenklage 387
Nebenpflichten 156
– des Arbeitgebers 346
– des Arbeitnehmers 343
Nebenstrafe 386
negative Feststellungsklage 192, 446
negative Publizität 73
Neubeginn der Verjährung 143
Nicht-Rechtzeitig-Lieferung 175
Nicht-Rechtzeitig-Zahlung 176
Nichtannahme 178
nicht empfangsbedürftige Willenserklärungen 115
Nichtigkeit 122
nicht verbrauchbare Sache 56
nicht vertretbare Sache 56
nicht zu vertretende Unmöglichkeit 163
Nießbrauch 237
Notar 42, 447
notarielle Beurkundung 235
Nottestament 313
Nutzungen 56
Nutzungsrechte 237

Oberlandesgericht 45
Oberverwaltungsgericht 46
Obhutspflichten 337
objektive Unmöglichkeit 163
Offenbarungspflichten 335
offene Mängel 168
offene Zession 144
Offenlegungs- bzw. Wahrheitspflichten 394
öffentlich-rechtliche Streitigkeiten 46, 452

öffentlicher Glaube 72, 236
öffentliches Recht 33, 447
öffentliches Verzeichnis 72, 445
öffentliche Versteigerung 232
öffentliche Verwaltung 421
Offene Handelsgesellschaft (OHG) 80
Onlinehandel 209
ordentliche Gerichtsbarkeit 44, 447
ordentliche Kündigung 352, 355
Ordnungen 303
Ordnungsfunktion 25
Ordnungswidrigkeitenrecht 376

Paragraf 18
Parteifähigkeit 60
Partnerschaft 81
Partnerschaftsregister 81
Partnerschaftsvertrag 81
Patentgerichtsbarkeit 46, 447
Person 52
Personalkörperschaft 55
personenbedingte Kündigung 355
personenbezogene Daten 364
Personen des Rechtsverkehrs 52
Personenfirma 79
Personensorge 282
Personenvereinigung 52, 54, 445
Pfandgläubiger 231
Pfandhaltervertrag 231
Pfandrecht 231, 448
Pfandreife 232
Pfandschuldner 231
Pfandsiegel 234, 448
Pfändung 195
Pfändungspfandrecht 234
Pflege 282
Pflegschaft 284
pflichtgemäßes Ermessen 428
Pflichtteil 316
Plädoyer 384
Polizei 386
positive Feststellungsklage 192, 446
positive Publizität 73
positive Vertragsverletzung 180
potenzielle Insolvenzmasse 401
Praktikum 339
Privateigentum 299
Privaterbfolge 299
Privatklage 386
Privatrecht 33, 448
Probezeit 341
Produktwerbung 210
Prognose 268
progressiven Kundenwerbung 395
Prokura 135
Prospektbetrug 396
Provision 90, 91
Prozessbevollmächtigung 192
Prozessfähigkeit 61
Prüfungstermin 102
Public-Key-Systems 215
Publizitätspflicht 82
Publizitätswirkung 73

Qualifizierte Signatur 214
qualifiziertes Arbeitszeugnis 347

Ramschkauf 181
Rangänderung 240
Rangklassen 102
Rangverhältnis 240
Ratenlieferungsvertrag 181
Räumung 195
Realakt 223
Reallast 238
Recht 25, 55
rechtlicher Vorteil 58
Rechtmäßigkeit 434
Rechtsanwalt 42, 448
Rechtsbehelfe 194
Rechtsberatung 41, 448
Rechtsbildung 27
Rechtsentwicklung 27
Rechtsfähigkeit 52, 299
Rechtsfolge 20, 114, 428
Rechtsfortbildung 30
Rechtsgeschichte 27
Rechtsgestaltungsklage 193
Rechtshängigkeit 193
Rechtskauf 181
Rechtsmacht 51
Rechtsmängel 168
Rechtsmittel 194, 387
Rechtsnorm 20, 25
Rechtsobjekt 51, 55
Rechtsordnung 29
Rechtspflege 41
Rechtspfleger 43, 449
Rechtsprechung 41, 421, 449
Rechtsquelle 29, 448
Rechtssubjekt 51
Rechtswidrigkeit 376, 377
regelmäßige Verjährungsfristen
Reisegewerbe 70
relatives Recht 57
Rentenschuld 240
Rentenversicherung 289
Resozialisierung 375
Restschuldbefreiung 92, 104
Retrospektive 268
Revision 194, 387
Revisionsinstanz 44
Richter 41, 386
Richterrecht 30, 449
Rückforderung 394
Rückgaberecht 208
Rückgriff des Unternehmers 173
Rücksendekosten 212
Rücktritt 132, 169, 170
Rüge- und Warnfunktion 353
Rumpfbuchführung 410

Sachbeschädigung 386
Sachdarlehen 126
Sachen 55 f.
sachenrechtliches Rechtsgeschäft 119, 443
Sachfirma 79

sachliche Zuständigkeit 45
Sachmängel 165
Sachverständige 386
Sanktionierung 390
Satzung 29, 81, 449
Schadensberechnung 392
Schadensersatz 130, 169
– anspruch 128
– neben der Leistung 169
– statt der Leistung 169 f.
Schadensminderungspflicht 344
Scheidung 268
Scheidungsfolgen 268
Scheidungssachen 270
Scheinbestandteil 56
Scheingeschäft 123
Scheinveräußerungen 402
Scheitern der Ehe 268
Schenkung 117, 127
Scherzgeschäft 123
Schickschulden 160
Schiffskauf 181
Schlechtleistung 165
Schlichtungsverfahren 193
Schlüsselerzeugung 215
Schlüsselgewalt 258
Schlüsselpaar 215
Schmerzensgeld 130, 449
Schöffe 41, 386, 442
Schriftform 121
schriftliche Mitteilung 114
schriftliches Arbeitszeugnis 346
Schuld 376, 377
Schuldbeitritt 145
Schuldner 113, 449
Schuldnerbegünstigung 401
Schuldnerverzug 173
Schuldnerwechsel 145
schuldrechtliches Rechtsgeschäft 118
Schuldübernahme 145
Schuldverhältnis 113, 449
Schutzpflicht 337, 343
Schwägerschaft 251
Schwarzarbeit 367
schwebende Unwirksamkeit 58, 123, 449
Schweigen 89, 115, 403
Seetestament 313
Seitenlinie 250
Selbstanzeige 399, 407
Selbsthilferecht 225
Selbsthilfeverkauf nicht hinterlegungsfähiger
   Sachen 179
selbstschuldnerische Bürgschaft 244
Selbst-in-Verzug-Setzen 174
selbstständige Tätigkeit 68
Sexualdelikte 387
Sicherheitsfunktion 25, 449
Sicherung eingebrachter Sachen 346
Sicherungsbedürfnis 399
Sicherungsübereignung 232
Sicherungszession 244
Signatur-Chipkarten 215
Signaturbehörde 215
Signaturfunktion 215

signum sectionis   18
Singularsukzession (Sondererbfolge)   299, 301
Sitte   26, 450
Sociedad de Responsabilidad Limitada (S. L.)   87
Sofortkauf   181
Sog- und Spiralwirkung   390
Sondergut   263
Sonderrechtsnachfolge   322
Sonderregelungen   205
Sondervermögen   53
Sondervollmacht   135
Sorge, elterliche   251
Sorgfaltspflicht   90
sozialadäquate Zuwendungen   405
sozial gerechtfertigte Kündigung   356
Sozialgericht   46
Sozialgerichtsbarkeit   46, 450
Sozialleistungen   141
Sozialstaatsprinzip   329
sozial ungerechtfertigte Kündigung   356
Spediteur   91
Spezialvollmacht   135
Spezialprävention   375, 388
Spezifikations- oder Bestimmungskauf   181
Staatsangehörigkeit   259
Staatsanwalt   43, 384
Stammeinlage   81
Stammkapital   81
Stammversicherter   288
Standesamt   256
stehendes Gewerbe   70
Stellvertreter   132, 450
Stellvertreter ohne Vertretungsmacht   137
Steuerberater   407
Steuerfahndung   386
Steuergefährdung   408
Steuerhinterziehung   406
Steuern   45, 443
Steuerordnungswidrigkeiten   408
Steuerumgehung   408
Stiftung   54, 55
– des privaten Rechts   54
– des öffentlichen Rechts   425
stille Gesellschaft   84
stille Zession   144
Strafantrag   383
Strafanzeige   383
Strafbefehl   387
Straffähigkeit   60, 131
Straffreiheit   399
Strafgerichtsbarkeit   44, 449, 450
Strafmündigkeit   380
Strafrecht   376
Straftat   376
Strafverfahren   368, 383
streitige Gerichtsbarkeit   44
Stückkauf   181
Stückschulden   159
subjektive Unmöglichkeit   164
Substanzwert   95
Subsumtion   21
Subvention   394
Subventionsbetrug   394

Sühne   375
Surrogat   129

Tarifvertrag   352, 358
Tarifvertragsparteien   46, 440
Taschengeldparagraf   58
Tatbegehung   390
Tatbestand   20, 428
Tatbestandsmäßigkeit   376, 377
Tateinheit   378
Täter   378, 400
Täterkreis   378
Tätlichkeiten   354
Täuschung   392
Tatmehrheit   378, 379
tatsächliche Gewalt   224
tatsächliches Angebot   177
Teilbesitz   224
Teilerbschein   320
Teilforderung   190
Teilhafter   80
Teilzahlungsdarlehen   217
Teilzahlungsgeschäfte   216
Teilzahlungskauf   181
Termin   138
Terminkauf   181
Testament   300, 311, 450
– eigenhändiges   312
– öffentliches   312
– ordentliches   312
Testamentsvollstrecker   311, 321
Testierfähigkeit   61, 301
Testierfreiheit   299
Tiere   55
Totschlag   387
Transportkosten   160
Transportrisiko   160
Trennungsfristen   268
Treuebruchtatbestand   398
Treuepflicht   343
Treuhänder   104
Treu und Glauben   155
Trustcenter   215
Tun oder Unterlassen   113, 377, 440
Typisierung von Verträgen   125

Uebergabe   168
Übermittlungsirrtum   124
überraschende Klauseln   205
Überschuldung   94, 401
UG   83, 84
Umbildung   228
Umgangsrecht   283
Umweltbeauftragte   357
Unbedenklichkeitsbescheinigung   237
unbewegliche Sachen   56, 234
unbewegliches Vermögen   195
uneingeschränkter Voraus   309
unerlaubte Handlung   128, 130
Unfall- und Gefahrenschutz   363
Unfallversicherung   289
ungerechtfertigte Bereicherung   129
Universalsukzession   299

unmittelbarer Besitz   224
unmittelbare Verwaltung   424
Unmöglichkeit   163
unordentliche Bilanzierung   411
Unselbstständigkeit   333
Untervollmacht   135
Unterdrückung wahrer Tatsachen   392
Untergang der Sache   234
Unterhalt   251
– bei geschiedenen Ehegatten   272
– bei getrennt lebenden Ehegatten   272
– zwischen Eltern und Kindern   272
Unterhaltsanspruch   271
– aus Billigkeitsgründen   274
– wegen Alters   273
– wegen Arbeitslosigkeit   274
– wegen Aus- und Fortbildung   274
– wegen Betreuung eines Kindes   273
– wegen Krankheit   273
Unterhaltsberechtigte   287
Unterhaltspflicht   258
Unterhaltsrecht   285
Unterhaltsverpflichtete   286
Unterhaltsvorschussgesetz   287
Unterlassen   377
Unterlassung   207
Unterlassungspflicht   343
Unternehmenskrise   401
Unternehmer   74, 127, 203
Unternehmergesellschaft   83, 84
Unternehmerpfandrecht   233
Unterschrift   214
Untersuchungs- und Rügepflicht   90, 171
Untersuchungsgrundsatz   271
Untersuchungshaft   382
Untreue   396
Unvermögen   178
unwesentlicher Bestandteil   56
Urheberrechtsverletzungen   386
Urkundsbeamter   44
Urteil   194

Vaterschaft   277
– kraft Anerkennung   278
– kraft Ehe mit der Mutter des Kindes   278
– kraft gerichtlicher Feststellung   278
Veräußerung   349
Veräußerungsanzeige   237
Verbandskörperschaft   55
Verbindlichkeiten   99
Verbindung   227
verbotene Eigenmacht   225
verbrauchbare Sache   56
Verbraucher   203
Verbraucherdarlehen   126, 216
Verbraucherdarlehensvertrag   213
Verbraucherinsolvenzverfahren   104
Verbraucherleasing   216
Verbraucherschutz   203
Verbraucherwerbung   211
Verbrauchsgüterkauf   161, 172, 181
Verbrechen   377
verbundene Verträge   213

Verfahrenseröffnung   99
Verfassungsgerichtsbarkeit   48
Verfassungsrecht   48, 441
Verfügungsgeschäft   119, 451
Verfügungsverbot   93
Verfügung von Todes wegen   300
Vergehen   377
Vergeltung   375
verhaltensbedingte Kündigung   355
Verhandlungsverbund   270
Verheimlichen   402
Verjährung   139
Verkäufer   126, 155
Verkehrssitte   89
Verkürzung des gesetzlichen Steueranspruchs   406
verlängerter Eigentumsvorbehalt   158
Verleiher   126
Verleitung zur Börsenspekulation   395
Verletzung des Briefgeheimnisses   386
Verlöbnis   254
Verlustverteilung   82
Verlust
– der Amtsfähigkeit   379
– der Wählbarkeit   379
– des Stimmrechts   379
Vermächtnis   300, 316
Vermächtnisnehmer   313, 443
Vermengung   227
Vermieterpfandrecht   233
Vermischung   227
Vermittlungsausschuss   32
Vermögensbetreuungspflicht   396
Vermögensgegenstände   99
Vermögensgemeinschaft   263
Vermögensmasse   52, 54, 263, 445
Vermögensminderung   392
Vermögensschaden   392
vermögensschädigende Täuschung   391
Vermögenssorge   282
Vermögensstrafe   379
Vermögensübersicht   99
Vermögensverfügung   392
Vermögensverhältnisse   336
Vermögensverschiebungen   129, 401, 451
Vermögensvorteil   392
Verordnungen   29
Verpächterpfandrecht   233
Verpflichtungsgeschäft   118, 155, 452
Verpflichtungsklage   435
Versagung der Restschuldbefreiung   104
Versandhandel   209
Verschlüsselung   215
Verschulden   175
Verschwiegenheitspflicht   343
Versendungskauf   161
Versorgungsausgleich   276
versteckte Mängel   168
Versuch   378
Vertrag   117
vertraglicher Erfüllungsort   160
vertragliches Pfandrecht   231
vertragliches Schuldverhältnis   155
vertragliches Vorkaufsrecht   238

Vertragsbestandteil 205
Vertragserben 313, 443
Vertragsfreiheit 120
vertretbare Sache 56
Vertretener 132
Vertreter ohne Vertretungsmacht 123, 137
Vertretung 282
Vertretung im Außenverhältnis 82
Vertretungsorgan 54
Verurteilung 384
Verwahrung 228, 311, 314
Verwaltungsakt 429
Verwaltungsgerichtsbarkeit 46, 452
Verwaltungsgerichtsprozess 436
Verwaltungsgerichtsverfahren 436
Verwaltungsprozessrecht 435
Verwaltungsrecht 420
Verwaltungsrechtsweg 435
Verwandtschaft 249
Verwandtschaftsgrad 250
Verwandtschaftsstruktur 302
Verwertung 195, 232
Verwertungserlös 101
Verwertungsrecht 232
Verzugsschaden 176
Verzugszinsen 176, 217
Völkerrecht 35, 445
Vollbürtigkeit 250
volle Geschäftsfähigkeit 59
Vollhafter 80
Vollmacht 132, 134
Vollstreckung 384
Vollstreckungsgericht 195
Vollstreckungstitel 195
Vollstreckungsverfahren 386
Vollziehbarkeit 433
vollziehende Gewalt 421
Vonselbsterwerb 299
Vor-die-Klammer-Ziehen 19
Voraus des Ehegatten 306
Vorausvermächtniss 316
Vorbehaltsgut 263
vorformulierte Vertragsbedingungen 204, 440
Vorkauf 181
Vorkaufsrecht 238
Vormundschaft 284
Vormundschaftsgericht 59
Vorsatz 175, 377
Vorspiegelung falscher Tatsachen 392
Vorsteuerbetrug 393
Vorstrafen 335
Vorteilsannahme 404
Vorteilsgewährung 406
Vorverfahren 383
Vorwerfbarkeit 376, 377

Wahrung der Intimsphäre 346
Waisenrente 289
Warenkreditbetrug 393
Wehr- und Zivildienstleistende 357
weitergeleiteter Eigentumsvorbehalt 158
Weitergewährung 394

Werkvertrag 127
Wertersatz 212
Wertungsmöglichkeit 206
wesentlicher Bestandteil 56, 227, 234
Wettbewerbsverbot 343
widerrechtliche Drohung 125
Widerruf 207
Widerspruch 185, 194, 435
Widerspruchsbescheid 436
Widerspruchsfrist 185
Widerspruchsverfahren 436
Wiederkauf 181
Willensäußerung 114, 452
Willensbildung 114, 452
Willenserklärung 114, 452
Wirksamkeit 433
wirtschaftlichen Massenverkehr 204, 440
wirtschaftlicher Verein 54
Wirtschaftsstraftat 389
Witwenrente 289
Wohlverhaltensperiode 104
Wohnungsrecht 238
wörtliches Angebot 177

Zahlungserinnerung 182
Zahlungsort 160
Zahlungsstockung 96
Zahlungsunfähigkeit 94, 96, 401
Zahlungsverzug 176
Zedent 144, 452
Zeitwert 95
zentrales Mahngericht 184
Zerrüttungsprinzip 268
Zerschlagungswerte 94
Zertifizierung 215
Zession 144
Zeugen 386
Zeugnis 346
Zeugnisverweigerungsrecht 252
Zitierweise 18
Zivilgerichtsbarkeit 44
Zivilprozess 192
Zölle 45, 443
Zollfahndung 386
Zollverwaltung 367
Zubehör 56, 234
Zuchtmittel 382
Zugewinnausgleich 260, 261
Zugewinngemeinschaft 259, 307
Zurückbehaltungsrecht 244
zusammengeschlossene natürliche Personen 53
Zustellung 185
Zustellungsnachricht 190
Zustimmungserfordernis 362
Zustimmungsgesetz 32
Zwangsversteigerung 101, 235
Zwangsverwaltung 101, 239
Zwangsvollstreckung 194
zweiseitiges Handelsgeschäft 89
zweiseitiges Rechtsgeschäft 117, 155
zwingendes Recht 34
Zwischenverfahren 383
Zwischenzeugnis 347